江苏宣传年鉴

2010年

JIANG SU XUAN CHUAN NIAN JIAN

江 苏 省 委 宣 传 部　编

江苏人民出版社

图书在版编目(**CIP**)数据

2010年江苏宣传年鉴/江苏省委宣传部编. —南京:江苏人民出版社,2010.12

ISBN 978-7-214-06518-6

Ⅰ.①2... Ⅱ.①江... Ⅲ.①宣传工作-江苏省-2010-年鉴 Ⅳ.①D64-54

中国版本图书馆CIP数据核字(2010)第206274号

书　　名　2010年江苏宣传年鉴
编　　者　江苏省委宣传部
责任编辑　许尔兵
出版发行　江苏人民出版社(南京市湖南路1号A楼　邮编:210009)
网　　址　http://www.book-wind.com
集团地址　凤凰出版传媒集团(南京市湖南路1号A楼　邮编:210009)
集团网址　凤凰出版传媒网 http://www.ppm.cn
印 刷 者　常州市武进第三印刷有限公司
开　　本　787×1092毫米　1/16
印　　张　22.25　插页 18
印　　数　1-1 000册
字　　数　600千
版　　次　2010年12月第1版　2010年12月第1次印刷
标准书号　ISBN 978-7-214-06518-6
定　　价　170.00元(精装)

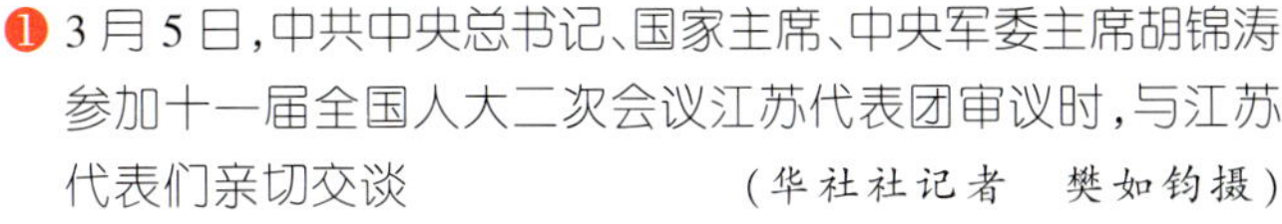

❶ 3月5日，中共中央总书记、国家主席、中央军委主席胡锦涛参加十一届全国人大二次会议江苏代表团审议时，与江苏代表们亲切交谈 （华社社记者　樊如钧摄）

❷ 3月5日，胡锦涛总书记在参加江苏代表团审议时作重要讲话 （于先云摄）

❸ 1月9日至11日，中共中央政治局常委、国务院总理温家宝在省委书记梁保华、省长罗志军陪同下在江苏调研考察。图为在常州市高等职业教育园，温总理与学生亲切交谈 （于先云摄）

❹ 11月29日，中共中央政治局常委、国务院总理温家宝，在罗志军省长陪同下考察南京三宝科技公司 （于先云摄）

❶ 5月11日，中共中央政治局常委李长春同志在江苏省演艺集团有限公司向演职人员了解院团转企改制后的感受
（肖　勇摄）

❷ 4月22日，中共中央政治局常委、中央书记处书记、国家副主席习近平，在南京了解企业开展深入学习实践科学发展观活动的情况
（肖　勇摄）

❸ 2月21日至22日，中共中央政治局常委、国务院副总理李克强在省委书记梁保华、省长罗志军等陪同下在江苏调研考察
（于先云摄）

❹ 10月19日，中共中央政治局委员、国务院副总理回良玉出席全国和谐社区建设工作会议期间，在苏州基层调研考察
（于先云摄）

❺ 8月13日至17日，中共中央政治局委员、书记处书记、中宣部部长刘云山在江苏考察时，在南京出席基层爱国主义教育座谈会并和社区居民亲切交谈（朱　江摄）

❻ 1月25日，中共中央政治局委员、中央书记处书记、中央组织部部长李源潮在省委书记梁保华、省长罗志军的陪同下，在仪征看望慰问大学生村官　（肖　勇摄）

❶ 10月23日至25日，中国共产党江苏省第十一届委员会第七次全体会议在南京举行 （于先云摄）

❷ 12月8日，全省人大工作会议暨江苏地方人大设立常委会30周年纪念大会在南京举行 （肖　勇摄）

❸ 9月8日，江苏省庆祝中国人民政治协商会议成立60周年大会在南京人民大会堂隆重举行 （于先云摄）

❹ 1月22日，省委书记梁保华、省长罗志军亲切看望了原全国政协副主席丁光训，代表省委、省政府向他致以新春的问候

❺ 7月28日，省委书记梁保华来到江苏省军区舟桥某旅看望慰问部队官兵，代表省委、省政府向人民子弟兵致以节日的问候 （于先云摄）

❻ 2月18日，罗志军省长来到镇江市人力资源市场大学生就业招聘会现场，与正在进场求职的大学生亲切交谈 （肖　勇摄）

江苏“两会”盛况

❶ 2月5日，江苏省第十一届人民代表大会第二次会议在南京人民大会堂隆重开幕　　（肖　勇　于先云摄）

❷ 罗志军省长作《政府工作报告》　　（肖　勇摄）

❸ 2月5日下午，省委书记梁保华来到苏州代表团，与代表们一起审议政府工作报告　　（于先云摄）

❹ 出席省十一届人大二次会议的苏州代表团在审议《政府工作报告》时畅所欲言　　（肖　勇　于先云摄）

❺ 2月9日，江苏省第十一届人民代表大会第二次会议在雄壮的国歌声中胜利闭幕　　（肖　勇　于先云摄）

❻ 2月4日上午9时，江苏省政协十届二次会议在南京人民大会堂隆重开幕　　（程　光　朱　江摄）

❼ 来自文艺、社科和新闻出版等组别的政协委员就加快文化强省建设，促进文化事业和产业发展直抒观点，畅言己见　　（朱　江摄）

❽ 8日上午，政协委员们一致举手通过政协江苏省第十届委员会第二次会议决议　　（程　光　朱江摄）

❾ 完成了省政协十届二次会议工作任务的代表喜气洋洋　　（朱　江　程　光摄）

❿ 2月8日上午，中国人民政治协商会议江苏省第十届委员会第二次会议圆满完成各项议程在南京闭幕　　（朱　江　程　光摄）

广泛开展爱国主义教育

❶ 向守志老将军领着少先队员参观南京渡江战役纪念碑

❷ 2月25日，驻宁某部特邀华东一级英模、《渡江侦察记》李连长的原型人物曹兴德老人，畅谈自觉践行当代革命军人核心价值观的体会 （张全连　张军荣摄）

❸ 在建国60周年到来之前，(淮安)江苏财经职业技术学院机电工程系的学生通过寻访革命老前辈，重温战争烽火岁月，接受爱国主义教育

❹ 曾参加南京渡江战役的81岁老英雄马恒云，应邀来到南京白下医院，以自己的亲身经历，向年轻的白衣天使们讲述60年前胜利渡江、解放南京的传奇故事 （程　光　瞿明成摄）

❺ 清明前夕，南京中小学校举行祭奠活动，缅怀革命先烈。图为4月1日，南京多所小学的师生来到雨花台烈士陵园扫墓 （新华社记者　韩瑜庆摄）

❻ 9月1日上午，南京武警国旗班的官兵们走进校园，为同学们开展"升国旗、讲国庆"等爱国主义教育系列活动。图为国旗班官兵在玄武区一小学为同学们庄严地演示升国旗 （张安福摄）

广泛开展爱国主义教育

❼ 3月31日，南京红山小学薛爱苹中队少先队员来到烈士陵园，祭奠长眠在这里的南京市民英雄薛爱苹和周光裕烈士，决心发愤学习，告慰先烈

（葛讯摄）

❽ 南京一家助残社的数十名志愿者，双休日里带着他们长期帮助的残疾市民来到江东门侵华日军南京大屠杀遇难同胞纪念馆参观凭吊

（朱　江摄）

❾ 在12月13日侵华日军南京大屠杀纪念日来临之际，许多市民自发前往侵华日军南京大屠杀遇难同胞纪念馆参观

（葛　讯摄）

❿ 我省各地纷纷开展“我爱伟大祖国，我爱五星红旗”、“千家万户挂国旗、迎国庆”活动，鲜艳的五星红旗在城乡到处飘扬

（汪　武　计海新　许丛军摄）

⓫ 宿迁中学师生在观看国庆60周年阅兵盛典后高喊祖国万岁

（王肯君摄）

纪念渡江战役胜利暨南京解放 60 周年

❶ 4 月 23 日是南京解放 60 周年纪念日。22 日上午，一批参加过渡江战役的老战士佩戴军功章在南京相聚，忆往昔峥嵘岁月，看今朝沧桑巨变　（王　扬摄）

❷ 4 月 22 日清晨，为庆祝南京解放 60 周年，武警江苏省总队第一支队千名官兵，迎着初升的太阳，隆重举行"向国旗宣誓"仪式　（王　扬摄）

❸ 4 月 8 日，南京解放 60 周年纪念日到来之前，南京渡江战役纪念新馆落成，纪念馆和鲜红色的渡江战役巨型钢雕遥相呼应，场景壮观，令人振奋　（王　扬摄）

❹ 在渡江战役胜利 60 周年之际，宜兴 30 多位小记者，来到宜兴革命烈士陵园扫墓，听取 3 位新四军老战士讲述他们在渡江战役中的故事　（丁焕新　张菊生摄）

❺ 18 日下午，南京山西路广场水上舞台上，423 架古筝同台齐奏，欢庆渡江战役胜利 60 周年　（葛　讯摄）

❻ 4 月 23 日，南京解放 60 周年，新华日报推出纪念特刊《钟山风雨起苍黄》

⑦

⑧

⑨

⑩

⑩

⑩

⑦ 4 月 26 日下午，"双拥共建迎南京解放 60 周年"文艺专场演出在河西新区双闸街道举行，驻地官兵与社区群众及文艺工作者同台演出，共庆佳期 （王 扬摄）

⑧ 为迎接南京解放 60 周年，南京举办了小品、歌舞、曲艺和美术、摄影等多种艺术活动。图为"玄武之春——喜迎南京解放 60 周年"红色经典歌舞精彩场面 （葛 讯摄）

⑨ 4 月 19 日上午，在毛主席诗词《七律·人民解放军占领南京》的雄壮歌声中，南京白下区"纪念渡江战役胜利暨南京解放 60 周年"文艺演出在月牙湖水上舞台拉开帷幕 （程 光摄）

⑩ 为迎接渡江战役胜利暨南京解放 60 周年纪念日，南京白下区朝天宫街道的文艺骨干为社区群众上演"百万雄师过大江，六朝古都谱华章"文艺节目 （程 光摄）

庆祝中华人民共和国成立 60 周年

❶ 9 月 29 日，江苏省暨南京市各界庆祝中华人民共和国成立 60 周年大会在南京人民大会堂隆重举行。省委书记梁保华在会上发表重要讲话

（于先云摄）

❷ 9 月 30 日，“茉莉盛开颂祖国”——江苏省庆祝新中国成立 60 周年万人歌咏大会在南京奥体中心隆重举行。1.5 万演员、群众方阵和现场观众，齐声高唱《歌唱祖国》（王 扬 于先云摄）

❸ 在国庆 60 周年来临之际，全省大学生通过各种形式表达自己的爱国之情。南京理工大学近 7000 名师生在激扬的歌声中，手手相传，将一面 500 多平方米的巨幅国旗缓缓展开

（葛铃铃 朱志飞 陈晓春摄）

❹ 9 月 18 日，南京《祖国，我们为你歌唱》庆祝新中国成立 60 周年歌咏大会在鼓楼市民广场隆重举行。图为演出现场 （葛 讯摄）

❺ 10 月 1 日，江苏彩车在北京国庆大巡游中亮相

（肖 勇摄）

❻ 国庆连中秋，孩子笑开颜 （于先云摄）

庆祝中华人民共和国成立 60 周年

⑦ 镇江举办"红色经典　火红镇江"万人演唱会，庆祝建国 60 周年，营造了祝福祖国、跨越发展的良好氛围（王念约摄）

⑧ 连云港举行"祖国万岁　放歌港城"大型歌咏比赛，5 千余名干部职工参加红歌合唱

⑨ 为庆祝中华人民共和国成立 60 周年、人民政协成立 60 周年，祖国颂——"激情鼓楼"大型歌舞演出在南京山西路水上舞台举行（葛　讯摄）

⑩ 8 月 26 日晚，苏州市精神文明建设指导委员会和市旅游局在观前街玄妙广场举行大型文艺演出，喜迎中华人民共和国成立 60 周年（王建康摄）

⑪ 在普天同庆共和国 60 华诞之际，南京国旗广场上一群参加升旗仪式的小学生满怀喜悦地挥动国旗，共同祝福祖国生日快乐（于先云摄）

⑫ 国庆期间，众多市民来到南京国际博览中心观看"奋进的江苏——庆祝新中国成立 60 周年大型成就展"，亲历教育，感受巨变（于先云摄）

“奋进的江苏——庆祝新中国成立 60 周年大型成就展”之

城市新貌

“奋进的江苏——庆祝新中国成立 60 周年大型成就展”于 2009 年 9 月 27 日在南京国际博览中心隆重开幕。3000 余幅图片、1000 多件实物、2 万多平方米展区、35 天展期、73.6 万观众、28.3 万条观众留言、300 多篇新闻报道，创造了我省同类展览持续时间最长、展览规模最大、观众人数最多、社会反响最强烈的“四个之最”，成为全省庆祝新中国成立 60 周年系列活动的“重头戏”之一，受到省委领导和社会各界的充分肯定。

这里展示的是成就展中的十余幅反映省会南京和另外 12 个地级市“城市新貌”。

辉煌跨越

❶

❷ 省会南京

❸ 南京新景之一——奥体中心

❹ 徐州

❺ 无锡

❻ 常州

❼ 苏州

“奋进的江苏——庆祝新中国成立60周年大型成就展”之

城市新貌

⑧ 连云港

⑨ 南通

⑩ 淮安

⑪ 盐城

⑫ 镇江

⑬ 宿迁

⑭ 扬州

⑮ 泰州

舞台文艺　绚烂多姿（以演出时间为序）

❶ 1 月 5 日，由外地及本地农民工子弟组成的南京双闸小学鼓乐团，代表内地学校赴香港参加一年一度的香港迎新年步操节获得金杯及三项大奖，载誉归来（王　扬摄）

❷ 2 月9 日，江苏省中国明星艺术团在洛杉矶作“心系中华美洲情”新春巡回慰问演出，表演了歌舞“红红火火大拜年”、杂技“顶上芭蕾”等精彩节目，受到2000 多华人观众和美国朋友的欢迎（卢　威摄）

❸ 2 月 10 日，在南京航空航天大学进行的全国第二届大学生艺术展演舞蹈项目比赛精彩纷呈，参演的 68 个舞蹈节目集中展现了当代大学生向真、向善、向上的校园文化（肖　勇摄）

❹ 8 月 29 日，国庆期间，南京市小红花艺术团在香港演出少数民族舞蹈。这是该艺术团 17 年前赴港演出后再度赴港，受到香港市民的热烈欢迎（新华社记者　周　磊摄）

❺ [illegible]月[illegible]日晚，“茉莉情韵”江苏评弹晋京展演专场在首都民族文化宫大剧院隆重举行

❻ [illegible]月[illegible]日下午，江苏省离退休人员庆祝建国[illegible]周年大型歌会在南京紫金大剧院举行。来自全省的700 多名离退休老同志，用不同历史时期的爱国主义歌曲，讴歌建国以来取得的辉煌成就（黄红芳摄）

(以演出时间为序)舞台文艺　绚烂多姿

⑦ 9 月 29 日晚，扬州海关举行庆祝新中国成立 60 周年红歌演唱会

⑧ 国庆黄金周期间，苏州乐园“盛世鼓乐”的演员们表演鼓舞《风尚水鼓》（新华社发）

⑨ 10 月 27 日，一场别开生面的森林音乐会在南京钟山脚下的紫金山庄举行。一首首优美的乐曲在湖光山色间婉转回响，“天籁之音”给现场听众带来了动人的视听享受（朱　江摄）

⑩ 11 月 29 日晚，出席第十二次中欧领导人会晤的嘉宾，在江苏电视台演播大厅欣赏了一台江苏味道与欧洲风情兼具的精彩文艺演出。省演艺集团奉献了一台极具观赏性的中西艺术大融合的视听盛宴（肖　勇摄）

⑪ 12 月 3 日，昆曲与西方无伴奏合唱相融合的清唱剧《1699·桃花扇》在南京开演，让观众领略到中西合璧、传统与时尚的全新音乐语言（余　萍摄）

⑫ 12 月 28 日，宜兴市 14 所中学的千余名学生汇聚在“校园文化艺术节”上，用自创自演的文艺节目，激情展现了多彩多姿的青春风采（闵学平　肖亮平摄）

要文图录(以发生时间为序)

❶ 1月20日下午,江苏省政府、南京军区政治部、江苏省军区、南京市政府在南京人民大会堂隆重举行春节联欢会。图为演出结束后,军地领导与全体演员合影 (于先云摄)

❷ 4月19日,战争史诗大片《南京!南京!》新闻发布会在南京举行 (余　萍摄)

❸ 4月25日,“飞天壮歌航天展”在南京巡展。航天英雄翟志刚和英雄航天员刘伯明、景海鹏出席并参观展览 (朱　江摄)

❹ 4月29日,庆祝中国人民解放军海军成立六十周年史料展览在人民海军的诞生地泰州白马庙举行。刘晓江、梁保华、罗志军、王洪光、顾文根等军地领导一同观看了展览 (肖　勇摄)

❺ 4月30日,余音绕梁中国南北地理分界线标志工程完工,淮安市民争相目睹南北球 (贺敬华摄)

❻ 5月20日,由中宣部、中央文明办、教育部等10部门主办的“爱国歌曲大家唱”活动在吴江新体育场举 (陈　洁摄)

7 5月26日,连云港2009"连云港之夏"文娱晚会开幕

8 5月31日,我和我的祖国江苏庆六一优秀儿童歌曲大传唱活动在南京举行,多所小学的2000多名同学,唱响了一首首耳熟能详、催人奋进的儿歌 (余 萍摄)

9 6月2日,由江苏省广播电视总台倾力打造的50集电视连续剧《人间正道是沧桑》在央视一套八套开播。图为该剧海报

10 7月6日至7日,全省文化建设工作会议在省会议中心召开 (本报记者 于先云摄)

11 7月21日,央视《激情广场》唱响常州

12 7月31日下午,江苏省人民政府、南京军区政治部、南京市人民政府、江苏省军区在南京人民大会堂联合举行军民联欢会,部队和地方领导及社会各界3000人欢聚一堂,共同庆祝中国人民解放军建军82周年 (于先云摄)

13 8月14日至16日,全国文化体制改革经验交流会在南京召开。图为中共中央政治局委员、中宣部部长刘云山等在会上为先进代表发奖

要文图录(以发生时间为序)

⑭ 9月13日,《建国大业》在南京新街口国际影城提前点映,该片江苏首映庆典也在江苏广电总台举行,影片的主要编创人员踏上红地毯,与观众亲密接触(肖　勇摄)

⑮ 9月28日,省委、省政府27日在南京召开全国"双百"、江苏省"双50"人物和第二届全国及江苏省道德模范代表座谈会。省领导与全国"双百"、省"双50"人物和第二届全国及省道德模范代表合影留念　(于先云摄)

⑯ 9月28日,由文化部、中国文联和中国美术家协会主办,江苏省文化厅、江苏省文联、江苏省美协承办的"第十一届全国美展·版画展"在江苏省美术馆举行

⑰ 10月16日,第七届中国音乐金钟奖民乐比赛暨2009中国江苏二胡之乡民族音乐节在南京开幕

⑱ 11月4日下午,省委、省政府在南京国际博览中心隆重举行表彰大会,欢迎我省出征第十一届全国运动会的体育健儿载誉归来。图为省领导为取得优异成绩的体育健儿颁奖　(于先云摄)

⑲ 11月12日,《茉莉寄深情》文艺晚会在台北演出反响热烈。图为演出结束后中共江苏省委书记梁保华、中国国民党副主席曾永权、台湾工业总会理事长陈武雄等与演员合影留念　(本报记者　于先云摄)

⑳ 12月21日下午,江苏省文化科技卫生"三下乡"活动启动仪式在盐城市建湖县上冈镇举行。图为黄孝慈演唱京剧《贵妃醉酒》

㉑ 12月29日,由中国美术家协会、中共江苏省委宣传部、江苏省文化厅、江苏省文联共同主办的"2009·中国百家金陵画展(中国画)"在江苏省美术馆开幕

《2010年江苏宣传年鉴》编委会

目　录

提高宣传思想工作的科学化水平(代序)
…………………………… 杨新力(1)

工作总述

工作总述 …………………………… (1)

重要会议

全省宣传部长会议 ………………… (8)
全省宣传部长座谈会 ……………… (9)
江苏省文化建设工作会议 ………… (10)
全国文化体制改革经验交流会 …… (11)

重大活动

第二届全国全省道德模范评选表彰活动
…………………………………… (13)
庆祝新中国成立60周年系列文化活动
…………………………………… (13)
参加国庆60周年天安门广场群众游行“吉祥如意——江苏省彩车展示”活动
…………………………………… (15)
在比利时举办欧罗巴利亚中国艺术节江苏系列文化活动 ………………… (16)
摄制《人间正道是沧桑》向建国60周年献礼 ……………………………… (17)
举办“科学发展,和谐家园”全国专家博客主题笔会 ………………………… (17)
开展“江苏沿海开发网络媒体行”活动
…………………………………… (18)
江苏广电网络提前一年实现全省“一张网”
…………………………………… (19)
常州市开展宣传工作“五走进”活动
…………………………………… (20)
举办“中国·徐州非物质文化遗产高层论坛” ……………………………… (20)

处室工作

理论建设……………………………… (22)
新闻出版……………………………… (26)
宣传教育……………………………… (29)
文明创建……………………………… (32)
对外宣传……………………………… (34)
文艺工作……………………………… (37)
文化改革……………………………… (39)
网络管理……………………………… (40)
社科规划……………………………… (42)
思想政治工作研究…………………… (44)

部门工作

省文化厅工作………………………… (46)
省广播电影电视局工作……………… (51)
省新闻出版(版权)局工作 ………… (55)
省文学艺术界联合会工作…………… (58)
省作家协会工作……………………… (62)
省社会科学院工作…………………… (64)
省哲学社会科学界联合会工作……… (67)
新华日报报业集团工作……………… (69)

群众杂志社工作 ……………………(72)
省广播电视总台(集团)工作 ………(75)
凤凰出版传媒(集团)工作 …………(81)
省演艺集团工作 …………………(85)
省文化产业集团工作 ………………(87)
省广电网络公司工作 ………………(88)
省记者协会工作 …………………(91)

各市工作

南京市宣传工作 ……………………(95)
苏州市宣传工作 ……………………(98)
无锡市宣传工作 …………………(102)
常州市宣传工作 …………………(105)
镇江市宣传工作 …………………(108)
扬州市宣传工作 …………………(111)
泰州市宣传工作 …………………(115)
南通市宣传工作 …………………(120)
盐城市宣传工作 …………………(124)
淮安市宣传工作 …………………(127)
宿迁市宣传工作 …………………(130)
徐州市宣传工作 …………………(132)
连云港市宣传工作 ………………(136)

典型宣传

“人民信服的好法官”陈燕萍 ………(140)
“践行当代革命军人核心价值观的典范”江鹰 …………………(140)

荣誉奖励

● 宣传思想工作方面 ●

50 位为新中国成立作出突出贡献的江苏英雄模范人物 ……………………(142)
50 位新中国成立以来感动江苏人物 ……………………………………(143)
第二届全国道德模范获奖名单 ……(1[illegible])
第二届江苏省道德模范获奖名单 …(145)
全国第十一届精神文明建设“五个一工程”奖获奖作品名单 …………(145)
江苏省第七届精神文明建设“五个一工程”(2007—2009)获奖名单 …(146)
江苏省文化科技卫生“三下乡”先进集体、先进个人和组织奖名单……(146)
2009 年中宣部办公厅表彰奖项 ……(148)
全省党委系统信息工作先进单位及个人 ……………………………………(148)
全省宣传信息工作先进单位、先进个人名单 ……………………………………(148)

● 文化艺术方面 ●

2007—2008 年度国家舞台艺术精品工程 ……………………………………(149)
全国第十一届精神文明建设“五个一工程奖” …………………………(149)
全国古籍重点保护单位 ……………(149)
文化部首届“优秀保留剧目大奖” ……………………………………(149)
第二届中国戏剧奖　第 24 届中国戏剧梅花奖 ………………………………(149)
第十一届中国戏剧节 ………………(149)
第四届中国昆剧艺术节 ……………(149)
第三届全国地方戏优秀剧目(南北片)展演 ………………………………(150)
第四届中国苏州评弹艺术节 ………(150)
第八届全国舞蹈比赛 ………………(150)
第九届“桃李杯”全国舞蹈比赛 ……(150)
第十一届全国美展 …………………(151)
2009 · 中国百家金陵画展(中国画) ……………………………………(151)
全国文化先进单位 …………………(151)
全国文化系统先进集体 ……………(151)
全国文化系统先进工作者 …………(151)
新中国城市雕塑建设成就奖 ………(151)

第二十三届田汉戏剧奖剧本一等奖 …… (152)
全国非物质文化遗产保护工作先进 …… (152)
第四次全国公共图书馆评估定级 …… (152)
全国文物工作先进县 …… (153)
2008 年度全国十大考古新发现 …… (153)
2008—2009 年度田野考古奖三等奖 …… (153)
第八届全国博物馆十大陈列展览 …… (153)
2009 年度中国考古六项重大新发现 …… (153)
中国文物、博物馆事业杰出人物 …… (153)
2008 年度全国文博考古“十佳图书” …… (153)
国家创新工程 …… (153)
第三届文化部创新奖 …… (153)
文化部科技创新奖 …… (153)
2009—2010 年度国家文化出口重点企业 …… (153)
2009—2010 年度国家文化出口重点项目 …… (154)
2009 年度全国动漫企业 …… (154)
2009 年全国文化市场十大案件 …… (154)
2008—2009 年度全国文化市场综合执法案卷评比 …… (154)
2008—2009 年度江苏省舞台艺术精品工程 …… (155)
第一批江苏省古籍重点保护单位 …… (155)
第七届江苏省戏剧文学奖 …… (155)
江苏省第三届中小学生艺术展演暨第五届少儿艺术节 …… (155)
全省优秀文化站 …… (164)
全省优秀文化站站长 …… (165)
省级文化产业园区 …… (166)
2009 年度江苏省知识产权十大典型案件 …… (166)
● 广播电视方面 ●
第二十届中国新闻奖获奖名单 …… (166)
第十一届韬奋奖获奖者名单 …… (166)
2007—2008 年度中国广播影视大奖 …… (167)
首届(2008)中华慈善新闻奖 …… (167)
2007—2008 年度中国广播影视大奖 …… (167)
第六届全国广播电视学术著作评选 …… (168)
第二十七届中国电视剧飞天奖 …… (168)
2008—2009 年度江苏电视剧政府奖 …… (168)
第十三届电影华表奖 …… (168)
2009 年度江苏广播类评奖 …… (168)
2009 年度江苏电视类评奖 …… (170)
2009 年度(广电系统)报刊类评奖 …… (171)
● 新闻出版方面 ●
新中国 60 年百名优秀出版人物 …… (172)
中国百名优秀出版企业家 …… (172)
全国百名有突出贡献的新闻出版专业技术人员 …… (172)
全国“五五”普法中期先进集体和先进个人 …… (172)
2008 年度查处侵权盗版案件有功单位及个人 …… (172)
查办徐州“3·03”制售非法报纸团伙网络案作出突出贡献的有功集体和有功个人 …… (172)
2009 年度全国“扫黄打非”工作先进集体、先进个人 …… (172)
全国“迎奥运讲文明树新风”公益广告评选 …… (173)

迎接新中国成立60周年出版物印刷质量监督检测活动先进单位和先进个人 ……………………………… (173)
全国农家书屋读书征文活动评选 … (173)
新中国60年有影响力期刊和期刊人评选 ……………………………… (173)
新中国百名杰出贡献印刷企业家评选 ……………………………… (173)
全国印刷行业百名科技创新标兵评选 ……………………………… (173)
2009年中国印刷企业100强评选 ……………………………… (174)
2009年度文化产业统计工作先进单位 ……………………………… (174)
2009年度江苏省文化科技卫生"三下乡"先进集体、先进个人 …………… (174)
全省新闻出版(版权)依法行政示范点评选 ……………………………… (174)
2009年度全省"扫黄打非"工作先进模范县(市、区)评比 ……… (174)
2009年"诚信江苏与新闻出版"演讲大赛 ……………………………… (174)
上海书展江苏主宾省参展组织工作评优活动 ……………………………… (175)
2007—2009年度江苏省新闻出版行业文明标兵单位和文明单位 ……… (175)
江苏省2009年度农家书屋工程建设先进集体和先进个人 …………… (175)
2008—2009年度先进农家书屋和优秀管理员 ……………………………… (175)
2009年度农家书屋读书征文活动评比 ……………………………… (175)

• 报纸宣传方面 •

第二十届中国新闻奖获奖名单 …… (175)
第十一届(2008年度)"江苏报道奖"一等奖篇目 ………………………… (176)
2009年度江苏省报纸优秀作品一等奖篇目 ……………………………… (176)
2009年度江苏省新闻论文一等奖篇目 ……………………………… (177)
2009年度江苏省网络新闻一等奖篇目 ……………………………… (178)
2009年度江苏省新闻摄影一等奖篇目 ……………………………… (178)
2009年度江苏省报纸副刊作品一等奖篇目 ……………………………… (178)
2009年度江苏省报纸版面一等奖篇目 ……………………………… (178)
2009年度江苏省新闻漫画一等奖篇目 ……………………………… (179)

大事记

大 事 记 ……………………………… (180)

领导讲话

梁保华在全省文化建设工作会议上的讲话 ……………………………… (197)
梁保华在全国"双百"、省"双50"人物和第二届全国及省道德模范代表座谈会上的讲话 ……………………………… (206)
省委书记梁保华对做好全省宣传思想工作的批示 ……………………………… (208)
杨新力在全省宣传部长会议上的讲话 ……………………………… (208)

报刊文录

• 中央报刊文章 •

努力推动社会主义文化大发展大繁荣 ……………………………… (217)
奋斗的六十年　辉煌的六十年 …… (221)
强大精神力量的支撑 ……………… (225)
江海涌动文明潮 ……………………… (227)

四位一体　久久为功 ……………… (229)
“神话”是怎样创造的? …………… (230)
更加自觉地走科学发展道路 ……… (233)
60年铸就辉煌路　新起点再谱新华章
………………………………………… (235)

● 本省报刊文章 ●

天翻地覆慨而慷 …………………… (238)
努力做好新形势下的新闻宣传工作
………………………………………… (245)
歌颂伟大祖国　建设美好江苏 …… (250)
努力建设马克思主义学习型政党 … (251)
江苏广播影视新媒体新服务新发展
………………………………………… (257)
着力推进新闻出版业　走科学发展
率先路 …………………………… (261)
弘扬爱国主义精神　共建和谐美好
家园 ……………………………… (263)
解放思想　科学发展　开拓无锡发展
新局面 …………………………… (266)
文化产业发展在常州 ……………… (269)
为实现又好又快发展提供强大思想
文化保证 ………………………… (273)
增强宣传思想工作公共服务功能 … (275)
以科学发展观指导宣传思想工作创新
发展 ……………………………… (278)
党的建设亟需固本强干攻坚克难 … (281)
在应对危机中提升科学发展水平 … (289)
从“四个辩证统一”中深入理解和
把握“十个结合” ………………… (292)
抓住长三角新机遇　促进我省经济
再上新台阶 ……………………… (295)
努力打造文化产业强县 …………… (300)
着力增强学好用好政策的本领 …… (302)
深化文化体制改革　打造文化产业强省
………………………………………… (304)
努力建设人民具有更高文明素质的省份
………………………………………… (308)
不竭的动力 ………………………… (310)
坚持改革创新　推进网络整合和数字化
发展 ……………………………… (313)
打造群众满意的文明村 …………… (315)
“口红效应”与文化产业发展 ……… (318)
● 中宣部内刊用稿选编(13篇) ●
………………………………………… (322)

干部队伍

全省宣传干部统计 ………………… (335)
全省宣传文化系统领导干部名单 … (340)

提高宣传思想工作的科学化水平

（代序）

杨新力

提高党的建设科学化水平，是党的十七届四中全会提出的重大命题。宣传思想工作作为党的工作的重要组成部分，要把提高科学化水平作为重要任务。我省宣传思想工作起点高、条件好、任务重、责任大，既是动力又是压力。要坚持以科学理论为指导、以科学制度作保障、以科学方法来推进，敢想敢干会干实干，使宣传思想工作体现时代性、把握规律性、富于创造性。

注重统筹兼顾，优化工作布局。随着经济社会快速发展，宣传思想工作领域越来越宽，涉及面越来越广，战线越来越长，必须统筹规划、科学布局。要着眼工作全局，统筹文化事业与文化产业、体制改革与结构调整、对内宣传与对外宣传、传统媒体与新兴媒体、加快发展与加强管理以及区域城乡文化发展，使之相互促进、良性互动。要坚持辩证思维，在文化建设目标上处理好远与近的关系，道德建设标准上处理好高与低的关系，精神文明建设上处理好虚与实的关系，思想教育效果上处理好知与行的关系。要以规划带项目，抓住国家和省制定“十二五”规划契机，积极推动宣传思想工作纳入经济社会发展全局，纳入科学发展考核评价体系，争取文化事业产业重点项目特别是重大设施进入规划大盘子，明确硬指标，提出硬任务，落实硬要求。

注重基层基础，扩大工作覆盖面。宣传思想工作重点在基层，难点也在基层。必须眼睛向下、重心下移，面向基层、服务群众。要把政策更多向基层倾斜，在制定体制改革、产业发展、人才激励等方面优惠政策时给予优先考虑，对基层多理解多关心多支持，帮助基层争取政策、落实政策，使政策转化为推动基层工作发展的强劲动力。要把资源更多向基层投放，在资金扶持、项目建设、信息提供等方面给予优先安排，积极为基层文艺院团配备流动舞台车，加大未成年人社会实践基地、爱国主义教育基地建设扶持力度。要把工作更多向基层延伸，在宣传教育、文明创建、文化服务中更加贴近基层，组织好“三下乡”、“三送”等文化惠民活动，在服务群众中加强基层宣传思想工作。

注重改革创新，增强工作效率。这些年，全省宣传思想工作所以能够在关键时刻发挥重要作用，很大程度上得益于锐意改革、不断创新。改革创新是动力源，过去做过的事情，要想办法做得更好，过去没有做过的事情，要积极尝试着去做。要善于用组织重大宣传战役和主题宣传的办法扩大社会效应，精心策划，精心组织，调动多种宣传资源，形成规模、形成声势。要善于用市场化的办法优化资源配置，集聚优势、拓展渠道，做大做强文化产业。要善于用抓品牌创特色的办法提高效率、效益，充分发挥自身优势，高水平策划、高层次运作、高质量打造，不断增强宣传思想工作美誉度、认同度。

注重狠抓落实，提高工作执行力。执行力是实施发展战略、实现发展目标的能力，是决定事业成败的重要因素。新形势下的宣传思想工作越来越实，突发事件舆论引导、网上舆情处置、文化产业发展等任务都来不得半点含糊，稍有不慎就可能造成严重后果，稍有松懈就可能贻误事业发展。要强化工作责任，建立责任体系，加强责任监督，严格责任追究，决策、执行与监督环环相扣，一级抓一级，层层抓落实。要强化效能建设，坚决克服办事推诿拖沓、敷衍塞责现象，不拖拉、不走样、不马虎，努力把思想变为行动、把目标变为现实、把计划变为成果。要强化用人导向，建立科学的干部考核、监督和任用机制，使品行好、能力强、有作为的人得到重用，推动形成人人想干事、干大事、干成事的环境氛围。

注重队伍建设，保持良好精神状态。做好宣传思想工作，归根到底靠班子、靠队伍、靠人才。现在，宣传思想工作蓬勃发展、大有可为，正是我们施展才华、实现价值的好时候。要忠于事业，切实增强政治意识、大局意识、服务意识，大事面前不糊涂，关键时刻不动摇，重大原则问题上旗帜鲜明、立场坚定。要勤奋学习，牢固树立终身学习理念，把学习作为一种政治责任、一种精神追求、一种生活方式，通过学习促进工作，通过工作推动学习，走在建设学习型党组织前列。要改进作风，大兴密切联系群众之风、求真务实之风、艰苦奋斗之风、批评与自我批评之风，深化“三项学习教育”活动，切实解决虚假报道、有偿新闻、不良广告、低俗之风等社会反映强烈的突出问题，树立和维护宣传思想队伍的良好形象。

（摘自2010年1月30日在全省宣传部长会议上的讲话）

工作总述

2009年，全省宣传思想文化战线认真贯彻落实中央和省委决策部署，按照“高举旗帜，围绕大局，服务人民，改革创新”总要求，着力抓规划布局，抓重点项目，抓关键环节，抓统筹协调，保增长保民生保稳定、学习实践科学发展观、学习贯彻党的十七届四中全会精神等宣传战役积极主动，庆祝新中国成立60周年重大活动社会反响强烈，全国全省道德模范和“双百”、“双50”人物推荐评选吸引干部群众广泛参与，大规模突发公共事件舆论引导培训成效显著，文化改革发展取得新突破，各方面工作呈现良好态势，在以往基础上实现新跨越，为推动科学发展、建设美好江苏提供有力思想文化保证。

一　紧扣主题广泛开展庆祝新中国成立60周年宣传活动，进一步唱响时代主旋律

围绕庆祝新中国成立60周年，精心策划组织庆祝大会、成就展、群众歌会等系列重大活动，普遍走访慰问为新中国成立与建设作出重要贡献的老干部、老党员、老工人和先进模范人物，极大弘扬了民族精神，凝聚和振奋了党心民心。“奋进的江苏”成就展规模大、内涵深、展陈新、效果好，吸引观众73.6万，其中28.3万人次留言祝福祖国祝福江苏，创江苏同类展览之最。“茉莉盛开颂祖国”万人歌咏大会立意新颖、明快大气、热烈喜庆、富有特色，为我省历史上规模最大的一次歌咏大会，受到普遍好评。精心制作“吉祥如意”彩车进京参加国庆大典，用高科技手段集中展示了江苏发展成就和特色。联欢焰火晚会和花车游行、优秀剧(节)目展演、美术作品展览、影视剧动画片展映展播等精彩纷呈，营造了同庆国庆、共享欢乐的浓厚氛围。

以“歌颂伟大祖国，建设美好江苏”为主题，深入开展群众性爱国主义教育活动，唱响了共产党好、社会主义好、改革开放好、伟大祖国好、各族人民好的主旋律。精心组织全国“双百”全省“双50”人物评选，坚持推荐评选与宣传教育相结合，群众积极参与投票近1 200万张，评定的全国“双百”人物中与江苏有关的达33名之多，英模事迹和崇高精神得到广泛传播。开展“爱国歌曲大家唱”活动，组织进京展演、省级机关文艺汇演，全省上下传唱红色歌曲，抒发爱国爱乡之情。省总工会、省文联开展“咱们工人有力量”大型摄影采风创作活动。各地积极发挥爱国主义教育基地和博物馆、纪念馆、图书馆等公益性文化场所作用，通过百姓听、看、唱、议等多种形式，让人们充分感受祖国和家乡的巨大变化，进一步增强信心与斗志。省及各地还结合纪念渡江战役胜利暨南京解放60周年、五四运动90周年、人民海军成立60周年等，推出系列宣传教育活动，形成阶段性爱国主义教育热潮。

各类媒体开辟专题专栏，集中报道中央重大庆典活动和我省重点活动，《新华日报》推出国庆系列专版和特刊，组织省市党报联动摄影特别报道，《扬子晚报》联合全国数十家晚报、都市报推出“中国红·解放”系列报道，省广电总台组织大型航拍新闻行动《2009·飞跃新江苏》，推出《全景江苏，活力60》、《华彩60年》等系列报道和《红领巾与共和国同行》等专题片，形成舆论强势。一批重点影视作品广受好评，《邓稼先》作为北京大学生电影节开幕影片放映，《南京！南京!》票房收入达1.8亿元，《人间正道是沧桑》在央视和全国各地热播，创收视新高。集中推出《江苏风物丛书》、《新中国农村60年丛书》、《优秀文学艺术丛书》等一批重点出版物。社科理论界举办专题学术研讨会，从多方面深入探讨、总结60年成就与经验。

二　联系实际深入宣传普及中国特色社会主义理论体系，进一步发挥科学理论指导作用

深化理论学习教育，制定并下发《关于进一步加强和改进中心组学习的实施意见》及《实施细则》，推动各级党委中心组深入学习中国特色社会主义理论体系，学习中央省委重大会议精神，统一党员干部思想行动。突出抓好科学发展观宣传教育，编发《科学发展观学习百题》、《科学发展观学习100问》等通俗读本，开展县处级以上领导干部专题读书调研征文活动，组织社科理论工作者深入基层宣讲一万多场、受众200多万人，组织新闻媒体大力宣传学习实践活动经验和成效，中央媒体报道381篇，省主要媒体、新闻网站刊播1 600余篇，推动学习实践活动深化拓展，促进广大党员干部进一步提高科学发展能力。

积极推进当代中国马克思主义大众化，围绕“六个为什么”等重大理论问题、干部群众关注的热点问题，推出一批重点理论文章，编发通俗理论读物，深入浅出地宣传阐释。以十七届四中全会和省委十一届七次全会精神为重点，组织基层党校轮训和农村党员冬训，全省近300万党员干部接受了培训；组织各级宣讲团，面向基层开展大规模宣讲活动，推动四中全会精神深入群众、深入人心。加强讲坛学堂建设，总结推广了南京“新城市”市民学堂、常州龙城讲坛、泰州百姓大讲堂等成功经验。

加强社科研究基地建设，紧紧围绕中心大局加强应用对策研究，一批重点课题研究成果得到省委省政府充分肯定，为保增长保民生保稳定提供重要智力支持。联合中央文献研究室召开“科学发展观与全面建设小康社会”理论研讨会，深入研究、总结江苏区域性实践探索。加大社科规划项目导向和扶持力度，省社科基金年度项目申报课题1 636项，批准立项162个，国家社科基金年度项目批准立项119项，年度招标项目批准立项13项，资助经费1 547万元，立项数量、资助经费位居全国各省、区、市第三。

三　围绕大局加强改进舆论引导，进一步营造保增长保民生保稳定的良好氛围

服务“三保”首要任务，大力宣传中央对江苏的期望要求，宣传扩内需、保增长、调结构、转方式、惠民生政策措施，宣传各地各部门好经验好做法，宣传自主创新、逆势而上的先进典型，增强干部工作信心、企业家投资信心和群众消费信心。《新华日报》推出“千方百计保出口”、“苏锡常经济转型调查”等系列报道，省广电总台推出《信心江苏》、《敢拼才能赢》等大型新闻行动，形成了化危为机、迎难而上、团结奋进、共克时艰的良好舆论氛围。围绕江苏沿海开发，〈新华日报〉策划与沿陇海线、兰新线四省区党报联动采访报道，省广电总台推出《沿海观潮》、《沿海发展规划解读》等系列报道，南通、盐城、连云港三市媒体策划推出一系列主题报道，引起较大反响。围绕全国全省“两会”、十七届四中全会和省委十一届六次七次全会、汶川绵竹援建一周年、第十一届全运会、文化改革发展等，精心组织系列重点报道，产生重要社会影响，有力配合了全局工作。

认真贯彻中办、国办《突发公共事件新闻报道应急办法》，制定并下发我省突发公共事件新闻报道办法，连续举办3期突发公共事件舆论引导培训班，对所有市县区和省直机关有关负责人共500多人进行集中培训。省两办转发培训班《纪要》，积极推动省及各地成立突发事件舆论引导机构，健全县以上新闻发言人制度，南京市在全省率先建立党委发言人制度，南京、镇江等市建立“网络发言人”制度，各市积极健全、完善工作机制，初步形成上下贯通、横向联动的突发事件舆论引导网络。积极做好医改、就业、甲型流感等社会热点和有关敏感问题的舆论引导，妥善应对突发公共事件80余起，有效维护了社会稳定。

加大网上舆论引导和管理力度，组织开展“江苏沿海开发”全国网络媒体宣传、“歌颂祖国、爱我家乡”网络作品大赛、“科学发展、和谐家园”全国专家博客主题笔会等系列主题活动，形成正面舆论强势。加强网上舆论调控，有针对性推出重点网评文章，出台互联网站黑名单管理制度，对一批省内重点网站、论坛栏目的版主实行实名制管理，依法关闭、整改一批网站、频道(栏目)，删除一批有害信息，网上舆论环境得到明显改善。各地普遍加强网络宣传和监控平台建设，促进网络管理智能化、经常化。

四　抓住机遇全面推进文化体制改革，进一步加快文化事业产业发展步伐

贯彻中央决策部署和李长春同志视察江苏讲话精神，省委省政府召开全省文化建设工作会议，作出深化文化体制改革、加快文化产业发展的《决定》，对加快文化强省建设进行全面部署。特别是在全国文化体制改革经验交流会后，各地各部门贯彻中央精神和省委要求，研究制定改革方案、发展规划及配套政策，推动全省文化改革发展形成热潮。

文化体制改革由点到面、由省级向市县全面展开，取得重大进展。省及各地各有关部门建立健全领导体制和督查机制，按照省委确定的“时间表”“路线图”，制定并落实全省文化系统体制改革、出版社转企改制、文化行政管理体制改革等《实施意见》。全省出版和电影制作、发行、放映单位全面转企改制；全省广电网络资源联合重组全部完成，在全国率先实现全省一网、全程全网；文艺院团转企改制有序推进，南京市所属6个院团，苏州市歌舞团、锡剧团，宿迁市歌舞团等完成改制任务；省及无锡市新闻媒体“两分离”改革不断深化；省辖市文化广电出版“三局合一”、成立综合执法机构基本完成，无锡市所有辖市区，常州的武进、金坛、溧阳，淮安的清河、清浦等也完成了文化行政管理体制改革。制定《关于进一步加强农村电影工作的意见》，进一步理顺地方电影管理体制。

文化产业快速发展。省级文化产业集团规模、效益、实力进一步提升。凤凰出版传媒集团全年销售收入120亿元，实现利润9亿元，净资产突破100亿元，销售、利润、净资产三项指标创历史新高。省广电集团全年总收入40.5亿元，增长46.51%，是总台成立以来发展最快的一年，位居省级台前列。新华日报报业集团新增5个1 000万元利润平台，经营收入达到1.192亿元，增幅达30%，跻身亿元省级党报集团。省广电网络公司全年营业收入20.5亿元，实现利润3.4亿元，分别增长27.3%和38%。省演艺集团经营收入突破亿元，达到1.1亿元，增长24.42%。到2009年底，省属文化集团总资产330.15亿元，净资产200.61亿元，销售收入1 925亿元，实现利润19.67亿元。跨地区跨行业跨所有制重组步伐加快。凤凰出版传媒集团与法国阿歇特公司、山东出版集团等加强合作;新华报业集团与阿里巴巴淘宝天下签订战略合作协议;省广电网络公司与昆明合作建设互动数字电视平台,与上海文广传媒集团签订战略合作框架协议;省演艺集团整合县市剧场资源,推进"苏演院线"建设,拓展基层演出市场,首家旗舰剧院淮安长荣大剧院正式开张;江苏幸福蓝海影视公司与凤凰新华书业公司合作,在全国率先采取"书城+影城"模式开发综合文化设施。新兴文化业加快发展。江苏中江网传媒股份公司筹建就绪,将打造大型综合性门户网站和网络文化产业发展新平台;新华报业集团手机报用户突破200万,3G手机报加快发展;移动多媒体广播电视(CMMB)稳步推进,省广电总台成功申请IPTV许可证,省网络公司获得ISP和ICP业务许可证、有线电视网络节目传输许可证,业务范围有效拓展。文化产业交易和项目招商成果显著。南京市成立文化产业招商中心,无锡市赴英国举办招商活动,镇江市协议引资110多亿元。南京文化产业交易会、常州国际动漫艺术周等影响越来越大,成交量越来越多。文化产业园区建设取得新成果。江苏未来影视文化创意产业园一期工程开工建设,扬州"智谷"、淮安清河文化产业园、盐城文化创意产业园及丹阳江苏文化科技产业园、昆山(周庄)文化创意产业园等建成投产。投融资体制进一步健全与完善。初始规模20亿元的文化产业发展基金筹建工作抓紧进行。"凤凰置业"成功借壳,新华发行集团股改上市积极推进。

优秀精神产品生产成果喜人,各艺术门类普遍繁荣。全年创作投资生产电影14部,制作完成电视剧23部742集,生产并发行原创电视动画片69部40 314分钟,产量居全国之首。《建国大业》、《十月围城》、《決战南京》、《永远的青年》、《战斗的青春》、《郭海的家事》、《人活一张脸》等影视作品引起较大反响,舞剧《西施》入选国家舞台艺术精品工程,《一二三起步走》被文化部列为首批十大保留剧目。在全国全省"五个一工程"评选中,共有114件作品入选。成功举办2009中国百家金陵画展(中国画)、第七届中国音乐"金钟奖"民乐比赛暨2009中国江苏二胡之乡民族音乐节,精心承办第十一届全国美展版画展,文化活动品牌效应进一步放大。

公共文化服务设施更健全、形式更多样、内容更丰富。省及各地重点文化设施加快建设,省美术馆新馆竣工,南京博物院二期工程开工建设。全省有线电视用户达到1 722万、数字电视用户达744万,均居全国第一。全省96%以上行政村建成农家书屋,基本实现行政村全覆盖。全年"三送"活动共送书60万册、送电影13.6万场、送戏2 936场,高雅艺术进校园演出350场,组织百名文艺家惠民演出100余场。省演艺集团组织"文化暖心"、"祝福祖国"、"沿海行"等大规模公益性文化演出。江苏新闻广播成功实现全省调频覆盖,江苏卫视成为首家覆盖全国所有地级以上城市的省级卫视,在全国首批开播高清频道,少儿频道更名上星。

五　面向基层深化思想道德建设和精神文明创建,进一步弘扬社会主义核心价值体系

以社会主义核心价值体系为根本,充分发挥先进典型示范带动作用,促进公民道德建设蓬勃开展。精心组织第二届全国全省道德模范评选表彰活动,全省720万干部群众积极参与推荐、投票,有3人当选全国道德模范、8人获提名奖,评出23位省道德模范、18位省道德模范提名奖。开展"我推荐、评议身边好人"活动,我省38名身边好人入选全国"好人榜"。集中推出江鷹、陈燕萍、徐兆华、于葆林、张定华等先进典型,中宣部将江鹰、陈燕萍列为全国重大典型，组织中央媒体集中报道。学习宣传群众身边好人、道德模范和先进典型事迹，广泛开展群众性道德实践活动，有力弘扬了美德新风。

完善学校家庭社会“三结合”教育网络，深入推进重点工程项目，推动未成年人思想道德建设取得明显成效。积极抓好“童声里的中国”、“做一个有道德的人”、“我们的节日”、“七彩的夏日”等品牌活动，成功承办首届全国中小学生“中华诵”夏令营活动，深受未成年人欢迎。集中开展整治互联网、手机淫秽色情和低俗信息以及整治网吧、净化荧屏声频视频、整顿出版物市场和校园周边环境等专项行动，净化社会文化环境，取得阶段性成果。积极发展未成年人校外活动场所，建成并免费开放18个“乡村少年宫”和8个“名村村史馆”，盐城、连云港、扬州、淮安等市省级社会实践基地建设取得新进展。加强未成年人心理健康教育服务，进一步健全队伍、拓展载体。召开全省未成年人思想道德建设经验交流会，表彰一批先进典型。

扎实推进文明城市创建，带动各类创建活动向纵深发展。组织开展江苏省“市民公共文明指数”和“行业文明服务公众满意度指数”测评试点，着力找准问题、改进工作。广泛开展“迎国庆讲文明树新风”活动、社会志愿服务活动，形成良好社会效应。各地以参加全国城市公共文明指数测评为契机，进一步制定文明城市创建、文明素质提升等工作计划，放大全国文明城市创建示范效应，促进文明创建水平得到新提升。

以返乡农民工、困难企业职工、大学毕业生为重点，加强改进农村、社区、学校特别是企业思想政治工作，推动思想政治工作向基层延伸，为维护“三保”大局提供了有力支持。加强思想政治工作研究，针对重点人群开展系列问卷调查，积极总结、交流基层做法与经验，探索思想政治工作向新经济组织和新社会组织延伸的有效途径。

六　拓展渠道积极开展对外宣传，进一步扩大江苏国际影响力

积极服务省委省政府中心工作，加大对外宣传力度。抓住“第二届世界佛教论坛”、苏州工业园区成立15周年等契机，精心组织海内外媒体集中采访报道。积极配合第十二届中欧领导人峰会、省政府沿海开发上海北京恳谈会等重大活动，有针对性地加强宣传推介，重点做好“台湾江苏周”活动的对外宣传，全方位展示苏台交流合作成果，展示江苏发展优势和特色，为深化两地关系、提升合作层次提供有力舆论支持。加强对外新闻交流，积极为境外媒体参访采访提供服务，全年接待境外记者80多批900余人次。

围绕增强江苏国际传播能力，积极整合外宣资源，加强与中央外宣媒体、境外媒体合作，扩大江苏外宣覆盖面。江苏广电国际频道成功覆盖五大洲18个国家和地区，海外用户超过90万，中英文版的《江苏新闻》成功登录中国国际广播电台。策划开展“盛世长江60年”大型外宣行动，精心拍摄制作《全景江苏之水韵江苏》、《沿海开发新江苏》、《锦绣新江苏》等系列外宣片，对江苏以至整个长江流域发展状况作了生动宣传展示。继续加强侵华日军南京大屠杀文物史料搜集、研究和利用，精心组织系列宣传活动，成功举办《日本百家漫画家笔下的8·15》展览。

把扩大交流与加强营销结合起来，积极参与国家对外文化交流计划，引入商业运作机制，提升江苏文化影响力、竞争力。赴纽约联合国总部举办“中国甲骨文书法展暨锦绣江苏图片展”，参与“2009年欧洲春节品牌”展演活动、举办图片展览，着力抓好“欧

罗巴利亚艺术节”江苏系列活动，一批江苏传统优势项目先后多次赴比利时、德国、法国展演，受到普遍欢迎和积极评价。精心组织上海书展江苏主宾省活动，积极参与法兰克福书展中国主宾国活动，向海内外集中推介一批苏版图书。省演艺集团海外演出市场逆市上扬，凤凰出版传媒集团成功举办世界华文出版论坛，与国家汉办合作在美国纽约佩斯大学成立孔子学院。各地采取多种形式，积极推动文化“走出去”，南京市实施“外宣双百工程”（对外文化交流百家基地和百名使者），南通市成功承办“2009 第四届尼泊尔中国节”，进一步提升城市对外形象。全省共有 99 批文化艺术团组，出访了世界 22 个国家及港澳台地区；有 10 个国家及港澳台地区 22 个项目、17 批文化艺术团组，前来我省交流访问及举办文化艺术活动。

七　注重实效切实加强自身建设，进一步提高宣传思想工作能力水平

坚持把人才队伍建设作为突出任务和基础工作来抓，着力培育建设文化强省的骨干力量。深入实施“五个一批”、“艺术名家”等人才培养工程，积极推动文化急需人才纳入海外人才引进计划，一批优秀宣传文化人才分别入选全国“四个一批”、全省“五个一批”和省“333 人才工程”，一批项目得到省“六大人才高峰”计划资助，取得重要成果。加强人才队伍培训，针对社科骨干、新闻采编人员、外宣网络管理人员、互联网新闻业务等组织系列培训研修活动，举办文艺家暨戏剧知名演员、青年作家等读书班，促进队伍整体素质得到新提升。研究制定《加强和改进省直宣传文化系统干部管理工作的意见》，加大干部考察、选拔、培养和使用力度，充分调动了各方面积极性。

紧紧围绕大局、大势、大事，切实加强信息汇集、分析、报送工作，及时反映全省社会舆情状况和宣传思想文化工作新成效、新经验。认真组织开展一批重大课题调研，围绕“十二五”精神文明建设、十七大以来江苏党的思想理论建设、社科强省建设、农村精神文明建设、文化体制改革和文化产业发展、江苏对外宣传现状与发展、基层宣传思想文化队伍建设等，形成一批有情况有分析有对策的调研成果，为领导决策、改进工作提供了支持、奠定了基础。

认真贯彻中央和省委部署要求，在全省宣传思想文化战线深入开展学习实践科学发展观活动，省直部门单位积极巩固和放大学习实践活动成果，市县基层着力在推动解放思想、创新体制机制、解决突出问题上下功夫，全省上下进一步树立“敢想敢干会干实干”的良好精神状态。大力加强思想建设、作风建设，深入开展“三项学习教育”活动，积极推进服务型、学习型机关建设，推动广大宣传工作者服务基层、服务群众、服务发展，在抓大事办实事中树立良好形象。

回顾全年工作，重点突出、亮点纷呈，富有特色、富有成效，一些工作走在全国前列，得到中央领导同志和省委省政府充分肯定，突出体现在：一系列做法经验向全国推广。中央在我省召开全国文化体制改革经验交流会，全国文化广电新闻出版系统的代表现场参观江苏做法，省委梁保华书记和凤凰出版传媒集团、省演艺集团、省广电网络公司重点介绍经验，我省和一批重点集团受到表彰。刘云山等中央领导同志先后就我省举办突发公共事件舆论引导培训班、开展群众性爱国主义教育等作出重要批示，中宣部举办的突发事件舆论引导培训班到江苏介绍经验，中央文明办在南京召开现场交流会推广“陶老师工作站”经验，新闻出版总署在我省召开经验交流会推广江苏农家书屋建设经验。一系列优秀作品荣获全国大奖。全国第十一届“五个一工程”奖江苏有 7 部作品获奖，每个大类均有作品获奖，另有3部我省组织创作通过其他途径申报的作品获奖，省委宣传部获组织工作奖。在全国性优秀文艺奖项评选中，我省共有100多件作品获奖，其中第十一届全国美展、第三届"中国戏剧奖·小戏小品奖"、第九届中国民间文艺"山花奖"获奖总数均名列全国第一，在书法"兰亭奖"、戏剧"梅花奖"、舞蹈"荷花奖"、摄影"金像奖"、音乐"金钟奖"、电视剧"飞天奖"、电影"华表奖"以及全国优秀流行歌曲创作大赛等重要评选和赛事中，均获得较好成绩。一系列宣传报道在全国产生影响。中央媒体先后20多批次集中报道我省做法与经验，宣传力度、密度比往年明显加大。全年《人民日报》共采用江苏分社供稿260篇，新华社采用4 760条文字稿、5 600张图片、1 500多条音像稿，《光明日报》用稿237篇，《经济日报》用稿494篇，中央电台用稿2 806篇，《新闻和报纸摘要》用稿继续位居全国省级电台前列，中央电视台《新闻联播》用稿639条，其中头条45条，提要178条，用片数量、质量双超历史，为江苏经济社会发展营造良好舆论环境。

（研究室）

全省宣传部长会议

2月18日，全省宣传部长会议在南京召开。传达学习全国宣传部长会议精神和省委书记梁保华在省委常委会上的讲话，总结去年全省宣传思想文化工作，对今年工作进行部署。省委常委、宣传部部长杨新力出席会议并讲话。

会议明确了2009年全省宣传思想文化工作的总体思路：按照胡锦涛总书记“高举旗帜、围绕大局、服务人民、改革创新”总要求，全面贯彻中央精神和省委决策部署，以邓小平理论和“三个代表”重要思想为指导，深入贯彻落实科学发展观，解放思想、实事求是、与时俱进，贴近实际、贴近生活、贴近群众，着力推进经济社会平稳较快发展，着力建设社会主义核心价值体系，着力加快文化强省建设，着力提高舆论引导能力，为江苏走在科学发展前列、继续当好改革开放排头兵、战胜国际金融危机带来的困难与挑战提供强大的思想文化保证。

会议传达了梁保华在省委常委会听取省委宣传部工作汇报时的讲话。梁保华在讲话中充分肯定全省宣传思想文化工作取得的出色成绩。他说，在过去一年遇到许多困难和严峻挑战的情况下，全省经济社会发展保持良好态势，与积极有力的宣传思想文化工作密不可分。全省宣传文化战线围绕中心、服务大局，深入宣传党的十七大精神，积极开展学习实践科学发展观宣传教育，扎实推进理论武装工作，把握正确舆论导向，精心组织纪念改革开放30周年系列活动，继续深化文化体制改革，努力建设文化强省，各项工作都取得了新成绩、积累了新经验。特别是我省在全国率先免费开放博物馆、纪念馆和爱国主义教育基地，南京、苏州、南通被评为全国文明城市，以省级文化产业集团为代表的一批重点文化企业和产业基地迅速发展壮大，《新华日报》、省广电总台等主要新闻单位精心组织主题宣传，都产生了广泛影响，赢得了普遍好评。梁保华强调，今年全省宣传思想文化工作要按照全国宣传部长会议提出的“三个维护”、“四个结合”的要求，把握团结鼓劲、积极进取、昂扬向上的基调，为保增长促发展、保民生促和谐，坚定不移推进“两个率先”，为经济社会又好又快发展提供强大思想保证、舆论支持和文化条件。要深入学习、宣传马克思主义中国化的最新成果，进一步推动当代中国马克思主义的大众化。要贯彻以团结稳定鼓劲、正面宣传为主的方针，提高舆论引导水平，做好凝聚人心、统一思想的工作，进一步增强干部群众变挑战为机遇的信心和勇气，增强全省人民共渡难关、共创美好明天的意志和决心。要认真做好新中国成立60周年宣传工作，精心组织开展纪念庆祝活动。要进一步深化文化体制改革，围绕文化事业强、文化产业强、文化人才队伍强的要求，在推进文化强省建设方面取得新进展，全面提升江苏文化软实力。

杨新力在讲话中回顾和总结去年工作，

安排部署今年任务。他说,全省宣传思想文化战线要认真学习、领会中央精神和省委要求,学习好才能宣传好,认识到位工作才能到位。要切实做到对保增长促发展首要任务的认识、对建设社会主义核心价值体系的认识、对意识形态工作复杂性艰巨性的认识、对抓住机遇发展文化事业产业的认识、对宣传思想文化工作规律的认识。杨新力说,全省宣传思想文化战线要着力抓好深入宣传普及中国特色社会主义理论体系,为“保增长、促发展,保民生、促和谐”营造良好氛围,大力弘扬社会主义核心价值体系,深化思想道德建设,精心组织庆祝新中国成立60周年宣传活动,加快文化体制改革步伐,加强改进对外宣传等方面的工作。杨新力说,全省宣传思想文化战线要按照梁保华书记在省级机关作风建设大会上提出的要求,切实增强政治意识、大局意识、责任意识、服务意识,高度重视学政策、要政策、用政策、用好政策,努力做到敢想、敢干、会干、实干,全力保障今年宣传思想文化工作落到实处。

新华日报报业集团,省广电总台,无锡、扬州、连云港市委宣传部,沭阳县委宣传部,南京航空航天大学党委,扬子石化有限公司党委分别在会上作了交流发言。各市、县(市、区)委宣传部部长,省直宣传文化系统各单位主要负责同志,部分省级机关负责人、部分省部属企业党委宣传部部长,高校党委宣传部部长出席会议。出席全省文明办、外宣办主任会议的全体同志列席会议。会议期间,与会代表参观了新落成运营的江苏广电城、江苏国际书城。

(钱亮星)

全省宣传部长座谈会

8月25日到26日,全省宣传部长座谈会在连云港市召开。省委常委、宣传部长杨新力就下一阶段全省宣传思想文化工作作重要讲话,省有关部门负责人、各市宣传部相关领导出席会议。

杨新力指出,今年以来,全省宣传思想文化工作态势良好,在服务改革发展的同时,加快自身的发展步伐,较好地完成中央和省委交给的任务。各省级新闻媒体、各地宣传部门积极应对国际金融危机,把服务“保增长、保民生、保稳定”的大局作为首要任务,坚持正确舆论导向,加大宣传力度,建立突发事件舆论引导机制,加快自身改革发展,不断推出优秀的文化作品,全省宣传思想文化工作取得优异成绩,在全国产生了较大影响。就下一阶段全省宣传思想文化工作如何深入推进,杨新力指出,当前,国内外不确定因素依然存在,一些热点问题的关注度、敏感度越来越高,下一阶段我省重要文化活动相对集中,要增强做好工作的责任感和紧迫感,加大舆论引导力和影响力,加快文化产业改革发展,培养高素质的宣传文化干部队伍,使宣传文化思想工作与江苏经济和社会发展总体水平相适应,更好地为全省经济社会发展大局服务。要按照“高举旗帜、围绕大局、服务人民、改革创新”的总要求,全面贯彻落实中央和省委重要指示精神,扎实做好下一阶段的重点工作。要积极宣传,引导社会热点,提高突发公共事件的应对能力,为经济发展、文化改革、社会稳定营造良好的氛围,为实现全年经济发展目标加油鼓劲。要进一步推动科学发展观宣传教育的深入开展,继续开展农村党员冬训,促进党的理论创新。要唱响“共产党好、社会主义好、改革开放好、伟大祖国好、各族人民好”的“五好”时代主旋律,精心组织好庆祝纪念活动,营造良好的宣传文化氛围。要推进社会主义核心价值体系建设,努力把文化改革、文化发展推向深入。杨新力最后强调,各级各部门要不断提高工作的执行力,要从实际出发,围绕大局抓重点,统筹兼顾抓具体,勤于思考抓创新,努力把全省宣传思想文化工作推向新阶段,向全省人民交出一份满意的答卷。

会上,省委宣传部常务副部长、省文化厅厅长章剑华传达中央有关精神、省委有关要求并作上半年工作总结。省委宣传部副部长梁勇通报文化体制改革工作情况。省有关部门以及各市宣传部有关负责人作了交流发言。会议期间,与会人员还参观考察了连云港市规划展示中心、市博物馆、新东方集装箱码头、东海少儿版画中心、东海县文体中心等地。

(钱亮星)

江苏省文化建设工作会议

7月6日至7日,江苏省委、省政府在南京召开全省文化建设工作会议,深入贯彻落实十七大精神,对全面推进文化体制改革、加快建设文化强省作出部署,动员全省上下在应对国际金融危机挑战中,抓住文化建设的新机遇,开创文化发展的新局面,促进经济社会又好又快发展。

省委书记梁保华出席6日上午的大会并发表重要讲话。省委副书记、省长罗志军主持并讲话。省领导张连珍、王国生、赵克志、朱善璐、李云峰、杨新力、黄莉新、柏苏宁、徐鸣、曹卫星、周珉、张九汉,省军区政委李笃信,省法院院长公丕祥等出席会议。

梁保华在讲话中充分肯定了近几年来我省文化建设取得的重大进展,提出了今后一个时期建设文化强省的总要求:高举中国特色社会主义伟大旗帜,坚持以邓小平理论和“三个代表”重要思想为指导,深入贯彻落实科学发展观,以发展社会主义先进文化为核心,以加强社会主义核心价值体系建设为主线,以满足人民群众精神文化需求为导向,坚持文化事业和文化产业“两手抓”,坚持政府投入和文化体制改革“两到位”,坚持公益性文化事业和经营性文化产业“两分开”,坚持促进繁荣与加强管理“两结合”,全面推进文化体制改革,进一步解放和发展文化生产力,努力建设“文化事业强、文化产业强、文化人才队伍强”、文化综合实力位居全国前列的文化强省。今后三年,加快建设文化强省的工作重点是抓好“五个一批”:实施一批重大公共文化服务工程,培育一批综合实力强、竞争力强、带动力强的骨干文化企业,建设一批集聚度高、特色鲜明的文化产业基地,培养引进一批在国内外有影响的文化拔尖人才和领军人才,打造和推出一批受群众和市场欢迎的文化品牌和精品力作。到2010年,全省经营性文化事业单位转企改制到位,公益性文化事业单位内部机制改革到位,实现文化体制改革从“盆景”走向“百花园”,从“试验田”走向大面积“丰收田”;到2012年,建成比较完善的公共文化服务体系,文化产业增加值占GDP的比重达到5%以上。

梁保华在高度评价省属文化单位改革取得的成效和经验后,强调要抢抓当前有利时机,大力发展文化产业,重点发展文化创意、影视制作、出版发行、印刷复制、广告、演艺、娱乐、文化会展、数字内容和动漫等9大门类,使文化产业尽快成为江苏的支柱产业。

梁保华指出,人才资源是第一资源,优秀文化人才是先进文化的生产者、传播者,是建设文化强省的骨干力量,要把人才队伍建设作为文化建设的第一战略,完善文化人才培养机制,拓宽人才培养渠道,努力造就一支高素质文化人才队伍。

罗志军在主持讲话中要求,当前和今后一个时期,各级政府要高度重视公共文化服务体系建设，重点在构建覆盖全省、惠及全民的公共文化服务网络上下更大功夫，在高标准建设重点文化工程上下更大功夫，在加强公共文化内容建设上下更大功夫，在促进公共文化资源配置更多转向农村上下更大功夫。要按照做强做大要求加快发展文化产业，进一步完善文化产业发展规划，加快培育各类文化企业，切实加强文化市场建设，确保实现2012年全省文化产业增加值占GDP5%左右，成为全省经济的支柱产业。要推动文化改革创新迈出更大步伐，在体制机制创新、文化科技创新、文化传播方式创新等方面取得新突破。要加快推动政府职能转变，加快完善人才培养使用机制，加快建立多元投入格局，努力为文化强省建设提供坚实保障。

省委常委、宣传部部长杨新力在会议结束时作了总结讲话。

各市市委书记、市长、分管副市长、宣传部长和有关部门主要负责同志，各县（市、区）委书记或县（市、区）长、县（市、区）党委宣传部长，省委各部委、省各委办厅局和直属单位主要负责同志，省文化艺术、新闻出版、广播影视、社科理论界部分专家学者，部分国有企业和民营企业负责人参加了会议。

（曹　蕾）

全国文化体制改革经验交流会

2009年8月14日至16日，全国文化体制改革经验交流会在南京召开，会议为全国的文化体制改革制定“路线图”和“时间表”，标志全国文化体制改革进入新的推进阶段。中共中央政治局常委李长春对会议作出重要批示。中共中央政治局委员、书记处书记、中宣部部长刘云山出席会议并听取大会交流发言，中共中央政治局委员、国务委员刘延东出席会议并讲话。12个全国文化体制改革先进地区和58家先进企业受到表彰。江苏省委书记梁保华出席会议并致辞，北京市、上海市、广东省广州市、安徽省芜湖市、山东省临沂市等文化体制改革先进地区也在会上作交流发言。

李长春在批示中强调，当前文化体制改革已进入攻坚克难的关键阶段，迫切要求我们在已有工作基础上，抓住关键环节和重点领域，加大力度、加快进度，在解决影响和制约文化科学发展的一些深层次矛盾和问题上实现重点突破，推动文化体制改革向纵深发展。各级党委政府要深入学习实践科学发展观，树立新的文化发展理念，将文化体制改革摆在更加突出的位置，切实抓紧抓好，抓出成效。

李长春要求，当前要创新公共文化服务运行机制，加快构建覆盖城乡的公共文化服务体系；加快国有经营性文化单位转企改制步伐，着力培育合格的文化市场主体；着力培育骨干文化企业和文化领域战略投资者，切实增强国有文化企业的整体实力和竞争力；大力推进文化领域资源整合，进一步增强文化建设的整体实力和发展后劲；加快构建有利于科技与文化产业相结合的体制机制，大力发展新兴文化产业；积极创新文化走出去的模式，不断增强中华文化的国际影响力和竞争力。

刘云山在讲话中总结文化体制改革工作的重要经验，强调必须以思想的新解放推动改革取得新突破，必须坚决革除体制性障碍、形成有利于文化发展的体制环境，必须始终坚持以人为本、充分尊重群众的主体地位和首创精神，必须以改革促发展、用发展的成果检验改革的成效，必须不断完善政策、用足好政策，必须切实加强组织领导、形成推进改革的强大合力。

刘延东在讲话中指出，要坚定信心、深入推进，高质量如期完成文化体制改革的各项任务。要把握契机、抓住关键,把《文化产业振兴规划》落到实处。要明确职责分工,形成促进文化领域改革与发展的整体合力。政府有关部门,特别是发展改革、财政、税务、工商、社保等与文化建设密切相关的部门,要在政策、财力、物力等方面积极为改革提供支持和保障。文化、广电、新闻出版系统要进一步推动所属领域的体制改革。在落实《文化产业振兴规划》方面,各地各有关部门要结合实际,制定实施细则和配套政策,保障规划的有效实施。

梁保华在致辞中说,近几年来,江苏认真贯彻落实中央关于文化建设的决策部署,把文化建设摆在全局工作的突出位置,坚持文化事业和文化产业"两手抓",政府投入和体制改革"两到位",以"两到位"落实"两手抓",促进文化事业和文化产业协调发展,推动文化大发展大繁荣,文化建设取得新的成绩。最近,江苏省委省政府认真贯彻中央的决策部署和李长春同志在江苏视察时提出的要求,对加快文化体制改革进行全面部署,进一步明确"路线图"和"时间表",落实任务、落实责任、落实政策,推动改革由点到面、由省级向市县全面展开,从"试验田"拓展为大面积的"丰收田",从"盆景"变成欣欣向荣的"百花园"。江苏将认真学习领会、全面贯彻这次会议精神,学习兄弟省区市的好经验好做法,全面推进文化体制改革,不断开创文化发展新局面,努力建设文化事业强、文化产业强、文化人才队伍强的文化强省。

会上,中宣部、文化部、国家广电总局、新闻出版总署对北京、上海、江苏等12个"全国文化体制改革先进地区"和中国对外文化集团公司、中国电影集团公司、央视国际网络有限公司等58家"全国文化体制改革先进企业"进行表彰。

会议期间,中宣部副部长、国家广电总局局长王太华,中宣部副部长、文化部部长蔡武,新闻出版总署署长柳斌杰分别对本系统的改革工作进行部署。与会同志还进行分组讨论和现场参观考察。

中央文化体制改革工作领导小组成员王太华、蔡武、柳斌杰、李建华、孙志军、蔡名照、黄文平、张少春、王晓初、解学智、刘玉亭、王超,中央文化体制改革工作领导小组办公室成员欧阳坚、赵实、蒋建国,中央国家机关有关部委、中央主要新闻单位负责同志王文章、张海涛、邬书林、陈俊宏、周树春、苟天林、徐如俊、王求、张长明,江苏省领导罗志军、朱善璐、杨新力、曹卫星,各省区市党委宣传部部长、副省长,以及各省区市文化、广电、新闻出版部门负责人等出席会议。

(曹 蕾)

第二届全国全省道德模范评选表彰活动

道德模范评选表彰和学习宣传活动扎实推进。省及各市评选表彰活动组委会广泛发动群众参与，各地推荐预备候选人530多名。43名全国、全省道德模范候选人先进事迹在中央和省新闻媒体集中刊播，全省720万群众参与投票。吴仁宝、陈光标、张公兰等3人光荣当选第二届全国道德模范，张定华、何健忠等8人荣获第二届全国道德模范提名奖，庄印芳等23人光荣当选第二届江苏省道德模范，陆明才等18人荣获第二届江苏省道德模范提名奖。组织全国、全省道德模范参加省委省政府主办的庆祝新中国成立60周年系列活动，省委书记梁保华、省长罗志军等省领导亲切会见道德模范。深入开展“学习道德模范，争当文明使者”主题教育活动，大力营造学习道德模范、崇尚道德模范、争当道德模范的浓厚氛围。持续开展“我推荐我评议身边好人”活动。全省共有55人入选中国文明网“好人榜”。中央文明办在我省举办“道德的力量——全国道德模范与身边好人现场交流”活动，产生积极社会反响。镇江市拍摄电影《小城大爱》、出版报告文学集，放大道德模范、身边好人示范效应，打造“大爱镇江”活动品牌。盐城市积极实施“三百三树”工程，选树道德模范、选树文明新事、选树文明市民。

（杨力群）

庆祝新中国成立60周年系列文化活动

为充分展示新中国成立60年特别是改革开放30年来江苏取得的辉煌成就，激发广大人民群众积极投身“两个率先”建设的热情，自2009年9月26日起至11月，江苏推出五大文化活动，为新中国成立60周年营造喜庆热烈、欢乐祥和、文明和谐的文化氛围，丰富全省人民的节日文化生活。

这些活动具体包括：奋进的江苏——庆祝新中国成立60周年大型成就展、茉莉盛开颂祖国——庆祝新中国成立60周年万人歌咏大会、百花争艳——庆祝新中国成立60周年江苏省优秀剧（节）目展演、时代多娇——庆祝新中国成立60周年江苏美术作品汇展、优秀电影电视剧动画片展映展播。

在南京国际博览中心举办的大型成就展，由省委、省政府主办，省委宣传部、省发改委等部门和13个省辖市政府承办，分为历史巨变、辉煌成就、共同发展、美好未来四部分，展览面积达2万多平方米，展出3 000余幅图片、1 000多件实物，是江苏历史上同类展览中规模最大的一次。“历史巨变”集中展示在党中央亲切关怀和省委省政府坚强领导下，江苏大地发生的翻天覆地变化。“辉煌成就”主要展示江苏经济、政治、文化、社会以及党的建设取得的巨大成就。“共同发展”主要展示各省辖市经济社会发展的亮点和特色。“美好未来”主要展示江苏发展新目标、各界人士新寄语、放飞梦想新憧憬。为增强展览的吸引力，整个布展采用图片、文字、展板和模型、实物、展台相结合的形式，辅之以声、光、电等现代化、数字化技术手段，并特别设置自主创新展台、人民生活展台、文化建设展台、生态建设展台、基础设施建设展台、服装展示T台、“万人说成就”演播室等，层次分明，协调壮观，明快大气，耳目一新。既给人以强烈的直观视觉冲击，又给人以无限的心灵回味。历时35天的展期，共有73.6万观众、28.3万条观众留言，创下了同类展览持续时间最长、展览规模最大、观众人数最多、社会反响最强烈的“四个之最”，成为江苏庆祝新中国成立60周年系列活动的“重头戏”。

万人歌咏大会由省委、省政府主办，省委宣传部、省文化厅承办。以群众歌咏为主，辅以中心舞台的专业演出，参与演出的单位25个，共调集专业院团演员和解放军战士等演职人员2 500人，组织群众合唱方阵5 000人，以及现场观众5 000多人。无论是参加人数，还是舞台规模，都是江苏历史上规模最大的一次歌咏晚会。歌咏大会分为祝福中国、钟山旭日、扬子彩虹、江海春潮、和谐家园、自豪中国六个部分，并选取极具时代性、人民性、艺术性，广大群众耳熟能详的《今天是你的生日》、《我们走在大路上》、《在希望的田野上》等共13首歌曲演唱，还创作摇滚组合评弹《茉莉花开小康路》、歌曲《美好江苏》、音诗画《红色家书》、诗朗诵《中国，我为你自豪》等原创节目，是一台以时间为线索，以重大历史事件为载体的全景式、群众性艺术作品。全场演员和观众一起，用深情的歌声，为新中国60华诞唱响赞歌。省领导梁保华、罗志军、张连珍、王国生，南京军区副政委张德华等出席观看演出。

优秀剧（节）目展演由省委宣传部、省文化厅主办，选调全省近年来新创作的13台优秀剧（节）目，涵盖京剧、锡剧、淮剧、扬剧、淮海戏、滑稽戏等，以及舞剧、木偶、苏州评弹等多种艺术样式，几乎囊括全省的各大主要艺术门类，且大多是近几年新创作的，其中一些已经在全国重大艺术活动中获得好评，如滑稽戏《顾家姆妈》刚刚获得中宣部的“五个一工程”奖。具体有省京剧院复排京剧《沙家浜》重温革命经典；舞剧《西施》舞动古楚风韵；京剧《飘逸的红纱巾》张扬战争年代青春的爱与信仰；淮剧《唢呐声声》闪耀硝烟深处人情、人性的光辉；扬剧《县长与老板》亦庄亦谐，活画基层干部新风貌；锡剧《桃花村》深刻厚重，思索执政为民大问题；苏州评弹《风雨黄昏》弹唱一篇夕阳恋曲；淮海戏《老县长的第二春》摆开一桌爱的宴席；滑稽戏《顾家姆妈》演绎几十年风雨，令人笑中含泪；人偶童话剧《白雪公主》再现名著魅力，为孩子们奉上欢乐大餐；《苏韵流芳——民族音乐会》丝竹悠扬，传送婉约情致；歌舞《好一朵茉莉花》曼舞轻歌，飘溢江南芬芳；更有《蓓蕾初绽——“江苏小京班”经典传统折子戏专场》的精彩演出。其中，现代戏占据85%，有5台剧目为2007年江苏面向全国征集京剧现代戏剧本中的获奖作品，由京剧、淮剧、扬剧、淮海戏等地方剧种移植搬上舞台。

美术作品汇展由省委宣传部、省文化厅主办，分为《红色征程》、《火红岁月》、《辉煌时代》三个部分。“红色征程”（1921—1949）以大型山水画形式描绘红色圣地的山河壮丽，讴歌1949年前的革命历程，回顾党和国家的诞生、成长、发展的光辉足迹。主要展出作品有《韶山日出》、《遵义晨曦》、《延安圣地》、《西柏风云》、《芦荡火种》等作品。“火红岁月”（[illegible]）以江苏省美术馆等单位的馆藏经典作品为主，适当入选新创作品，记录新中国在社会建设方面的火红场面及辉煌成果，反映新中国人民群众积极参与祖国建设的壮志豪情，主要展出作品有魏紫熙的国画《天堑通途》、钱松岩的国画《冈陵永固》、宋文冶的国画《太湖新装》、陈丹青的油画《写给敬爱的毛主席》等35件。“辉煌时代”(1978—2009)描绘改革开放三十年来江苏取得的伟大成就，主要展出作品有：《发展是硬道理》、《环卫天使——徐州下水道四班》、《新农村带头人——吴仁宝》等45件。三个部分合计展出美术作品95件，系江苏在全国范围内组织有实力、有影响的画家创作出的一批艺术精品，以及江苏省美术馆馆藏的部分名家名作，展现新中国成立、建设、改革的历程，反映社会的进步、历史的变迁。

优秀电影、电视剧、动画片展映展播，主要展示江苏近几年组织创作生产的影视成果，如电影《建国大业》、《南京！南京!》，电视剧《人间正道是沧桑》，动画片《小卓玛》等，原创度高，具有鲜明的江苏烙印，思想性、艺术性和观赏性都很强。

此次系列活动充分利用展览馆、图书馆、博物馆、美术馆、剧场、电影院等公共文化设施，本着“面向基层、群众参与”的原则，开展各具特色、生动活泼的群众性文化活动。除剧目展演实行低票价外，所有活动均向市民敞开大门，免费开放，营造了浓厚的庆祝新中国成立60周年的舆论氛围、社会氛围和欢乐的文化氛围。系列活动得到广大市民的热烈响应和积极参与，有的活动甚至出现一票难求的盛况，为节日的市民文化生活增添了鲜明的色彩。

（曹　蕾）

参加国庆60周年天安门广场群众游行“吉祥如意——江苏省彩车展示”活动

为庆祝新中国成立60周年，国家在首都北京天安门广场举行盛大的阅兵和群众游行，其中“锦绣中华”方阵，由各省（市、自治区）制作代表性彩车进行游行展示，以展现各省（市、自治区）的风貌。江苏彩车从创意设计到制作组装，直至运行展示，共历时7个月。经多次评审，选定南京航天航空大学设计的《吉祥如意》主题彩车为实施方案。进入工程设计和制作组装阶段后，按政府采购程序进行彩车制作的议标、评标、开标，省财政专门拨付860万元专项经费用于设计制作和运行保障。8月中旬起，组织江苏彩车工作组驻京工作，全面展开彩车的联动调试和运行演练。10月1日上午，“吉祥如意”江苏彩车作为60周年国庆盛典唯一的江苏形象，加入“锦绣中华”方阵，接受党和国家领导人以及全国人民的检阅，获得圆满成功。10月2日至11日，江苏彩车和其他彩车一起在天安门广场向公众展示，参观人数逾1 000万。江苏彩车于10月16日下午运返后，10月20日上午组装复原，配合“奋进的江苏——庆祝新中国成立六十周年大型成就展”，对外展示，直至10月31日展览结束。

云锦、五亭桥、虎丘塔、苏通大桥、憨态可掬不知疲惫摇着头的大阿福……江苏彩车兼具传统与现代气息，以如意为主体造型，巨大的球形显示屏尤其引人注目。彩车长达15米，主要由前后两部分造型组成。主体红色，间缀明黄，四周点饰国家级非物质文化遗产——南京云锦纹样，代表喜庆和辉煌。两端是绿色,象征生态和活力。侧视车体,形同"苏"字汉语拼音"S",犹如一朵奔腾的浪花。车身两边,12位茉莉花仙子翩翩起舞,仿佛印象水乡,凸显东方神韵和江苏特色。连接前后两组造型的,是一座创造四项"世界之最"纪录的长江大桥——苏通大桥,寓意江苏传统与现代一脉相承,历史与未来交相辉映。彩车前部灵芝形如意头上,铺了"一张绿色的荷叶",体现出江苏水乡的地理特征。荷叶之上,江苏最具人文特征的风景名胜五亭桥和虎丘塔亭亭玉立。彩车后部的灵芝型如意头上,专为彩车研制的球形LED显示屏晶莹耸立,流光溢彩,象征江海明珠。参加游行的彩车几乎都装有超大LED显示屏,而江苏彩车的最大亮点就是这个高高耸起、全屏展示高品质唯美画面的圆球。这个巨型圆球形显示屏投入近300万元,直径达2.5米、球面积21平方米,清晰度8级可调,是全彩色、高清晰、贴面型三合一LED显示屏,为江苏彩车注入新的现代科技元素,使其成为新一代LED异形显示屏的佼佼者。该显示屏在全国乃至全世界都是第一个,被媒体赞美为"中华第一球"。

江苏彩车的创意策划、设计制作和运行展示达到预期效果,完成省委、省政府部署和要求的"展示美好江苏,献礼祝福祖国"的任务,也得到社会各界的热情关注,产生良好的社会效应。

（曹　蕾）

在比利时举办欧罗巴利亚中国艺术节江苏系列文化活动

2009年10月至2010年2月,由省政府新闻办公室、省文化厅共同承办的欧罗巴利亚中国艺术节江苏系列文化活动在比利时及周边国家隆重举行。此次活动包括扬州木偶表演、南京云锦展览、苏州中医药展览和昆剧表演等四项江苏传统文化外宣优势项目,分四批赴比利时、德国、法国等国家展演,受到欧洲主流社会和各级民众积极评价,引起欧洲主流媒体广泛关注,提升了江苏文化的国际影响力。

扬州木偶剧团先后在江苏友城德国施泰瑙市,比利时那幕尔、布瑞、布鲁塞尔等多个城市演出,11天内为观众献艺15场,以传统木偶表演、绝技绝活表演和人偶同台表演相结合的方式,向德、比两国观众充分展示了扬州木偶传统艺术表演。南京云锦展在比利时皇家艺术与历史博物馆展览4个月,通过近百件珍贵织品和织机演示相结合的方式,阐述了南京云锦艺术的悠久历史、精美工艺和灿烂前景,向欧洲观众展示了作为联合国重要非物质文化遗产,中国丝绸中最珍贵、最为人称道又极具特色的织造工艺。江苏中医药展期3个月,作为同类题材首次走出国门,受到了欧洲主流社会和比利时皇室的热情关注和浓厚兴趣。省昆剧团在比利时的演出得到广泛好评,并受我驻法大使馆邀请,专门赴法国为各国使节夫人、部分法国政要及大型企业负责人的夫人进行了专场演出。

比利时法语区主席、欧罗巴利亚中国艺术节比方总协调人吉尔尚和我驻比大使张援远对江苏主办方积极有效的工作给予了高度评价。据不完全统计,大黑森林新闻报、德意志新闻网、环法兰克福电视台、比利时国家电视、欧洲侨报等60多家媒体进行了专题报道,热情赞扬了江苏文化展演的精湛技艺,客观报道了民众的喜爱和赞叹之情。

（沈颖雯）

摄制《人间正道是沧桑》向建国60周年献礼

《人间正道是沧桑》是由江苏省委宣传部和江苏省广播电视总台联合出品献礼新中国成立60周年的鸿篇巨制。

《人间正道是沧桑》以中国新民主主义革命时期风云变幻的华夏大地为时代背景,着眼于杨家和瞿家兄弟姐妹不同的信仰选择,运用现实主义和浪漫主义相结合的手法,表现了共产党人一步步走向成熟的成长历程,反映了中国共产党度过血雨腥风的复杂斗争走向执政的历史必然规律,传达了中华民族血浓于水、向往和谐统一的积极主题。

该剧创作阵容强大,编剧江奇涛、导演张黎、主演孙红雷组成的编、导、演“金三角”,奠定了作品坚实的基础。全剧在置景、服装、化妆、道具等各环节上都精雕细琢,并使用高清摄像机搭配电影定焦镜头进行拍摄。

该剧在拍摄期间就已被央视定为2009年的年度大戏,制作完成后依次经江苏省广播电视局、中央电视台审片小组、军事文艺评论家和军史专家审片组、中共中央宣传部文艺局、重大革命和历史题材影视小组电视剧组等业务主管单位的专门审看,各业务主管单位充分肯定了《人间正道是沧桑》是一部集思想性、艺术性、观赏性于一体的优秀电视剧作。

《人间正道是沧桑》首轮自6月2日起先后在央视八套和一套播出。在央视八套每晚19:30《黄金强档剧场》播出后,平均收视率高达3.03%,遥遥领先该剧场今年第二名的1.78%,成为2009年央视八套第一剧,同时还大幅超过了央视一套黄金档同期播出的电视剧,创2009年收视新高,引起了社会各界的积极反响。业内专家点评全剧“思想精神、艺术精湛、制作精良”,“开创了革命历史题材创作的新样式”。该剧还吸引了平面、电视、广播、网络等各类媒体的广泛报道,成为热门的文化话题。此外,该剧还成功登陆凤凰卫视欧美平台,将实现海外播出。

(严义英)

举办“科学发展,和谐家园”全国专家博客主题笔会

9月13日至18日,“科学发展、和谐家园”全国专家博客主题笔会在我省举办。省委常委、宣传部长杨新力出席启动仪式并致辞,他说,在举国上下庆祝新中国成立60周年之际,国务院新闻办以“科学发展、和谐家园”为主题,在江苏举办全国专家博客主题笔会,具有重要意义。随着科学技术的进步,互联网的影响越来越大,已经深入到经济社会的各个方面。杨新力表示,江苏省委、省政府十分重视网络建设,希望各位专家博客作者在江苏期间多走走、多看看、多听听,多反映江苏率先发展、科学发展、和谐发展的成就。

此次笔会是全国第二届专家博客笔会,由国务院新闻办公室网络局指导,开办博客业务的部分中央和地方新闻网站、主要商业网站共同主办,省委宣传部具体承办,南京市委宣传部、苏州市委宣传部、中国江苏网协办。在近一周的时间里,参加笔会的39家中央和地方网站、主要商业网站的近80名知名专家博客作者和博客频道负责人,先后深入我省苏州、南京部分城市乡村和企业园区的28个点上参观考察,与干部群众座谈交流,围绕“科学发展、和谐家园”主题,

原创博客文章200余篇,其中47篇分获金银铜奖,为喜迎新中国60华诞营造了良好的网上舆论氛围。

1. 领导重视,组织工作周密有序。国务院新闻办公室网络局高度重视此项活动,要求各网站和相关网管部门积极参与;精心遴选知名专家博客作者,在网站、新闻中心和博客频道三个首页的首频摆放,每天上传本网站博客作者的博文,精选其他参会网站博文;充分开展互动活动,动员网民参与跟帖、发表文章形成呼应等,并对发表的优秀博文及优秀专题进行评选。作为专家博客主题笔会具体承办单位,省委宣传部十分重视,认真筹划、周密安排、精心组织,全力做好各项工作。南京、苏州市委宣传部领导亲自指导笔会的组织工作,各考察点所在单位精心准备相关资料,安排人员介绍情况。

2. 围绕主题,精心策划采访内容。这次笔会是贯彻党的十七大精神,深入学习实践科学发展观,加强网上正面宣传,为新中国成立60周年营造良好网上舆论氛围的一次重要活动。为此,在考察线路和参观点的确定上,紧紧围绕笔会主题,突出新中国成立60周年特别是改革开放30年来的巨大变化,重点安排在江苏乃至全国具有较大影响的28个城市乡村和企业园区作为参观考察点,让博客专家实地感受新中国60年来的辉煌成就。如创造"昆山之路"经验的全国百强县之首的昆山市、创造"张家港精神"的全国文明城市张家港、创造"园区经验"的中新合作苏州工业园区、南京红山文化产业创意工厂、南京浦口区文明村等,都成为这次主题笔会参观考察的重点内容。专家们在座谈本届笔会时,高度评价了笔会对迎接新中国成立60周年的重大意义,充分肯定了江苏坚持科学发展,建设和谐家园的成功实践,一致认为江苏60年来的建设成就集中体现了新中国成立60年来的历史巨变。

3. 考察深入,博文立意深质量高。这次博客主题笔会较之去年第一届笔会时间较短,参观考察的地方多,平均每天要考察五六个点。博客专家们每到一个考察点上,仔细观看,深入访问。虽然每个考察点都有相关的资料介绍,但博客专家们还是围着有关人员提出问题、了解情况。由于考察时间安排较满,许多博客专家就在车上整理资料,晚上加班加点撰写博文,不少同志凌晨两三点钟才休息。仅笔会的前几天,博客专家们就撰写博文120多篇,最多的一人撰写5篇博文。大家普遍认为,此次主题博客笔会的博文质量较高,能够紧扣主题,用自己的所见所闻、所思所想,多视角、多侧面地赞美辉煌成就,歌颂伟大祖国。如人民网博客王占阳的《新中国文物观——巨大进步的现实缩影》、新华网博客倪衡金的《"昆山之路"的鱼水情》、腾讯网博客葛红兵的《"发展"三题》等等,生动、真实地反映了我省率先发展、科学发展、和谐发展的辉煌成就,受到广大网民好评。

(网络新闻管理处)

开展"江苏沿海开发网络媒体行"活动

8月31日至9月5日,省委宣传部组织开展"江苏沿海开发网络媒体行"重大主题宣传活动,来自人民网、新华网等27家国内重点新闻网站和知名商业网站(论坛)的40余名采编人员,实地采访南通、盐城、连云港三个沿海城市26个项目,短时间内取得网上强势传播效果,引起网民积极反响。本次活动主要特点:

1. 主题鲜明,集中展示了江苏沿海地区实施沿海规划的美好蓝图和取得的初步成就。各网站在首页或新闻中心首页显著位置推出“江苏沿海开发网络媒体行”专题,开设“关注江苏沿海”“江苏沿海县市”等数十个栏目,以“推动科学发展、建设美好江苏”为主线,重点聚焦“国家战略”背景下江苏沿海地区发展规划和发展情况,以及实施沿海规划的主要工作举措,突出宣传江苏沿海开发所具有的重大意义。各地受访项目大都成为网上宣传重点或舆论热点,如江苏经济社会又好又快发展、南通洋口港开发、盐城华锐风电产业园、连云港中科院能源动力研究等等。

2. 放大效应,迅速形成了江苏沿海地区网上正面宣传的良好氛围。一是为沿海三地提供了对外宣传的平台。连云港市委书记王建华,南通市委常委、副市长蓝绍敏,盐城副市长曹友琥等市领导接受集中采访并回答记者提问。洋口港、吕四港、大丰港、连云港和开发区等近10位主要负责人与采访团进行了互动交流。二是此次主题宣传与重点专题宣传相融合。各网站大量链接“全面达小康、建设新江苏”“江苏30年改革开放”等专题,及时为网民提供丰富的相关信息。省内新闻网站开设“江苏沿海地区发展政策规划”等学习服务类专栏,帮助网民系统掌握方针政策。三是正面宣传效果突出。截至9月22日,本次活动近2 000篇专题稿件被转载,其中原创文章(图片)600余篇(幅)。一批重大稿件得到及时突出转载,如梁保华《努力开创沿海发展新局面》、专家访谈《走出一条沿海科学发展的新路》等。中国网、国际在线等则在其外文频道陆续刊播,向海外宣传、推介江苏。

3. 充分运用网络特点,有效扩大网上宣传的影响力和覆盖面。天涯社区、凯迪社区、西祠胡同等在首页推出专题,并将相关报道置顶,主动设置议题组织网民讨论,跟帖数已达3 000多个,广大网民对沿海地区开发寄与美好祝福。中国江苏网对整个活动做了全程视频记录,省属新闻网站在第一时间发送手机新闻10多条,手机报等多媒体宣传受到网民欢迎。网民认为这次宣传以网民视角、网络语言,将笔触伸向百姓生活,主题鲜明,内容翔实,振奋人心。一些接受采访的领导干部和企业负责人认为,这有助于深入宣传江苏沿海发展的重大战略意义和美好前景,有助于为努力开创沿海发展新局面创造良好的网上舆论氛围。

(网络新闻管理处)

江苏广电网络提前一年实现全省“一张网”

2009年12月14日下午,省广电网络公司与赣榆、泗洪、邗江、如皋、靖江5个县(市)网络整合与合作第四次集中签约仪式在南京举行,标志着全省13个省辖市、66家县级广电网络的整合工作已全面完成,真正形成了全省“一张网”,提前一年在全国率先实现国家广电总局提出的广电网络2010年实现“一省一网”的目标。省长罗志军对签约仪式作重要批示,要求省广电网络公司充分发挥资源整合优势,加快推进网络数字化改造,加快内容研发集成,加快拓展增值业务,迅速成为江苏又一个带动性强、成长性好、影响力大的文化产业集团,更好地为率先发展、科学发展、和谐发展服务,为加快文化强省建设、满足人民群众精神文化需求服务。省委常委、宣传部长杨新力出席签约仪式并讲话。签约仪式由省政府副秘书长唐建主持。

常州市开展宣传工作“五走进”活动

2009年,常州市委宣传部以开展“五走进”活动作为具体举措,推动全市宣传思想工作在服务发展中彰显作为,在求实创新中提高水平,为全市经济社会协调健康发展提供精神动力、思想保证和舆论支持。一是开展“百名媒体记者走进50项重点工程”活动。围绕市委、市政府2009年推进的50项重点工程,组织全市新闻战线一百名新闻采编人员,集中一百天左右时间,选取一百个新闻现场,采写播发新闻报道近500篇,很好地宣传了经济冷环境下常州火热建设场景,提升了全市发展信心。二是开展“千名宣讲员走进民营企业”活动。聘请由有关部门领导、专家和业务骨干等组成的1 000名宣讲员队伍,下发调查问卷5 000份,开展现场咨询50多场,制作服务导航图12 000多份,并在常州日报、中国常州网开设“一周一答”栏目,解答企业各类问题1 000多个。三是开展“千台文艺节目走进社区(村镇)”活动。重点打造“幸福广场——常州市广场文艺周周演”活动品牌,在五大城区中心广场设立固定舞台,确保在固定场地、固定时间,每个城区每周有一场高质量广场演出。全年五城区中心广场共组织“幸福广场”周末演出205场,文艺界组织送戏下基层1 130场。四是开展“万名志愿者走进新农村”活动。活动突出服务特色、倡导和谐新风,已建成“六有”农村志愿者服务站41个,“帮困扶贫、科普、环保、法制、文化、卫生”等6支专业志愿服务队,各类农村志愿者总人数已经突破15 000名。全市农村志愿者累计上门服务12 000余人次,提供服务近60 000小时。五是开展“百万青少年走进爱国主义教育基地”活动。活动抓住庆祝新中国成立60周年、常州解放60周年这个契机,精心策划“争当一名志愿者、寻访一个爱国故事、朗诵一篇爱国诗歌、观看一部爱国影片、学唱一首爱国歌曲、书写一篇爱国征文、争做一名爱国卫士”等“七个一”活动,通过丰富多彩的道德实践活动,推动青少年走进爱国主义教育基地,亲身参与道德实践。

(常州市委宣传部)

举办“中国·徐州非物质文化遗产高层论坛”

2009年11月21日至23日,由中共徐州市委、市人民政府主办,徐州市委宣传部、徐州市文化局、徐州工程学院承办的“中国·徐州非物质文化遗产高层论坛”在徐州工程学院隆重举行。此次论坛精心设计了三大板块:一是学术报告和学术研讨。讨论的主题为“中国非物质文化遗产传承研究”。二是非物质文化遗产项目现场展示。三是戏剧、曲艺类非物质文化遗产项目专题汇报演出。三大板块的完美结合,全方位展示了“非物质文化遗产”的魅力与保护成果。中国艺术研究院党委书记、中国非物质文化遗产保护中心常务副主任张庆善,文化部非物质文化遗产司副司长、国家非物质文化遗产保护工作专家委员会秘书长屈盛瑞,中国文化报总编辑卜键,国家非物质文化遗产保护工作专家委员会副主任委员刘魁立,中国曲艺家协会副主席、国家非物质文化遗产保护工作专家委员会委员吴文科以及省文化厅、徐州市、相关高校、科研机构的有关领导和专家学者120余人参加了此次高层论坛。

为期三天的“中国·徐州非物质文化遗产高层论坛”是徐州乃至淮海经济区20个城市第一次举办的“非物质文化遗产高层论

坛”,集中展示了徐州丰富多彩的非物质文化遗产项目。论坛期间,编辑印发论文70余篇,汇编交流材料13篇,共有40余名专家学者作了主题报告和学术发言,为中国非物质文化遗产保护提供了有力的智力支持和学术支撑。同时“淮海地区非物质文化遗产研究中心”也在徐州工程学院正式揭牌。此次高层论坛的成功举办受到了文化部、省、市领导的高度评价,得到了各位专家学者的一致好评。

(徐州市文化局)

理论建设

2009年,全省理论工作认真贯彻全国全省宣传部长会议精神,紧紧围绕学习、宣传科学发展观这一鲜明主线,突出庆祝新中国成立60周年和学习贯彻党的十七届三中、四中全会精神等重点任务,在科学理论武装、思想氛围营造、社科强省建设、服务发展大局等多方面作出积极努力,呈现若干阶段性亮点,取得了较明显的进展。

[**突出抓好科学发展观学习教育**]

抓好党员干部科学发展观的学习教育,是全年理论工作的重中之重。一是组织编写权威学习辅导材料。配合全省第二批、第三批学习实践科学发展观活动,先后牵头组织编写《科学发展观学习百题》、《科学发展观学习100问》。省委副书记、组织部长王国生,省委常委、宣传部长杨新力对《科学发展观学习100问》的编写,提出了具体指导意见。全书融会贯通中央精神、省委要求和江苏实际,生动阐释科学发展观的科学内涵、精神实质和根本要求,阐释省委省政府贯彻落实科学发展观的重大决策部署,反映全省人民在科学发展道路上推进"两个率先"的最新进展和丰硕成果,阐明第三批学习实践活动的目标要求,得到省委主要领导充分肯定,受到基层普遍好评。中央学习实践办对此给予积极评价。二是在县以上领导干部中开展"推动科学发展、建设美好江苏"读书调研征文活动。共收到包括省领导在内的专题调研论文356篇,完成专题调研优秀成果评选。编辑出版论文集《决策之前——2008年全省县处级以上领导干部专题读书调研活动优秀成果集萃》,以反映全省县以上领导干部在学习贯彻党的十七大精神,推动经济社会和党的建设又好又快发展中的理论研究及实践成果。

[**建立健全党委中心组学习制度**]

一是深入贯彻中办17号文件精神。在认真调研基础上,结合江苏实际,起草《关于进一步加强和改进党委(党组)中心组学习的实施意见》,以苏办发[2009]17号文件名义下发,指导全省县以上党委中心组建设。在此基础上,会同省委组织部制定下发《江苏省党委(党组)中心组学习实施细则》。制定县以上党委中心组学习专题计划,在全省范围开展地市级党委中心组学习旁听活动,推动省委实施意见进一步落到实处。二是高质量服务省委中心组学习。提出省委中心组全年学习计划建议;配合省委办公厅组织好2009年省领导干部学习会,邀请北京、上海知名专家为领导干部学习会授课,整理印发学习会专题学习资料,受到省委领导和参会人员肯定。《新华日报》头版头条刊发省委书记梁保华亲自签发的文章《为推动科学发展开启新视野增长新本领》,系统总结省委连续9年举办领导干部学习会的做法、经验和启示。三是搭建中心组学习交流平台。联合《群众》开设"中心组学习"专栏,经常性刊发全省县以上党委中心组优秀学习体会文章,促进学习交流,放大中心组示范带动效应。中宣部《党建》杂志、省委《群众》杂志先后刊发江苏党委中心组学习经验材料,产生积极反响。

[**组织开展"新中国成立60周年"重要理论研究宣传活动**]

一是组织重点理论文章写作。召开省直社科理论部门、高校科研部门负责人会议,研究部署重点理论文章写作,围绕"新中国60年江苏辉煌成就、伟大历程、历史经验",先后组织撰写发表10余篇有重要社会影响的理论文章。其中《奋斗的六十年,辉煌的六十年——社会主义在江苏的成功实践与历史启示》在《求是》第22期刊发。二是加强媒体理论宣传。召开社科理论报刊负责人会议,研究部署庆祝新中国60年理论宣传工作。联合《新华日报》开展"新中国60年"征文活动,《群众》杂志、《江海学刊》等期刊在国庆前后开辟专栏或专题,刊发高质量文章,形成集中宣传高潮,为全省庆祝活动营造良好思想理论氛围。三是汇编出版《理论探索60年——新中国成立以来江苏社科期刊论文选编》。组织刊物推荐、专家遴选,从全省近30家省级主要社科理论期刊中精心遴选确定40余篇重点文章汇编成册,以反映60年来江苏社科理论研究探索的轨迹和成果结晶。

[**深入宣传普及中国特色社会主义理论体系**]

继续推进马克思主义大众化工作,推动党的创新理论和方针政策深入基层。一是广泛开展党员干部教育培训。下发中宣部编写的《理论热点面对面2009》、《六个"为什么"》等学习资料,组织基层党员干部学习。全年编印《支部党课》6期,为全省基层党支部提供经常性党课教材和及时性学习辅导。通过农村党员冬训、基层党校轮训等形式,结合学习实践科学发展观活动,组织全省240多万基层党员干部进行中央和省委全会精神以及形势任务方面的教育培训。二是组织开展2009年度农村党员冬训。会同省委组织部下发2009年度冬训工作意见,举办冬训骨干培训班,指导全省面上冬训工作有序开展。全省260多万农村党员、干部参加冬训。三是编撰理论通俗读物《幸福江苏·2009》。收录《辉煌60年,幸福洒满了人间——奠定人们美好生活的基础》等18篇文章,对人们普遍关心的热点问题作了深入浅出的阐释,图文并茂、通俗易懂。

[**深入学习宣传中央十七届四中全会和省委七次全会精神**]

以党的十七届四中全会和省委十一届七次全会召开为契机,积极推动新形势下全省党员干部思想理论武装。一是组织开展"江苏党的思想理论建设"专题调研。根据省委统一部署,承担"党的十七大以来江苏党的思想理论建设情况"调研任务,围绕全省党的思想理论建设现状、经验及存在的问题等,深入开展调研,广泛听取省级机关部门、高校、市县、社区等各方面党员干部意见,高质量完成调研报告,重点论述了江苏党的思想理论建设的新进展、新成效、鲜明特色、存在问题、面临的新形势以及建议思考等,为省委制定贯彻四中全会《决定》的意见提供重要参考。二是参与省委七次全会《意见》起草和修改工作。按照中央精神与江苏实际相结合、总结经验与探索创新相结合、全面部署与突出重点相结合、立足当前与着眼长远相结合的原则,对省委意见稿的初稿第二部分"按照建设学习型政党的要求,进一步加强理论武装工作"进行认真修改,提出建设性意见建议,努力使思想理论武装工作各项要求和举措切合江苏实际、具有江苏特点。三是深入学习、宣讲十七届四中全会精神。制定下发《深入学习宣讲十七届四中全会精神的通知》、《县以上党委(党组)中心组十七届四中全会精神专题学习计划》，召开学习宣讲四中全会精神工作会议，对全省学习宣讲活动作出部署、明确要求。组织“党的十七届四中全会精神宣讲团”，在机关、高校、社区、农村开展大规模宣讲活动，推动全会精神深入人心。

[**开展重大理论和现实问题研究**]

按照“阐释创新理论、总结实践经验、探索前沿问题”的思路，进一步加强对马克思主义中国化理论创新成果的研究和宣传，加强对“推动科学发展、建设美好江苏”重大现实问题的研究，发挥理论工作思想库作用，推动马克思主义中国化、时代化、大众化。一是继续深化社会主义核心价值体系研究。编辑出版《价值》第2辑，在《人民日报》理论版、《光明日报》理论版、《求是》杂志、《经济日报》理论周刊先后推出由社会主义核心价值体系研究中心、江苏省马克思主义中国化研究中心署名的《探索社会主义核心价值体系建设的有效途径》、《强大精神力量的支撑——昆山践行社会主义核心价值体系的调查》等4篇重点理论文章，研究阐释马克思主义中国化的最新成果，总结宣传江苏在实践中创造的新鲜经验。二是征集出版《江苏发展研究文库》。该丛书旨在加强有关江苏发展全局和前沿的重大理论和实际问题研究，为江苏继续当好改革开放排头兵，努力走在全国科学发展前列，特别是战胜国际金融危机带来的困难与挑战提供理论支撑。《当代江苏经济史研究》等4部著作入选文库。三是征集出版《马克思主义中国化研究丛书》。该丛书旨在集中展示江苏社科理论界在马克思主义中国化研究领域的最新学术成果，进一步推进马克思主义中国化理论研究向纵深发展。《执政条件下党的先进性建设研究》等5部论著入选。四是开展学习《六个“为什么”》思想反响调研。按照中宣部要求，召开座谈会，开展问卷调查，重点了解《六个“为什么”》在高校的反响，撰写调研报告《江苏高校师生学习〈六个“为什么”〉的思想反响》，及时掌握师生学习和思想动态，加强思想舆情分析研判。

[**精心承办“科学发展观与全面建设小康社会”理论研讨会**]

为纪念邓小平同志提出小康目标30周年，深入研讨和总结30年建设小康社会的理论与实践，更好地贯彻落实党的十七大提出的全面建设小康社会的新要求，12月6—8日，中央文献研究室、江苏省委联合主办，江苏省委宣传部承办的“科学发展观与全面建设小康社会”理论研讨会在苏州召开。一是深入开展江苏小康建设实践调研。省委宣传部与中央文献研究室组成联合调研组，先后赴苏州工业园区和昆山市、南通市、海门市和东台市实地考察，深入工厂、农村、企业、社区等召开座谈会、听取情况介绍、走访居民家庭、开展问卷调查。在深入调研基础上撰写调研报告《江苏省率先全面建设小康社会的经验和新思路调查》，全面总结江苏率先全面建设小康社会的意义与进程、特色与经验等。二是认真组织江苏参会文章。约请苏州、南通、昆山、海门、东台五市、县(市)，以及洪银兴等著名专家撰写10篇重点参会文章。三是积极筹备会务工作。研讨会规格高、规模大、影响广，全国人大常委会原副委员长顾秀莲等领导同志和老同志，中央有关部门领导、专家和邓小平亲属代表，论文作者，中央及江苏新闻记者等约120人参会，省委书记梁保华与会并发表讲话。

[**加强社科工作人才培养和载体建设**]

着力通过强化载体、创新平台，进一步培养队伍、整合资源，推动哲学社会科学繁荣发展。一是推进社科骨干研修工作。全年举办省哲学社会科学教学科研骨干研修班3期，培训学员260余人。特别是成功举办暑期大班1期，集中培训160余名学员，开创暑期集中办班先例。向中宣部上报近年来研修工作总结。二是开展2009年度社科理论期刊资助工作。根据《省直重点社科理论期刊资助办法》,在申报基础上,组织力量考评,选择《江海学刊》等十余家期刊或栏节目进行资助,鼓励和支持省内重点社科理论期刊加强重大理论和实践问题的研究宣传,充分发挥社科理论期刊在繁荣学术、创新理论、服务大局等方面的重要作用。三是编撰《江苏社科发展报告(2009)》。报告由"综述"、"主要学科研究概况"、"重要研究成果"、"重大学术交流活动"和"附录"五大部分组成,旨在集中展示和评述2009年度江苏哲学社会科学发展的最新状况、显著特点与整体水平,进一步加强社科界的沟通与交流,促进社科事业繁荣发展。四是开展"社科强省建设实施纲要"课题研究。分"社科强省理论研究"、"学科建设和人才队伍研究"、"平台和基地研究"、"体制机制研究"四大子课题,在此基础上拟进一步制定《江苏社科强省建设实施纲要》。

(理论处)

[**组织理论宣讲**]

一是组织学习实践科学发展观的宣讲活动。按照省委学习实践科学发展观活动领导小组统一部署,于2009年3月开展千名理论工作者宣讲科学发展观活动。据各地不完全统计,全省2009年组织宣讲科学发展观活动1万多场,受众200多万人。

二是努力做好党的十七届三中全会精神学习宣讲。围绕"三农"工作,在党员干部中进行十七届三中全会精神的学习宣讲,创造性地在农村组织学习宣讲。为搞好宣讲活动,精心选调"农口"专家,采用先行培训方式,让宣讲团成员先学一步、多学一点、学深一层,吃透全会精神,把握《决定》内涵,全面准确宣讲。采用调研走访、集中宣讲、入户回访等形式,了解农村实际情况,使宣讲专家做到心中有数,有的放矢地进行宣讲,收到令人满意的宣讲效果。

三是组织"六个为什么"的宣讲。为认真贯彻落实中宣部《关于组织党委讲师团广泛深入宣讲〈六个"为什么"〉的通知》精神,省讲师团及时组建省宣讲小组,赴基层广泛开展"六个为什么"的深入宣讲活动。"六个为什么"的主题都是与社会主义核心价值体系建设密切相关的重大问题,在组建宣讲队伍时特别侧重宣讲员的理论解读能力、实际融会贯通的能力,并结合本省实际编写"六个为什么"的宣讲教材,即题为《高举旗帜　坚定信念》的辅导材料,确保宣讲的说服力、感染力,增强宣讲的针对性和实效性。

四是配合建国60周年大庆活动搞好宣讲。为庆祝新中国成立60周年,深入开展群众性爱国主义教育活动,根据《2009年全省宣传思想工作要点》,于2009年9—10月份组织庆祝建国60周年理论宣讲活动,邀请全国优秀共产党员、全国道德楷模张云泉同志和南京大学沈坤荣、周晓虹教授,以"江苏讲坛"为平台,围绕唱响"共产党好、社会主义好、改革开放好、伟大祖国好、各族人民好"的时代主题,分别在南京图书馆和有关高校、社区作4场报告,受到高校师生和社区群众的热烈欢迎,受众达3 000多人次。同时,各市委讲师团也配合迎国庆60周年进行宣讲活动。

五是组织党的十七届四中全会和省委十一届七次全会精神宣讲。为认真学习贯彻党的十七届四中全会和省委十一届七次全会精神,进一步兴起学习宣讲热潮,于2009年11月上旬与理论处联合召开部署会,就如何学习贯彻党的十七届四中全会和省委十一届七次会议精神进行动员,各市委宣传部分管理论工作的副部长、讲师团长、理论处长、党教处长,部分基层党校校长、省直有关部门职能处室负责同志,省直有关社科理论期刊负责人参加了会议。会上，聘请有关专家对四中全会《决定》和省委七次会议精神作专题辅导，同时下发学习宣讲党的十七届四中全会精神文件，组建宣讲团，为各地宣讲聘请教员提供方便。

［**积极开展全省讲坛建设工作**］

全省讲坛建设的规范管理是省讲师团近两年工作重心下移的一个亮点。为做好这一工作，省讲师团在依靠自身力量的同时，充分整合资源，争创品牌，不断提高“江苏讲坛”知名度，同时对全省各类讲坛、学堂、讲堂加强指导与管理，成效明显。

自省委宣传部2007年9月联合省社科联、省文化厅、新华日报报业集团共同创办“江苏讲坛”以来，已讲授近40场，听众达2万人次。省讲师团始终以“传播科学思想、解读热点话题、服务社会大众、共建和谐江苏”为宗旨，努力弘扬先进文化，培育文明风尚。2009年，“江苏讲坛”除坚持组织知名专家和学者进机关、进高校、进图书馆、进社区外，还为走向基层作了有益尝试，请“百家讲坛”名主讲人纪连海和南京大学教授沈坤荣分别赴徐州和南京等地进行宣讲，取得较好效果。同时，精选名家优秀讲稿汇编成册，继年初《思想的力量》出版后，又着手编辑《思想的火花》一书。

在全省范围内评选“江苏优秀讲坛”，进一步调动了各地积极性，促进了全省讲坛建设工作向前推进。2009年3月，南京“新城市”市民学堂、常州龙城讲坛、泰州百姓大学堂等16家优秀讲坛得到命名表彰。此后，一些城市也分别召开讲坛工作座谈会或表彰会，有力地促进了全省地讲坛的发展，并为地方讲坛建设逐步走向规范化打下坚实基础。同时，加大对讲座内容的把关力度，保证讲演内容健康向上，充分利用讲坛这一新载体更好地推进马克思主义大众化，促进中华民族悠久历史和文化、礼仪、健康等方面的知识走近百姓，大大丰富了百姓的精神文化生活。省讲师团还通过《大众学堂》这一刊物，刊登优秀讲稿内容，引导各地通过讲坛宣传建设和谐文化，帮助社会大众树立社会主义核心价值理念。

［**政工教育培训再上新台阶**］

企事业政工干部培训工作是江苏一个老品牌，十多年来为提高政工干部政治素质和业务水平发挥了较大作用。一是政工干部培训内容和形式坚持与时俱进。2009年上半年，着重围绕党的十七届三中全会精神和深入贯彻科学发展观等内容，组织《科学发展观学习百题》教材的学习培训，下半年围绕提高政工干部应对突发事件能力编写《政工干部应对突发事件读本》，并进行统一培训和考试，以便打造学习型政工干部。二是为高级政工师学习“充电”提供平台。多年来，全省已有几千名政工干部评上高级职称，这些人大多是企事业或机关的骨干力量。为满足已评上高级政工职称人员充电需要，举办高级政工师研讨班，计有150多人参加，受到参训人员好评。三是为基层政工人员交流学习体会创造条件。应广大政工干部需要，省讲师团在年初编发增刊，为基层政工人员交流学习体会创造条件。另外，还利用《大众学堂》作为交流平台，刊登政工干部学习培训和工作的体会，提高广大政工人员增强自我提高、自我修养的积极性。

（**省讲师团**）

新闻出版

［**新闻宣传工作亮点频现**］

一是全国和省“两会”宣传规模大、效果好。按照省委要求，周密部署，精心策划，多方协调，制定报道方案，组织报道队伍，深入宣传一线，组织、指导、协调重点报道。引导媒体创新报道内容、形式和手段。全国和省“两会”宣传报道,实现了中央和地方媒体联动,媒体与媒体联动,形成强大宣传声势和合力。

二是应对国际金融危机宣传主题鲜明。围绕保增长保民生保稳定目标,多次召开新闻单位负责人通气会,通报情况,明确要求,引导媒体全面准确分析国内外经济形势,着力宣传中央精神和省委省政府决策部署,宣传各地各部门创新思路、生动实践和经验成效,营造化危为机、迎难而上、团结奋进、共克时艰的舆论氛围。省主要媒体发挥优势,推出系列报道和大型新闻行动、专题报道,中央媒体也多次对江苏应对危机战胜困难的新举措、新成效作了报道。

三是学习实践科学发展观活动宣传浓墨重彩。配合省第二、三批学习实践活动的深入开展,精心制定报道方案,组织协调省主要新闻媒体进行深入采访报道,创新内容、创新形式、创新手段,宣传中央和省委关于学习实践活动的决策部署,及时报道活动进展情况和实际成效,推出一批先进典型。同时,加大力度,协调中央主要媒体对江苏特色做法进行报道。目前,中央新闻媒体已刊播江苏相关报道189篇,省主要媒体、新闻网站刊播800余篇。

四是庆祝新中国成立60周年宣传精彩纷呈。按照中央和省委要求,省委宣传部提前谋划,精心组织,统筹协调,扎实推进。省市各新闻单位开设专栏专题,推出系列报道和专版、专刊,策划新闻行动,有计划、有步骤地推出一系列浓墨重彩的新闻报道。围绕主线,突出主题,努力创新,在回顾辉煌历程、展示巨大成就中全面反映党治国理政的丰硕成果;在梳理成功经验、深化理性认识中增强对一面旗帜、一条道路、一个理论体系的理解;在突出宣传重大庆典和重大活动中,放大社会效果,抒发爱国情怀,营造自强氛围,唱响共产党好、社会主义好、改革开放好、伟大祖国好、各族人民好的时代主旋律。

五是汶川大地震一周年纪念宣传导向鲜明。5·12前夕,组织中央媒体、省主要媒体赴绵竹,对援建工作、灾后重建工作进行为期近一个月的深入采访和集中报道,充分反映江苏援建工作的部署、进展和成效,展现援建工作者的奉献精神,反映灾区人民重建家园的精神风貌,宣传伟大的抗震救灾精神,并向灾区学校捐赠万余册图书。

六是文化改革与发展宣传氛围浓厚。5月上旬,围绕江苏近年来文化事业发展、文化产业发展和文化体制改革的成功经验和明显成效,组织省主要媒体集中推出系列报道和专题报道。根据中宣部部署,配合中央主要新闻单位对江苏文化建设和体制改革经验成效进行集中采访,中央媒体对江苏文化发展和改革的宣传规模大,效果好,产生广泛影响。8月,配合全国文化体制改革经验交流会,组织省市媒体进行新一轮全面、深入报道,形成深化文化体制改革、加快文化产业发展的舆论强势。

七是典型宣传出色出彩。会同省公安厅,组织11家省主要新闻单位和都市类媒体,集中采访报道社区民警徐兆华的先进事迹,组织媒体对见义勇为英雄于葆林作了充分报道。对这两位典型人物的报道,生动感人,彰显人间大爱,弘扬社会正气,唱响时代强音,在社会上产生强烈反响。按照中宣部要求,推荐江苏典型,积极服务中央媒体,配合中央媒体推出无锡尚德、南瑞继保、常州科教城、平安江苏建设、蔡一清等典型宣传,扩大了江苏的影响。

八是经济转型升级报道注重实效。为深入宣传贯彻落实全省领导干部学习会精神,省委宣传部制定《关于推进全省经济转型升级宣传报道方案》,组织推进相关报道。省主要新闻单位均在重要版面和时段开辟专栏，推出一批有影响、有分量的系列报道和深度报道，宣传各地结合实际，着力建设产业高地、创新高地和人才高地，自觉提升创新能力和可持续发展能力的新成效；推出一批重点领域、重点产业、重点项目改革创新取得的新突破，各地涌现出的科技型企业、优秀创新团队、特色产业基地等方面的新典型。

九是沿海开发报道高潮迭起。为配合省委省政府启动新一轮沿海开发战略部署，制定《江苏沿海地区发展宣传报道方案》，分三个阶段部署宣传报道工作。邀请省发改委负责同志，为新闻单位解读国务院发展规划，介绍江苏推进工作的重大意义、政策举措和发展目标。进一步创新工作理念，加大投入力度，与中央主要媒体沟通，分别推出专刊、专题和深度报道。通过努力，沿海开发报道无论是参与媒体还是报道规模，无论是重视程度还是创新力度都大大超过以往，为海内外更加关注沿海、了解沿海、投资沿海营造了良好舆论氛围。

此外，还组织、部署了十七届四中全会和省委十一届七次全会的宣传，“家电下乡”及以旧换新、“选聘高校毕业生到村任职”、“江苏省·中央企业合作发展恳谈会”、“新江苏新风貌画展”、江苏体制机制创新、第十一届全运会、拉萨“三项推荐活动”等重要宣传报道活动，配合组织了“专家院士江苏行”、服务外包产业、世界佛教论坛等重要宣传报道活动。

［出版工作稳步推进取得新成绩］

一是以迎接新中国成立60周年和全国第十一届精神文明建设“五个一工程”图书、省第七届“五个一工程”图书评选为契机，紧紧扣住多出精品图书这条主线，深入调研、精心策划、精心组织，建立健全激励、奖惩机制，推出一批思想性、艺术性强，有影响、有市场的精品图书，在第十一届全国“五个一工程”图书评选中，江苏有三部作品入选，在全国各省、市、区中名列前茅。省第七届“五个一工程”图书评选共评出荣誉奖3部、优秀作品奖3部、入选作品奖12部。

二是“扫黄打非”工作坚持打防并举、标本兼治，积极协调各方力量，非法出版违法犯罪活动得到有力打击，出版物市场秩序日趋净化。近三年来，江苏收缴各类非法出版物呈逐年下降趋势。“扫黄打非”工作取得重要阶段性成果，积累了具有江苏特色的宝贵经验，受到中央领导的肯定。

［突发事件舆论引导工作有力有序］

一是稳妥有序协调处置突发事件新闻报道。先后妥善处置和协调近80起突发事件新闻报道工作。如盐城自来水遭污染、3·11丹阳中铁24局租用房垮塌、如东洋口港储罐钢筋网滑落、铁本案开庭、小康达标注水、人民医院艾滋门事件、新疆“七五”事件、抗甲型H1N1流感、高考招生、医改、沭阳公务员“被卖房”、徐州地区京沪高铁事故等。在突发事件新闻处置过程中，强化第一时间发布理念，完善快速反应的情况通报机制。及时组织协调信息发布和舆论引导，积极掌握主流舆论话语权、引导权，有效制止了过度炒作和有负面影响的报道。

二是举办突发事件舆论引导培训班。为认真贯彻中办、国办《突发公共事件新闻报道应急办法》，在全省坚决压缩会议的情况下，2月27日至3月28日期间，连续举办三期突发公共事件舆论引导培训班，对全省、市、县(市、区)宣传部分管部长、新闻发言人、公安局分管负责人和各市外宣办、外办、台办分管领导，省有关部门和省主要新闻单位负责人，共500多人进行了集中培训。省委常委、宣传部长杨新力为每期培训班作开班动员和总结讲话。从制定方案、安排议程、撰写讲话、协调各有关部门、联系授课人员到组织讨论、整理汇总、形成总结和纪要，精心安排每一个环节，周密部署每一项工作，逐一落实每一个要求，产生了广泛影响。参训人员一致反映，培训时机好，内容好，形式好，上面精神与下面需要对路，实在管用。中央领导和省委、省政府主要领导都分别作出批示。省两办转发了培训班纪要。

三是进一步完善突发事件舆论引导体系。积极推进新闻发布制度的完善，对全省建立县级政府新闻发布制度提出建设性意见，健全了省、市、县新闻发言人网络；加强突发公共事件舆论引导制度建设，起草江苏突发公共事件新闻报道办法，已由两办印发；建立突发事件舆论引导机构网络，初步形成上下（省、市、县）贯通，横向（省委、政府与各部门）联动的突发事件舆论引导格局。

［**新闻出版管理工作稳步推进**］

一是舆情信息工作在改进中完善。对每日舆情要报工作作了改进，更加注重归纳提炼，在编排形式上也作了较大改进。二是进一步加强报纸阅评、广电评议、图书审读工作。完善报刊阅评工作，调整、充实报纸阅评员队伍，对阅评内容、阅评方法都进行了调整和改进，推进阅评工作针对性、时效性和权威性的提高。三是强化对都市类报刊和专业频道频率的管理力度。建立健全媒体通气会制度、谈话制度和重大主题报道参与机制等。上半年，与一家媒体负责人进行了谈话。四是建立传统媒体与网络媒体舆情互动管理制度。与网络处等加强沟通，及时了解网络舆情信息，实行动态管理和联动管理。五是加强对报刊和记者站的管理。缓验《动漫界》、《精品》、《视听界》等14家江苏报刊，吊销《中国企业报》、《中国气象报》等18家记者站，对《中国经济周刊》杂志驻苏记者站缓验。六是进一步加强“扫黄打非”工作，加大对政治性非法出版物、盗版教材教辅、淫秽色情出版物的清查、打击、销毁力度。

［**重点党报党刊发行工作难中求进**］

鉴于《人民日报》重新核定发行任务指标和江苏现有发行任务数已沿用十余年等情况，对全省发行指标进行重新核算，并适度微调。10月28日召开视频会议对发行工作作出动员部署；代拟《关于做好全省2010年度重点党报党刊征订发行工作的通知》，请省委办公厅、省政府办公厅以文件形式下发；与省委组织部、省教育厅、省国资委联合下发文件，对部省属高校、部省属大型国有企业的重点党报党刊征订工作提出明确要求。

（新闻出版处）

宣传教育

2009年宣传教育工作认真开展新中国成立60周年系列庆祝活动和群众性爱国主义教育活动，继续大力开展先进典型宣传和各专项宣传活动。

［**主办“奋进的江苏　庆祝新中国成立60周年大型成就展”**］

这次展览在省委办公厅、省委组织部、省委党史工办、省发改委、省司法厅等近百个部门单位和各市大力支持下，在省委宣传部各处室共同参与下，经过近半年加班加点、夜以继日的筹备，9月27日在南京国际博览中心隆重开幕。3 000余幅图片、1 000多件实物、2万多平方米展区、35天展期、73.6万观众、28.3万条观众留言，300多篇新闻报道，创造了江苏同类展览持续时间最长、展览规模最大、观众人数最多、社会反响最强烈的“四个之最”，成为全省庆祝新中国成立60周年系列活动的“重头戏”之一，受到省委领导和社会各界充分肯定。杨新力部长在闭幕式讲话中说，展览“规模大、内涵深、展陈新、观众多、宣传好”。

［广泛开展群众性爱国主义教育活动］

一是及时传达、贯彻文件和会议精神，对教育活动作出安排部署。中央办公厅转发中央宣传部《关于围绕庆祝新中国成立60周年深入开展群众性爱国主义教育活动的意见》后，省委高度重视，4月4日，省委书记梁保华作出重要批示：“请省委宣传部研究提出贯彻意见。”4月14日，中宣部召开深入开展群众性爱国主义教育活动电视电话会议，省委常委、宣传部长杨新力，省各有关部门、南京市委宣传部和省各主要新闻单位主要负责同志在江苏分会场出席会议。杨新力部长要求各地各部门一定要从全局和战略的高度，充分认识开展群众性爱国主义教育活动的极端重要性，把思想和行动统一到中央和省委的要求上来，把教育活动作为整个庆祝活动的重要组成部分，作为推动社会主义核心价值体系建设的有力抓手，以强烈的责任感、使命感积极主动地做好各项工作。省委宣传部迅速传达、贯彻中央有关文件和会议精神，根据省委领导要求，结合庆祝新中国成立60周年，决定在全省范围内广泛开展“歌颂伟大祖国，建设美好江苏”群众性爱国主义教育活动。

二是紧密联系实际，明确教育活动的重点。在广泛征求各有关部门意见的基础上，省委办公厅下发了“歌颂伟大祖国，建设美好江苏”群众性爱国主义教育活动的实施意见，明确了教育活动的6项重点工作，即组织宣讲团、报告会，广泛开展学习教育活动；组织评选先进典型，广泛开展向英雄模范学习活动；举办辉煌60年江苏发展成就展览，广泛开展干部群众看成就活动；举办大型文艺演出活动即群众歌会，广泛开展文艺庆祝活动；精心组织新闻宣传，办好网上展馆，广泛开展网上系列活动；紧密联系实际，广泛开展群众性教育活动。

三是改进创新，扎实推进教育活动。各地各部门注意立足实际，增强教育的针对性；贴近基层，深入开展各项活动；创新载体，不断拓展教育渠道；务求实效，有机统一爱国之情和报国之行。由于活动启动迅速、方案周密、覆盖广泛、内容丰富、形式活泼，受到中宣部充分肯定。中宣部先后转发江苏教育活动信息4篇。

8月16日，刘云山同志深入南京市建邺区月安社区，与基层群众面对面座谈群众性爱国主义教育。梁保华、朱善璐、李云峰、杨新力等省委领导出席。座谈会上，刘云山同志听取了基层代表的发言，对江苏和南京市群众性爱国主义教育活动给予高度赞扬，勉励江苏省和南京市继续在开展群众性爱国主义教育活动上走在全国前列，创造更多更好的经验，成为全国示范。梁保华书记也在会上充分肯定了省和南京市的爱国主义教育活动，要求以刘云山同志的讲话为动力，进一步兴起群众性爱国主义教育活动的新热潮，激发广大干部群众的爱国热情，凝聚广大干部群众的力量，共同建设美好江苏。

［认真组织“双百人物”、“双50人物”评选］

从5月下旬开始，省委宣传部、省委党史工办等13个部门单位组织开展了全国“双百”（100位为新中国成立作出突出贡献的英雄模范人物和100位新中国成立以来感动中国人物）推荐评选活动，以及全省“双50”（50位为新中国成立作出突出贡献的江苏英雄模范人物和50位新中国成立以来感动江苏人物）评选活动。

省里成立了“双评”活动工作机构。各地各部门精心组织、扎实推进。新闻媒体全力配合、深入报道，营造了良好的舆论氛围。广大干部群众积极响应，纷纷以信函、网络、电话、手机短信等方式热情参与，共推荐提名全国“双百”和全省“双50”候选人近2 000

名。候选人公布后,人们踊跃为心目中的先进模范投票。不含网络、手机投票,省"双评"活动组委会办公室共收到各地各部门全国"双百"纸质选票511.4万张。各地各部门共报送全省"双50"纸质选票560.80万张,其中有效票459.64万张,加上网络有效投票63.22万张,群众投票有效票共计522.86万张。"双百"、"双50"评选活动全省群众投票总数高达1 135.42万张,其中有效票为1 034.26万张,规模空前。江苏"双评"活动受到中宣部有关领导充分肯定。

6月下旬,省组委会上报了全国"双百"推荐候选人名单。7月20日,全国组委会按照正式人选1.5倍的比例,公布了300人的"双百"候选人名单,与江苏有关的共有43名(解放前的有27名,解放后的有16名),其中在江苏作出突出贡献的本省和外省籍候选人共有15名(解放前的有9名,解放后的有6名)。9月10日,全国"双百"评选活动揭晓,200人中与江苏有关的共有33名(解放前的有22名,解放后的有11名),其中在江苏作出突出贡献的本省和外省籍人物共有12名(解放前的有6名,解放后的有6名)。9月14日下午,中央政治局全体常委在北京人民大会堂会见了全国"双百"人物代表,江苏部分当选者或其亲属参加会见和座谈会,张云泉在座谈会上发言。中央有关部门还邀请张云泉、吴仁宝、邓建军等出席首都国庆系列活动。

根据全国"双百"评选标准,结合江苏实际,经过群众推荐、评审组评议、组委会研究,省组委会按照正式人选1.5倍比例,确定了各为75名的全省"双50"候选人名单,经省委领导审定后于8月20日向社会公布,并从8月20日起到9月5日,接受群众投票。在投票评选基础上,经过有关部门审核、组委会评审组专家投票等程序并报省委领导审定,9月17日、18日,省组委会通过省级主要媒体公布了"双50"人物名单。

省领导对全国、全省"双评"活动高度重视。梁保华书记、罗志军省长、王国生副书记、杨新力部长亲自审定有关名单,并提出明确要求。9月27日,省委、省人大、省政府、省政协主要领导亲切会见了"双百"、全省"双50"人物代表,梁保华书记发表讲话。省有关部门还邀请先进模范人物出席省庆祝建国60周年大会、大型成就展、万人歌咏大会等重大活动,成就展专门设置展墙宣传"50位新中国成立以来感动江苏人物"。国庆期间,各地各部门也开展了一系列学习宣传活动。

[**大力开展先进典型宣传**]

继续加大典型宣传力度,推出全国、全省重大典型武警江苏省总队苏州市支队支队长江鹰。在对江鹰先进事迹深入调研的基础上,组织省级主要媒体从4月1日开始,按重大典型规格进行集中宣传,产生良好的社会反响。随后,省委宣传部会同武警总部,积极做好申报全国典型工作。10月份,中央领导同志在有关材料上作出重要批示,对做好江鹰宣传工作提出明确要求。中宣部将江鹰作为重大典型,与总政宣传部联合组织《人民日报》、新华社、《解放军报》、《光明日报》、《经济日报》、中央人民广播电台、中央电视台等30家中央和有关省市媒体39名记者组成的中央新闻采访团到苏州进行集中采访。10月29日开始,中央新闻媒体进行集中报道。《人民日报》在10月30日头版头条位置和10月31日第6版,分别刊发题为《智慧为和谐燃烧》、《勤学的人生更精彩》的通讯,首篇配发短评。新华社10月29日和30日连续播发《"天堂之鹰"人民卫士》、《一名警官的情感世界》两篇长篇通讯,中央电视台"新闻联播"10月29日、11月2日在《时代先锋》专栏播出《创新楷模 使命英雄》、《居安思危 创新楷模》。

省级主要媒体作了配合报道。

12月中旬，组织省级主要新闻媒体，对人民信服的好法官、靖江人民法院江阴园区法庭副庭长陈燕萍作为省级重大典型进行集中宣传。12月下旬，中央新闻采访团来靖江进行集中采访。中宣部、中央政法委、最高人民法院和江苏省委还在北京人民大会堂联合举行陈燕萍先进事迹报告会。

围绕庆祝新中国成立60周年，在开展好"双评"活动的同时，通过各级各类媒体集中推出一批共和国建设者先进典型。国庆前，组织对新中国成立前参加革命工作的老战士、老同志，革命烈士遗属、伤残军人，全国和江苏劳动模范、全国和江苏道德模范、重大先进典型，被党中央、国务院和省委、省政府授予其他荣誉称号的先进模范人物，以及为江苏革命、建设和改革开放作出过重大贡献的杰出人物的走访慰问活动。

［**继续组织其他专项宣传活动**］

大力开展"百城万店无假货"活动、"三下乡"活动，积极开展国防教育和征兵宣传，认真做好党风廉政建设、社会治安综合治理、维护社会稳定、防患和处理邪教等宣传教育工作，配合省有关部门，认真抓好环保、绿化、妇女儿童、残疾人保护、防震减灾、禁毒、安全出行等宣传教育等。

（**宣传教育处**）

文明创建

2009年，全省精神文明建设工作坚持以邓小平理论和"三个代表"重要思想为指导，深入贯彻落实科学发展观，以建设社会主义核心价值体系为根本，紧紧围绕庆祝新中国成立60周年，大力开展群众性爱国主义教育活动，大力推进思想道德建设，大力拓展精神文明创建，"二创"精神和"四千四万"精神广为弘扬，公民文明素质和社会文明程度进一步提高，为积极应对国际金融危机带来的困难与挑战，推动科学发展、建设美好江苏提供了强大精神动力，营造了良好社会环境。

［**庆祝新中国成立60周年系列活动**］

围绕庆祝新中国成立60周年，精心策划组织庆祝大会、成就展、群众歌会等系列重大活动，极大弘扬了民族精神，凝聚和振奋了党心民心。"茉莉盛开颂祖国"万人歌咏大会立意新颖、热烈喜庆、富有特色，受到普遍好评。精心制作"吉祥如意"彩车进京参加国庆大典，用高科技手段集中展示了江苏发展成就和特色。联欢焰火晚会和花车游行、优秀剧（节）目展演、美术作品展览、影视剧动画片展映展播等精彩纷呈，营造了同庆国庆、共享欢乐浓厚氛围。以"歌颂伟大祖国，建设美好江苏"为主题，深入开展群众性爱国主义教育活动，唱响共产党好、社会主义好、改革开放好、伟大祖国好、各族人民好的主旋律。精心组织全国"双百"全省"双50"人物评选，干部群众参与投票近1 200万张，评定的全国"双百"人物中与江苏有关的达33名之多，英模事迹和崇高精神得到广泛传播。开展"爱国歌曲大家唱"群众性歌咏活动，举办省级机关"祖国颂"文艺汇演，组织群众合唱团参加全国展演，中央电视台《激情广场》栏目在常州市举办"爱国歌曲大家唱"演出，全省上下传唱红色歌曲，抒发爱国爱乡热情。开展"迎国庆讲文明树新风"礼仪知识普及教育活动，江苏代表队在全国礼仪知识电视竞赛中荣获二等奖。举办庆祝新中国成立60周年公益广告大赛和优秀作品展览。开展"祝福祖国"文明公益短信传递活动，广大群众创作上传、下载转发短信360多万条次。各地积极发挥爱国主义教育基地和博物馆、纪念馆、图书馆等公益性文化场所作用，通过百姓听、看、唱、议等多种形式，让人们充分感受祖国和家乡的巨大变化,进一步增强信心和干劲。

［第二届全国全省道德模范评选表彰活动］

道德模范评选表彰和学习宣传活动扎实推进。省及各市评选表彰活动组委会广泛发动群众参与,各地推荐预备候选人530多名。43名全国、全省道德模范候选人先进事迹在中央和省新闻媒体集中刊播,全省720万群众参与投票。吴仁宝、陈光标、张公兰等3人光荣当选第二届全国道德模范,张定华、何健忠等8人荣获第二届全国道德模范提名奖,庄印芳等23人光荣当选第二届江苏省道德模范,陆明才等18人荣获第二届江苏省道德模范提名奖。组织全国、全省道德模范参加省委省政府主办的庆祝新中国成立60周年系列活动,省委书记梁保华、省长罗志军等省领导亲切会见道德模范。深入开展"学习道德模范,争当文明使者"主题教育活动,大力营造学习道德模范、崇尚道德模范、争当道德模范的浓厚氛围。

［"我推荐我评议身边好人"活动］

全省共有55人入选中国文明网"好人榜"。中央文明办在江苏举办"道德的力量——全国道德模范与身边好人现场交流"活动,产生积极社会反响。镇江市拍摄电影《小城大爱》、出版报告文学集,放大道德模范、身边好人示范效应,打造"大爱镇江"活动品牌。盐城市积极实施"三百三树"工程,选树道德模范、选树文明新事、选树文明市民。

［"我们的节日"主题活动］

春节、清明、端午、中秋期间,各地广泛开展地方特色浓郁、富有时代气息、崇尚文明节俭的群众性节庆和文化活动,弘扬优秀文化传统,增进普遍价值认同。泰州市承办首届全国中小学生"我们的节日·中华诵"夏令营活动。扬州市举办"清明咏诗会"、"中秋赏月"晚会,编写出版《菖蒲飘香——漫话扬州传统节日》。无锡市、苏州市开展清明、端午节庆活动,展示吴文化魅力。

［"迎世博讲文明树新风"志愿服务活动］

沿江8城市和全省窗口行业"迎世博讲文明树新风"志愿服务活动拉开帷幕。无锡市组织6 000多人次志愿者为第二届世界佛教论坛提供10万多小时志愿服务。南京市制定《志愿服务事业三年行动计划》,启动关爱空巢老人志愿服务活动。常州市37个乡镇全部建立农村志愿服务站。连云港市进一步深化"与雷锋车同行"社会志愿服务活动。

［文明创建活动］

围绕提升城市文明程度和市民文明素质,文明城市创建深入推进。研制江苏省市民公共文明指数测评体系,采用实地考察和入户调查等方法开展测评。南京、南通、苏州、张家港和扬州、无锡、常州、镇江等8个城市参加全国城市公共文明指数测评,取得较好成绩。省委省政府隆重表彰第四批江苏省文明城市。中央文明办在苏州市召开《全国文明城市测评体系》征求意见座谈会,充分肯定江苏文明城市创建工作成效。中央电视台"文明中国"栏目宣传介绍南京、南通、苏州、张家港等全国文明城市创建经验。

围绕保增长保民生保稳定首要任务,文明行业、文明单位创建不断深化。全省参创行业广泛开展诚信服务、高效服务、阳光服务、热忱服务和创新服务,打造文明服务品牌。省交通系统广泛开展"亲民便民惠民"主题创建活动。省国税系统打造税企互动网上服务平台。省电力系统深入开展"绿色电力,共建和谐"优质服务主题活动。省新闻出版系统全面开展文明单位、文明单位标兵创建。省质监系统普遍建立志愿者服务组织。省药监系统青年志愿者走进街道和社区开展便民利民服务。淮安市组织开展十行百家“铸诚信、促内需、惠民生”共同行动。开展行业文明服务满意度试测。南京市制定实施《服务品牌建设评价准则》,举办首届服务品牌高层论坛。

[**农村精神文明建设**]

围绕贯彻落实全国农村精神文明建设工作经验交流会精神,农村精神文明建设得到加强。开展“春联送村镇、文明进万家”活动,向全省736个文明村镇农户送去30万副春联。开展全省农村精神文明建设“百村千户万人”调研活动,深入100多个行政村、走访1 000多户农家、发放16 000多份调查问卷,倾听农民群众对精神文明建设的需求和建议。评选全省农村精神文明建设创新案例,推动农村精神文明建设创新发展。各地组织文明行业和单位开展结对共建活动,推进城乡文明一体化。宿迁市以评创“诚信新农户”为抓手培育文明乡风。徐州市深入开展“欢乐农村——乡里乡亲四季歌”文化活动。

[**未成年人思想道德建设**]

抓住中央8号文件和省委11号文件下发五周年契机,省文明委召开全省未成年人思想道德建设经验交流会,贯彻全国会议精神,总结工作,交流经验,表彰先进,部署任务。社会文化环境不断改善。贯彻中办、国办文件和全国会议精神,召开全省净化社会文化环境工作视频会议,成立工作协调小组,明确6大类66项具体任务,加强督查暗访,形成工作合力。各地各有关部门以整治网吧、网络、荧屏声频、出版物市场和校园周边环境为重点,重拳出击,持续推动,着力解决群众反映强烈的突出问题,取得阶段性成果。中央文明委督查组充分肯定江苏净化工作经验做法和明显成效。教育实践活动丰富多彩。深入开展“做一个有道德的人”主题实践活动,建立200个省级活动联系点、40个全国活动联系点;评选推出30个主题实践活动创新案例,编辑出版《美德·阳光·成长——创新案例汇编》;在江苏少儿频道推出百期“做一个有道德的人”主题班(队)会节目展播。持续开展“七彩的夏日”——未成年人暑期系列活动,全省未成年人在参与中度过快乐暑假。开展优秀童谣推荐评选活动,共征集童谣近400首,1 374万人参与投票,5首童谣在全国获奖,居全国第二。面向全国开展“童声里的中国”儿童诗征集活动,在北京举办《儿童诗精品集》首发暨推广仪式,向四川绵竹中小学生捐赠4万多册。活动阵地建设步伐加快。新批建盐城、连云港、张家港3个省级未成年人社会实践基地,全省已建、在建省级基地达9个,每年接待学生30多万人次。建成18个“乡村少年宫”和8个“名村村史馆”,有效拓展未成年人活动空间。先进经验和工作品牌不断涌现,中央文明委表彰连云港市为全国未成年人思想道德建设工作先进城市。中央文明办在南京召开全国未成年人心理健康教育现场交流会,推广南京陶老师工作站经验。省文明委表彰全省未成年人思想道德建设工作先进县(市、区)16个、先进单位(集体)61个、先进个人105名、创新品牌10个、创新品牌提名奖12个。

(综合处)

对外宣传

2009年,全省外宣战线紧紧围绕省委、省政府工作中心,按照中央外宣办总体部署,以新中国成立60周年、迎接2010年上海世博会为契机,创新工作思路,积极开展对外宣传,树立和展示江苏良好的国际形象,为我省积极应对国际金融危机、全力做好保增长保民生保稳定的各项工作营造了客观友善的国际舆论环境。

［**对外新闻宣传主动有力**］

外宣战线紧紧围绕全省工作大局，通过组织专访、举办系列新闻发布会、开展对外新闻报道等多种形式，积极开展对外新闻宣传，千方百计扩大江苏影响力，为全省吸引外资和扩大贸易营造良好氛围。一是应对金融危机对外宣传积极有效。全国“两会”期间，省委省政府主要领导分别接受凤凰卫视和中国日报网站专访，受到海内外高度关注。省台办组织的以“携手同心共同应对金融危机”为主题的两岸媒体联合采访活动，省旅游局举办的“国际金融危机与旅游发展对策高层论坛”，扬州市承办的以世界金融危机的影响为议题的第八届中日地方交流促进研讨会，分别从不同角度为抗击国际金融危机建言献策。二是江苏沿海开发战略对外宣传效果显著。组织邀请主流媒体精干力量，全程报道省政府在京沪两地以及日、韩及香港举办的“江苏省沿海开发合作恳谈会”，有力配合了江苏沿海开发规划的实施。中国日报、江苏广电总台紧扣江苏沿海开发主题，制作沿海开发系列报道和专题片，刊发和播出后反响较好。三是大型经贸活动对外宣传报道浓墨重彩。以“台湾江苏周”活动为重点，突出加强对台宣传，全方位展示苏台经贸、文化、农业、旅游等方面交流合作成果，展示江苏发展优势和特色，为深化两地关系、提升合作层次提供舆论支持。围绕第二届中欧领导人峰会、“第十三届江苏出口商品展览会”、全国第二届国际服务外包大会、德国投资洽谈会等境内外重要经贸活动，有针对性地集中开展对外宣传，取得良好效果。配合第十三届西洽会、第四届跨国零售集体采购会、国际咨询会、2009 中国苏州电博会、第十一届江苏国际服装节、第十一届江苏农业国际合作洽谈会、苏北贸易投资洽谈会等经贸会展活动，做好有关对外宣传工作。四是新闻发言人和新闻发布制度得到进一步完善。新设立区县(市)新闻发言人，健全省级部门、各省辖市、区县(市)三级新闻发言人制度。南京市设立了各级党委、政府、人大、政协机关的新闻发言人，实现了新闻发言人机制的“全覆盖”。成功举办全省突发事件舆论引导培训班和全省政府新闻发言人培训班。

［**重大活动对外宣传报道圆满成功**］

2009 年大事多、喜事多，全省外宣战线统筹兼顾，做到主题明确、主线突出，发挥了重要作用。一是新中国成立 60 周年的对外宣传隆重热烈。围绕庆祝新中国成立 60 周年重大活动，集中推出专题报道和外宣活动。省市联动，组织“海外华文传媒高层江苏行”采访活动，全方位展示建国以来江苏的发展变化。邀请韩国广播公司、西亚、中亚、北非和拉美及加勒比海地区国家联合记者团，来江苏采访建国 60 周年特别是改革开放 30 年来取得的发展成就。凤凰传媒电子音像出版社制作的多媒体光盘《魅力江苏》，被列入庆祝新中国成立 100 种选题之内。二是重大涉台活动的对外宣传平稳有序。与境内外主要媒体合作，把握宣传基调，主动引导舆论，成功报道了第二届世界佛教论坛、第三次“陈江会”会谈、国民党主席吴伯雄参加纪念孙中山活动、大陆首场台湾名品交易会、两岸名优农产品会等一系列两岸交流与合作重大活动。三是上海世博会的预热宣传内容丰富。省旅游局赴东南亚国家开展“相约世博会，畅游新江苏”旅游推介交流活动，观者踊跃。苏州、无锡通过举办上海世博会宣传周系列活动，既提高了市民对上海世博会的认知度、关注度和参与度，也较好地展示了城市形象。四是南京大屠杀历史事件的对外宣传稳步推进。赴日本、菲律宾举办南京大屠杀史实展，组织纪念南京大屠杀历史事件 72 周年系列活动和《日本百名漫画家笔下的8·15》展览。继续组织专家在海内外搜集史料,新编撰书籍30余册,其中《南京大屠杀史料集》获全国高等学校科学研究历史学一等奖。

［**积极推动对外文化交流和文化外宣活动**］

一是"走出去"与"请进来"活动丰富。2009年全省共有99批921人次的文化艺术团组出访世界22个国家及港澳台地区,同期有10个国家及港澳台地区的22个项目、17批文化艺术团组220人次来江苏举办各类文化交流活动。与英国友省联合举办的"埃塞克斯郡江苏节"历时9个月,埃郡三分之一以上居民参加了活动,各中小学开设了汉语教学课程,建立了"江苏语言中心",实现了江苏文化走出去、走进去、留下来的战略性突破。配合国家整体外交,省市及部门联动,有效整合资源,精心组织国家级文化交流项目"欧罗巴利亚中国艺术节"江苏系列活动、"中国甲骨文书法展暨锦绣江苏图片展"及"2009年欧洲春节品牌"展演活动,反响积极。其中,"欧罗巴利亚中国艺术节"江苏系列活动中扬州木偶、南京云锦、苏州中医药、昆曲等江苏传统文化外宣优势项目分四批赴比利时、德国、法国等国家展演,受到欧洲主流社会和比利时皇室的高度关注和浓厚兴趣,提升了江苏文化的国际影响力。南通、连云港、南京、扬州等市整合本地独有文化资源,在国外举办各具特色的文化体育交流活动,真实反映了当代江苏人的精神风貌,受到国外政要和公众好评。二是利用民间力量开展对外文化交流有创新。南京市实施对外文化交流"双百"工程("南京百家对外文化交流基地"和"南京百名对外文化交流使者"),动员全社会参与城市形象塑造和传播,开拓城市与世界沟通交流的新领域。三是旅游资源的文化交流和对外宣传亮点纷呈。省旅游局先后举办了江苏国际生态旅游节和首届江苏国际旅游周,苏日、苏韩、苏台旅游合作交流迈出新步伐。常州、镇江的世博旅游、泰州溱潼会船节、扬州的"烟花三月"国际经贸旅游节成为提高城市美誉度的重要平台。

［**阵地建设继续加强**］

一是针对江苏境内常住外国人举办的外宣活动丰富多彩。省广电总台的"志愿者ABC"外语教学服务活动、南京市的"同乐金陵"在宁外国人文化参与系列活动、苏州市的"家在苏州"系列文化活动,均已成为吸引外国人参与的外宣品牌活动。二是积极推动省内主要媒体境外落地。截止2008年底,江苏广电国际频道成功覆盖五大洲18个国家和地区,海外用户超过50万,与中国国际广播电台联合制作中英文版的《江苏新闻》,开辟播出渠道有新突破。《新华日报》在海外专版开设"风景这边独好"专栏,系统介绍江苏以科学发展观指导保增长、促发展的政策措施。三是友城外宣的层次和水平不断提高。截至2009年底,江苏已与世界上45个国家和地区缔结国际友好城市208对,友好交流关系城市191对,友城总数在全国继续保持领先地位。南京、无锡、镇江、扬州等市分别在相关国际友城举办文化展演活动,交往更加频繁,友谊进一步加深。四是外宣基础建设水平稳中有升。外宣信息工作再上新台阶,率先在全国将"江苏省外宣系统综合业务加密网"延伸至省辖市,被中央外宣办评为2009年度全国外宣加密网信息组织工作一等奖。与南京师范大学合作完成"江苏对外宣传现状与发展"调研课题,为编制江苏对外宣传规划奠定坚实基础。外宣品制作有新成绩。连云港市邀请中央电视台合作拍摄大型主题片《从连云港到鹿特丹》,着力宣传连云港作为新亚欧大陆桥东方桥头堡的重要地位,在日本东京电视台播出后反响积极。南京、镇江等市外宣办拍摄的《天南海北南京路》、《老肖》等电视纪录片分别在国内外获得大奖。

[对外合作交流不断拓展]

一是外宣媒体交流合作来往频繁。初步统计,2009年全省共邀请接待64批240人次的外国记者就经济、科技、教育、文化、环保等领域相关专题进行采访报道。接待凤凰卫视、拉美国家媒体高级考察团、《星岛日报》高层人士来江苏访问。无锡市与新西兰中文媒体《新西兰先驱中文报》合作推出《活力无锡》专栏,淮安市邀请两岸三地电视媒体进行以“精彩淮安”为主题的采访活动,成功塑造了城市形象。二是苏版图书走向海外再上台阶。凤凰出版传媒集团先后与科学出版社美国公司合作举办“第十一届中文书展”,赴澳大利亚、新西兰举办“第十五届中文书展”,并在2009年德国法兰克福书展上举办世界华文出版论坛,与法国阿歇根出版集团合资成立公司,开辟海外市场势头良好。三是对外宣传江苏优质教育资源效果明显。省教育厅开发研制汉语国际推广项目《江南水乡文化丛书》,被国家列为海外孔子学院配送书目。分别在芬兰、澳大利亚和泰州举办高等教育和职业教育专题论坛,共享共赢的教育资源渠道建设进一步巩固和加强。全年共有来自164个国家的外国留学生12 708人,海外孔子学院增至14所。

[互联网新闻宣传和网络文化建设取得新进展]

一是网上宣传主题突出,正面舆论形成强势。重点开展应对世界金融危机推进江苏“两个率先”、新中国成立60周年、汶川特大地震一周年等主题宣传活动。组织“歌颂祖国,爱我家乡”网络作品大赛、全国重点网络媒体“江苏沿海开发”宣传活动,承办全国“科学发展、和谐家园”专家博客主题笔会。二是网络舆论调控积极,主动引导成效明显。建立互联网舆情研判例会制度,网络舆情收集、上报和处置质量提高。三是强化网络基础管理,有效净化网络环境。协调省通信、公安部门共同加强网站备案、域名、IP地址等管理数据库建设。联合推进网络实名制,大力推进网络文明工程建设,着力规范网络新闻传播秩序。

(外宣办)

文艺工作

2009年,全省文艺战线认真学习贯彻党的十七大精神和全省文化建设工作会议精神,深入贯彻落实科学发展观,按照“高举旗帜、围绕大局、服务人民、改革创新”的总要求,进一步理清思路,振奋精神,努力推动江苏文化大发展大繁荣,为加快建设文化强省作出应有贡献。

[精心组织重大主题文化活动]

围绕建国60周年这一重大主题,组织开展一系列主题性文化活动。为全面展示江苏文学艺术创作丰硕成果,向祖国母亲60华诞献礼,省委宣传部省文联、省作协共同编辑出版“庆祝中华人民共和国成立60周年优秀文学艺术丛书”。其中包括文学获奖作品集和优秀美术、篆刻、摄影、书法作品集,共10卷本。由著名作家叶兆言创作的《江苏读本》也于9月出版发行,该书全面介绍了江苏的历史人文,文字生动、视野开阔,成为介绍江苏历史与现实的一本人文佳作。9月底,举行了丛书首发仪式,并向南京图书馆、金陵图书馆等多家专业图书馆及社区图书馆免费赠送丛书和《江苏读本》。年初,筹划已久的《江苏风物丛书》也正式出版发行,全书共二套12本,充分展示了江苏的民间工艺和民俗风情。

[组织精品生产]

2009年继续实施以“五个一工程”为龙

头的精品带动战略，促进文艺创作、生产、评论全面繁荣。

进一步突出对现实题材文艺创作的扶持力度。在2007年基础上，修改制定《省委宣传部2009年现实题材文艺创作项目资助办法》，积极鼓励现实题材作品的创作生产。通过梳理，基本掌握了全省艺术生产现实状况，为今后有重点、有针对性的资助扶持提供了科学依据。同时认真做好2010—2012年重点题材创作规划，积极筹备今后几年重大主题、重点作品的创作生产，力求站在全国制高点上关注、掌握艺术生产动态，推动艺术精品生产。

认真组织全国、省精神文明建设“五个一工程”申报、评选工作。精心组织作品参加全国“五个一工程”评选，最终江苏有7部作品获奖，7大门类均有获奖作品，获奖总数位居全国前茅，省委宣传部获组织工作奖。此外，还有3部由江苏组织创作通过其他途径申报的作品获奖。《人间正道是沧桑》、《邓稼先》等一批重点作品受到广泛关注和好评，进一步奠定江苏文艺创作大省的地位和影响力。省第七届“五个一工程”作品申报和评选工作较以往也有长足进步，共有198件作品参评，经过资格审查、初评、终评，107部作品最终获奖，6家单位荣获组织工作奖。

各艺术门类佳品迭现，成绩喜人。由中宣部、中国音协等主办的全国流行歌曲创作大赛，共评出30首获奖作品，江苏有2首获奖，《爱情的味道》荣获二等奖，《婚礼上的歌》荣获优秀奖，充分说明近年来江苏音乐创作水平有明显的提高。舞剧《西施》在全国已经有一定知名度，最近又入选国家舞台艺术精品工程2008—2009年度资助剧目。全国美展是美术界最高奖项，在业界口碑和含金量都很高。在2009年的第11届全国美展中，江苏获奖数跻身全国各省市前列。在第7届中国音乐金钟奖民乐比赛中，江苏选手王键获笛子组铜奖，蔡超、召唤获二胡优秀奖。

进一步加强文艺评论工作力度。《新华日报》、《南京日报》等单位是全国文艺评论试点单位。一年来，按照中宣部会议要求，不断加强和改进文艺评论工作。两家媒体分别增加版面，推出一批优秀文艺评论作品。充分发挥文化记协组带作用，开展媒体文艺宣传研讨，培养评论新人。

［**文化惠民工程形成长效机制**］

从保障群众文化权益、让群众共享文化发展成果出发，根据新形势的要求，继续组织流动舞台车申报工作，着重扶持改革院团，并进一步完善关于配发流动舞台车等文化设施的扶持办法，加大对流动舞台车的配发和考核管理力度。制定关于高雅艺术走市场、进校园、下基层演出的扶持办法，促进高雅艺术进一步走向社会、走向群众。持续组织好“高雅艺术进校园”活动，继续做好百名艺术家百场惠民演出，积极支持、推动改革文艺院团面向农村、面向社区、面向校园，多为农民、居民与学生演出，进一步满足群众日益增长的文化需求与审美需求。

［**组织协调系列文化活动**］

5月上旬，组织江苏文艺家前往四川绵竹市开展文艺慰问演出，通过文艺演出、赠送书画作品、摄影创作、采风等多种形式，慰问江苏援建四川灾区的干部职工和当地群众。7月，组织协调西藏自治区答谢团《雪莲欢唱茉莉情》在宁演出，组织协调话剧《红叶旅途》在江苏巡演的首场演出。8月，为全国文化体制改革经验交流会牵头组织专场汇报演出《在茉莉花盛开的地方》。演出充分反映了江苏演艺集团改制后的崭新气象，与会代表纷纷予以高度评价。

（**文艺处**）

文化改革

［**协助省委省政府组织召开全省文化建设工作会议**］

为贯彻中央决策部署和李长春同志视察江苏讲话精神，7月6日至7日，江苏省委、省政府在南京召开全省文化建设工作会议，对全面推进文化体制改革、加快建设文化强省作出部署，动员全省上下在应对国际金融危机挑战中，抓住文化建设新机遇，开创文化发展新局面，促进经济社会又好又快发展。

省委书记梁保华出席6日上午的大会并发表重要讲话。省委副书记、省长罗志军主持会议并讲话。省领导张连珍、王国生、赵克志、朱善璐、李云峰、杨新力、黄莉新、柏苏宁、徐鸣、曹卫星、周珉、张九汉，省军区政委李笃信，省法院院长公丕祥等出席会议。

梁保华在讲话中充分肯定了近几年来江苏文化建设取得的重大进展，提出了今后一个时期建设文化强省的总要求：高举中国特色社会主义伟大旗帜，坚持以邓小平理论和"三个代表"重要思想为指导，深入贯彻落实科学发展观，以发展社会主义先进文化为核心，以加强社会主义核心价值体系建设为主线，以满足人民群众精神文化需求为导向，坚持文化事业和文化产业"两手抓"，坚持政府投入和文化体制改革"两到位"，坚持公益性文化事业和经营性文化产业"两分开"，坚持促进繁荣与加强管理"两结合"，全面推进文化体制改革，进一步解放和发展文化生产力，努力建设"文化事业强、文化产业强、文化人才队伍强"、文化综合实力位居全国前列的文化强省。今后三年，加快建设文化强省的工作重点是抓好"五个一批"：实施一批重大公共文化服务工程，培育一批综合实力强、竞争力强、带动力强的骨干文化企业，建设一批集聚度高、特色鲜明的文化产业基地，培养引进一批在国内外有影响的文化拔尖人才和领军人才，打造和推出一批受群众和市场欢迎的文化品牌和精品力作。到2010年，全省经营性文化事业单位转企改制到位，公益性文化事业单位内部机制改革到位，实现文化体制改革从"盆景"走向"百花园"，从"试验田"走向大面积"丰收田"；到2012年，建成比较完善的公共文化服务体系，文化产业增加值占GDP比重达5%以上。

罗志军在主持讲话中要求，当前和今后一个时期，各级政府要高度重视公共文化服务体系建设，重点在构建覆盖全省、惠及全民的公共文化服务网络上下更大功夫，在高标准建设重点文化工程上下更大功夫，在加强公共文化内容建设上下更大功夫，在促进公共文化资源配置更多转向农村上下更大功夫。要按照做强做大要求加快发展文化产业，进一步完善文化产业发展规划，加快培育各类文化企业，切实加强文化市场建设，确保实现2012年全省文化产业增加值占GDP5%左右，成为全省经济的支柱产业。要推动文化改革创新迈出更大步伐，在体制机制创新、文化科技创新、文化传播方式创新等方面取得新突破。要加快推动政府职能转变，加快完善人才培养使用机制，加快建立多元投入格局，努力为文化强省建设提供坚实保障。

［**文化体制改革由点到面、由省级向市县全面展开**］

省及各地各有关部门建立健全领导体制和督查机制，制定落实全省文化系统体制改革、出版社转企改制、文化行政管理体制改革等《实施意见》。全省出版和电影制作、发行、放映单位全面转企改制；全省广电网络资源联合重组全部完成，在全国率先实现全省一网、全程全网；文艺院团转企改制有序推进，南京市所属6个院团，苏州市歌舞团、锡剧团，宿迁市歌舞团等完成改制任务；省及无锡市新闻媒体“两分离”改革不断深化；省辖市文化广电出版“三局合一”、成立综合执法机构基本完成，无锡市所有辖市区，常州的武进、金坛、溧阳，淮安的清河、清浦等完成了文化行政管理体制改革。制定《关于进一步加强农村电影工作的意见》。

［**文化产业快速发展**］

省级文化产业集团规模、效益、实力进一步提升。凤凰出版传媒集团全年销售收入120亿元，实现利润9亿元，净资产突破100亿元，销售、利润、净资产三项指标创历史新高。省广电集团全年总收入40.5亿元，增长46.51%，是总台成立以来发展最快的一年，位居省级台前列。新华日报报业集团新增5个1 000万元利润平台，经营收入达到1.192亿元，增幅达30%，跻身亿元省级党报集团。省广电网络公司全年营业收入20.5亿元，实现利润3.4亿元，分别增长27.3%和38%。省演艺集团经营收入突破亿元，达到1.1亿元，增长24.42%。到2009年底，省属文化集团总资产330.15亿元，净资产200.61亿元，销售收入1 925亿元，实现利润19.67亿元。跨地区跨行业跨所有制重组步伐加快。凤凰出版传媒集团与法国阿歇特公司、山东出版集团等加强合作；新华报业集团与阿里巴巴淘宝天下签订战略合作协议；省广电网络公司与昆明合作建设互动数字电视平台，与上海文广传媒集团签订战略合作框架协议；省演艺集团整合县市剧场资源，推进“苏演院线”建设，拓展基层演出市场，首家旗舰剧院淮安长荣大剧院正式开张；江苏幸福蓝海影视公司与凤凰新华书业公司合作，在全国率先采取“书城＋影城”模式开发综合文化设施。新兴文化业加快发展。江苏中江网传媒股份公司筹建就绪，将打造大型综合性门户网站和网络文化产业发展新平台；新华报业集团手机报用户突破200万，3G手机报加快发展；移动多媒体广播电视（CMMB）稳步推进，省广电总台成功申请IPTV许可证，省网络公司获得ISP和ICP业务许可证、有线电视网络节目传输许可证，业务范围有效拓展。文化产业交易和项目招商成果显著。南京市成立文化产业招商中心，无锡市赴英国举办招商活动，镇江市协议引资110多亿元。南京文化产业交易会、常州国际动漫艺术周等影响越来越大，成交量越来越多。文化产业园区建设取得新成果。江苏未来影视文化创意产业园一期工程开工建设，扬州“智谷”、淮安清河文化产业园、盐城文化创意产业园及丹阳江苏文化科技产业园、昆山（周庄）文化创意产业园等建成投产。投融资体制进一步健全完善。初始规模20亿元的文化产业发展基金筹建工作抓紧进行。“凤凰置业”成功借壳，新华发行集团股改上市积极推进。

（改革办）

网络管理

2009年，全省网宣战线高举旗帜、围绕中心、服务大局、服务群众、紧扣重点，网络正面宣传有新亮点，网上舆论引导水平有新提升，网上管理有新突破，重点新闻网站建设有新进展，整治网络低俗之风有新成效，在服务党委政府工作大局中发挥了重要作用，涉苏网上舆论总体呈现出积极健康的良好态势。

［**网上正面宣传形成强势**］

重大主题宣传氛围浓厚。服务中心工作，重点抓好应对国际金融危机、新中国成立60周年、60年来100位感动江苏人物评选、汶川特大地震一周年等网上宣传。主题宣传声势浩大，基调鲜明，唱响了网上舆论主旋律。

重大活动宣传影响广泛。开展“歌颂祖国,爱我家乡”网络作品大赛活动,广大网民运用文字、图片、视频等多种形式,创作了一大批富有网络特色、展示江苏60年沧桑巨变与发展成就的优秀作品。大赛共收到作品近千件,71件作品获奖。精心组织“江苏沿海开发”全国网络媒体宣传活动,邀请27家国内重点新闻网站和知名商业网站(论坛)实地采访考察,原创文章(图片)600余篇(幅)。承办全国“科学发展、和谐家园”专家博客主题笔会,39家中央和地方网站、主要商业网站的近80名专家博客作者,先后深入苏州、南京参观考察,原创博客文章200多篇。组织长三角主要网络媒体重点对我省第十七届运动会倒计时300天进行宣传。组织省属网络媒体参加全国“亿万网民共同记录中国一日”等多项活动都取得优异成绩。南京、苏州、常州、扬州等地重大活动网上宣传成效明显。南通、盐城、连云港沿海开发宣传形成声势。全省重大活动宣传组织力度大、影响广、反响好。

网上宣传特色鲜明。全省新闻网站不断提高对重大主题、重大成就、重大典型网上宣传的组织策划水平,注重与国内重点网络媒体合作、与传统媒体互动、和商业网站联动,积极利用视频访谈、网络直播、博客等宣传手段,更加突出贴近性、多样化、大众化,取得较好宣传效果。新华报业集团制作的手机报,目前用户已达200余万。

[网上舆论引导有力]

推动领导干部与网络民意良性互动。全省普遍建立健全科学畅通、有效便捷的网上民意通达机制,越来越多的党政领导干部懂网用网,运用网络问需于民、问计于民、问政于民,与网民在线互动已逐步常态化、制度化、纵深化。一些省辖市主要领导或走进网站或利用个人博客与网民互动,受到网民积极响应和欢迎。宿迁市宣传系统副处以上干部大都开设个人博客与网民互动,淮安举办“和谐淮安,文明网络”网络文化节,都取得积极效果。

加强网络新闻发布。倡导重大突发事件权威信息由重点新闻网站第一时间首发,主动加强引导。镇江、南京等地推行网络发言人制度,并配套建立健全了督查例会制。镇江市在全省首创网络发言人制度,50多位网络发言人多次走进社区、走近网民面对面交流。南京市90个部门推出网络发言人,以单位实名开设论坛互动板块,并担任版主,网友可以通过这些渠道“拍砖”,发言人不仅要“接招”,还须在24小时内回复。省属重点新闻网站全年撰写原创网评文章1.1万余篇。

队伍建设得到加强。省委宣传部组织了网络文化建设和管理业务、互联网新技术应用及网络信息安全等培训班,培训骨干260多人。各地均已设立网络宣传管理机构,在人力、物力、财力上基本得到保障。省一级建立的全天候智能化舆情监测系统已投入试用,无锡、常州、徐州等地也建立了互联网舆情监测分析系统。新闻网站信息安全工作得到加强,做到了全年技术安全零事故。与公安、通信等15个部门建立互联网舆情研判例会制度,每月研判一次,在此基础上,根据不同时期呈现出的不同社会热点,增加相关主管部门会商,加大专题性、阶段性舆情研判力度,研究和预测网上涉及江苏的热点、涉及部门和行业苗头性、倾向性问题,制定相关预案加强应对。加大对危害党的执政、损坏江苏形象、影响改革发展稳定等有害信息的管理力度,删除有害信息6.4万余条,依法关闭违法违规网站1 406个,整改网站98个。两次牵头组织全省互联网、手机淫秽色情及低俗信息专项整治行动,为未成年人健康成长创造良好的网络环境。

［**制度机制创新得到加强**］

建立健全统筹协调机制。组织北京、海南、上海等互联网发达省市网络管理部门来苏,交流经验,建立协作联动机制。认真履行网络管理和宣传总体协调职责,充分发挥全省网络文化建设和管理联席会议制度作用,加强与省公安、通信等部门的联系沟通,畅通不良和有害信息处置、违法案件移送协查等重点工作,做到分工明确、责任到位、处置及时。

省内网站备案和重点网站论坛版主实名注册。联合省通信、公安部门在全国率先建立网站备案实名制度,明确实名制管理工作的任务分工、工作流程、核查时限及具体办法。推行重点网站论坛版主实名注册管理机制,依托公安部门对省内140个重点网站、5 300多个论坛栏目的3 500多名版主实行了实名管理。

推进网络文明工程建设。联合省通信、公安等部门组织“09净网行动”,开展“文明办网”先进单位创建评选工作,率先在全国出台文明办网先进单位创建活动评选指标体系,分设文明办网、管理与服务、公众认知度等3大类、42项指标,省内网站对照这一标准自觉规范办网行为,加强行业自律和内容建设。这一指标体系已成为全省倡导网络文明风尚、推动文明办网的风向标。

重点新闻网站转企改制有新突破。根据省委省政府要求,围绕把中国江苏网建成全国一流的省级重点新闻综合门户网站的目标,省里确定由新华日报报业集团、省广电集团、省出版集团和省广电网络公司、江苏省互联网新闻中心等6家单位发起成立江苏中江网络传媒股份有限公司,新华日报报业集团相对控股。江苏中江网络传媒股份有限公司(筹)已挂牌,有力有序推进了建设工作。

（**网络新闻管理处**）

社科规划

2009年,社科规划管理工作认真贯彻党的十七大和省委十一届六次、七次全会精神,紧紧围绕“保持经济平稳较快发展”这个首要任务,运用社科规划导向功能和课题经费,组织全省社科理论工作者结合新的实际,突出中国特色社会主义在江苏实践的研究总结,突出统筹推进经济建设、政治建设、文化建设、社会建设,以及生态文明建设和党的建设等问题的探索,突出江苏特色和优势前沿课题的研究交流,继续打造基础理论研究和应用对策研究两大高峰,推动社科大省向社科强省转变。

［**制定实施2009年度省社科规划项目计划**］

面向省有关部门、各市委宣传部、高校和研究机构、学术团体广泛征集研究选题,特别是将实际工作部门需要研究的课题作为重点内容,列入2009年度《课题指南》,重点反映重大决策工作对理论的需求,反映社会实践的需要,打破过去以基础理论和学科建设为主体的课题格局,真正形成统筹应用研究与基础研究、兼顾机关部门与高校的课题规划工作格局。全省109个单位申报课题1 636项,批准立项项目162个,项目总经费374万元。

［**深化项目管理改革,推动出成果、出人才**］

一是国家社科基金项目申报坚持质量第一,内涵发展。全省共申报1 194项课题,获准立项119项,比去年增长25.26%,立项项目数量在全国各省区市中列第三;获得项目资助经费1 127万元,比去年增长32.4%;立项率为9.97%,高于7.6%的全国平均立项率。二是切实加强质量管理,建立了项目开题论证、中期检查、重点跟踪、成果预审、奖惩并济等一系列重要机制,使管理工作制度化、规范化水平大大提高。2009 年完成 52 个国家项目成果鉴定,聘请 260 位外省专家参与成果鉴定,与 2008 年相比,成果鉴定等级普遍提高,3 篇成果刊登全国社科规划办公室成果要报。2009 年,省项目管理工作重点是对 2004 年项目进行全面清理,共结项 233 个项目,推出一批成果。对 2006 项目也进行了初步梳理,现已结项 55 个项目。据统计,2009 年共聘请 327 个外省专家,对 109 个省项目进行了鉴定结项。

[**积极推进社科研究基地建设,制定实施基地项目计划**]

组织全省 15 个社科研究基地紧紧围绕保持经济平稳较快发展的首要任务,深入研究保增长、保稳定、保民生各项工作中的重要理论与实践问题。江苏大学"江苏省中小企业发展研究基地",积极参与研究和起草《江苏省创业基地规范建设方案(草稿)》,牵头制定《江苏省企业知识产权管理规范》,目前全省 150 多个企业采用该标准建设企业知识产权管理体系。盐城师范学院"江苏省沿海开发研究基地",主动策应省委省政府沿海开发战略,2009 年 6 月举办"江苏沿海开发高层论坛",开展"江苏沿海产业带建设"专题调研,研究报告《关于江苏沿海产业带建设的建议》得到省长罗志军、常务副省长赵克志高度肯定;2010 年举办的系列调研、论坛活动,把沿海开发研究引向深入。中国矿业大学"江苏省能源经济管理研究基地",联合煤矿企业开展煤矿安全管理示范点建设,其经验被国家安全局大力推广。徐州师范大学"江苏省淮海发展研究基地",积极承担徐州市委市政府委托的"振兴徐州老工业基地"等重要课题,为市委市政府实施重大决策部署提供理论参考和建议。南京大学"江苏省社会风险管理研究基地"完成的重大项目成果"'十一五'重大社会风险预警与防范研究",得到省领导肯定,承担的江苏省公路突发公共事件应急预案编制、江苏省社会管理"十二五"规划前期研究等成果,已转化为相关政策。南京师范大学"江苏省创新经济研究基地"承担的课题"优化江苏中小企业生存发展环境研究",成果部分观点被吸收进 2009 年罗志军省长《政府工作报告》。江南大学"江苏省食品安全研究基地"针对无锡食品安全可追溯体系中的食品消费问题所提出的研究对策,得到省委常委、无锡市委书记杨卫泽的重要批示,有效推动了无锡食品安全可追溯体系的建设。

[**精心编辑《成果专刊》,推动社科研究与决策咨询有机结合**]

2009 年编发《成果要报》16 期,刊登重大现实问题的情况调查、专家观点和政策建议,成为专家建言献策的重要渠道,省领导先后多次作出批示给予充分肯定。其中《成果专刊》第 1 期《积极帮助外来流动穆斯林适应城市社会》刊发后,李小敏副省长作出批示:"省委宣传部组织研究的这个课题很有现实针对性,应该引起我们的高度关注。请民政厅、宗教局等部门认真研究所提建议,提出作好相关工作的具体意见。"《重视发展江苏民俗体育》刊出后,何权副省长作出批示:"请体育局宝林同志阅研";《积极推动幸福社会建设》刊出后,赵克志副省长作出批示:"'五个好'甚好,注意研究该文提高'好'的一些指标";省委常委李云峰也作出批示:"'幸福社会建设'的理念,为处于'后全面小康社会建设'即巩固提高阶段的苏南发达地区,找到了一个重要的发展导向。该研究课题结合江阴等地率先实践提出的若干热点及对策,具有一定理论和实践价值,可作为我省研究'十二五'发展规划的参考。请省委研究室及省委办公厅综合、经济处有关同志参阅,并要求相关部门认真落实相关对策建议"。

[发挥社科规划的统筹作用,协调组织重要学术理论研讨活动]

12月江苏、上海、浙江共同举办2009年度"长三角区域经济社会协调发展理论研讨会",重点交流江苏组织撰写的研究报告"金融危机背景下长三角地区企业并购及产业升级研究"、"长三角共同推动金融制度创新研究"、"长三角地区促进现代服务业主导产业协调发展与配套政策研究"、"长三角'大通关'建设的经济学分析及建议"、"长三角地区环境保护协同机制研究"。这次会议编辑出版了《互补·协调·联动——长江三角洲区域经济社会协调发展研究》一书。

(省社科规划办)

思想政治工作研究

2009年江苏省政研会齐心合力,开拓进取,充分结合江苏实际,以理论创新为目标,以实地调查研究为手段,深入贯彻落实科学发展观,按照高举旗帜、围绕大局、服务人民、改革创新的总要求,牢牢把握"思想库"和"智囊团"、"参谋"和"助手"的职能定位,在完成日常任务的基础上,以重点群体为调查研究对象,推出一批有深度、有分量的、可供领导决策参考的对策建议,为促进新时期全省思想政治工作转型与创新作出新的贡献。

[积极开展日常工作]

面对新形势、新任务、新要求、新目标,省政研会时刻关注大局,自觉融入大局,认真研究大局,全力服务大局,围绕保增长、保稳定、保民生,按照少而精的原则,组织了以下几项活动:

一是筹备省政研会第八次会员代表大会。与省委组织部、省发改委等八部门协商推荐副会长、副秘书长人选。根据工作需要,经协商,增加省教育厅、省国资委为省政研会组成单位,增加徐矿集团、省电力公司等5家企业为副会长单位;部署各市、省有关行业(系统)政研会推荐理事、常务理事。组织起草第七届理事会工作报告、领导讲话初稿及修改《章程》和《章程》修改说明等。

二是召开全省政研会秘书长工作会议。5月18日,在南京举行全省政研会秘书长工作会议。会议通报了上半年政研会的主要工作,讨论了下半年的工作要点,广泛征求意见,集思广益,气氛热烈,各市政研会、各行业企业思想政治工作者踊跃发言,提了许多很好的建议和想法,最后确定了下半年工作计划,得到了各位代表的支持。通过秘书长会既安排了工作,又联络了感情,还节省了开支,取得了很好的实际效果。

三是召开全省思想政治工作现场经验交流会。6月18至19日,全省思想政治工作现场经验交流会在常熟举行。会议结合全球性金融危机不断蔓延、全省经济形势发生重大变化的新情况,总结、加强和改进思想政治工作,特别是在为经济"保增长、促发展"凝心聚力等方面的成功经验,引导企业思想政治工作战线担当起统一思想、凝聚力量、化解矛盾、理顺情绪的责任,鼓舞人们增强战胜困难的信心。通过实地考察蒋巷村、梦兰集团等先进典型,学习思想政治工作有效经验,进一步推动思想政治工作转型与创新。

四是召开江苏省社区会所文化建设经验交流会。会议于11月中旬在南京召开,为更好贯彻十七届四中全会提出加强基层党组织建设的方针,进一步落实省委十一届七次会议作出"继续做好抓基层打基础工作,增强基层党组织的创造力凝聚力战斗力"的部署,此次会议以做好新形势下的社区思想政治工作、加强基层党组织建设、推进社区文化建设为主题,交流加强和改进社区思想政治工作的成功做法，研讨推进基层党建和社区文化建设的有效途径，为建设和谐社区，促进基层和谐稳定提供先进思想、组织保障和文化支撑。

［**调查研究取得突破**］

根据2009年省委宣传部工作要点，省政研会围绕思想政治工作领域带有前瞻性和战略性问题，针对企业职工、返乡农民工、毕业大学生等重点人群的思想动态进行跟踪调查，充分发挥政研会在党和人民群众之间的桥梁作用，为进一步促进全省经济社会发展，促进和谐江苏建设作出新的贡献。重点抓好以下几个课题研究：

一是组织企业职工思想状况问卷调查。通过问卷调查，了解企业职工面对严峻经济挑战、就业、收入、消费和医疗保障等问题所出现的思想动态，引导和鼓励他们正确看待困难，勇于面对困难，积极战胜困难。针对新形势下企业思想政治工作的新特点，提出创新企业思想政治工作的对策建议。

二是组织返乡农民工思想状况问卷调查。通过对苏北返乡农民工思想动态的问卷调查，了解他们的思想实际，分析他们关注的生产生活实际问题，引导他们增强与党和政府共渡难关的信心与决心，有针对性地提出稳定思想、疏导情绪的对策建议。

三是组织毕业大学生思想状况问卷调查。对全省大学生思想道德、精神信仰、价值取向、文化追求等方面的思想动态进行问卷调查，把握带有苗头和倾向性的思想动向，探索引导大学生树立正确世界观、人生观、价值观的途径和方法。

［**扩大专题调研成果的影响**］

通过对改革开放30年来昆山市、沙钢集团等先进典型进行专题调研，系统总结其发展历程、鲜明特色和成功经验，并先后撰写了《不竭的动力》和《在全面开放中推动科学发展——昆山市改革开放30年调查》两篇专题调研报告，均在《群众》上全文刊登。研究成果的发表不仅使影响得以扩大，而且也激励着全体政研会工作人员的工作热情，将不断为江苏思想政治研究事业增砖添瓦。

［**集结出版理论书籍**］

为总结改革开放30年来，特别是新中国成立60周年来江苏思想政治工作的成就和经验，省政研会于2008年面向基层一线政工干部征集相关内容论文、调研报告115篇，2009年6月修改、整理、分类、编辑等一系列工作完毕，并将其中的65篇汇编成册。论文集《不竭的动力：思想政治工作创新研究》已由省人民出版社出版。基层政工干部称，这是省政研会为广大基层政工干部做的一件好事实事，对于在基层政工干部中倡导学习之风、调查研究之风有十分积极的作用。

［**完成上级交办工作**］

参与中宣部中国政研会基层宣传思想文化队伍建设意见的起草工作。江苏省政研会主要承担“加强党对基层宣传思想文化队伍建设的领导”和“加强企业宣传思想文化队伍建设的意见措施”两部分，获得中国政研会的较高评价，并写来表扬信；完成中国政研会交办的基层宣传思想文化人才队伍建设先进典型推选工作；完成中宣部交办的省思想政治工作经验总结报告的起草工作。

［**不断加强自身建设**］

配合省委宣传部机关作风建设，进一步推进省政研会内部管理的科学化、规范化、制度化，做到管理规范有序、运转快捷高效。努力形成学习勤奋，工作严谨认真、雷厉风行、团结协作、谦虚谨慎、遵守纪律、清正廉洁的良好风气。

（省政研会）

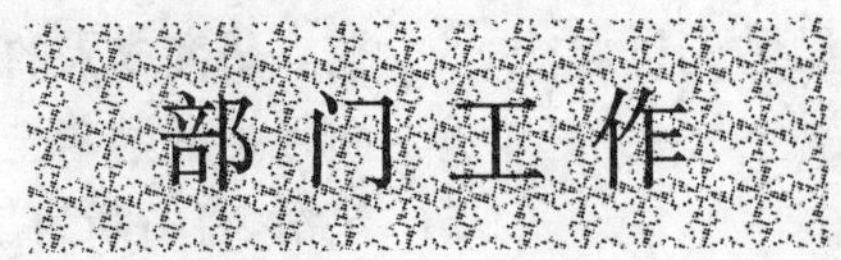

省文化厅工作

2009年,省文化厅深入学习实践科学发展观,全面贯彻落实党的十七大、十七届四中全会和全省文化建设工作会议精神,大力实施艺术生产、农村文化、文化产业和文化市场繁荣计划,在应对金融危机等复杂环境中,文化建设的各项工作成效显著,有力促进保增长、保民生、保稳定的大局。

[精心组织文化活动,倾力打造艺术精品,艺术生产取得新成果]

以庆祝新中国成立60周年系列文化活动为重点,大力开展丰富多彩的艺术活动,鼓励多出艺术精品、多出文化人才,有力推进全省艺术生产繁荣发展。

精心组织国庆重大文化活动。成功主办或承办庆祝新中国成立60周年系列文化活动,为营造浓厚的国庆氛围,展现全省文化艺术建设成就,丰富人民群众节庆文化生活作出应有贡献,受到省委、省政府充分肯定和人民群众普遍好评。《茉莉盛开颂祖国——庆祝新中国成立60周年江苏省万人歌咏大会》,由省委、省政府主办,省委宣传部、省文化厅承办,共调集专业院团演员和解放军战士2 500人,组织群众合唱方阵7 000多人,是江苏历史上规模最大的一次歌咏大会。大会以宏大的规模、磅礴的声势,以及群众歌咏辅以中心舞台专业演出的新颖设计,凸现人民群众欢度国庆的宏伟主题,展示新中国60年、特别是改革开放30年来江苏社会主义建设取得的辉煌成就。省委书记梁保华、省长罗志军等领导出席并观看歌咏大会演出。《吉祥如意——首都国庆60周年天安门广场群众游行江苏彩车展示》活动,以设计独特新颖的彩车浓缩融汇江苏经济、文化、科技元素,充分展现江苏悠久的历史文化和浓郁的地域特色,以及继往开来、创新发展的辉煌成就。为此,江苏彩车还获得国庆游行指挥部颁发的"最佳组织"、"创新成果"和"支持贡献"三项大奖。《百花争艳——庆祝新中国成立60周年江苏省优秀剧(节)目展演》,突出现实主义创作题材,精心选拔全省近年来新创作的13台优秀剧(节)目参演,表现形式缤纷多彩,内容与题材丰富多样,体现全省舞台艺术创作的较高水准和较高成就。《时代多娇——庆祝新中国成立60周年江苏省美术作品汇展》,组织全省有实力、有影响的画家到革命圣地写生,精心创作一批艺术精品,与省美术馆馆藏的部分名家名作一道,以《红色征程》、《火红岁月》、《辉煌时代》三个部分,再现新中国成立、建设和改革的革命历程。此外,还成功承办"江苏省·中央企业合作发展恳谈会"和"沿海开发(上海)恳谈会"专场文艺演出任务;举办"2009年江苏省优秀新剧目评比展演"、第二届江苏省校园戏剧节等活动。配合国家重大历史题材美术创作工程,启动"江苏省重大主题美术创作工程"。

艺术精品创作成绩喜人。舞台艺术精品工程成果突出,苏州市滑稽剧团的《青春跑道》入选2007—2008年度国家舞台艺术精品工程重点资助剧目，南京越剧团的《柳毅传书》、无锡歌舞剧院的《西施》入选2008—2009年度资助剧目；2008—2009年度省舞台艺术精品工程评选出扬州市扬剧团的《县长与老板》等5台剧目为精品剧目，省淮剧团的《唢呐声声》等3台剧目滚动进入2009—2010年度资助剧目，连云港市淮海剧团的《左邻右舍》为精品提名剧目。苏州市滑稽剧团的《一二三，起步走》荣膺文化部"优秀保留剧目大奖"；江苏省演艺集团的《飘逸的红纱巾》、苏州市滑稽剧团的《顾家姆妈》，获得全国第十一届精神文明建设"五个一工程"奖。在第十一届中国戏剧节上，扬州扬剧团的《县长与老板》获得"优秀剧目奖"和"优秀表演奖"。苏州昆剧院的《牡丹亭》、省昆剧院的《1699·桃花扇》、《长生殿》获得全国第四届中国昆剧艺术节优秀剧目奖。第四届中国苏州评弹艺术节上，江苏获得13个优秀节目奖中的9个。在第十一届全国美术作品展览上，江苏画家获得3个金奖、4个银奖、4个铜奖的好成绩，入选、获奖作品数量均位居全国前列，取得江苏在历届美展上的最好成绩。省戏校的《桃花扇随想》等3个作品荣获文化部文华艺术院校奖——全国第九届"桃李杯"舞蹈比赛群舞表演三等奖、剧目二等奖及院校原创教学剧目奖；江南大学的《羌山红》荣获第八届全国舞蹈比赛"文华节目"表演三等奖。

对外文化交流活动不断拓展。全省共有99批文化艺术团组出访世界22个国家及港澳台地区；有10个国家及港澳台地区22个项目、17批文化艺术团组，前来江苏交流访问及举办文化艺术活动。与英国友省联合举办"埃塞克斯郡江苏节"，历时9个月，埃郡三分之一以上居民参加活动，各中小学开设汉语教学课程，建立"江苏语言中心"，实现江苏文化走出去、走进去、留下来的战略性突破。同时，还与南通市政府成功联办第四届尼泊尔"中国节"，与有关部门联办中国甲骨文书法展和《锦绣江苏》图片展，在联合国纽约总部展出，组派江苏艺术团参加欧洲2009年春节文化品牌活动，组织"金陵风江苏中国画名家联展"赴台展出，实施向美国夏威夷大学京剧教学的资助计划，组织省戏剧学校"小京班"参加澳门回归祖国10周年、香港回归祖国12周年庆祝演出，促进对外以及港澳台的地区文化交流。经省文化厅积极申报，文化部批准增设江苏为全国对台文化交流基地。

［**着力繁荣农村文化，推进文化共享工程，公共文化服务体系建设迈上新台阶**］

积极强化公共文化服务体系建设，提升公共文化服务水平，不断满足人民群众日益增长的精神文化需求。省级标志性文化设施建设进一步加快，江苏省美术馆新馆落成，南京博物院二期工程开工建设并有序推进。常州、淮安、苏州、扬州等市一批重点文化设施项目开工建设，有的已经落成并对外开放。

推进农村文化繁荣。积极开展"乡镇文化站建设成果巩固年"系列活动，设立省级农村文化"以奖代补"资金，举办全省乡镇文化站建设优秀成果交流展示活动，表彰优秀乡镇文化站和文化站长，促进全省乡镇文化站的规范运行和农村文化活动的广泛开展。继续开展"送书、送电影、送戏下乡"活动，全年投入2 800万元扶持47个财政转移支付县和黄茅老区共734个乡镇。东海县、金坛市和扬州市邗江区新获"全国文化先进单位"称号，全省39个县(市、区)顺利通过文化部"全国文化先进县"复查，总数居全国第一。

强化文化共享工程建设。召开全省文化共享工程建设现场会，落实全省经济薄弱地区支中心建设补助经费，完善文化共享工程省级分中心建设，全面完成各市、县支中心建设。与省委组织部、省财政厅联合下发《关于全面推进农村党员干部现代远程教育与文化信息资源共享工程共建共享的意见》，丰富文化共享工程的内涵和外延。以参加第四次全国公共图书馆评估定级为契机，各地参评图书馆改善办馆条件，强化基础建设，改进社会服务，不断提高公共文化服务水平。

丰富群众文化活动。成功举办第五届长三角公共文化论坛，共同研讨城市社区文化建设的理论与实践。与有关部门联合主办2009年度长江流域民族民间艺术节、省第五届农民美术书法大赛作品展、省第五届少儿艺术节、庆祝江苏第22个敬老日大型文艺汇演等。突出文化惠民，深入推进博物馆、纪念馆免费开放工作；结合全省各地的文化特色和馆藏文物特点，打造县级博物馆精品工程；加强跨地域文化交流，精心组织《南京云锦特别展》、《汉画像石精品拓片展》等10个展览在全省11个市县巡回展出。连云港市“和谐文化进万家”广场文化活动被评为全国特色广场文化活动，昆山市陆家镇文化中心广场和吴江市桃源镇严慕文化广场被评为全国特色文化广场。

［**实施项目带动战略，发挥引导扶持作用，文化产业发展进入新阶段**］

着眼“文化产业增长速度高于国民经济增长速度，高于服务业增长速度，成为国民经济的支柱产业”这一目标，实施重大文化产业项目带动战略，使文化产业保持良好发展势头。

发挥文化产业资金引导作用。加强对2007年度文化产业引导资金项目进展情况和资金使用情况的检查，促进文化产业引导资金资助项目顺利发展。认真组织2009年度文化产业引导资金项目申报工作，确定文化产业引导资金资助项目119个，补助金额1.7亿元。认真做好文化企业贷款工作，推荐上报江苏凤灵文化产业园区等10家文化企业申请中国银行和中国进出口银行的“扶持培育文化出口重点企业、重点项目贷款”，促进文化产业不断发展壮大。

加强文化产业指导扶持工作。加强对文化产业基地和园区的指导、管理，批准成立“古淮河文化生态产业园区”、“昆山文化创意产业园”两个省级文化产业园区，使全省国家级文化产业示范基地达到7个，省级文化产业示范基地达到18个，省级文化产业园区达到7个。积极开展动漫企业及动漫产品的认定管理工作，落实国家对动漫企业的财税优惠政策，全省初步认定、上报动漫企业64家，获得国家文化部首批认定企业15家，列全国第二。同时，积极与省商务厅合作，做好国家文化出口重点企业和重点项目的申报工作，全省21家企业入选《2009—2010年度国家文化出口重点企业目录》，13个项目入选《2009—2010年度国家文化出口重点项目目录》。

［**积极创新监管思路，努力提升管理水平，文化市场管理取得新成效**］

不断探索市场监管新思路，建立健全市场监管体系，有力地净化文化市场环境，保证文化市场的健康有序和繁荣发展。

积极建设网络化管理平台。发挥现代网络技术优势，积极构建网络化监管技术平台和信息服务平台，实现从传统单一的市场秩序管理向文化内容监管的延伸。利用江苏省互联网文化单位备案信息系统，实行互联网文化单位网上备案，与公安、电信管理部门对接，实现资源共享共用。启用电子游戏管理信息系统，保证电子游戏经营许可证的唯一性。根据文化部要求，积极推进全省文化市场综合执法办公系统试点工作，建立文化市场管理工作数据库，组织网络文化企业、网吧、歌舞娱乐、电子游艺等经营单位信息资料的录入，提高监管效率。

严厉打击违法经营活动。开展打击“黑游戏机室”、网吧市场专项治理、违法音像制品集中收缴和文化市场集中整治等系列专项集中执法行动。在持续4个月清理“黑游戏机室”专项整治行动中，全省先后出动执法人员约1.8万人次，取缔无证照经营场所1 297家，收缴非法游戏机1.1万台、电路板3 200块，罚款25万元，63人因涉嫌触犯刑事法律被移送公安机关。在违法音像制品集中收缴行动中，销毁违法音像制品近140万张，有效地净化全省文化市场经营环境。

科学引导文化市场健康发展。在全国率先制定下发《江苏省网吧连锁经营管理办法》，着力规范全省网吧连锁经营活动，得到文化部高度肯定。坚持以“净网先锋”监管平台为支撑，完成与全国网吧监控平台的对接，对入网的5 000多家网吧、40万台终端进行动态监控，实现从传统证照管理向证照管理、内容管理并重的转变。5月份，中央政治局常委李长春视察江苏连锁网吧经营，对江苏网吧管理工作给予充分肯定，中央电视台、中央人民广播电台等新闻媒体作专题报道。制定下发《加强游艺娱乐场所管理实施意见》，引导游艺娱乐市场改造升级和向规模化方向发展。积极指导行业自我发展，成立省歌舞娱乐行业协会，指导省网吧协会开展“文明网吧”评选、挂牌活动。

[有序推进制度建设，全面完成普查工作，文化遗产保护取得新进展]

正确处理文化遗产保护与经济社会发展的关系，坚持全面、协调、可持续发展的文化遗产保护理念，积极完善文化遗产保护制度，有力推进文化遗产保护工作。

文物保护工作有序推进。完成大运河（江苏段）保护规划第一阶段编制任务、南京城墙等全国重点文物保护单位保护规划、第七批全国重点文物保护单位申报工作和第四至六批省级以上文物保护单位保护范围和建设控制地带划定工作。全省名人故居、古民居抢救保护工程第一批9个项目通过验收，向社会免费开放。成功开展第二届江苏省文物保护优秀工程评比活动。顺利完成全省国家二、三级博物馆的评估、定级工作。在第八届全国博物馆十大陈列展览精品评选活动中，《人类的浩劫——侵华日军南京大屠杀史实展》、《神奇的自然，美丽的家园——常州博物馆自然资源陈列》分别获得精品奖和最佳创意奖。严密组织宁杭铁路、沪宁城际铁路抢救性考古发掘，全年申报48项考古发掘项目全部实施完毕，其中梁王城遗址获2008—2009年度国家文物局田野考古三等奖。成功举办“汇聚历史、留存记忆——江苏60年征集文物展”、“重构与解读——江苏60年考古成就展”以及第四个文化遗产日暨第四届江苏省文物节。南通市被国务院批准公布为江苏第9座“国家历史文化名城”，太仓市被文化部、国家文物局评为“全国文物工作先进县”。

“非遗”保护工作成效显著。南京云锦织造技艺、中国雕版印刷、剪纸、传统木结构营造技艺、传统蚕桑丝织技艺和端午节等6个项目被联合国教科文组织公布为“人类非物质文化遗产代表作”，入选数量居全国之首；评审、公布第二批省级非物质文化遗产名录和第一批省级非物质文化遗产名录扩展项目；全省所有市、县（市）和绝大部分市辖区建立本级“非遗”名录，国家、省、市、县四级名录体系基本形成。积极引导和推进各市、县（市、区）建立健全与本级名录相对应的传承人认定和资助制度，鼓励和支持传承人开展带徒授艺活动，全省又有65人入选第三批国家级非物质文化遗产名录项目代表性传承人，占全国总数近十分之一。全省国家级项目代表性传承人102名，省级传承人 251 人，建成“非遗”专题博物馆、民俗展示馆和传习所近 380 个。通过举办“中国非物质文化遗产保护 · 苏州论坛”、“中国 · 徐州非物质文化遗产保护高层论坛”等一系列活动，推动“非遗”保护研究，涌现出一批理论研究成果。

文化遗产普查成果显著。在全国率先完成实地文物调查阶段性工作，率先完成各县（区）普查基本单元实地文物调查阶段验收工作。截止 2009 年底，共调查登记不可移动文物点 21 299 处，其中新发现文物点 13 371 处，复查文物点 7 928 处。苏州志仁里、句容城上村遗址、太仓海运仓遗址入编国家文物局《2008 年第三次全国文物普查重要新发现》。全省“非遗”普查全面完成，调查、记录“非遗”项目 28 922 个，搜集“非遗”实物 33 200 余件，录制音像资料 2 900 盘（盒），109 个县（市、区）全部出版普查资料，全面摸清江苏“非遗”资源的种类、数量、分布状况、生存环境、保护现状及存在问题。

古籍保护工作全国率先。组织完成第二批国家珍贵古籍名录、古籍重点保护单位的申报工作，全省共有 480 部 7 323 册古籍入选《国家珍贵古籍名录》，比首批增加 186 部，无锡、镇江、南通、吴江市图书馆和扬州大学图书馆 5 家单位被国务院公布为“全国古籍重点保护单位”，使全省“国保”单位和国家级名录总数继续保持全国第一。经省编办批准，在南京图书馆正式挂牌成立江苏省古籍保护中心。省政府公布全省首批珍贵古籍名录、古籍重点保护单位名单，编印出版《江苏首批国家珍贵古籍名录图录》，展示全省第一阶段古籍保护的工作成果。

［不断解放思想，深化文化体制改革，文化建设工作激发新活力］

积极贯彻落实全国文化体制改革经验交流会和全省文化建设工作会议精神，加快推进全省文化系统体制改革步伐，在文艺院团改革、事业单位内部机制改革和文化综合执法改革等方面取得积极成果。

全省文艺院团改革步伐加快。坚持以转企改制为中心环节，全面推进体制机制创新，不断深化全省文艺院团改革。成立江苏省文化厅体制改革工作办公室，起草《江苏省文化系统体制改革实施意见》，召开全省艺术院团改革座谈会，加强对全省艺术院团改革的指导。先后 4 次对全省文艺院团进行摸底调研，形成《全省市级文艺院团体制改革情况督查报告》，推荐苏州昆剧院作为改革典型材料上报文化部。全省 42 家市级文艺院团的改革工作均有不同程度的进展，截止 2009 年底，已有 8 家院团挂牌转企，5 家院团完成工商登记，3 家院团转企改制总体方案经地方党委研究通过。

事业单位内部机制改革有序推进。根据《江苏省事业单位岗位设置管理实施意见》的精神，成立省文化厅事业单位内部机制改革领导小组，稳妥有效地推行事业单位岗位设置管理工作。在进人管理、竞争上岗、干部交流等各方面积累一定经验的基础上，举办深化人事制度改革专题培训班，通过摸底调研和反复修改，制定《文化厅直属事业单位岗位设置管理指导意见》，有效推进文化事业单位强化岗位、转换机制、增强活力，为事业单位内部机制改革奠定坚实基础。

文化综合执法改革成效明显。全省 6 个文化体制改革试点市均已完成综合执法改革，建立健全文化市场管理工作领导体制，明确综合执法机构的职能，为全省文化综合执法改革全面铺开奠定基础，并在全国率先将文物行政执法纳入文化行政综合执法范畴。在南京召开的全国文化体制改革经验交流会上，江苏提交的《江苏省文化行政综合执法改革取得实效》作交流；在常州召开的全国文化市场综合执法改革经验交流会上，常州市文化局作交流发言。还建立江浙沪文物行政执法合作机制，率先探索文物行政执法区域合作联动机制，实现文物执法跨区域一体化发展，推行依法保护文物奖励制度。

[**大兴求真务实之风，提高干部综合素质，文化队伍建设获得新提升**]

积极加强文化厅系统自身建设，把作风建设和干部队伍建设放在突出位置，树立强烈的机遇意识，强化服务观念，提升工作水平，塑造良好形象，为推动文化大发展大繁荣提供有力的组织保障。

干部综合素质明显提升。坚持用中国特色社会主义理论体系，特别是科学发展观和新的文化发展理念教育干部、武装干部，引导干部队伍不断提升思想素质、提高工作能力、转变工作作风，增强依法行政能力，开拓创新能力、综合协调能力。坚持以好的作风选人、选作风好的人，树新风，立正气，形成正确的用人导向和良好的工作氛围。修改完善《江苏文化人才强省发展规划与战略》，积极稳妥地推进职称改革。向省333高层次人才培养工程、“五个一批”人才培养对象、享受政府特殊津贴人员推荐一批优秀文化骨干。

机关作风建设显著加强。引导机关干部树立良好学风，把理论学习与工作实际紧密结合起来，提高发现问题、分析问题、解决问题的能力。以繁荣发展农村文化为主题，继续实施江苏文化理论创新工程，评选优秀论文并结集出版；《区域文化联动》和《昆曲遗产保护工程》被文化部列为国家文化创新工程项目，《区域文化联动》同时获得第三届文化部创新奖项目；“十一五”艺术科学重点规划课题《昆曲学》已全面展开，并取得阶段性成果。按照建设法治政府、服务型政府的要求，切实转变政府职能，加强机关科学化、规范化管理，开展文处明室评比活动，推动机关提高工作质量和效率，使机关作风和干部精神面貌有明显转变。

党风廉政建设不断深化。厅党组和厅系统各级党组织高度重视党风廉政建设，认真落实党风廉政建设责任制。贯彻落实中央《建立健全惩治和预防腐败体系2008—2012年工作规划》和省委《实施办法》，结合文化厅实际，整体推进惩防体系建设工作。积极开展反腐倡廉教育，组织学习中央纪委下发的《关于实行党政领导干部问责的暂行规定》。加大重大文化设施设备政府采购和重点工程项目建设招投标工作、重大文化活动项目资金使用情况的监管力度，认真开展重大活动项目资金使用后的审计工作。加快政务公开网上运行和电子行政监察平台建设工作。加大内控机制建设工作力度，认真开展清理“小金库”、制止公款出国（境）旅游专项工作，落实“厉行节约十项要求”，妥善解决群众通过《政风热线》栏目反映的有关文化建设方面的问题，利用公共文化服务体系和农村文化阵地积极推进农村廉政文化建设。

（省文化厅）

省广播电影电视局工作

2009年全省广播影视系统坚持以邓小平理论和“三个代表”重要思想为指导，全面贯彻落实科学发展观，紧紧围绕中央应对国际金融危机、保增长保民生保稳定的重大战略部署，把握正确舆论导向，加快事业产业发展，依法加强管理，探索推进改革，优化队伍建设，确保安全播出，各项工作都取得明显成效，继续保持了积极、健康、向上的良好势头。

[**坚持正确舆论导向，营造良好氛围**]

全省广播电视新闻宣传紧紧围绕党委、

政府中心工作,宣传导向正确,舆论引导有力,传播方式创新,影响不断扩大,为党和政府举办大事、应对难事提供了良好舆论氛围和强大精神动力。

精心组织重大宣传。深入开展科学发展观宣传,圆满完成两会、党的十七届四中全会和省委十一届七次全会等重大宣传报道任务。精心组织大型新闻行动,采取多种形式,浓墨重彩地宣传经济工作,有效增强了全省上下同舟共济、共度难关的信心和勇气。精心组织新中国成立60周年的宣传,通过组织"五个一批"营造出喜庆和谐的浓厚氛围。

积极做好突发事件的宣传报道。加强正面宣传引导,维护社会和谐稳定。在应对甲流、盐城水污染等重大突发事件的宣传报道上,迅速启动突发公共事件新闻报道应急机制,及时报道事态进展,确保主流舆论引领。

积极推动品牌建设,着力增强广播电视影响力、竞争力。不断强化品牌和节目的创新创优意识,坚持名优栏目创建和节目品质提升,精品生产有新突破,荣获第十九届中国新闻奖一等奖等多项大奖,扩大了江苏节目在全国的影响力,展示了创新创优实力。

切实加强和改进舆论引导。贯彻"三贴近"原则,推动宣传形式、手段和内容创新,增强新闻信息量和时效性,改进领导活动、会议报道,加强典型宣传,增加视听吸引力。指导各级播出机构正确关注社会热点、焦点和难点问题,深入调查研究,深度剖析问题,深刻领会法规政策,解疑释惑、舒缓情绪、化解矛盾、解决问题。

[坚持走正道、出精品,内容生产再创佳绩]

围绕庆祝新中国成立60周年,大力实施精品工程,抓好重点影视动画、重点电视剧、重点电影的创作生产。

江苏动画品牌地位进一步凸现。组织"江苏动画"以整体形象参加中国国际动漫博览会,成立江苏影视动漫协会,申报江苏影视动画教学基地,推动影视动画产业发展。全年生产并发行原创电视动画片69部40 314分钟,与2006年相比增长了3倍多,比上年增长了82%,产量全国第一。有9部动画片被总局评为优秀动画片,向全国播出机构推荐播出,有13项栏目、少儿频道或动画片获评2009年度全国少儿节目精品及动画精品。原创动画《十万个为什么》、《小卓玛》分获白玉兰奖优秀动画片创意奖、中国广播影视大奖。创作发行动画电影8部,有2部动画电影荣获第13届中国电影华表奖优秀动画片奖。截止2009年,已有36部原创动画片在央视少儿频道播出,有30部原创动画片在海外发行。

电视剧创作生产成绩喜人。建立完善电视剧好剧评选推荐机制,加强对主旋律剧目的创作引导和精品生产。制作完成电视剧23部742集,《人间正道是沧桑》、《战斗的青春》、《决战南京》等被中宣部和总局确定为庆祝新中国成立60周年重点电视剧。《人间正道是沧桑》、《郭海的家事》以及广播剧《军训日记》等荣获飞天奖、全国"五个一"工程奖。江苏有《人间正道是沧桑》、《好想回家》等6部、170集电视剧在中央一套、八套黄金时段播出。

重点影片生产实现新突破。全年创作投资生产电影16部。在总局向全国推荐的优秀电影片目中,江苏有《建国大业》、《南京！南京!》、《小城大爱》等7部影片成功入选。影片《邓稼先》获大学生电影节组委会大奖、电影华表奖优秀故事片提名荣誉奖,入选全国"五个一"工程奖。纪录片创作也有了长足进步,涌现出《见证南京大屠杀》、《苏通大桥》、《永远的青年》、《人间正道》等一批优秀作品。

[**坚持双轮驱动,事业产业齐头并进**]

按照"事业建设以政府为主导、产业发展以市场为向导"的原则,不断加强广电公共服务体系建设、服务民生,积极发展广播影视事业产业、培育新的经济增长点。

广播电视村村通工程扎实推进。全省有线电视发展由关注数量的增加向关注工程和网络的质量提高转化,由关注工程建设向关注长效机制的建立和优质服务体系的建设转化。全年新发展农村有线电视用户126.4万户,总用户数已达1 724.18万户,入户率为72.24%(其中农村用户1 391.6万户,入户率70.3%),全国第一。

有线数字化建设快速推进。全省有线电视数字化步伐加快,建设中优先保证网络质量和整转质量。苏州、常州、扬州、盐城、南通、淮安、泰州七市今年通过国家验收。镇江、宿迁、连云港完成整转任务,徐州基本完成。苏州以及江阴、武进率先实现有线数字电视城乡一体化。全年新增数字电视用户234万户,总户数超过730万户(其中互动用户48万户),全国第一。

传输覆盖平台实现新拓展。总局批准江苏电视台少儿频道更名为"优漫卡通卫视"上星播出。这是继江苏卫视、江苏国际频道、江苏卫视(高清)之后的第四个上星频道,也是全国首家成功上星的省级少儿频道、第四个上星动画频道。这将极大提高江苏影视动画在全国的覆盖面、传播力与影响力,促进江苏动漫产业的规模化、系列化、精品化发展。省总台新闻调频广播实现全省覆盖,广播的新闻宣传再辟新阵地。

新媒体发展成效显著。成立了江苏省广电无线传播有限责任公司,与国家正式签署《CMMB合作框架协议》,移动多媒体广播电视发展步伐加快。完成地面数字电视单频网的可行性研究,争取到14个规划频道,地面数字电视建设基础牢靠。总局颁发江苏IPTV许可证,争取到省网公司ISP、ICP业务许可证(即宽带接入服务许可证和互联网内容提供许可证),三网融合走在前列。省总台高标清同播成功,省网公司全力传输到户,高清的质量、速度和覆盖受到总局表扬。

广电经营创收逆势增长。适时召开全省广电经营形势分析会,努力探索经营创收新模式。09年全省广播电视总收入129.99亿元,同比增长18.69%,实际创收收入124.42亿元,同比增长22.02%,位居全国第三,已连续5年保持两位数增长;其中广告收入59.34亿元,同比增长16.70%,有线网络收入40.07亿元,同比增长15.48%,其他创收收入25.01亿元,同比增长53.06%;省级收入42.53亿元,同比增长55.44%,地市级收入48.17亿元,同比增长9.6%,县级收入33.72亿元,同比增长10.01%。全省城市电影票房超过4.46亿元,同比增长70.95%,增幅全国第一,位居全国第四;放映40.73万场次,观众1 613.38万人次,同比分别增长26.36%、62.61%,创历史新高。其中东方院线实现票房收入过亿元,得到总局表扬。

[**坚持依法行政,加强和改进管理**]

坚持依法管理,进一步完善管理手段,创新管理理念,拓展管理领域,提升管理水平,全面加强和不断改进各项管理工作。

在宣传管理上,深化《广播电视节目监管细则》,加强收听收看,开展专项行动,完善制度建设,组织新闻抽查,持续推进对新闻类、法制类、情感类、综艺类、少儿类节目的监管,重点整治涉性、题材边缘化故事类节目以及主持人低俗调侃、短信参与高额吸费等问题,得到了省委宣传部主要领导的充分肯定。全年编发《江苏收听收看》简报54期、专报25期、增刊1期,印发《宣传提示》13期109条,集中评议40多次,下发书面整改通知15份,电话通知整改90多起。

在广告管理上,以虚假违法广告为重点,通过加强日常监管、开展专项整治,规范广告播出秩序。全年共下发整改通知17份,处理投诉举报62起,停播违规广告383条,整改违规广告2 216条。经过整治各地行业自律意识不断增强,播出秩序明显好转。

在网络视听节目管理上,积极筹建省网络视听节目监管中心,大力开展互联网低俗之风专项整治行动,集中查处传播低俗、淫秽色情、政治有害的视听节目网站和清理无证视听节目服务网站,积极改善网络传播环境。全年共查处违规网站123家,其中关闭或注销备案96家。

在卫星地面接收设施管理上,狠抓工作机制、载体、思路、理念、方法"五个创新",加强协同作战,实现上下联动,注重疏堵结合,强化源头治理,建立移送机制,重点打击流通领域非法销售行为。今年共取缔非法"小耳朵"75124座,破获各类案件493起。各地属地管理意识明显增强,主动管理积极性明显提高。江苏被评为"全国境外卫星电视传播秩序专项整治工作先进地区"。

在有线网络管理上,制发《关于促进江苏有线广播电视网络规范运营、健康发展的暂行意见》等规范性管理文件,为全省网络的健康有序、规范发展提供了制度保障。江苏有线电视网络节目传输许可证申领成功,江苏成为全国首家也是目前唯一一家拥有全省有线电视网络节目传输许可证的省份,确定了省网公司传输业务的合法性,扫除了发展障碍。

在科技创新管理上,完成2008年度科技创新奖和省级金鹿奖、金帆奖评审工作,分别评出科技创新奖获奖项目111项,广播、电视节目录制技术质量奖65项、137项。2009年江苏有20项科研成果分获总局科技进步一二三等奖,走在了全国前列。

在安全播出管理上,进一步完善贯通省市县三级的安全播出调度指挥体系,加强安全防范、反恐演练与制度建设,圆满完成两会、国庆60周年等重要保障期的安全播出工作。省网公司在泰州建立的全国第一个省级有线数字电视平台备份中心,大大提高了广电网络抵御突发事件能力。与省无线电管理局联合开展为期三年的调频专项整治工作圆满结束,全省依法办台意识明显增强。

[**深化改革创新,推动重点领域、关键环节实现新突破**]

按照中央和省委、省政府关于深化文化体制改革的部署,结合实际,积极探索,大力推进改革创新在重点领域和关键环节取得突破。

不断深化电影行政管理体制改革。省级电影行政管理职能划转到位,资产移交完成,省局电影处正式组建。提出的《关于进一步加强农村电影工作的意见》由省两办印发。总局对此充分肯定,并在全国广播影视系统转发。南影厂转企改制顺利完成。全省票房收入创新高,全国排名上升。

完成全省有线电视网络整合框架。在完成市级网络资产和业务整合后,66个县级网络有26家完成业务整合,40家签订了框架合作协议,向实现省、市、县三级广电网络互联互通、全网全程的目标迈进了一大步。

探索推进制播分离改革。省总台和南京广电集团是全国首批试点单位,在确保正确导向和牢牢控制新闻、时政等政治性较强节目制作、播出的前提下,稳步进行制播分离改革探索。

稳妥推进局台分设、两台合并。按照全省文化体制改革的部署要求,在改革中依法加强管理。全省已有11个市、16个县实现局台分设,10个市完成两台合并。

积极推进岗位设置管理。出台了《江苏省广播电视局直属事业单位岗位设置管理的意见》,全面实行按需设岗、竞聘上岗、按岗聘用、合同定岗的岗位管理制度,深化事业单位人事制度改革。

[进一步加强党的建设和队伍建设]

巩固学习实践科学发展观活动整改落实,全面加强广播影视系统思想建设、组织建设、作风建设、制度建设、反腐倡廉建设和学习型机关建设,以班子建设带动队伍建设,以队伍建设促进科学发展。

进一步加强领导班子建设。完善学习制度,规范议事制度,举办专题党课,开展反腐倡廉警示教育活动,切实增强党政领导干部党性和贯彻落实科学发展观的自觉性和坚定性。

进一步加强队伍建设。加强针对性教育培训,共组织参加总局及省级培训230余人次,开展系统培训21期、1 700余人次,评审广电工程、播音、编辑(记者)系列职称206人次,审核申领、换发记者证的申请及人员资料近12 000人次,组织2 842名编辑记者、播音员和主持人参加了全国统一资格考试。

进一步推进党风廉政建设和行风政风建设。扎实开展反腐倡廉教育宣传;强化对重点领域和关键环节的监管,开展专题调研,规范权力运行,健全监管制度,完善惩处机制;全面贯彻党风廉政建设责任制,建立健全全省系统党风廉政工作监督网,扎实推进党风、政风、行风和机关作风建设,对腐败分子依法依规惩处。

2009年,全省广播影视系统进一步加大了基础设施建设,不断提高无线覆盖水平,认真执行《江苏省广播影视"十一五"规划》,积极拓展经营领域、创新发展模式等。

(省广播电影电视局)

省新闻出版(版权)局工作

2009年,江苏省新闻出版局认真贯彻落实中央精神和省委、省政府决策部署,努力推动新闻出版业走科学发展率先路,取得新的显著成绩。全省新闻出版业营业收入突破910亿元,基本实现农家书屋在行政村的覆盖。江苏人民、科技、教育、少儿、美术、译林和中国矿业大学7家出版社在全国经营性图书出版单位等级评估中,被评为一级出版社,与上海并列全国第一。《新华日报》、《无锡日报》、《扬子晚报》等8家报纸入选2008—2009中国报刊广告投放价值百强排行榜评选。14家印刷企业进入全国百强,比上年增加3家,总数居全国第三。

[坚持正确出版导向]

围绕中心、服务大局,组织引导出版单位策划出版了一批应对金融危机、推动就业和经济增长等出版物,一批弘扬社会主义核心价值体系的出版物。严格选题把关,全年共审核18家图书出版社的出版选题9 527个,撤销问题选题20个;办理重大敏感选题备案119种,撤销3种。切实加强和改进报刊管理,制定实施《关于进一步加强和改进报刊出版管理工作的意见》、《关于采取切实措施制止虚假报道的通知》等文件,加强对报刊舆论导向的监管,组织对报刊宣传报道进行审读,为保增长保民生保稳定营造良好的舆论氛围。依托江苏省互联网出版实时监管系统,查处违法违规出版网站242家(次),关闭严重违规网站25家,查处各类违法违规和低俗网络出版物602种,删除各类网页、链接6万余条。

[组织出版专项重点出版物]

深入实施"江苏品牌图书工程",认真做好重点出版物的规划、出版、资助和评奖工作。江苏科技出版社《中国旱区农业》等

9个项目被批准增补列入“十一五”国家重点图书出版规划。精心组织出版庆祝新中国成立60周年系列重点出版物47种，如江苏人民出版社的《淮海战役》、《江苏读本》，江苏文艺出版社的《人间正道是沧桑》，江苏少年儿童出版社的《复兴之路——纪念中华人民共和国成立60周年》，东南大学出版社的《1949中国城市》等。组织出版“三农”读物300余种，江苏科技出版社《“金阳光”新农村丛书》等152种图书入选总署农家书屋推荐目录。认真组织出版社为广大青少年和未成年人出版优秀图书，江苏人民出版社的《大家丛书(10册)》、江苏美术出版社的《重大灾害预防和救助教育学生读本》等4种图书入选“向全国青少年推荐百种优秀图书”。及时组织出版4种防治甲型H1N1流感图书，共印发10万余册。积极组织参与国家图书大奖的评选，在中宣部第十一届“五个一工程”奖评选出的20种优秀图书中，江苏教育出版社出版的《我的天堂》和江苏人民出版社出版的《大学生“村官”》入选，获奖数量继续在全国保持领先。

[**扎实推动经营性出版社转企改制**]

认真落实新闻出版体制改革攻坚年的部署要求，召开全省新闻出版体制改革推进会，举行多个专题座谈会，组成工作组深入出版单位和主管主办单位现场办公，推动改革。起草《关于推进全省出版社转企改制的实施意见》，以省文化体制改革领导小组的名义下发。协调解决改制单位在享受税收优惠、工商注册等方面遇到的问题。通过推动、引导、服务，全省地方经营性图书、音像和电子出版社基本完成转企任务，部属高校出版社完成转企主要工作。经营性报刊体制改革开始起步，《现代快报》等5家报纸、《市场周刊》等16家期刊出版单位转制为企业。积极开展时政类报刊社改革试点，南京日报、无锡日报报业集团体制机制改革取得阶段性成果。

[**深入推进农家书屋工程建设**]

组织开展农家书屋“建设攻坚年”和“质量管理年”活动，加快建设速度，提高管理和使用水平。争取省级财政补助资金3 700万元，帮助薄弱地区加快实现全覆盖，鼓励、支持全覆盖地区提档升级。新建农家书屋7 400个，全省累计达16 741个，在全国率先实现农家书屋在行政村的基本覆盖，无锡市已率先向自然村延伸。启用农家书屋工程信息管理系统，运用信息化手段加强对农家书屋的管理和监督。开展第二届“百佳农家书屋”和“百佳农家书屋管理员”评选。会商省委宣传部等部门联合下发《关于农家书屋法制文化建设指导意见》。组织开展“对我帮助最大的一本书”读书征文活动，推动农民读书活动的开展。据南京师范大学文学院对全省8个地区的农家书屋进行实地随机抽样调查，农家书屋已成为农民读书学习、陶冶情操的精神乐园，成为科技致富、学法普法的重要阵地，受到广大农民群众真心欢迎。新闻出版总署在江苏召开了全国农家书屋工程建设(东部地区)经验交流会，与会代表对江苏农家书屋建设给予高度评价。新闻出版总署署长柳斌杰多次对江苏农家书屋工程给予充分肯定，认为江苏农家书屋标准高、规模大，带动了整个东部地区的农家书屋建设。

[**广泛开展全民阅读活动**]

开展向全省青少年推荐“百种优秀苏版出版物”、向社区书屋赠书等活动。苏州阅读节、南通韬奋读书节、南京读书节、淮安农民读书节，主题、内容鲜明，活动影响大、效果好，已经成为全民阅读活动的品牌。在中宣部、中央文明办、新闻出版总署首次全民阅读活动先进单位和优秀项目评选中，全省有4个先进单位和优秀项目入选，入选数量居全国前列。

[推动新闻出版产业转型升级]

编制《新闻出版业相关产业政策文件摘编(2008年7月—2009年6月)》,为基层单位用活用足相关政策提供政策指导和服务。配合世界知识产权组织和国家版权局完成南通家纺市场版权保护调研项目。积极推广南通经验,加强对软件、动漫、刺绣、水晶等重点产业的版权服务和保护,促其健康发展。通过省文化产业引导资金、省出版专项资金、出版资源倾斜等途径,全力扶持新闻出版产业项目建设,以项目引领产业发展。对2007年度文化产业引导资金支持项目建设情况及资金使用情况进行专项检查,确保引导资金发挥应有的作用。精心组织2009年度省文化产业引导资金资助项目的申报、筛选工作,共有40个项目获得5 860万元资助。支持传统出版单位积极介入数字出版,新增5家互联网出版服务单位,全省累计达7家。《江苏手机报》用户突破200万户,荣获2008—2009年度中国手机媒体经营管理十强。组织出版发行单位参加全国图书交易博览会、北京图书订货会等展会,并首次提供参展补贴。作为主宾省参加上海书展,参展单位销售码洋大大超过上届主宾省,中央、上海和省各大新闻媒体给予广泛报道。省委常委、宣传部长杨新力批示:“以后参加重要的展销活动,都要学习这种做法,注意策划,注重实际效果。”资助《服饰导报》、《东方娃娃》、《东方宝宝》“走出去”,分别打进韩国、新加坡市场。2009年共输出版权168种,同比增长38.84%。

[强化新闻出版活动管理]

书号实名申领工作正式启动并顺利实施,全省出版社成功申领书号4 167个。认真做好记者站管理和新版新闻记者证换发工作,为符合条件的5 754名记者办理了记者证发放手续。通过年检等手段,依法加强图书、报刊、印刷、发行行业管理。依托印刷备案系统加强对出版物印刷企业的监管,在全国率先启动运行中小学教材出版价格管理信息系统;组织开展新中国成立60周年出版物印刷质量监督检测、中小学教材检测和图书省优产品认定工作,推动企业提高印制质量,被新闻出版总署表彰为印制质量管理先进集体。对委托省辖市行使审批事项进行专项检查,指导有关市局解决存在的问题。

[深入开展“扫黄打非”斗争]

精心组织开展3次“扫黄打非”集中行动和打击手机淫秽色情、清缴整治低俗音像制品等5次专项治理,破获了一批大案要案,出版物市场日趋规范有序。全省共出动检查6.4万人次,取缔、关闭非法店档摊点1 780个,查处行政违法案件220起,查处刑事案件24起,收缴非法出版物300万件,比上年下降了23.5%。总结推广张家港市经验,扎实推动县(市、区)“扫黄打非”工作向乡镇(街道)有效延伸。全国“扫黄打非”工作小组在江苏召开了徐州“3·03”案件表彰会。全国“扫黄打非”工作小组领导在江苏检查“扫黄打非”工作时,高度评价江苏“扫黄打非”工作抓得好、抓得实在,成绩突出、特点鲜明,走在了全国前列,特别是在查处非法出版物、打击手机淫秽色情信息、查处重点案件方面,力度大、出拳重,对全国有示范作用。全省有5名个人和4个单位受到全国“扫黄打非”工作小组表彰,20个县(市、区)荣获全省“扫黄打非”工作先进模范县(市、区)称号。

[加强版权保护和服务]

世界知识产权组织在日内瓦专门听取省版权局局长徐毅英关于南通家纺市场版权保护调研情况汇报,给予高度评价。罗志军省长在省版权局《关于赴世界知识产权组织汇报南通家纺市场版权保护调研情况的报告》上批示:“此事很有意义。在贸易摩擦加剧背景下,正面宣传江苏形象很重要,望取得更大成果。”扎实开展“知识产权宣传周”活动,围绕“文化·战略·发展”主题,举行“打击侵权盗版,保护知识产权”签名暨“绿书签”发放活动;在全省中小学生中开展“青少年版权保护读书活动暨版权保护知识竞赛”。加大版权执法力度,查处网络侵权案件38起,关闭了一批侵权网站,成功调解3起未经授权播放背景音乐案件。开展出版合同检查,促进合同规范。完善版权服务体系建设,启动江苏省版权综合技术服务中心信息平台建设。扎实推进软件正版化工作。

[**深入推进依法行政**]

扎实推进行政权力网上公开透明运行工作,取得阶段性成果。制定实施《关于进一步推进依法行政工作的若干意见》等文件,清理、废止一批行政规范性文件。会商签订长三角区域新闻出版(版权)合作协议,提高区域联合执法、共同发展协作水平。组织开展新闻出版(版权)依法行政示范点创建活动。举办行政法制报告会、农家书屋法制文化月、新闻出版(版权)行政执法培训班等活动,加强普法宣传教育。省新闻出版局被中宣部、司法部、全国普法办和省有关部门分别表彰为全国、全省“‘五五’普法中期先进单位”。组织参加省级机关“万人学法竞赛”,荣获组织奖;参加全省“依法行政在江苏”图片展,荣获“最佳展板奖”和“组织奖”。

[**加强新闻出版人才队伍建设**]

为迎接新中国成立60周年,展现江苏新闻出版60年辉煌历程,激励全省新闻出版战线在新的起点上开拓进取、续写辉煌,省新闻出版局以“与时代同行·与祖国共进”为主题,举办江苏新闻出版辉煌60年图片展。展览期间,现场参观、网上浏览3 000多人次。扎实开展教育培训,举办期刊主编岗位、新闻采编人员资格、行政执法培训等各类培训班50期,培训近7 000人次。选送21名新闻出版单位领导参加新闻出版总署调训,组织局机关、直属单位92人次参加县处级以上干部菜单式选学和“5＋X”等培训。对印刷发行单位1 821人进行专业技能鉴定,圆满完成新闻出版总署在江苏举办的发行师培训和鉴定试点工作。做好职称评审工作,评出编审20名、副编审43名。加强行业领军人才队伍建设,开展专题调研,注重发挥领军人才的作用。全省有14人次入选新中国60年全国新闻出版系统“三个一百”优秀人物,其中4人入选百名优秀出版人物、5人入选百名优秀出版企业家、5人入选百名有突出贡献的新闻出版专业技术人员,居全国前列。

(省新闻出版局)

省文学艺术界联合会工作

2009年,省文联认真贯彻党的文艺方针,积极履行联络、协调、服务、指导的基本职能,围绕中心,服务大局,大力繁荣文艺创作,加强人才队伍建设,打造文艺品牌,求真务实,奋发有为,圆满完成了省文联七届六次全委会确定的各项任务,推进了江苏文艺事业的大发展大繁荣,为江苏经济社会发展营造了和谐奋进的文化氛围。

[**贯彻落实全省文化建设工作会议精神**]

省委、省政府2009年召开的全省文化建设工作会议,对全面推进文化体制改革、加快文化强省建设作出部署。会议明确了“三强”目标,确定了文化强省建设的“时间表”与“路线图”。省文联认真学习贯彻会议精神,分别召开各部门、协会、中心、杂志社负责人座谈会和全省文联工作座谈会。与会人员紧紧围绕文化强省的目标,联系江苏文艺和文联工作实际，着重在如何多出优秀作品、多出优秀人才方面，积极建言献策。在学习研讨的基础上，省文联领导班子成员分工负责，组成调研组深入徐州、连云港、扬州、镇江等市文联，开展调查研究，形成调研报告。通过座谈和调研，进一步掌握了江苏文艺和文联工作实情，理清了工作思路，找准了推进文化强省建设的切入点和着力点，增强了责任感和使命感。

［**庆祝新中国成立60周年系列活动**］

省文联及各团体会员按照省委、省政府统一部署，紧紧围绕新中国成立60周年，会同有关部门，精心策划、组织了一系列庆祝活动。举办“庆祝中华人民共和国成立60周年”江苏省优秀美术作品展、书法篆刻作品展、摄影作品巡回展、“向祖国汇报”——茉莉情韵江苏评弹晋京展演专场演出、电影理论评论60年研讨会、全国城市电视台城市形象电视宣传片推选表彰活动暨城市电视台发展战略论坛、“舞动长江·歌唱祖国”长江流域戏曲演唱大赛、大学生话剧展演暨第二届江苏省校园戏剧节、江苏书画60年发展高层论坛等活动。编辑出版“庆祝新中国成立60周年”江苏省优秀美术、书法、摄影、歌曲作品集。各市文联也开展了形式多样的庆祝活动。各项庆祝活动充分展示了新中国成立以来江苏的奋斗历程、辉煌成就，表达了文艺工作者的喜悦和赞美之情，激发了广大人民群众的爱国热情，营造了欢乐和谐的喜庆氛围。

［**组织主题文艺活动**］

省文联及各团体会员大力发挥文艺界优势，精心组织开展一系列有特色有影响的主题文艺活动。一是采风创作，为战胜国际金融危机提供精神动力。会同有关部门联合开展“咱们工人有力量”大型摄影采风创作系列活动，组织摄影家历时7个月，深入省内12家特大型企业，拍摄两万多张作品，举办了采风创作成果展，充分反映了企业职工在“三保三促”中忘我奋战、顽强拼搏的精神，为战胜金融危机鼓舞斗志、振奋人心。二是赴川慰问，为灾区重建家园奉献爱心。在汶川大地震一周年之际，省文联组织江苏文艺家慰问团赴四川灾区，举行文艺演出，赠送书画作品，开展采风创作，慰问江苏援建四川灾区的干部职工和灾区人民群众，激发灾区人民和援建队伍重建家园的豪情。三是对外交流，为推动“江苏文化走出去”贡献力量。成功举办2009·江苏灌南世界魔术交流大会暨第六届亚洲魔术比赛，组织艺术家赴巴西、阿根廷、丹麦、瑞典、俄罗斯等地访问交流，接待了日本爱知艺协、韩国大邱艺总和法国艺协等代表团20余人次，积极开展对外民间文化交流与合作，推介江苏文化，展现新江苏精神。会同有关部门精心举办全国组联工作会议、华东中南地区文联工作会议、全国文联外事工作会议等。

各项主题文艺活动有力配合了省委、省政府重大决策部署的贯彻落实，艺术家也从中受到情感的洗礼，获得创作的动力，文联组织的凝聚力和影响力得到增强。

［**推进文艺精品创作**］

省文联始终把繁荣创作作为文联工作的重中之重，采取扎实有效的举措，推动文艺精品创作。一是加强理论建设。省文联及各团体会员多次组织召开文艺创作研讨会、座谈会，围绕文艺创作领域的热点、难点问题展开研讨。在品牌活动中，坚持把文艺创作与理论研究结合起来。2009·中国百家金陵画展高层论坛围绕“中国画的广阔空间与文化品位”、“中国画与中国传统文化”等主题，对中国画的历史传统与当代发展进行深入剖析，并将理论成果汇编成册。第七届中国音乐“金钟奖”民乐比赛暨2009中国江苏——二胡之乡民族音乐节举办了中国民族器乐创作高层论坛，特邀全国民乐界专家和江苏作曲家、理论家，围绕现代作曲技术与民族器乐创作及本届“金钟奖”二胡、笛子比赛委约作品的创作进行学术探究与解读。召开文艺创作座谈会，邀请全省各艺术门类文艺评论家，就文艺创作现状与存在问题展开探讨，引导文艺创作健康发展。二是举办各类展览赛事活动。承办第十一届全国美展版画展，举办第四届“江苏戏剧奖·红梅奖”、江苏舞蹈“莲花奖”第二届青年舞蹈演员大赛、第三届江苏曲艺“芦花奖”评选、江苏省第二届现代刻字艺术展、第二十五届江苏省电视“金凤凰奖”评选、第三届江苏省电视专题片《新农村新农民——江苏农村小康故事》作品征集评比、江苏省第五届魔术比赛等活动，催生了一批新人新作。

各类理论研讨和展览赛事活动进一步增强了文艺理论和评奖展演的导向性和示范性，推出了一批思想性、艺术性和观赏性俱佳的精品力作。一年来，在全省文艺家共同努力下，由省各文艺家协会组织参赛（展、演）的近80件作品在全国性文艺奖项评选中获奖。其中，在第十一届全国美展评选中，有245件作品入选，53件获奖，其中金奖3件、银奖3件、铜奖4件、理论奖1件，超过了在前10届所获金奖的总和，在全国各省市（区）中名列第一。在第九届中国民间文艺“山花奖”评选中，江苏有12部作品获奖，1人获得成就奖，获奖总数名列全国第一。在“中国戏剧奖·梅花表演奖”评选中，江苏有2位演员获此殊荣。在第三届“中国戏剧奖·小戏小品奖”评比中，江苏有7部作品获奖，获奖数量和质量位居全国第一。在第七届中国音乐“金钟奖”评比中，江苏也在全国各省市中居于前列。在全国优秀流行歌曲创作大赛中，江苏有2首作品获奖，2首作品参加颁奖晚会的演出。在第八届中国摄影“金像奖”评选中，江苏获得2个创作奖和1个理论奖，位居全国第三。在第三届书法“兰亭奖”评比中，江苏获得4个创作二等奖，名列全国第二，6个理论奖，名列全国第一。在中国舞蹈“荷花奖”第五届“小荷风采”全国少儿舞蹈展演、第十三届国际影展等重要赛事中，江苏也都获得优异成绩。此外，在历时三年的“江苏特色文化和民间艺术普查”工作基础上，编辑出版了《江苏特色文化》（省卷本）。

［**加强文艺人才队伍建设**］

省文联及各团体会员采取有效措施，努力加快人才队伍建设。一是开展各类培训活动。举办第13期全省文艺家读书班暨第19期知名演员暑期读书班、第二期美式滑稽培训班等。经过学习培训，大家进一步优化了知识结构，提高了表演和创作才能，提升了关注现实、关爱民生、服务社会的责任感和使命感。艺术人才培训中心开设了音乐、舞蹈、美术、表演等五个门类40多个班次，创办了分支培训机构，成立了素质教育基地，全年培训700多人次。二是评选优秀青年艺术人才。开展了首届优秀青年曲艺人才评选，11名青年曲艺人才获此殊荣，促进青年文艺人才的成长。三是关心老艺术家的艺术创作和生活。资助出版《万绿丛中——梁冰艺术文论集》。此外，还会同有关部门成功举办中国书协主席张海书法艺术展等展示展演活动，让江苏文艺工作者通过观摩、学习，开阔视野，提高水平。

［**开展文化惠民活动**］

省文联以文化惠民作为推进文艺事业繁荣发展的出发点和落脚点，引领文艺家以优质文艺成果，丰富和满足人民群众精神文化生活。一年来，省文联及各团体会员组织各艺术门类文艺工作者深入乡村、学校、社区、军营，举行文艺演出117场。2009年的惠民演出更加注重向苏北地区、贫困地区倾斜，让欠发达地区人民群众共享文艺发展成果。举办“真情与正义”江苏书画名家作品义捐活动,捐献书画作品332幅,义捐作品由爱心企业进行义购,400多万元善款全部用作资助社会弱势群体的法律援助事业。各市文联也积极发挥优势资源,结合各自实际,开展了一系列各具特色、形式多样的惠民文化活动。

[打造有全国影响的江苏文艺品牌]

积极发掘江苏优势文艺资源,择优扶强,持续打造江苏文艺品牌,是省文联推进文化强省建设的重要举措。2009年,省文联在连续几年打造文艺品牌基础上,积极创新思路,使品牌活动的影响力和辐射力进一步增强。一是举办第七届中国音乐“金钟奖”民乐比赛暨2009中国江苏——二胡之乡民族音乐节。主要由五大板块组成,包括“金钟奖”民乐比赛、5场音乐会、高层论坛、名家讲坛、各分会场活动等。本届“金钟奖”、民乐节在内容和形式上积极创新。首先,扩大辐射范围。在南京设立“金钟奖”比赛主会场,同时在扬州设立古筝比赛分会场,使活动的范围比以往更大,辐射面更广。其次,拓宽比赛项目。本届比赛在以往二胡、古筝基础上又新增加民族管乐,将笛子、管子、唢呐、笙等乐器种类纳入比赛范围,以此推动更多民族器乐发展。再次,创新比赛形式。本届二胡、笛子决赛参照国际惯例采用选手和乐队协奏、评委当场亮分等新形式,更加严格地考察选手综合艺术素养,优化评选机制。通过这些创新举措,推进民乐创作和演奏人才的成长,催生具有时代气息的新作品不断涌现,推动民族音乐的繁荣发展。二是举办2009·中国百家金陵画展(中国画)。画展包括作品展览、理论研讨、名家讲坛、艺术推广等活动。通过广泛发动,共收到全国各地4 200多件作品,高层论坛征稿文182篇,数量和质量都超过了前四届。为推动画展组织工作的创新发展,2009年把前几届在五所高校举办的“名家讲坛”改成“名家访谈”,请媒体与公众参与,让专家与听众互动,扩大了学术活动的社会影响。在作品评选中首次采用机读计票方法,使计票工作更准确快捷。通过连续几年的打造,中国百家金陵画展这一品牌正在成为具有现实主义风格的中国美术精品原创、理论创新、名家艺术和美术人才的推广基地。

[注重协会组织建设]

加大协会建设力度,积极稳妥地推进协会换届工作。经过严密组织,精心策划,完成省剧协、省曲协、省影协、省视协、省舞协、省民协等6个协会和省文促会的换届工作,得到中国文联党组书记胡振民充分肯定。在换届工作中,认真听取方方面面意见和建议,在新一届主席团成员建议人选产生后,严格组织考察,又分别与每位候选人及退下来的老一届主席团成员谈话、沟通,把思想政治工作做在前面,保证换届工作的顺利进行。各协会新一届主席团成员在选举中都高票当选,实现了新老交替。新一届协会主席团成员年龄结构和专业分布更加合理,各协会活力得到有效激发,呈现出争先创优、整体推进的良好态势。

[加强自身建设]

省文联及各团体会员根据自身条件,采取有效措施,加强和改进自身建设,提高服务水平,增强文联组织吸引力和凝聚力。一是筹备召开省八次文代会。按照省委要求,以高度责任感,精心筹备,周密安排。4月初,省文联向省委宣传部上报关于筹备召开省八次文代会的请示,9月份全面启动筹备工作,成立了文代会筹备工作组,下设组织组、文秘组、联络组、会务组、综合组、宣传组、演出组等7个小组,由党组书记负总责,党组、书记处成员分工负责。党组、书记处对于文代会的主题、规模、议程、代表的产生、会议的组织等问题多次研究,明确分工,责任到人,各项筹备工作规范有序。二是基层文联建设蓬勃发展。省文联领导带队,组成调研组到各市县文联开展调研工作,全面了解市县文联的情况,并在南通召开全省基层文联工作研讨会,加快推动乡镇文联建设的步伐。会后,各市文联结合当地实际,积极发展基层文联组织,全省新增加乡镇(街道)文联近60个,常熟、沛县、宝应、江都等市县每个乡镇都建立了文联组织,全省基层文联建设呈现出蓬勃发展的良好局面。三是积极探索职能拓展。召开第三届江苏省文艺界保护知识产权论坛暨网络环境下文艺版权保护研讨会,组织国际动漫大师进校园,推动行业管理、行业服务、行业自律。四是基础建设扎实推进。江苏文艺网全面升级改版,工作通讯《繁荣》编辑质量和水平稳步提高。首次编辑出版《2009 江苏省文联年鉴》,客观记录省文联和各团体会员的主要工作,记载江苏文艺事业的发展轨迹。在省委、省政府关心下,省文联顺利迁入新址,新办公楼硬件设施和办公环境得到显著改善,为组织开展文艺活动创造了更好条件。

(省文联)

省作家协会工作

[文学与时代同行]

热烈庆祝建国60周年,是党和国家政治生活中一件大事,省作协党组高度重视,结合作协工作实际,开展一系列庆祝活动。一是承办由中国作协和省委宣传部联合主办的“长江颂”全国游记散文征文活动。二是组织“我爱祖国”大型作家采风。根据不同主题,分批组织作家到南通洋口、山西等省内外经济社会建设一线采风,全面感受建国60年来经济社会发展的巨大成就,创作了一批反映社会改革和发展的文学作品。三是编辑出版《建国60年江苏获全国奖文学作品大系》,将建国以来江苏各文学门类获全国性文学奖项作品结集出版,展示了江苏文学60年辉煌成就。四是积极配合省委做好60年成就展展品收集等工作。值汶川“5.12”大地震一周年之际,省作协组织诗人重访四川灾区,并编发纪念专辑“忧伤与温暖”。8月,组织著名作家采风团赴江苏沿海地区,考察如东洋口港,亲身领略江苏沿海开发热潮,并以艺术化的感悟方式,反映沿海开发战略的重要意义。为满足作家们深入生活和采风创作的个性化需求,省作协通过意见征询并根据各自需要,帮助联系落实一位作家到扬州文化局挂职。此外,还有多位作家主动深入到基层采访,到乡村与农民吃住在一起,深入体验生活,为创作积累素材。为进一步加强与世界文化的交流,2009年,省作协分别组织作家到英国、爱尔兰、埃及、土耳其、捷克、匈牙利等国进行访问采风。同时,还积极鼓励作家参加国际和地区性文化交流活动。

[文学精品生产]

据不完全统计,2009年,全省会员共创作长篇小说50余部,中短篇小说、诗歌、散文、报告文学、翻译、创作或改编电视剧电影等1 200余部(集),有多部作品和多位作家获全国性重要文学奖项。其中,苏童的长篇小说《河岸》获第三届亚洲文学奖,傅宁军的长篇报告文学《大学生“村官”》、徐玲创作的长篇儿童小说《流动的花朵》获第十一届全国“五个一工程”奖,鲁敏、李美皆获第十二届庄重文文学奖。范小青、鲁敏获第三届北京文学奖。范小青、毕飞宇、赵本夫、鲁敏、衣向东等获《小说月报》百花奖。苏童、范小青获中华文学奖。刘健屏的短篇小说《我要我的雕刻刀》,黄蓓佳的长篇小说《我要做好孩子》,王一梅的短篇童话《书本里的蚂蚁》,金曾豪的散文集《蓝调江南》入选新中国成立以来具有影响力和阅读价值的60部原创儿童文学作品选。胡弦获《诗刊》"新世纪十佳青年诗人"称号。在影视创作、改编上取得丰收,朱苏进编剧的电视剧《我的兄弟叫顺溜》,江奇涛编剧的《人间正道是沧桑》等播出后都产生较大反响。

[**文学研讨活动**]

一年来,省作协精心组织了多场不同层次、不同类型的文学研讨活动。有加强对作家作品的个案研讨,如:"苏童长篇新作《河岸》出版座谈会"、"周梅森长篇新作《疯狂与梦想》研讨会"、"杨守松长篇报告文学《昆曲之路》研讨会"、"严苏作品研讨会"、"江风海韵——顾浩词作研讨会"等。省作协还主动与《文艺报》、《新华日报》、《扬子晚报》等媒体合作,推出作家访谈等专版,回答读者对新作品和作家创作提出的一些问题;有针对当前文学现象的研讨,如:"兴化文学现象"研讨会和"中国网络文学研讨会"。有注重江苏文学创作和理论评论的总结与研究的,如:中国现当代文学研究60年学术讨论会、"江苏作家长篇小说学术研讨会"、"散文新思维"研讨会、召开苏北片创作座谈会等。

[**文学队伍建设**]

2009年共举办两期读书班,分别是第20期青年作家读书班和第3期中年作家"文学驿站"读书研讨班。两期读书班办得各有特色,根据不同办班对象,组织有针对性的授课、读书与研讨,收到较好效果,深得学员好评。完成第4批"重点扶持文学创作与评论工程"的申报评审工作,有17个创作项目被列为重点。同时,为进一步促进青年作家成长,省作协修订了"重点扶持文学创作与评论工程"条例,面向全省实施"壹丛书"计划,即由省作协出资,经推荐、评审等程序选定,每年至少出版一套丛书,为基层第一次出书的作者,尤其是青年作者的优秀作品提供出版机会。为挖掘和培养大学生中热爱文学并且具有创作潜力的文学新人,同时培养青年读者群,5月,省作协和南京市作协等单位联合在南师大举办青年读者论坛,著名作家范小青、赵本夫、储福金、鲁敏及部分文学期刊主编共同走进大学校园,与大学生共同探讨"青春、网络、阅读",受到大学生朋友热烈欢迎。

[**文学阵地建设**]

2009年,《钟山》被评为江苏省期刊最高奖"双十佳期刊",华东地区优秀期刊。执行主编贾梦玮被评为江苏省新闻出版行业领军人才,副主编吴秀坤获得明珠奖优秀编辑奖。刊物全年转载评介率达到75%以上。其中一个短篇小说获得《小说月报》第十三届百花奖,"河汉观星"栏目获得江苏省期刊协会颁发的明珠奖。《雨花》坚持特色,在刊发名家作品同时大力扶持新人新作,强化了重视发表关注民生作品的传统,受到广大读者和省新闻出版局充分肯定,继获"江苏省优秀期刊"荣誉之后,又获得"华东地区优秀期刊"称号。全年,积极组织作家参与刊物互动、社会调研和采风,与有关单位联合举办新一届"童话节"征文及评奖活动。《扬子江》诗刊围绕创建著名诗刊杂志品牌这一目标,培养作者队伍,改进刊物内容和形式,所设栏目展示名家名作和诗坛新秀之作,给不同流派的诗人提供了广阔舞台。同时,以活动促发展,全年共举办"诗咏徐州"诗歌大赛、"第二届红枫诗会"等诗歌活动,在汶川"5.12"大地震一周年之际,组织诗人重访四川灾区,并编发纪念专辑"忧伤与温暖"。《江苏作家》进行全面改版,开辟新栏目,扩充信息量,增加刊物的丰富性和可读性,一年来,效果较好,受到会员欢迎。2009年在广泛征求意见基础上,省作协加大对硬件、软件投入力度,从"江苏文学艺术网"中剥离,正式开通"江苏作家网",

运行几个月来,深受广大会员关注和好评。

[**协会自身建设**]

根据中国作协关于加强东西部文学交流合作意见精神,2009年,省作协与宁夏作协进行联络沟通后,本着优势互补、共同发展、创造共赢原则,签订了两省(区)之间文化、文化交流合作协议书,于2010年开始实施。筹备召开第七次全省作家代表大会是2009年一项重要工作,自7月份,省作协成立筹备领导小组,并分设文件组、组织组、会务一组和会务二组,各负其责,精心组织、认真筹备。10月,省作协搬迁至新楼办公,各项搬迁工作开展得紧张有序,有条不紊。全年,顺利完成了会员发展、职称评审、作家维权等工作,共发展新会员142名,评审出一级作家11人、三级作家14人,接受维权申诉4件。

(**省作协**)

省社会科学院工作

2009年,是进入新世纪以来我国经济最为困难的一年。为应对世界金融危机的冲击,省社科院组织力量积极开展应用对策研究,向省委、省政府建言献策,形成了一批高质量的咨询报告,受到省领导好评。同时,以理论创新为目的深化基础研究,发表了一批有一定学术影响的论著。实施管理强院战略,管理与后勤服务工作取得新的进展。

[**科研工作的突出亮点**]

2009年,全院科研工作的突出亮点是应用对策研究成果突出,获省领导批示最多。这是社科院13年来致力于省委省政府思想库智囊团建设的结果。

一是年度重点课题研究批示多。年初,省委书记梁保华、省长罗志军批示确定了省社科院2009年度重点课题。其中,国家产业振兴规划与江苏产业发展对策研究,江苏农村金融创新与发展研究,金融危机对江苏中小企业的冲击与对策研究,江苏产学研结合的路径与对策,江苏文化事业、文化产业发展及其省际比较研究,国际贸易保护主义与江苏的应对等六份课题报告,获得罗志军省长批示。

二是专题咨询报告获省领导批示多。其中,"江苏经济保增长面临的难点与对策"、"江苏对外贸易面临的问题与对策"、"江苏沿海开发的进展与对策建议",获罗志军省长批示。"值得关注的几个农村工作问题与应对措施"得到罗志军省长、黄莉新副省长、曹卫星副省长批示;"关于进一步深化扩权强县改革推动江苏经济社会又好又快发展的建议"获得罗志军省长和赵克志常务副省长批示;"关于进一步健全我省养老服务体系建设的调研报告"获得李小敏和曹卫星副省长批示;"建议把盐城打造成国家级现代农业示范区"获得黄莉新副省长批示。当前江苏经济形势分析与对策建议等专题报告也获得省领导重视。此外,参加省领导组织召开的咨询会议,参与省委贯彻党的十七届四中全会精神会议报告、省政府工作报告、省产业振兴规划等重要文件审议,得到省领导肯定。

三是《咨询要报》获省领导批示多。江苏推进省直管县(市)财政体制改革的进展与建议,获罗志军省长批示;建立强有力的江苏沿海开发金融支持系统,获赵克志副省长批示;江苏产学研结合的路径选择及对策建议、美国国家创新体系模式与经验借鉴,获曹卫星副省长批示。

[**应用对策研究有新发展**]

举办"2009—2010江苏经济形势分析会",省长罗志军,副省长赵克志等省领导参加会议。会前组织有关专家学者进行专题研究,撰写了研究报告。来自中国社科院、上海、浙江、广东及我省的专家学者对当前经济形势和面临机遇、挑战作深入剖析，积极为江苏经济发展建言献策。会议得到省领导肯定。

举办了“江苏沿海开发国际论坛”，常务副省长赵克志出席会议，韩国全罗北道政府副知事宋完庸率领政府代表团出席，日本和韩国有关学者参加。会议受到省有关部门好评，韩国全罗北道政府副知事回国后专门致函对会议进行高度评价。

主编出版《2010江苏经济社会形势分析与预测》(蓝皮书)，对江苏省经济形势、社会进步、区域发展等现状进行分析预测，并提供相关政策性建议，分送省委、省政府主要领导和“省两会”代表参阅。组织编写出版《2010年江苏文化蓝皮书》、《2010长三角发展蓝皮书》等。

参与黄莉新副省长主持的课题“江苏农业现代化指标体系研究”，为江苏有关地方立法草案提交书面修改建议；参加省委宣传部组织的纪念建国60年江苏省大型图片展的资料收集、编辑及脚本撰写工作；承担了省委办公厅、省政府办公厅、省委宣传部、省委研究室、省政府研究室、省经信委等部门委托的专项咨询工作。接受南京、常州、镇江、扬州、泰州、宿迁、连云港等地方政府委托，开展地方经济社会发展咨询论证工作。

泰州分院完成市委市政府委托的17项课题研究任务。编辑出版《2009泰州发展研究报告》，出版《决策咨询》14期，受到市领导的批示与肯定。连云港分院围绕江苏沿海开发撰写了多份研究报告，得到市委有关领导批示与表扬。

［**优势学科建设迈开新步伐**］

根据省委省政府应用对策咨询服务需要，结合省社科院科研工作实际，着力推进优势学科建设。列入重点支持的18个研究基地是：江苏宏观经济、江苏产业发展、江苏金融发展、新农村建设、区域现代化、江苏开放型经济、苏台经贸关系、民营经济、马克思主义中国化、马克思主义哲学、江苏区域文化、明清小说、民国史、明清史、WTO规则与应对、江苏社会发展、社会保障、社会风险、新社会阶层。院拨出专项资金，各基地制定了近中期建设规划，落实相关研究任务，加强了与省有关部门的合作与交流，努力增强比较优势，产生了系列科研成果。

全院出版学术著作29部；发表核心期刊论文214篇。核心期刊论文数与人大复印资料全文转载等二次文献量，均列全国地方社科院前列。各基地围绕学科建设开展了较丰富的学术活动。邀请省有关部门同志与高校学者参加，举办了沿海开发的国际经验借鉴、稳定与江苏社会发展、社会保障体系建设、江苏金融形势与增强金融支持江苏经济发展能力、后危机时代中小企业发展战略等学术研讨会，举办了“加入WTO与中国法律的发展”等学术报告会。

［**合作性学术活动有新开拓**］

与上海社科院、浙江省社科院、安徽省社科院共同主办了“第二届泛长三角合作与发展论坛”。与省慈善总会、省精神文明办联合举办江苏省首届“慈善论坛”，副省长李小敏、省政协副主席张九汉到会讲话。与省经济学会联合召开“新中国60年经济理论创新与江苏的实践——江苏经济的历史性变迁与战略性转型”研讨会。与江苏省委党校、常州市人民政府主办“长三角地区社会现代化”高层论坛。与中国社会科学院国际研究学部联合举办“对外关系60年与我国的国际问题研究”学术研讨会。与淮安市清河区政府联合举办了“回眸历程 探索新路”——中国特色城市化发展高层论坛。与省哲学史与科学史研究会、东南大学文学院联合召开“纪念萧焜焘逝世十周年暨学术研讨会”。与省旅游局、泰州市政府召开了

"首届中国城河论坛"。

［对外学术交流活跃］

与韩国全罗北道发展研究院召开"江苏省与全罗北道产业发展学术研讨会",全北院申基德院长率领由8人组成的学术代表团来省社科院参加研讨;与韩国东亚大学召开"全球经济危机与东亚学术研讨会",东亚大学韩锡政学长率领由6人组成的教授团来省社科院参加会议;澳大利亚驻沪总领事孔陶杰一行访问省社科院;美国驻沪总领事馆领事吴志祥一行访问省社科院;韩国中韩论坛秘书长李国干博士一行来访;韩国东亚大学全相京教授来省社科院做为期一年的访问学者;日本名古屋大学薛进军教授来访;韩国全罗北道发展研究院李康进博士来访就合作课题项目开展讨论。接待了由台湾"国政基金会"执行长蔡政文教授率领的学术访问团,并以"一年来的两岸关系回顾与展望"为主题,召开学术交流会。

省社科院代表团应英国萨塞克斯大学和瑞典斯德哥尔摩大学邀请赴英、瑞进行学术访问;应美国新泽西州塞顿霍尔大学邀请赴美国进行学术访问;省社科院科研人员赴韩国东亚大学做为期一年的访问学者,扩大了省社科院在国外的学术影响。为活跃学术气氛,举办了两次"研究员论坛",分别由日本名古屋大学薛进军教授和韩国东亚大学全相京教授主讲,论坛互动交流效果良好。

期刊工作有新进展。全年《人大复印资料》全文转载:《江海学刊》59篇,《学海》29篇,《现代经济探讨》15篇,《世界经济与政治论坛》11篇,《明清小说研究》2篇。《新华文摘》全文转载:《江海学刊》12篇,《学海》2篇。《江海学刊》被全国期刊协会评为"新中国六十年有影响力的期刊",《世界经济与政治论坛》、《学海》荣获"华东地区优秀期刊杂志"称号。《现代经济探讨》再次入选CSSCI来源期刊。

［管理与服务工作进一步加强］

2009年,省社科院实施管理强院战略,加强管理,主动、积极、创造性地工作,取得良好成效。

加强党风建设。全年院党委中心组学习11次,主题是学习传达全国两会精神、反腐倡廉警示教育、学习中央十七届四中全会与胡锦涛总书记在十七届中纪委三次全会上的讲话精神,贯彻落实省委会议精神与决定。组织各单位主要负责人赴浙江考察学习。对院党委部署的各项工作任务明确责任,落实分管领导与责任部门,加强跟踪与督办。完成了年初确定的工作任务与"十件实事"。

加强人才队伍建设,优化考核机制。引进应届毕业生13名,启动博士后工作站。对聘任期满的中层干部进行任期考核和调整工作。协助省委组织部推荐省管后备干部。完成了2009年度全省社科研究系列职称评审工作。启动岗位设置管理实施工作,筹备拟制岗位设置方案。完善人员退出机制,根据相关规定与程序,辞退连续多年年度考核不合格以及严重违纪违法人员。

加强了院报的理论含量;院网站内容进行重新组合改版,更加贴近省社科院科研与管理服务工作。启动纪念建院30周年筹备工作。开展"小金库"专项治理工作。举办庆祝建国60周年与迎新年文艺汇演、摄影展、书画展,活跃了单位文化。积极组织与参与社会公益活动。

加强院区管理,改善科研和办公条件。认真落实老干部各项待遇,走访看望生病住院及有困难的老同志,带领老同志考察。扶贫工作受到当地政府与群众的一致好评,对口扶贫村已经实现脱贫。

图书馆获得省级"巾帼文明示范岗"、省级机关"五好"党支部称号。进一步完善

"研究资料网"、"科研评价系统"和"学术档案"建设,扩展、强化文献资源建设,文本与数字化并举,进一步满足了科研人员的文献服务需求。

（省社科院）

省哲学社会科学界联合会工作

2009年,省社科联坚持以邓小平理论、"三个代表"重要思想为指导,深入贯彻落实科学发展观,围绕发展大局,发挥自身优势,坚持创新思路,突出重点,深化理论研究,培育功能,加强学会建设,整合资源,推进社科普及,各项工作开创了新局面,取得了新进展。

［**组织应用对策研究,服务经济社会发展**］

1.围绕省委、省政府中心工作,开展专题研究。围绕应对国际金融危机,紧扣"保增长、保民生、保稳定"主题,组织省内相关领域的专家学者,对省委、省政府主要领导圈定的《推进自主创新、加快经济发展方式转变》、《保增长与江苏产业优化升级问题》等10个重点课题进行集中攻关,并对课题研究实施全程跟踪管理与服务。至2009年年底,这些课题已经全部结项,其中大部分成果也已经汇总上报省委、省政府领导及省有关部门。罗志军省长指示在修改《〈江苏沿海地区发展规划〉实施意见》时吸收一些好的建议。重点课题研究水平不断提升,研究成果直接为政府决策服务,成为2009年社科研究工作亮点。

2.切实加强课题管理,组织应用研究精品工程。根据国内外形势及江苏经济社会发展的任务和要求,经过充分调研、征集和筛选,制定并下发2009年应用研究课题指南。经过专家严格评审,设立40项年度资助课题和50项立项不资助课题。所有课题实施项目化管理,建立项目单位和项目负责人责任制,实行双重管理和督导。在结项评审中,很多专家对2009年的课题研究给予高度评价,认为研究成果质量和水平普遍有较大提高。

3.充分发挥职能作用,积极促进科研成果转化。《江苏社会科学》新开设了"江苏发展研究"栏目,关注江苏发展中的重大理论与现实问题,为推动江苏经济发展提供服务。继续充分发挥《社科研究清样》和《社科应用研究》杂志等工作平台的作用,紧扣江苏经济社会发展中的重大问题,积极报送研究成果供省委、省政府领导参阅,其中"现代服务业主导产业与配套政策研究"、"江苏沿海综合开发的政策建议"、"金融危机下江苏外向型经济转型升级的思路与对策"等5篇专题研究成果在省委办公厅《快报》全文刊载,"江苏加快发展现代高效农业对策研究"在省委《情况与建议》全文刊载,"关于江苏文化产业业态创新的研究"被省委宣传部采用。

［**协作举行学术活动,提升社科研究水平**］

1.9月25日,围绕新中国成立60周年,省社科联联合哲社、经济和文史类近30家省级学会在南京隆重举行纪念新中国成立60周年学术研讨会,全省社科理论工作者300余人参加了会议,会议共收到论文240余篇,多家学会负责人和专家作了学术报告。在哲社、经济、文史和周恩来研究四个专场中,共50余人发言,分别从哲学、经济、文史等各个方面,探讨总结了60年来社会主义建设、改革与发展的伟大成就和历史经验。《新华日报》等有关新闻媒体对会议作了专题报道。

2.8月22日—23日,省社科联与南京师范大学在南京举办了"社会变迁与社会结构转型国际研讨会",来自美国、英国、德国和中国香港、台湾及内地80多位专家学者参加。研讨会促进了国内外关于社会变迁与社会结构转型问题研究的学术互动，对我国转型期出现的一些新问题、新情况进行学理分析和对策思考，取得一批有价值的研究成果。

3.11月21日—22日，联合中国世界经济学会、东南大学共同召开“后危机时代的中国与世界经济国际学术研讨会”，来自世界各地的80多位专家和学者就后危机时代中国与世界经济的特点、当前世界经济形势、金融危机后的中美经济关系以及国际货币体系演变与人民币国际化等热点问题进行深入研讨，研究成果受到学界广泛关注。

4.省社科联组织的重点研究项目《江苏人文精神概论》，于新中国成立60周年前夕出版。该项成果从学理层面对江苏人文精神的基本内涵、核心理念等方面作了系统阐述，突出了江苏文化多元特色，反映了江苏文化在中华文化中的影响力。

5.在江苏地域文化研究方面，省社科联联合市县社科联、相关学会及有关高校共同设立江苏地域文化研究课题，并在征集相关研究成果基础上先后举办了三期学术沙龙进行交流研讨。12月23日至24日，联合省文史研究馆召开“江苏地域文化与经济社会发展”学术研讨会，推进了地域文化研究的发展。

6.2009年下半年启动《江苏当代学人学术精萃》系列丛书编辑工作，陆续出版宋林飞、公丕祥等10位专家学者的个人学术成果自选集。

［**创新管理思路，加强学会建设**］

1.从着眼于“管理”转变为着眼于“建设”。5月上旬，省社科联召开学会工作会议暨秘书长培训班，系统总结、交流了近年来学会建设的主要经验。同时，坚持加强学会组织建设，积极选优配强学会、研究会领导班子，按照程序顺利完成了10多个学会、研究会的换届选举工作。此外，试开发了镇江市、苏州市学会管理数据库，有力促进了省、市两级学会、研究会的信息化管理与资源共享。

2.从立足于“建章立制”转变为立足于“功能培育”。2009年以来，省社科联通过开展学术活动，将各学会组织建设、学科建设与江苏经济社会的发展紧密结合在一起，有效强化了各学会、研究会的学术功能、服务功能和自主功能。围绕新中国成立60周年等重大活动与专题，组织了一系列学术活动，有效促进了优势学科与各相关学会建设的蓬勃发展。

3.从“单向要求”转变为“双向互动”。通过举办2009年学会学术成果展示会、组织应用研究精品工程课题申报和科普宣传周等活动，使各学会、研究会充分参与江苏社科发展的各项工作，从而提升了学会的组织运作水平，增强了学会之间、学会与政府机构、高校、企业以及其他社会团体之间的交流和协作，也增添了学会的生机与活力。

［**强化统筹协调，推进社科普及工作**］

1.举办省市联动社科普及宣传周。年初，确定以“弘扬爱国传统，建设美好江苏”为全省社科普及活动主题，围绕庆祝新中国成立60周年精心打造一系列科普活动。9月中下旬，各市县紧紧围绕这一主线，组织千名专家学者和科普志愿者，走进媒体、社区、村镇和市民广场，开展宣传咨询服务，解答公众关心的社会热点、难点问题，通过举办人文社科普及讲座、报告会、主题征文、知识竞赛，以及人文与社会书画摄影展和科普文艺演出等社会各界喜闻乐见的社科普及活动，广泛传播人文社会科学知识和先进文化成果。

2.开展公众人文素养调查活动。省社科联与国家统计局江苏调查总队合作，采用分层抽样、入户调查方法开展“2009年江苏省公众人文社会科学素养及需求”的问卷调查。调查工作得到社会大众支持，其本身也起到了很好的社会科学普及作用。调查结果显示，2009年江苏公众具备人文社科素养的比例为11.85%。

3.组织编纂系列社科普及读物。2009年以来，省社科联以新形势下大众阅读的热点为视角，制定了以《人文社会科学通识文丛》为总书名，引领和推动全省社会科学普及读物编辑出版工作的实施方案，有效整合出版单位和专家学者资源，积极促进社科研究成果转化。至年底已分批出版了《伟大的复兴之路 新中国60周年知识问答》、《光荣与梦想——国旗国歌国徽国都知识问答》2本和有关艺术学、音乐学、广告学、考古学、管理学的100个故事10本。

（省社科联）

新华日报报业集团工作

2009年，在省委、省政府正确领导及省委宣传部亲切关心下，在广大干部员工共同努力下，新华日报报业集团事业发展和各项工作取得新的进展，顺利完成了集团15项重点工作，5件作品获中国新闻奖，《新华日报》入选全国日报广告投放三强，《扬子晚报》荣获2009年中国标杆品牌称号，江苏手机报被评为“全国手机报十强”，集团全年实现利润比2008年增长30%以上。

［新闻报道水平跃上新台阶］

一是面对金融危机的冲击，把经济宣传作为全年新闻宣传重中之重。《新华日报》陆续推出“增强信心促发展 贯彻中央和省经济工作会议精神”、“千方百计保出口”、“破解中小企业贷款难的江苏探索”、“从数据看开局”、“江苏重点产业调整与振兴规划纲要解读”、“科学发展·苏州工业园区的样本意义”、“贯彻省委工作会议精神 促进经济持续稳定回升”、“南通破解中小企业融资难的创新实践”和“保增长 促发展——苏锡常经济转型调查”等总共10多个系列近百篇重头报道，《扬子晚报》的“文化掌门人细说掘金文化”，江苏经济报的“江苏建设成就巡礼”和“江苏财经人物访谈(13篇)”等报道，均较好地反映了在省委、省政府正确领导下，全省各地战胜困难的信心、措施和成就。

二是围绕新中国成立60周年精心策划，周密组织，推出一批重点报道和特刊、专版。《新华日报》与13家省辖市党报联手陆续推出的“新中国成立60周年·省市党报联动摄影特别报道”以及100版国庆特刊珍藏版——《江苏，如此多娇》，给人留下深刻印象，同时在美国侨报、欧洲时报和韩国全北道民日报等海外专版上也刊发了大量有关江苏的重大国庆新闻和专栏。《扬子晚报》牵头，联合全国31家晚报、都市报和搜狐网合作推出的“中国红——解放”大型系列报道，在全国产生了强烈反响，受到多家大型网站转载。南京晨报策划了“迎接新生、改天换地、人民盛典”三大系列板块共60多个版的文字、图片，江苏法制报、江苏经济报和县市报也都根据自己的特点对新中国成立60周年作了生动报道。

三是抓住《江苏沿海地区发展规划》上升为国家战略的有利契机，策划了与河南、陕西、甘肃、新疆等沿陇海兰新线四省区党报联动采访报道。9月2日，省委梁保华书记专门接受集团组织的5省区党报和《扬子晚报》联合采访。《新华日报》陆续推出“《江苏沿海地区发展规划》解读”、“加快推进沿海发展系列访谈”、“加快推进沿海发展论坛”、“实施国家战略江苏在行动”、“沿陇海兰新线5省(区)党报记者对话沿海3市领导”、“沿陇海兰新线四省区党报聚焦江苏沿海开发”等系列报道，全面展示外省党报视角下的江苏沿海开发。《扬子晚报》由编委带队深入连云港、盐城、南通3市采访，推出一系列重点报道。江苏经济报的“沿海开发听潮声”、“沿海开发鸣号角3市赴征程”等多篇报道均收到积极反响。

四是根据不同工作重点，主动、积极宣传报道好省委、省政府其他重大活动。在党的十七届四中全会和省委十一届四次全会的报道解读方面，在全国和省“两会”、学习实践科学发展观活动、江苏文化产业发展、道德模范人物的宣传报道等一系列报道中，均精心策划和组织实施，发挥了较好的宣传效果，受到了省领导和读者的好评。一年来，中宣部新闻局先后16期发出《新闻阅评》，对《新华日报》和《扬子晚报》的相关报道给予肯定。2009年，在集团内媒体互动，省市报纸联动与各省党报合作行动方面迈出了新的步伐。

五是以提高办报质量为中心，进一步改革、改版，创新机制。《新华日报》重点对A1版作了调整，对会议和领导人活动报道进行了改进，更加突出了省委、省政府中心工作，更加突出焦点新闻、民生新闻和舆论监督报道，并推出和加强“李扬说事”、“漫说快评”、“峥嵘记录”等有特色、可读性强的个人栏目，建立了重点栏目编委分工负责制和责任编辑制，实行专版、专栏和部分新闻版动态管理制度，进一步完善考评机制，改进采编流程，优化机构设置，强化队伍建设，把提高报纸质量的措施落到实处。《扬子晚报》实行新一轮改版，进一步加强原创深度报道，强化国际新闻报道，提升南京新闻和资讯质量，推出特色专刊，从内容到版面更加丰满、时尚、新锐、可读，受到读者好评。南京晨报在强化新闻报道同时，突出“特别服务”、“特别阅读”、“特别财富”，努力探索独特优势。江苏经济报进一步突出“贴近”和“专业”的办报理念，成功与镇江、扬州、淮安、马鞍山、芜湖、滁州、巢湖等市合作，开辟《南京都市圈经济周刊》。江苏法制报提出“人人写好稿，期期有精品”的要求，自觉、主动、深入地组织重点报道，多次受到省委常委、政法委书记林祥国同志的肯定。党的生活杂志社会和经济效益都有新发展，所刊发的《干部制度改革成就巨大，缘何群众满意度不高》一文受到李源潮同志关注。传媒观察杂志进一步提高办刊质量，刊出的《山西封口费事件警示我们什么》等一组有思想深度的理论文章，反响很好。集团其他报刊也都以不同形式提高和改进办报办刊质量，取得新的成绩。

[报业经营利润率明显提高]

一年来，集团经营工作出现新局面。一是加强重大活动的策划。《新华日报》布局2010促进江苏发展第三届高峰论坛，《扬子晚报》第六届中国汽车总评榜、2009年南京楼市总评榜，靖江日报与央视联合举办的“欢乐中国行·魅力靖江”万人大型演唱会等都取得了良好的社会、经济效益。二是打造新的利润增长点，力创历史新高。一方面，报纸广告主营业务继续做强做大，集团2009年总的经营收入增长10%。另一方面，按照全省文化体制改革规划的要求，着力打造5个1 000万利润的增长点，大部分进展明显，有的还超额完成。《新华日报》广告收入创历史新高，年突破9 000万元，连续5年保持增长。《扬子晚报》广告收入增长8.8%，12月18日广告日创收635万元，9月广告月创收达5 799万元，双双创历史新高。南京晨报完成利润超额50%，报纸征订量上升50%，实现了“双超”。江苏法制报报纸征订数达12万多份，利润近千万，双双突破历史。江苏经济报效益同比增长21%。集团苏州办事处、徐州办事处坚持新闻报道与经济效益同步抓，在搞好报道同时，经营指标有新突破。县市报收入和利润有较大增长,上了一个新台阶。三是集团各经营单位发展态势良好,报业经济健康运行。2009年,集团实现利润创历史最好水平,增幅在30%以上。特别是一批1 000万利润的新增长点的形成,大大改善了集团的利润结构,对摆脱对广告经营的绝对依赖,对报业今后的发展意义重大。

[**全媒体发展迈出坚实步伐**]

重点抓了四个方面工作:一是江苏手机报发展取得重要进展。在省委常委、宣传部杨部长的关心鼓励下,江苏手机报收费读者用户从年初的120万户发展到目前突破212万户,三年迈三大步,营业收入首次突破1 000万,同比增长48%,被评为"全国手机报十强"。并与江苏联通合作设立3G手机实验中心,开发视频以及用户与手机报之间互动的新业务,图片视频、全球播报、江苏动态、幽默动漫、服务互动5大频道全天候滚动发布。省委书记梁保华在省委全会上专门给予肯定。二是抓好中江网整合和重组。在省领导同志直接关心支持下,2009年8月中江网股份有限公司(筹)挂牌成立,目前,新华报业网和扬子晚报网与原中江网合署办公,同时进行清产核资,制订新的发展规划。重组后的中江网首次改版,围绕省委、省政府中心工作推出系列大型报道,中江网在全球1.6亿多个网站综合排名从改版前的10 000名以上,上升到6 500位(月平均)左右,在国内所有网站中排名上升到现在的470位左右。三是抓好全媒体数据库建设。集团初步开发"全媒体数据库"项目,将各类信息进行数字化处理,建立各类专业信息资源库和用户信息资源库,实现报刊资源的快速发布、检索和利用,为各类媒体提供丰富的信息资源。四是进一步推动报网互动。《新华日报》等报纸名专栏复制到网络,《扬子晚报》开通招考飞信专栏、求职通等日均达20万次点击量,南京晨报与中江网互动报道,一些重大、热点问题通过网络拓展了宣传报道和服务读者的空间,取得较好效果。

[**抓好党的建设和各项硬件、软件基础建设**]

一是认真学习贯彻党的十七届四中全会和省委十一届七次全会精神,切实加强党的建设。经过充分准备,集团选举产生了新一届机关党委和新一届团委,机关党委和团委新一届班子发挥着积极作用。为方便广大党员学习,筹备开设党建网络平台,邀请专家为党员干部进行四中全会精神学习辅导,对党支部书记进行专题培训,建立健全党员干部谈话制度,实施了关于反腐倡廉惩防体系《实施计划》,组织了处级干部警示教育。二是抓好新一轮干部竞聘,为集团事业保持良好的持续发展能力提供保证。集团开展了三年一次正常的干部竞聘工作,116名中层干部重新竞聘上岗,在大部分干部续聘的同时,新提拔了一大批德才兼备的中青年干部,其中50多位是70年代的年轻干部,三分之一以上的干部进行了交流,进一步优化各单位、部门领导班子结构,形成更加富有战斗力的干部队伍。三是引进了新的印刷机,提高印务基地生产能力。为确保新华日报和集团内各类报纸的印刷,集团投资8 000多万元,引进了德国罗兰先进的印刷机,增添半商印刷业务,目前已安装投产,形成了新的生产能力。这样,随着8号机的投产,淮安新印点的建成,苏州印务的顺利交接,集团印务布局基本形成,综合印力水平上了一个新台阶。四是加快河西新闻传媒中心建设。2009年9月底新闻传媒中心举行了奠基开工典礼。五是注意抓好各方面基础工作,为办报和经营工作提供良好保障。

[**以人为本,多方面关怀员工**]

在事业发展中,集团坚持以人为本,从

工资收入、业务成长和身心健康等方面给予全方位关怀。在集团效益有所增加的情况下,年初又较大幅度提高员工收入水平,并逐步缩小员工之间的收入差距。同时,为500多人发放了1 200多万元住房补贴;在上年推出强制休假基础上,2009年进一步加大力度,同时保证休假时间员工的正常收入;继续坚持了报告会制度,广泛开展业务技术练兵活动,各单位职工的业务技能进一步得到提高;对重点骨干员工,进一步加大关怀力度,拨出较多费用用于培训,集团传媒管理学院首批有50名学员参加的中青年干部高级管理培训班经过一年培训即将毕业;从聘用形式、公积金比例、奖金分配等方面,分别制订各种政策对优秀员工、聘用员工进一步给予人文关怀。组织"放飞理想青春无悔"和"相约明天"活动,关心青年成长。继续坚持为集团所有同志进行体检,坚持由党委同志为70周岁以上的整岁老同志过生日,坚持及时看望困难员工和患病员工,所有这些举措得到了广大干部员工好评,极大地调动了员工的工作积极性。

(新华报业集团)

群众杂志社工作

2009年,群众杂志社全体党刊工作者始终坚持以科学发展观为指导,按照省委和省委宣传部对宣传思想文化工作总要求,紧贴全省中心工作,努力实践科学发展观,以正确的舆论导向和"三贴近"为原则,以"好读、管用"为目标,以办好读者满意的党刊为抓手,在服务江苏发展大局、抓好理论宣传教育研究、把刊物建设成党的坚强思想理论阵地等方面,努力使工作效果达到最大化。全年编辑出版刊物13期,刊出理论文章近500篇,其中专家学者和地方一线领导的专论占到80%以上。这一年,《群众》继续保持华东地区优秀期刊、国家期刊方阵双效期刊称号,杂志知名度和美誉度得到有效提升。

[**围绕省委工作中心,服务江苏发展大局**]

在办刊过程中理论宣传紧跟中心,始终坚持把党的利益和社会效益放在第一位,努力为省委的工作服务,为全省的发展服务。重点突出了三大宣传:

一是认清形势、坚定信心、认真贯彻落实中央宏观调控的方针和举措的宣传。从第一期开始就组织力量,先后对省委重要会议精神进行了及时准确的宣传,并于第3期刊发了省委书记梁保华的署名文章《以优良作风推动科学发展》。通过开设专门栏目,组织了一系列专题,编发、刊出了数十篇响应和呼应文章,为全省各级及时准确深入地贯彻省委的部署和要求营造了浓厚的舆论氛围。

二是抓住机遇、化危为机、探索江苏发展方式转型的宣传。在刊出的各期杂志中,有8期是以"本刊评论员"、"本刊编辑部"等名义逐一宣传江苏贯彻中央关于应对全球金融危机方针的重大举措。并通过各种形式的文章普及"确保经济平稳较快增长"的政策理念和工作举措,交流各个市、县和各个系统应对危机保增长的经验,展示江苏在严峻挑战面前提振"干部工作信心、企业家投资信心、群众消费信心"的精神风貌。作为理论刊物,《群众》特别强调应对金融危机宣传的前瞻性,特别关注苏南抓住机遇促进发展方式转型的探索,推出杨卫泽的《在挑战中把握发展机遇,加快推动经济转型升级》等重点文章,同时还推出苏州高新区、江阴市、宜兴市在不同情况下促进经济转型升级的思路。全年围绕保增长、促发展这一主题的篇目占到总篇目的50%以上,有力地造成了保增长促发展的党刊宣传声势。

三是改善民生、确保稳定、实现江苏经济社会发展的协调与和谐的宣传。围绕“4个有所”,常年开办一个“社会建设”专栏,对部分县市的先进做法与成功经验进行推介,引领全省各地关注民生、重视民生、改善民生,在一定程度上推动了这项工作的进展和创新。特别是对大学毕业生就业工作的宣传,前8期突出以创业带就业等内容,通过办好专栏、专题等形式,浓墨重彩地宣传全省各地、各部门、各单位涌现出来的好典型、好做法,为全省顺利完成当年此项工作任务营造了良好社会氛围。

[**突出宣传党的十七届四中全会精神,推进党的建设新的伟大工程在江苏的落实**]

围绕省委中心工作,采取统一策划、统一调度的方式,突出开展了理性营造舆论氛围的工作。一年中,以《党的建设》、《执政论坛》等专栏为主要载体,刊出重头文章十多篇,其中在读者中产生较大反响的又占到半数,对外扩大了宣传效果,对内产生了鼓舞作用。具体动作有三:

一是深入宣传学习实践科学发展观活动,为学习贯彻四中全会精神作了充分铺垫。全年紧紧跟踪江苏第二批学习实践活动的每一个阶段性进程,宣传省委关于开展学习实践活动的指导原则和工作部署,并且推出了省委组织部领导同志、10多位市县委领导同志以及党建学者关于提高党员干部贯彻落实科学发展观能力与素质的研究成果。在宣传学习实践活动过程中,《群众》十分注重成果与经验的宣传,以“改革开放前沿”专栏为载体,从第4期开始连续四期刊发省委、省政府专题调研组的8篇研究报告,深层次分析昆山、江阴、张家港、苏州工业园区、华西村、沙钢、尚德集团、武家嘴村贯彻落实科学发展观的真经,为“推动科学发展,建设美好江苏”提供经验和示范。

二是认真宣传四中全会《决定》精神,深化新时期加强党的建设的理论思考。通过“理论学习”这个栏目,特邀一批在党建学说方面有建树的专家学者和市县委负责同志行文撰稿,并切实加大他们在本刊的话语比重,先后发表了省市纪委领导同志的专论,进而把贯彻《决定》精神、用《决定》精神武装读者的宣传落到了实处。

三是认真总结江苏加强党的建设的成功经验,创新加强党的建设的思路。在对党建思路的宣传上,《群众》积极配合省委主管部门,主动呼应有关会议要求,稳定、持续地办好“党的建设”、“执政论坛”、“思想政治工作”和“中心组学习园地”等专门栏目,分期分批地向省内外充分展示了江苏各级党组织在兴党方面所作的努力和成功经验。

[**突出宣传新中国成立60周年的发展历程和光辉成就,深化中国特色社会主义和爱国主义教育**]

开辟特别专栏,凸现新中国成立60年的宣传主题地位。从第6期开始,推出“迎接新中国成立60周年”专栏,专栏第一期主题是唱响社会主义好的主旋律,发表了韩培信同志应约专为本刊撰写的重头文章《天翻地覆慨而慷》,同时发表了通过江苏60年经济社会发展数据分析为主要依据阐述社会主义新中国辉煌成就的文章《数据见证辉煌》,并刊发了《只有社会主义才能发展中国》的学者研究文章。继第6期之后,这个专栏还紧密结合江苏实际,持续展开了“共产党好、人民军队好、改革开放好”的重大主题宣传,多角度地启迪广大读者深入思考中国特色社会主义在江苏的成功实践。

强化党委理论刊物特色,探索理论宣传、理论教育、理论研究。一年中,《群众》以深入持久的宣传贯彻中央和省委精神为己任,以专门栏目为平台,加强改进理论宣传,较好地把握了正确的导向,发挥了应有的功能。

在理论学习方面,按照指导实践、推动工作的要求,不断武装读者头脑,为提升各级干部的理论和思想水平服务。一年编排了20多个理论学习专题,分别对金融危机、解放思想、科学发展、统筹兼顾等问题进行了专门的解读。并在《理论学习》专栏中开辟了“访谈”、“实录”和综述等专页,加强对全省干部读者群的理论学习引导,发挥本刊作为理论宣传刊物的宣传作用。

在理论教育方面,依托党刊优势,打好组合拳,大力提高针对性和实效性。认真做好预案工作,做好组织工作,先后围绕学习问题、政策问题、政绩观问题、新科技问题和新知识问题等方面的宣传作了精心谋划和选择,并加强自身和队伍的充电和建设,依托“热点论坛”等栏目优势,吸引各个层面的理论工作者和实际工作者积极参与,加重对当前形势和热点、难点问题的阐释份量,强化理论引导。同时还注意刊载如新传感网产业一类的新知时文,充分发挥党刊的思想政治教育功能和正面宣传的阵地作用,使得刊物理论教育传播的实效性明显增强。

在理论研究方面,围绕时代主题,积极组织编者和作者加强对当前重大理论课题的研究,通过命题、邀约、组稿等多种路径,每期都在《本刊特稿》和《热点论坛》等栏目编发5篇以上立意新、观点好的带头文章。围绕省委中心工作策划组织稿件,全年推出战略解读文章20多篇,使各级干部和广大读者对全省发展理解更深刻,实践更自觉,为推进发展方式转变、建设更高水平小康提供了理论支持。围绕理论刊物自身建设,组织开展党刊编辑业务交流和宣传项目工程专题研讨,并加强理论阅评,肯定成绩,指出不足,提出对策,形成了一整套有深度、可操作的文字材料。

[认真贯彻落实党的宣传思想工作方针,努力把刊物建设成党的坚强思想理论阵地]

坚持围绕中心、服务全省大局。作为省委理论杂志的宣传工作必须始终如一地紧紧围绕并服务于省委的工作中心和发展大局。为坚持这一办刊方针,全体党刊工作者做到:一是紧贴中心策划选题。每期提前两个月作第一次策划,都要认真学习研究中央的重大方针和省委重大工作部署,紧紧围绕这些方针和部署确定选题方向。二是围绕中心组织来稿。每期根据当时中心工作从不同侧面、不同角度、不同层次组织各方面的来稿。组稿中不断强化与作者的沟通,保证稿件中贯彻省委工作中心的要求。三是根据中心选择发稿。所来稿件很多,选择的首要标准就是服务于省委工作中心和全省发展大局,按此标准作取舍,使围绕中心、服务大局的办刊方针真正落到实处。

强化责任意识,显示党刊形象。一年中,无论在什么样的情况下,也无论社会上有什么“杂音”、“噪声”,从上到下都能保持清醒头脑,用“政治家”办刊的高标准去衡量来稿,坚持正确的取舍原则,固守发稿政治关,从未出现一起宣传事故。新疆事件发生后,《群众》迅即组织了关于民族工作的特稿,并打破常规、特事特办,当期就予以刊发。

吃透中央精神,正确引导读者。全年12期正刊每期首页都是“大政方针”专栏,以最集中、最精炼也最权威的表述刊出当时中央和省委的重大方针政策和重大决策,以利读者迅速、准确地了解当时政治生活的重大主题。而在同期专栏中,既有特辟栏目对前述大政方针联系江苏实际作多视角、多侧面、具有纵深度的解读,又在其他栏目所刊文章中从经济、政治、文化等多种角度对大政方针作展开阐述,丰富读者对大政方针的理解和实践思考。

创新栏目设计,活跃刊物内容。栏目是刊物的载体,是一本杂志的窗口。一年来,着重加强品牌栏目打造,通过努力,逐步形成几个比较成熟、完善的栏目。“大政方针”、“本刊特稿”、“热点论坛”等多个固定常态的专栏,以多形式、广角镜反映了中央精神在江苏的贯彻落实,反映了全省各地一年来的工作进展和建设成就。尤其是“本刊特稿”栏目,在全体编审人员努力下,已经成型成熟,在江苏社科时政类杂志中产生了一定的影响力,被省期刊学会评为“品牌栏目”。

倡导短文精品,创新语言风格。在栏目创新的同时,一年来《群众》还在页面创新上花力气,继续提倡短而精,鼓励体例多样化,通过专访、杂文、按语、链接等,不仅提高了编作水平,而且扩大了杂志的美誉度,更为让读者了解《群众》,增强《群众》社会影响力起到积极作用。

关注基层来稿,反映干群心声。发扬党刊的传统特色,坚持走“群众”之路,通过处室联系市县区制度,把杂志触角延伸到全省各地。通过办好“群言”栏目等渠道吸引读者,突出主体,畅开基层群众与机关刊物的通道,全年12期杂志期期保证编发一半左右来自下面的稿件。

加强制度建设,创新工作方式。坚持每期杂志都提前两个月进行策划,并由总编辑提出预案,值班副总编负责抓落实,其他编审人员分头组织稿件。2009年第一次策划预案一直详细到每个栏的主题选择和组稿角度。同时强化编审责任制度,在杂志社内部特别是编辑部运行机制上下工夫,进一步规范了组、编、校、出等一系列运作流程,形成一套比较合理、符合实际的管理体制,实行责任编辑负责制,对每期杂志进行编校业务考核,初步营造出一种进取向上的氛围。

(**群众杂志社**)

省广播电视总台(集团)工作

2009年,面对国际金融危机的不利影响,全台上下团结一致,沉着应对,各项工作按照“导向正确、高位争先、创新驱动、资源整合”的要求,危中奋进,难中攀高,较好地实现了年初提出的各项奋斗目标,在科学发展、率先奋进的道路上迈出新步伐,取得新成绩。

[**围绕中心,服务大局,舆论引导能力显著提升**]

2009年,是总台坚持正确导向、舆论引导能力持续提升的一年。一年来,总台紧紧围绕省委省政府中心工作和战略部署,坚持“新闻立台”,牢把正确导向,不断提升舆论引导能力,圆满完成全年各项宣传任务,为“推动科学发展、建设美好江苏”营造了良好的舆论氛围。

1. 应对国际金融危机报道贯穿全年,效果显著。围绕应对国际金融危机、保持经济平稳较快发展,先后策划推出《危机中的奋进》、《信心2009》、《信心江苏再回首》等专栏,相关专栏贯穿全年,解读政策举措,统一思想认识,有力地提振了发展信心。重点策划推出《敢拼才会赢——全力保增长,我们在行动》(电视,8集)、《信心江苏》(广播,16集)两个大型新闻行动。《敢拼才会赢》邀请省国资委以及省国信集团、雨润集团等企业界人士共同探讨、集思广益,实现了对省委省政府应对金融危机政策决策的深层次解读。《信心江苏》同中央电台、江苏13个地级市台以及中国江苏网等成立联合采访团,形成宣传强势。两个大型新闻行动声势大、份量重、效果好。

2. 纪念新中国成立60周年宣传浓墨重彩,反响热烈。整个宣传以纪念南京解放60周年为发端,上半年推出《重走渡江路》、

《见证》等系列报道,大型直播《解放日——百万雄师过大江》受到中宣部《新闻阅评》充分肯定。至三季度,相关宣传达到高潮,先后策划推出《空中看江苏》、《锦绣江苏》、《60年名村纪事》、《巨变 江苏"三农"60年》、《全景江苏,活力60》、《华彩60年》等系列报道,《华彩60年》等受到省局《收听收看》专文表扬。重点策划组织大型航拍《飞跃新江苏》,历时66天,飞行近百小时,航程近万公里,制作播出20集系列专题及相关报道,全面反映江苏60年来的巨大成就,引起强烈反响,梁保华书记给予高度评价。城市频道成为全国唯一进入阅兵村、唯一在阅兵当天进入天安门中心区域采访的地方电视媒体。大型活动《60年大不同·万人看江苏》产生广泛影响。

此外,成功组织《奋进的江苏》大型成就展参展和宣传;积极参与央视《为祖国喝彩》直播展播工作,《<为祖国喝彩>国庆江苏特别节目》在央视三套播出;圆满完成《建国60周年歌咏大会》、《广播电视60年巡礼》等文艺活动承办工作;精心策划制作反映60年来江苏体育和少先队发展历程的专题片《腾飞》和《红领巾与共和国同行》。

3. 重大主题报道量大质优,广受好评。围绕沿海开发战略,先后策划推出《江苏沿海地区发展规划解读》、《沿海观潮》、《沿海涌新潮》等系列报道,并先后制作《美丽的江苏,开放的沿海》、《听海·宏图江苏》等多个专题宣传片,形式多样、内容丰富,有力配合了中心工作,受到各方广泛好评。同时,综合运用多种形式,精心组织梁保华书记访台、文化强省建设、学习实践科学发展观活动等重点工作,省和全国"两会"、全国文化体制改革经验交流会、中欧峰会等重要会议,全国道德模范评选、海协会海基会南京会谈、国民党大陆访问团谒陵、孙中山奉安大典80周年、苏州工业园区15周年、十一届全运会以及中央和省领导在江苏考察调研等重要活动的宣传报道。

在高温、暴雨、台风、日全食、防治甲型H1N1流感以及相关突发事件等宣传报道中,总台反应迅速,引导有力。成功推出《长江大日食》、《盛世天象》等大型直播,与全国有关卫视通力协作,圆满完成《跨越海峡的爱心——大陆同胞援助台湾"莫拉克"台风受灾同胞赈灾晚会》。

4. 重点新闻栏目持续创新,舆论阵地作用更加凸显。《江苏新时空》努力强化现场报道和直播报道,信息量、权威性进一步提升。《新闻夜宴》将新闻事实与演播室评论有机结合,对新闻热点事件进行群体评述,影响广泛。《有一说一》以突发事件报道和现场直播为抓手,强化资讯和舆论支持,新闻原创、首发更多,影响更大。《早安江苏》提升对民生的关注度,强化节目内容的贴近性,全省早间第一新闻栏目优势更加巩固。《南京零距离》成功升级为《零距离》,面向全省观众,扩大报道题材,挖掘报道深度,强化新闻评论,收效显著。《江苏大地》升级为《江苏新农村》。《江苏新闻联播》由录播转为直播,节目编排更具针对性。《政风热线》等优化提升,双频播出。《直播南京》与《晚间新闻时空》整合为《新闻晚高峰》。重点新闻栏目的持续创新,有力发挥了舆论阵地的引导作用。

5. 整合资源,优化机制,改善覆盖,持续提升宣传效果。新闻中心积极推进全省范围信息网络建设,城市频道牵头搭建全国SNG协作体视频交流平台,广传中心牵头成立江苏广播联盟,打造新闻报道合作平台,同时,台内跨部门新闻资源整合不断向纵深推进,在"奋进的江苏—60年成就展"等重大宣传中,多媒体传播、跨平台合作成效显著。在优化工作机制方面,新闻中心重点报道项目化运作水平进一步提升,城市频道先后成立苏南、苏北特派报道小组，新闻广播部明确下属频率定位、优化内容生产流程、创新考核管理方式。广播电视覆盖稳步推进，江苏新闻广播成功实现全省调频覆盖，广播新闻大宣传格局初步形成。通过持续推进整合、优化机制、改善覆盖等举措，总台新闻宣传的效果和影响明显提升，电视作品《陈光标：我是志愿者》获中国新闻奖一等奖，广播新闻《养蚕史上的一次革命》、《让消费者成为拉动江苏经济的首架马车》获中国新闻奖三等奖。

6. 紧扣中心，创新策划，中央台用稿成绩显著。紧紧围绕省委省政府中心工作，针对央视改版情况，精选主题，创新策划，不断提高供稿的针对性，全年在央视《新闻联播》用稿639条，头条45条，提要178条，在激烈的竞争中用片数量、质量双超历史；在中央电台用稿头条多、录音报道多、质量高，双双位居省级台前列。

7. 拓展外宣平台，提升外宣影响。国际频道成功覆盖马来西亚，在美国的覆盖范围进一步拓展，全球用户超过250万户，同时策划推出"盛世长江60年"、"精彩淮安"等大型外宣行动。金陵之声积极推进对外合作，系列报道《开启两岸和平之门》文字版在《人民日报》海外版刊登，荣获"中国广播影视大奖"，《80年叙事：奉安中山陵》在美国洛城电台《锦绣江苏》栏目播出，《创造圆融·新加坡传真》在新加坡新传媒中文958、英文938频率播出。

［**拓宽领域，提升质量，公共文化服务大力推进**］

2009年，是总台公共文化服务领域不断拓宽、服务质量不断提升的一年。一年来，总台持续改善广播电视覆盖，频道频率作为公共文化服务主渠道的作用进一步提升。少儿频道被中央文明委评为首批"全国未成年人思想道德建设先进单位"，连续三年获得"全国优秀少儿频道"一等奖，成功创建"全国青年文明号"，并经总局批准，将更名为"优漫卡通频道"上星播出。江苏文艺广播部发起成立全国戏曲广播联盟。《我爱饭米粒》、《文菲的童话世界》、《听说梨园》、《文艺非常道》等少儿、戏曲类栏目，首届"江苏电视健康节"、"零距离公众服务大奖"评选、"江苏问候·祝福四川"、"中秋戏曲晚会"、"新年音乐会"、大型交响合唱音乐会《东方红》等大型公益活动形式多样，内容丰富，广受欢迎。江苏科技馆全年累计接待观众逾12万人。

［**面向市场，狠抓项目，影视精品大片集中推出**］

2009年，是总台内容生产实现重大突破、精品大片不断涌现的一年。集中推出《人间正道是沧桑》、《人活一张脸》、《战地浪漫曲》、《结发夫妻》、《南京！南京!》、《建国大业》、《永远的青年》、《丝的旅行》、《哈皮父子与水金刚》等一批影视精品，在全国产生广泛影响。长篇电视连续剧《人间正道是沧桑》在央视一套、八套同步播出，勇夺央视八套年度收视冠军，多家卫视同时热播，版权成功销售到欧美和东南亚地区，荣获"全国五个一工程"奖，被总局评为年度"中国最具影响力电视剧"。《人活一张脸》在全国多家卫视和十多个地面频道播出，成为省级卫视晚间黄金时段年度收视第一剧。《战地浪漫曲》、《结发夫妻》等收视喜人。《老大的幸福》入选央视一套2010年黄金时段重点剧目。纪录片《永远的青年》在央视三个频道同时播出。参与投资的电影大片《南京！南京!》大陆票房达到1.73亿，获得多项国际大奖；《建国大业》大陆票房4.7亿，创国产电影票房最高纪录；《十月围城》大陆票房累计超过2.9亿，总票房达到3.3亿。一系列重点影视剧的推出，有力地提升了影视作品"江苏广电制造"在业内的影响力。

［**攻坚克难，危中奋进，产业经营逆势上扬**］

2009年，是总台成立以来收入增长最快、结构持续优化的一年，呈现出“核心支撑、多点发力”的良好态势。全年总收入40.6亿元，比上年增加13.3亿元，增长48.4%，经济实力稳居全国省级台第二。频道频率运营收入同比增长17.4%，在总收入中的比重进一步下降到58.4%，影视内容娱乐业、居家购物、有线网络资本运作三大成长性业务对收入增长的贡献份额达到67%，“一重三秀”的核心支柱业务体系初现雏形。新媒体、报刊、技术、后勤、科教中心及相关直属机构经营工作也取得可喜成绩。

1. 频道频率运营强势增长。频道频率运营作为核心业务依然保持较为强劲的增长势头，全年广播电视广告收入达20.72亿元，同比增加3.09亿元，增幅17.51%，占总收入50.99%。

电视广告创新策划营销活动，积极开发新产品，在植入式广告研发方面取得较好成绩，与南京台合作成立“大江南传媒有限公司”，在国际广告经营等方面开展合作。全年收入达18.22亿元，同比增加2.97亿元，增幅19.50%。江苏卫视广告创收11.02亿元，同比增长29.65%。地面频道广告部创收5.72亿元，同比增长5.69%。公共、体育休闲、少儿三个独立运营频道广告创收1.48亿元，同比增长10.94%。

广播广告优化运营机制，加大创新力度，发挥优质资源辐射效应，实现新突破。全年收入达2.5亿元，同比增长4.82%。品牌广告达1.18亿元，同比增长2.42%；专题广告达1.33亿元，同比增长7.06%。

依托频道频率资源，延伸产业继续加强。全年频道延伸产业收入2.19亿元，同比增长14.92%；频率延伸产业收入3 405万元，同比增长97.73%。

2. 影视内容娱乐业效益显著。在大力加强影视精品生产制作同时，总台从发行、放映、演艺娱乐、影视文化创意园等产业链各个环节全方位推进影视内容娱乐业，取得显著成效。在电影发行方面，成功收购合作股东浙江横店集团影视娱乐公司股份，在院线公司股份比例达95%，院线公司更名为蓝海亚细亚院线公司。在影城建设方面，以市场为导向，启动影院连锁战略，与江苏新华发行集团签署战略合作协议，共同推进影院建设，新街口影城全年实现收入5 139万元，同比增长11%，蓝海江宁国际影城即将营业。在演艺娱乐方面，积极整合大陆、港台、韩国等艺人资源，拓展北京、上海、成都等地演艺市场，蓝海华谊公司成为国内演出场次最多、产值规模最大的演艺公司之一。在影视文化创意园建设中，立项审批、规划设计、招商融资等工作积极推进，一期工程正式开工，演员公寓、摄影棚等基建工程进展顺利，与《金陵十三钗》（张艺谋）、《上海商人》、《新倩女幽魂》等十多个影视剧组达成进园拍摄意向。作为总台影视内容娱乐业运作主平台，幸福蓝海影视文化集团全年实现收入3.06亿元，同比增长1.83亿元，增幅67.1%。

3. 居家购物成为新的增长点。作为总台重要经济增长点的居家购物业务，全年实现收入6.14亿元，同比增长97.7%。好享购持续提升销售业绩，全年实现销售收入5.68亿元，同比增加2.87亿元，增幅102.28%。广播购物迅速发展，全年实现收入4 660万元，同比增加1 652万元，增幅54.93%。

4. 新媒体业务不断扩大。靓妆频道全国用户总数超过1 300万户，付费收视用户数约66万户。江苏广电网站全面改版升级,创新搭建"网络演播室",全力打造"江苏网络电视台"。移动电视积极开展对外合作,市场份额持续提升。CMMB项目稳步推进,省级运营主体正式签约,新成立的江苏省广电无线传播有限责任公司,成功引进社会资本,合资成立江苏省盛世广宏无线科技传播有限公司,联合开展无线数字广播电视终端推广及相关业务经营。国家广电总局同意总台在江苏境内开展IPTV业务,与江苏电信积极开展谈判,技术系统搭建加快进行,内容集成收录编辑全面展开。新媒体业务全年实现收入2 501万元,同比增加1 061万元,增幅73.68%。

[**与时俱进,幸福升级,品牌影响更加广泛**]

2009年,是总台品牌定位成功由"情感"升级为"幸福"、品牌影响持续提升的一年。进一步规范、完善CI管理体系,在多个层面召开品牌升级座谈会,起草下发《深化品牌定位》、《幸福品牌升级执行方案》等指导文件,在与电传中心、卫视频道等充分协调基础上,制定出台《总台电视板块幸福品牌升级的建议实施方案》,顺利召开幸福品牌升级推进会,江苏卫视发起成立"幸福媒体联盟",启动"中国幸福指数调查"。连续第6年入选"中国500最具价值品牌",排名上升至130位,在所有广电媒体中继央视、凤凰卫视、湖南卫视之后继续位列第四,品牌价值较上年增加6.57亿元,达62.88亿元,继续被确定为全国性品牌。

江苏卫视成为唯一全面覆盖全国337个地级以上城市的省级卫视,覆盖人口近10亿,9月28日,在全国率先开播高清频道。江苏卫视全国市场晚间五小时收视率和份额分别为0.65%、1.91%,同比分别增长35.4%与35.5%,全天收视率和份额分别为0.27%、2.07%,同比分别增长50%与51.1%,连续三年位居省级卫视第二,优势进一步巩固。总台各频道晚间五小时省网收视率、收视份额分别为11.50%、36.07%,同比分别增长16.4%与9.2%,市网分别为20.94%、42.55%,同比分别增长10%与4.8%,成功卫冕省市双网"第一集团"。广播各频率收听率、市场份额分别为3.3%、51.64%,同比分别增长17.44%、13.57%,以较大优势位居南京市场第一。

《人间》、《谁敢来唱歌》、《万家灯火》、《非常周末》、《百姓聊斋》、《我就是明星》等品牌栏目,《世间》、《周末不加班》、《非常不一班》、《食尚天天乐》、《公共演艺吧》、《第一彩经》等新节目,"跨年演唱会"、"绝对唱响"、"名师高徒"、"挑战百分百"、"爱拼才会赢"、"百姓奥斯卡"以及电影《南京!南京!》、《建国大业》、《十月围城》南京首映礼等重点活动都产生广泛影响。广播传媒中心节目创新收效显著,《交广晚班车》、《创业百分百》等新节目,《婚姻漩涡》等广播剧,"爱情来了你就上之DJ很忙"、"江苏广播听众服务季"等主题活动反响热烈。电视栏目《人间》、广播专题《首善大爱》荣获中国广播影视大奖。

[**优化保障,夯实基础,综合支撑水平明显提升**]

2009年,是总台技术基建、内部管理、队伍建设以及党团工会等工作持续优化的一年,保障更牢,基础更实,综合支撑水平明显提升。

1.技术基建成效显著。技术部门圆满完成各项安全播出任务,高质量推进"高标清同播技术政策研究及试验"、"电视播出系统质量控制体系"等总局科研项目,"网络化制播环境安全体系研究"作为总局《白皮书》专项技术研究报告发布,成功申请"电视台数字化网络化推进"等总局新的科研项目。电视技术部优化广电城及南影厂、珠江路等技术系统,实现网络化环境下的高标清同播。广播技术部发挥专业优势，推动广播覆盖条件持续改善，中短波发射台迁建的选址、立项和环评通过总局和省有关部门批准，明确土地置换方案和用地预审意见，完成科研报告和技术建设方案。发射传输台圆满完成卫视发射主机更新、CMMB南京单频网、江苏高清数字电视地面广播技术系统建设，中心机房数字化改造工程顺利推进，卫星地球站以总分全国第一通过总局技术验收。全国金帆奖评比总分名列全国第二，在总局科技创新奖评比中获得2个一等奖，5个2等奖，创历史最好水平。

总投资15亿元、建筑面积13.2万平方米的江苏广电城一期工程竣工启用，运营良好，荣获中国工程建设最高奖鲁班奖。围绕二期工程建设，与南京市邮政局就2号院土地置换达成协议，老楼拆除的技术深化和施工考察等开工前相关准备工作积极推进。

2.内部管理持续优化。组织架构进一步优化。版权管理部更名为版权管理办公室，并在相关中心设立版权管理专岗；财务资产部与投资管理部分设；电传中心增设卫星频道协调服务部；广传中心增设策划研发部，音乐广播部和文艺广播整合成立文艺音乐广播部；增设新媒体事业部。内部制度进一步完善。先后制定出台《关于突发公共事件新闻报道的应急工作机制》、《对外签约聘用影视顾问及策划（暂行）管理办法》、《播音主持人员管理试行办法（试行）》、《关于推进员工业务通道发展体系建设的实施细则》、《财务预算调整原则》、《民事诉讼案件处理办法》等规章制度。体制机制改革进一步深化。以电视剧为主的制播分离改革效果显著，幸福蓝海影视文化集团荣获“全国文化体制改革先进企业”称号，《求是》杂志以《制播分离改革的几点探索》为题，专文介绍总台做法、成效和体会；在省委宣传部、省广电局领导下，总台认真制订改革方案，稳步推进南影厂和音像出版社转企改制工作。职能管理进一步提升。总台办公室持续提升日常工作的服务和管理水平；宣传管理部以内容为中心，在宣传、节目、影视、版权、媒资、主持人以及评奖推广等方面都取得显著成绩；组织人事部全面提升人力资源管理水平，人力资源专岗试点工作顺利推进；财务资产部在预算、项目、资产管理以及资本运作、争取政策扶持等方面取得显著成绩；技术管理部牵头开展“质量效率年”活动，组织编印“技术制度汇编”，积极推进重大事业项目建设，技术服务保障水平持续提升；经营管理部密切关注行业发展态势，积极服务各类重点业务；监察室将党风廉政建设要求纳入目标责任书，与业务工作共同部署、考核，同时加大对重点项目招标的监督力度；审计部较为出色地完成一系列专项审计以及部分领导离任审计工作。

3.队伍素质不断提升。继续面向全国著名高校引进以硕士为主的应届毕业生，先后组织25名中高层管理人员赴美、两批58名基层管理人员赴港、60名业务骨干参加“mini-EMBA精品课程班”培训，重点打造“JSBC周末大讲堂”，全年共举办“用横向营销思维突破竞争”、“现场直播报道”、“何为幸福与幸福何为”等31期主题培训，参训人数达到3300人次，队伍素质持续提高，涌现出一大批表现突出的单位和个人，为总台率先奋进提供了强大智力支持。

4.党团工会工作扎实推进。积极开展“三项学习教育”活动，省“三项学习教育”活动工作简报第182期以《创建一流传媒，践行“三贴近”》为题专项介绍总台的做法和经验。依托“网上党建”工作系统开展学习型组织创建活动的做法和经验，得到国家广电局的充分肯定。全年新发展党员50名，60名预备党员按期转正。启用职工活动中心，成立总台摄影协会，工会和团委策划组织了一系列丰富多彩的文体活动，总台被团省委确定为2009年度推进团的基层组织建设省级实施单位。

（省广播电视总台）

凤凰出版传媒(集团)工作

2009年，凤凰集团在省委、省政府坚强领导下，在省委宣传部和省新闻出版局有力指导下，全面落实科学发展观，深化六大战略，争创五个优势，迎难而上，积极进取，销售收入达120亿，增长16.5%，保持连续3年每年增长10亿元左右的发展势头，实现利润9亿元，净资产实际已超过百亿。此三项指标均创集团历史新高，为凤凰集团今后更好更快发展打下坚实基础。

2009年5月11日下午，中共中央政治局常委李长春同志视察凤凰集团，并主持召开文化体制改革座谈会。凤凰集团党委书记、董事长谭跃汇报了集团改革与发展情况。集团体制机制改革循序推进，内容生产和“走出去”实现突破，发行板块高开高走持续增长，跨地区、跨所有制取得较大进展，多元板块成效显著，数字化建设稳步推进，党建和企业文化建设明显加强，集团影响力显著提升。

[**集团影响力显著提升**]

集团实力明显增强。在《中国最大1 000家企业》中，凤凰集团列398名；在全省服务业中列第28位，居全省文化产业集团首位；发行集团在全国“诚信经营优质服务”评选中列第一名。零售市场的排名已从第6位上升至第3位，比2008年上升3位，且码洋占有率在全国集团上升最快。凤凰集团所属6家图书出版单位被国家新闻出版总署评为一级出版社，荣获“全国百佳图书出版单位”称号，与中国出版集团并列首位。它们是江苏人民出版社、江苏科学技术出版社、江苏教育出版社、江苏少年儿童出版社、江苏美术出版社、译林出版社。

集团影响力显著提升。《人民日报》、新华社、央视6家新闻媒体在显著版面和时段3次集中报道凤凰集团改革发展经验。集团董事长谭跃入选2009CCTV中国经济年度人物，是中国出版业首位当选者。集团总经理陈海燕，凤凰集团副总经理、凤凰新华书业公司董事长张佩清，江苏人民出版社社长、总编辑刘健屏和江苏新广联科技股份有限公司总经理尤小虎入选“中国百名优秀出版企业家”。谭跃、张佩清、高斯、蒋迪安4人入选“新中国60年百名优秀出版人物”。金国华等被评为百名有突出贡献新闻出版专业技术人员。

[**体制机制改革循序推进**]

集团进一步加大改革力度。在2008年完成出版社清产核资、完成出版企业工商注册、公司创立的基础上，2009年拟定上报新的总体改制方案。根据省文化体制改革领导小组会议精神，出版环节18家事业单位法人已全部注销。

部分直属单位组织了新一轮中层管理人员竞争上岗。员工通过双向选择竞聘岗位，进一步完善竞争性用人机制。强力推进出版社分配制度改革，聘请华中科技大学专家团队，共同研究制定符合企业化要求的出版社薪酬分配方案。新的企业化分配方案已经全面推行，所有员工都执行企业工资标准，员工工资结构中固定收入的比例由50%降到30%，绩效工资按业绩分配，事业工资标准停止执行。其他直属单位的体制机制改革也都取得积极进展。通过改革，基本做到了“干部能上能下、收入能多能少、员工能进能出”，内部活力大大增强。

[**内容生产和“走出去”实现突破**]

集团继续保持重点图书获大奖良好势头。江苏人民出版社的《大学生村官》和江苏教育出版社的《我的天堂》2种图书获中宣部精神文明建设“五个一工程”优秀图书奖。

出现一批畅销书集群。经过跨地区发展、跨所有制合作，当年销售10万册以上的图书21种，其中《中国不高兴》59万、《手到病自除》33万、《温度决定生老病死》30万、《草房子》29万、《万病皆可心药医》25万、《苍黄》21万、《袁伟民与体坛风云》19万、《求医不如求己家庭医学全书》18万、《不生病的纪律》17万、《青铜葵花》17万、《马悦凌细说问诊单》16万、《麦田的守望者》16万、《不生病的智慧》15万、《朗读者》14万、《冒险小王子·流星花园》12万、《奥巴马回忆录》11万、《根鸟》11万、《创始人》11万、《黄帝内经家用说明书》11万、《人体通补手册》11万、《乌丢丢的奇遇》10万。《草房子》总印刷达100次。

重点板块建设稳步进行。凤凰文库累计通过选题306种，累计出版图书164种。《长城志》获国家出版基金资助，其主要分卷已经完成主体构架。以“凤凰文库”为核心的人文社科，以及工业技术、医药卫生、教育理论、精品画册、美术技法、艺术设计、古籍整理、专业基本典籍等专业出版板块，世界文学、儿童文学、动漫卡通图书、外向型图书、大众生活、三农图书、低幼读物、古籍普及、现当代文学、文化普及、双语学习、凤凰数字博物馆等大众出版板块，都初具规模，拥有了丰富的系列生产线，并具有较强的市场竞争力和文化影响力，特别是大众生活、少儿、文学板块在零售市场的码洋占有率位居前列。

《中华大典·文学典》在22个分典中率先全部正式出版。集团组织编撰的国务院批准的重大文化出版工程、国家文化发展纲要重点出版工程项目、“十一五”国家重大工程出版规划项目《中华大典·文学典》23卷，5 500万字，在22个分典中率先全部正式出版。集团2009年报刊销售收入突破1个亿，比2008年上升20%。《译林》与《少年文艺》被评为新中国60年有影响力期刊。

集团各出版单位实施一批具有思想、学术和文化重大价值的重点项目。其中包括：《汉译佛教经典哲学》、《中国佛教思想史稿》、《资本主义理解史》、《南水北调——东线工程探索与实践》、《1949—2000年中外比较文学史》、《金圣叹全集》、《中华五色》、《靳尚谊》、《中国木版画通鉴》、《鲁迅的艺术世界》、《往事与随想》、《符号中国》（英德法文版）、《中华文明读本》等。

储存一批优质选题，如《西方马克思主义哲学史》、《马克思主义哲学纲要》、《中国美学通史》、《世界现代化的历程》、《日本对华认识变迁》、《中国长城志》、《中华临床皮肤病学》、《剑桥中华文史丛书》、《20世纪教育名家书系》、《中国近代简史》、《台湾史研究丛书》、《中国工艺美术大师》、《人类文明史》、《全球化百科全书》、《弗洛伊德全集》（注释版）等等。重点项目的出版和开发，为扩大集团出版影响力、获取全国大奖提供坚实基础。

教育出版在政策不断调整、学生数持续下降、循环教材实施、市场竞争激化的情况下，保持稳中有升态势。省内教材市场拓展取得进展，竞争环境明显改善，市场控制力进一步增强，2009年省内市场销售近2亿册，码洋近10亿元。集团在教材招投标中，以较低让利顺利中标。省外教材市场大盘稳定，除江苏外，共有27个省区使用集团版教材，总销售近亿册，码洋6亿元。2009年，集团版高中教材进入内蒙等五省区。教辅出版进一步规范，贴牌等内耗现象初步得到遏制。

制定《职业教育教材建设奖励办法》。划拨相关出版社文化引导资金150万，从

2009年开始对职业教材新开发品种进行定额扶持。职业教育教材建设初见成效，苏科版《计算机应用基础》成为全国地方出版社中唯一通过审查的国家中职教材。《生活经济与就业创业》被确定为省公共课教材。苏教社、苏科社被确定为国家职业教育教材建设基地。2009年，集团版职业教材建设有较快发展，销售达8 549万元，比2008年增长22%，使用地区达到川、鄂等九省。

在法兰克福国际书展上，成功举办华文出版论坛。版权输出势头良好，输出版权164种，其中向非华语国家输出版权82项，在全国总排名为第四，位列地方集团之首，获得国务院新闻办“国际合作优等奖”以及总署“优秀活动一等奖”和“版权输出先进一等奖”。经过漫长谈判，与阿歇特公司正式签约，筹备成立凤凰阿歇特合资公司，受到美国《新闻周刊》关注，此举也将使集团获得该公司在欧美的主要销售渠道，每年“走出去”图书将有望稳步增长，为跨国发展准备了条件。集团与国家汉办、美国佩斯大学成立孔子学院，这是集团响应国家“走出去”号召，在美国纽约投资搭建的第一个文化传播平台，也是中国第一家企业尤其是出版企业投资成立的孔子学院，成为集团在美国拓展业务的重要支点。

在北京独资成立凤凰天下文化发展公司。运营一年多来，发展态势良好；江苏文艺出版社教育出版资源平移后，专注于大众出版，初见成效。继在无锡、徐州成立凤凰文化发展公司之后，2009年又相继在张家港、泰州成立文化发展公司，吸纳和整合江苏地方出版文化资源初具规模；江苏科学技术出版社“章鱼模式”加快了裂变发展，在省内和北京等地成立八家出版中心，完成了战略布局；少儿社成立了凤凰动漫中心，动漫出版和产业链合作建设处于发势状态。

［**发行板块高开高走持续增长**］

发行板块积极应对挑战，围绕“打造中国现代书业第一网”，内抓效益保增长，外寻合作拓空间，全年实现销售收入72.5亿元。发行集团股份制改造工作已经完成，江苏凤凰新华书业股份有限公司正式成立，上市筹备工作稳步推进。完成对海南凤凰新华的增资工作，其经营业绩快速提高，销售码洋同比增长15.17%。农家书屋连锁配送等六大项目被省文化产业引导资金立项，成为政府重点项目，共获资助1 150万。频频中标省内外政府大中型图书采购和省外团供项目；南京馆藏会已逐步成为业内品牌展销会；定制专有图书品种，贯通产业链，合力打造畅销书；创新文教图书推广模式，成功稳住销售大盘。开设淘宝网网上书店，一次性推出近14万种图书，迈开信息化建设重要一步。推进文化用品和数码产品连锁经营，成为新的收入增长点。与江苏广电集团签约合作在书城网点中引进影视项目，跨媒体合作取得突破。与江苏电信号百公司签订战略合作协议。

［**跨地区、跨所有制取得较大进展**］

出版、印务、物资供应等产业板块通过跨所有制兼并扩张，股份化取得新突破。2009年4月人民社与民营企业共和联动合资成立凤凰联动文化发展公司，实现集团成立以来最大的跨地区、跨所有制的出版战略投资，开局良好，初具规模。新广联在东莞设立子公司。

与山东出版集团签约展开全方位战略合作，跨地区发展取得新突破。苏鲁两大出版集团实施战略合作。2009年9月3日，苏鲁两大出版集团在北京签署十大项目战略合作协议书。协议书约定，为推动中国出版产业跨区域合作，通过互利双赢共同加快发展，建立联席会议机制，不断深化战略合作。

印务板块成功重组并购5家民营印刷

企业,迈出印务板块战略投资重要一步。圆满完成集团连续第31年“课前到书”的政治任务。2009年度印务部共印制教材品种623种,8 195万册,用纸50万令,总码洋4.99亿元。江苏新华印刷厂在整合民营印前制版公司基础上,又与盐城印刷总厂、扬州鑫华印刷有限公司和南京通达彩印有限公司等通过增资扩股和股权收购形式,共投入资本金约8 300多万元,分别控股盐城总厂51%、扬州鑫华79.6%、通达彩印57%的股权。合资成立的凤凰数码印务有限公司正式开业,为实现按需出版提供技术保障。公司首期投资超过1 000万元,所引进数码印刷设备为全球最领先技术,采用北大方正软件系统,每小时可印刷60克~350克A4纸张图像4 000页。凤凰印务公司发展态势良好,2009年利用欧元疲软之机以2 200万元购置全张包装印刷设备一台,节约资金超过800万元。省物资公司与民营合资成立1家物流公司,延伸、完善了产业链。印务资源整合力度进一步增强,综合效益进一步显现。集团印务板块得到加强,印务集团的雏形基本形成。

[**多元板块成效显著**]

凤凰置业借壳上市终获成功,凤凰集团成为国内出版业中首家拥有上市文化地产企业的文化产业集团。7月2日,中国证券监督管理委员会上市公司并购重组审核委员会召开2009年第14次会议,凤凰置业公司借壳秦皇岛耀华玻璃获得中国证监会有条件通过,标志着江苏的文化产业集团拥有了首家上市公司。1月28日,凤凰置业投资股份有限公司揭牌,这是集团拥有的首家上市公司,也是国内首家文化地产上市公司。凤凰置业2009年完成交付并实现销售建筑面积75 000平方米,其中住宅49 000平方米,商业26 000平方米,销售收入突破10亿元。

集团2009年加大了对金融板块的投资力度,投资联创永津人民币股权基金,积极参与紫金文化产业基金、江苏银行增资扩股和利安人寿筹建工作。凤凰资产公司积极盘活不良资产,努力化解各种矛盾,成绩显著。凤凰台饭店呈现新面貌,凤凰苏源大厦在北京初步站稳脚跟,国际文化中心顺利开张。

集团加大资金运作力度,去年实现收益近7 600万元。2009年集团发行中期票据20亿元的筹资计划,获中国银行间市场交易商协会批准,此次发行中期票据是凤凰集团探索新的融资平台的一种尝试,成为国内首家成功发行银行债的文化企业。

[**数字化建设稳步推进**]

经过全力推动,OA协同办公系统和凤凰教育网在2009年9·28正式上线启动,运作基本正常。协同办公系统使全集团日常行政及人力资源等方面的管理基本实现数字化,财务及出版领域部分实现数字化管理。凤凰教育网是集团数字出版的重要突破口,为集团教育出版数字化搭建重要平台,将大大推动集团版教材立体化资源建设。凤凰数字课堂产品拓展推进有力,教材发行软件系统开发取得实质性成果。新广联成功拓展省外及海外市场。新广联公司正在开发研制的E-ink技术支持的电子阅读器和电子书,进展顺利,有望满足当下阅读市场的强劲需求。

[**党建和企业文化建设明显加强**]

一年来,集团全系统党的建设得到加强,以“四个以”、“五个纳入”为抓手,党建工作顺利展开,围绕新中国成立60周年“我的凤凰我的家园”系列活动有声有色,集团凝聚力明显提升。“凤凰企业精神”确定,《凤凰之歌》唱响。集团举办了“凤凰企业精神”征集和投票活动,经过员工投票,集团党委研究确定,其表述为“和实生物,自强不息，厚德载物，凤凰于飞”。其后，在“企业精神大家谈”活动中，广大员工结合凤凰集团的发展历程、发展战略、发展目标等对凤凰企业精神的表述做了内含丰富的文字诠释。精心制作的《心与凤凰一起飞》这一歌曲，饱含集团企业精神，在庆祝新中国成立60周年合唱比赛中唱响。

凤凰集团深入开展大讨论活动，热议“百亿之后怎么办”。凤凰集团深入贯彻落实科学发展观，开展“百亿之后怎么办”大讨论活动。集团广大员工积极参与大讨论，联系实际认真思考，提出工作思路和措施。各单位、各部门切实做好“百亿之后怎么办”大讨论成果转化工作，以昂扬的精神状态和扎实的工作作风投入到工作中。集团以凤凰论坛形式，集中交流“百亿之后怎么办”大讨论成果，精选各单位推荐的交流发言编印成册。集团学习型组织建设有序推进，氛围正在形成。开展警示教育，加强审计监督，党风廉政建设得到加强。强化服务意识，满腔热情为老同志排忧解难，政治上尊重、思想上关心、生活上照顾，力争做到无微不至。

（凤凰出版传媒集团）

省演艺集团工作

2009年，省演艺集团继续深化改革，紧紧围绕“改革、创新、品牌”三大主题，按照“以改革求活力，以创新谋发展，以品牌创效益”的战略目标，发展成果丰硕，业态创新显著，演出市场繁荣，文艺惠民深入民心，整体综合实力又上升到一个新的高度。在演出场次与上年持平情况下，经营收入达11 027万元，增长27.23%，实现收入破亿目标，创造集团发展史上的新高。演职员工人均年收入增长速度明显加快，达了7.05万元，比上年增长28.18%。

［深化改革社会瞩目］

2009年5月11日，中共中央政治局常委李长春在江苏省委书记梁保华陪同下视察省演艺集团，听取集团公司改革与发展情况汇报，对改革发展中所取得显著成绩给予充分肯定，明确提出建设演艺产业“巨无霸”前进方向，并给予厚望。2009年8月，集团公司荣获由中宣部、文化部、国家广电总局、新闻出版总署联合颁发的“全国文化体制改革先进企业”称号。全国文化体制改革经验交流会百余与会代表视察省演艺集团，集团公司所展示的精神风貌全国瞩目，改革后所迸发的实力、活力、竞争力给中央领导和代表们留下深刻印象。全年先后有10多批来自全国各地的文化体制改革考察团前来学习交流。

［精品剧目捷报频传］

省演艺集团全年新创剧（节）目28台，复排传承剧目47台，共荣获各类国家及省级奖项39项。其中，现代京剧《飘逸的红纱巾》获得全国第十一届精神文明建设“五个一工程”奖和江苏省第七届精神文明建设“五个一工程”荣誉奖并入选江苏省舞台艺术精品工程剧目。爱之旅合唱团在第七届中国音乐金钟奖合唱比赛中荣获“银奖”。昆剧《1699·桃花扇》荣获第四届中国昆剧艺术节“优秀剧目奖”。话剧《最后的堡垒》荣获山东国际小剧场戏剧节“最佳剧目奖”。锡剧《桃花村》、歌曲《阿炳》荣获江苏省第七届精神文明建设“五个一工程”入选作品奖。在2009年江苏省优秀新剧目评比展演中，锡剧《桃花村》荣获一等奖。此外，昆剧《1699·桃花扇》和京剧《飘逸的红纱巾》入选中宣部和文化部庆国庆60周年优秀剧目，进京向全国人民汇报（江苏仅入选4台）。京剧《沙家浜》、歌舞音画《茉莉花》等5台剧目又被江苏省列为省优秀精品剧目参加向祖国华诞献礼展演，演出受到热烈欢迎和广泛好评。

[**重大活动影响加大**]

由于集团公司在品牌建设方面的突出成就，各类演出活动影响力越来越大。在国家和省内组织的重大活动中，均扮演重要角色。2009年11月，省演艺集团为“台湾·江苏周”活动精心创排的《茉莉寄深情》文艺晚会分别在台北市、台中市举行，富有江苏特色的吴韵汉风轰动台湾，反响热烈，出现一票难求盛况。无论是观众还是媒体都被精湛的演出、高超的艺术水准及彰显的浓郁江苏风格所震撼。人民日报海外版、中国文化报、新华日报、台湾主流报刊、网站等两岸众多媒体在醒目位置对晚会进行了报道。11月29日晚，省演艺集团为“第十二次中欧领导人会晤”创排的专场文艺演出获得巨大成功，观看演出的各国嘉宾均被晚会所传递的江苏味道和欧洲风情深深吸引，以此为契机向世界充分展示了江苏形象，传播了江苏文化，具有非同一般的意义。

[**文艺惠民形式创新**]

省演艺集团全年文艺惠民演出达到3 000余场，其中下农村演出2 143场，惠及百万基层群众，被授予江苏省文化科技卫生“三下乡”组织奖。在省委宣传部直接领导下，“潮涌金海岸”沿海行和“情满彭城”大型慰问演出等一系列颇具影响力的惠民活动在连云港、盐城、南通和徐州等地举行巡回演出，慰问建设一线干部群众，好评如潮。同时，省演艺集团以“文艺惠民、文艺为民”为宗旨，将“文艺惠民工程”与培育市场、打响品牌相结合，推出“文化暖心”和“祝福祖国”两个公益性演出季。在演出季中，创新票务机制，发放各类“观摩兑换券”、“代金券”数十万张，电子兑换券点击打印上万人次，演出场次达到百余场，有针对性地覆盖有效人群。同时，通过建立一整套宣传体系，通过与广播、电视、报纸、通讯乃至网络媒体的合作，不间断地进行宣传，保证了演出季较高的知名度。演出季期间，上座率达95%以上，观众达数十万人，各类媒体追踪报道达400余次。

[**文化出口取得突破**]

主动拓展海外市场，全年实现海外演出收入500余万元。集团公司与比利时BVBA公司、日本北极星文化株式会社达成战略合作协议，在海外开设“江苏省演艺集团海外分公司”，将市场营运空间直接延伸至海外，作为文化“走出去”战略的前沿阵地。集团公司在欧洲、英国、台湾等国家和地区主承办的数项大型活动均引起轰动。由于在海外市场的突出表现，集团公司再次荣获由商务部、文化部、广电总局、新闻出版总署联合颁发的“2009—2010年度国家文化出口重点企业”称号，在迄今为止的三届国家出口重点企业评选中，省演艺集团已连续三度获此殊荣。集团公司排演的歌剧《紫禁城的故事》获得“国家文化出口重点项目”称号。

[**产业延伸势头强劲**]

2009年10月8日，江苏省演艺集团“苏演院线”首家旗舰剧院淮安市长荣大剧院揭牌。“苏演院线”是省演艺集团拓展基层演出市场、延伸文化产业链，探索演艺产业化、产业立体化经营新模式。“苏演院线”在经营管理模式上，采用统一标准，加盟连锁经营理念。该模式在剧院这一终端市场上满足基层观众对文化需求，拓展更为广阔的演出市场，扩大受众面。目前已有包括上海在内的多家剧院与集团公司签订合作意向。

[**人才建设长足进步**]

2009年，省演艺集团设立艺术指导委员会，汇聚各门类艺术领军人才和吸纳全球精英人才，充分发挥“人才高峰”重要作用，在专业人才选拔、青年人才培养、艺术生产创作等多个方面充分发挥高层次人才专业优势，已逐渐成为集团公司人才队伍建设的特色和品牌。省演艺集团充分挖掘艺术领军人才品牌优势，加大宣传力度，充分发挥其的“艺术明星”效应。同时，在“青春路线”指引下，省演艺集团一方面加快提升青年人才成名成才的速度，另一方面展开“名师高徒”计划，着重培养和提高青年人才队伍的整体素质。在有效的青年人才培养战略推进下，一大批青年演职员工迅速成长，在国际级、国家级、省级的各类评比中均取得优异成绩，全年，省演艺集团共荣获个人奖项176项，其中青年演员占获奖演员绝大多数。

［**创新业态进军影视**］

集团公司加快产业拓展步伐。2009年5月22日晚，首次投资涉足电影产业拍摄的电影《南京的那个夏天》在南京国际影城举行首映式。这部电影由南京人写、南京人拍、南京人演、说南京话、讲南京事，展现了众多南京名胜风光，表现了南京市民的淳朴善良，被誉为南京的城市名片，成为集团业态创新一大转折和全新尝试。同时，省演艺集团成立影视中心，将艺术生产链条延伸至更广阔领域。

（省演艺集团）

省文化产业集团工作

2009年，省文化产业集团以科学发展观为指导，积极应对金融危机挑战，解放思想，同心协力，艰苦创业，在重大战略项目带动下通过拓展投资领域，创新融资手段，增强投资能力，推进跨行业、跨地区、跨领域发展，从资本和项目等多个层面寻求发展路径，加快发展步伐，呈现出涉足项目多、新增亮点多、取得成果多的局面。

［**影视剧生产与创作**］

2009年，集团成功摄制电视剧约150集，获得荣誉奖项5个，签约推进重点项目4个。一是与南京军区、淮安、南通、泰州、扬州等部队及地方政府合作，加快推进《决战南京》、《清江浦》、《天下盐商》、《末代状元张謇》、《风雨泰州城》等电视剧。通过这部分电视剧的投资与运作，充分展示江苏政治、经济、文化社会的发展与繁荣，进一步塑造集团影视品牌。其中，《决战南京》由国家一级编剧邵钧林创作完成，由著名导演沈悦、沈严兄弟执导，陈宝国、韩雪、潘虹、郭广平等主演，被中宣部和国家广电总局联合推荐为共和国60华诞重点献礼剧之一，成功登陆央视电视剧频道黄金时段播出。二是加强同社会民营企业合作，投资拍摄《当爱已成往事》、《大掌柜》、《血脉》、《利剑》等商业题材电视剧。年代戏《大掌柜》和都市情感剧《血脉》，均进入后期发行阶段，受到各购片方高度评价；《当爱已成往事》于2009年10月底开始在各电视台热播，收视率屡创新高；军旅题材剧《利剑》在中央电视台八套黄金时间成功首播，并相继在广东、江西、广西、云南等卫视频道热播；电视剧《牌坊下的女人》，被安徽卫视定为2010年开年大戏。2009年，电影《多大事啊》获第7届广州大学生电影节最佳故事片和最佳导演两项提名奖，电影《江北好人》获江苏省第7届“五个一”工程奖，年代情感剧《宁为女人》获第25届江苏省电视金凤凰奖。

［**涉足电影发行领域**］

国产片方面，由集团自主策划、制作和发行的电影《多大事啊》于6月在苏南地区先行上映，十多天票房即超百万元，继而在全国公映，票房喜人，该片也是在《博物馆奇妙夜2》、《终结者2018》、《变形金刚2》等多部国外大片前后夹击中唯一成功生存并取得良好票房的国产影片；参与发行建国60周年献礼影片《铁血奇兵》（原《决战浦东》）。引进片方面，投资引进的《高卢英雄大战凯撒王子》，全国发行票房过千万元；《伯纳德行动》、《堂吉诃德》、《真爱之吻》等引进片也取得良好收益。集团还投资引进了《查理曼帝国密码》、《牛津谋杀案》等数部海外大片的发行版权。

[**跨行业跨地区合作**]

参与中国出版集团上市主体的发起组建工作,实现集团跨地区、跨行业战略性重组,在与中国出版集团建立战略合作伙伴关系基础上,推行股权投资并参与中国出版集团旗下中国出版传媒股份公司上市计划;实施“走出去”战略,立足江苏面向全国寻求战略性资源的投资与合作。2009年6月,同招商银行结成战略伙伴关系,在未来三年优先向集团及符合信贷条件的下属公司给予信贷资金;8月,与黑龙江省广电局进行战略合作,双方将在影视节目制作等领域全面合作;11月,与扬州市政府结成战略合作伙伴关系,以电视剧《天下盐商》项目为基础,在影视基地和文化创意产业园等方面优先合作,扩大成果;12月,与中文联国际传媒公司进行战略合作,自2010年起连续8年共同承办“中国金鸡百花电影节”。

[**多元业务推进**]

教育培训方面,新增助学机构11家,全年物流考生3 000人次,考试科目6 300门次;采购考生2 000人次,考试科目3 400门次,引进文化艺术管理师、艺术品评估师等8个国家艺术新职业培训认证项目,公司年利润较上年增长近100%。三江大酒店以市场需求为导向拓展经营领域,与全国食品安全监督专项管理办公室合作,在江苏开展食品安全监督培训与管理业务,目前已完成江苏省管理办公室全部筹备工作,即将正式挂牌。浪淘沙网吧连锁公司不断拓展合作,先后与腾讯、TCL等建立战略合作关系,并成为美国网件公司、清华同方等在江苏的核心代理商。2009年,浪淘沙网吧连锁公司先后荣获“中国优秀网吧百强”“中国网吧行业连锁网吧30强”等称号,并有8家门店被省文化厅评为“省级文明网吧”。文体演艺方面,下属星工场文化传媒公司与中国红十字基金会合作,成功举行“博爱中国·唱响苏州太湖”大型公益晚会,王力宏、姜育恒、阿牛、孙悦等数十位著名歌手登台献艺。

[**业务领域拓展**]

同黑龙江省广电局合作,在北京共同投资组建北京传世龙脉文化传播公司,涉足电视节目内容制作、购买、发行等领域;同雨辰世嘉(北京)国际会展公司合作,合资组建江苏省雨辰华域文化创意投资有限公司,涉足省内外会展业务。

[**集团改革创新**]

同各子公司经营层签订《年度经营目标责任书》,实行考核结果与经营层年度奖惩挂钩,建立集团各子公司经营者激励和约束机制,在切实维护国有资产所有者权益、落实国有资产增值保值责任的同时,进一步完善了集团内部分配制度;按照项目责任制运作了《决战南京》《高卢英雄大战凯撒王子》等多个重点项目。

(省文化产业集团)

省广电网络公司工作

2009年,省广电网络公司在金融危机影响和产业调整转型背景下,坚持科学发展观,进一步解放思想,按照既定发展战略,抢抓机遇,锐意进取,开拓创新,务实苦干,顺利完成年初确定的各项任务。全年公司营业收入21.8亿元,实现利润3.49亿元,分别比上年增长35.3%和41.7%,经营业绩大幅提高。公司整合与发展得到中央和省委、省政府领导充分肯定。在8月份全国文化体制改革经验交流会上,公司被中宣部及文化部、国家广电总局、新闻出版总署联合授予“全国文化体制改革先进企业”称号。

[**创新整合思路,提前实现一省一网**]

2009年,公司把县级广电网络整合作为公司工作重中之重。面对全省参差不齐的县级网络和不同的发展诉求,公司克服种种困难,组织人员,多次深入基层,一年奔波近十万公里,反复沟通协商,掌握大量第一手信息,争取工作主动权,调配资源,满足工作开展要求,在兼顾各县利益的同时创新地提出了多种县级网络整合与数字化合作模式,工作成果显著。至2009年12月中旬,全省66个县级网络的整合与数字化合作也全部完成,提前一年实现国家提出的"一省一网"目标,在全国率先实现了真正意义上的省市县三级广电网络互联互通、全程全网,走出了一条合乎江苏实际的县级网络整合与合作的新路子。2009年12月30日,中央文化体制改革领导小组办公室《文化体制改革工作简报》111期,全文登载了公司的经验与做法,罗志军省长也为此专门作了重要批示。

[**牢记政治责任,确保安全传输**]

安全传输是公司的生命线,是首要政治任务。公司始终以"不间断、高质量、既经济、又安全"为目标,精心做好各项保障工作。确保安全传输,一靠投入和技术,二靠运维规范化,继续加大投入,相继完成苏通大桥、扬州第二路由、苏北高速管道光缆建设,建成全国第一个省级有线数字电视备份中心,消除了关键环节传输隐患,网络容错能力和抵御突发事件能力大大增强;制定了一系列规范标准,包括公司维护管理体系、广播电视运维管理考核办法、广播电视技术维护评比办法等规范细则,不断完善传输管理制度,强化运维管理,加强安全检查,确保安全传输。全年日常安全传输"零事故",没有发生一起重大安全事故和技术事故,做到了万无一失。省公司运行维护中心被国家广电总局授予最高荣誉奖——"技术维护先进台站"称号。

[**加快平台网络建设,打牢业务发展基础**]

业务平台和基础网络是公司推动广电网数字化、加快发展的基础。2009年公司在基础建设上重点抓了五项工作:一是继续加快全省前端传输平台和安播系统建设,完成两市六县(市)前端系统和安播系统的搭建;二是扩容全省互动电视平台,并发流增加到5万,可支撑80万互动电视用户;三是完成省综合计费平台800万用户规模的系统扩容;四是重点组织建设了省干线波分二、三期扩容、数据网、IP网和市县干线网。2009年用于网络建设改造的投资1.65亿元,用于平台建设改造的投资6 471万元;五是加强网络工程建设管理,做到"两个依靠",依靠制度管事、管钱、管人,依靠分公司分级抓建设、抓管理;推行"三个统一",统一网络工程技术规范,统一工程概预算编制办法,统一网络工程施工单位管理;实现"四个确保",确保工程安全,确保工程质量,确保工程进度,确保工程效益。目前,公司省到市、市到县干线网基本建成,公司业务开展所需的网络通道全线打通,基础网络支撑能力、平台处理能力和系统负载均衡能力大大增强。公司省市干线网目前已成为全国广电行业内传输容量最大、安全等级最高、具备电信运营级的省级干线传输网。

[**加快数字电视整转,迈上数字化发展新台阶**]

2009年是有线数字电视发展提速的一年,公司上下精心谋划、汇聚资源、集中精力、迅速推进。各分公司按照统一部署,结合本地实际,创新工作方法,高效推进数字电视整转。有的分公司按照"计划好、组织好、宣传好、服务好、保障好"的五好整转新模式,抓好市场一次开发,当天整转、当天关模,在线整转、日结日清,整转率超过95%。

有的分公司整转工作组织出色,宣传工作全方位、立体式,争取到社会各界支持,形成用户认知度高、整转现场感强、公共单位接入面广的特点。经过努力,泰州、淮安、镇江、宿迁、连云港等分公司顺利完成数字电视整转。2009年11月16日,全省高清双向有线数字电视平台和苏州、常州、盐城等7个城市有线数字电视整转,通过了国家广电总局的验收。验收专家组一致认为,江苏整转速度之快、质量之好超出想象,不仅是"达标",而且是"超标",不仅是"数字网",而且是"高清双向网",含金量高,真正是走在了全国前列。此外,目前已有26个县(市、区)与省公司签订了正式协议并开始实施有线数字电视整转。公司承担的有线电视"进村入户"工程,进展顺利,成果显著,重点地区宿迁市2009年新发展农村有线电视用户14万户,完成全年目标的108%,全市通村率达100%,入户率达49%。

[**瞄准新市场,增值业务实现新突破**]

2009年公司把发展互动电视和数据宽带业务作为增值市场突破口,力求形成新的经济增长点。互动电视新业务用户从公司成立之初的不足2万户,发展到年底的48万户,平均互动率达到9%,远高出预期。不少分公司在发展互动电视上突出"三率",即"整转率、互动率、宽带接入率";着力于"三不",即前期宣传不留死角、现场推介不厌其烦、一次市场开发不留遗憾;现场推广做到"三突出",在现场演示中突出演示互动电视,在排队等候人群中突出宣传互动电视,在业务办理中突出推介互动电视,最为突出的淮安分公司去年互动电视入户率达29.24%,居全公司之首。公司还积极响应落实总局高清电视节目入网入户的要求,积极导入高清互动电视业务,受到总局高度评价。

2009年公司增值业务的另一个亮点是数据宽带业务。省公司下属数据网公司坚持"坚守和创新专网业务、培育和发展宽带接入业务"双向拓展的经营理念,一方面依托省公司资源,推动发展大客户项目,全年实现营业收入3 500万元,增长超过80%。另一方面,坚持全网一盘棋,统筹宽带接入业务发展。建立全省互联网出口中心,汇聚优化出口资源,有效降低业务成本。精心策划、打造宽带接入业务品牌,以差异化竞争策略,推动宽带接入业务发展。外联实力网络运营商,实现双方营业网点相互受理业务,开展有线宽带、数字电视与联通无线固话、3G等业务捆绑销售,联合开发视频通信业务,提高用户价值。

[**主动出击,跨地区跨行业合作迈出新步伐**]

2009年公司认真贯彻中央和省委领导同志的指示,主动出击,跨地区、跨行业联合发展迈出了新步伐。一年间公司与包括昆明广电网络、上海文广集团、江苏联通、杭州华数公司、深圳华为公司、中信银行、美国BigBand公司在内的多家公司,进行战略性和务实性合作,落实中央领导和省委省政府领导对公司提出的跨区域发展、加速做强做大的要求,同时也为公司应对三网融合、下一代广电网建设和后数字化时代所带来的挑战,作了战略上的准备。与昆广网络进行的战略合作,双方采用BOT项目融资方式投资建设昆明互动数字电视平台,合作开发互动电视业务,经过两个月紧张筹备,打通了昆明与公司的互动电视业务通道,国庆前公司将互动节目送至昆明。此外,公司与上海文广、华数公司、华为公司等合作的内容正在有序推进。

[**整合内部资源,形成发展新优势**]

2009年公司不断加强内部机构、机制、管理、技术和资源深度整合,朝着机构统一、管理规范、运行有序、高效顺畅的目标开展工作。一是完成分公司内部机构再造。各分公司按照省公司机构设置,理顺关系,优化机构,重组人员,竞聘上岗,建立了上下统一、职责明确的经营管理部门和高效的管理运营机制,实现平稳过渡。省公司按照省政府有关精神,积极做好省网络中心和各市分中心的报批、核定工作。到去年底10个分公司已有8家顺利完成了登记手续,省网络中心也已基本办理完毕。二是建立新的用人考核机制。全公司建立了相对统一的岗位管理体系,实现了从身份管理向岗位管理的根本转变。实行了岗位绩效工资制度,建立以绩效为导向的考核机制。三是统一营销管理。统一市场推广,统一对外宣传,统一资费政策,鼓励分公司创新业务开拓手段,使营销工作更靠近市场,更贴近用户,取得了很好的实效。四是统一技术规范标准。2009年省公司集中调度技术力量,强化新技术跟踪研究,建立统一的技术标准,在全国率先制定了广电网EOC技术规范,完成了互联网信息中心规划方案,研究开发机顶盒中间件,启动建设公司宽带互联网数据内网,为业务发展提供有力的支持。五是统一卫视落地管理,发挥规模优势,2009年签订落地合同金额1.4亿元,落地费收入增长15%。

[**学习实践科学发展观,展示公司新形象**]

2009年省公司按照省委部署,积极开展学习实践科学发展观活动,组织"迎接广电网络新时代"解放思想大讨论活动,被省委组织部评为十大特色党建工作。8月,全国文化体制改革经验交流会在南京召开,省公司全面展示新公司、新形象,得到与会领导和代表的高度评价。公司十分重视队伍建设,全年多次组织干部职工进行岗位、技能培训,先后开展了财务管理、数字电视整转技术、市场营销、网络维护、网络预算编制与审查、法律业务等培训,培训学员近800人次。公司企业文化建设常态化,在公司党委领导下,公司工会、群团组织各项活动开展得有声有色,成功举办了歌咏、乒乓球等比赛活动,丰富了企业文化,进一步增强了公司凝聚力。

(省广电网络公司)

省记者协会工作

2009年,省记者协会以党的十七大、十七届三中和四中全会精神为指导,围绕中央、省委中心工作,结合新闻战线特点,在促进新闻队伍建设、坚持推进和改革常规工作、拓展服务领域等方面,积极开拓、探索,开展了10多项工作,基本实现了年初的总体目标、任务。

[**组织召开坚持"三贴近"、杜绝假新闻座谈会**]

贴近实际,贴近生活,贴近群众,杜绝假新闻,是新时期加强新闻队伍思想、作风建设,增强新闻报道亲和力、吸引力、感染力,提高新闻宣传水平的迫切需要。省记协于6月在昆山召开座谈会,由新华日报社、省广电总台、苏州日报三个媒体代表介绍了为推进"三贴近"更新观念,构建保障机制、平台的探索和体会;六位来自采访一线的记者介绍了深入农村、工厂、社区的实践和收获,事迹真切感人。周世康主席在讲话中围绕为什么强调"三贴近"、如何做到"三贴近",作了系统分析和总结。

[**组织召开省广电系统创新工作交流会**]

省记协于7月召开全省广电系统创新工作交流会,省广电总台、南京广播电视台、苏州广播电视台、无锡广电集团、扬州广播电视台、淮安广播电视台负责同志代表各自媒体,介绍了怎样在传统媒体的基础上,积极探索，创新资源观，创新机制，创新栏目与品牌，创新媒体融合的实践和体会。省属新闻媒体代表、13个电台电视台负责同志参加了会议。通过这次交流，与会同志进一步明确：传统媒体只有不断创新，不断追赶受众需求变化，并用最新科技装备武装自己，才能获得在这个时代的生存权、发展权，把江苏广电宣传推向新的高度。

［组织召开全省报纸版面创新研讨会］

9月27日至28日，省记协在南通主持召开全省首次报纸版面创新研讨会。新华日报社、13个省辖市党报和晚报负责人或新闻出版部主任，以及8家县报总编出席会议。研讨会上，首先展示、点评了今年中国新闻奖的获奖版面。新华日报出版部、苏州日报、南通日报、南京日报、无锡日报、扬州日报、宿迁日报、扬子晚报、姑苏晚报的8位同志介绍了版面创新的实践和体会，涉及版面创新的4个主要问题：一是版面创新的内涵是什么，二是如何正确认识和打造"视觉中心"，三是版面创新如何落到实处，四是如何看待版面的"模式化"现象。

［评选、表彰一批优秀新闻工作者］

省记协作为省"三项学习教育活动"副组长单位，在宣传部领导下，负责评选、表彰了一批优秀新闻工作者。经各新闻单位推荐、评委评选，计有21位记者、编辑被评为全省优秀新闻工作者。又经推荐，新华日报城市生活部记者汪晓霞、省广电总台新闻广播事业部记者王卫刚、常州日报社会新闻部记者史燕等3位同志，被中宣部、中国记协等5部门授予全国优秀新闻工作者称号。

［组织演讲、征文活动］

主持举办全省"做新时代优秀新闻工作者演讲活动"、"庆祝新中国成立60周年征文活动"。活动参与者中，既有长期奋战在新闻一线的老新闻工作者，又有年轻记者、编辑、主播和主持人。他们畅谈各自从事新闻工作的体会、收获，展示了新时期新闻工作者昂扬向上的精神面貌。演讲活动决出金奖1名、银奖2名、铜奖4名和优秀奖8名。入围的125篇征文中，评出44篇作品分获一、二、三等奖。经推荐，有4篇作品获全国征文三等奖或优秀奖，省"三教办"获组织奖。

［培训记者工作开了头］

开展记者培训是许多市、县媒体的要求，泰州日报被列为省记协的第一站。3月24日，省记协首场新闻讲座在该报社开讲，高级编辑、记协主席周世康，高级编辑、常务副主席周正荣，分别就如何抓住新闻价值核心、开展新闻策划作了生动讲解。泰州日报的记者、编辑们反映：讲座的针对性强，收益匪浅。此后，省记协负责同志、专家还应邀为新华日报、淮安日报等媒体作了讲座。

［组织好新闻评选］

省记协克服资金、人手不足困难，坚持改革，与时俱进，努力做好一年一度的好新闻评选工作，收到很好效果。针对过去新闻论文、版面、漫画、副刊、摄影、网络新闻奖项数额及各专业记协奖项数额不太规范的问题，在调查研究基础上，于4月出台了完善和规范新闻作品评奖的意见。对论文、版面、漫画、副刊、摄影作品，根据省报纸好新闻一二三等奖调整后的数额、比例，参考中国新闻奖的有关占比，从江苏实际出发，确定了上述五类作品各等级奖项数额上限。对副刊、摄影作品，明确由省记协定评一二三等奖。针对新闻论文各单位自荐数量多少过于悬殊的情况，从2009年起首次规定了推荐数量。对体育好新闻、专业报好新闻、县市报好新闻、法制好新闻、科技好新闻等专业评奖，合理规定一等奖限额。省记协今后只负责这些专业记协一等奖的定评，加盖省记协公章。

［举办第十届记者节庆祝纪念活动］

在一个小时的庆祝表彰会上，表彰了全省上年度获中国新闻奖的8件作品及其作者、江苏新闻奖的10件作品及其作者，表彰了21位优秀新闻工作者和3位全国优秀新闻工作者。省委常委、宣传部长杨新力在讲话中充分肯定、高度评价了全省新闻战线的业绩和记协的工作，并提出新的要求。同时，还组织第十届记者节广场咨询服务活动，各媒体参与积极性高，规模大，有265个摊位，到场读者2万多人。现场汇集省市60多家报刊、电视台、广播电台、杂志和网站。中央新闻单位驻宁机构也来此亮相。南京各高校新闻院系组成的“新闻后备军”，多家媒体的学生小记者队伍，让人感受到媒体新生力量的健康成长。省委宣传部副部长梁勇，省记协、省暨南京市各大媒体负责同志，也来到现场倾听群众意见，与记者们共庆节日。

［组团参加“3+3”传媒论坛］

11月23日至27日，由香港新闻工作者联会和澳门新闻工作者协会联办的“3+3”传媒论坛（即苏浙沪港澳台两岸六地传媒论坛）于香港、澳门举行。江苏11位代表组团参加论坛。这次论坛具有三个特点：一是各地参与积极性很高，省级媒体主要负责人纷纷到会。浙江由省委宣传部副部长鲍洪俊出任团长，浙江日报报业集团总编辑、浙江广电集团总编辑、杭州日报报业集团总编辑均参加。台湾与会的媒体高层和专家共22人。论坛代表达150多人。二是港澳特区政府和中国记协高度重视。香港特别行政区行政长官曾荫权、香港中联办主任彭清华分别题辞祝贺，香港特区政务司司长唐英年受曾荫权委托出席开幕式并讲话，香港中联办副主任李刚和宣传部部长郝铁川等出席论坛开幕式；澳门行政长官何厚铧、澳门中联办副主任李本钧、宣传部部长刘晓航以及新闻局局长陈致平等，出席论坛闭幕式，并与各代表团一一合影。中国记协党组副书记高善罡出席论坛并致辞，他说：“3+3”传媒论坛之所以受到海峡两岸和港澳媒体广泛关注、热情参与，是因为目前所面临的问题具有普遍性，所处的环境具有共同性，经验作法具有借鉴性，内在需求具有相似性，形成的共识具有相通性。三是对传媒业相互沟通、增加了解、拓宽视野起到了很好作用。

［为记者多做实事、好事、新事］

1. 组团赴台参访交流。2009年，省记协成功地组织了两批记者赴台参访交流。组团赴台参访交流是为适应两岸关系发展新形势，紧扣两岸关系和平发展主题，服从、服务于两岸大交流、大合作、大发展大局，推动苏台媒体合作交流。第一批人员为新华日报报业集团、省广电集团、现代快报等媒体负责同志，访问了中国时报、工商时报、旺报、时报周刊和大众广播电台等媒体。第二批人员为省市各媒体记者，历时10天，比较全面地采访、报道了台湾自然风光、人文景观、民俗风情，同时访问了东森电视台、“中国广播公司”。通过访问，增进了苏台媒体和同胞之间的了解和友情。参访团访台期间，正值8月8日“莫拉克”台风刚肆虐过中南部山区，参访团成员通过台湾红十字会每人向灾区捐献了1 000元人民币。

2. 加强与各市记协的联系，做好服务工作。4月在连云港召开的全省记协工作会议上，省记协把开展与各市记协的联系服务工作作为当年任务之一。经过努力，省记协与各市记协的交流更趋正常、经常。2009年，已有扬州、常州、镇江、南京、淮安5市记协相继完成换届选举，产生新的领导班子。

3. 组织全省新闻界乒乓球比赛。4月举行全省新闻界乒乓球邀请赛，得到各新闻单位积极响应，共有新华日报报业集团、省广电集团、新华社江苏分社、南京日报等20家新闻单位组成代表队，不少单位由社长、书记、分管总编带队，参赛运动员达109人。通过两天比赛，决出7项冠军。由于有了省比赛的基础，江苏在中国记协组织的全国乒乓球比赛中，获历史最好成绩。在分量最重的混合团体赛中，江苏记协代表队获第四名。江苏工人报的肖克永、常州广播电视台的胡燕分获男子乙组单打亚军和女子乙组单打第三名。

（省记者协会）

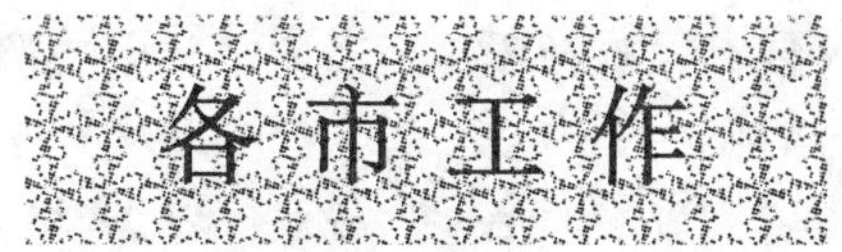

南京市宣传工作

2009年，南京市宣传思想战线坚持高举旗帜，围绕大局，服务人民，改革创新，着力在统一思想、增强信心，促进经济平稳较快发展；切实加强互联网等新兴媒体的建设和管理，有效引导社会舆论；巩固文明城市创建成果，让城市更文明、让市民更满意；推动文化体制改革，促进社会主义文化大发展大繁荣等方面下功夫、求突破、见成效。在应对国际金融危机冲击、举办重大活动、完成重要任务中发挥了重要作用，为推动南京走在新一轮科学发展前列提供了强大的精神动力、思想保证和舆论支持。

紧紧围绕学习实践科学发展观，为“保增长、促转型”提供思想保证和舆论支持

围绕深入学习实践科学发展观活动和“保增长、促转型”这一首要任务，邀请著名经济学家厉以宁教授、中国证监会研究中心主任祁斌、国务院研究室信息研究司副司长向东等来宁，就应对国际金融危机的重大理论和实践问题举办报告会；组织全市科学发展观和十七届四中全会精神宣讲活动，百余位专家学者和领导干部深入基层宣讲2 000余场，受众达18万人；举办第八届学习节和22期“市民学堂”，为市民送上贴近本土现实生活的精品人文讲座大餐；加强经济工作宣传，组织开展“坚定信心、迎接挑战”等36个主题宣传，南京液晶谷暨高世代液晶面板项目开工等25个专题宣传，全方位、立体式地报道中欧领导人南京峰会、外包大会、台湾名品交易会等重大外交经贸招商活动，深入宣传各级党委、政府应对国际金融危机、推动经济转型升级的政策举措，宣传基层和企业迎难而上、化危为机的生动实践；整合新闻媒体、社会宣传和网络平台的力量，紧扣时间节点，宣传新中国成立以来南京的巨大成就和发展经验；组织医疗卫生改革典型、文化企业典型、海外留学来宁创业人才典型、市民创业典型和见义勇为典型的宣传报道。据不完全统计，2009年，新华社、《人民日报》、《经济日报》、《光明日报》、中央电视台、中央电台等中央主要媒体，正面宣传报道南京的重要报道达1 292篇，其中在报纸头版、电视台电台品牌栏目中的报道有177篇，新华社内参有20篇，超额29.2%完成全年任务；省属主要媒体正面宣传报道南京的报道有2 500篇；加大网络宣传力度，新华网、人民网、新浪网、搜狐网等4家影响力强的网站正面宣传南京的报道有8 629篇，比上年增长54.7%；外宣媒体刊发宣传南京的报道2 000多条(篇)。

切实加强互联网等新兴媒体的建设和管理，完善新闻发布制度。成立了网络突发事件应急处置领导小组，建立网络发言人制度和网上舆情属地化快速处置机制，全市共有90家单位设立了网络发言人，在“中国南京”网开设“网络发言人”论坛，制定《南京市网络评论员队伍管理办法》，拓展、充实网评员队伍；举办了4期市管领导干部新闻素养培训班、网络发言人培训班和党委新闻发言人培训班，提高他们与媒体打交道和应对网络事件的能力；及时引导、妥善处置突发事件、负面热点和敏感问题，有效化解对城市形象的消极影响和群众的疑虑，全年共成功处置此类问题184起，处理境内外网上各类负面信息2万多条(篇)；在全省率先建立党委新闻发布会和新闻发言人制度，全市现有党委新闻发言人117人，加大新闻发布频率，提高新闻发布质量和效果，先发、早发、主动发布信息，全年共举行各类新闻发布会400多场，其中市政府召开新闻发布会74场，平均每3至4天召开一场，走在全国全省前列。

依托经贸文化会展平台和民间对外交流窗口，打造城市形象宣传精品和外语媒介服务体系，深化南京城市形象国际推广工作。成功组织第106届广交会开幕招待会——“璀璨南京”主题晚会；征选“南京百家对外文化交流基地”和“南京百名对外文化交流使者”，首批有45家单位入选对外文化交流基地，来自全世界20多个国家和地区的100人入选对外文化交流使者；举办南京国际文化交流日活动和“同乐金陵——在宁外国人文化参与系列活动”，在南京大学海外教育学院开设“南京之窗”图书专柜，拍摄的电视记录片《天南地北南京路》，在第六届国际纪录片选片会上获得“十佳纪录片”奖。

紧紧围绕弘扬爱国主义精神，隆重开展纪念南京解放60周年和庆祝新中国成立60周年重大节庆活动

举行渡江胜利纪念馆新馆开馆仪式暨大型群众演唱会《永远的风帆》，节目在央视播出；开展“全国网络媒体南京行”活动，邀请人民网、新华网、新浪等28家网络媒体来宁集中报道南京举行的各类纪念活动。成功布展“奋进的江苏——庆祝新中国成立60周年大型成就展”南京展区，得到省、市主要领导的称赞，获得最佳设计奖，观众超过70万人次；组织30辆花车在各区县和省内部分城市巡游，宣传南京；举行爱国歌曲大家唱群众赛歌会，市四套班子领导与各行各业代表3 000多人参与。众多纪念活动充分展现了南京胜利之城、英雄之城的形象，营造了全市人民共话南京新貌、共唱祖国赞歌、共享国庆喜悦的浓厚氛围。积极组织干部群众参与中央和省市的“为新中国成立作出突出贡献的英雄模范人物”和新中国成立以来感动中国、江苏和南京人物评选活动，激发群众的爱国之情和报国之志。开展“我们的节日”主题文化活动，让广大市民深切感受民族传统文化的深厚内涵和巨大魅力，进一步增强民族情感和爱国情怀。中央政治局委员、中宣部部长刘云山对南京市开展群众性爱国主义教育活动情况给予充分肯定，勉励南京“群众性爱国主义教育活动要走在全国前列，成为全国的示范，创造更多更好的新鲜经验”。

紧紧围绕巩固文明城市创建成果，着力提升城市公共文明指数

在2009年初获得全国文明城市称号后，全力巩固创建成果，全年开展了6次区县公共文明指数测评和5次窗口单位满意度调查，向社会公布测评结果，并召开点评会推动整改薄弱环节，在全市形成了争先恐后、争先进位的良好创建氛围，全市公共文明程度明显提升。在2009年全国城市公共文明指数测评中，南京在全国被测评的114个城市中排名第20，在31个省会、副省级城市中排名第9，在15个副省级城市中排名第7，与去年相比位次前移7位。广泛开展全国和省市道德模范、身边好人评选活动，每月举办“感动南京故事会”系列活动，营造学习、崇尚、关爱、争当先进典型的浓厚氛围，陈光标当选第二届全国道德模范，于葆林、张定华获得第二届全国道德模范提名奖,吴克有等4人当选第二届江苏省道德模范,陶勑恒获得第二届江苏省道德模范提名奖,南京市道德模范当选数量在全省排名第一;陈光标和马兵当选2009中国“十大责任公民”;有30人入选中国文明网“中国好人榜”,比上一年增加11人。南京市未成年人思想道德建设工作不断深化,走在全国前列,中央文明办在南京召开未成人心理健康教育现场交流会,在全国未成年人思想道德建设经验交流会上南京市作了经验介绍,“陶老师”工作站的做法与经验被中央文明办向全国推广,并入选中宣部《宣传思想文化工作案例选编》,净化社会文化环境工作得到中央督查组的充分肯定。召开全市窗口行业创建工作推进大会,制定《南京市服务品牌建设评价准则》地方性标准,举办“南京市首届服务品牌高层论坛”,发挥服务品牌示范效应,不断提升行业的服务品质和服务水平。进一步深化“文明家园示范村”创建活动,全市近200家省市级文明单位参加新一轮结对共建,投入资金约1 000万元,帮助结对村添置文体设施、开展技术培训、加快致富步伐。制定《南京市志愿服务事业三年行动计划(2009—2011)》,广泛开展“关爱空巢老人——银发之友”、“爱心蓝丝带公益行动”等以倡导文明风尚、扶老助残帮困、维护公共环境为主要内容的志愿服务活动,成功承办全国百万空巢老人关爱志愿者服务行动南京启动仪式。

紧紧围绕满足人民群众的精神文化需求,全面推进文化体制改革和文化产业发展

文化体制改革实现突破性进展。三局合并,组建市文化广电新闻出版局,成立市文化综合执法总队,完成市属6个剧团和南京出版社等7家经营性文化事业单位转企改制;全面深化市区两级公益性文化事业单位内部改革,全面推行聘用制度、岗位管理制度和竞争上岗制度,改革收入分配制度,进一步激发内在活力;积极推进市属媒体集团改革,南京日报报业集团重组经营性业务构建上市平台,积极拓展《南京日报》发行区域,努力实现城市党报向区域性主流大报的历史性跨越,南京广电集团成立电视节目公司,推进“制播分离”,与省广电总台共同出资组建“大江南传媒有限公司”,开辟国内媒体合作经营的新模式。

文化产业逆势上扬。2009年南京市预计实现大口径文化产业增加值440亿元,增幅22%,占GDP比重为10.55%;小口径文化产业增加值为155亿元,增幅17%,占GDP的3.7%。制定《南京市文化产业发展倍增计划(2009—2011年)》,成立南京文化产业招商中心和南京国有文化投资控股(集团)有限公司,构建了全新的文化产业招商和发展投融资平台;重点推进江苏未来影视文化创意产业园等10大年度文化产业重点项目,目前全市有各类文化产业园46个,投资总额达80多亿元,入驻企业达688家,文化产业园数量居省会城市首位;全年生产影视动画作品达3万多分钟,其中国家广电总局认定播出的作品有22部,位居全国第8位;成功举办第四届文化产业交易会,现场交易额突破1.5亿元,比上届展会增加50%,现场签约21个项目,投资总额达21亿元,观众达20多万人次,均比上届有较大增长,本届文交会荣获全国会展行业最具权威性的“2009年度中国行业品牌展会金鼎奖”和“2009中国会展经济产业贡献奖”。和市外经贸局首次联手合作,在香港成功组织2009江苏南京文化贸易产品推介会专场活动,迈开了文化产业“走出去”步伐。2008年,在北京举办的“创意中国和谐世界”文化产业国际论坛上,南京市被评为“中国文化产业创意城市示范奖”,市委宣传部获得“中国文化产业创新机构推动奖”。

文化遗产保护发掘、精品创作生产和文

化惠民工作取得新成果。南京云锦织造技艺、金陵刻经(中国雕版印刷技艺)和南京剪纸(中国剪纸)成功入选《世界人类非物质文化遗产代表作名录》,跳五猖等 29 个项目被列为江苏省第二批非物质文化遗产保护名录,10 人被文化部命名为第三批国家级非物质文化遗产项目代表性传承人,侵华日军南京大屠杀遇难同胞纪念馆基本陈列"人类的浩劫——侵华日军南京大屠杀史实展"获得"全国博物馆十大陈列展览精品"奖;制定《南京重点文艺作品创作扶持办法》,创作生产和公演公映宣传南京的电影《南京的那个夏天》和《多大事啊》,电视剧《决战南京》和《利剑》,电视片《印象南京》和《南京城》在央视播出,编撰出版《南京民国建筑的故事》等图书,启动南京地方史长卷《金陵全书》编纂工作,歌曲《迷彩八零后》和报告文学《大学生"村官"》获全国第十一届"五个一工程"奖,我市获省"五个一工程"组织奖。生态文学集《逝者如渡渡》获"冰心儿童图书奖";组织南京市第六届"五个一工程"评选和第二届"十大文化名人、十大文化精品"评选工作,组织首批部分"五个一批"人才赴法国培训,选拔第二批"五个一批"人才;进一步加强公共文化服务体系建设,制定出台《南京市进一步加强公共文化服务体系建设的实施意见》,组织文化惠民百场公益演出广场行活动、红色经典影片公益展映活动、高雅艺术欣赏活动和第三届文学艺术节、第十四届读书节,推进"农家书屋"和"职工书屋"建设,目前全市已挂牌达标书屋 552 家,实现行政村农家书屋建设全覆盖,提前一年完成建设任务;在全国"全民阅读活动经验交流会"上,南京市读书活动受到表彰,市委宣传部被中宣部、中央文明办和新闻出版总署授予"全国阅读活动先进单位"称号。

(南京市委宣传部)

苏州市宣传工作

2009 年,苏州市宣传思想文化战线以学习实践科学发展观、庆祝新中国成立 60 周年为主线,以应对国际金融危机挑战、推动经济社会又好又快发展为目标,高举旗帜、围绕大局、服务人民、改革创新,唱响主旋律、打好主动仗,努力使宣传思想文化工作在新的起点上实现科学发展,为助推苏州经济转型升级、加快建设"三区三城"提供了强大的思想保证、舆论支持、精神动力和文化条件。

学习宣传贯彻科学发展观扎实深入

全市宣传思想文化战线担负起学习实践科学发展观活动双重职责,一方面为全市学习实践活动营造浓厚思想舆论氛围,一方面用科学发展观指导自身工作实现科学发展。

坚持以思想解放引领实践创新,全市干部群众紧密结合苏州实际,对中国特色社会主义理论体系的理解不断深化,运用科学发展观推动苏州经济社会又好又快发展的本领不断增强。代市委起草党委中心组专题学习安排、党的十七届四中全会精神专题学习计划和建设学习型党组织意见。以市委中心组学习为龙头,邀请知名专家学者作专题报告。依托各级党委中心组、基层党校和"网上党校"等阵地,通过集中轮训、"菜单式"选学和"在线学习"等形式,抓好各级领导和党员干部的理论学习培训。全市党员教育和农村冬训工作继续走在全省前列。

学习实践科学发展观活动的宣传报道有声有势,全面准确地展示了市级领导班子和各地各部门的学习进展和实践成果。全年累计在中央媒体发稿 230 多篇,其中《人民日报》8 篇、《新闻联播》2 条、《焦点访谈》1 期。积极承办"科学发展、和谐家园"——

全国专家博客主题笔会。《苏州日报》开辟“深入学习实践科学发展观活动笔谈”、“新苏时评”等专栏,发表领导调研报告和专家理论文章。市广电总台新闻综合频道时政栏目和《新苏州论坛》广播节目及时反映各地各部门的学习动态和实践特色。“中国苏州”、“名城苏州”、“苏州新闻网”充分展示各地各部门在学习实践活动中涌现出来的先进典型和鲜活经验。组建“学习实践科学发展观宣讲团”,深入基层宣讲 1 500 多场次。

哲学社科工作以重大课题和立项资助为抓手,实施“应用研究精品工程”和“历史文化研究精品工程”。全市重点立项资助课题8项,立项资助课题47项,立项课题60项。顺利完成全市哲学社科重大课题——编纂出版《苏州史纲》。评选产生第十次全市优秀哲学社会科学成果201项。积极构建学术交流和研讨平台,形成了“苏州市哲学社科界学术大会”活动品牌。通过举办“学术活动月”、建设市级社科基地、开展社科宣传周活动,社科普及氛围日益浓厚。成功承办中央文献研究室和省委在苏召开的“科学发展观与全面建设小康社会”理论研讨会。

围绕“增创新优势,实现新跨越——我们怎么办”主题,就加强全市讲坛讲座管理、促进社科研究成果转化、建立互联网联动监管和行业自律平台、提高突发事件应急管理水平、推进文化体制改革和文化产业发展、构建城乡一体化文明工作机制等方面进行了有益的探索,努力推动宣传思想文化工作实现科学发展。切实把提高领导干部综合素质摆上突出位置,在北大举办了宣传文化系统研修班。组织全市党员教育骨干、乡镇(街道)宣传委员、新闻发言人、外宣基地负责人参加了学习培训。

围绕新中国成立60周年庆祝活动的新闻宣传浓墨重彩

精心组织庆祝新中国60周年活动,大力弘扬共产党好、社会主义好、改革开放好、伟大祖国好、人民群众好的时代主旋律,唱响了苏州率先科学和谐发展的奋进凯歌。

聚焦“科学发展观在苏州的成功实践”,与央视合作拍摄播出政论片《干将之剑》,推出长篇报告文学《我的天堂》。深入开展“歌颂伟大祖国、建设美好苏州”群众性爱国主义教育活动。“共和国礼赞”大型主题歌会和先进事迹报告会激情昂扬,文明行业广场文艺、五市七区广场文化活动周、舞台艺术优秀剧目展演等活动精彩纷呈。根据省委的统一部署,精心策划参与“奋进的江苏”大型成就展,全方位展示60年来苏州经济社会发展和党的建设的辉煌成就。积极参加全国“双百”人物、全省“双60”人物评选,群众投票数居全省第一。全市城乡群众广泛参与各类庆祝活动近500项,营造了热烈、喜庆、和谐的节日气氛。加强爱国主义教育基地建设,认定和新增市级教育基地50家。

面对国际金融危机挑战,积极主动引导社会舆论。大力宣传市委十届十次全会关于坚持科学发展、促进转型升级、建设“三区三城”的总体思路和决策部署,充分展示各地各部门“保增长、促转型、惠民生”的新鲜经验和成功范例,极大提振了全市干部群众共促发展、共克时艰、共创未来的信心。组织开展“春天的乐章”大型新闻采访行动,及时反映基层一线克难求进、创新提升、转型发展的典型事迹和先进人物,有力弘扬了“张家港精神”、“昆山之路”和“园区经验”三大法宝。中央20多家媒体集中报道了“中国武警十大忠诚卫士”——武警苏州市支队支队长江鹰践行当代革命军人核心价值观的先进事迹。

围绕第十二届旅游节、第八届电博会、

苏州工业园区15周年庆典、世界500强苏州论坛、第三十一届寒山寺听钟声等重大活动开展对外宣传,进一步提高了苏州城市知名度与美誉度。以“世博在上海,旅游到苏州”为主题,开展上海世博会苏州宣传周系列活动,打响了“天堂苏州·东方水城”品牌。认真筹备世博会“城市更新与文化传承”主题论坛,做好“城市最佳实践区”——苏州案例展示。精心打造“家在苏州”外宣品牌,成功举办“在苏外籍人士摄影秀”等系列活动。制作完成《今日苏州》宣传册、《名城苏州》电子名片、《苏州采访指南》、城市形象片《艺》、大型礼品画册《苏州故事》等外宣品。与央视合作拍摄播出了苏州传统工艺系列片。积极参与“欧罗巴利亚中国艺术节”,赴比利时承办“杏林春秋——中医文化展”。全年先后接待拉美媒体考察团、世界华文媒体论坛代表团等涉外媒体30批、记者600余人次,刊发报道2 000多条。

在全省率先出台实施《关于进一步改进和加强我市政府新闻发布工作的意见》,全市有61个部门单位设立新闻发言人,举行市级新闻发布会60场次,全市新闻发布活动1 500多场次,有效引导了社会舆论。通过完善突发事件新闻报道机制、加强新闻阅评力度、协调驻苏媒体联动,有效规范了舆论传播秩序。与中新社合作改版“苏州之窗”,建立起全市统一的网络外宣平台。建立全市互联网协会和联席会议制度,提高了舆情信息收集、分析、研判的能力和水平。加大对互联网低俗之风的整治力度,网络文化环境不断得到净化。

文化综合实力显著增强

深入实施全市“十一五”文化发展规划。坚持一手抓事业一手抓产业,在切实保障群众基本文化权益的同时,着力推动文化体制改革取得实质性进展,提升文化产业对全市经济社会发展的贡献份额,文化自身的发展活力和综合竞争力明显增强。

全市大型公益文化设施建设取得重大进展。苏州美术馆新馆、文化馆新馆和名人馆主体结构封顶,评弹学校新校完成土建。张家港图书馆新馆、工业园区文化馆、平江市民文化活动中心正式启用。张家港市“五馆一场一院”、常熟市江南文艺中心和太仓市文艺中心、图博中心、传媒中心、昆山市文艺中心和市民文化广场二期、吴中区现代文体中心等一批项目顺利推进。全市实现了市、县(区)、镇(街道)公益性文化设施三级全覆盖,行政村(社区)公益文化设施覆盖率达85%,“农家书屋”建设实现行政村(农村社区)全覆盖,70%建制镇达到特色广播镇标准,有线电视户户通工程业已完成,数字电视整体转换率先通过了国家级验收。“吴门书道”晋京展、“新吴门画派”上海展获得好评。全市舞台艺术、数字电影“四进工程”、苏州阅读节和“欢乐社区行”等活动的品牌效应不断放大,文化科技卫生“三下乡”成为深受农民群众欢迎的“常下乡”活动。

文艺精品创作喜获大丰收。长篇报告文学《我的天堂》、儿童文学《流动的花朵》、滑稽戏《顾家姆妈》荣获中宣部第十一届精神文明建设“五个一工程”奖。滑稽戏《青春跑道》入围2007—2008年度国家舞台艺术十大精品剧目。滑稽戏《一二三,起步走》被文化部评为“建国60年来首届全国优秀保留剧目”大奖。今年,我市共有4件作品获第九届中国民间文艺“山花奖”,12件作品荣获省第七届精神文明建设“五个一工程”奖,5件作品和10名个人获得第五届苏州市文学艺术奖,44件作品获得苏州市第八届精神文明建设“五个一工程”奖。《昆曲之路》、《解密洋苏州》等一批精品图书深受社会各界好评。《苏州杂志》连续四年获华东优秀期刊奖。《苏州艺术家研究》丛书完成定稿。

文化遗产保护工作不断深化。平江历史街区被命名为首批"中国历史文化名街"。泰伯庙、桃花坞木刻年画博物馆等一批古建筑维修工程按时序进度顺利推进。全市拥有非物质文化遗产世界级项目6项、国家级24项、省级64项、市级94项,国家级代表性传承人28人、省级57人、市级134人。第四届昆剧节、评弹节、"第三届非物质文化遗产保护——苏州论坛"、第五届昆曲学术研讨会、第十届虎丘曲会等活动取得圆满成功。深入研究吴文化在苏州的传承和发展,编撰出版专著《苏州文化概论》。

借全国文化体制改革经验交流会在我省召开的东风,全面加快文化体制改革和文化产业发展步伐。文艺院团和出版单位新一轮改革深入展开,张家港、太仓、常熟等地文化体制改革工作稳步推进。全市文化产业发展的协作机制不断完善,专门建立市文化产业发展专项资金,正式出台扶持政策。全市文化产业进入集约化、规模化发展新阶段。"太湖文化论坛"国际会议中心建设顺利完工,凤凰图书城、"光华文化创意博览中心"等重大项目已相继落户苏州,"本色当代美术馆"、"雨村美术馆"、"香山工坊"等民营资本进入文化领域取得长足发展。亚细亚集团投资拍摄电视连续剧《风雨雕花楼》,取得了较好的社会效益和经济效益。

全国文明城市创建水平巩固提升

巩固和发展全国文明城市创建成果,探索和建立文明建设长效管理机制,以公共文明指数测评为抓手,着力实现创建主体明晰化、目标责任具体化、监督检查常态化,我市在中央文明委组织的公共文明指数测评中名列全国文明城市第一方阵。

以苏州荣膺"全国文明城市"为动力,以《全国文明城市测评体系》征求意见座谈会在苏州召开为契机,在中央、省级主要媒体发布我市文明城市创建专题新闻100多条,参加央视网"百位市长创建文明城市"访谈,扩大了苏州全国文明城市的影响力。市级媒体同步配合发动"我与文明城市"市民大讨论,组织政府部门"一把手"开展创建访谈。围绕市委关于"进一步提升城市文明建设水平"调研课题,建立健全全国文明城市长效管理机制,以现场测评和入户问卷调查为重点,定期开展公共文明指数测评,先后发布5次"公共文明指数"测评结果,专项督查12次,现场测评各类项目5 000多个,发放问卷3 800份,下达整改意见1 500多条。依托苏大组建市社会公共文明研究所,开展社会公共文明专题研究。以突出各类文明创建先进典型的社会责任感为重点,修订了苏州市文明行业、文明单位、文明村镇、文明社区创建《管理规定》和《测评标准》。在各类文明创建考核评选活动中,共抽查考核264个单位,表彰先进典型1 146家。深入调研全市农村精神文明建设工作,为推进城乡文明一体化进程打下坚实的基础。

以"迎国庆、讲文明、树新风"为主题,广泛开展"做可爱的苏州人"文明礼仪宣传普及教育,70万份《城市公民文明礼仪简明手册》进家入户,向45 000名外来务工子女赠送全国文明城市爱心公益伞,首届"市民公共文明实践周"吸引了市区396家单位5万余人踊跃参与。全市"文明交通工程"活动常抓常新,组织了32个市级机关部门、130多家文明行业和单位开展了路口交通定点协勤服务活动。全国、全省道德模范以及我市精神文明建设新人新事和百名文明市民标兵评选等活动组织广泛、影响深远,参与群众逾80万。通过组织开展"我推荐、我评议身边好人"大型新闻寻访,又一批"凡人善举"感召社会。苏州市民韩惠民荣获全国“诚实守信模范”提名奖，常德盛、韩惠民分获江苏省“敬业奉献模范”、“诚实守信模范”荣誉称号。加强志愿服务工作，对全市的志愿者特色团队、实践基地、社区工作点进行了全面梳理和挖掘。整合社会力量，成立了苏州市志愿者总会，统一志愿者徽标，开设“苏州市志愿者网”，建设苏州市志愿服务工作数字化平台。目前市区志愿者总数达 25 万多人，占市区人口总数的 10%，已经组织开展了 16 项大规模志愿活动。全市组织开展了文明礼仪知识竞赛、“我们的节日”民间民俗文化主题活动达 119 场，受益群众超过 11 万人次。

认真实施《全国未成年人思想道德建设工作测评体系》，落实责任分工，加强督查整治，为未成年人健康成长营造了良好的社会文化环境。坚持以制度建设为根本，重点加强市县两级校外活动场所和社会实践基地建设和管理，成立了市级未成年人社会实践长江基地、太湖基地。创新未成年人艺术培养模式，建设了苏州市未成年人艺术素质教育基地和苏州市流动儿童阳光艺术家园。以未成年人健康成长指导中心为龙头，推进各学校、社区“苏老师”分站建设。新建未成年人数字流动图书大篷车集多媒体播放和图书借阅服务为一体，有效提升了对外来务工子女学校的服务效益。以“做一个有道德的人”、“建国 60 周年”、“七彩的夏日”、“阳光结伴”等为主题，广泛开展教育实践活动，吸引了广大未成年人踊跃参与。组织评选苏州市少儿文艺、科技“双十佳”团队，推进了全市少儿团队建设。《人民日报》以《筑造孩子们成长的文化园林》为题对我市未成年人思想道德建设的特色经验进行了综合报道。

（苏州市委宣传部）

无锡市宣传工作

2009 年，无锡市宣传思想文化战线按照中宣部和省委宣传部的总体部署，牢牢把握“团结鼓劲、积极进取、昂扬向上”的基调，坚定不移地贯彻市委、市政府的决策部署，坚持在创新中发展、在改革中前进、在提升中突破，各项工作取得了明显成效。

突出学习实践科学发展观主线，深入抓好中国特色社会主义理论体系宣传普及

推动科学发展理论学习。围绕深入学习实践科学发展观和学习贯彻十七届四中全会精神，精心制定全市党委中心组专题学习计划，组织举办无锡改革发展高层讲坛、北大讲堂—东林讲坛 18 场，发动各地各部门举办各类讲座、座谈会、报告会 6 000 余场，举办第七届学习创新节暨第六届社科普及周，引导全市干部群众不断深入掌握科学发展观的科学内涵、精神实质和根本要求。

强化科学发展实践研究。在全市领导干部中部署开展“学习实践科学发展观，攀登基本现代化新高峰”专题调研活动，形成调研报告 2 290 余篇；围绕应对国际金融危机挑战、加快科学发展研究确定 11 个招标课题，召开全市社科界学术大会。

倡导科学发展工作导向。组织市各新闻媒体报道全市深入学习实践科学发展观活动的进展、成效和典型。省委常委、市委书记杨卫泽三次走进无锡新传媒网站，就科学发展相关话题与网民进行互动，吸引网民 67 万人次。总结、宣传太科园、宜兴检察院、红豆集团党委和水秀社区党委 4 个学习实践科学发展观的先进典型。

突出“保增长、促转型、维稳定”大局，着力提供强大思想舆论保障

精心组织主题教育。在全市城乡部署开展“保增长、促转型、维稳定”主题教育活动，组织“十百千”（编写十课宣讲提纲、组建百人报告团、举办千场报告会）形势任务宣讲，先后面向城乡开展宣讲14 000余场次，听讲群众82万余人。

着力强化舆论引导。围绕全市保增长、促转型、维稳定和经济转型发展中心任务，相继开展“扩大内需保增长、优化转型促发展”、“应对金融危机、开放型经济平稳增长”、“建设创新型经济领军城市”、“率先觉醒、自觉转型”等10多次重大新闻宣传战役，营造了浓厚舆论氛围。

大力弘扬先进典型。推广无锡尚德太阳能公司应对金融危机、坚持自主创新、打造国际品牌的做法，被中宣部确定为先进典型，中央主要媒体作了集中报道。大力宣传物联网等战略性新兴产业发展，中科院无锡物联网产业研究所所长刘海涛当选2009CCTV中国经济年度人物创新奖。选树推荐紫光软件（无锡）集团有限公司等10个“保增长、促转型、维稳定”先进典型，组织市各主要媒体进行集中报道，产生了强烈社会反响。

突出唱响“五好”时代主旋律，精心组织庆祝新中国成立60周年活动

以重大活动掀起庆祝高潮。精心筹备举办“奋进的江苏　庆祝新中国成立60周年江苏发展大型成就展”无锡展区、“祖国万岁——无锡市庆祝新中国成立六十周年文艺演出”以及制播大型电视文献片《腾飞——无锡六十年》，出版《无锡文艺六十年》大型丛书等11项重点庆祝活动，全市各地各部门先后举办各类歌咏活动5 000余场，参与人数超过100余万人次；市委宣传部获省成就展“优秀组织奖”和“最佳设计奖”。

以特色系列活动呼应庆祝主旨。组织开展中国评弹艺术名家名段精品展演、大型现代锡剧《城市的星空》首演、锡剧博物馆系列戏曲演出等舞台精品剧目；举办“庆团员、迎国庆、寄相思”中秋赏月游园灯会、“迎国庆薛家花园夜游活动”、“朗朗读书在东林”中秋诵读赏月等民俗文化活动。

以立体宣传造浓庆祝氛围。组织全市媒体开设“我和祖国共奋进”、庆祝新中国成立60周年·无锡大事记等新闻巡访专栏；国庆期间，市各媒体积极利用专栏、专题、专版、系列报道、直播报道等形式，高频率、多层次、全方位开展新中国成立60周年宣传，营造了浓烈舆论氛围。

突出以人为本、服务群众宗旨，深入推进文化惠民工程

加强文化基础设施建设。制定《无锡市“文化惠民工程”实施意见》、《无锡市区公共文化设施布局规划》。无锡大剧院、广电传媒中心、报业大厦等标志性重点文化工程加快建设，中国民乐博物馆、无锡书画博物馆等相继建成开放，完成中国乡镇企业博物馆基本建设。全市基层公共文化设施达标率上升到96%，基本建成15分钟文化生活圈。全市实现“农家书屋”行政村全覆盖并加快向自然村延伸，无锡市做法被全国“农家书屋”工程建设（东部地区）经验交流会推广。

加强大众文化供给。成功举办2009中国（无锡）吴文化节，吸引了50余万市民参与。精心举办新春书市、花市、激情广场文艺演出等活动，组织全市各级开展“三下乡”活动，先后为基层送电影9 900余场、送戏1 200余场、送书15.9万余册。

加强文艺作品创作。全市35部文艺作品获全国大奖。电视专题片《说吴》入选第六届中国纪录片国际选片会“十大纪录片”，电视连续剧《江阴要塞》获CCTV第四届电视剧群英会年度热播剧奖，民族舞剧《西施》等11部作品入选全省第七届“五个一工程”奖，市委宣传部获省组织奖。据不完全统计，年内全市新创作文艺作品2 200

余件,创作移植上演各类大型剧(节)目23台。加强历史文化保护。成功举办中国文化遗产保护无锡论坛,阖闾城遗址入选“2008年全国十大考古新发现”,完成大运河无锡段保护规划编制工作,积极推进古运河和宜兴紫砂申报世界文化遗产,江阴、宜兴申报国家历史文化名城工作取得实质性进展。

突出激发活力、壮大实力目标,加快迈出文化改革发展新步伐

深化新闻宣传与经营“两分离”改革。市属新闻单位全面推进宣传与经营“两分离”改革任务,无锡广播电视集团、无锡日报报业集团均成立编委会,负责新闻宣传工作,分别组建了广电、报业发展有限公司;坚持“老人老办法、新人新办法”,完成事业人员与企业人员分流工作。

启动文艺演出院团转企改制。制订了《无锡市市属文艺演出院团改革方案》,整合市属6大国有文艺院团,一次性实现事转企改革,组建无锡市演艺集团有限公司。推进文化事业单位内部机制改革。在市宣传文化系统13个事业单位中建立理事会,做好市属文化事业单位岗位设置、绩效考核工作,全面完成无锡对外图书交流中心“事转企”改制。

加快文化产业发展。积极引进和培育骨干文化企业,组织文化创意产业境内外招商,慈文紫光、华莱坞影业、盛大网络、金一文化等一批知名文化企业落户无锡。2009年全市动漫产业产值超过20亿元,完成原创动漫超过1.9万分钟,同比增长137%,无锡市和无锡国家动画产业基地双双在全国排名第二,全年文化产业增加值增幅超过25%,占GDP比重超过5.3%。

突出文明城市创建重点,大力提升市民文明素质和城市文明程度

掀起新一轮创建工作热潮。召开全市创建全国文明城市动员大会,制定下发《无锡市创建全国文明城市行动纲要(2009年—2011年)》。抓住中央文明办组织市民公共文明指数测评契机,着力优化公共环境、规范公共秩序。部署开展第二届文明城区评选,全市57%的城区建成市级文明城区、先进城区。

开展“市民文明道德实践年”活动。相继推出“文明出行推动月”、“旅游与文明同行”、“百万市民学礼仪”等系列活动。深入开展文明行业、文明社区、文明村镇以及“百城万店无假货”、“放心消费”等创建活动,引导市民重信守诺、务实重行。

选树文明道德楷模。隆重表彰无锡市首届道德模范、2008年度精神文明“十佳”新人新事,精心组织第二届全国、全省道德模范推荐和“身边好人·感动无锡”推荐评议活动,大力宣扬“凡人善举”。吴仁宝当选全国、全省道德模范,殷健当选省道德模范,袁梅芬获省道德模范提名奖;周海江、杨锦昌、胡丽萍等7人入选中国文明网“中国好人榜”,上榜人数位居全省前列。

加强未成年人思想道德建设。相继开展“我和祖国同成长”、“文明交通进校园”、“放飞快乐 健康成长　未成年人暑期系列活动”等主题实践活动,建设启用市未成年人心理健康活动中心基地,在锡山区东港镇黄土塘村建立全市首家村级未成年人活动中心。在全省未成年人思想道德建设先进县(市、区)、先进集体、先进个人和创新品牌评选中,无锡市分别有1个区、4个集体和9个个人当选。

突出扩大无锡美誉度主题,积极搭建提升城市影响立体平台

围绕全市重点工作和重大活动,邀请《人民日报》、新华社、中央电视台、《新华日报》、江苏卫视等40多家中央、省级主要媒体10多次聚焦无锡,全年在中央、省级主要媒体发稿2 800余篇，央视新闻联播刊播有关无锡市新闻17次，《人民日报》报道30余篇，《新华日报》刊发5个头版头条。全力做好第二届世界佛教论坛宣传舆论工作，受到国务院新闻办、国家广电总局、国家宗教事务局、新华社的高度肯定。精心组织实施“网络媒体无锡行”、“世博会无锡宣传周”等15个外宣项目，充分展示无锡良好城市形象。加强网上正面宣传和舆论引导，全年化解40多起突发、敏感事件重点舆情，维护网上舆论平稳积极。举办吴文化节等重大节庆文化活动，吴文化节被权威机构评为全国最受关注的十大节庆活动。

突出人才队伍建设关键，不断激发宣传思想文化工作创新发展内在活力

扎实抓好自身学习实践。组织全市宣传思想文化战线有计划、有步骤地开展深入学习实践科学发展观活动，市委宣传部学习实践科学发展观活动试点工作群众满意、比较满意率为100%。

着力强化干部教育培训。先后组织举办“五个一批”人才培训班、全市宣传部处长培训班、党委中心组学习秘书培训班、外宣干部培训班、基层党校校长培训班、党员冬训骨干培训班、公共图书馆和文化馆(站)长培训班等9次大规模的培训班，有效提升了基层宣传思想文化干部做好本职工作的能力素质。

改进创新科学发展体制机制。制定实施《关于切实改进会议和领导同志活动新闻报道的实施意见》、《关于进一步改进无锡市会议和领导同志活动新闻报道的实施办法》、《无锡市突发公共事件新闻报道应急办法》，《无锡市网络舆情管理办法》等，全市宣传思想文化战线用制度规范工作、用制度指导实践、用制度推动发展的能力水平不断提高。

(无锡市委宣传部)

常州市宣传工作

2009年，常州市宣传思想战线以开展“求实创新年”活动为总揽，按照“突出‘一个主题’、形成‘三大工作机制’、推进‘五项重点工程’、落实‘十大工作项目’”的基本工作思路，坚持围绕中心，着眼服务大局，各项工作扎实深入、求真务实，取得了明显成效。

重大宣传

实施“百名记者走进50项重点工程”大型新闻采访行动，播发稿件近500篇，很好地宣传了经济冷环境下常州火热建设场景。开展“千名宣传员走进民营企业”活动，制作服务导航图12 000多份，在常州日报、中国常州网开设“一周一答”栏目，解答企业各类问题1 000多个。紧扣全市学习实践科学发展观活动进展，推出专题专栏，组织系列评论，活动情况2次在《新闻联播》播出。按照市委部署，精心组织庆祝中华人民共和国成立60周年、常州解放60周年系列活动。以“幸福常州”为主题，组织“奋进的江苏——庆祝新中国成立60周年成就展”常州地方展，得到了省委书记梁保华同志赞扬。抓住2010上海世博会常州宣传周活动契机，举办“中国2010上海世博会走进常州”图片展，发放宣传折页2万余册。十七届省运会宣传全面启动，组织了会徽、会歌、吉祥物、宣传画和主题口号社会征集、拟定了省运会社会宣传整体方案、筹备了省运会倒计时300天庆祝活动。省运会开闭幕式筹备工作进展顺利，开闭幕式方案得到了市主要领导充分肯定。进一步加大主流媒体宣传力度，各类媒体用稿达到10 000余篇。新华社、《人民日报》等中央重要媒体用稿50余条；中央电视台用稿40余条，其中《新闻联播》用稿19条,3月7日,市长王伟成走进中央四套《今日关注》,全面宣传了常州"六管齐下"促大学生就业的做法和经验。《新华日报》刊发7个头版头条和300多篇稿件;上海SMG、江苏电视台用稿达到600多条。

舆论引导

下发了《常州市突发公共事件新闻报道应急办法》,编发《宣传报道方案》28期、《新闻提示》12期,召开专题新闻协调会26次,出版《新闻阅评》12期,进一步提高了突发公共事件新闻应急处理工作能力。组织全市新闻媒体座谈会、驻常媒体联谊会、庆祝第十个中国记者节等活动,进一步加强与媒体间的沟通和协调。7月14日,常州市新闻工作者协会召开第三届理事会,选举产生常州市新一届新闻工作者协会领导成员。进一步加强新闻发布工作,下发《常州市新闻发布会管理办法》,编印专题工作简报、更新新闻发布网站、充实新闻发布题库,积极组织专题培训班、媒体交流会、外出考察学习、小组研讨等活动,新闻发布工作实效不断增强。全市调整明确了新闻发言人155名,新闻发布工作联络员89名,举办新闻发布会71场。积极加强网络的管理和应用,组织政策咨询、网站建设点评会、新闻宣传策划、举办论坛版主沙龙、网友互动等活动,提升网站的宣传水平和舆论引导能力。全面启用舆情监控系统,全年编发《舆情快报》69期,发布宣传提示600多条,通报网络舆情1 205起,协调处理市外各大重点网站舆情信息500余条,处理各类有害信息10 000余条,牢牢把握网络舆情处置主动权。推动网络文化行业自律,在省内率先成立了常州市网络文化协会。

对外宣传

下发了《关于进一步提升我市外宣品制作和管理工作的意见》,重点加强外宣制品的制作和管理。在常州机场、火车站、全市54家三星级以上宾馆客房等重点涉外窗口摆放外宣资料逾16 000份。积极依托重大经贸文化活动开展外宣。在常州(香港)城市产业专题推介活动上,香港大公报、香港商报、新华社对王伟成市长进行了专访。大力推进外宣媒体合作,组织国际广播电台采访团、港台媒体访问团、海外传媒高层采访团等系列常州行活动,全年接待境外媒体和国家级重点涉外媒体60余家来常参观、访问,推出各类外宣报道近400篇(幅),其中图片新闻150多篇,专版报道19个,制作国际广播电台专题节目20个。收集近800张2009年度最新城市形象图片,打造常州最权威的精品外宣图片库。抓住世博宣传契机,加入了长三角外宣合作网络体系,重点宣传常州的四大游线、"轨道交通"专题论坛等突出亮点。10月,"穿越长三角——绿色出行看世博"联合行动在常州站举行相关仪式。全方位打造网络外宣平台。全年在全国和省级重点网络媒体刊发、转载"常州报道"近万篇,制作专题网页30余个,并在人民网、新华网等国内各大知名网站首页链接推广。在江苏省"歌颂祖国,爱我家乡"网络作品大赛中,常州一举获得了优秀组织奖、最佳品牌奖、最佳创意奖,成绩全省领先。4月份,经人民网评选,常州当选"改革开放30个最受关注的城市"。

理论慧民

深入实施"服务大局、服务大众——理论慧民工程",以29个具体项目为抓手,扎实推进科学发展观学习实践、十七届四中全会精神贯彻等重大理论宣传教育活动。牢牢抓好党委(党组)中心组学习的龙头,下发专题工作意见,精心组织专题学习报告会,全面推进中心组学习规范化、制度化建设。围绕四中全会精神解读、《昆山经验》报告等重点热点，组织市委中心组报告会13场，编印《舆情前沿》24期。实施“学习型城市建设品牌载体建设计划”，全年组织“学习日”6个，积极培育建设“理论慧民工程”实践基地。围绕常州发展开展应用研究，不断提升服务社会、服务决策的水平。编辑出版《常州社科主要研究力量导航》，组建全市社科专家人才库，全面开展第五届社科重点课题研究资助工作。以第六届社科普及宣传周活动为重点，广泛开展多种形式的社科普及宣传活动。常州广播电视台新闻频率被评为省级社科普及示范基地。编印出版《感受幸福——科学发展观的常州解读》，展现了常州在科学发展观指导下建设幸福家园的美好实践。全年，在《求是》、《人民日报》、《光明日报》、《学习时报》、《群众》分别刊登了《努力探索苏南地区率先发展之路》、《架设理论通往大众的桥梁》、《服务型政府的价值理念与民生实践探求》、《让科学理论走进寻常百姓》、《文化产业在常州》等多篇文章，向全国推介了常州的科学实践和成功经验。加强理论工作自身建设，在厦门大学举办了全市理论干部高级研修班，顺利完成了市思想政治工作研究会换届工作，农村党员冬训工作获得了全省优秀组织奖。

繁荣文化

召开常州市文化建设工作会议，制定下发了《深化文化体制改革，加快文化常州建设三年行动计划》，对全市未来3年文化建设作出了明确的部署。组建常州市文化体制改革领导小组，全面协调、指导全市文化体制改革工作。出台常州市文化体制改革的整体方案，明确了时间表、路线图，确保我市文化体制改革不走形、不变样。编发《常州市文化体制改革工作简报》7期，得到省文改办高度重视，并在全省范围转发。推进部门文化产业统计工作，制定下发了《常州市部门文化产业统计制度》、《常州市部门文化产业统计工作考核评比办法》，拟定了针对辖市区的《常州市文化产业发展绩效考核评价办法（试行）》。组织创意产业基地等六家单位参加第四届中国（南京）文化产业交易会，集中展示了常州文化产业良好的发展态势。文化惠民更加务实。开展“千台文艺节目走进社区（村镇）”活动，重点打造“幸福广场——常州市广场文艺周周演”品牌。全年五城区中心广场共组织“幸福广场”周末演出205场，文艺界组织送戏下基层1 130场。“龙城讲坛”形成系列课堂、专业教室和专题报告会三大板块，社会化运作更加成熟，目前已举办讲座41场。《智慧的光芒——龙城讲坛精彩讲座（一）》付印出版，市场反响非常热烈。文化艺术精品生产取得历史最好成绩。在本轮次全国第十一届、省第七届五个一工程评选中，常州作品入选数量全省第一（包括电影《邓稼先》、广播剧《军训日记》），常州市委宣传部以总分第一的成绩第五次蝉联组织工作奖。电影《邓稼先》作为北京大学生电影节的开幕影片，荣获组委会大奖，该片同时获得中国电影华表奖最佳故事片提名，取得了历史性突破。全面完成2008年度优秀精神产品创作扶持项目评审，对7个门类10部作品予以重点扶持。

自身建设

深入开展学习实践科学发展观活动，做到规定动作到位，自选动作创新，取得了阶段性成果。认真组织中心组集中学习、党小组学习和党员集中学习，征集格言警句123条。围绕宣传文化工作实际，确定了41个调研课题，形成了总计近20万字的调研材料汇编。征集各方意见建议43条，为找准问题、剖析根源、明确方向提供了第一手素材和重要参考。建立健全了机关中层以上干部电子业绩档案,及时了解和补充干部动态信息。调整修订了《2009年度各辖市区精神文明建设目标考核细则》,考核更趋科学性、导向性。认真做好部管单位干部选拔任用工作,定期对干部监督举报信息进行综合分析。创新人才引进和选拔机制,制定《常州市宣传文化系统引进高层次领军型人才工作奖励办法》、《全市宣传文化系统"六个一批"人才培养工作计划》,确定"六个一批"人才培养对象29名。推荐全市新闻文化系统32名优秀人才申报市"831"高层次创新创业人才培养工程培养对象,常州电视台影视部主任朱伟清成功入选省"五个一批"人才。加强干部培训,举办了宣传文化系统青年干部培训班、新闻记者暨文化干部境外研修班等重点培训活动。组织开展"求实创新年"各项活动,融入实践,各具特色,富有新意,全市各级宣传部门上报重点项目189项。经过推荐评审,确定其中20项为全市重点项目。加强职称评审工作,通过评审新闻正高级职称1名,政工正高级职称2名,在全省名列前茅。着力加强信息舆情报送。截至12月底,上报各类工作和舆情信息被市委采用300余篇,其中被中共中央办公厅录用1篇,被省委办公厅录用6篇,在全市党委系统处于领先地位。上报省委宣传部各类工作信息、舆情信息400余篇,已被省宣传工作动态录用13篇,信息专报采用200余篇,名列全省前列。

（常州市委宣传部）

镇江市宣传工作

2009年,镇江市宣传思想战线按照"千方百计保增长、全力以赴促跨越"要求,紧紧围绕跨越发展目标,创新思维干,依托项目干,集中力量干,各项重点工作取得明显成效,为镇江新跨越提供了坚强有力的思想文化保证。

全力推动思想解放,为跨越赶超凝聚思想动力

1. 大力弘扬创业创新、跨越争先精神。推出一批"跨越发展先锋",大力宣传创业典型的先进事迹;协助举办全民创业巡回报告会,在7个辖市区和3所高校进行10场巡回演讲,参加者达5 000多人次。精心组织"跨越发展看合肥"系列报道,深度剖析合肥的成功经验,推动全市形成见贤思齐、奋力赶超的良好风尚。

2. 大力提升科学发展、跨越发展理念。深入开展"科学发展在镇江"大家谈、领导谈、专家谈系列活动,在全市县处级以上领导干部中开展"践行科学发展观、实现镇江新跨越"专题学调活动,形成200余篇调研成果。出台《关于进一步加强和改进全市党委(党组)中心组学习的意见》、《关于加强市委中心组管理的实施细则》,将提升跨越发展本领作为中心组学习重点,加大对中心组学习的督促、检查和指导力度。组建全市经常性理论教育宣讲团,就学习实践科学发展观、学习贯彻十七届四中全会精神两个专题,赴基层进行百场宣讲。

3. 大力普及新思想、新观念。出台《关于加强讲座报告会管理的意见》等文件,有效规范各类讲座,"领导干部新知识讲座"被评为"江苏优秀讲坛"。全年共举办"领导干部新知识讲座"10期、"市民大讲堂"11期,推出访谈类理论普及电视节目"理论热点面对面"4期,邀请全国知名名家,阐析金融、文化、法律等新思维、新理念。在名城镇江网、镇江电视台、镇江日报开辟专栏,刊播讲座全文,结集出版《领导干部新知识讲座(第一辑)》、《市民大讲堂集萃》,进一步扩大了讲座的覆盖面。

全面提升舆论宣传水平，为跨越赶超激发高昂斗志

1. 精心组织重大宣传。组织十七届四中全会和市委五届八次全会、市人大、政协“两会”等专题宣传。组织“深入重大项目、弘扬跨越精神”、“巨宝速度”等重点宣传，围绕重大项目建设、城乡建设、生态建设、民生建设等四大重点，精心策划组织主题宣传战役。组建特约评论员队伍，今年先后推出“跨越六论”和“开局三论”，系统阐述跨越提升的现实条件、具体路径和发展前景，有效聚焦了全市目光、凝聚了民心民力。

2. 对外宣传富有成效。完善对外新闻宣传奖励制度，建立月初选题、月底统计、半年考核的运行机制，整合媒体力量，成立外宣工作专门班子，积极开展对外宣传。今年在央视重点新闻栏目、《人民日报》、《经济日报》等中央重要主流媒体刊播、刊发报道70余条，用稿数量增长30%以上，《新华日报》头版刊发报道23条，有力展示了镇江跨越发展的新形象。

3. 加强新闻队伍建设。举办三次新闻业务沙龙，分别邀请相关城建部门和辖市区主要领导参加，向全市新闻媒体骨干分析发展态势、介绍项目情况，提高了新闻记者对全局的认识和把握。组织新闻媒体业务人员培训，邀请省委宣传部、复旦大学、新华报业的专家学者就突发事件报道、新媒体环境下新闻工作与深度报道策略等进行讲解。继续组织上挂锻炼，向省级新闻单位派遣骨干学习锻炼，提升其业务水平。

积极建设文化镇江，为跨越发展筑牢文化根基

1. 扎实推进产业发展，提高文化软实力。落实《镇江市市区文化产业重点项目建设三年实施意见》，6个重点产业项目取得快速进展：西津渡民俗文化街区开发的“老码头文化创意产业园”和“影视拍摄基地”项目被评为“江苏省文化产业示范基地”，镇江博物馆建成馆藏佛教文物精品展和数字高清影院，金山宝地“超越神话”大剧院建成投入运营，大市口文化娱乐商圈建成“盛荷音乐广场”等5个大型文化娱乐项目，新广电中心完成建设，健康路健身文化休闲区经国家体育总局批准，被授予国家级全民健身活动中心。按照“时间表”和“路线图”，开展专题调研，制定改革方案，成立领导小组，健全政策保障。按照“两分离”、“两到位”的步骤，稳步推进“三局合一”和经营性文化单位转企改制。经市委常委会研究，全面实施文化产业“626”工程，用3—5年的时间，建设六大文化产业园区、两大文化产业带、六大文化产业基地，形成文化产业大发展格局。成功开展文化产业招商。今年，在北京成功举办了首届文化产业招商会，有14个项目成功签约，项目投资总额达到41.3亿元。

2. 坚持以人为本，繁荣群众文化生活。开展2009年“文化嘉年华”活动，共组织开展各项高水平活动40项。其中，“迷笛音乐节”吸引了8个国家的30支乐队和全国上万名歌迷来镇；编排有氧话剧《三国·龙凤呈祥》，在北京、镇江、淮安等地演出30场，平均每场上座率达80%以上，演出收入达200余万元。在组织文化活动的同时，加大基层文化设施建设。全市53个乡镇(街道)文化站建成52个，605个村文化活动室全部建成，“农家书屋”实现行政村100%全覆盖，积极推进“文化信息资源共享工程”，3个县级支中心建成开放，7个基层服务点通过省文化厅达标验收。

3. 加大扶持力度，活跃文艺精品创作。出台《镇江市重大文艺创作项目立项、申报、资助办法(试行)》，从48个申报项目中精选出舞台剧《水漫金山》和数字电影《赵亚夫》2个项目，给予重点扶持。先后投入近

200万元,扶持影视剧制作,先后与李亚鹏公司合作拍摄34集电视剧《沉香》;请吴子牛执导拍摄42集电视剧《风雨西津渡》;与中国电视剧协会合作拍摄41集电视剧《天堑1949》;编排"有氧话剧"《三国·龙凤呈祥》,在省内喜获九项大奖。组织镇江市第六届文学艺术奖评比,12件作品获得文学艺术奖,24件作品获得提名奖。积极组织"五个一工程"组织申报工作,累计申报4类13部作品,其中《小城大爱》、《水漫金山》、《满城尽飘黄丝带》等三部作品入选省"五个一工程"奖。

打响"大爱镇江"品牌,为跨越发展提供精神动力

1. 放大"大爱镇江"品牌效应。拍摄电影《小城大爱》,在中国大学生电影节和央视六套分别播出,李岚清同志亲自为电影题名。组织"大爱镇江"报告文学创作活动,邀请15位国内知名作家来镇江采写爱心人物、爱心故事,有15篇作品在《人民日报》、《光明日报》等媒体和杂志刊发,中宣部新闻局专门作了新闻阅评,同时汇集出版《"大爱镇江"报告文学集》,省委常委、宣传部长杨新力亲自为之作序。开展"大爱之星"面对面交流、"社会妈妈"、社区"四点钟学校"建设以及系列网络主题活动,进一步扩大"大爱镇江"的参与面和影响力。"大爱镇江"颁奖典礼在凤凰卫视中文台的《凤凰精选》中播出;新华社和《人民日报》、《光明日报》播发了通讯,介绍"大爱镇江"建设情况;中央电视台《焦点访谈》和《共同关注》栏目也对活动进行了专题报道,"大爱镇江"已经成为镇江精神文明建设的新名片。

2. 加快文明创建步伐。印发《文明城市创建工作目标任务分解表》。实施考评机制,制定《文明城市创建工作考评办法》,实行季度互查、半年预查、年终综合测评,并将测评结果纳入全市科学发展评价考核体系。建立市民督查机制,建立文明城市创建市民督查员队伍,扎实推进文明城市创建工作。积极启动"1234510"示范工程,建设一条文明创建示范路、两条城市客运服务示范线、三个特色文化示范场馆、四个文明创建示范社区、五个城市文化示范广场、十个窗口行业优质服务示范单位。开展交通秩序整治、占道经营整治、违法建设整治、户外广告整治等"四大整治"行动,同时实施夜景亮化工程,对市区主干道两侧楼宇进行亮化设计,美化了城市的环境。

3. 抓好精神文明建设基础工程。深化文明系列创建,修订市级文明行业、文明村镇、文明社区、文明单位创建管理办法和考评细则,加强对各级文明系列的动态管理,组织开展2006—2008年市级文明系列评选工作。组织开展"迎国庆、讲文明、树新风"、"细节彰显城市文明"等系列主题活动,树立文明风尚。加强未成年人思想道德建设,组织开展"做一个有道德的人"、"我们的节日"等系列活动,规划建设未成年人社会实践基地。

加强网络管理,为跨越发展营造和谐网络环境

1. 创新网络管理新模式。在全省率先启动"网络发言人"制度,在"中国镇江网"和"名城镇江网"建立网络发言人主阵地"镇江论坛",全市56个主要职能部门明确网络发言人对网民进行在线回复,共受理各类意见投诉近6 300件次,平均回复率高达98%以上,问题办结率达92%。开展网络发言人广场咨询活动,通过零距离倾听民声、面对面征询意见,征集到各类意见、建议100余条。镇江"网络发言人"制度引起广泛关注,国新办、省委宣传部以及《新华日报》、《南方周末》多次予以介绍。

2. 加强网络舆情管理。加强网络舆论

监管和引导,共编印《网上主要舆情》250多期近1 000条,编发《舆情快报和专报》30多期、《网情研判周报》50多期,为领导决策提供了重要参考。发出舆情通知800多件次,组织重大舆情引导40多件次,推进解决了一批群众关注的热点问题。

3. 精心组织特色网络活动。开展2009镇江网民节活动,组织"绿色出行看世博,青山绿水看镇江"、"南山北水——铿锵毅行"宁镇扬常城际邀请赛等10项活动,吸引了众多网民的积极参与。开展"文化拾荒"网络系列活动,宣传镇江丰厚的文化遗存,引起了新浪、搜狐、人民网等一线网站和众多网民的高度关注,被誉为镇江版的"探索与发现"。推出2009年度"感动网络"十佳网络图片征选和"影响镇江"十佳网帖、"镇江十佳版主"等评选活动,开展"相约生态北水"大型公益植树活动,引导网民形成积极健康的上网风尚。

精心组织建国60周年庆祝活动,激发干部群众爱国爱乡热情

举办"红色经典、火红镇江"万人红歌演唱会、"多彩镇江·舞动激情"舞蹈大赛,"红遍镇江"系列活动,参与"奋进的江苏"大型成就展,通过风雨同程、跨越新姿和山水灵韵三个部分,展示全市60年来取得的辉煌业绩。开展"为镇江喝彩"迎国庆网络宣传,组织全市十大重点工程巡礼活动,营造了浓厚氛围。在框架安排上,每个季度设置不同热点活动,层层递进,逐步形成高潮,产生持续效应;在主题设置上,安排展示性、感知性、互动性、宣传性等12个系列40多项活动;在活动设计上,既有传统经典演绎,又有前卫新潮文化,既有高雅的精品舞台剧目,又有通俗的群众文化活动。

加强自身建设,提升了队伍的战斗力和凝聚力

进一步优化宣传思想工作目标管理考核制度,制定《镇江市宣传思想工作目标管理考核办法》,加大对各地、各部门、各处室重点工作、创新工作的考核力度。在部机关深入开展学习实践科学发展观活动,围绕如何增强理论创新力、舆论引导力、精神感召力、文化生产力、队伍战斗力五大专题,深入开展思想解放大讨论,开展"服务发展、服务社会、服务基层"主题实践"六个一"活动,切实提升党员干部科学发展的理念。开展"提高落实执行力"专题活动,制订《服务承诺制》、《首问负责》、《负责绩效考核制》、《失责追究制》,建立完善岗位责任制,制定各处室职位说明书,开展效能建设竞赛,形成了高效、踏实、负责的良好作风。结合文化体制改革,推进干部管理制度改革,对系统内干部人员情况进行调查摸底,建立人员数据库。在市电视台开展中层管理人员竞争上岗,7个部门24个职位全部参与竞争上岗,进一步激发了干部队伍的活力。做好部机关人员调动和交流工作。认真开展对各辖市区委宣传部和市直宣传文化系统各单位"五个一批"人才工作调研和推进工作,1人入选2009年度省"五个一批"人才。

(镇江市委宣传部)

扬州市宣传工作

2009年,扬州市宣传思想文化战线按照"高举旗帜、围绕大局、服务人民、改革创新"的总要求,紧紧围绕市委、市政府中心工作,牢牢把握正确舆论导向,努力开创全市宣传思想文化工作新局面,为推进全市经济社会又好又快发展提供强大思想保证和舆论支持。

理论武装工作重点突出、成果丰硕

1. 深入开展科学发展观和党的十七届四中全会精神学习宣传。实施"十百千万"宣讲工程,市、县联动成立"学习实践科学发展观宣讲团”、“党的十七届四中全会精神宣讲团”和“争先进位、创新发展典型事迹宣讲团”，200多名宣讲团成员深入基层宣讲1 000多场，受众达40余万人次。各地各有关单位积极发挥扬州讲坛、新知学堂、“周末大讲堂”等讲坛学堂的作用，邀请权威专家作专题报告、讲科学发展、谋发展思路。市各新闻媒体开设“科学发展大家谈”等专栏，开通“科学发展在扬州”网站，打造学习实践活动的学习平台、新闻宣传平台和互动平台，网站点击率突破10万人次。中央学习实践活动领导小组办公室和中宣部两次组织中央级媒体，对我市学习实践活动进行了集中宣传，在全国全省产生了积极影响。加强党委中心组学习和基层党校轮训，《群众》杂志刊文介绍我市中心组学习工作。在全省率先建立健全农村党员干部冬训十项制度，省委宣传部进行了转发。

2. 深入推进学习型党组织建设。市委专门下发了关于进一步深化学习型城市建设的意见、进一步加强学习型党组织建设的意见。扎实推进学习型党组织、学习型干部队伍、学习型社区建设状况调研，深入开展基层党校建设、基层宣传队伍建设情况调研。切实推进机关事业类学习型党组织、企业类学习型党组织、村镇类学习型党组织、社区类学习型党组织试点工作，拓宽覆盖面，提高教育面。

3. 深入开展重大理论和现实问题研究。在全市县处级领导干部中开展“抓住新机遇，实现新跨越”专题学习调研活动，获奖数位居全省第一。编印《科学发展观四十题》、《高举旗帜 坚定信念》、《科学发展观：马克思主义中国化的新境界》、《科学发展在扬州》等一批读本。其中，《科学发展观：马克思主义中国化的新境界》一书获省委宣传部“发展文库”项目资助。召开全市首届哲学社会科学学术年会，收到各类学术论文490篇，其中入选会议191篇，并评选出了61篇优秀论文，出版了《扬州市首届哲学社会科学学术年会论文集》。认真做好国家项目《当代中国城市发展丛书》(扬州卷)的编修工作。

新闻舆论宣传导向鲜明、氛围浓厚

1. 着力抓好“三保”宣传。通过开辟专题专栏、编发形势教育读本、举办形势报告会等形式，深入宣传党中央、国务院应对国际金融危机的一系列重大决策，省委、省政府的重要工作部署，市委、市政府的各项实际举措；大力宣传各地各部门坚持科学发展、转型发展、跨越发展的新目标、新举措，宣传一批争先进位、改革创新的先进典型，集中宣传了一批重点企业、重大项目、科技创新型企业和“三服务”典型，有力地统一了思想，坚定了信心，鼓舞了士气，增强了合力。

2. 着力组织一系列重大宣传战役。坚持团结稳定鼓劲、正面宣传为主的方针，紧扣重大主题、重点工作、重要活动，内外宣并举，四媒体联动，精心组织党的十七届三中、四中全会精神，全国及省市“两会”，新中国成立60周年等一系列重大主题宣传；精心策划“烟花三月”国际经贸旅游节、发展“三新”产业、“运博会”、“烟花三月下扬州”旅游推介和“科技创新·产业合作”三地推介等一系列重要活动宣传。组织“全国百家报社聚焦扬州”新闻摄影采访、“世界华文传媒高层采访团扬州行”、“全国主流网络媒体扬州行”、“魅力东方迎世博——走进扬州”等活动。联合中央电视台《走遍中国》栏目推出7集纪录片“走进扬州”，进一步提升了扬州的对外知名度。编印出版了《主流媒体聚焦扬州》一书。

3. 着力组织新中国成立60周年庆祝活动。市委、市政府专门制定下发了《扬州市庆祝中华人民共和国成立60周年活动安排的通知》，制定了七大项数十个活动的

《实施方案》,通过精心策划、认真组织、积极实施,国庆系列庆祝活动高潮迭起、异彩纷呈。积极组织参加"奋进的江苏——庆祝新中国成立60周年大型成就展",展区获优秀组织奖、最佳设计奖。开展了"颂歌献祖国"歌咏大会、"爱国歌曲大家唱"、大型升国旗仪式暨花车巡游等大型活动。组织参加全国"双百"、全省"双五十"评选,共有2人当选全国"双百"人物,有7人当选省"双五十"人物,入选人数在全省位居前列。

4. 着力加强舆论引导。健全突发公共事件舆论引导机制、网上舆情分析研判和应急处理机制、对外宣传联席会议制度,加强新兴媒体建设和管理,及时主动做好社会热点、敏感问题的引导。加大网情监测和有害信息处置力度,做好网上舆情信息的采集、分析和报送工作,全年编报《扬州宣传·网上舆情专报》42期。牵头组织电视、广播、报纸、网络等媒体联动,开设党委政府与人民群众面对面交流沟通的平台"市民论谈",引起积极的社会反响。

文明创建工作打造特色、大力推进

1. 大力加强城乡精神文明建设。积极开展"爱运河、爱扬州、爱生活"、"做文明优雅扬州人"等系列主题活动,组织"开放、创新、精致、优雅"扬州市民精神学习教育。深入开展"三下乡"、"四进社区"、"1+1城乡文明共建"活动,进一步发挥城市文明对农村的辐射和带动作用,不断推动城乡文明共建工作规范化、制度化。开辟"推荐'身边好人'"专栏,发动广大群众推举扬州好人,广泛宣传先进典型,推动全社会形成学习、关爱、崇尚、争当道德模范的良好风尚。集中宣传徐兆华等一批新的先进典型,市委下发了学习决定,组织了徐兆华同志先进事迹报告会,编辑出版徐兆华同志先进事迹读本,中央电视台12频道播放了徐兆华同志先进事迹,产生了极大的社会反响。编发了《凡人星空——凡人善举100例》等书籍。

2. 大力推进文明城市创建。制定了《扬州市创建全国文明城市2009—2011年规划》和《扬州市精神文明创建管理办法》,细化测评体系,分解落实责任,广泛宣传动员,联合有关部门开展对公共环境、公共秩序等突出问题的专项整治。蜀冈—瘦西湖风景区获全国文明风景旅游区称号。组织开展各类志愿服务活动。全市建成志愿者服务中心(站)100多个,志愿者服务队600多支,有志愿者近40万人。市民观察团以"观察社会、引导文明、监督创建、促进和谐"为宗旨,完成近千次文明观察,有力地推动了精神文明创建工作。

3. 大力拓展未成年人思想道德建设。继续加强未成年人成长指导中心建设,开办心理健康公益讲座,扩大了未成年人成长指导中心的影响力。大力开展"我们的节日"系列主题教育活动,重点围绕中华经典诵读、传统民俗文化知识、爱国主义、尊老爱幼传统美德等,在青少年中引起了较大影响。组织"做一个有道德的人"主题实践活动,加强校外辅导站、文化活动中心等活动场所建设。编印《菖蒲飘香——漫话扬州传统节日》,系统介绍了我国主要的传统节日和扬州民俗文化,印刷8 000册赠送给全市所有中小学校。

文化扬州建设提升内涵、增强实力

1. 切实推进文化体制改革和文化产业发展。认真贯彻省、市文化建设工作会议精神,成立市文化体制改革领导小组及其办公室,研究起草《扬州市文化体制改革实施方案》,积极推进广陵书社转企改制、公益性事业单位内部机制改革、文艺表演团体改革、党报发行体制改革、扬州广电传媒集团组建、文化部门职能转变,推进扬州工艺美术集聚区、瘦西湖风景区演艺中心、笛莎动漫研发基地等重点项目建设,推动扬州文化创意产业园、邗江科技文化创意产业园、“扬州智谷”等文化产业园区建设。

2. 切实加强文化设施建设。积极推进文化博览城建设,建成扬派盆景博物馆、曹起溍故居、宋大城北门遗址广场、淮扬菜博物馆(体验区)等一批新的文化场馆。重点文化设施建设有序推进。总投资4亿元的市文化艺术中心已完成了土建封顶,其他配套工程正在推进中。广播电视“村村通”、乡镇综合文化站建设、农家书屋建设、社区文化室等文化惠民工程取得新进展。目前,全市已建成农家书屋366个,实现了全覆盖。建成城区社区文化活动室65个。

3. 切实开展文化活动。精心组织“烟花三月”国际经贸旅游节文艺演出、运博会大型晚会、第七届中国音乐“金钟奖”古筝比赛暨中国扬州国际古筝艺术节、第三届江苏省曲艺“芦花奖”颁奖晚会、“中国记忆——文化遗产日电视直播”扬州分会场活动、扬州文化产业集中展示等重要文化活动。牵头协调有关部门,举办“市民日”、“欢乐扬州”广场群众文艺演出、“百场公益文艺演出”、送文化下乡等公益性文化活动,牵头组织“烟花三月下扬州·诗书画名家采风创作”、“名家看扬州——摄影采风创作”,与人民文学杂志社联合举办“风物扬州”大型征文等。

4. 切实推进文艺精品生产。组织创作一批优秀作品,开展扬州市第六届“五个一工程”奖评选。推进乡镇组建文联和农村民间文艺团体,联合有关单位开展全市民间工艺美术人才评定技术职称工作。扬剧《县长与老板》、《真假二十四小时》,扬州评话文学本《王少堂》等获得省精神文明建设“五个一工程”奖等奖项,与央视合作的26集扬剧电视剧《十把穿金扇》拍摄完成,大型木偶剧《葫芦娃》在全国巡演。深入开展“扫黄打非”工作,净化文化市场和环境。

宣传队伍建设注重创新、激发活力

1. 积极转变机关作风。以开展深入学习实践科学发展观活动为契机,以机关能力作风建设深化年、机关管理促进年为动力,制定《市委宣传部创建学习型机关实施意见》,大力推进部机关能力作风建设和机关管理工作。认真组织集中学习讨论、撰写心得体会、提出建议意见、开展谈心活动、注重加强整改等活动。继续在全市宣传文化系统开展创新案例评选活动,推动工作创新。各地共报送创新项目70多项,其中34个项目受到表彰。

2. 积极提高能力素质。举办党委(组)中心组秘书培训班、基层宣传干部培训班、突发事件舆论引导培训班、网络评论员培训班、新闻媒体单位新进人员培训班、企事业单位政工干部培训班、社区文化辅导员培训班等。以“三项学习教育”活动为抓手,加强新闻媒体采、编、审制度建设,组织实施媒体优秀年轻骨干挂职锻炼工作,选派干部多岗位、多层次实践锻炼,努力提高宣传文化干部队伍思想政治素质和业务能力。

3. 积极开展调查研究。加强舆情信息和调研工作队伍建设,制定下发关于进一步做好全市宣传信息和调研工作的意见,全年报送各类信息1 200多篇(条),被省委宣传部采用量位居全省前列,并被评为全省信息工作先进单位。在全市宣传思想文化系统积极开展调研活动,围绕基层宣传队伍建设、文明城市创建、典型宣传、职工读书、农村留守儿童等开展广泛深入的调研,年底共收到调研成果40余篇。《时事报告》、《政工研究动态》、《群众》、《精神文明报》等刊物刊载了扬州宣传思想文化工作的新举措、新特色。

(扬州市委宣传部)

泰州市宣传工作

2009年,泰州市宣传思想文化战线按照“高举旗帜、围绕大局、服务人民、改革创新”总要求,围绕全市经济社会“三年再来一个大变化”奋斗目标,紧扣“保增长、保民生、保稳定”工作重点,深入贯彻落实科学发展观,唱响主旋律、打好主动仗,各方面工作扎实推进、富有成效,为全市发展大局作出了重要贡献。

突出主题开展庆祝新中国成立60周年系列宣传活动,进一步凝聚爱国爱乡的精神力量

热烈庆祝建国60周年,国庆系列宣传活动丰富多彩。精心策划组织庆祝大会、成就展、群众歌会等重大活动。走访慰问老干部、老党员和先进模范人物,大力弘扬革命传统和民族精神,凝聚振奋前进力量。以“祝福伟大祖国,建设美好泰州”为主题的群众歌会,近万名各界群众踊跃参与,25支代表队进入决赛,14支代表队进行集中展演。组织参加“奋进的江苏——庆祝新中国成立60年大型成就展”,围绕“文昌水秀、祥泰之州”主题,以多种特色元素和生动表现方式全景展示了泰州60年来特别是地级泰州市组建以来所取得的辉煌成就,得到省委书记梁保华同志赞扬,并被省展组委会授予“优秀创意设计奖”和“优秀组织工作奖”。文艺界举办“庆祝新中国成立60周年文学艺术展示月活动”,征文、书法美术等八大展(赛)事精彩纷呈,营造了欢乐、喜庆、祥和的浓厚氛围。

深入开展群众性爱国主义教育活动。组织好全国“双百”、全省“双50”人物评选,群众参与投票近65万张。张云泉、杨根思光荣入选全国“双百”,张云泉、杨根思、陈燕萍等7人入选省“双50”。这两项活动分别被省“双评”活动组委会授予“优秀组织奖”。把先进典型推荐评选与学习宣传相结合,组织开展泰州市“突出贡献人物”推荐评选活动,共收到各类投票近70万张,30人获泰州市“突出贡献人物”奖,10人获泰州市“突出贡献人物”提名奖。隆重纪念人民海军诞生60周年,举办相关活动,海军诞生地纪念馆被命名为第四批全国爱国主义教育示范基地。开展“百人千场”爱国主义教育宣讲活动,受众超过20万人次。由领导干部、专家学者、先进模范和“百姓名嘴”组成的市爱国主义教育巡回报告团分赴市(区)作巡回报告,主题鲜明突出、内容丰富感人、形式生动活泼、体现创新特色,贴近性、感染力很强,受到广泛好评。上述活动进一步激发了全市广大干群热爱祖国、建设家乡的热情。

着力营造浓厚舆论氛围。各媒体集中报道重大庆祝活动,同时开辟一系列专题专栏,刊播一批公益广告,营造欢乐、喜庆的舆论氛围。泰州日报举行庆祝国庆60周年有奖征文活动,参加省市党报联动摄影特别报道。泰州晚报组织“迎国庆、看泰州”活动。泰州广播新闻中心与泰州网联合组织“辉煌60年,泰州新跨越”大型新闻行动。组织一批爱国主义题材的广播电视作品展播,举办丰富多彩的群众性文艺活动。

联系实际宣传普及中国特色社会主义理论体系,进一步奠定科学发展的思想基础

深化理论学习教育。制定下发《关于2009年全市党员干部理论教育与轮训的意见》,完善对全体党员分级轮训的教育体系,组织党员干部通过党委中心组学习、基层党校轮训和农村党员冬训等途径,深入学习中国特色社会主义理论体系,学习中央和省市委重要会议精神,统一思想和行动。市委中心组在集中学习基础上,举办领导干部学习会、专题交流和报告会等,围绕深入学习贯彻科学发展观、网络时代对领导干部的新要求等主题开展集中研讨活动。推动各级党委中心组学习制度化、规范化建设,确保了学习质量和效果。加强基层党校规范化建设,为党员理论学习提供良好条件。

推进当代中国马克思主义大众化。组织各级宣讲团,面向基层开展大规模、多层次宣讲活动,推动十七届四中全会精神深入群众、深入人心。举办农村党员干部冬训骨干培训班,下发《工作意见》,突出十七届四中全会精神、爱国主义教育、国情市情等重点内容,冬训工作扎实有效开展。制定《关于进一步加强讲坛、论坛管理的办法》,对各类学堂、讲坛、报告厅进行整合升级,形成“文化泰州系列讲坛”公益性教育体系。“百姓大学堂”活动全年举办12期,思想内涵和理论教育功能有新的提升。“万家灯火·新靖江讲坛”、“昭阳讲坛”、“三水讲坛”、“学习型高港报告厅”等成为各地理论教育的重要平台。开展第二届“百姓名嘴”选拔活动,进一步壮大百姓理论宣讲员队伍。举办泰州市第六届社科普及宣传周,7 000人次参与社科讲座等系列活动。

围绕中心加强应用对策研究。《加快提升泰州中心城市综合竞争力研究》、《中国医药城创新模式研究》等4项重点课题和13项一般课题通过结题评审,一些重点课题研究成果引起领导关注,为泰州发展提供重要的智力支持。创办《决策咨询》内刊,努力发挥决策的思想库和智囊团作用。确定《当代中国城市发展丛书(泰州卷)》提纲并着手编撰。组织申报省社会科学基金项目课题4项。召开高校思想政治工作研讨会。

立足全局把握保增长保稳定保民生的舆论导向,进一步营造和衷共济的浓厚氛围

策应市委市政府中心工作,保持舆论宣传的强大声势。学习实践科学发展观活动开展以来,各新闻媒体积极跟进,各展所长,推出专栏、专题、言论和深度报道等,不断推动学习实践活动深化拓展。全力服务“三保”首要任务,高扬发展主旋律,大力宣传市委、市政府推进自主创新、发展优势产业、实施重大项目的重大举措,宣传全市上下坚定信心、迎难而上、加快发展的创新做法和显著成效。对国家医药高新区、纬创资通等重大项目进行重点宣传报道。积极为文化泰州建设营造有利氛围,推出江、浙先进城市“文化兴市”系列报道、“聚焦文化泰州建设”、“文化泰州建设进行时”、“文化泰州建设大家谈”等栏目,引起较大反响。围绕机关作风建设、“三服务活动”、“提振精神,提高执行力”等主题开展集中宣传报道,强化积极正面的舆论引导。

结合重大活动不断兴起阶段性宣传热潮。以展现新中国成立60年来的光辉历程和宝贵经验为主线,推出一批回顾性报道、成就报道、系列报道,组织大型新闻行动、寻访活动,增强新闻报道的思想性和感染力,为国庆60周年营造了喜庆、祥和、奋进的舆论氛围。纪念人民海军诞生60周年活动期间,开展浓墨重彩的宣传报道,推出系列报道《打过长江去》,还原历史,展现巨变,产生热烈反响。“中华诵”夏令营活动、国际旅游节、第七届科技洽谈会等重大活动中,新闻宣传打好主动仗、打出“组合拳”,推出专题报道,开辟专栏专版,营造浓厚氛围。围绕市“两会”、市委三届七次全会、省园博会、泰州国家医药高新区成立、宁启铁路复线电气化工程建设等,组织重点报道,形成了一个又一个阶段性宣传高潮。

大力实施新闻宏观管理。坚持和完善新闻通气会制度,提升新闻宣传的组织策划水平和宣传报道质量。建立健全新闻阅评制度,各新闻单位通过多种形式开展新闻阅评工作,促进新闻宣传改进提高。政府新闻发布制度付诸实施,围绕市“两会”、泰州国际旅游节、泰州大剧院合作经营等工作,及时召开新闻发布会。健全突发事件采访报道制度,与新闻发布会、新闻通气会、新闻协调会等制度有机衔接,有效控制了因突发事件引起的舆论被动。此外,先后制定出台《关于做好新闻舆论工作的意见》等规范性意见,就做好新形势下新闻舆论工作提出具体要求。

加大网上舆论引导和管理力度。主动出击、强化引导,市级重点新闻网站围绕“保增长、保稳定、保民生”、国庆60周年、学习实践科学发展观、文化泰州建设等主题,呼应全市性重大活动、重大项目,开展丰富多彩的网上宣传。泰州网牵头组织“信心2009”网络媒体大型联合采访活动,寻找金融危机中的“泰州答案”。开展“深入学习实践科学发展观基层行”网络采访活动,宣传经验、放大典型。建立网络新闻发言人制度,直面网民、解疑释惑、加强沟通,营造良好的网络舆论环境。保障网上舆论安全,及时、果断处置有害信息,主动应对涉及泰州的网络热门话题。对论坛、博客网站加强管理。加强队伍建设,对网络新闻发言人和网络评论员进行培训,提高网上舆论引导能力。深入开展整治互联网低俗之风专项行动,关闭一批网站,撤销一批论坛、栏目,警告一批违规单位。

抢抓机遇推进文化泰州建设,进一步激发文化事业产业发展活力

奋力推进文化泰州建设。召开文化泰州建设工作会议,制定下发了文化泰州建设的阶段性工作目标和任务,为推进文化建设统一思想、指明方向。领导层、决策层以及全社会的文化自觉空前提升,各市、区对加快文化建设的认识也高度统一,文化建设作为发展战略被摆上重要日程。影响长远的重要文化理念日渐清晰,文化软实力就是城市竞争力,“文昌水秀、祥泰之州”城市主题文化,城市建设就是文化建设,文化建设要项目化推进、工程化实施等一系列重要理念深入人心。

加快公共文化服务体系建设步伐。泰州大剧院建成并与保利集团合作市场化运营,推出一系列高雅演出。推进有线电视数字化转换,市区整转率达96%,通过国家广电总局验收。省数字电视备份中心工程落户泰州,完成一期工程建设。全面推进乡镇宣传文化中心建设,市财政在配套资金上给予支持。大力实施“文化惠民”工程,组织送科技图书12.4万册,送戏下乡912场,送电影下乡20 568场,村文化室建成率达90%,建成“农家书屋”1 438家。市区十大市民文化广场全部建成。重大文化活动好戏连台,举办“光辉航程从这里启航”军民联欢晚会、国际旅游节、园博会专题文艺晚会,“欢乐中国行”走进靖江、兴化大型演出,承办长三角民乐展演活动。群众文化活动蓬勃开展,“百姓大舞台”全年演出12场,其中3场演出深入黄桥老区和里下河地区乡镇。“激情三水”、“大江放歌”等品牌群众文化活动精彩纷呈,城市文化下乡、农村文化进城形成良性互动。启动国家历史文化名城申报工作。非物质文化遗产、文物古迹、古籍等保护工作力度加大。深入开展“我们的节日”系列主题活动,传统优秀文化和地域特色节庆文化得到进一步弘扬。加强文化市场管理,“扫黄打非”工作被评为全省年度“优秀”。

倾心打造精品力作。具有重要影响力的歌曲、影视剧、舞台剧等创作成果喜人,与省文化产业集团共同投资拍摄电视连续剧《风雨泰州城》(暂定名),与八一电影制片厂等联合拍摄大型文献纪录片《五星红旗》并在央视播出,市淮剧团排演的《诺言》入围省“五个一工程”奖和省舞台剧精品工程。邀请著名词曲家来泰采风创作了歌曲《我的水乡你的梦》。全市各地投拍的电影《谍战玫瑰》、《吴贻芳》、《黄龙士》等重点作品进展顺利。

文化体制改革稳步推进。成立市文化体制改革领导小组，提出市文化体制改革总体方案及市文化广电新闻出版局组建方案，报市委常委会讨论并原则通过。市淮剧团转企改制方案初步形成。积极谋划公益性文化事业单位内部改革及文旅集团组建方案等子方案。整合社会资源，成立泰州市歌舞剧院。与人民文学出版社联合主办《中国文学选刊》，与江苏凤凰出版社联合创办出版股份公司。

着眼基础深化精神文明创建，进一步弘扬社会主义核心价值体系

扎实推进文明城市创建工作。召开全市深化文明城市创建工作会议，制定《关于进一步深化文明城市创建工作的意见》。加强年度目标项目化管理，制定《泰州市创建全国文明城市责任分解表》，实行"八大环境"建设和基础创建工作与市领导挂钩联系制度，并把相关任务细化、分解、落实到各职能工作部门，加强部门履职和项目进展情况的督查考核。开展公共文明指数测评试点工作，排查突出问题，及时督促整改。建立文明城市创建长效管理机制，针对重点难点问题，组织开展了违法建设拆除、马路市场整治、农贸市场改造等10大行动，环境综合整治取得新成效。

切实加强公民思想道德建设。组织"2009公民道德建设月"活动，开展爱国歌曲大家唱、家规家训评选等15项重点活动。开展"2009细节文明推进年"活动，以"迎国庆、讲文明、树新风"活动为抓手，组织机关部门看礼仪、服务窗口看礼仪、邻里之间看礼仪、红绿灯下看礼仪、公交车上看礼仪、街头巷尾看礼仪等系列活动，提升市民文明素质。评选表彰年度精神文明建设"新人新事"，做好第二届全国、省道德模范推荐工作。整合各类志愿者资源，加快泰州市爱心志愿者总队各支队组建步伐，项目化招聘志愿者，以社区、学校、农村、行业为志愿服务重点，紧扣市民教育、平安家园、文明交通、生态环保等主题开展志愿服务。举行"博爱万人捐"暨深化"爱心"系列活动启动仪式，命名首届爱心形象大使，打造"爱心品牌"，培育"爱心文化"，掀起爱心活动新热潮。深入开展助老、助残、助困活动，使困难群体感受到社会大家庭的温暖。

广泛开展群众性精神文明创建工作。评选表彰2007—2008年度市级文明创建先进单位。组织省级行业文明服务公众满意度测评试点工作和市级行业文明指数测评活动，增强文明行业（单位）创建工作的针对性。组织文明优质服务品牌创建活动，召开评审推介会，制定下发管理办法，推广首届"十佳"文明优质服务品牌。以"新农民、新生活、新家园"为主题开展文明村镇创建活动。在全面推开"1+1"城乡文明共建活动基础上，进一步探索新形势下开展城乡共建活动的新机制、新途径，制定结对共建考核办法，动员更多行业、单位参与。建立健全新型社区管理和服务体制，加强文明市民学校建设。开展"科教进社区"和科普示范社区、家庭创建活动，提升市民科学素质。总结推广"社区论坛"、"社区民主恳谈"等社区居民议事制度和"爱心超市"等扶贫帮困做法，开展社区群众性自助、互助活动，实现居民自我教育、自我管理、自我提高。

大力推动未成年人思想道德建设。开展"做一个有道德的人"、"红领巾寻访"、"童声里的中国"等系列主题教育实践活动。成功承办中央文明办、教育部主办的首届全国中小学生"中华诵"夏令营，被誉为"为全国'中华诵'系列活动竖起了一根标杆”、“‘中华诵’夏令营从泰州成功出发”；承办全省“向国旗敬礼、做一个有道德的人”网上签名寄语活动启动仪式。组织“快乐之夏”青少年暑期系列活动，设计6大主题79个项目，深受未成年人和大学生欢迎。积极抓好“百姓阳光屋”、“四位一体”关爱留守子女、“爱心奶奶”、“一校一品”、“阳光伙伴”等品牌工作，编辑下发《泰州市未成年人思想道德建设工作创新案例》，推广创新创优成果。评选表彰“美德少年”、“十佳大学生”，引起较大社会反响。深化社会文化环境综合整治专项行动，会同有关部门开展“红歌唱响新泰州”、“阳光网络伴我成长”、“泰州非物质文化遗产巡回展”、戒除网瘾行动等活动，有效净化、优化了社会文化环境。加强校外活动场所建设、使用和管理工作，规划论证江苏省泰州未成年人社会实践基地。推进“阳光基地”示范点建设工作，全市70%的农村社区建成未成年人校外教育辅导站(点)。

面向基层拓展思想政治工作，进一步创造团结和谐奋进的社会环境

深化“践行科学发展观，我为泰州作贡献”主题教育活动。结合学习实践科学发展观活动，推动全市上下振奋精神、解放思想、加快发展。拓展思想政治工作途径，举办第25期《百姓议事园》——“文化泰州建设大家谈”，进一步唤起全社会的文化自觉。第32期《百姓议事园》围绕“泰州经济转型升级”话题，组织专家学者、部门负责人、企业负责人、市民代表等共同为经济转型升级把脉支招。组织开展“《百姓议事园》——践行科学发展观 我为泰州作贡献”市(区)篇展示活动，扩大活动的参与面和影响力。深入开展文化科技卫生“三下乡”活动，市服务慰问团赴高港区胡庄镇开展讲座、讲学、义诊、文艺演出等服务，捐赠物质，提供就业岗位和创业项目。

典型宣传有新突破。成功申报陈燕萍为全国重大典型，市委下发《关于在全市开展向陈燕萍学习活动的通知》。召开了学习宣传陈燕萍事迹研讨会，对陈燕萍成长轨迹、精神实质、时代价值、工作方法等进行总结、概括和提炼。抽调泰州市、靖江市两级媒体30多名记者深入采访典型事迹，编辑陈燕萍先进事迹新闻线索。制订宣传报道计划，开设专题、专栏，实施动态宣传。全面收集汇编了反映陈燕萍同志先进事迹的文字、音像资料，为新闻采访活动提供了良好基础。由《新华日报》、江苏卫视、江苏电台等10多家媒体组成的省新闻采访团和中宣部、中央学习实践活动小组办公室、最高人民法院联合组织的23家中央新闻单位采访团相继来泰州、靖江进行集中采访。“百姓新事”评选、宣传工作贯穿全年，推出凡人善举120件(人)，充分发挥先进典型的引领示范效应。

组织开展各类专项社会宣传。配合市司法局开展“五五”普法法制宣传，顺利通过省“五五”普法中期检查。配合市综治办、市委610办公室开展平安创建和反邪教宣传活动。联合市科技局、科协开展“科普宣传周”活动。此外，禁毒、党风廉政建设、社会治安综合治理、维稳等方面的宣传教育工作常抓不懈、取得实效。在国庆60周年等重要时间节点和“两会”等重大活动期间精心组织环境宣传，创造和谐稳定的思想政治环境。

拓宽载体积极开展对外宣传，进一步提升泰州对外影响力

对外新闻报道保持良好态势。在市外重要媒体刊播各类重点稿件1 000多篇。在新华社、中新社、《光明日报》、《经济日报》、央视“新闻联播”等发稿量稳中有升。化危为机加快产业转型、“春风行动”缓解返乡农民工就业压力等做法引起新华社、人民网等重点媒体关注。《光明日报》头版头条长篇通讯《文化惠民激活文化泰州建设》、《农民日报》头版头条《田头创业拓展就业新空间——江苏省泰州市农村全民创业纪闻》、《新华日报》头版头条《泰州:产业转型改变城市转型路径》、从多个角度展现了泰州发展新气象。抓住"中华诵"夏令营、国际旅游节、科技洽谈会、纪念海军诞生60周年、省园博会等重大活动契机,组织境内外媒体集中采访报道,进行专版专题宣传,新华社、《人民日报》、央视"新闻联播"、新浪网、搜狐网等推出一大批重点稿件。加强境外媒体宣传推介,继续加强对香港《大公报》、香港《文汇报》、美国《侨报》、韩国《全北道民日报》等境外媒体的发稿,推出各类报道近20篇。

突出宣传全局工作中的亮点和特色。推出中国医药城、民主评议村官等外宣典型。《人民日报》、新华社、中新社、《光明日报》、《经济日报》、《农民日报》等中央重点媒体对泰州国家医药高新技术产业开发区成立以及泰州医药产业发展作了大量报道。民主评议村官作为基层民主政治建设的新探索,得到中央和省级媒体的充分关注,新华社刊发通稿,"新华视频"播发长达10分钟的深度报道,各大网站纷纷转载,产生积极影响。与央视联合主办"祥泰之州·同一首歌"大型晚会,通过"千年书院、百年名校"、"海军诞生地、水兵母亲城"等版块,集中宣传了泰州的文化底蕴,央视计播出6次、600分钟,取得了很好的外宣效果。

积极整合外宣资源。继续在央视重点栏目开辟宣传泰州的气象标牌,在沪宁线公交车等开设流动广告,在宁通高速、宁靖盐高速等立交口设置大型户外广告。着眼于展示新泰州良好的城市形象和发展前景。配合市委、市政府中心工作,及时组织各方力量,认真选题,精心制作了一批反映我市经济社会发展成就、具有浓郁地方历史文化特色的外宣品。

强化学习抓好宣传部门自身建设,进一步激发创新发展的内在动力

扎实开展学习实践科学发展观活动。按照市委部署要求,在全市宣传文化系统深入开展学习实践科学发展观活动,在推动思想解放、创新体制机制、解决突出问题上下功夫,取得明显成效。市委宣传部机关党员干部分层次开展"文化泰州建设三年大变化,宣传部怎么做"专题大讨论,开展建言献策活动,激发思想活力,开阔眼界思路。加强思想建设、作风建设,深化新闻界、文艺界、社科理论界"三项学习教育"活动,推进学习型、服务型机关建设,引导广大宣传工作者在实现"三年再来一个大变化"奋斗目标中建功立业。

切实抓好队伍能力素质提升。市委宣传部深入推进学习型机关建设,强化机关干部集中学习制度,开展读书交流活动,学习研究之风日益浓厚。组织实施宣传文化系统业务骨干、新闻发言人、网络宣传骨干的政治理论、业务知识培训。抓紧人才培养,做好宣传文化系统"311"人才培养、考核工作。牵头做好"十一五"期间宣传口"311"人才期中考核和调整工作,组织宣传口"311"人才评审会。

开展社会舆情收集、分析和重大课题调研。针对市委市政府工作大局和宣传思想工作面临的形势,围绕文化泰州建设、提升泰州影响力、乡镇宣传文化中心建设等,形成一批有情况有分析有对策的调研报告,为改进宣传工作、服务领导决策奠定了重要基础。

（泰州市委宣传部）

南通市宣传工作

2009年,南通市宣传思想文化战线深

入贯彻落实科学发展观，紧紧围绕市委市政府中心工作，对照年初确定的目标任务，突出重点，统筹兼顾，强化举措，狠抓落实，扎实推进宣传思想文化工作改革创新、深入发展，为南通“扎实保增长，全面达小康”提供了有力支撑。

扎实推进形势任务教育，深入开展应用理论研究

一是精心组织干部学习调研。以深入学习宣传贯彻党的十七届四中全会精神为龙头，突出科学发展观主题，着眼于推动思想解放，深入开展学习宣传活动。推进党委中心组学习的规范化和制度化建设，指导全市中心组学习积极有效开展。在全市第二批深入学习实践科学发展观活动中，研究制定了《进一步加强和改进市委中心组学习意见》，放大了市委中心组在全市深化理论武装与学习实践科学发展观中的表率示范作用。组织领导干部带头学理论、带头写文章、带头作报告，开展县处级领导干部学习实践科学发展观专题调研活动，评出获奖调研文章45篇。

二是认真抓好党员教育培训。切实加强基层党校规范化建设，依托基层党校，组织开展形式多样的党员主题轮训活动。作为全省唯一试点地区，承担2009年全省农村党员冬训试点工作，积极放大南通冬训工作经验。在全省理论武装调研活动中，南通有《关于当前乡镇基层党校建设存在问题的调查与思考》等3篇调研成果入选。

三是广泛开展形势任务教育。充分发挥讲师团、政研会和理论宣讲团的作用，面向基层群众开展内容丰富、形式多样的形势任务教育活动。创新组织手段，整合社会资源，探索“江海大讲坛”新的运作机制，讲坛场场爆满，深受干部群众欢迎。制作讲坛宣传折页，发布讲坛举办公告，在图书城、大型商场等人流量集中的地点免费发放讲坛入场券，加大讲坛宣传报道力度，进一步提高了讲坛的知晓率、影响力。省委宣传部主办的《大众学堂》介绍了南通讲坛举办经验。

四是切实加强应用理论研究。发挥驻通高校、社科理论界人才库和智囊团的作用，围绕经济社会发展的热点问题，组织开展应用性理论研究，评选社科规划基金资助课题48项。组稿参加中共江苏省委和中央文献研究室联合举办的“科学发展观与建设全面小康社会”理论研讨会，并作大会交流。结合南通实际，组织开展沿海开发战略研究，形成了一批较有影响的研究成果，在此基础上，成功举办第八届南通发展论坛。

精心组织国庆纪念活动，切实加强爱国主义教育

一是举办国庆文艺活动。邀请“中国东方歌舞团”加盟，整合南通优秀文化艺术资源，量身定做了一台融政治性、艺术性、观赏性、地方性于一体的大型综艺演出，并通过电视转播放大宣传效果。层层发动群众，组织开展“五星红旗耀江海”合唱大赛；在普遍开展“爱国歌曲大家唱”活动的基础上，举办红色经典歌曲演唱大赛，全市参加各类演唱大赛的约20万人次。

二是加强爱国主义教育。认真做好省“奋进的江苏——庆祝新中国成立60周年大型成就展”南通展馆的设计布展及组织参观工作，激发干部群众爱祖国爱家乡的热情。以“忆峥嵘岁月，看光辉成就，抒报国之志”为主题，在全市开展了爱国主义教育基地“庆祝新中国成立60周年”专题教育活动。各地机关、学校、企事业单位，依托爱国主义基地优势资源，联手开展活动，掀起了群众性爱国主义教育的热潮。推广“国旗一条街”建设经验，“国旗一条街”由以往市区南大街、桃坞路为主，扩展到全市各地30多条街（路），营造了浓郁的国庆氛围。

三是组织模范人物评选。按照中央和

省里要求，积极组织开展全国“双百”、江苏“双50”英雄模范人物和感动中国（江苏）人物推荐评选活动。下发文件，召开动员大会，层层发动推荐，组织广大干部群众积极参与投票评选，两次共组织选票65万多张，均获省优秀组织奖。

四是抓好国庆宣传活动。报纸、电台、电视台陆续推出“江海红色记忆”、“10大将军县探访之旅”、“辉煌60年”、“我这60年”，“看沧桑巨变，话南通未来”等专题专栏，突出唱响了共产党好、社会主义好、改革开放好、伟大祖国好、各族人民好的主旋律。国庆60周年宣传投入资源多，时间跨度长，宣传效果好，社会影响大。

加大对内对外宣传力度，扩大南通知名度影响力

一是强势推进中心工作宣传。组织开展“信心南通”大型新闻行动，重点宣传了崇启大桥、洋口港等十大在建项目，进一步提振了全市上下应对金融危机、“扎实保增长、全面达小康”的信心。与连云港、盐城联合策划组织了“黄金海岸大潮涌”首轮系列采访活动，三市的日报、晚报、电台、电视台集中采访，对三市港口建设、工业发展、现代农业、城市建设、物流、体制机制等6个方面进行深度解读和全面报道，积极展示地处江苏沿海开发最前沿三城市的进取精神，增强三市干部群众沿海开发信心和决心，推动三市互促并进。

二是突出抓好特色亮点宣传。结合中新苏通科技产业园、洋口港建设等重大项目和学习实践科学发展观等重大活动，围绕南通荣获“全国文明城市”、社会治安综合治理“长安杯”等荣誉称号，全方位展示南通科学发展的新探索、新成效。《半月谈》以《发现新南通》为题用8个版面深入解读了南通实践科学发展观的成果和经验。组织开展纪念汶川地震一周年采访活动，全市6家新闻单位到南通对口援建的四川省绵竹市采访援建工作，在全景式报道南通援建工作骄人业绩的基础上，对“南通援建经验”进行了深入挖掘。

三是持续开展对外形象宣传。抓住全国“两会”、南通港洽会等重要契机，积极争取国内主流媒体的支持，大力开展对外宣传，全力推介南通经济社会发展成就和招商引资优势。据不完全统计，“两会”期间，权威媒体涉及南通报道100多篇；港洽会期间，《人民日报》、新华社等50多家中央和省级媒体报道南通情况，《中国日报》、《新华日报》、《解放日报》刊发了港洽会专版。特别是配合港洽会召开，与中国女摄影家协会联合组织了中国百名女摄影家“聚焦中国近代第一城南通”采风活动，通过摄影家的镜头大力宣传南通、推介南通，成为对外宣传的独特亮点。做好首届中美法治与人权研讨会组织协调工作，平安南通建设特别是南通大调解机制影响进一步扩大。

四是积极做好舆论引导管理。围绕社会热点问题，进一步加强舆论引导，每月精心制订宣传报道方案，从根本上确保舆论导向的正确性。发挥媒体作用，做好大学生思想引导，选择部分在通高校大学生进行问卷调查，形成《大学生思想状况调查及创新途径》调查报告，并在中国政研会会刊《政工研究动态》发表。市直媒体开设“大学生就业指南”等栏目，及时解读就业政策、传递用人信息，引导大学生变被动就业为自主创业。规范网络管理，对海安网络实名回帖员做法进行了调研和总结，并通过新华社内参、半月谈、《新华日报》作了宣传推介。加强舆情收集、分析、研判，及时处置相关问题，积极引导社会情绪。

巩固文明城市创建成果，加强公民思想道德教育

一是提高全国文明城市创建水平。围绕

巩固提升文明城市创建成果，研究制定了《南通市创建更高水平全国文明城市规划》，完善了文明城市创建的长效管理机制。开展“迎国庆讲文明树新风”主题活动，动员、组织干部群众围绕“环境优美，秩序优良，服务优质，素质优秀”，全面推进环境卫生整治、公共秩序维护、服务水平优化、市民素质提升、文明新风弘扬“五大工程”，取得了良好的社会反响。接受中央文明办组织的城市公共文明指数测评，测评总分名列全省地市第一。

二是深化群众精神文明创建活动。组织开展2007—2008年度南通市文明行业、文明村、文明乡镇、文明社区、文明单位评选工作。坚持以评促创，通过申报评选，促进整改提高，解决了一些热点、难点问题，涌现了一批文明创建先进单位。根据全省统一部署，以南通供电公司为试点，进行了行业服务公众满意指数测评的试测工作。深入推进农村公共服务中心建设，实现了全市村级公共服务中心全覆盖和村规民约全覆盖。

三是提升公民文明素养道德素质。组织公共文明教育活动，开展“怎样做一个文明的南通人”大讨论，总结提炼了以“爱护环境、有序交通、讲究礼仪、友善交往、文明观赏、热心公益”为主要内容的“南通市民公共文明基本规范”，编印发放6万份《南通市民公共文明手册》。做好全国、全省第二届道德模范推荐、评选工作，南通的王陆军荣获全国道德模范提名奖，葛纪军荣获江苏省道德模范荣誉称号，姚泽炎、张红英荣获江苏省道德模范提名奖。组织第32次文明新风典型评选活动，持续发掘、培育身边典型。在南通文明网创建了南通市先进典型资源库，利用网络集中展示全市400多个市级以上精神文明先进典型的光辉形象和感人事迹。各地各部门通过开展“学习先进典型，争当时代先锋”等形式多样、各具特色的学习宣传主题活动，形成了学习道德模范，争当文明使者的热潮。

四是加强未成年人思想道德建设。制定下发《南通市未成年人思想道德建设年度工作考核制度》，不断完善未成年人思想道德建设管理机制。针对未成年人实际，组织开展了“关爱雏鹰，向着未来”集中行动月、优秀影片进校园、“我们的节日”、“七彩的夏日”、“做一个有道德的人”等生动多样的教育活动。承办“童声里的中国·祖国，献您一首诗”——庆祝新中国成立60周年全国儿童诗推广活动，在全国产生良好反响。加强未成年人校外实践基地建设，推广校外教育辅导站建设。发挥南通文博资源优势，继续推进“馆校结合，共建未成年人第二课堂”，工作经验在全省会议上交流。

加快文化事业产业发展，服务群众精神文化需求

一是筹备召开文化建设工作会议。贯彻落实全省文化建设工作会议精神，深入开展文化产业发展和文化体制改革调研，结合学习实践科学发展观，充分听取对文化发展的意见、建议。筹备召开全市文化建设工作会议，制订出台《南通市2010—2015年文化建设规划纲要》，对深入推进文化事业文化产业发展，深化文化体制机制改革，加强文化人才培养，加快文化强市建设作出全面部署。

二是大力推进文艺精品创作生产。切实加强文艺精品生产的组织管理工作，电影《爱的延续》、电视剧《花开有声》、图书《江海祭》、动画片《孔小如》、话剧《天堂的风铃》、歌曲《江海潮》、广播剧《书生意气》7部作品获省“五个一工程”奖，取得省“五个一工程”奖全部七个门类获奖作品满堂红的优秀成绩。廉政话剧《母亲的守望》受到省纪委的肯定，在全省公演52场次。与上海舞美艺术中心联合编排大型神话史诗歌舞剧《东方神韵》,并在南通港洽会期间演出。

三是逐步推开文化产业项目建设。按照全市文化建设规划要求,大力推进文化产业发展,海安523文化产业园、崇川民俗文化博览园、港闸华强方特城、南通报业新闻传媒中心、南通书城、南通图书馆等一批重大项目陆续立项、签约、奠基,南通电视台节目制播大楼正式启用,中国南通网、南通电视台网站建成开通。

四是积极服务群众精神文化需求。进一步加强公共文化服务体系建设,完善公共文化设施,充分发挥“农家书屋”、“家庭文化室”、文艺小分队等载体和平台的作用,满足广大群众日益增长的精神文化需求。组织开展了第29届“濠滨夏夜”、第11届“文化江海行”和第4届“五月风”文艺展示月等丰富多彩的群众文化活动。

（南通市委宣传部）

盐城市宣传工作

2009年,是新中国成立60周年,是盐城市实施“十一五”规划的重要一年,也是深入学习实践科学发展观,积极应对危机,推动全市全面建设小康社会进程,实现保增长、促发展的关键之年。全市宣传思想文化战线按照“高举旗帜、围绕大局、服务人民、改革创新”的总要求,以邓小平理论和“三个代表”重要思想为指导,深入贯彻落实科学发展观,全面贯彻全国、全省宣传部长会议和盐城市委五届五次全会和党的建设工作会议精神,坚持解放思想、实事求是、与时俱进,坚持团结稳定鼓劲、正面宣传为主的方针,坚持贴近实际、贴近生活、贴近群众,着力推动经济社会又好又快发展,着力建设社会主义核心价值体系,着力加快文化发展繁荣,着力提高舆论引导能力,为全面奔小康、建设新盐城,保增长、促发展提供强大的思想保证、舆论支持和文化条件。

深入推进理论武装工作,提高党员干部科学发展的能力和水平

抓好科学发展观宣传教育。配合深入学习实践科学发展观活动,扎实推进用科学发展观武装党员干部、教育人民群众的工作。大力宣传市委开展深入学习实践科学发展观活动的重大部署,及时报道学习实践活动的典型经验和实际效果,积极营造学习实践活动的浓厚舆论氛围,引导干部群众深入掌握科学发展观的重大意义、科学内涵、精神实质和根本要求,增强贯彻落实科学发展观的自觉性和坚定性,进一步把科学发展观转化为推动科学发展的坚强意志、谋划科学发展的正确思路、领导科学发展的实际能力、促进科学发展的政策措施。

抓好党员干部理论学习。认真落实中办发[2008]17号文件和省、市委实施意见,进一步加强和改进党委(党组)中心组学习,抓好中心组学习的规范化、制度化、科学化建设。以县处级领导干部理论学习为龙头,带动机关、企事业单位党员干部,基层广大党员干部和群众,高校中专校师生学习,用科学理论武装头脑、指导实践、推动发展。有计划地组织基层党员集中轮训,组织科学发展观知识竞赛,加强基层党校阵地建设,搞好农村党员干部冬训,组织召开全市社区和新型社会组织党员教育研讨会。

抓好学习载体建设。充分发挥新闻媒体的作用,建立以报纸、电视、电台、网络、讲坛等为载体的理论教育体系。通过举办保增长、促发展专题论坛,加强各类讲坛学堂建设,面向广大干部群众深入浅出解读理论、讲解政策。整合理论宣传教育资源,开展各种理论宣讲活动。围绕“保增长、促发展”中的热点难点问题,引导和整合全市社科力量深入开展调查研究,形成一批有效服务中心工作的理论调研成果。

提高舆论引导能力,为保增长、促发展营造良好氛围

积极营造保增长、促发展的浓烈氛围。大力宣传中央和省、市应对国际金融危机、保持经济社会又好又快发展的重大举措;大力宣传市委、市政府保增长、促发展,扩内需、增投入,抢机遇、调结构,抓改革、促开放的重要部署;大力宣传全市各条战线按照科学发展观要求,深化改革开放、创新体制机制的成功经验和做法;大力宣传广大干部群众增强信心、振奋精神、团结奋斗的先进事迹和突出业绩,形成保增长、促发展的强大主流舆论。

广泛开展主题宣传、对外宣传和典型宣传。精心组织庆祝建国60周年、学习实践科学发展观等重大活动的宣传,把人心凝聚到科学发展上来,力量集中到保增长、促发展上来。大力宣传一批迎难而上,千方百计保增长、促发展的先进典型,营造学习先进、进位争先、竞相发展的浓厚氛围。围绕保增长、促发展,“三海”齐抓等重大战略,组织开展“百家媒体看盐城”、“韩资企业在盐城”等外宣活动,扩大盐城的知名度和影响力,让世界了解盐城,让盐城走向世界。高度重视发展互联网等新兴媒体,进一步办好盐城新闻网、盐城网,积极用网、科学管网、依法治网,推动形成网上正面舆论强势。

切实加强社会热点引导。加强信息和调研工作,加强网上舆情监测、研判,及时掌握倾向性、苗头性问题,做到早发现、早引导。从群众的关注点和兴奋点入手,主动设置议题,回应社会关切,有效引导就业、农民工返乡、社会保障等热点问题,帮助人们正确认识面临的困难,凝心聚力,攻坚克难,推动发展。

大力弘扬社会主义核心价值体系,进一步增强群众性精神文明建设活动的实效

扎实推进思想道德建设。深入宣传、普及社会主义核心价值体系,更好地发挥其凝魂聚气、强基固本的作用。组织开展“爱祖国、讲文明、学典型、促发展”主题实践活动和“三百三树”、“五德”典型宣传等系列活动,进一步加强公民思想道德建设。组织未成年人思想道德建设测评工作,强化阵地建设,进一步完善和发挥市未成年人成长指导中心功能,推进市、县、乡三级未成年人校外辅导基地建设,加大苏北未成年人素质教育基地的建设力度。

实施文明创建质量提升工程。积极探索文明城市创建长效机制。根据“全面奔小康,建设新盐城”的目标要求和各类文明创建考评标准、管理规定,进一步提高文明行业、文明机关、文明单位、文明村镇、文明社区创建水平,深入推进文明和谐创建工作。进一步加强农村精神文明建设,深入开展“城乡结对、文明共建”活动。围绕建设“民富、村美、风正、人和”的新农村这一主题,深化文明村镇创建工作,广泛开展“新风进新村”、“十星户”创评等活动。

加强和改进基层思想政治工作。以返乡农民工、困难企业职工和大学毕业生为重点对象,开展深入细致的思想政治工作,积极排忧解难、释疑解惑,多做得人心暖人心稳人心的实事,在解决实际问题过程中解决思想问题,维护社会稳定。

精心组织庆祝建国60周年宣传活动,进一步激发全市人民奋力开拓进取的精神动力

精心组织庆祝活动。组织开展《祖国万岁》、《歌唱祖国》征文、演讲比赛,举办大型群众歌会、文艺晚会和成就展览,组织开展看成就、谈变化、谋发展、奔小康主题教育活动,组织缅怀革命先烈、走访慰问等活动。广泛开展形式多样的群众性纪念活动,吸引干部群众参与,激发爱国热情,增强民族自豪感。

深入开展宣传教育。充分挖掘教育资源,深入进行革命传统教育、爱国主义教育、社会主义理想信念教育和改革开放教育,引导干部群众深刻认识只有社会主义才能救中国,只有改革开放才能发展中国、发展社会主义、发展马克思主义,唱响共产党好、社会主义好、改革开放好、伟大祖国好的时代主旋律。

努力营造良好氛围。集中开展新中国成立60周年成就宣传和重大庆典活动报道,做好改革开放30周年成就图片展。用60年发展的成就鼓舞士气、凝聚人心、提振精神,积极营造热烈喜庆、欢乐祥和的节日气氛。

加快文化体制改革步伐,更加自觉主动地推进文化事业产业发展

着力繁荣文化事业。积极构建覆盖全市的公共文化服务体系,保障群众的基本文化权益,满足人们多层次、多方面、多样化的精神文化需求。坚持公益性、基本性、均等性、便利性的原则,以政府为主导,以公共财政为支撑,以公益性文化事业单位为骨干,以基层为重点,鼓励全社会积极参与,创新公共文化服务方式。深入推进广播电视"村村通"、社区和乡镇综合文化站、文化信息资源共享、农村电影放映、农家书屋等文化惠民工程。加大精品力作扶持力度,组织参加省第九届精神文明建设"五个一工程"的推荐、申报、参评工作,举办第四届全市精神文明建设"五个一"工程评选活动。组织第四届"全面奔小康、建设新盐城"文艺演出。

着力发展文化产业。实施重大文化项目带动战略,加快文化产业基地、文化产业创意园区和特色文化产业群建设。理清思路,完善政策,降低门槛,放宽准入,明确文化产业招商引资的重点项目,组织首届文化产业展销会、首届创业文化节和第二届文化产业招商推介会,组织参加全国、全省文化产业展销会,努力提高文化产业对全市经济发展的贡献度。

着力推进文化体制改革。积极推进国有经营性文化单位转企改制,重塑文化市场主体,完善市场体系,改善宏观管理,转变政府职能,着力解决制约文化发展的深层次矛盾和问题,不断解放和发展文化生产力。按照国办发[2008]114号文件要求,健全国有文化资产管理,完善文化产业统计口径办法。贯彻落实文化强省建设工作会议精神,加快文化强市建设步伐。

加强宣传文化队伍建设,不断提高思想政治素质和创新能力

着力加强宣传文化系统领导班子建设。结合深入学习实践科学发展观活动,大力加强宣传文化单位领导班子思想政治建设和能力作风建设,切实增强宣传文化系统领导干部的政治意识、大局意识和责任意识,把各级领导班子建设成为坚定贯彻落实科学发展观的领导集体。

着力加强宣传文化队伍建设。在全市宣传文化系统全面开展深入学习实践科学发展观主题活动,提高宣传文化队伍用科学发展观指导实践、推动工作的能力。组织开展市宣传新闻单位服务经济发展、参与实践锻炼活动。加强队伍教育培训,制定培训计划,改进培训办法,丰富培训内容,提高培训质量。举办履新宣传干部培训班、党委中心组学习秘书培训班、基层党校教员培训班和高校中专校骨干政治教员培训班。

着力提高规范化管理水平。按照"谁主管,谁负责"和属地管理的原则,加强对市重点网络媒体和在盐新闻机构的管理,做到守土有责、守土负责。认真落实《突发公共事件新闻报道应急办法》,完善新闻发言人制度,进一步理顺关系、明确任务、规范程序,强化主流媒体特别是网络信息发布的及时性、权威性、准确性,让主流声音引领社会舆论。认真落实新闻宣传月度例会制度、通气会制度、重要舆情上报、重点新闻网站审发和安全管理等制度，提高规范化管理水平和应急能力。

（盐城市委宣传部）

淮安市宣传工作

2009年，淮安市宣传思想工作遵照胡锦涛总书记“高举旗帜、围绕大局、服务人民、改革创新”的指示，坚持以科学发展观为指导，认真贯彻市委“深入实践找题目，围绕发展做文章”的要求，理论武装工作扎实推进，新闻外宣工作紧跟中心，文明创建工作务实创新，文化繁荣工作精彩纷呈，全市宣传思想工作呈现出主旋律突出、主阵地稳固、主动仗漂亮的良好发展态势。

推动学习，强化引领，进一步夯实科学发展的思想基础

按照中央和省市委统一部署，会同相关部门组织全市党员干部深入开展学习实践科学发展观活动。市委中心组围绕全国“两会”精神、突发事件应对、科学发展观、周恩来精神、集聚资源统筹发展等9个专题组织集中学习，围绕国家副主席习近平视察淮安提出的“坚持科学发展、打造亲民淮安”的要求组织学习交流，在《群众》杂志集中展示学习成果。制订出台全市党委（党组）中心组学习考核细则，开展中心组示范点创建活动，评选示范点11个。在各级领导干部中开展“坚定发展信心、加快经济发展”专题调研竞赛活动，出台了全市贯彻党的十七届四中全会精神的意见。围绕帮助返乡农民工就业创业，组织全市农村党员干部开展冬训工作，荣获“全省冬训工作先进市”称号。继续实施新农村建设理论引领工程，组织专家学者和党政领导干部，深入乡村开展“保稳定、增信心、促发展”巡回宣讲300多场次。认真办好“淮安市民讲坛”，围绕科学发展观、周恩来精神、健康生活方式等8个主题，邀请专家学者来淮讲学。成功开展市第十次社科成果评奖活动，累计收到各类成果341项，“社科评奖阳光操作法”在全国社科联工作会议上作重点介绍，并荣获“全国先进社科联”。认真做好庆祝新中国成立60周年系列理论研讨交流活动，在全市广大党员干部中开展“我看淮安60年”征文竞赛活动，收到征文200多篇，充分凝练了新中国成立以来淮安发展的好经验、好做法。

围绕中心，服务大局，进一步营造和谐发展的舆论氛围

针对国际金融危机的影响，审时度势，认真谋划，以市委名义转发《关于加强经济宣传、坚定发展信心的工作意见》，组织召开推进会议，落实十项工作举措，认真总结工作成果，受到中宣部部刊肯定和推介，这是淮安市宣传工作十年来的一大突破。围绕中央提出的“保增长、扩内需、调结构、促发展、重民生”新要求和市“五大建设”新任务，组织策划一系列经济主题宣传，“破解难题、应对挑战”、“坚定三个信心，又好又快发展”、“奔向海洋”等报道反响强烈。为维护、稳定大局，加强突发公共事件新闻应对工作，先后邀请中央外宣办、清华大学、省记协的领导和学者来淮讲学，赴京举办全市宣传干部媒体公关研修班，出台一系列应急处置办法和预案，成立市新闻应急协调小组和报道中心，建立网上舆情监控平台，推进政府部门网上发言人试点工作，积极稳妥处置了非法集资、非法行医、非正常死亡等多起突发新闻事件。组织召开新闻媒体服务发展大局座谈会和推进会、市记协常务理事会。继续打造“网络媒体淮安行”活动品牌，策划组织网友文化节，邀请全国20余家知名网站走进淮安集中采访报道，发表稿件900件次，点击率740多万人次。大力扶持市重点新闻网站、民间网站建设，形成了网上正面舆论氛围。

把握脉搏，扎实推进，进一步凝聚全市人民的精神力量

为凝心聚力、加快发展，在全市深入开展“四推进四增强”创业主题活动，大力倡导百姓创家业、能人创企业、干部创事业；在县处级干部中开展了“践行科学发展观、平稳较快保增长”调研竞赛；在社科理论工作者中抓好经济形势政策“四进”宣讲；在企业开展了“我与企业共命运，同舟共济谋发展”主题活动。组织召开“文明育农、科技富民”工程现场会，推广了金湖、清浦、淮阴、洪泽、盱眙经验和做法，表彰了“十大新农村建设带头人”、“十大育农示范基地”、“十大育农园丁”，进一步提升了传统品牌形象。精心组织新中国成立60周年纪念活动，积极开展群众性爱国主义教育，精心布展“辉煌60年·江苏发展成就展”淮安馆，征集图片万余张，图片量居苏中苏北前列，得到了省委宣传部肯定。国庆前夕，制作发放1万面小国旗、5千面大国旗，在市主城区悬挂，营造了“红旗耀淮安”的喜庆氛围。积极做好典型宣传，组织市民参加全国“100位为新中国成立作出突出贡献的英雄模范人物和100位新中国成立以来感动中国人物”评选，以及全市“凡人壮举”典型评选工作，刘老庄连、吴运铎、李公仆、李桂五入选全省60位英雄模范人物，刘老庄连荣获全国“新中国成立60年英雄模范人物”，王伟章、郑兆财被推选为全省60位感动中国人物，郭玉凤等10名同志被评为市“凡人壮举”先进典型，在全社会形成了强烈的示范激励效应。

深化内涵，丰富形式，进一步提高了全市文明创建水平

扎实开展十行百家“铸诚信、促内需、惠民生”共同行动，引导全市上下应对国际金融危机，打造诚信品牌，提振消费信心，促进内需增长，充分惠及民生。市委五届十次全会对此予以充分肯定，省文明办、中央文明办简报和中国文明网均对共同行动予以推介。继续深化“十讲文明、共创和谐”行动，分步骤、分层次、分区域组织实施，形成了全社会“同讲共创”的良好氛围，《精神文明导刊》用三个版面推介了经验和做法。市民政局的“社区邻里艺术节”、市公安局的“淮安文明交通行动计划”、市交通局的“迎、讲、树”活动，均创出了品牌。修订出台淮安市文明创建系列《管理规定》、《测评标准》，完成了2006—2008年度淮安市文明行业、文明单位、文明村镇、文明社区、文明窗口、文明风景旅游区等一系列申报评选工作，盱眙县成功创建江苏省文明城市。大力实施“育心立德”市民素质提升行动，积极开展“公民道德宣传日”系列宣传活动，筹备召开“育心立德”市民素质提升行动经验交流会。认真做好道德模范评选工作，汤留芹等一批先进英模人物当选江苏省第二届道德模范，入选中央文明办主办的“中国好人榜”。切实抓好未成年人思想道德建设，开展了一系列主题实践活动，争当“六小”好少年主题实践活动被省文明办评为创新案例一等奖。向省争取资金160万元，建成3个“乡村少年宫”和王嘴村村史馆，全市乡村校外辅导站建成率90%以上，投资3 000万的全市未成年人社会实践基地已通过省专家评审论证，已经启动开工。11月20日，由新华社和联合国儿童基金会共同发起世界927个重要媒体参与的“全球媒体儿童日”，展示我市农村留守儿童关爱工作经验的洪泽东双沟镇，作为全国六个、全省唯一的现场，由新华社向全球即时进行卫星直播，标志着这项工作的美誉度已越过国门传向世界。

整合资源，拓展渠道，进一步树立淮安良好对外形象

全国“两会”期间，策划组织多场采访，

报道淮安代表活动，提升淮安知名度。市委刘永忠书记批示："全国两会期间，我市的宣传推介工作做得很好，富有成效。市委宣传部功不可没，达到了精心组织、精细实施、精益求精的境界"。着力打造六名四城（名人、名著、名河、名湖、名城、名菜，历史古城、文化名城、生态水城、工业新城）名片，加强与中央、省主要媒体的合作，进一步推介淮安城市形象，在境内外媒体发表各类重点稿件2 600件，其中《经济日报》头版头条1个，《新华日报》头版头条11个，中央电视台《新闻联播》8条，继续保持全省领先水平，用稿之多、层次之高、效果之好为历史之最。借助香港凤凰卫视、澳大利亚《星岛日报》、法国《欧洲时报》以及《新华日报》等境内外强势媒体之力，组织20多个专版、专题、专刊，全方位开展淮安城市形象宣传。两岸三地电视媒体"精彩淮安"大型外宣行动，取得了广泛的反响。着力做好第8届淮安中国淮扬菜美食文化节、第4届台商淮安论坛等节会宣传，坚持分阶段推进、全方位报道、全过程聚焦，营造了浓烈的喜庆氛围。

贴近需求、加快改革，进一步丰富群众精神文化生活

积极推进"繁荣大文化"工程，组织督查组对全市大文化建设重点项目建设进展情况进行督察，确保了淮扬菜文化博物馆、长荣大剧院、漕运博物馆、吴鞠痛博物馆、盐文化博物馆项目如期建成并投入使用。制订出台《2009—2010年淮安市文艺精品工程实施方案》，进一步完善了文学、书画、摄影、戏剧、音乐、舞蹈等艺术发展规划，完成电视剧《大将军韩信》和电影《冬日的阳光》拍摄工作，组织淮安市第七届精神文明建设"五个一工程"奖评选，共收到参评作品45部，推荐报省12部。全市新建乡镇文化站22个、农家书屋771个，全面完成了乡镇文化站、农家书屋建设任务。新增有线电视用户12万户，实现了有线电视"村村通"目标，实施了有线数字电视整转。大力开展"三送六进"活动，送戏下乡648场，送电影17 700部，送书20万册。扶持发展一批民营艺术团体，举办了淮扬菜美食文化节、盱眙龙虾节、金湖荷花节、洪泽中华水典等一批有创意、有特色、有影响力的文艺活动。围绕迎接庆祝新中国成立60周年，组织开展了"爱我中华、唱响淮安"群众演唱会、"岁月如歌"诗歌朗诵会、"美好淮安"书画美术摄影展等十项系列文艺活动。深入推进县区文化体制改革，举办文化体制改革培训班，建立"一月一报、一月一督查"制度，认真做好指导协调工作。目前，已批复3个县区的文化体制改革方案。深化市直文化事业单位人事、收入分配和社会保障三项制度改革，全面推行以聘用制为主的用人制度，完善以绩效为导向的收入分配制度。加速推进文化产业发展，明确了重点发展的行业和企业，积极推进文化产业基地建设，清河区古淮河文化生态景区被评为"省级文化产业园"。加强与省级大型文化企业的合作，成立了苏演院线旗舰剧院淮安长荣大剧院和江苏演艺集团婚庆产业园。组织相关文化企业和文化项目参加中国南京第四届文化产业交易会，推介了淮安特色文化产品。

创新机制，提升素质，进一步激发队伍建设发展活力

制订了《淮安市宣传文化系统创新奖评选实施意见》，规范操作程序，全市宣传文化系统共有50个项目申报立项。积极开展干部培训，组织相关人员参加党校主体班、培训者工程高级研修班、县处级干部进修班、县处级干部公共管理与领导力提升高级研修班、青年公务员培训班、科级干部任职培训班、公务员"5+X"等培训。政工培训参培人数稳中有增，达到1 813人左右，较上年净增273人，继续名列全省省辖市之首。淮安日报社记者程钢入选2009年度全省"五个一批"人才培养对象,实现了全市这方面人才零的突破。出台了《淮安市市直宣传文化系统科级干部管理工作的实施细则》,组织部机关年轻干部参加江苏省党政机关公务员公开选调,2名同志入围。认真开展政工、新闻职称评审,新闻系列8人通过省高评委评审,通过率达87.5%,政工系列18人通过省高评委评审,通过率达70.8%。扎实开展学习实践科学发展观活动,各阶段工作小组评比均位列第一,测评满意和基本满意率达100%;在市学习实践活动简报发稿23篇,在国家、省级新闻媒体刊发稿109篇,位列全市第一;在全市"讲党性、作表率、促发展"知识竞赛中,荣获集体、个人双一等奖。对定点挂钩企业、四个村及城乡贫困户的结对帮扶工作,也都取得了明显成效。

(淮安市委宣传部)

宿迁市宣传工作

2009年,宿迁市宣传工作以科学发展观为指导,以传播先进文化、建设创业文化、培育和谐文化为重点,紧扣中心工作、紧跟发展潮流、紧贴社会需求,坚持统筹安排、扎实推进,宣传工作的凝聚力不断增强、感召力明显提高、影响力逐步扩大,呈现了加快发展的良好态势。

紧扣中心,服务大局,先进文化传播引领发展

坚持把科学发展、跨越发展贯穿于先进文化传播全过程,努力使先进文化传播更加贴近中心。一是强化理论武装。认真贯彻中央、省、市委要求,依托中心组学习、"每月两课"、"前沿课堂"、"宿迁讲坛"等平台,扎实开展理论教育工作,组织市委中心组学习会13次,开展专题讲座11次。探索建立领导干部理论宣讲点制度,定期组织机关干部赴基层讲学授课。突出理论研究与创新,大力实施应用研究精品工程,围绕中心城市建设、新农村建设、创业文化等方面确定20个社科研究课题,形成高质量理论研究成果150余篇。制定出台《关于提升城市软实力的意见》,并在全省率先探索建立城市软实力指标体系。精心组织学习实践科学发展观系列宣传教育活动,深化了各级干部对科学发展、跨越发展的认识、理解和实践。二是全力营造发展氛围。牢固树立"坚持好快干、跨越不动摇"的鲜明导向,围绕保增长促发展、大项目推进、全民创业、学习实践科学发展观等主题,组织《科学发展环省行》、《创业宿迁、激情岁月》等10余次大型主题宣传活动,进一步凝聚了人心、鼓舞了士气。完善网络新闻信息管理联席会议制度,建立全市网络舆情管理机制,制定出台《突发公共事件新闻报道应急办法》,形成较为完善的网络监管和新闻应急机制。不断扩大宿迁的对外影响力,外宣工作取得新成绩。全年在省以上主流媒体发表各类新闻稿件3 573篇,在央视用稿69篇,其中8篇进了《新闻联播》,组织召开新闻发布会35场次。三是大力弘扬爱国主义精神。按照主题突出、形式多样、广泛参与、注重效果的要求,以"爱国·创业"为主题开展庆祝建国60周年活动,举办了"歌唱祖国"咏唱会、《辉煌60年发展成就展》、"我与祖国同行"图片展、"祖国在我心中"有奖征文、影响宿迁发展60年60人评选等系列活动,营造了浓烈的发展氛围。根据省委宣传部统一部署,精心组织《辉煌60年·江苏发展成就展》宿迁展,确定了"六十年辉煌路、十三载变迁歌"的宿迁展区主题,突出创业特色,将展览分为当家作主之路、改革开放之路、跨越发展之路、追逐梦想之路等4个篇章,宿迁展区以新颖的创意、生动的展示、丰富的内容,获得了全省优秀设计奖和优秀组织奖。圆满完成庆祝建国60周年全国“双百”、全省“双50”推荐评选工作，朱瑞入选“100位为新中国成立作出突出贡献的英雄模范人物”，朱瑞、江上青、彭雪枫、喻尊侠4人入选“50位为新中国成立作出突出贡献的江苏英雄模范人物”，陈光标入选“50位新中国成立以来感动江苏人物”，扩大了宿迁在全省和全国的影响力。

立足基层，优化服务，创业文化建设纵深推进

坚定不移地把创业文化建成为宿迁的主流文化和特色文化，进一步探索建立创业文化建设的长效机制，步入由创业文化向创业实践转变、创业实践向创业经济发展的新阶段。一是深化创业教育培训。市县（区）联动组织开展了以“创业促增长”为主题的全民创业培训月活动，通过组建“创业培训讲师团”，开展专题讲座、典型报告、电视讲座、信息咨询等形式，分类组织农村实用技术、职业经理人、网络技能等培训活动。活动期间全市共举办各类创业专题培训1 649期、典型报告会43场、培训各类群体51万人次。二是优化创业服务体系。组织开展以“四送”为主题（送政策进心坎、送技能进岗位、送项目进田园、送服务进农家）的创业文化进乡村活动，推进了创业文化扎根基层、惠及百姓。依托乡镇文化站，创办以“五有”（有场所、有计划、有师资、有内容、有制度）为特征的“农民创业学校”，每月定期开设“创业课堂”。开展“创业指导服务周”活动，先后举办江苏省创业基地—专家巡诊“121计划”宿迁行、软件与服务外包创业成果交易会、青年网络创业讲座、“创业文化进校园知识竞赛”等主题活动。进一步加大创业扶持，在全市开展“千名义工助千户创业行动”，以广大公职人员义工为主体，招募1 000名志愿者帮扶1 000位创业者实施1 000个创业项目，从信息、技术、资金等方面对创业者进行全程跟踪服务。全年累计发放创业发展资金1 300多万元、创业小额贷款4.8亿元。三是扩大创业文化影响。成功举办第四届宿迁创业文化节，组织了“问鼎创业”青年创业大赛、创业文化大专辩论赛、新兴创业项目成果展演、创业文化墙展示、创业文化公益广告征集、创业文化论坛、创业文化原创文艺作品展演、“创业文化进乡村”媒体展示、手机网络创业大赛等活动。创业文化建设内涵不断丰富，影响力不断扩大，活动期间浙江省衢州市组团参观学习，《人民日报》、中央电视台、《光明日报》、《新华日报》等主流媒体派员报道，进一步提升了宿迁的知名度和美誉度。

创新机制，塑造精品，和谐文化培育普惠于民

坚持把培育和谐文化作为提升文化软实力的重要途径，努力形成良好的文化生态和人文环境。一是丰富群众文化生活。集中开展“广场文化市民乐、民间文化乡亲乐、节庆文化大家乐”的文化“三乐”活动，全年共组织广场文化演出42场、大型节庆文艺活动15场。文化“三送”常送常新，共送戏下乡440场、送电影1.5万余场、送书近9万册。围绕庆新春、庆祝建国60周年、创业文化节等主题，先后举办了大型歌舞史诗《东方红》、《歌唱祖国咏唱会》、“创业颂”创业文化主题晚会等主题活动，节目形式新、档次高，社会反响强烈。按照“一站、一校、一场”标准，加强乡镇文化站管理使用，全年新建农家书屋1 085个，实现农家书屋全覆盖。大力推进有线电视“进村入户”工程，新发展农村用户14.01万户，农村有线电视入户率达到55%，进一步方便了农村群众文化生活。二是全力打造文艺精品。以创“五个一工程”为抓手，大力扶持诗歌、小说、戏剧等文艺创作，集中推出一批反映时代精神、体现宿迁特色的精品力作。大型音舞诗剧《虞美人》正式公演，并与电影《彭雪枫纵横江淮》、电视剧《美丽的中国结》同获省第七届精神文明建设"五个一工程"奖，取得了历史性突破。此外，《美丽的中国结》等6件电视作品还荣获第23届、24届江苏省电视金凤凰奖。三是大力提升社会文明。组织实施市民素质提升工程，编印《宿迁市民文明生活手册》，开展"文明贴示"公益宣传。创新农村精神文明创建载体，制定出台《宿迁市诚信新农户创评管理办法》，在全市推行"诚信新农户"创评活动，对评选出的诚信农户按照星级档次给予相应的贷款额度和利率优惠，使诚信文明转化为惠民富民的"民生文化"，催生壮大了创业群体，全年累计评选"诚信新农户"近4万户，授信优惠贷款12.45亿元。组织实施"迎国庆讲文明树新风"和"七彩夏日夏令营"等系列主题活动，开展了文明交通小使者（红袖章）、城市小卫士（黄袖章）、城市护绿我能行（绿袖章）志愿者行动，开通96111青少年心理咨询热线，深入推进净化社会文化环境整治工作，在全社会倡导文明新风，促进了公民素质和城市文明程度的有效提升。

（宿迁市委宣传部）

徐州市宣传工作

2009年，徐州市宣传思想文化战线坚持以邓小平理论和"三个代表"重要思想为指导，深入贯彻落实科学发展观，按照"高举旗帜、围绕大局、服务人民、改革创新"总要求，全面贯彻中央和省、市委决策部署，围绕保增长、保民生、保稳定的首要任务，紧扣加快振兴徐州老工业基地主题，突出中心抓大事，创新宣传求突破，较好地完成了各项工作任务，取得了明显的成效。

围绕中心，服务大局，主题教育活动取得新成效

紧紧围绕"推动科学发展、振兴徐州老工业基地"的主题，突出重点、创新方式，策划实施"深入学习实践科学发展观、加快振兴徐州老工业基地"主题教育活动。

一是积极营造良好的舆论氛围。全市学习实践活动启动后，市属媒体开设"推动科学发展、振兴徐州老工业基地"和"科学发展谋振兴：领导干部访谈录"、"科学发展促振兴"等专栏，有针对性地配发评论员文章，及时报道各地各单位推动科学发展的新思路和新举措，大力宣传各行各业在学习实践活动中取得的新成绩、呈现的新亮点，引导广大干部群众牢固树立科学发展的理念。

二是精心组织"深入解放思想、加快徐州振兴"大讨论活动。市属新闻媒体开设"深入解放思想、加快徐州振兴"大讨论和"深入实践科学发展观、加快老工业基地振兴——回首：决策过程全记录"等专栏，编发读者评论，激发了广大群众的参与热情。在中国徐州网、中国淮海网、西祠徐州论坛等多家网站开设专题论坛，引导广大网民积极建言献策，点击量超过10万人次。

三是认真做好"你点题、我整改"活动的舆论引导。坚持以正面宣传为主，创新报道形式，积极搭建干群互动的桥梁和平台。市属媒体和网站开辟"你点题、我整改"专栏，开设新闻热线广泛征求人民群众的意见和建议，定期刊登点题建议。活动期间，市县两级480多家单位通过媒体解答群众点题2 200多个，500多家窗口单位作出服务承诺，新华社刊发通讯《徐州：以"百姓点题 干部整改"破解民生难题》，充分肯定这一做法。

突出重点，注重实效，理论武装工作实现新拓展

坚持用中国特色社会主义理论体系武装干部群众，精心组织党的十七大和十七届三中、四中全会精神的学习宣传。

一是理论学习注重实效。结合学习实践科学发展观活动,研究制定市委中心组和全市学习调研阶段学习计划,协调推进县处级党委中心组学习;制定下发《关于加强和改进党委中心组学习的实施意见》,加强党委中心组学习制度建设,提高规范化水平;开展领导干部专题调研活动,全市共有13篇县处级以上领导干部调研文章受到省委宣传部表彰;市及新沂、邳州、铜山、九里的党员冬训工作受到省委宣传部表彰。

二是理论研究紧贴实际。围绕全市中心工作,组织开展事关徐州发展全局的重大理论和实践课题研究,探索实施"徐州百题"调研,成功举办第二届徐州发展高层论坛暨"破解振兴难题"研讨会,编写《科学发展在徐州的实践》、《论中国特色社会主义文化建设》、《当代中国城市发展》丛书(徐州卷)、《天人和谐论》、《徐州振兴之策》等一批理论专著和研讨文集。

三是理论普及广泛深入。充分利用电视、广播、网络等进行理论宣讲,组织理论工作者解答热点问题,帮助干部群众释疑解惑,成立理论宣讲团,开展"科学发展观教育基层行"活动,全年举办各类宣讲260多场次,举办各类讲座、报告会2 468场次,受众达20万人次。

精心策划,整合资源,重大新闻宣传营造新声势

组织重大新闻宣传战役,营造舆论强势。

一是"科学发展、加快振兴"主题宣传声势浩大。组织"抓好'三重一大'、推进科学发展"系列报道,开展"徐州振兴:倾听奋进脚步声"专题宣传,在《人民日报》、《新华日报》头版头条刊发5篇"振兴"通讯报道。组织"牛年之春走关东"活动,到沈阳、阜新等11个城市采访"资源枯竭型城市转型"经验与做法,推出317篇专题报道。

二是"坚定信心保增长"宣传亮点频现。策划组织"信心徐州:让激情涌入我们的心灵"大型宣传活动,激发全市上下共克时艰促发展、创业创新争一流的热情与干劲。

三是建国60周年宣传浓墨重彩。组织市属媒体开设"走过辉煌60年"、"光荣:属于共和国"、"国庆献礼:来自建设一线的报告"、"文明花开迎国庆"等专栏,营造欢乐祥和的节日氛围。

四是"民生日历:我的2009"专题宣传深入人心。围绕老小区整治、棚户区改造、社保体系完善、人居环境提升等民生实事工程,推出"冬日暖流"、"春风信使"、"夏季和风"、"金秋硕果"系列报道,共发稿428篇(条)。

五是对外宣传工作富有成效。协调230余家境内外知名媒体大容量宣传徐州。去年,在省级以上主流媒体及主流门户网站上,累计发稿2 170余篇(条),头版头条、重要栏目31篇(条)。其中,《人民日报》、《经济日报》、《工人日报》头版头条各1篇,《新华日报》头版头条12篇,中央电视台新闻联播播发6次,凤凰卫视《中国名片》栏目分6集专题报道徐州,《国际日报》刊发50余期徐州专版。

加强管理,有效引导,网络舆论调控得到新加强

加强网络宣传与管理,积极营造健康向上的网络舆论氛围。

一是加强网络舆情监管。制定实施《网上信息检索工作制度》、《网上舆情呈报制度》、《网上舆情应急预案》等,完善舆情分析、研判、处置机制,增强对负面舆情信息的处置能力。报送《每日舆情》763期,《网络信息专报》223期,《网络舆情日报》229期,《舆情动态研究》39期,市领导专门作出批示的信息有100多次。

二是强化网络正面舆论引导。密切关注、主动引导网上倾向性、苗头性舆情，围绕“商品房价格”等社会热点问题，认真做好网络舆论导控，有效平稳网民情绪。组织发布正面引导帖文，在人民网等网站发布报道200余篇，其中有37篇被推荐到人民网首页。

三是开展“网尚徐州·e样精彩”网络主题活动。在市重点网站推出“我的生活我的网”互动平台，引导“晒我的生活”、“拍我的生活”、“孩子上网利与弊”等系列讨论，组织论坛管理员、版主、网友代表座谈交流，搭建网民与政府沟通平台。

创新载体，拓展领域，城乡文明程度和市民素质得到新提升

以制定下发《徐州市创建文明城市工作推进措施》、《徐州市文明城市创建工作目标责任书》为契机，明确创建目标，完善创建机制，拓展创建领域，夯实创建基础。

一是开展“向不文明行为宣战”行动。组织市属新闻媒体开设“不文明行为大追缉”、“热线直通车”、“不文明行为曝光台”等专版专栏，开通市民热线，接受群众举报，持续曝光不文明行为，在报纸刊发各类稿件1 365篇，在广播、电视播发新闻及评论1 430条。

二是实施市民文明素质提升工程。开展“百万市民学礼仪”活动，举办首届徐州市文明礼仪大赛。认真做好全国、全省道德模范评选推荐工作，张公兰荣获“全国道德模范”称号，贺思群、庄印芳等荣获“全省道德模范”称号，6人入选“中国好人榜”，8人入选江苏省“双50”人物，市文明办获省“最佳组织奖”。

三是提升农村精神文明创建水平。开展“和谐新农村、幸福新家庭”、“洁净家园、共创文明”活动，推动城乡同创文明，组织150个省级以上文明单位（行业）与新农村建设示范点结对共建。

四是深化未成年人思想道德建设。开展“小手拉大手、文明齐步走”活动，评选表彰“徐州市美德少年”；组织整治网吧、净化荧屏声频、整顿校园周边环境等专项行动，共检查网吧场所300余家，查处违规网吧16家，取缔“黑网吧”22家；争取省资金140余万元建成“马庄村村史馆”和5个“乡村少年宫”；“民族文化进校园”等5个工作案例获省未成年人思想道德建设创新奖，获奖数在全省名列前茅。组织“爱心包裹”暨5·12灾区学生“六一”关爱行动，向四川省绵竹市富新镇捐赠1.1万个爱心包裹，市委宣传部被中国扶贫基金会授予“突出贡献奖”。

加快步伐，统筹推进，文化改革与发展取得新突破

深入贯彻落实全国文化体制改革经验交流会和全省文化建设工作会议精神，树立先进文化发展理念，以深化文化体制改革为动力，以健全公共文化服务体系为重点，大力促进文化事业繁荣与文化产业发展。

一是继续深化文化体制改革。按照省定时间表、路线图，协调市发改委、事改办、财政、审计、劳动、人事、国资委等部门研究制定《徐州市市直6家经营性文化事业单位转企改制总体方案》和《徐州市市直3家文艺院团改制总体方案》，全面启动市直6家经营性文化事业单位转企改制和3家文艺院团改制工作。

二是加快推进文化产业发展。牵头制定文化体制改革方案，起草《关于深化文化体制改革、加快文化产业发展的意见》；组织重点文化企业参加第四届中国·南京文化产业交易会，策划包装29个文化产业项目和6个园区申报省文化产业重点项目库和园区库。

三是打造文化艺术精品。组织参加省第七届“五个一工程”评选，电视剧《老柿子树》、电影《此生此爱》等10件作品入选，入选数居江北第一、全省前列，并获省组织工作奖；其中《老柿子树》荣获中国电视“飞天奖”、“金鹰奖”，入选第11届全国“五个一工程”，实现了零的突破。“汉时明月”大型主题晚会在第21届中国广播电视“星光奖”评选中获得提名荣誉奖。梆子戏《桃花庄》被评定为国家舞台艺术精品工程扶持剧目，与柳琴戏《孽海花》同获2009江苏省优秀新剧目评比展演一等奖。徐州琴书《珍贵的教科书》、《争灯》、《市长的女儿》、《真情》荣获第六届江苏省曲艺节“优秀节目奖、优秀表演奖”等9项大奖。

四是加强公共文化设施建设。做好徐州历史文化馆和崔家大院的布展工作，有序推进报业大厦、音乐厅、博物馆“四位一体”工程、广电传媒中心等大型文化设施建设。全市115个乡镇文化站全部建成对外开放，村级综合文化室实现85%达标，“市、县、镇、村”四级公共文化设施网络基本形成。

五是积极推进文化惠民工程。策划实施“欢乐农村：乡里乡亲喜相逢”系列文化活动，全年送戏下乡586场、送电影下乡30 359场、送图书下乡10万多册，“动感彭城”广场文化活动被评为“全国特色广场文化活动”。

彰显特色，打造品牌，重大文化活动形成新亮点

以纪念建国60周年活动为契机，精心组织策划系列主题文化活动，产生了良好的社会影响。

一是开展庆祝建国60周年系列活动。举办“祝福祖国：欢乐国庆嘉年华”系列活动开幕式暨花车巡游启动仪式，举行“花开彭城”大型文艺演出活动，精心设计制作21辆反映徐州城乡经济社会发展新貌的主题花车在市区及各县（市）区巡游；在市区云龙湖、九龙湖举行盛大焰火晚会，吸引全市城乡百万群众参与，共同欢庆祖国华诞。

二是组织参加省成就展。认真组织展品参加省委、省政府主办的“奋进的江苏——庆祝新中国成立60周年大型成就展”，“汉风新韵”主题展区利用三维虚拟成像、裸眼立体成像、雾屏展示和写意雕塑等现代科技手段，全方位、多层次展示60年来徐州市取得的辉煌成就，徐州展区得到省委领导的高度评价，荣获“最佳设计奖”和“优秀组织奖”。

三是承办第十二届投洽会开幕式晚会。举办中国徐州第十二届投资洽谈会暨海外江苏之友徐州行、第三届汉文化旅游节、第二届模特大典开幕式——“汉韵新语”大型文艺晚会，融合现代科技手段和时尚文化因子，巧妙地将汉代历史故事、汉文化元素与现代城市发展成功嫁接，既集中体现了汉文化主题风格，又形象展示了徐州的山水之美、人文之美、建筑之美和生活之美。

四是举办中国（徐州）第三届李可染艺术节暨首届画廊博览会。举行国画大师李可染塑像落成揭幕仪式、中国（徐州）首届画廊博览会、“名师出高徒——李可染和他的老师们作品展”、“传承古今——李可染作品临摹大赛”以及“精读自然——全国山水画家万里写生作品展”等活动，邀请到76位著名画家参加艺术节，全国300多家精品画廊来徐参展、交易，参观者超过4万人次。

五是举行中国·徐州非物质文化遗产高层论坛。论坛以“中国非物质文化遗产传承的理念创新、模式探索、人才培养、政策保障”为主题，举办学术报告和学术研讨、非物质文化遗产项目现场展示、戏曲及曲艺类非物质文化遗产项目专场演出等活动，来自文化部和省文化厅的领导及全国知名专家150余人参加了本次论坛活动，人民网、《光明日报》、《中国文化报》等数十家媒体深入报道了论坛取得的成果。

（徐州市委宣传部）

连云港市宣传工作

2009年，连云港市宣传思想文化工作紧紧围绕市委、市政府中心工作，按照年初的工作部署，坚持“站得高、抓得准、落得实、上水平”的工作要求，奋发有为，开拓进取，为全市科学发展、跨越发展营造了良好舆论氛围，提供了强有力的精神、文化支撑。

突出抓好中国特色社会主义理论体系宣传普及，着力在贯彻落实科学发展观上提升新境界

深入开展中国特色社会主义理论体系的学习宣传。着眼于武装头脑、指导实践、推动工作，不断把宣传贯彻党的十七大、十七届三中、四中全会和市委十届七次全会精神引向深入，巩固广大干部群众团结奋斗的共同思想基础。切实加强和改进党委（党组）中心组学习，充分发挥市委中心组学习的示范带动作用，完善全市县以上党委（党组）中心组理论学习和考核制度，市委中心组举办8期“连云港科学发展名家讲坛”，推动理论学习制度化、规范化。广泛开展理论宣传普及活动，加强“苍梧讲坛”、“苍梧论坛”、“社区讲坛”等市民课堂载体建设，使之成为具有广泛社会影响的理论宣传品牌。切实抓好科学发展观的宣传教育，紧扣学习实践科学发展观活动安排部署，在全市县处级以上领导干部中开展“奋力走在科学发展跨越发展前列”读书调研活动，组织开展学习实践科学发展观活动知识竞赛。认真做好党员教育工作，扎实推进基层党员教育示范基地建设，进一步提升基层党校现代化建设管理水平，巩固基层党员教育阵地。切实加强重大理论课题研究，围绕“连云港进入国家战略层面后的发展思路”、“创新型经济创新型城市”等一批迫切需要解决的理论和实践问题进行研讨，集中推出一批上层次、有影响的理论成果，为领导科学决策提供服务。社科规划工作取得新的突破，李洪浦申报的“人民文学版《西游记》勘误”项目，获中宣部社科基金立项资助，成为我市历史上首次获国家级资助的社科项目。

突出抓好新闻舆论引导，着力在服务科学发展跨越发展上谋求新作为

坚持把提高舆论引导能力放在突出位置，加大力度、改进方式，不断增强主流舆论的权威性、公信力和影响力。紧紧围绕市委、市政府中心工作，以“力保强劲增势、提升跨越后劲”为主题，开展“积极应对危机，提振发展信心”、“聚焦先进典型，引导发展思路”、“提升后劲看项目”和“建设科学发展新港城、增创跨越发展新优势”四大集中性宣传战役。围绕江苏沿海开发上升为国家发展战略的重大机遇，提前谋划，精心组织，强势推出“后劲勃发看沿海”、“黄金海岸大潮涌”和“中央主流聚焦连云港”三大集中性新闻采访行动，平面、视频、网络和手机报多媒体同步联动，进一步营造发展氛围，扩大社会影响，省委宣传部《宣传工作动态》两次刊载我市做法。切实加强网上舆论管理，进一步强化网络舆情监管措施，开展网上新闻舆论阅评，加强网上正面引导，删除各类有害信息800余条。推动连云港新闻网、传媒网的改版创新，增强网上舆论的引领能力。围绕新中国成立60周年、江苏沿海发展规划、学习实践科学发展观等重点任务，统筹资源，精心策划网上宣传战役。加强网络舆论阵地建设，进一步整合网络资源，完善网上舆情分析、研判机制，加强网络监测和网情报送，增强应对舆论热点的快速反应能力和处置能力。不断提高对媒体的管理和服务水平，改进会议和领导同志活动的报道,进一步规范新闻发布制度,提高公共突发事件应对能力和水平。

突出抓好庆祝建国60周年活动,着力在弘扬主旋律上形成新高潮

按照中央和省委统一部署,精心组织实施,唱响时代主旋律。精心做好《辉煌60年·江苏发展成就展——连云港展区》工作,以丰富的艺术手段精彩展示全市经济、社会、文化发展取得的辉煌成就,荣获省组委会颁发的“最佳设计奖”、“最佳组织奖”两项大奖,得到省委主要领导充分肯定,省组委会专门发来感谢信,表彰我市精彩布展及周密管理工作。认真做好市内《辉煌60年·连云港发展成就展》,并赴全市各地巡回展出,全市各县区和110多家机关企事业单位累计10万余名观众参观了展览。组织群众性庆祝活动,举办新中国成立60周年庆祝大会暨“放歌港城”大型歌咏比赛,全市72个机关单位的5 000余名干部职工参加了比赛。组织开展新中国影视回顾展播、爱国歌曲大家唱、文艺演出、征文及演讲比赛、“十万群众大游园”等系列活动,同时各县区也开展了丰富多彩、形式多样的群众性纪念活动。组织报告团巡回宣讲,组织由社科理论工作者和各行各业代表组成的讲师团,分赴市直单位和县区基层宣讲。集中开展典型宣传,在全市评选10名为新中国成立作出突出贡献的港城英雄模范人物和10名新中国成立以来感动港城人物,在新闻媒体开辟“共和国英雄谱”、“共和国建设者”等专栏和专题,全面展示各个时期涌现出来的先进集体和先进个人风采。继续做好公共文化设施免费开放工作,市革命纪念馆和陇海公寓复建项目顺利开工。

突出抓好社会主义核心价值体系建设,着力在提升社会文明程度上取得新进展

把加强社会主义核心价值体系建设作为宣传思想文化工作的基础工程和灵魂工程,贯穿于全民教育、文化服务和精神文明创建的全过程,不断提升市民的文明素质和全社会的文明程度。瞄准以争创全国文明城市为龙头的“四城同创”目标,召开创建省级文明城市总结表彰暨“四城同创”动员部署大会,修改完善创建全国文明城市三年规划和《关于提升市民素质,加快文明城市建设的意见》,按照“目标项目化,项目责任化,责任具体化”的要求,对全国文明城市测评体系九大方面的各项指标进行细化分解,明确牵头部门和责任单位,保证文明城市创建工作的有序推进。以培育文明新市民为突破口,大力实施城市精神塑造、文明素养培育、优美环境育人、未成年人思想道德建设推进、先进文化服务和城乡文明共建等“六大工程”,组织开展“春雨”行动、文明示范路创建等一系列集中整治活动。认真组织参加第二届全国和江苏省道德模范评选,以及全国“双百”人物、江苏省“双50”人物和连云港市“双十”人物评选活动,涌现出出租车司机朱洪树“50万元拾金不昧”先进事迹,在全市上下引起强烈反响,得到市委主要领导批示表扬。进一步放大“雷锋车”效应,在全国率先开通连云港——上海“雷锋车号”班车和便民服务热线。进一步深化基础创建,认真组织新一轮基层文明创建活动,广泛开展文化先进村、星级文明户、和谐社区、文明示范路等创建评选活动,规范文明城区、文明社区管理与考评办法。切实加强未成年人思想道德建设,荣获“第二届全国未成年人思想道德建设工作先进城市”,成为江苏省唯一受表彰城市。加快“江苏省连云港市未成年人社会实践基地”建设,顺利建成三个示范点并全部对外开放。开通“连云港市未成年人心理咨询服务直通车”,举办“走红色圣地、诵中华经典、抒爱国激情”中学生中华经典诗文群体诵读大赛。成立“苍梧晚报小记者新闻实践中心”,使之成为全省首家以开展小记者综合实践活动为主旨的实践中心。开展净化社会文化环境“百日专项整治”行动,打造未成年人健康成长的良好环境。

突出抓好文化强市建设,着力在推动文化大发展大繁荣上实现新突破

深入贯彻落实全省文化建设工作会议精神,在对全市文化体制改革情况进入深入调研的基础上,筹备召开全市文化建设工作会议。进一步修改完善《连云港文化发展实施纲要》,制订和出台全市有关文化体制改革和文化产业发展的相关政策。切实加强公共文化服务体系建设,推进公共文化设施和重大文化项目建设,加快乡镇文化站、广播电视“村村通”工程、“农家书屋”等农村基层文化设施建设步伐,在完成乡镇达标文化站全覆盖的基础上,重点推进村文化室、农家书屋建设,在苏北率先实现全覆盖。加快推进市广播影视城建设,完成可行性研究、前期规划、环评和地质灾害评估工作,9 个设计作品进入招标、评审程序。加大广播电视数字化更新改造力度,市广播电视中心设备数字化率达到 87%。举办 2009 · 连云港首届文化博览会,以“文化相约、文企牵手”为主题,以展示文化资源、推介文化项目、交易文化产品、发展文化产业为宗旨,吸引 120 多家参展单位,策划推出文化产业论坛、文化艺术合作项目推介会、文化产品展销会、汽车 · 人居文化节、婚庆文化节、女子民乐团专场演出等六大主题活动,促进港城各相关文化产业链的信息贯通和相互对接。深入开展“和谐文化进万家”广场文化系列活动,推进文艺院团深入基层演出。邀请国内一流编创者合作,全力打造以《西游记》文化为主题的大型旅游主题晚会《梦境西游》,进一步加工修改大型音舞诗画剧《大潮连云》、现代淮海戏《左邻右舍》。市女子民乐团多次代表省市在重要经贸活动和重大节庆活动中演出,成为全省知名文化品牌。广播小说《一个医生的救赎》获中国广播影视大奖提名奖,连云港传媒网获“全国地方网站创新发展杰出品牌奖”,《魅力东方迎世博——走进连云港》新闻行动荣获全国最佳直播奖和最佳主持奖,王咏梅创作的《如意的圣火》被确定为第十一届全运会火炬传递主题歌,贾俊春作品荣获全国十一届美展优秀奖。世界著名娱乐品牌——环球嘉年华游乐园落户港城,南京大学出版社连云港出版中心顺利挂牌,花果山海清寺恢复重建工程基本完工,“东海 · 全国少儿版画双年展”和“2009 年世界魔术交流大会、灌南首届国际魔术节暨第六届亚洲魔术比赛”成功举办,东海县荣获全国文化先进县。

突出抓好对外宣传工作,着力在展示国际性海滨城市建设新形象上开辟新途径

围绕江苏沿海开发上升为国家发展战略的重大机遇,精心谋划,周密组织,整合外宣资源,创新宣传途径,全力打响沿海开发集中性宣传战役,全方位、多角度、立体式地展示了连云港的区位优势、政策机遇、良好投资环境和蓬勃发展态势,提高了连云港的知名度和影响力。召开全市沿海开发宣传工作会议,制定下发《关于加强〈江苏沿海地区发展规划〉宣传工作的实施意见》,组织策划规模性宣传。精心策划组织《人民日报》、新华社、中央电视台、中国国际广播电台、《中国日报》等主流媒体来连云港采访,与《江苏卫视》、《新华日报》共同策划“江苏沿海开发”专题系列报道,并刊出全面介绍连云港沿海开发的专栏和专版。先后组织“关注桥头堡、聚焦连云港”系列采访活动、沿桥媒体总编走进连云港大型采风活动。先后在上海、北京、深圳、绍兴等地举办新亚欧大陆桥东方桥头堡——连云港沿海开发合作说明会。组织“魅力东方迎世博——走进连云港”大型现场直播和“江苏沿海开发——大潮涌动连云港”长三角经济广播联盟联合直播活动。与人民网合作组织举办“聚焦连云港沿海开发——人民网网友走进连云港”大型网上知识竞赛和城市采风活动。突出对日韩、长三角、珠三角、大陆桥沿桥城市等重点国家和地区的宣传,建立市内新闻媒体与异地同行长期互惠互利合作机制,协调市新闻媒体与沿桥地区媒体成立大陆桥新闻宣传协作网,组织一系列关于连云港沿海开发的重大新闻宣传活动,进一步扩大江苏沿海开发和连云港跻身国家战略层面的影响。

(连云港市委宣传部)

典型宣传

“人民信服的好法官”陈燕萍

陈燕萍，1964年4月生，中共党员，靖江市人民法院江阴园区人民法庭副庭长，第十一届全国人大代表。她扎根基层法庭14年，情系百姓，无私奉献，模范履行人民法官的职责，共审理3 000多起案件，无一错案，无一投诉，无一引发上访，为维护社会稳定、促进社会和谐，作出了积极贡献，被誉为“人民信服的好法官”。她曾荣立一等功，获得全国模范法官、全国三八红旗手、新中国成立以来感动江苏人物、江苏省人民满意的公务员等荣誉称号。2007年，她被中宣部确定为“道德楷模，文明风尚”全国典型进行宣传。2009年，最高人民法院、中央政法委先后发文，号召开展向陈燕萍学习的活动。

2009年12月，根据梁保华、罗志军、林祥国、杨新力等省领导要求，省委宣传部将陈燕萍作为全省重大典型，组织省级主要媒体，对她的先进事迹进行了集中宣传。12月27日和28日晚，省电台新闻综合频率、江苏卫视、省教育台播出报道。12月28日和29日，《新华日报》以《司法为民的大爱情怀》、《“能动司法”的和谐使者》为题，分上下篇连续报道，首篇配发评论员文章《法徽闪亮背后的精神本色》。12月28日，《扬子晚报》以整版篇幅刊发《听“法官妈妈”举案说情》，南京晨报刊登《基层法官陈燕萍专断小案赢大赞》，现代快报刊登《法官陈燕萍：诠释法律的美丽与温暖》。

“践行当代革命军人核心价值观的典范”江鹰

江鹰，1963年5月生，武警江苏省总队苏州市支队支队长。入伍27年来始终坚定对党忠诚、爱国为民的理想信念，忠实履行当代军人的使命职责，在各个工作岗位上干一行、爱一行、专一行，先后撰写30多篇研究文章和20多万字的专著，研制出20余种具有自主知识产权的装备器材，10项获得国家专利，3项列装生成战斗力，被评为第十二届中国武警十大忠诚卫士、全军和武警部队学习成才先进个人、武警部队学习成才标兵、新中国成立以来感动江苏人物，荣立一等功、二等功各1次，三等功8次，被誉为“爱民大使”、“苏州之鹰”。

2009年4月初，省委宣传部组织省级主要媒体按重大典型规格对江鹰的先进事迹进行了集中宣传。4月2日和3日，《新华日报》在头版配图连续刊登通讯《江鹰，展翅翱翔的“警营雄鹰”》、《“警营雄鹰”大爱写忠诚》，首篇配发评论员文章《践行科学发展 争当创新英雄》。10月底，经省委宣传部申报，中宣部将江鹰作为全国重大典型，组织中央媒体在《时代先锋》专栏进行集中宣传。《人民日报》在10月30日头版头条位置和10月31日第6版，分别刊发题为《智慧为和谐燃烧》、《勤学的人生更精彩》的通讯，首篇还配发了短评，新华社10月29

日和30日连续播发《“天堂之鹰”人民卫士》、《一名警官的情感世界》两篇长篇通讯，解放军报10月30日和31日在头版分上下篇刊登了《把创新写在忠诚的旗帜上》的通讯，同时配发题为《贵在躬身践行》的评论员文章，中央人民广播电台“国防时空”节目10月30日播放专题新闻《英雄源自平常人》，“新闻和报纸摘要”节目10月30日和31日在头条播发《天堂雄鹰》上下篇，中央电视台“新闻联播”10月29日在《时代先锋》专栏播出《创新楷模　使命英雄》，央视军事频道10月29日至31日对江鹰的事迹分《创新楷模　使命英雄》、《以忠诚守护人民安宁》、《让爱温暖战友群众》三个主题进行报道。与此同时，《光明日报》刊发《创新英雄出警营》、《创新需要良好的社会环境》，《经济日报》刊发《勇于创新的忠诚卫士》、《守护这方沃土的和谐稳定》，《科技日报》刊登《警营里的创新之鹰（上、下）》，《工人日报》刊登《致力于创新的忠诚卫士》、《守住心灵那一片净土》，《中国青年报》刊登《打磨防暴“撒手锏”》、《他是个成功的穷孩子》，《法制日报》刊载《忠诚卫士　创新英雄》、《立足本职的创新英雄》，《中国妇女报》刊载《“不安分”的带兵人》等报道。人民网、新华网、光明网、中国广播网和央视国际等重点新闻网站也分别开设专题，突出介绍江鹰的先进事迹。省级主要媒体作了配合报道。

荣誉奖励

●宣传思想工作方面●

50位为新中国成立作出突出贡献的江苏英雄模范人物

（按姓氏笔画排序）

（省委宣传部、省党史办等主持评定）

万益（江苏省委特派员，宜兴农民秋收起义行动委员会总指挥，宜兴县工农委员会主席）、马相伯（都督府外交司司长并代理都督，代理北京大学校长，北京政府政治会议议员、参政院参政、平政院平政等）、王荷波（中共上海地方兼区执行委员会委员长，同时兼任中央工委书记，中华全国总工会执行委员，全国铁路总工会委员长，中华全国总工会常委，临时中央政治局委员，中共中央北方局书记）、邓中夏（中央临时政治局候补委员，中共江苏省委书记，中华全国总工会驻赤色职工国际代表，中央革命军事委员会委员，全国赤色互济会总会主任兼党团书记）、任天石（中共常熟县委书记，中共苏中第6地委常委兼第6行政区专员）、刘老庄连（新四军3师7旅19团第4连82名官兵）、朱瑞（中共中央军委参谋，中共中央长江局军委参谋长兼秘书长，东北民主联军和东北军区炮兵司令员兼炮兵学校校长）、朱自清（杭州第一师范、清华大学等学校教授，西南联合大学中国文学系主任）、朱爱周（国民党灌云、盐城县公安局局长，江苏省第3水警区区长，赣榆县县长）、朱慕萍（八路军陇海南进支队第8团3营营长，八路军涟水独立团副团长）、江上青（中共皖6区专署特别支部书记，中共皖东北特委委员）、汤曙红（八路军山东纵队陇海南进游击支队第3团团长）、许晓轩（中共川东特委青委刊物《青年生活》的编辑，中共重庆新市区区委书记）、严朴（中共无锡地委委员兼秘书，中共青浦县委书记，浙南军委书记兼红13军负责人，东北工业委员会书记）、何坤（中国工农红军第14军军长兼中共通海特委委员）、吴亚鲁（国民革命第四军二十四师政治部科长，新四军驻平江留守处秘书主任，中共湘鄂赣特委委员、秘书长）、吴运铎（新四军司令部修械所车间主任，淮南根据地子弹厂厂长、军工部副部长，华中军工处炮弹厂厂长）、宋绮云（中共邳县县委委员和书记、东海县委书记，《宛南日报》总编辑，《西北文化日报》副社长兼总编辑，中共西北特别支部委员）、张太雷（中国社会主义青年团的创建人之一，青年团中央总书记，临时中央政治局候补委员，中共中央南方局书记兼中共广东省委军委书记，广州苏维埃政府代理主席、人民海陆军委员）、张应春（国民党江苏省省党部执行委员兼妇女部长）、李公朴（上海各界救国联合会和全国各界救国联合会执行委员，中国民主同盟中央执行委员）、李贞乾（八路军苏鲁挺进支队队长，湖西专员公署专员）、李建模（中华民族武装自卫委员会上海分会主席，中共常熟县委书记，新四军六师供给部部长、江南财经处处长兼惠农银行行长、苏浙皖边区经委会主任)、李桂五(中共盱眙县委员会书记,中国工农红军徐海蚌地区游击支队副司令)、李超时(中共邳县特别支部书记,中共通海特委书记,红14军军长兼政治委员)、沈毅(中共泰兴县委书记)、陈中柱(国立中央大学军事教官,国民政府军事委员会战地特种团第3总队少将团长,苏皖边区游击总指挥部第4纵队少将司令)、陈延年(中共广东区委书记,中共江浙区委书记,中央委员,中共江苏省委书记)、周水平(上海大学教师,江南农民运动先驱)、巫恒通(新四军新3团团长、苏南第5行政督察专员兼句容县县长)、罗生特(乌克兰医生,"新四军的白求恩")、罗忠毅(福建军区第3分区副司令员兼参谋长,新四军第6师参谋长兼16旅旅长)、侯绍裘(国民党江苏省党部执行委员会常务委员、宣传部副部长,国民党江苏省党部中共党团书记,江苏省政务委员会委员)、恽代英(中国社会主义青年团中央执委会候补委员、宣传部部长,广州苏维埃政府秘书长,中共中央宣传部秘书长,中央委员)、柳亚子(孙中山总统府秘书,国民党革命委员会中央常务委员兼监察委员会主席,中国民主同盟中央执行委员,中央人民政府委员,华东行政委员会副主席)、荣德生(荣氏集团代表人物,被邓小平评价道:"荣家在发展我国民族工业上是有功的,对中华民族作了贡献",政协第一届全国委员会委员、华东军政委员会委员、苏南人民行政公署副主任)、费巩(中国公学、复旦大学、浙江大学教授)、夏霖(中共丹阳县委书记,中共江浙区委特派员,中共江苏省委委员)、秦起(无锡总工会委员长,中共无锡地委委员)、郭纲琳(无锡团中心县委书记,上海闸北区团委书记)、陶行知(南京高等师范学校教授、教务主任,全国各界救国联合会执行委员和常务委员,中国民主同盟中央常委兼教育委员会主任委员)、顾正红(上海日商内外棉九厂、七厂工人,工人运动先驱)、高凤英(姜堰双堡乡妇抗会主任)、曹起溍(中共扬州特委书记)、萧山令(南京卫戍司令部宪兵司令、警备司令、防空司令,南京警察厅厅长,南京市长)、喻尊侠(泗洪青阳镇青年抗敌协会会员,青阳区第二民运工作团团员)、彭雄(八路军六八六团参谋长,新四军3师兼苏北军区参谋长)、彭雪枫(八路军总部参谋处处长兼八路军驻晋办事处主任,新四军4师师长,淮北军区司令员)、韩国钧(江苏省民政长,安徽巡按使,江苏巡按使、省长、督军,苏北第一次临时参议会名誉会长)、瞿秋白(中央政治局常委,中央临时政治局主席,中华苏维埃共和国中央政府教育部部长)

50位新中国成立以来感动江苏人物

(按姓氏笔画排序)

(省委宣传部、省党史办主持评定)

73211部队"抗洪救灾模范连"、丁晓兵(中国人民武装警察部队8730部队政治委员)、王杰(中国人民解放军73081部队工兵营1连5班班长)、王立步(灌南县司法局堆沟港司法所所长)、王伟章(涟水县王嘴村党总支书记)、邓建军(江苏常州黑牡丹集团股份有限公司技术总监)、刘丽涛(新沂市副市长,新沂市公安局党委书记、局长)、刘国钧(江苏省副省长)、刘绍安(泰兴市永安洲供销社支部书记)、如皋市邮政局"爱心邮路"先进集体、孙晋芳(原国家女子排球队队长,现任国家体育总局网球运动管理中心主任)、庄印芳(邳州市宏顺公司董事长)、江鹰(武警江苏省总队苏州市支队支队长)、严恺(河海大学名誉校长)、何健忠(泰兴市邮政局江平路支局局长)、吴仁宝

(江苏华西集团公司副董事长兼副总经理)、吴贻芳(江苏省副省长、省政协副主席)、张云泉(江苏省信访局巡视员)、张钰哲(紫金山天文台台长)、时钧(南京工业大学教授、博士生导师)、李吉林(南通师范第二附属小学高级教师、江苏省情境教育研究所所长、中国教育学会副会长)、杨根思(中国人民志愿军第20军58师172团3连连长)、沈文荣(江苏沙钢集团董事局主席、总裁、党委书记)、连云港市新浦汽车总站“雷锋车”组)、闵乃本(南京大学固体微结构国家重点实验室学术委员会主任、材料科学研究所所长)、陈巧云(江都市双拥办副主任)、陈永康(江苏省农科院副院长)、陈光标(江苏黄埔再生资源利用有限公司董事长)、陈燕萍(靖江市人民法院江阴园区人民法庭副庭长)、陈邃衡(南京市副市长)、周光裕(南京钨钼材料厂工人)、郑兆财(香港巴黎毛冷百货有限公司董事长兼总经理、江苏省海外联谊会名誉会长、江苏省海外交流协会高级顾问、江苏旅港同乡联会第一副会长、香港淮安联谊会会长)、侯晶晶(南京师范大学副教授、江苏省妇联兼职副主席)、姜德明(射阳县人大常委会副主任、射阳县农技推广中心副主任)、施正荣(无锡尚德太阳能电力有限公司董事长、首席执行官)、赵亚夫(镇江市人大常委会副主任,镇江市农科所所长、党委书记)、徐兆华(扬州市公安局维扬分局蜀冈风景区派出所副所长兼友谊社区民警)、徐兆学(盐城市盐都区人民武装部民兵训练基地军事教员兼新闻报道员)、徐州市市政工程养护管理处下水道四班、徐景藩(南京中医药大学教授,江苏省中医院主任中医师)、栾菊杰(中国国家击剑队队员)、殷雪梅(常州市金坛城南小学二(1)班班主任)、秦振华(张家港市委书记)、钱月宝(江苏梦兰集团有限公司董事长、总裁,常熟市虞山镇梦兰村党委书记)、顾芗(苏州市滑稽剧团名誉团长、江苏省戏剧家协会副主席)、高仁林(扬州灯泡厂党总支书记、厂长)、常德盛(常熟市支塘镇蒋巷村党委书记)、傅抱石(江苏省国画院院长)、斯霞(南京市教育局副局长)、韩余娟(宿迁县塘湖中心小学三年级学生)

第二届全国道德模范获奖名单

(中央宣传部、中央文明办、解放军总政治部、全国总工会、团中央、全国省妇联联合表彰)

全国助人为乐模范

陈光标(江苏黄埔再生资源利用有限公司董事长)

全国敬业奉献模范

吴仁宝(江苏华西集团公司副董事长兼副总经理,华西村党村企总办主任)

全国孝老爱亲模范

张公兰(女,徐州市沛县大屯镇大屯村村民)

全国道德模范提名奖名单

陈余春(连云港市灌云县伊山镇彭洼村村民)、于葆林(生前系南京轻工机械厂工人)、张定华(江西省吉安市4380厂退休工人,定居南京)、李巧生(镇江市句容长安出租汽车公司司机)、王陆军(南通市第三人民医院党委书记、院长)、韩惠民(苏州市新沧物业有限公司保安部部长)、何健忠(泰州市泰兴邮政局江平路支局长)、杨建琴(女,常州市溧阳钱家社区居委会党支部书记兼主任)

第二届江苏省道德模范获奖名单

（省委宣传部、省文明办、省军区政治部、省总工会、共青团江苏省委、省妇联、新华日报社、省广播电视总台联合表彰）

江苏省助人为乐模范

陈光标（江苏黄埔再生资源利用有限公司董事长）、庄印芳（女，徐州市邳州运河镇居民）、王德林（常州市天宁区“一加青年志愿者服务队”队长）、颜展红（扬州市江都信用联社临时工）、杨庭标（宿迁市泗洪县公安局交巡警大队车管所所长）

江苏省见义勇为模范

于葆林（生前系南京轻工机械厂工人）、张定华（江西省吉安市4380厂退休工人，定居南京）、李巧生（镇江市句容长安出租汽车公司司机）、汤留芹（女，生前系淮安市楚州区苏嘴中学初二学生）、葛纪军（南通汽运实业集团有限公司如东分公司驾驶员）、殷健（生前系无锡市宜兴新街街道堂前村村民）

江苏省诚实守信模范

韩惠民（苏州市新沧物业有限公司保安部部长）、贺思群（徐州市新沂马陵山镇陈楼村村民）、吴克有（南京市江宁公安分局上坊派出所所长）、封小林（连云港市灌云县少儿体校体彩点销售员）

江苏省敬业奉献模范

吴仁宝（江苏华西集团公司副董事长兼副总经理，华西村党村企总办主任）、何健忠（泰州市泰兴邮政局江平路支局长）、常德盛（苏州市常熟支塘镇蒋巷村党委书记）、徐兆学（盐城市盐都区人民武装部民兵训练基地军事教员兼新闻报道员）、徐兆华（扬州市公安局维扬分局副政委）

江苏省孝老爱亲模范

张公兰（女，徐州市沛县大屯镇大屯村村民）、杨建琴（女，常州市溧阳钱家社区居委会党支部书记兼主任）、赵步生（生前系盐城市响水县黄圩镇均平村村民）

江苏省道德模范提名奖名单

陆明才（镇江市扬中八桥镇红光村村民）、郭秦（女，苏州市张家港常青藤实验中学初三学生）、颜士祥（淮安市楚州区席桥镇三里村村民）、王兴萍（女，连云港市灌云县东王集乡韩圩村村民）、张洪（宿迁市泗阳县供电公司配电工区抢修班班长）、赵春凤（女，盐城市滨海县天场乡埔岗村村民）、王为荣（盐城市射阳县王大荣摩托车销售有限公司总经理）、李宏来（江苏阿珂姆野营用品有限公司董事长）、吴品立（宿迁市泗阳县众兴镇来安社区丁家沟村村民）、吴淑玄（女，中国南车集团戚墅堰机车车辆厂首席员工）、姚泽炎（长江引航中心南通引航站高级引航员）、陶勑恒（南京晓庄学院心理健康研究所所长，南京市中小学生心理援助中心主任）、唐真亚（淮安市洪泽县老子山镇邮政支局邮递员）、孙春兰（女，镇江市丹阳云阳镇城北村村民）、李子红（女，泰州市姜堰经济开发区杏林村村民）、张红英（女，南通市港闸区陈桥乡河口村村民）、范荣兴（扬州军分区第一干休所政工干事）、袁梅芬（女，无锡市江阴华士镇个体经营户）

全国第十一届精神文明建设“五个一工程”奖获奖作品名单

（中宣部表彰）

优秀作品奖（10部）

电影《邓稼先》（常州市委宣传部）、电视剧《人间正道是沧桑》（江苏省广电总台等)、京剧《飘逸的红纱巾》(江苏省演艺集团)、广播剧《军训日记》(常州市委宣传部)、歌曲《迷彩八零后》(南京市委宣传部)、文艺类图书《我的天堂》(苏州市委宣传部)、文艺类图书《大学生"村官"》(凤凰出版传媒集团、南京市委宣传部)

电视剧《老柿子树》(徐州市委宣传部)、滑稽戏《顾家姆妈》(苏州市委宣传部)、文艺类图书《流动的花朵》(苏州市委宣传部)

说明:前7部是由我省组织创作、由我省申报并获奖的作品;后三部是由我省组织创作、通过其他途径申报并获奖的作品。

组织工作奖

江苏省委宣传部

江苏省第七届精神文明建设"五个一工程"(2007—2009)获奖名单

(省委宣传部表彰)

荣誉作品奖(10部)

同全国第十一届精神文明建设"五个一工程"奖获奖作品名单(见前项)。

优秀作品奖(23件)

电影3部:《南京!南京!》(江苏省广播电视总台)、《彭雪枫纵横江淮》(宿迁市委宣传部)、《爱的延续》(南通市委宣传部)

电视剧3部:《郭海的家事》(常州市委宣传部)、《国家机密2》(南京市委宣传部)、《好想回家》(江苏省广播电视总台)

动画片3部:《小卓玛》(常州市委宣传部)、《诺诺森林》(苏州市委宣传部)、《搜救犬阿虎》(江苏省广播电视总台、苏州市委宣传部)

戏剧3部:舞剧《西施》(无锡市委宣传部)、话剧《沦陷》(南京市委宣传部)、锡剧《桃花村》(江苏省演艺集团)

歌曲5首:《香雪飞花》(苏州市委宣传部)、《婚礼上的歌》(江苏省文学艺术界联合会)、《爱情的味道》(江苏省文学艺术界联合会)、《乡愁》(江苏省广播电视总台)、《吴风秀韵好地方》(无锡市委宣传部)

广播剧3部:《真心英雄》(南京市委宣传部)、《木偶的森林》(苏州市委宣传部)、《硕士鸡倌光荣的失败史》(常州市委宣传部)

文艺类图书3部:《你是我的宝贝》(凤凰出版传媒集团、南京市委宣传部、江苏省作家协会)、《玫瑰村》(常州市委宣传部)、《黑白》(江苏省作家协会)

另有84件作品获入选作品奖(名单略)

优秀组织工作奖(4名)

常州市委宣传部、苏州市委宣传部、南京市委宣传部、江苏省广播电视总台

组织工作奖(4名)

无锡市委宣传部、徐州市委宣传部、南通市委宣传部、凤凰出版传媒集团

江苏省文化科技卫生"三下乡"先进集体、先进个人和组织奖名单

(省委宣传部等表彰)

先进集体(69个)

省五台山体育中心、省级机关医院、江苏大学科学技术与产业处、江苏农林职业技术学院科技与产业处、省科技厅农村处、南京农业大学产学研处、省律师协会秘书处、江苏维世德律师事务所、省畜牧总站、省土壤肥料技术指导站、苏州市滑稽剧团、省文化馆、省演艺集团扬剧团、省肿瘤医院、南医大二附院、省人口计生委政策法规处、省计划生育药具管理站、省广电局科技处、省广

电总台新闻中心编辑部、省新闻出版局直属机关党委、江苏凤凰出版传媒集团党群工作部、南通邮政局、省希望工程办公室、省妇联宣传部、省妇女研究所、泰州市科学技术协会、常熟市档案局（馆）、省红十字会办公室、共青团南京市委员会、中国药科大学、南京市委宣传部宣传处、南京市文化广电新闻出版局、南京市教育局、南京市司法局法制宣传处、苏州市教育局、苏州市文化馆、苏州工业园区宣传（精神文明）办公室、无锡市惠山区委宣传部、无锡市文化广电新闻出版局、无锡市司法局、常州市委宣传部、金坛市委宣传部、常州市文化广电新闻出版局、镇江市人民防空办公室（民防局）、镇江市卫生局、镇江市文化局、扬州市新华书店有限公司、省电力公司扬州供电公司、扬州市文学艺术界联合会、泰州市高港区文化体育局、中国建设银行股份有限公司泰州分行、泰州新华书店有限责任公司、南通市文化局、南通市卫生局、南通市人口和计划生育委员会、盐城市妇女联合会、建湖县委宣传部、盐城市盐都区委宣传部、淮安市淮阴区委宣传部、金湖县委宣传部、泗洪县委宣传部、泗阳县广播电视文化局、宿迁市卫生局、徐州报业传媒集团、徐州广播电视台、徐州市民政局、连云港市科学技术局、连云港市妇女联合会、赣榆县委宣传部

先进个人（81 名）

陈国元（苏州农业职业技术学院信息中心主任、副教授）、杨向群（省教育厅职业教育与社会教育处调研员、副研究员）、周建涛（省农业科学院科技服务处处长、研究员）、张洪程（扬州大学农学院党委书记、教授）、徐凯飞（省生产力促进中心项目主管）、吴锡祥（省司法厅法制宣传处副调研员）、刘海（省司法厅教育培训处主任科员）、邹芳刚（省作物栽培技术指导站科长、高级农艺师）、周晶（省绿色食品办公室副科长）、曾晓萍（省园艺技术推广站农艺师）、黄孝慈（省演艺集团京剧院名誉院长、一级演员）、毛小菁（省文化厅大型文化活动管理处副主任科员）、苗爱华（省淮海剧团副团长、一级演员）、倪明（省文化馆副研究馆员）、王晓红（省柳琴剧团国家一级演员）、周金星（省演艺集团艺术培训中心主任、国家一级演员）、宗诚（省中医院医务处干事）、袁志兰（省人民医院眼科科主任、教授、主任医师）、孙岩军（中大医院医务处副主任、副主任医师）、刘启兰（省计划生育科研所副主任医师）、刘立华（省计划生育宣传教育所干部）、史延安（省广电局产业规划处主任科员）、周慰蔚（省广电总台新闻广播部主任编辑）、周焱（省广电总台城市频道采访部副主任）、许大华（江苏凤凰新华书业股份有限公司图书发行分公司副经理、副研究馆员）、郁宝平（江苏科学技术出版社农业室主任、副编审）、董方春（省新闻出版局出版物发行管理处副调研员）、周小龙（泰州邮政局副局长）、周永忠（团省委机关党委专职副书记、组织部副部长，《风流一代》杂志社社长、总编）、吴科明（省科协科普部部长助理、科普师）、吴伟民（省农学会副研究员）、隋安明（南京蔬菜协会秘书长）、刘鸿浩（省档案局利用部主任科员）、江建宁（省红十字会宣传筹资部副部长）、李健明（盐城师范学院团委书记）、崔景贵（江苏技术师范学院党委常委、副院长）、叶海（南京理工大学团委书记）、高远（南京艺术学院团委干事）、张励行（南京财经大学团委副书记）、姜维（南京交通职业技术学院组织宣传部干事）、傅健（南京市科技局法规处副处长）、张正鸣（南京市科协科普部副部长）、杨康乐（南京市文联秘书长）、张柏生（溧水县委宣传部宣传科科长）、沈霞娟（苏州市文化馆党支部书记）、黄晓（苏州市委宣传部宣教处处长）、宋苏霞（苏州市文广

新局社文处副处长)、盛银桂(无锡市委宣传部办公室副主任)、边静玉(共青团无锡市委副书记)、殷国新(无锡市文联科员)、王飞虹(常州市委宣传部宣传处副处长)、杨勇(常州新华书店有限责任公司副总经理)、曹龙华(常州市卫生局宣传处处长)、徐萍(镇江市体育局局长)、史雪君(镇江市青少年活动中心、镇江市少年宫党支部副书记)、何俊(镇江市委宣传部宣传处副处长、主任科员)、谢文刚(扬州市建设局组织宣传处主任科员、副处长)、丁俭(中国船舶重工集团公司第七二三研究所党群部宣传主管)、朱运桃(扬州市文化局艺术处副主任科员)、刘定荣(兴化市委宣传部副部长、市社科联主席)、卢浩初(泰州市红十字会赈济救护部部长)、于镇平(泰州市妇幼保健院妇产科主任)、王荣(南通市科技局农村与社会发展处处长)、张华胤(南通市农业局科教处处长)、陶婷婷(南通市红十字会赈济救护部干部)、顾海涛(盐城市文化局社会文化处主任科员)、李志国(盐城市红十字会办事员)、孙凤志(盐城市委宣传部宣教处处长)、金德海(淮安市委宣传部副部长)、周凌(淮安市委宣传部宣教处处长)、李鸣鸣(淮安市委宣传部宣教处科员)、于士春(涟水县委宣传部宣教科科长)、赵伦红(宿迁市委宣传部文艺处处长)、唐传涛(沭阳县文广新局副局长)、孙曙(宿迁市宿豫区文广新局副局长)、侯秀田(徐州市红十字会党组副书记、副会长)、金华(徐州市卫生局医政处副处长)、孙江(徐州古彭商业大厦董事长、总经理)、陈红(连云港市委宣传部宣教处科员)、闫玲玲(连云港市文化局淮海剧团团长助理)、周淑丽(连云港市人口计生委副主任科员)

组织奖(6个)

省人口计生委宣教处、省红十字会赈济救护部、省演艺集团、盐城市委宣传部、连云港市委宣传部、盱眙县委宣传部

2009年中宣部办公厅表彰奖项

部刊优秀稿件

《挖掘历史资源,创新活动载体,深入持久开展群众性爱国主义教育》

优秀舆情信息员

廖炬先

优秀舆情信息直报点

东台市委宣传部

全省党委系统信息工作先进单位及个人

(省委办公厅表彰)

先进单位二等奖

省委宣传部

先进个人

廖炬先

全省宣传信息工作先进单位、先进个人名单

(省委宣传部表彰)

先进单位(16名)

南京市委宣传部、扬州市委宣传部、盐城市委宣传部、无锡市委宣传部、苏州市委宣传部、镇江市委宣传部、淮安市委宣传部、常州市委宣传部、徐州市委宣传部、省哲学社会科学联合会、省文化厅、省广播电视总台、省委宣传部新闻出版处、东台市委宣传部、张家港市委宣传部、江都市委宣传部

先进个人(18名)

崔道锋(扬州市委宣传部)、刘妙雄(南

京市委宣传部)、张曙光(盐城市委宣传部)、徐强昇(南通市委宣传部)、杨尧军(连云港市委宣传部)、姚巍(泰州市委宣传部)、李民富(宿迁市委宣传部)、朱峰(省新闻出版局)、殷育茜(省广电网络公司)、许剑(省委宣传部宣教处)、杨筠(省委宣传部网络处)、汪桥红(省社科规划办公室)、陈红兵(东台市委宣传部)、朱海燕(张家港市委宣传部)、朱浩(江都市委宣传部)、王铭涛(常熟市委宣传部)、吴爱玲(南京市鼓楼区委宣传部)、范明辉(南京市六合区委宣传部)

● 文化艺术方面 ●

2007—2008 年度 国家舞台艺术精品工程

(文化部、财政部表彰)

年度重点资助剧目(1 个)

儿童剧《青春跑道》(苏州市滑稽剧团)

现实题材优秀剧本(1 个)

《桃花庄》(省梆子剧团,作者李海涛)

全国第十一届精神文明建设“五个一工程奖”

(中宣部表彰)

京剧《飘逸的红纱巾》(省演艺集团京剧院)、滑稽戏《顾家姆妈》(苏州市滑稽剧团)

全国古籍重点保护单位

(国务院表彰)

无锡市图书馆、南通市图书馆、镇江市图书馆、吴江市图书馆、扬州大学图书馆

文化部首届“优秀保留剧目大奖”

(文化部表彰)

儿童剧《一二三,起步走》(苏州市滑稽剧团)

第二届中国戏剧奖 第 24 届中国戏剧梅花奖

(中国文联、中国剧协表彰)

戏剧梅花奖(2 名)

精华版《牡丹亭》(孔爱萍,省演艺集团昆剧院)、《江南雨》(黄静慧,无锡市锡剧院)

第十一届中国戏剧节

(中国剧协表彰)

优秀剧目奖(1 个)

扬剧《县长与老板》(扬州市扬剧团)

优秀演员奖(1 名)

李政成

第四届中国昆剧艺术节

(文化部、省政府表彰)

优秀剧目奖(3 个)

《牡丹亭》(苏州昆剧院)、《1699 · 桃花扇》(省昆剧院)、《长生殿》(苏州昆剧院)

剧目奖(1 个)

《绿牡丹》(省昆剧院)

优秀表演奖(2 名)

王芳(苏州昆剧院)、龚隐雷(省昆剧院)

优秀青年演员表演奖(5名)

俞玖林(苏州昆剧院)、施夏明(省昆剧院)、沈丰英(苏州昆剧院)、罗晨雪(省昆剧院)、单雯(省昆剧院)

第三届全国地方戏优秀剧目(南北片)展演

(文化部表彰)

参演剧目奖(1个)

《桃花村》(省演艺集团锡剧团)

第四届中国苏州评弹艺术节

(文化部、省政府表彰)

苏州弹词·优秀节目奖(9个)

中篇弹词节目:《雷雨》(苏州市评弹团)、《吴宫遗恨》(苏州市吴中区评弹团)、《雨露青苗》(常州市评弹团)、《淳安知县》(苏州市评弹团)、《龙凤呈祥》(江苏省演艺集团评弹团)

短篇弹词和长篇选回节目:《相约星期二》(常熟市评弹团)、《啼笑因缘·雪地会凤》(苏州评弹学校)、《湘水骄杨》(省演艺集团评弹团)、《重逢》(苏州市评弹团)

苏州弹词·节目奖(16个)

短篇弹词:《聚宝盆》(苏州市评弹团)、《堂娘娘》(张家港市艺术团)、《晚饭前》(常州市评弹团)、《李师师》(省演艺集团评弹团)、《洛神赋》(省演艺集团评弹团)、《真情》(常熟市评弹团)、《无题》(吴江市评弹团)、《"天堂"——有我的好老师》(无锡市评弹团)

长篇弹词选回:《白蛇·合钵》(江阴市评弹团)、《明珠案·府衙风波》(苏州评弹学校)、《大汉吕后·真相大白》(苏州市评弹团)、《珍珠塔·逼唱道情》(苏州市评弹团)、《王魁负桂英·情探》(苏州市评弹团)、《杨乃武·密室相会》(苏州评弹学校)、《双珠凤·送花楼会》(苏州市评弹团)、《三笑·追舟》(苏州市评弹团)

苏州评话·节目奖(2个)

系列评话《铁琴铜剑楼》(常熟市评弹团)、长篇评话选回《三国·赵子龙抢挑高览》(江阴市评弹团)

第八届全国舞蹈比赛

(文化部表彰)

文华舞蹈节目表演奖

三等奖(1个):群舞《羌山红》(江南大学艺术学院)

优秀表演奖(1个):《桃花扇随想》(省戏剧学校)

第九届"桃李杯"全国舞蹈比赛

(文化部表彰)

群舞(中国民间舞组)表演三等奖(2个)

《芦花香香鼓儿响》(无锡文化艺术学校)、《阳春面》(扬州文化艺术学校)

群舞(中国民间舞组)表演二等奖(2个)

《芦花香香鼓儿响》(无锡文化艺术学校)、《阳春面》(扬州文化艺术学校)

群舞(古典舞组)表演三等奖(1个)

《桃花扇随想》(省戏剧学校)

群舞(古典舞组)舞蹈剧目二等奖(1个)

《桃花扇随想》(省戏剧学校)

院校原创教学剧目奖(1个)

《桃花扇随想》(省戏剧学校)

中国古典舞组B级青年组(女子)三等奖(1名)

章文慧(南京艺术学院舞蹈学院)

中国民间舞组B级青年组(女子)三等奖(1名)

席欢(南京艺术学院舞蹈学院)

第十一届全国美展

(文化部、中国文联、中国美协表彰)

金奖(3幅)

粉画《兄弟》(陆庆龙)、动画《门神之捉鬼》(邵奇)、漆画《永恒的记忆》(李永清)

银奖(3幅)

版画《秋声赋》(曹明凤)、版画《湿地霜降》(万子亮)、连环画《海迪姐姐的故事》(胡博综)

铜奖(4幅)

中国画《民以食为天》(王野翔、武增宏)、版画《山村纪事》(张放)、壁画《南京地铁一号线壁画群》(艺术总监:冯健亲,合作:王琥、王冕、王峰、冯健亲、朱飞、孙晶、张承志、张静、沈斌、郑静、速泰熙、黄惇、蒯连会、盛瑨)、漆画《如意图》(莫雄)

优秀奖(1幅)

陶艺《秋水残江》(徐南)

理论奖(1篇)

《新金陵画派五十年》(马鸿增)

2009·中国百家金陵画展(中国画)

(中国美协、省委宣传部、省文化厅、省文联表彰)

金奖(4幅)

《七彩轮滑》(王梦彤)、《希望的田野》(朱建忠)、《家》(桑建国)、《风中》(喻慧)

全国文化先进单位(3名)

(文化部表彰)

东海县、金坛市、扬州市邗江区

全国文化系统先进集体(6名)

(人力资源和社会保障部、文化部表彰)

省演艺集团歌剧舞剧院、苏州昆剧院、常州博物馆、南京市杂技团、盐城市图书馆、扬州中国雕版印刷博物馆(扬州博物馆)

全国文化系统先进工作者(13名)

(国家人力资源和社会保障部、文化部表彰)

冯玲秀(南京市群众艺术馆)、徐全心(省演艺集团京剧院)、沈军军(连云港市艺术学校)、裴安年(洪泽县洪泽湖博物馆)、李国平(金坛市文化局)、武爱苹(省柳琴剧团)、许建荣(常州市文化馆)、赵固平(泰兴市图书馆(博物馆))、杨建民(无锡市文广新局)、艾金梅(省戏剧学校)、邱冠华(苏州图书馆)、钱艺春(扬州市歌舞团)、陈林(东海县文化局)

新中国城市雕塑建设成就奖

(住房和城乡建设部、文化部表彰)

成就奖(5个)

《南京大屠杀纪念馆扩建工程组雕》(南京市)、《雨花台烈士就义组雕》(南京市)、《周总理像》(淮安市)、《大江东去》(常州市)、《天人合一——老子》(淮安市)

提名奖(1个)

《南京长江大桥桥头组雕》(南京市)

第二十三届田汉戏剧奖剧本一等奖

(中国田汉研究会、田汉戏剧奖组委会表彰)

《天女》(《剧影月报》胡学纯)

全国非物质文化遗产保护工作先进

(文化部表彰)

先进集体(1名)

徐州市非物质文化遗产保护中心

先进工作者(1名)

喻湘涟(无锡市民间艺术博物馆)

先进个人(4名)

王丽堂(江苏省演艺集团)、杨树发(省文化厅)、徐艺乙(南京艺术学院)、王露明(南京市非物质文化遗产保护中心)

第四次全国公共图书馆评估定级

(文化部组织评定)

国家一级公共图书馆(63个)

南京图书馆、金陵图书馆、无锡市图书馆、徐州市图书馆、常州市图书馆、苏州图书馆、连云港市图书馆、连云港市少年儿童图书馆、盐城市图书馆、扬州市图书馆、扬州市少年儿童图书馆、镇江市图书馆、南京市玄武区少年儿童图书馆、南京市白下区图书馆、南京市秦淮区图书馆、南京市建邺区图书馆、南京市鼓楼区图书馆、南京市浦口区图书馆、南京市江宁区图书馆、南京市六合区第二图书馆、溧水县少年儿童图书馆、溧水县图书馆、高淳县图书馆、无锡市惠山区图书馆、江阴市图书馆、宜兴市图书馆、沛县图书馆、铜山县图书馆、常州市武进区图书馆、溧阳市图书馆、金坛市图书馆、苏州市金阊区图书馆、苏州市沧浪区图书馆、苏州市平江区图书馆、苏州市吴中区图书馆、苏州市相城区图书馆、常熟市图书馆、张家港市图书馆、昆山市图书馆、吴江市图书馆、太仓市图书馆、苏州独墅湖图书馆、如皋市图书馆、南通市通州区图书馆、海门市图书馆、海安县图书馆、如东县图书馆、东海县图书馆、灌南县图书馆、洪泽县图书馆、金湖县图书馆、东台市图书馆、大丰市图书馆、扬州市邗江区图书馆、仪征市图书馆、高邮市图书馆、江都市图书馆、丹阳市图书馆、兴化市图书馆、靖江市图书馆、泰兴市图书馆、姜堰市图书馆、泗阳县图书馆

国家二级公共图书馆(20个)

南通市图书馆、南京市下关区图书馆、南京市雨花台区图书馆、南京市六合区第一图书馆、无锡市北塘区图书馆、新沂市图书馆、启东市图书馆、赣榆县图书馆、淮安市楚州区图书馆、邳州市图书馆、镇江市京口区图书馆、镇江市丹徒区图书馆、镇江市润州区图书馆、沭阳县图书馆、盐城市盐都区图书馆、射阳县图书馆、建湖县图书馆、扬中市图书馆、涟水县图书馆、宿迁市宿城区图书馆

国家三级公共图书馆(16个)

南通市少年儿童图书馆、淮安市图书馆、泰州市图书馆、无锡市锡山区图书馆、无锡市滨湖区图书馆、无锡市崇安区图书馆、宿迁市宿豫区图书馆、丰县图书馆、阜宁县图书馆、滨海县图书馆、灌云县图书馆、宝应县图书馆、响水县图书馆、盱眙县图书馆、泗洪县图书馆、连云港市连云区图书馆

全国文物工作先进县
（文化部、国家文物局表彰）

太仓市

2008 年度全国十大考古新发现
（国家文物局表彰）

无锡阖闾城遗址

2008—2009 年度田野考古奖三等奖
（国家文物局表彰）

邳州梁王城遗址考古（南京博物院）

第八届全国博物馆十大陈列展览
（国家文物局表彰）

精品奖（1 个）

《人类的浩劫——侵华日军南京大屠杀史实展》（南京大屠杀遇难同胞纪念馆）

最佳创意奖（1 个）

《神奇的自然，美丽的家园——常州博物馆自然资源陈列》（常州博物馆）

2009 年度中国考古六项重大新发现
（中国社会科学院考古学论坛表彰）

张家港市东山村新石器时代遗址考古

中国文物、博物馆事业杰出人物
（国家文物局表彰）

宋伯胤（原南京博物院）、蒋赞初（南京大学）

2008 年度全国文博考古“十佳图书”
（国家文物局表彰）

《江苏戏曲文物研究》（省文物局束有春）

国家创新工程
（文化部表彰）

《昆曲遗产保护工程》（苏州市）、《区域文化联动》（吴江市）

第三届文化部创新奖
（文化部表彰）

区域文化联动（吴江市）

文化部科技创新奖
（文化部表彰）

文化遗产安全呼叫保护中心技术研究（南京博物院）

2009—2010 年度国家文化出口重点企业（21 家）
（文化部评定）

常州安利动画有限公司、常州宏图动画

有限公司、常州卡米文化传播有限公司、常州渔夫动漫有限公司、江苏大风乐器有限公司、江苏电子音像出版社、江苏凤凰出版传媒集团公司、江苏凤凰新华书业有限公司、江苏久通动漫产业有限公司、江苏省演艺集团有限公司、江苏永兴多媒体公司、南京波波魔火信息技术有限公司、南京鸿鹰动漫娱乐有限公司、南京金箔集团有限责任公司、南京市工艺美术总公司、南京原力电脑动画制作有限公司、苏州市蜗牛电子有限公司、苏州印刷总厂有限公司、泰兴凤灵乐器有限公司、泰州市美画艺术品有限公司、江苏新广联科技股份有限公司

2009—2010年度 国家文化出口重点项目(13家)

(商务部、文化部、广电总局、新闻出版总署评定)

《汉语国际推广课程　水乡文化》(江苏电子音像出版社)、中国昆曲海外演出(江苏省苏州昆剧院)、杂技主题晚会《梦之旅》(南京市杂技团)、凤灵吉他、提琴出口(江苏凤灵乐器集团)、歌剧《紫禁城的故事》(江苏演艺集团有限公司)、炮炮兵(常州卡米文化传播有限公司)、阿米达(南京蓝海豚美术电脑动画制作有限公司)、小虫三宝(常州安利动画有限公司)、"佩佩小猪"动漫产品出口(江苏久通动漫产业有限公司)、《晶码战士》(常州银河动漫发展有限公司)、《小卓玛》(常州宏图动画有限公司)、《秦汉英杰》(无锡市偶形文化传播有限公司)、纪录片《欧洲人在东方》(苏州市广播电视总台)

2009年度 全国动漫企业(15家)

(全国动漫企业认定管理工作办公室认定)

江苏久通动漫产业有限公司、常州安利动画有限公司、常州渔夫动漫有限公司、常州龙腾视景数字科技有限公司、常州索奥影视动画有限公司、常州宏图动画有限公司、常州恐龙园文化创意有限公司、常州银河动漫发展有限公司、常州卡龙影视动画产业有限公司、常州卡米文化传播有限公司、常州三浦灵狐动漫产业有限公司、常州仁永影视动画有限公司、常州浩昊文化传播有限公司、常州水木数字信息技术有限公司、常州中广笑一笑影视动漫制作有限公司

2009年全国文化市场 十大案件

(文化部表彰)

江苏12·10特大网络游戏"私服"案(省文化厅)

2008—2009年度全国文化市场 综合执法案卷评比

(文化部表彰)

一等奖(1个)

泰州日报社擅自从事营业性演出活动案(泰州市文化局)

二等奖(3个)

沛县星辰电脑服务部经营非网络游戏案(徐州市沛县文化局)、常州锦江国际大酒店未按规定接收境外卫星电视节目案(常州市文化广电新闻出版局)、苏州嘉业房地

产开发公司擅自拆除、维修控制保护旧址案（苏州市文化广电新闻出版局）

三等奖(1个)

镇江世纪音像部销售非法音像制品案（镇江市文化局）

优秀组织奖(1个)

江苏省文化厅

2008—2009年度江苏省舞台艺术精品工程

（省舞台艺术精品工程领导小组表彰）

精品剧目(5个)

扬剧《县长与老板》（扬州市扬剧团）、淮剧《诺言》（泰州市淮剧团）、京剧《飘逸的红纱巾》（省演艺集团京剧院）、淮海戏《老县长的第二春》（省淮海剧团）、苏州评弹《风雨黄昏》（苏州市评弹团）

2009—2010年度资助剧目(3个)

淮剧《唢呐声声》（省淮剧团）、江苏梆子《桃花庄》（省梆子剧团）、锡剧《桃花村》（省演艺集团锡剧团）

精品提名剧目(1个)

淮海戏《左邻右舍》（连云港市淮海剧团）

第一批江苏省古籍重点保护单位(20家)

（省政府表彰）

南京图书馆、苏州图书馆、常熟市图书馆、南京博物院、南京大学图书馆、南京师范大学图书馆、南京中医药大学图书馆、苏州大学图书馆、徐州市图书馆、南通市图书馆、无锡市图书馆、常州市图书馆、扬州市图书馆、泰州市图书馆、镇江市图书馆、吴江市图书馆、南京市博物馆、苏州博物馆、徐州师范大学图书馆、扬州大学图书馆

第七届江苏省戏剧文学奖

（文化厅表彰）

一等奖（空缺）

另有3件作品获二等奖，2件作品获三等奖，2件作品获提名奖。

小戏小品奖（空缺）

另有3件作品获小戏小品提名奖。

江苏省第三届中小学生艺术展演暨第五届少儿艺术节

（省教育厅、省文化厅表彰）

器乐类

小学组一等奖(13个)：民乐合奏《秦淮灯市》（南京鼓楼区南昌路小学）、小提琴独奏《维奥第第二十三协奏曲》（南京市下关区小市中心小学）、管乐合奏《欢乐的集市》（南京下关区滨江小学）、打击乐《鼓趣》（南京艺术小学）、管乐合奏《音乐之声》（江苏省无锡师范附属小学）、器乐《普天同庆》（无锡市港下实验小学）、鼓乐合奏《曲阿鼓韵》（丹阳市华南实验学校）、琵琶独奏《十面埋伏》（苏州市沧浪少年宫蒲公英艺术团）、民乐合奏《京调》（南通市海门东洲小学）、琵琶重奏《送我一枝玫瑰花》（南通市启东长江小学）、器乐《天仙情缘》（东台市实验小学）、小提琴独奏《花儿为什么这样红》（淮安市长征小学）、弦乐四重奏《维瓦尔第〈春〉》（常州市少年宫）

中学组一等奖(15个)：交响乐《贝多芬第七交响曲》（南京市第一中学）、民乐合奏《庆典序曲》（南京市第九中学）、管乐合奏《五声神韵》（南京市第六中学）、民乐鼓乐《龙腾虎跃》（南京师范大学附属中学）、交

响乐《红旗颂》(南京市群艺馆)、民乐合奏《孔雀河》(镇江市第三中学)、竹笛独奏《绿洲》(江苏省滨海中学)、唢呐独奏《迎新春》(徐州市文化艺术学校)、钢琴独奏《流水》(徐州西苑中学)、竹笛独奏《三五七》(淮阴师院附中)、二胡独奏《葡萄熟了》(江苏省淮安开明中学)、唢呐独奏《正月十五闹雪灯》(东海县高级中学)、钢琴独奏《托卡塔》(江苏省常州外国语学校)、钢琴独奏《匈牙利狂想曲第2号》(江苏省泰州中学)、笛子独奏《春到湘江》(江苏省泰州中学附中)

幼儿组一等奖(1个):打击乐《大中国》(连云港市民生花苑幼儿园)

声乐类

小学组一等奖(23个):无伴奏合唱《视而不见》(南京市游府西街小学)、表演唱《大书包》(南京市艺术小学)、合唱《竹里馆、青蛙跳呀跳》(无锡市钱桥镇中心小学)、合唱《香糯糯格粽子请侬尝》(无锡市扬名中心小学)、合唱《幸福光景年年好》(无锡市东林小学)、合唱《茉莉花》(无锡市连元街小学)、合唱《美丽的夏牧场、小花猫》(无锡市育红小学)、合唱《我俚佬小闹元宵》(无锡市查桥实验小学)、合唱《沃尔塔瓦河》(无锡市积余实验学校)、表演唱《端午谣》(镇江市实验小学)、合唱《亮亮高》(张家港圹桥中心小学)、声乐《水乡外婆桥》(昆山一中心小学)、合唱《茉莉花》(苏州市沧浪区平直实验小学)、合唱《缆车回声》(南通市少年宫)、合唱《水母鸡》(海门实验学校)、表演唱《荡花船》(邗江区文化馆)、合唱《今天是你的生日妈妈》(徐州星光双语小学)、合唱《Jingle Bells》(徐州市光荣巷小学)、独唱《爬山豆夜夜长》(淮安市实验小学)、合唱《天路》(连云港市墟沟小学)、合唱《红军爷爷走过的路》(连云港市文化馆少儿艺校)、合唱《渔歌子》(常州市怀德苑小学)、合唱《今天是你的生日,中国》(宿迁市宿城区实验小学)

中学组一等奖(10个):合唱《我的珠穆朗玛》(南京市第九中学合唱团)、合唱《爱的世纪》(丹阳市第五中学)、男声表演唱《青春与校园联网》(如皋实验初级中学)、女声四重唱《晚会圆舞曲》(江苏省海门中学)、扎木聂弹唱《吉祥美丽的好地方》(南通西藏民族中学)、女声独唱《七月的草原》(南通市海门青少年宫)、小合唱《家住安源》(淮阴师院附属中学)、男声独唱《暗香》(淮阴师院附属中学)、小合唱《致受洗礼的孩子》(常州市第五中学)、男声独唱《西部放歌》(宿迁中学)

舞蹈类

小学组一等奖(25个):群舞《训练日记》(南京市琅琊路小学)、群舞《秋天的童趣》(南京市长江路小学)、群舞《天路到家乡》(南京市白下区少年宫)、群舞《小兵梦》(镇江市官塘桥中心小学)、拉丁舞《快乐拉丁》(句容市华阳中心小学)、舞蹈《欢乐的小裁判》(镇江市京口区实验小学)、舞蹈《青梅竹马谣》(镇江市南门小学)、舞蹈《小骑手》(丹阳市正则实验小学)、群舞《长成一双飞翔的翅膀》(常熟市实验小学)、群舞《墨韵》(苏州市吴中区胥口中心小学)、群舞《摸螺蛳》(常熟市文化馆青少年活动中心)、群舞《碧波小金鱼》(苏州市沧浪少年宫蒲公英艺术团)、群舞《听海·拾贝》(如东实验小学)、群舞《金蛤乐》(如东少年宫)、群舞《狮子王》(扬州市艺蕾小学)、群舞《亲亲茉莉花》(扬州市花园小学)、群舞《美丽生命》(徐州市公园巷小学)、群舞《中国娃》(沛县实验小学)、群舞《藕娃》(淮阴师院一附小金娃娃艺术团)、群舞《我们的家》(连云港海州实验小学)、群舞《绿芽·争辉》(连云港市师专第三附属小学)、群舞《想爸爸想妈妈》(常州市武进区南夏墅中心小学)、群舞《遥遥天路通北京》(常州市

武进区星韵学校)、群舞《我的偶像》(常州市第二实验小学)、群舞《闹春》(泰州市少年宫)

中学组一等奖(14个):群舞《江南·春蕴》(南京市中华中学)、群舞《麻辣幺妹》(南京幼儿高等师范女子中专学校)、群舞《不垮的废墟》(江阴市第二中学)、群舞《校园脚步声》(江阴市第一中学)、群舞《领跑者》(江阴高级中学)、群舞《军训少年》(镇江市丹徒中心小学)、群舞《中国妈妈》(张家港市舞蹈学校)、群舞《城》(南通市海安紫石中学)、群舞《海之子》(南通市启东汇龙中学)、群舞《桥墩》(扬州市特殊教育学校)、群舞《军中蛟龙》(扬州市文化艺术学校)、群舞《战旗·刘老庄》(淮安市文化艺术学校)、群舞《英雄》(泗阳县致远中学)、舞蹈《甩花腰》(连云港市新海高级中学)

幼儿组一等奖(9个):群舞《向着蓝天飞翔》(南空后勤部小铁鹰幼儿园)、群舞《欢乐晨曲》(南京市白下区体育艺术幼儿园)、舞蹈《蛙蛙大合唱》(镇江市敏成幼儿园)、舞蹈《小鱼钓猫》(扬中市实验幼儿园)、舞蹈《欢乐小康巴》(镇江市贺家弄幼儿园)、群舞《洗白白》(启东实验幼儿园)、群舞《荷塘戏水》(常州市新北区小河中心幼儿园)、群舞《我学妈妈去购物》(连云港市钟声幼教机构)、舞蹈《河塘欢歌》(靖江市城南幼儿园)

戏剧曲艺类

小学组一等奖(25个):相声《我爱我家》(南京市白下区文化馆)、童话短剧《三只小狗狗》(南京市鼓楼区文化馆)、音乐情景剧《带锁的日记》(江阴市花园实验小学)、音乐课本剧《滥竽充数》(江阴市实验小学)、戏曲《芦花荡》(镇江市特教中心)、课本剧《半截蜡烛》(丹阳市经济开发区中心小学)、戏曲《扈家庄》(昆山石牌中心学校)、戏曲《智斗》(常熟实验小学)、评弹《青蛙看海》(苏州市高新区枫桥实验小学)、戏曲《打虎上山》(南通市港闸区陈桥小学)、相声《学习》(扬州市世明双语学校)、音乐剧《梅香阵阵》(东台市实验小学)、曲艺《唱节日》(盐城市第一小学)、戏曲《沙家浜·奔袭》(射阳县实验小学)、曲艺《童谣新唱》(盐城市日月路小学)、小品《小美》(徐州文化馆)、戏曲《珠帘寨》(淮安市东方双语学校)、戏曲《迎来春色换人间》(赣榆县实验小学)、校园剧《佳佳的梦》(常州市龙虎塘中心小学)、校园剧《三袋麦子》(常州市武进区马杭中心小学)、校园剧《花瓣飘香》(常州市武进区东安小学)、音乐剧《书香长廊》(常州市实验小学)、双簧《看电视》(沭阳县东关实验小学)、戏曲《花乡沭阳百花开》(沭阳县东关实验小学)、戏曲《赞神州》(泗阳县棉花原种场小学)

中学组一等奖(6个):小品《我的爸爸是民工》(南京市第九中学)、戏曲联唱《校园放歌》(无锡市东林中学)、快板《春满校园》(江阴市山观中学)、音乐剧《谁动了我们的城市雕塑》(丹阳市华南实验学校)、课本剧《风波》(如皋市一中)、小品《一面之缘的妈妈》(江苏省戏剧学校)

幼儿组一等奖(3个):童话剧《小青虫的梦》(苏州市工业园区新洲幼儿园)、儿童剧《胖萝卜生病了》(如皋师范附属小学)、音乐剧《猫鼠新传》(靖江市佳佳幼儿园)

美术类

小学组一等奖(103个):《太空站》(王佳琦　南京市鼓楼区赤壁路小学)、《我发现了太空人》(金心洁　南京市鼓楼区赤壁路小学)、《我的爷爷》(程贤友　南京市鼓楼区赤壁路小学)、《奶奶家的新房子》(祁天乐　南京市鼓楼区赤壁路小学)、《阳光下的幸福童年》(潘欣怡　南京市下关区二板桥小学)、《花园别墅真美丽》(孙雨曦　南京市下关区二板桥小学)、《多彩生活幸福童年》(吴玥　南京市玄武区宇花小学)、《江南水乡》(张晗　南京市玄武区海英小学)、《快乐成长》(曹艺　南京市建邺区新城实验小学)、《魔法世界》(王欣懿　南京市昆仑路小学)、《赛龙舟》(蔡佳沁　南京市玄武区长江路小学)、《南京—四川手拉手》(陈勋　南京孝陵卫中心小学)、《飞天》(朱紫玥　南京市鼓楼区赤壁路小学)、《江南水乡》(徐宇翔　南京市白下区石鼓路小学)、《我家小院》(邓毓婧　南京市白下区石鼓路小学)、《我多快乐》(陈湛卢　南京市北京东路小学)、《彩虹般的生活》(宋子昌　南京第十三中科利华小学)、《家乡行》(曹文滔　南京市长江路小学)、《夏趣》(周垚　无锡市厚桥实验小学)、《牧归》(周韬　无锡市厚桥实验小学)、《摔跤》(华妮婷　无锡市厚桥实验小学)、《动物是人类的朋友》(张宇轩　无锡市蠡园中心小学)、《南禅寺灯会》(孙一淳　无锡市育红小学)、《我的小伙伴》(胡宇佳　无锡市藕塘中心小学)、《排队》(郝瑶　无锡市前洲中心小学)、《观棋不语》(孙纾贤　扬中市丰裕中心小学)、《老妈的发廊》(徐正慧　镇江市丹徒区高桥中心小学)、《地涌金莲》(张羽雪莹　镇江市金山小学)、《我们的校园生活》(孙诗源　镇江市丹徒区辛丰中心小学)、《门神》(高俊欣　扬中市新坝中心小学)、《看偶戏》(王溯　镇江市华南实验学校)、《爷爷、奶奶的结婚照》(吴莉　丹阳市界牌中心小学)、《一瓶花》(束心源　丹阳市实验小学)、《蚂蚁运动会》(顾远　张家港市东莱小学)、《美丽的城市》(叶雅琦　苏州工业园区唯亭中心小学)、《我心中的家乡》(盛露萱　昆山市国际小学)、《童年乐事》(胡如意　苏州市湄长小学)、《渔舟》(程贝贝　苏州市相城区黄桥实验小学)、《社区的早晨》(查天明　常熟实验小学)、《与古老昆剧的美丽邂逅》(蔡雨彤　苏州外国语学校)、《我爱皮影戏》(李祎一　苏州外国语学校)、《京韵》(陈杰　海门海洪中心校)、《阳光下成长》(韦斯昭　海安县海陵小学)、《午餐时间》(徐倩倩　如东县掘港双语小学)、《课间活动》(徐子轩　如东县掘港镇天一学校)、《大桥,大船,大南通》(仲天纯　通州金田小学)、《年年有余》(茅沅书伊　通州小学)、《齐天大圣》(房坚　宝应县广洋湖镇中心小学)、《全家福》(孟宇航　邗江头桥中心小学)、《难忘记忆之皮影戏》(沈月　江都市花荡小学)、《农家窗前的莲蓬》(朱慧越　宝应广洋湖镇中心小学)、《重建家园》(吴思佳　射阳县实验小学)、《未来世界》(王雅娴　盐城市第一小学)、《燕子归来早》(王雨航　徐州市九里苏山中学小学部)、《舞龙》(宋志威　徐州睢城小学)、《青花瓷》(马圣雨　徐州市汉桥小学)、《诵读》(朱禹同　睢宁实验小学)、《宝贝别怕》(尹亿韦　徐州市九里苏山中学小学部)、《五十年后的淮安》(曹轩鹏　淮安市淮海路小学)、《欣欣向荣》(周博睿　淮阴师院附小新区实验学校)、《蜻蜓》(杨璐璐　连云港市大村中心小学)、《水中之荷》(苏畅　连云港市墟沟小学)、《飞翔的鸟儿》(张罗丹　连云港市浦南小兴小学)、《长大了我也要当宇航员》(赵恒峰　连云港市浦南小兴小学)、《云台胜境》(周寅　连云港市墟沟小学)、《唱大戏》(徐学文　连云港市青口中心小学)、《摘棉花》(任洪蕾　连云港市青口中心小学)、《我运动、我快乐》(霍彦清　东海实验小学)、《金色的童年》(张可　东海实验小学)、《快乐滑轮》(庄思绪　东海实验小学)、《春牛》(冯帅帅　赣榆县华杰双语学校)、《过大年》(王晓彤　连云港青口中心小学)、《祖国像葵花》(陆旭　东海实验小学)、《我又长高了》(王瀚　东海海陵路小学)、《比赛》(吴家莹　溧阳市实验小学)、

《家乡的莲藕真美》(袁若楠　常州市三井中心小学)、《乐》(高露　常州市武进区马杭小学)、《三个女孩子》(赵晨岚　常州市三井中心小学)、《夏趣》(郑诗雨　金坛市常胜小学)、《我的实验室》(何欢　常州市武进区三河口小学)、《听爷爷讲故事》(潘煜　常州市潞城小学)、《爱心》(顾梦伟　常州市武进区邹区小学)、《真帅》(史梦佳　常州市武进区马杭小学)、《热闹的市场》(黄澄　溧阳市昆仑小学)、《看戏》(曹启帆　泰兴市襟江小学)、《飞》(陈钦润　靖江市实验学校)、《捏面人》(陈诺　高港刁铺中心小学)、《儿童画》(殷冰洁　姜堰东桥中心小学)、《给外星人做模特》(于永恒　宿豫区余娟实小)、《熟悉的一幕》(史猛　宿迁市实验学校)、《反恐精英 VS 生化幽灵》(刘志文　宿迁市实验小学)、《海底世界》(戴霄　沭阳第二实验小学)、《美丽新城》(蔡晶莹　宿迁市骆马湖示范区晓店中心小学)、《湖边仙影》(刘舒坦　南京市游府西街小学)、《春娘》(卢呈祥　镇江市少年宫)、《快乐茶馆》(韦澄　镇江市京口区少年宫)、《林中漫步》(秦星月　镇江市京口区少年宫)、《舞龙》(刘原　苏州市沧浪少年宫)、《水乡》(王可儿、顾玉雯、徐李晟　苏州沧浪少年宫)、《08 动漫》(汤桂香　海安县艺术学校)、《泳》(陈宇涵　南通市少年宫)、《丰收图》(金纯真　东台市实验小学)、《快乐的节日》(王逸涵　泰州市少年宫)

中学组一等奖(76 个):《汶川的同学们》(丁文　南京十三中红山校区)、《阳光下的舞蹈》(陈晓雨　南京十三中红山校区)、《荷花》(段颖　南京浦口陡岗中学)、《体育课上》(姜畅　南京金陵中学)、《我们班的篮球赛》(谈周婧　南京金陵中学)、《家乡》(陈萍　南京六合区程桥镇初级中学)、《窗》(吕宁　南京六合区程桥镇初级中学)、《残垣》(陈阳明　南京市宁海中学)、《飞天》(徐莉娜　扬中市第二高级中学)、《社戏》(罗靖杰　扬中市第一中学)、《我和妈妈去逛街》(戴泽伊　扬中市第一中学)、《装饰人物》(陆璐　扬中市第二高级中学)、《张家界小景》(耿宁　镇江市江南学校)、《蜀山烟雨》(张宇杰　镇江市实验学校)、《戏曲人物》(谢丰蔚、晏菽　镇江市丹徒区三山中学)、《温爷爷和我们在一起》(潘一娟　镇江市丹徒区上会中学)、《卡通人物》(张玥　镇江市丹徒区支显宗中学)、《西递印象》(贡佳辉、张梓玥　丹阳华南实验学校)、《夏天》(顾菁雯　镇江市实验高级中学)、《水漫金山寺》(严雪云　镇江市第三职教中心)、《油菜花香》(包玲　镇江市第三职教中心)、《神话》(黄晨　丹阳市导墅镇中学)、《故乡情》(邵芳芳　苏州市第五中学)、《小品》(张帆　吴江黎里中学)、《童趣·成长故事》(朱婷　苏州工业园区第三中学)、《欣欣向荣》(范子贤　苏州市第五中学)、《春·绿》(钱雪骅　苏州高等幼儿师范学校)、《风清无人蝶自恋》(周玉婷　苏州高等幼儿师范学校)、《庄稼地头》(吴冰琰　苏州高等幼儿师范学校)、《阳光下》(张祎佳　苏州高等幼儿师范学校)、《蓝色的夜空》(黄莉莎　苏州高等幼儿师范学校)、《郊游》(卫玉凤　海门三厂中学)、《一百零八将》(严星星　如皋初级中学)、《秋》(李萍萍　如皋初级中学)、《春天》(陈梦娴　如皋初级中学)、《自然韵味》(陈丽　扬州市邗江区瓜洲中学)、《一夜荷起秋风》(刘弋锋　扬州市邗江中学)、《装饰画》(陶蓉　扬州市邗江中学)、《风筝》(衡婷婷　宝应县广洋湖镇中心初中)、《可爱美少女》(严秋雅　扬州市特殊教育学校)、《漫画世界》(王伟　扬州市特殊教育学校)、《雄鹰》(史桂霞　东台市职业教育中心校)、《菊》(万惠君　东台市职业教育中心校)、《素描》(潘莹　徐州昕昕中学)、《溪山秀色》(孙雅格　丰县民族中学)、《绘画》(张群　淮阴师院附中)、《人物素描》(刘宇轩　江苏省淮阴中学)、《肥肥猫》(王晓娅　连云港新海实验中学)、《大京戏》(李赛　赣榆县华杰双语学校)、《家和万事兴》(谢艳玲　赣榆青口第二中学)、《花语》(王紫桐　东海初级中学)、《风景》(宛晓青、陈静怡　常州市丽华中学)、《窗台上的花》(何娇　江苏省常州高级中学)、《风景》(许俊俊、倪娅媛　常州市丽华中学)、《婺源雨中行》(余洺倩　常州市第五中学)、《山间小路》(黄梦垠　常州市第五中学)、《狄·拉·塞伦酒馆》(张毅　常州市同济中学)、《闲时又来镜里》(金沐言　常州市清潭中学)、《猫》(徐亦嘉　泰州实验学校)、《无题》(王珂秦　泰州实验学校)、《新香细语》(翟洋　靖江外国语学校)、《绚烂五月花》(陈天然　宿迁市钟吾初级中学)、《黄山烟云》(赵文青　宿城区罗圩初中)、《我心飞翔》(胡媛媛　宿迁市钟吾初级中学)、《书本》(张明明　江苏省宿迁中学)、《大自然》(王然　江苏省宿迁中学)、《静物写生》(王玉娟　沭阳县城郊中学)、《五夷春色》(张蒙蒙　南京市二十九中致远中学)、《水粉》(姚学洲　南京市宁海中学)、《静物写生》(崔梦茜　南京市宁海中学)、《镇江“四怪”》(吴昭　镇江京口区少年宫)、《校园之春》(葛文婕　苏州旅游与财经高等职业技术学校)、《烟雨西塘》(陈丹平　苏州市旅游与财经高职校)、《溪牧趣图》(陈娴雅　东台市海丰中学)、《金莲》(冯晓庆　东海职教中心)、《石斛立》(刘雪威　东海职教中心)

书法类

小学组一等奖(69个):《篆书》(虞佳源　南京秦淮夫子庙小学)、《新时代书写崭新诗篇》(邢文茜　南京建邺金陵中学实验小学)、《楷书》(王润晨　南京玄武孝陵卫中心小学)、《楷书》(张楠楠　南京玄武中央路小学)、《对联》(钱咨伸　南京白下大光路小学)、《唐诗条屏》(范淑斐　无锡锡北镇东房桥小学)、《唐诗二首》(戈星犇　无锡太湖小学)、《陆游诗》(顾天熠　无锡师范附属小学)、《展望未来》(陈靖怡　镇江市金山小学)、《唐诗对联》(王汶溪　句容开发区中心小学)、《鸟语花香》(沈星余　镇江市大港中心小学)、《古诗一首》(宋静秋　吴江市实验小学)、《诗一首》(任敏芝　苏州外国语学校)、《诗词》(孟欣蓉　张家港市实验小学)、《和谐》(冯升伟　吴江松陵镇第一中心小学)、《对联》(徐望舒　苏州市沧浪区实验小学)、《祖国我为你骄傲》(陈舸旸　苏州市沧浪区实验小学)、《行书》(成卓　常熟石梅小学)、《行书》(朱之墨　苏州立达学校)、《楷书中堂·北国》(严雨嫣　常熟市梅李中心小学)、《爱莲说》(张湉湉　南通市鹤涛小学)、《篆书》(周远哲　如皋安定小学)、《楷书》(秦思理　如皋安定小学)、《秋夕》(陆奕锟　如皋安定小学)、《阳光下成长》(张思涵　海门东洲小学开发区校区)、《古诗》(李忞睿　海门海南小学)、《隶书》(赵钦　海门三厂中心小学)、《古诗三首》(熊海伦　海门育才小学)、《定山新雨》(杨鑫　南通市鹤涛小学)、《胜日》(赵勇　南通市鹤涛小学)、《得志·三思》(唐栗晨　江都市仙女镇中心小学)、《书法》(郑甘泉　宝应实验小学)、《书法》(陈增林　宝应泰山小学)、《书法》(季煦　扬州翔宇教育集团宝应县实验小学)、《书法》(黄华　盐城市第二小学)、《篆书中堂》(喻芯桐　大丰市第三小学)、《对联》(王思维　大丰市实验小学)、《古诗两首》(程欣　盐城市第一小学)、《书法》(邱肃　东台试验小学)、《书法》(刘相贝　丰县创新外国语学校)、《书法》(崔棋

航　丰县创新外国语学校)、《书法》(顾宸康　丰县创新外国语学校)、《书法》(赵鲲鹏　徐州鼓楼小学)、《书法》(殷文心　徐州解放路小学)、《书法》(刘雪莹　徐州西苑二小)、《书法》(徐凯辉　徐州求是小学)、《唐诗中堂》(刘灿　淮安市洪泽县高良涧镇中心小学)、《条幅》(谭博家　连云港市师专二附小)、《条幅》(王锦华　连云港建宁小学)、《书法》(王茜　溧阳市溧城镇中心小学)、《书法》(周义杰　溧阳市文化小学)、《书法》(田瑞　常州市广化小学)、《书法》(陈振东　常州武进区湖塘桥实验小学)、《楷书条幅》(马哲敏　靖江市实验学校)、《行书条幅》(袁冶　靖江市城东小学)、《隶书对联》(许静茹　姜堰市实验小学)、《行书横幅》(陈翰林　泰州市实验小学)、《楷书条幅》(汤晨炜　泰兴市襟江小学)、《楷书立轴》(陈箫　泰兴市襟江小学)、《立轴》(季明玥　泰兴市襟江小学)、《立轴》(蒋佳铖　泰兴市襟江小学)、《对联》(栾天羿　泰兴市襟江小学)、《李白诗一首》(岑糜嘉　无锡崇安区少年宫)、《鸾凤、骐骥篆书联》(刘芮铭　镇江市少年宫)、《书法》(王晨钧　苏州市沧浪少年宫)、《李白与友登岳阳楼》(王嘉程　南通市少年宫)、《毛主席诗词》(罗婧玥　南通市少年宫)、《书法》(任政　扬州市少年宫)、《书法》(王心悦　扬州市少年宫)

中学组一等奖(52个):《楷书》(程瑞洁　南京市第六中学)、《行书》(沈玉璋　南京市浦口第三中学)、《篆书》(高志杰　南京玄武外国语学校)、《杜牧诗》(邱伯伦　南京外国语学校)、《行书》(张之钰　南京外国语学校)、《对联》(陈畅　南京外国语学校)、《兰亭序》(周全　南京市宁海中学)、《唐诗一首》(蔡文翔　南京市第六中学)、《元曲一首》(纪欣然　南京市第九中学)、《隶书对联》(章敏琦　省锡中匡村实验学校)、《篆刻六方》(王华力　扬中高级中学)、《篆刻四方》(朱晓康　扬中高级中学)、《篆刻六方》(谭志敏　扬中高级中学)、《书法》(龚雯钰　丹阳第五中学)、《硬书》(汪碰　镇江第一中学)、《沁园春》(顾秋宇　吴江市松陵第一中学)、《篆刻六枚》(顾冬芳　苏州园区第五中学)、《宝刀歌》(江涛　苏州市第六中学)、《书法》(魏佳玥　苏州市景范中学)、《草书条幅》(唐碧野　江苏省外国语学校)、《沁园春·雪》(鲍威尔　江苏省苏州中学)、《书法》(姚雨霜　常熟市外国语初中)、《唐诗五首》(蔡吕彤　如东掘港天一学校)、《赤壁赋》(袁蔚　扬中教育集团树人学校)、《对联》(陈岑　扬州市新华中学)、《唐诗一首》(宋雪莹　扬州市新华中学)、《王觉斯诗两首》(宋雪莹　扬州市新华中学)、《软笔书法》(王茜　扬州邗江中学)、《刘基诗》(姚天宇　扬州邗江区公道中学)、《毛笔书法》(薛昕遥　扬州翔宇教育集团宝应中学)、《楷书对联》(章启元　江苏省淮阴中学)、《书法》(贺欣　常州市戚墅堰区实验中学)、《书法》(裴玉和　常州市清潭中学)、《书法》(龚钧炜　常州市清潭中学)、《书法》(汪凡　常州市清潭中学)、《书法》(张煜洲　常州市第一中学)、《书法》(金艺晨　常州市清潭中学)、《书法》(吴希　常州市正衡中学)、《隶书》(杨佩其　泰州海陵二中附属初中)、《行书横幅》(潘玉婷　泰州海陵二中附属初中)、《楷书斗方》(潘逸凡　泰州中学附属初中)、《条屏》(孙晋　沭阳县怀文中学)、《条屏》(陈悠竹　泗洪县重岗中学)、《条屏》(叶轩　宿迁市钟吾初级中学)、《条屏》(王赛昌　宿迁高等师范学校)、《条屏》(姜盼盼　宿迁高等师范学校)、《条屏》(蔡昆仑　宿迁高等师范学校)、《条屏》(管御春　宿迁高等师范学校)、《刘长卿诗》(赵婧　苏州高等幼儿师范学校)、《篆刻》(王宝琦、罗力、胡辰浩、凌晔文、刘龙高等　苏州吴中区特殊教育学校)、《行书》(丁炜翀　东台市实验初级中学)、《名言名句》(黄娇　连云港市职教中心)

摄影类

小学组一等奖(43个):《幼儿园圆舞曲》(陈子涵　高淳县淳溪中心小学)、《阳光少年》(田甜　高淳县淳溪中心小学)、《好奇》(史一凡　高淳县淳溪中心小学)、《阳光女工》(邢诗宇　高淳县淳溪中心小学)、《生命的律动》(芮心雨　高淳县淳溪中心小学)、《感动中国》(毕智伦　南京玄武区长江路小学)、《闲阅》(杨亦诺、杨冬平　南京市游府西街小学)、《娃娃盼奥运》(赵致诚　南京白下区月牙湖小学)、《体育课上》(过文欣　无锡市扬名中心小学)、《竞选班干部》(蒋汇　无锡市扬名中心小学)、《我们和新加坡同学在一起》(李雨桐　无锡市扬名中心小学)、《快乐学溜冰》(方皖豫　无锡市胡埭中心小学)、《华灯初上》(周倜文　无锡市东林小学)、《夕阳无限好》(阳丹　丹阳市华南学校)、《雪趣》(聂文天　镇江京口实验小学)、《粉墙泼墨黛瓦流光》(陆翼飞　苏州市沧浪区实验小学)、《拔河》(孔令白　苏州盘溪小学)、《鲜花献给身边最可爱的人》(张姝妍　苏州金阊外国语实验学校)、《阳光下的微笑》(彭慧佳　苏州沪太外国语小学)、《争先》(顾一磊　海安县海陵小学)、《新式武器》(袁锐　海安县海陵小学)、《我来帮你拍张照》(钱雨浓　海门通源小学)、《寻访古街》(张树　南通市实验小学)、《大力士》(保艺子　南通市通师一附)、《自由飞翔》(滕兆麟　江都市小纪中心小学)、《畅游》(张益诚　徐州中山外国语实验学校)、《光影圆舞曲》(孙云飞　丰县大沙河镇李寨中心小学)、《荷》(赵红杰　淮安市盱眙观音寺小学)、《阶梯》(张璇　连云港师专一附属小学)、《金龟子来了》(陈卓　罗阳镇中心小学)、《我的舞台》(张力凡　赣榆县华杰双语学校)、《脸谱艺术家—徐书炳》(张云　金坛市华罗庚实验学校)、《春的季节》(张浩　金坛市华罗庚实验学校)、《春戏》(张浩　金坛市华罗庚实验学校)、《我的家园》(张浩　金坛市华罗庚实验学校)、《收获》(徐逸飞　泰州高港永安洲中小)、《放学之后》(陈茜锐　靖江西来中心小学)、《我是小小舞蹈家》(孙超　泰州高港区刁铺中心小学)、《童趣》(田善伟　宿城区古城中心小学)、《茉莉花开》(孙煜轩　宿迁市实验小学)、《金色童年》(张雯婧　无锡市东林小学)、《雾笼江》(黄子伊　昆山玉山业余艺术学校)、《晨游周庄》(黄子伊　昆山玉山业余艺术学校)

中学组一等奖(33个):《花样年华》(汪泰阳　南京下关区少年宫美术摄影班)、《水乡行》(王自豪　南京十三中红山校区)、《九寨沟》(章颖　南京市梅山第一中学)、《风帆》(史淑彦　南京玄武区南京外国语学校)、《水上之花》(欧阳冰慧　南京玄武区南京外国语学校)、《林》(董天彧　南京玄武区南京十三中)、《争先》(杨千帆　南京金陵中学河西分校)、《夏日激情》(寇蔻　无锡锡山高级中学)、《写春联》(吴心悦　无锡丹徒实验学校)、《交流》(王慧贤　镇江市江南学校)、《和谐家园》(胡佳瑜　苏州工业园区星港学校)、《苏州东皮岫与弟弟》(赵泽青　苏州工业园区星海实验学校)、《耶》(谢苏杰　苏州市相城实验中学)、《秋色连波》(何欣语　苏州立达学校)、《我与春天合个影》(潘彦文　苏州立达学校)、《我跑我快乐》(王杰凯　苏州立达学校)、《我为祖国骄傲》(李奕婵　苏州立达学校)、《梦幻变奏曲》(杭天易　苏州立达学校)、《玻璃金字塔》(张震阳　苏州中学园区校)、《黄海渔娘》(赵朱丽　如东县潮桥中学)、《真好吃》(马栋梁　如东县港口中学)、《春天的畅想》(刘颖民　如东县港口中学)、《水韵》(羌焱秋　通州金沙中学)、《静逸》(汤璐　扬州市新华中学)、《绿的使者》(杨楚清　江苏省淮阴中学)、《夏荷》(赵倩　灌南县实验中学)、《嘉贤坊雪景》(裴洋　常州市第五中学)、《夕阳下的桥》(包凯先　常州市第五中学)、《我们一起军训》(李艳楠　常州市第五中学)、《握手》(李昊　常州市第二十四中学)、《金色原野》(李蓉蓉　高港区白马中学)、《人物》(池飞杰　苏州旅游与财经高等职业技术学校)、《桥系》(朱姝　苏州旅游与财经高等职业技术学校)

优秀征文奖一等奖(36篇)

《阅读着,感动着,精彩着》(陈巧悦　南京市奥体小学)、《共享阅读,品味人生》(陶冶　南京市江浦实验小学)、《阅读,让我们的生活更精彩》(金国琛　南京市赤壁路小学)、《一日无书,百事荒芜》(陆晨　镇江市丹徒实验学校)、《我读书,我快乐》(詹子恒　镇江市中山路小学)、《阅读使我们的生活更精彩》(李静　扬中市外国语学校)、《祖国,我爱你》(钱容　常州市局前街小学)、《阳光不锈,信念同行》(吴少颜　溧阳市实验初级中学)、《文字汇神韵,诗文显激情》(吴小琪　溧阳市上黄初级中学)、《探索,没有止境》(周刚伊　无锡市荡口实验小学)、《寻找化蛹为蝶的力量》(罗鉴之　无锡市八士实验小学)、《感恩生活　把握幸福》(薛成琦　无锡市积余实验学校)、《我与书的故事》(周亦潘　太仓市第一中学)、《伴书到永远》(刘秋明　昆山市张浦镇新昆小学)、《做祖国未来的脊梁》(赵凝岫　吴江市实验小学)、《一个民族的伟大与坚韧》(吴晓曼　扬州市广陵小学)、《四季书香醉心田》(孙一卜　扬州中学教育集团树人学校)、《书香满堂》(乔含引　扬州市梅岭中学)、《最美的红——国旗红》(范乐怡　靖江市外国语学校)、《读书给我力量》(吴婷婷　姜堰市实验小学)、《我听懂了温爷爷的话》(张筱雨　南通市通师二附小)、《我不会成为三毛》(周伊雯　南通市通师一附小)、《读诸葛话成长》(曹杨杨　南通市通州区金郊初级中学)、《让爱遍地开花》(李志豪　铜山县三堡小学)、《我爱我的祖国》(孙玉　沛县魏庙小学)、《家有穷爸》(孙贝萱　新沂市双塘镇九墩小学)、《腾飞:我的思,我的国》(楚天舒　淮安外国语学校)、《国人强则祖国强》(陈姝　淮安外国语学校)、《阅读,让生活更精彩》(徐明秀　淮安市承德路小学)、《精忠报国,爱我中华》(潘星宇　连云港市师专一附属小学)、《深深爱国情》(王祎雪　灌云县实验中学)、《一张粮票》(张文静　灌云县实验中学)、《书香飘逸的小阳台》(姚雨涵　东台市外国语实验学校)、《灯的故事》(杨文列　东台市实验小学)、《精舞国魂》(蒋国乾　盐城市明达中学)、《为祖国骄傲》(倪思文　宿迁市郑楼中心小学)

优秀表演奖一等奖(11名)

唐鑫《我不会成为三毛》(南通市通师一附属小学)、余萱雨《伟大的平凡》(睢宁县实验小学)、谈天《让爱走进我们的心灵》(溧阳市文化小学)、顾嘉宁《彩色的中国》(无锡市旺庄实验小学春星分部)、花文妍《祖国在我心中》(南通市实验中学)、周刚伊《探索,没有止境》(无锡市荡口中心小学)、张韫奇《团结合作、无私奉献》(泰州市海陵实验小学)、高林子《祖国,总想为你唱首歌》(盐城市第一初级中学)、潘星宇《精忠报国,爱我中华》(连云港市师专一附属小学)、张筱煜《读书让我快乐地成长》(徐州市求是小学)、吕伟《共享阅读,品位人生》(南京市江浦实验小学)

全省红领巾读书征文演讲比赛优秀组织奖(13个)

无锡市图书馆、镇江市图书馆、扬州市图书馆、南通市少年儿童图书馆、淮安市图书馆、连云港市少年儿童图书馆、泰州市图书馆、金陵图书馆、常州市图书馆、徐州市图书馆、盐城市图书馆、宿迁市图书馆、苏州图书馆

另有13家获红领巾读书征文演讲比赛组织奖。

全省优秀文化站(107家)
(文化厅表彰)

南京市:高淳县固城镇文化站、六合区竹镇镇文体中心、溧水县洪蓝镇文体中心、江宁区东山街道文体中心、雨花台区梅山街道文化站、栖霞区龙潭街道文化站、浦口区沿江街道文化站、玄武区玄武湖街道文化站、白下区洪武路街道文化站、建邺区南苑街道文化站、鼓楼区挹江门街道文化站、秦淮区红花街道文化站、下关区小市街道文化站

苏州市:张家港市塘桥镇文化站、张家港市凤凰镇文化站、常熟市虞山镇文化站、常熟市海虞镇文化站、太仓市沙溪镇文化站、昆山市锦溪镇文体站、昆山市淀山湖镇文体站、吴江市盛泽镇文化站、吴中区木渎镇文化站、相城区黄埭镇文化站、工业园区胜铺镇文化站、高新区横塘文化站

无锡市:江阴市祝塘镇文化服务中心、江阴市夏港街道文化服务中心、宜兴市周铁镇文化站、宜兴市丁蜀镇文化站、锡山区锡北镇文体服务中心、惠山区洛社镇教育文体服务站、滨湖区胡埭镇文化站、新区鸿山街道文体服务中心

常州市:金坛市指前镇文化站、金坛市儒林镇文化站、溧阳市社渚镇文化站、溧阳市别桥镇文化站、武进区牛塘镇文化站、武进区奔牛镇文化站、新北区春江镇文体站

镇江市:丹阳市皇塘镇文化站、句容市宝华镇文化站、扬中市油坊镇文化站、丹徒区高桥镇文化站、润州区蒋乔镇文化站

扬州市:江都市小纪镇文化站、高邮市汉留镇文化站、宝应县安宜镇文化站、仪征市新城镇文体中心、邗江区方巷镇文体中心、邗江区公道镇文体中心、开发区施桥镇文化站

泰州市:靖江市西来镇文化站、泰兴市泰兴镇文化站、姜堰市俞垛镇文化站、兴化市中堡镇文化站、海陵区九龙镇文化站、高港区胡庄镇文化站

南通市:启东市东海镇文化站、海门市四甲镇文化站、如东县掘港镇文化站、如皋市桃园镇文化站、海安县海安镇文化站、崇川区观音山街道文化站、港闸区经济开发区文化站、通州区石港镇文化站

盐城市:大丰市新丰镇文化站、东台市东台镇文化站、建湖县上冈镇文化站、射阳县盘湾镇文化站、响水县陈家港镇文化站、盐都区学富镇文化站、滨海县蔡桥镇文化站、亭湖区伍佑镇文化站、阜宁县益林镇文化站

淮安市:金湖县闵桥镇文广站、金湖县涂沟镇文广站、涟水县前进镇文广站、洪泽县岔河镇文广站、清浦区清安乡文广站、楚州区林集镇文广站、盱眙县观音寺镇文广站、淮阴区赵集镇文广站

宿迁市:沭阳县汤涧镇文化站、泗阳县王集镇文化站、泗洪县梅花镇文化站、宿豫区顺河镇文化站、宿城区双庄镇文化站

徐州市:丰县凤城镇文化站、沛县魏庙镇文化站、沛县大屯镇文化站、铜山县铜山镇文体站、铜山县郑集镇文体站、睢宁县李集镇文化站、邳州市官湖镇文化站、邳州市铁富镇文化站、新沂市棋盘镇文化站、新沂

市新安镇文化站、贾汪区青山泉镇文化站

连云港市：赣榆县罗阳镇文化站、东海县安峰镇文化站、灌云县伊山镇文化站、灌南县五队乡文化站、新浦区花果山乡文化站、海州区锦屏镇文化站、连云区云山乡文化站、经济开发区朝阳镇文化站

全省优秀文化站站长(114名)
(文化厅表彰)

南京市：武蕾（玄武区锁金村街道）、徐静（白下区五老村街道文化站）、何明（建邺区兴隆街道文化站）、邱美琴（鼓楼区湖南路街道文化站）、钱昌亮（秦淮区夫子庙街道文化站）、郭明兰（下关区小市街道文化站）、谷继英（江宁区秣陵街道文体中心）、钟台建（雨花台区梅山街道文化站）、蒋慧瑶（栖霞区八卦洲街道文化站）、杜正龙（浦口区永宁镇文体中心）、林正用（六合区长芦街道文体中心）、罗翠芳（溧水县永阳镇文体中心）、吕克斌（高淳县桠溪镇文化站）

苏州市：陈锦珑（高新区枫桥街道文化站）、龚丽莉（相城区北桥街道文体教育服务中心）、钱惠良（常熟市古里镇文化站）、朱彩芬（太仓市浮桥镇文化站）、陆建风（太仓市城厢镇文化站）、戴德林（昆山市周市镇文体站）、王益群（张家港市金港镇文体服务中心）、刘建华（吴江市平望镇文化站）、陈阿金（吴江市横扇镇文化站）、王文明（工业园区唯亭镇文体中心）、周民森（吴中区直镇文体中心）、刘臻（吴中区龙西街道文体中心）

无锡市：周进明（江阴市长泾镇文化服务中心）、顾大通（江阴市月城镇文化服务中心）、王琴（宜兴市宜城街道文化站）、张平（宜兴市周铁镇文化站）、陈锦鸿（锡山区鹅湖镇文体服务中心）、许林国（惠山区玉祁镇教育文体服务站）、沈秀娟（惠山区钱桥街道教育文体服务站）、俞晓萍（新区江溪街道文化站）、周国良（新区梅村镇文化站）

常州市：程湘红（金坛市金城镇文化站）、吴长荣（金坛市朱林镇文体站）、潘海燕（溧阳市天目湖镇文化站）、韩宇（武进区横山桥镇文体站）、蒋玉良（武进区湟里镇文体站）、顾亚珍（新北区薛家镇文体站）、夏建英（新北区三井街道文体站）

镇江市：周忠欣（丹阳市吕城镇文化体育服务中心）、胡家贵（句容市下蜀镇文化站）、耿云（扬中市新坝镇文化站）、吴宝成（丹徒区高资镇文化站）、于柏根（京口区谏壁镇文化站）、刘朝宽（润州区蒋乔镇文化站）、万国宝（新区姚桥镇文化站）

扬州市：李树源（维扬区城北文化站）、沈同彷（江都市樊川镇文化站）、冯怀祥（高邮市界首镇文体站）、李崇德（宝应县范水镇文化站）、任广松（仪征市新集镇文体中心）、王长云（邗江区头桥镇文体中心）、王宝松（广陵区汤汪乡文化站）

泰州市：姚山（姜堰市梁徐镇文化站）、杨华（高港区胡庄镇文化站）、陈俊生（泰兴市泰兴镇文化站）、洪绍辉（兴化市陈堡镇文化站）、刘志良（靖江市西来镇文化站）、章再文（姜堰市白米镇文化站）

南通市：龚黄健（启东市东海镇文化站）、徐维苹（海门市刘浩镇文化站）、汤德华（如东县掘港镇文化站）、房高翔（如皋市常青镇文化站）、华新礼（海安县白甸镇文化站）、阚荣华（崇川区观音山街道文化站）、严江云（港闸区经济开发区文化站）、范金兵（开发区竹行镇文化站）、杨建彬（通州区刘桥镇文化站）

盐城市：武林文（射阳县通洋镇文化站）、夏宁（响水县陈家港镇文广中心）、王会（盐都区楼王镇文化站）、刘春明（滨海县蔡桥镇文化站）、朱福全（亭湖区新兴镇文化站）、廖士云（阜宁县三灶镇文化站）、高

峰(东台市新街镇文化站)、冯永忠(大丰市方强镇文化站)、顾立佐(建湖县九龙口镇文化站)

淮安市:张梅林(金湖县塔集镇文广站)、刘雪松(淮阴区棉花庄镇文广站)、刘月鹤(楚州区泾口镇文广站)、李玉珍(清浦区清安街道文化服务站)、徐建明(涟水县红窑镇文化站)、张成阳(洪泽县三河镇文广站)、朱茂光(经济开发区徐杨乡文广站)、张中来(盱眙县盱城镇文广站)、韩晓健(楚州区平桥镇文广站)

宿迁市:肖永明(沭阳县刘集镇文化中心)、刘其莹(泗洪县峰山乡文化站)、董辉(宿城区罗圩乡文广中心)、吴良佑(宿豫区顺河镇文化站)、丁厚才(宿豫区丁嘴镇文化站)、唐圣光(泗阳县众兴镇文广中心)

徐州市:刘伟(丰县梁寨镇文化站)、王珍瑶(沛县龙固镇文化站)、朱思猛(沛县大屯镇文化站)、孙锦岗(铜山县三堡镇文体站)、杜虹影(铜山县刘集镇文体站)、滕绍启(睢宁县高作镇文化站)、孟庆凤(邳州市铁富镇文化站)、吴邦富(邳州市官湖镇文化站)、陆玉蓉(新沂市草桥镇文广中心)、陆瑶(新沂市马陵山镇文化站)、杨铁鸣(新沂市棋盘镇文化站)、吴世侠(贾汪区塔山镇文化站)

连云港市:殷武(灌云县伊山镇文化站)、孙可东(灌南县五队乡文化站)、万民(新浦区浦南镇文化站)、王福祥(海州区板浦镇文化站)、王同根(连云区板桥镇文化站)、刘厚学(经济开发区中云乡文化站)、苏宁(赣榆县柘汪镇文化站)、高建立(东海县李埝乡文化站)

省级文化产业园区

(文化厅表彰)

古淮河文化生态产业园区(淮安市)、昆山文化创意产业园(昆山市)

2009年度江苏省知识产权十大典型案件

(省政府知识产权联席会议办公室、省知识产权局表彰)

“去听去听音乐网”侵权案(省文化厅)

● 广播电视方面 ●

第二十届中国新闻奖获奖名单

(中华全国新闻工作者协会表彰)

一等奖(1名)

广播评论:国企频繁制造“地王”为转型升级埋下“地雷”(苏州广播电视总台集体制作,李修利编)

三等奖(2名)

电视专题:油菜花开(江苏广播电视总台集体制作,李轩编)、电视系列:危机中的奋进(江苏广播电视总台集体制作,周涌、施卫兵、季耀华编)、网络专题:全球百家网站联合直播日全食(中国江苏网张妍妍、柏刚、丁峰、刘北洋、王海燕、梅源)

第十一届韬奋奖获奖者名单

(中华全国新闻工作者协会表彰)

季建南(女,江苏广播电视总台)

2007—2008 年度 中国广播影视大奖

（广播电影电视部表彰）

大奖（5 件）

《陈光标："首善"大爱》（省广电总台）、《收获阳光》（无锡广播电视台）、《人间》（省广电总台）、《晚饭花》（扬州广播电视台）、《开启海峡两岸和平之门》（省广电总台）（多台合作、中央人民广播电台申报）

提名奖（24 件）

《太湖不能再污染了》（省广电总台）、《南京学生利用业余电台实现全国首次"天地对话"》（南京广播电视台）、《温家宝看望北川学生，向民营企业家陈光标致敬》（省广电总台）、《求助金字招牌不如问计于民》（苏州广播电视台）、《雪花啤酒问题频出 国家免检隐忧凸显》（苏州广播电视台）、《金土地》（吴江广播电视台）、《互联网上梆子响——豫剧戏迷"月亮姐姐"的网络生活》（徐州广播电视台）、《难舍拉萨》（海门广播电视台）、《天堑变通途——苏通大桥提前合龙》（常熟广播电视台）、《抗震救灾志愿者——中国首善陈光标》（省广电总台）、《一个医生的救赎》（连云港人民广播电台）、《军训日记》（常州广播电视台）、《永远的桃花扇》（省广电总台）、《南京大屠杀幸存者夏淑琴状告日右翼作家案在日本胜诉》（南京广播电视台）、《用爱架起希望之桥》（省广电总台）、《两小时生死营救 十名渔民安全脱险》（射阳广播电视台）、《从 21 公斤的台帐看社区负担》（扬州广播电视台）、《应对金融危机中的民间智慧》（省广电总台）、《江苏新时空》（省广电总台）、《血色记忆》（南京广播电视台）、《跨越六世的守望》（常熟广播电视台）、《土地流转》（淮安广播电视台）、《生命的回程——大陆首次跨海峡捐髓行动》（省总台、苏州台）、《2009"盛世钟鸣 祈福中华"跨年直播》（苏州广播电视台）

首届（2008）中华慈善新闻奖

（中华慈善总会表彰）

二等奖（1 件）

《陈光标：我是志愿者》（省广电总台）

三等奖（3 件）

《心路——寻找失落的家园》（镇江电视台）、《千里寻亲记》（扬州广播电视台）、《常州 1 500 多人争当爱心妈妈》（常州广播电视台）

2007—2008 年度 中国广播影视大奖

（第 21 届"星光奖"）

（广播电影电视部表彰）

大奖（5 件）

《昆曲六百年》（省广电总台）、《见证南京大屠杀》（南京广播电视台）、戏曲文化专题片《黄河戏话》（无锡广播电视台）、《小卓玛》（常州宏图动画有限公司）、《童心中国 2009 年 12 省市少儿春节晚会》（省广电总台，多台合作，天津台申报）

特别奖（2 件）

《在茉莉花盛开的地方——江苏省纪念改革开放 30 周年大型文艺晚会》（省广电总台）、怀念敬爱的周总理大型情景音乐会《你是这样的人》（南京广播电视台）

提名奖（1 件）

《汉时明月——2008 中国徐州第 11 届投资洽谈会暨汉文化旅游节开幕式晚会》（徐州广播电视台）

第十二届江苏新闻奖（5 件）

《2008 年北京奥运会圣火江苏境内传

递直播》(省台、南京、苏州南通、泰州、扬州)、《雪花啤酒问题频出　国家免检隐忧凸显》(苏州广播电视台)、《辉煌江苏三十年》(省广电总台)、《陈光标:我是志愿者》(省广电总台)、《解读公推公选的南京样本》(南京广播电视台)

第六届全国广播电视学术著作评选

（评选组委会表彰）

二等奖(1件)

《网络广播传播形态研究(金震茅)》(常熟广播电视台)

三等奖(3件)

《城市广电传媒的经营管理与创新(严克勤)》(无锡广播电视台)、《城市广电集团发展战略研究(陈炜)》(南京广播电视台)、《新语境中的中国电视剧创作(白小易)》(南京师范大学)

第二十七届中国电视剧飞天奖

（飞天奖组委会表彰）

长篇电视剧提名荣誉奖(1件)

《老柿子树》(徐州广播电视台参与拍摄)

长篇电视剧三等奖(1件)

《郭海的家事》(江苏亚细亚影视制作有限公司、常州市广播电视台)

2008—2009年度江苏电视剧政府奖

（省广播电视电影局表彰）

长篇电视剧优秀奖(3件)

《郭海的家事》(江苏亚细亚影视制作有限公司、常州市广播电视台)、《国家机密2》(南京广播电视台、江苏中天龙文化传媒有限公司)、《好想回家》(江苏省广播电视总台)

另有5件获长篇电视剧入围奖。

系列短剧优秀奖(3件)

《百姓聊斋》(江苏省广播电视总台)、《人间万象》(连云港广播电视台)、《爱情与幸福》(徐州广播电视台)

第十三届电影华表奖

（华表奖组委会表彰）

优秀故事片提名奖(1件)

《邓稼先》(常州市广播电视台、江苏亚细亚影视制作有限公司)

优秀动画片奖(2件)

《快乐奔跑》(无锡广电集团,参与)、《麋鹿王》(常州帷幄数码科技公司,参与)

2009年度江苏广播类评奖

（省广播电影电视局表彰）

广播新闻特等奖(1件)

现场直播《信心江苏》(省广播电视总台、南京广播电视台、镇江人民广播电台、常州广播电视台、无锡广播电视台、苏州广播电视台、扬州广播电视台、泰州广播电视台、南通人民广播电台、徐州广播电视台、宿迁广播电视台、淮安广播电视台、盐城广播电视台、连云港广播电视台)

广播新闻一等奖(13件)

短消息《让农村孩子和城市孩子一样受到良好教育——总书记心系教育公平》(省广播电视总台)、长消息《赣榆发生中考集体替考事件》(省广播电视总台)、长消息《常州多层次住房保障体系促成中国三极住房模式转变》(常州广播电视台)、长消息《村官行不行　交给村民评——泰兴市三阳村试水“村民直评村官”》(泰州广播电视台)、连续(系列)报道《盐城“2.20”城西水厂水污染事件追踪报道》(盐城广播电视台)、连续(系列)报道《黄金海岸大潮涌》(连云港广播电视台)、优秀栏目《江苏新闻联播》(省广播电视总台)、优秀栏目《早安2009》(南京广播电视台)、优秀栏目《政(行)风热线》(淮安广播电视台)、评论《劳务大市为啥出现“用工荒”》(淮安广播电视台)、专题《张明宝案全追踪》(省广播电视总台)、访谈节目《通胀真的来了吗?》(南京广播电视台)、访谈节目《管理规范 服务实在——苏州虚拟养老院成为居家养老新范本》(苏州广播电视台)

广播新闻特别奖(2件)

连续(系列)报道《华彩六十年》(省广播电视总台)、访谈节目《代表委员社区行·大学生就业》(省广播电视总台)

对外广播节目一等奖(4件)

消息《创造圆融》(省广播电视总台)、专题《李记阿婆茶》(吴江广播电视台)、文艺节目《朦胧诗潮三十年:黑夜里寻找光明的眼睛》(省广播电视总台)、文艺节目《爵色东方》(南京广播电视台)

对港澳台节目一等奖(2件)

消息《春风吹度——两岸晴雨三十年》(省广播电视总台)、专题《合作之旅双赢记——台湾江苏周记者周记》(省广播电视总台)

广播社教一等奖(9件)

知识性节目《四个常州人和汉语拼音的不解之缘》(常州广播电视台)、对象性节目《大蒜疯涨,你跟不跟》(省广播电视总台)、对象性节目《太阳花》(扬州广播电视台)、优秀栏目《吴瑛有约》(盐城广播电视台)、优秀栏目《感谢有你》(连云港广播电视台)、优秀栏目《金秋岁月》(淮安广播电视台)、公众性节目《聚焦我国首例“投放危险物质罪”案》(省广播电视总台)、公众性节目《南通船舶业为何“风景这边独好”》(南通人民广播电台)、特别节目《“爱的诺言、震后重生”——纪念“5·12”汶川地震一周年南京新闻广播、绵竹人民广播电台爱心大直播》(南京广播电视台)

广播社教特别奖(1件)

特别节目《百万雄师过大江》(镇江人民广播电台)

广播剧一等奖(3件)

单本剧《青春狙击》(无锡广播电视台)、连续剧《曙光初照南京城》(南京广播电视台)、儿童剧《男孩不哭》(常熟广播电视台)

广播文艺一等奖(6件)

音乐节目《两岸一家亲,同唱一首歌》(镇江人民广播电台)、音乐节目《传统文化中迸发的流行歌曲》(南通人民广播电台)、戏曲·曲艺节目《生命的感悟 历史的超越——淮安籍剧作家罗怀臻经典剧作名段赏析》(淮安广播电视台)、长篇连播《走进毛泽东的最后岁月》(南京广播电视台)、综艺节目《蝴蝶传奇》(省广播电视总台)、综艺节目《〈岁月回响〉纪念无锡广播60周年晚会》(无锡广播电视台)

广播文艺特别奖(1件)

长篇连播《济公传》(省广播电视总台)

广播播音与主持一等奖(8件)

播音新闻《江苏新闻联播》(省广播电视总台)、播音新闻《新闻早报》(南京广播电视台)、播音社教《流淌的物质文化遗产》(镇江人民广播电台)、播音社教《走近王选》(无锡广播电视台)、播音文艺《一曲乡愁 两岸情深》(省广播电视总台)、主持新闻《新闻早高峰》(省广播电视总台)、主持新闻《新闻晚高峰》(省广播电视总台)、主持

社教《手机短信不可全信》(张家港广播电视台)

2009年度江苏电视类评奖

(省广播电影电视局表彰)

电视新闻一等奖(19件)

短消息《增长12%:2009年江苏经济逆风飞扬》(省广播电视总台)、短消息《警方“夺命剪”下救出九龄童》(泰州广播电视台)、长消息《江苏境外产业群加速形成》(省广播电视总台)、长消息《我省“减负”动真碰硬,高邮中学校长王俊坤被处分》(省教育电视台)、长消息《特写:社区党委书记“PK”记》(南京广播电视台)、长消息《“共有产权房”圆了保姆郑楠芳的住房梦》(淮安广播电视台)、评论《“第三方”调查常态化能否成行?》(省广播电视总台)、评论《我们需要怎样的爱国主义教育?》(省教育电视台)、评论《南京:“数字蓝天”引发的追问》(南京广播电视台)、连续(系列)报道《危机中的奋进》(省广播电视总台)、连续(系列)报道《走进富士康》(淮安广播电视台)、优秀栏目《江苏新时空》(省广播电视总台)、优秀栏目《零距离》(省广播电视总台)、优秀栏目《教育新报》(省教育电视台)、专题《飞越新江苏》(省广播电视总台)、专题《油菜花开》(省广播电视总台)、专题《实名举报》(南京广播电视台)、现场直播《盛世天象——日全食大追踪》(省广播电视总台)、访谈节目《跨越大洋的较量》(射阳广播电视台)

电视新闻特别奖(1件)

现场直播《魅力东方迎世博——走进南京、无锡、常州、镇江、扬州、南通、连云港、吴江、太仓》(南京广播电视台、无锡广播电视台、常州广播电视台、镇江电视台、扬州广播电视台、南通电视台、连云港广播电视台、吴江广播电视台、太仓广播电视台)

对外电视节目一等奖(7件)

消息《“台湾江苏周”取得圆满成功》(省广播电视总台)、专题《水韵江苏》(省广播电视总台)、专题《涟水映像》(省教育电视台)、专题《鸟友文宝达》(连云港广播电视台)、文艺节目《江苏省2009中秋戏曲晚会》(省广播电视总台)、地方形象片《中国江苏(日文版)》(省广播电视总台)、地方形象片《古运河之恋》(无锡广播电视台)

对外电视节目特别奖(1件)

专题《辉煌江苏六十年》(省广播电视总台)

电视社教一等奖(16件)

短纪录片《渴望行走》(镇江电视台)、短纪录片《受阅父子兵》(如皋广播电视台)、系列片《永远的青年》(省广播电视总台)、系列片《柳亚子》(苏州广播电视台)、特别节目《历程——执政者说》(苏州广播电视台)、优秀栏目《苏商》(省教育电视台)、优秀栏目《绿杨茶馆》(扬州广播电视台)、优秀栏目《故事天下》(盐城广播电视台)、长纪录片《他与帝国同行》(省广播电视总台)、长纪录片《儿童教育家李吉林》(省教育电视台)、专题片《支点》(南京广播电视台)、专题片《号角——黎明前的城市记忆》(镇江电视台)、专题片《永远的诺亚方舟》(南通电视台)、科普节目《未来我们可以这样生活——细说“物联网”》(无锡广播电视台)、少儿节目《红领巾与共和国同行》(省广播电视总台)、电视广告《迎国庆 讲文明 树新风——电视公益宣传片〈梦想篇〉》(省广播电视总台)

电视社教特别奖(3件)

特别节目《解放日——百万雄师过大江》(省广播电视总台)、长纪录片《红帆船》(盐城广播电视台)、专题片《腾飞——江苏体育建国60周年献礼》(省广播电视总台)

电视文艺一等奖(10件)

综艺《时代的回响——新中国广播电视六十年巡礼》(省广播电视总台)、综艺《大型情景音舞诗画<水韵扬州>》(扬州广播电视台)、歌舞《<海阔龙腾>迎新年电视晚会》(连云港广播电视台)、动画《诺诺森林》(苏州士奥动画制作有限公司)、动画《孔小如》(南通妙吧影视动漫有限公司)、动画《超能泡蛋》(江苏广电影视动漫传媒有限责任公司、无锡哈皮动画有限公司)、动画《兔子与火龙果》(常州广播电视台、常州卡龙影视动画产业有限公司)、文学《难忘麦天》(邳州广播电视台)、文学《2009中秋诗会》(昆山广播电视台)、戏曲《"2009中国(盐城)淮剧大典·群英演唱会"特别节目》(盐城广播电视台)

电视文艺特别奖(2件)

综艺《<时代的召唤>2008—2009江苏优秀文艺作品颁奖晚会》(省广播电视总台)、动画《搜救犬阿虎》(苏州天堂卡通数码制作有限公司、江苏省广播电视总台)

电视播音与主持一等奖(6件)

播音新闻《〈南京要闻〉专题报道——关注中欧峰会》(南京广播电视台)、播音新闻《公共新闻网》(省广播电视总台)、播音社教《〈走向胜利〉无锡解放六十周年追记》(无锡广播电视台)、播音社教《CBA联赛转播》(省广播电视总台)、主持新闻《南京儿童医院患儿死亡事件再追踪》(省广播电视总台)、主持社教《国学大师 陈寅恪》(省教育电视台)

电视剧最佳奖(1件)

长篇《人间正道是沧桑》(江苏省广播电视总台)

电视剧优秀奖(5件)

长篇《人活一张脸》(江苏幸福蓝海传媒有限责任公司)、长篇《战地浪漫曲》(江苏幸福蓝海传媒有限责任公司)、长篇《利剑》(南京军区政治部前线文工团)、长篇《孟来财传奇》(江苏中天龙文化传媒有限公司)、长篇《勇者无敌》(江苏盛世影视文化有限公司)

2009年度(广电系统)报刊类评奖

(省广播电影电视局表彰)

新闻与专稿一等奖(15件)

消息《动画电影〈快乐奔跑〉"回娘家"》(无锡广播电视报社)、消息《"水兵母亲城"再迎海政歌舞团》(泰州广播电视报社)、通讯《川流不息 5.12周年祭》(东方文化周刊社)、通讯《白龙梅瓶主人淹没的身世》(扬州广播电视报社)、通讯《父子情系人民空军 分受两代主席接见》(泰州广播电视报社)、通讯《水乡广播电视的"摆渡人"》(盐城广播电视报社)、通讯《逝去的英雄在说话……》(南京广播电视报社)、评论《传递积极的情绪是媒体的责任》(江苏广播电视报社)、评论《还是读书时代》(常州广播电视报社)、评论《城市形象片,为啥总没有翅膀?》(苏州广播电视报社)、评论《瘦西湖能载动多少大学生?》(扬州广播电视报社)、专访《〈功夫熊猫〉之父斯蒂文森苏州追访》(苏州广播电视报社)、专访《李可染遗产案尘埃落定 邹佩珠首次开口谈家事》(徐州广播电视报社)、专访《柳怡,与凤凰齐飞的镇江女孩》(镇江广播电视报社)、专访《筱白玉麟的幸福生活》(南通广播电视报社)

2009年度江苏广播电视节目奖获奖作品共684件,其中:特等奖2件、一等奖123件、特别奖11件、二等奖233件、三等奖315件。

●新闻出版方面●

新中国60年百名优秀出版人物(4名)

（国家新闻出版总署表彰）

江苏凤凰出版传媒集团董事长谭跃、江苏凤凰新华发行集团董事长张佩清、江苏省新闻出版局原局长高斯、江苏省新闻出版局原局长蒋迪安

中国百名优秀出版企业家(5名)

（国家新闻出版总署表彰）

凤凰出版传媒集团陈海燕、江苏凤凰新华发行集团张佩清、江苏人民出版社刘健屏、江苏新广联科技股份有限公司尤小虎、江苏省苏州印刷总厂有限公司黄国平

全国百名有突出贡献的新闻出版专业技术人员(5名)

（国家新闻出版总署表彰）

新华日报社刘向东、江苏教育报刊社顾冠华、江苏凤凰新华书业股份有限公司金国华、扬州鑫华印刷有限公司莫国新、东南大学出版社徐启平

全国“五五”普法中期先进集体和先进个人

（中宣部、司法部、全国普法办评比表彰）

先进单位

省新闻出版局

先进个人

省新闻出版局法规处张辉冠

2008年度查处侵权盗版案件有功单位及个人

（国家版权局表彰）

有功单位二等奖(2名)

徐州市版权局、镇江市版权局

有功单位三等奖(5名)

省版权局、省新闻出版局印刷处、省新闻出版局电子音像处、扬州市文化综合执法支队、东海县文化市场稽查队

个人三等奖(3名)

省新闻出版局版权处徐飞、徐州市版权局郭兴元、扬州市文化综合执法支队唐海宁

查办徐州“3·03”制售非法报纸团伙网络案作出突出贡献的有功集体和有功个人

（全国“扫黄打非”工作小组表彰）

有功集体(2名)

省“扫黄打非”办公室、徐州市新闻出版局

有功个人(4名)

省新闻出版局徐毅英，徐州市新闻出版局单兴强、郭兴元、吴宪

2009年度全国“扫黄打非”工作先进集体、先进个人

（全国“扫黄打非”工作小组表彰）

先进集体(2名)

省“扫黄打非”办公室、扬州市“扫黄打

非”办公室

先进个人(3名)

淮安“扫黄打非”工作领导小组郑泽云、苏州市吴中区文化体育局王剑云、省“扫黄打非”办公室赵军

全国“迎奥运讲文明树新风”公益广告评选

(中宣部、中央文明办生等联合组织)

组织奖

省新闻出版局

迎接新中国成立60周年出版物印刷质量监督检测活动先进单位和先进个人

(国家新闻出版总署表彰)

先进单位

省新闻出版局

先进个人

省新闻出版局印刷处刘贞

全国农家书屋读书征文活动评选

(国家新闻出版总署组织)

先进组织奖

省新闻出版局

二等奖(4篇)

宝应县射阳湖镇文化站胥传杰《一本书,融化了心中的积雪》、丰县职业技术教育中心陈爱贞《〈细节决定成败〉教我做人为师》、涟水县黄营乡旗杆村5组翟建军《〈一本葡萄栽培技术〉让我爱上了农家书屋》、如皋市搬经镇人民政府章敏《认识自己 战胜自己 超越自己》

三等奖(3篇)

如东县大豫镇社区盛木森《大学生村官从小事做起》、南通市崇川区任港街道南通港村刁攀《建设新农村 农民要学法》、南京市雨花台区宁南街道农花村村民委员会刘芸池《食得菜根解忧愁 闻得书香沁心扉》

新中国60年有影响力期刊和期刊人评选

(中国期刊协会组织)

有影响力期刊(5种)

《译林》、《少年文艺》、《江海学刊》、《南京大学学报(哲学社会科学版)》、《电力系统自动化》

有影响力期刊人(2名)

《钟山》杂志原主编赵本夫、《电力系统自动化》杂志社社长吴根范

新中国百名杰出贡献印刷企业家评选

(中国印协组织)

亚龙纸制品(昆山)有限公司王洋、新华日报报业集团印务中心王仁杰、江阴联通实业有限公司六以方、南京爱德发展有限公司朱丹、金东纸业(江苏)股份有限公司吴省芳、连云港市同创信息记录纸有限公司程琳

全国印刷行业百名科技创新标兵评选

(中国印协组织)

江苏省印刷科学技术研究所赵纪明、苏

州苏大维格光电科技股份有限公司陈林森、连云港云阪信息记录纸有限公司许大勇

2009 年中国印刷企业 100 强评选

（中国印刷科学技术研究所、科印传媒组织）

亚龙纸制品（昆山）有限公司、江阴联通实业有限公司、江苏太平洋印刷有限公司、昆山市张浦彩印厂、太仓兴达制罐有限公司、山富纸业（昆山）有限公司、金海纸制品（昆山）有限公司、恒宝股份有限公司、苏州山鹰纸业纸品有限公司、苏州印刷总厂有限公司、立华彩印（昆山）有限公司、昆山乔坤彩印有限公司、徐州华艺彩色印刷有限公司、苏州正隆纸业有限公司

2009 年度文化产业统计工作先进单位

（省委宣传部、省统计局表彰）

省新闻出版局

2009 年度江苏省文化科技卫生“三下乡”先进集体、先进个人

（省委宣传部等 15 个部门组织评选）

先进集体（2 个）

省新闻出版局直属机关党委、江苏凤凰出版传媒集团党群工作部

先进个人（3 名）

省新闻出版局董方春、江苏科学技术出版社郁宝平、江苏凤凰新华书业股份有限公司许大勇

全省新闻出版（版权）依法行政示范点评选

（省新闻出版局命名表彰）

南京市、淮安市、昆山市、仪征市、张家港市、如皋市、东台市、宿迁市宿城区等新闻出版局被命名为首批新闻出版（版权）依法行政示范点，徐州市、无锡市、靖江市、淮安楚州区、铜山县新闻出版局被表彰为依法行政示范点创建活动先进单位。

2009 年度全省“扫黄打非”工作先进模范县（市、区）评比

（省“扫黄打非”工作领导小组）

先进模范县（5 个）

海安县、铜山县、泗洪县、赣榆县、射阳县

先进模范市（8 个）

张家港市、溧阳市、兴化市、新沂市、昆山市、仪征市、扬中市、宜兴市

先进模范区（7 个）

南京市玄武区、鼓楼区、南通崇川区、淮安楚州区、苏州吴中区、连云港新浦区、无锡惠山区

2009 年“诚信江苏与新闻出版”演讲大赛

（省新闻出版局组织）

淮安市局、南京市局、徐州市局获得组织奖，省直属赛区、镇江市局、泰州市局、扬州市局、南通市局受到通报表扬，演讲大赛中评出一等奖 2 名，二等奖 6 名，三等奖 7 名，还对 12 名参赛选手予以通报表彰。

上海书展江苏主宾省参展组织工作评优活动

（省新闻出版局组织）

优秀组织奖(3个)

江苏少儿出版社、江苏美术出版社、译林出版社

优秀活动奖(10家)

江苏人民出版社、江苏科技出版社、江苏少儿出版社、江苏文艺出版社、译林出版社、南京大学出版社、东南大学出版社、广陵书社、扬子江音像公司、省演艺集团组织的相关活动

2007—2009年度江苏省新闻出版行业文明标兵单位和文明单位

（省新闻出版局组织）

姜堰新华书店有限责任公司、常州新华书店有限责任公司、江阴新华书店有限责任公司、灌云新华书店有限责任公司、通州新华书店有限责任公司、丹阳新华书店有限责任公司、盐阜大众报报业集团、苏州大学出版社、清风苑杂志社、常熟市顺盛印刷包装厂有限公司等10家单位获得“江苏省新闻出版行业文明单位标兵”荣誉称号；南京日报报业集团等44家单位获得“江苏省新闻出版行业文明单位”荣誉称号。

江苏省2009年度农家书屋工程建设先进集体和先进个人

（省新闻出版局组织）

无锡市文化广电新闻出版局等20个市、县(市、区)新闻出版行政部门获得“江苏省农家书屋工程建设先进集体”荣誉称号，王兰英等20名同志获得“江苏省农家书屋工程建设先进个人”荣誉称号。

2008—2009年度先进农家书屋和优秀管理员

（省新闻出版局组织）

张家港市南丰镇永联村农家书屋等100家先进农家书屋被授予2008—2009年度“百佳农家书屋”荣誉称号；万从庭同志等100名优秀农家书屋管理员被授予2008—2009年度“百佳农家书屋管理员”荣誉称号。

2009年度农家书屋读书征文活动评比

（省新闻出版局组织）

胥传杰同志撰写的《一本书，融化了心中的积雪》等50篇征文分别获得一、二、三等奖，苏州市文化广电新闻出版局、南通市新闻出版局、扬州市新闻出版局获得先进组织奖。

● 报纸宣传方面 ●

第二十届中国新闻奖获奖名单

（中华全国新闻工作者协会表彰）

一等奖(1名)

新闻摄影：抬起“不屈的脊梁”（姑苏晚报，范群摄，吴林编）

三等奖(1名)

报纸评论：权力“烫手”才正常（新华日

报，刘庆传著，周跃敏编）

第十一届（2008年度）“江苏报道奖”一等奖篇目（10篇）

（省委宣传部表彰）

苏南转变发展方式调查系列报道（3篇）（新华社焦然、徐机玲，载《经济参考报》）、南京：公推公选“样本”解读（新华社郭奔胜，载《了望》杂志）、科学发展就在群众身边（人民日报龚永泉）、一支医疗队的震区120小时（人民日报申琳）、江苏引进高层次创新人才走出三招好棋（光明日报郑晋鸣、刘桂清）、大力推进体制机制创新，促进经济又好又快发展（经济日报谢文哲）、海上江苏，经济大省新的一页（中央电台杨明、孙叶、杨守华）、苏通长江公路大桥：自主创新撑起世界之最（中央电视台王涵、刘彤、陈晓风、吴刚）、建立健全基本医疗保障体系提升百姓健康水平（中央电视台向晖、陆雯、常大召）、农业，让我们重新认识你（农民日报沈镇昭、沈建华、陈兵、崔丽）

另有16篇获二等奖，22篇获三等奖。

2009年度江苏省报纸优秀作品一等奖篇目（61篇）

（省记者协会表彰）

消息

江苏首例著名商标质押贷款在楚州“出炉”（《淮安日报》严志成　梁宝华　刘洪成　张皓）、111名机关干部任村党组织书记（《泰州日报》钱兰）、江苏减排指标完成“一枝独秀”（《新华日报》顾雷鸣 王晓映）、姜堰农民否决12项“惠民工程”（《新华日报》顾介铸　姜宁）、员工一天内为老板凑10万渡难关（《江苏经济报》袁福荣）、20个高能耗项目遭“一票否决”（《无锡日报》姚健华）、海归博士校园开设科学课堂（《无锡日报》赵晖）、江阴拉起择优汰劣“绿色岸线”（《江阴日报》夏新炯　朱贻军）、土地流转合同不再“五花八门”（《苏州日报》王芬兰）、沙钢集团荣膺世界500强（《张家港日报》高山青　陈黎明　杜亚董）、劳模唐艳从机关重返一线（《连云港日报》张青红　任汉诗　鞠海涛）、全国首创常州社区大学全面开课（《常州日报》钱月航　政峤）、海安直面网络舆情推进民主监督（《南通日报》朱采菊　陆学进）、的哥猝死前紧急刹车，乘客安然无恙心生感慨（《京江晚报》徐贤礼 曹海滨 何宜 蒋信平）、朱雪芹昨日回乡送岗位（《徐州日报》王建　何桂香）“公推公选”选上来，“共推公派”派下去（《宿迁日报》王劲秋）、夏淑琴获日本右翼赔款400万日元（《南京日报》朱晓露）、即治即报，公开透明，东台市医疗救助在全国率先实现网上结报（《盐阜大众报》张长虎）、扬州村村配齐大学生村官（《扬州日报》拾景炎　何瑞琳）、相隔61年，师生跨越海峡终相见（《扬州晚报》包闻军　赵琴）

通讯

梦圆玉皇山（《淮安日报》祁安 毛宗俊）、兴化：硬化干部读书指标（《泰州日报》钱建虎 袁开建 仇党玉 王忠山）、三问慈善“变味”了吗（《新华日报》宋金萍　唐悦）、这世间，他曾有万般留恋（《新华日报》沈峥嵘　颜芳）、民间借贷背后的毒瘤（《新华日报》陈道龙）、一座历史文化名城的“变”与“不变”（《新华日报》周跃敏　孙巡　刘世领　任松筠　张晨　李源）、孤老离世，遗产留给好片警（《扬子晚报》赵彬　张兵　陈咏）、当真相一点点剥开，我很心痛（《扬子晚报》刘大颖）、出口货物为何“回家”难

(《江苏经济报》侯力明　洪玉婷)、"530",城市新高度(《无锡日报》江菊敏 于丽雯)、"你别响啊,我们是被人雇来的"(《江南晚报》金勇)、86岁美籍华人游故乡东山"被宰"(《苏州日报》袁雪)、从"为民做主"到"让民做主"(连云港日报》高庆华　孙义行　金凤勇　黄剑)、大文化综合执法的"常州模式"(《常州日报》谢雪梅　周茜　江西西)、"总理的话坚定了我去基层的决心"(《南通日报》杨新明 黄凯)、共建平安家园的警民"连心桥"(《镇江日报》黄春林　孙志平　许益明)、工业遗存如何有效保护合理开发?(《徐州日报》朱立岭)、500毫升"救命血"牵动两座城市(《宿迁晚报》陈利　杨群)、洗清中国稻田甲烷排放量最大国"罪名"(《南京日报》李芳 解悦)、9个大学生200亩养猪场(《金陵晚报》梁建恕 赵阳)、将北京猿人生存时间推进为"距今77万年"(《南京师范大学报》徐锐 徐翎)、"国家战略"背景下科学谋划沿海开发(《盐阜大众报》周爱群 季学根)、农民工保洁员盼社保"保"到自己头上(《江苏工人报》谢丹娜　鲍晶)、"同命亦同价":锡山判例全国树样板(《江苏法制报》陈坚 陈其生)、一场"论坛"缘何国际关注?(《扬州日报》吴生锋)、扬州"大学生船娘"今上岗(《扬州晚报》黄媛媛　苏扬)

言论

怎样理解"产能过剩"(《新华日报》陆峰　邵生余)、权力"烫手"才正常(《新华日报》刘庆传)、走向世界的"止戈精神"(《扬子晚报》李军)、统一店招是没文化的表现(《苏州日报》刘文洪)、精神状态决定发展质态(《扬州日报》王根宝)

系列报道

《奔向海洋》(《淮海晚报》淮安市交通局 淮海晚报联合采访团)、保增长,促发展,苏锡常经济转型调查(《新华日报》姜圣瑜 庾康 高坡 江锡民 樊万朝 马薇 蔡炜 王世停 李仲勋)、农民工生存状态调查系列(《新华日报》周静文 姜晓晓 陆剑 黄红芳 严颢 吕妍 朱新法)、卖豆饼老太捡钱归还反成被告(《扬子晚报》刘国清 朱鼎兆 谷岳飞)、苏州如何实现新跨越的深度思考(《苏州日报》张建雄 王晓宏 吴秋华 孟海龙 杨帆 钱建伟 弓玺)、"财政突破百亿"启示(《宿迁日报》朱陆　孙正龙)、咱们工人有力量特别报道(《江苏工人报》李南星 毛贵民 冯颖雯 杨晓文等)

专栏

扶助行动(《扬州晚报》张志虹　包闻军　刘昌云)

重大主题创新策划

中国红1949:我的解放时刻(《扬子晚报》刘守华　薛兵　冯海青)、爱心1家1(《扬州日报》陈征宇　周保秋　王晖军　胡俭　王鹏　丁云等)

另有141篇获二等奖,196篇获三等奖,11篇获编辑奖。

2009年度江苏省新闻论文一等奖篇目(13篇)

(省记者协会表彰)

地市党报如何提升舆论引导水平(《扬州日报》王根宝　李俊)、坚守主流媒体运作取向的制度安排(《南京日报》卜宇)、解放思想,积极实践,迎接挑战(《常州日报》荣长春)、提高紧环境下党报经济报道的舆论引导力(《新华日报》周跃敏)、经济报道要问"需"于民(《新华日报》缪小星)、党报如何提升新媒体环境下的舆论引导力(《新华日报》戴心平)、关注热点,再贴近些(《新华日报》宋金萍)、向着新媒体,前进!(无锡广播电视集团严克勤)、各自为战还是共建共享(扬州广播电视总台徐丽玲)、网络广播电视的新发展(南京广电集团顾旭光)、广播音乐节目的注意力考量(南京广电集团黄卉)、正在现场:让非事件性主题报道“动”起来(江苏省广电总台任桐)、关于舆论引导能力的多维度价值思考(江苏省广电总台周莉)

另有30篇获二等奖,36篇获三等奖。

2009年度江苏省网络新闻一等奖篇目(6篇)

(省记者协会表彰)

期盼没有媒体干预的真相(《新华报业网》杨波)、寻找英雄　渡江战役胜利暨南京解放60周年(《扬子晚报网》张超 薛澄 娄静)、全国文化体制改革专题报道(《中国江苏网》崔欣 车婧)、全球百家网站联合直播日全食(《中国江苏网》柏刚 张妍妍 丁峰 刘北洋 王海燕 梅园)、张明宝醉驾案(《龙虎网》戴亦钢 高菲 周远舟)、光影60年 国庆60年特别策划(《名城苏州网》集体创作)

另有14篇获二等奖,20篇获三等奖。

2009年度江苏省新闻摄影一等奖篇目(6幅)

(省记者协会表彰)

与毒贩较量(南京市玄武公安分局杨维斌,载《江苏法制报》)、第一蛋(《扬子晚报》范晓琳)、永不言弃——一对夫妻为脑瘫儿康复的艰辛之路(《南京日报》杜文双)、一个老师的学校(《南京日报》崔晓)、鏖战沪宁城际铁路(《无锡日报》薛中卿)、回家的路,走了整整67年——中国远征军老兵回乡纪实(《现代快报》泱波)

另有9幅获二等奖,13幅获三等奖。

2009年度江苏省报纸副刊作品一等奖篇目(8篇)

(省记者协会表彰)

经年的烟火(《无锡日报》马汉)、扬州:徽商文化的线路顶点(《扬州日报》陈跃)、“升级版”方碑村:一个灾区村庄的经济学重建(《都市文化报》高剑)、慈善,贵在沉默(《扬子晚报》李秋生)、枪之恋(《人民前线报》刘跃清)、大筐的光荣(《连云港日报》谈虹 钱春媛)、继续朗读(《新华日报》范春歌)、文化的自觉与“搭台”的“文化”(《苏州日报》王文标)

另有15篇获二等奖,20篇获三等奖。

2009年度江苏省报纸版面一等奖篇目(8版)

(省记者协会表彰)

《新华日报》7月23日T2—3版(涂坷 江克宇编)、《苏州日报》5月2日A1版(张波 陈震欧 盛诚 梁海燕编)、《无锡日报》6月4日A5版(王益泉编)、《江苏经济报》10月1日A1版(颜杨林 汪七年 顾颖 程一军编)、《新华日报》10月2日A1—A8通版(集体编)、《张家港日报》10月2日01—08通版(龙凤清　高山青　钱萍编)、《南京日报》4月7日封1版(李谦　杨智编)、《姑苏晚报》10月1日1、16通版(杨秉灏　许建明　吴武林编)

另有19个版面获二等奖,24个版面获三等奖。

2009 年度江苏省新闻漫画一等奖篇目(3 幅)

(省记者协会表彰)

《漫说快评》时事新闻漫画系列(《新华日报》刘庆传编辑)、谁策划了“贾君鹏”(《都市文化报》吴斌　张皖春　高剑　杨冰莹编辑)、漫说 2009(《新华日报》刘庆传　翟慎良编辑)

另有 6 幅获二等奖,8 幅获三等奖。

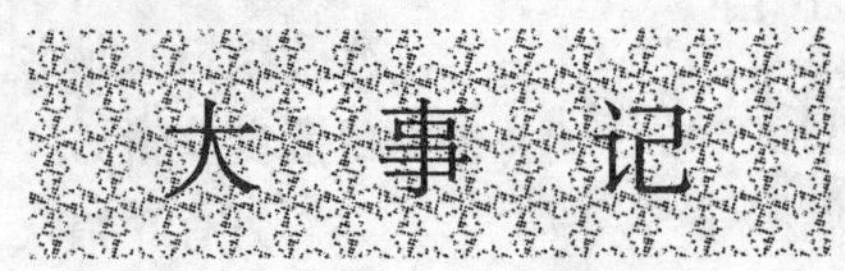

大事记

一　月

1月7日　省委宣传部召开部机关全体人员会议,听取部机关各处室和直属事业单位主要负责同志述职。杨新力同志出席并讲话,充分肯定了2008年工作,要求在2009年工作中,要在用中央精神和省委要求统一思想、加快文化强省建设步伐、提高宣传思想工作队伍整体素质等五个方面下功夫见成效。

1月9日　由省新闻工作者协会主办,新华日报报业集团等联办的2008年江苏省十大新闻揭晓。省委常委、宣传部长杨新力出席仪式并点击揭晓按钮。

1月10日　省报业协会第四届会员代表大会在南京举行,省委常委、宣传部长杨新力,中国报协常务书记赵连宏出席会议并讲话。会议选举刘文平同志为省报协第四届理事会主席。全省60多家报社的负责同志参加会议。

1月13日　我省"十一五"期间重点建设的十大文化设施之一——江苏广电城竣工。梁保华、罗志军、张连珍出席竣工仪式并剪彩。王国生、李云峰、赵龙、张卫国、刘长意等出席。仪式结束后,梁保华等省领导参观了广电城。据悉,广电城总投资15亿元,建筑面积13.2万平方米。

1月15日　由省委、省政府主办,省委宣传部、省委党史工办、省发改委、南京市委承办的《建设美好江苏——纪念改革开放30周年大型图片展览》在南京国际博览中心闭幕。省委常委、宣传部长杨新力出席闭馆式并讲话。据统计,图片展共开展30天,观众达51.3万人次,是江苏历次图片展观众最多的一次。

1月16日　上午,我省召开2009年"扫黄打非"工作电视电话会议,省委常委、宣传部长,省"扫黄打非"工作领导小组组长杨新力出席并讲话。

1月16日　下午,全省理论、新闻、出版、文艺界春节联欢会在南京举行,杨新力出席并致辞,张卫国、顾浩等出席。杨新力希望全省宣传思想文化战线的同志,在新一年里团结奋斗,努力工作,用自己的聪明才智,为保增长、促发展,为江苏文化强省建设作出新的贡献。联欢会上,文艺工作者和各界人士一起表演了精彩的文艺节目。

1月16日　下午,由江浙沪三省市文化厅(局)等联合主办的"与时代同行·纪念改革开放30周年长三角美术作品联展"在南京博物院开幕。省委常委、宣传部长杨新力出席并参观展览。共展出作品270余幅。

1月20日　中央文明委在北京召开全国精神文明建设表彰大会。其中表彰第二批全国文明城市(区)14家,我省南京市、南通市和苏州市榜上有名,荣获"全国文明城市"称号,总数居全国之首,首批全国文明城市张家港市继续保留荣誉称号。扬州、无锡、常州荣获第四批全国创建工作先进城市。

1月22日　省委常委、宣传部长杨新力走访慰问了常德盛、秦振华、郁全和、吴仁宝、张云泉五个先进典型，为他们带去刘云山同志亲笔书写的新春贺卡，送上代表省委、省政府新春祝福的名家书法作品。杨新力还看望了见义勇为英雄周光裕的子女。

1月25日 省委常委、宣传部长杨新力先后到省广电总台和新华日报报业集团，看望节日期间仍坚守工作岗位的新闻工作者，勉励广电总台坚持导向，把握基调，以人为本，创出更多老百姓满意的品牌节目和栏目；报业集团在进一步提高新闻宣传水平的同时，在跨行业跨媒体发展方面实现新的突破，推动报社各项事业跃上新台阶。

1月19日—28日 由国家文化部主办，江苏省委外宣办、江苏省文化厅共同承办的"2009年欧洲春节品牌"展演活动先后在马耳他、德国、荷兰举行。活动展出"锦绣江苏"图片展近100幅，展示了江苏优越的地理环境和繁荣的经济文化发展状况。

2008年11月初至2009年1月下旬 全省开展十七届三中全会精神学习宣讲活动以来，省、市两级14个宣讲团在全省各地宣讲达3 500多场，受众近70万人，在全省产生了较大影响。

1月21日—30日 "中国甲骨文书法展暨锦绣江苏图片展"在联合国总部举行，共展出甲骨文拓片资料14幅，甲骨文书法作品60幅，"锦绣江苏"图片100幅。沙祖康、刘振民出席开幕式并致辞。各国外交官、联合国职员和媒体记者共100余人出席并参观展览。

二 月

2月1日 省政府新闻发言人向媒体介绍，2008年我省全面完成农村新五件实事工程建设任务。其中，农村文化建设得到加强，全省新建116个乡镇文化站，已基本消灭无房或面积不达标的乡镇文化站；开展"送科普书籍、送电影、送戏下乡"活动，省级共送科普书籍52.3万册、送电影13.9万场、送戏3 016场；新建5 500个农家书屋；新增143.6万户农村有线电视用户，完成年度任务168.9%。

2月9日 晚，由省委宣传部主办、省演艺集团承办的2009年江苏省元宵晚会——"茉莉芬芳迎春晓"在南京紫金大剧院举行。杨新力、柏苏宁、顾浩、王霞林等和近千名观众一起观看演出。此次元宵晚会是一场民歌新秀音乐会，由省演艺集团三位青年歌唱演员张其萍、褚云霞、方鹂鹂担纲，她们独具江南韵味的歌声赢得现场观众阵阵掌声。

2月12日 下午，省委宣传部召开部机关全体干部职工大会，传达学习贯彻省级机关作风建设大会精神，部署文明处室创建工作。省委常委、宣传部长杨新力出席会议并在讲话中强调，要坚持不懈地推进部机关作风建设，进一步提高服务科学发展的能力和水平，以优良的作风确保全年各项任务不折不扣地落实。会后，章剑华同志为部机关全体人员作了《文化认识和文化建设》的专题讲座。

2月17日 省文联七届六次全委（扩大）会在南京召开，省委常委、宣传部长杨新力出席并讲话。他希望全省文艺工作者要积极服务经济社会发展大局，精心组织文艺创作，广泛开展文艺惠民活动，加强文联自身建设，以优异成绩迎接新中国成立60周年。全省各市县文联负责人及艺术家代表共200余人参加会议。

2月17日 晚，"全国优秀流行歌曲创作大赛"华东赛区总决赛在上海东方电视台落幕，共选出30首佳作代表华东赛区参加即将在北京举行的全国总决赛。我省参赛作品《乡愁》等7首优秀原创新作入选，总成绩位列华东赛区第一名。

2月18日　全省宣传部长会议在南京召开，总结2008年全省宣传思想文化工作，全面部署2009年工作。会议传达、学习了梁保华在省委常委会听取省委宣传部工作汇报时重要讲话精神。梁保华在讲话中强调，要深入学习宣传马克思主义中国化的的最新成果，进一步提高舆论引导水平，认真做好新中国成立60周年宣传教育工作，深化文化体制改革，在推进文化强省建设方面取得新进展。省委常委、宣传部部长杨新力在会上作了重要讲话，要求全省宣传思想文化战线认真学习领会中央精神和省委要求，深入宣传普及中国特色社会主义理论体系，大力弘扬社会主义核心价值体系，深化思想道德建设，精心组织庆祝新中国成立60周年宣传活动，加快文化体制改革步伐，加强改进对外宣传工作，切实增强政治意识、大局意识、责任意识、服务意识，全力保障2009年宣传思想文化工作落到实处。8家单位在会上作了交流发言。各市、县(市、区)委宣传部部长，省直宣传文化系统各单位主要负责同志，省有关部门负责同志，部分省部属企业党委宣传部、高校党委宣传部部长出席会议。出席全省文明办、外宣办主任会议的全体同志列席会议。

2月18日　由省委宣传部和省文化产业集团等共同出品，省广电总台、南京市委宣传部联合摄制的重大革命历史题材电视剧《决战南京》在南京开机。该剧作为新中国成立60周年献礼电视剧，将于2009年年底在央视一套播出。

2月20日—21日　中央文明委在北京召开全国净化社会文化环境工作会议，李长春同志对会议作出重要批示。刘云山、刘延东同志出席会议并讲话。杨新力同志作了大会发言。

2月25日　省作家协会在南京召开第六届理事会第六次会议，省委常委、宣传部长杨新力出席并讲话，要求作协要以庆祝新中国成立60周年、全国第十一届和省第七届“五个一工程”评选表彰为契机，不断推出具有全国影响、代表江苏形象的优秀作品。要动员广大文学工作者深入火热生活，反映“两个率先”伟大实践，弘扬“三创”精神，为夺取经济社会发展新胜利加油鼓劲。

2月26日—27日　省社科联七届五次理事会在南京召开。省委常委、宣传部长杨新力出席并讲话，要求全省社科理论工作者要把握工作定位，积极履行职能，调动一切积极因素，扎实推进江苏社科强省建设。

2月27日—3月1日　省委宣传部举办首期全省突发公共事件舆论引导培训班，省委常委、宣传部长杨新力出席并作开班动员和总结讲话。他要求大家充分认识做好突发公共事件新闻报道的重要性，牢牢把握突发公共事件新闻报道的正确导向，切实加强组织领导，完善政策规定，提升突发公共事件舆论引导水平。培训期间，学员们认真学习了中央领导同志有关重要讲话精神，分别听取了中宣部、中央外宣办、新华社、中央电视台和省有关部门负责同志的情况介绍，并进行了分组讨论和大会交流。共170余人参加培训。

三　月

3月3日　下午，省委常委、宣传部长杨新力看望在京参加全国“两会”报道的省主要媒体记者，要求充分展现江苏代表委员积极向上的精神风貌，努力营造增强信心、开拓进取，保增长促发展、保民生促稳定，推动经济社会又好又快发展的浓厚舆论氛围。

3月10日　由省委宣传部、省文化厅主办的“新江苏·新风貌”——纪念改革开放30周年专题写生画展在北京中国美术馆揭幕。孙家正、胡振民、杨新力等出席揭幕式并观看画展。杨新力在揭幕仪式上致辞。他希望通过这次画展,吸引更多的书画家创作更多更好的优秀作品,激励、鼓舞人心,为保增长、保民生、保稳定大局服务。本次画展共展出作品32幅。

3月13日下午和14日下午 李源潮、刘云山分别在中国美术馆观看了“新江苏·新风貌”——纪念改革开放30周年专题写生画展。杨新力陪同参观。李源潮希望通过这次画展,吸引更多的书画家带着使命、带着感情、带着责任,创作更多更好的优秀作品,激励人心、鼓舞士气。刘云山希望通过媒体宣传等多种形式,扩大社会效应,引领、带动更多书画家深入实际、深入生活、深入群众,创作出更多具有时代特点的优秀作品,为率先发展、科学发展、和谐发展加油鼓劲。

3月17日 下午,省委宣传部召开中央驻苏新闻单位和省主要媒体负责人新闻通气会,传达省委书记梁保华在省委常委会上的重要讲话精神,通报新闻宣传报道工作有关注意事项。杨新力出席并讲话,对当前和下一阶段新闻宣传工作提出明确要求。

3月21日 上午,由中国书协、江苏省文联和苏州市政府共同主办的“吴门书道——中国书法名城苏州作品展”在中国美术馆开幕。孙家正、王文章等出席开幕式。共展出书法、篆刻作品180件。

3月24日 由中国科教电影电视协会、中央电视台、江苏省科协等共同主办的中国国际科教影视展评暨制作人年会在南京举行。齐让致贺词,杨新力出席并讲话。250位来自国内外的科教影视制作单位负责人和制片人参加会议。

3月26日 下午,江苏教育新闻网站(www.jsenews.cn)开通暨“做一个有道德的人”征文颁奖仪式在南京举行。杨新力为网站揭牌,点击开通按钮,并为征文获奖代表颁奖。征文大赛共收到学生来稿15 000余篇,其中获奖作品672篇。

3月26日 由中央文明办主办,江苏省文明办和南京市文明办等承办的“道德的力量——全国道德模范与身边好人现场交流活动”在南京举行。张云泉等全国道德模范及提名奖获得者为江苏荣登中国文明网“好人榜”的52位“身边好人”颁发证书。

3月上、中旬 在中宣部舆情信息工作会议和调研工作会议上,江苏省委宣传部舆情信息、调研工作和部刊工作均获得“先进单位”奖。其中,部刊工作在全国省区市中名列第一;舆情信息有1个单篇、9个综合稿件入围“好信息”,20篇获得中央和中宣部领导同志的批示,数量居全国省区市之首。此外,中宣部设在我省的4个舆情信息直报点,有2个获得“先进单位”奖,2个获得“先进个人”奖。

3月下旬 全国哲学社会科学规划办公室公布了2008年度国家社科基金重大项目评审结果,我省组织申报的6个课题获重大项目立项,7个申报课题获重点项目立项,立项总数列全国第二位。

3月下旬 国家文化部决定增设江苏省为对台文化交流基地。此前,文化部已将福建省、浙江省、河南省及上海市设为对台文化交流基地。

3月27日—4月1日 第二届世界佛教论坛分别在江苏无锡和台湾台北举行。近50个国家和地区的1 700多位高僧、专家学者和知名人士出席了在无锡举行的开幕式,230余名境内外记者参加开幕式并作了采访报道。

四　月

4月1日 从今日起,省级主要媒体按重大典型规格对践行当代革命军人核心价值观的典范、武警苏州市支队支队长江鹰的先进事迹进行集中宣传。江鹰入伍27年，先后研制出20余种具有自主知识产权的装备器材，创新20多种战法和20多项科学带兵方法，参与100余次突发事件处置和抢险救灾，被誉为“忠诚卫士”、“创新英雄”、“警营雄鹰”。

4月10日　2009中国(无锡)吴文化节在无锡开幕，杨卫泽、杨新力、曹卫星、陈宝田等出席开幕式。本届吴文化节包括中国文化遗产保护无锡论坛、吴文化国际研讨会、无锡徐悲鸿艺术展馆开幕式、无锡惠山民俗文化庙会等内容。

4月11日　内蒙古自治区党委常委、宣传部长乌兰率队来我省考察文化体制改革和文化产业发展情况，省委常委、宣传部长杨新力会见乌兰一行并座谈。考察团先后考察了凤凰出版传媒集团、省广电总台和省演艺集团。

4月13日　上午，省广电总台在南京举行大型新闻行动《敢拼才会赢——全力促发展，我们在行动》暨“百家名企树信心、保增长、促发展”倡议活动启动仪式，杨新力同志出席。

4月13日　下午，省委常委、宣传部长杨新力主持召开省委宣传部长、处长会议，回顾、总结2009年以来工作，对做好下一阶段工作提出要求。

4月14日　中宣部召开深入开展群众性爱国主义教育活动电视电话会议，安排部署庆祝新中国成立60周年深入开展群众性爱国主义教育有关活动。省委常委、宣传部长杨新力出席在我省分会场召开的会议，并在会议结束后，就贯彻落实会议精神提出要求。

4月15日　由省委宣传部和省通信管理局主办的2008年度全省“文明办网”先进单位创建评选活动揭晓，共评选出“文明办网”先进单位10个、地域特色网站12个、行业特色网站17个。

4月16日　上午，全省净化社会文化环境工作电视电话会议在南京举行。杨新力出席并讲话，曹卫星主持会议。杨新力指出，做好净化社会文化环境工作，要重点抓好整治互联网低俗之风、整治网吧、净化荧屏声频、整顿校园周边环境等专项行动。省公安厅、省文化厅、省广电局等8个部门和地区负责同志在会上分别作了发言。

4月17日　上午，省委常委、宣传部长杨新力主持召开省有关部门和省主要新闻单位负责人会议，总结、交流突发公共事件舆论引导培训班取得的成效和积累的经验，研究落实中央和省委省政府领导同志批示精神，进一步完善有关机制。

4月18日　为期一个月的2009中国·扬州“烟花三月”国际经贸旅游节暨万花会开幕。杨新力出席开幕式并宣布开幕，丁解民、周健民、杨振宁等出席开幕式。活动包括扬州“三新”产业发展论坛及推介会、精彩扬州图片展、“全国文明景区”蜀冈—瘦西湖景区揭牌等29项内容。

4月20日　晚，杨新力同志到南京市红十字医院和南京军区总医院，分别看望见义勇为、光荣牺牲的英雄于葆林母亲刘绍贤和英勇负伤的张定华，向他们转达梁保华书记的亲切慰问和崇高敬意。

4月19日　由省广电总台和中影集团共同出品的战争灾难影片《南京！南京!》在南京举行首映式。

4月21日　由南京市委、市政府主办的纪念渡江战役胜利暨南京解放60周年座谈会在南京举行。朱善璐、杨新力出席并讲话。老同志向守志、周克玉、傅奎清、储江等出席。

4月22日　省文化厅等21家“扫黄打

非”工作领导小组成员单位，在南京联合举行2009年全国侵权盗版制品及各类非法出版物集中销毁活动江苏现场会，集中销毁侵权盗版制品及各类非法出版物323万件。

4月23日 上午，庆祝渡江战役胜利暨南京解放60周年大型群众演唱会——《永远的风帆》在南京渡江胜利纪念馆广场举行，标志着江苏省暨南京市“爱国歌曲大家唱”活动启动。省委常委、宣传部长杨新力等省市领导以及老同志代表出席演唱会。3 000多名群众观看并参加了演唱。

4月23日 南京渡江胜利纪念馆建成并对外开放。该馆占地面积2万平方米，总建设面积近7 000平方米，由纪念馆、胜利广场、“千帆竞渡”雕塑等部分组成。

4月24—25日 省电影家协会第五次代表大会在南京召开，大会通过了新的《江苏省电影家协会章程》，选举产生了新一届理事会理事，陶泽如当选本届协会主席。

4月27日—28日 新闻出版总署党组副书记、副署长，全国“扫黄打非”工作小组副组长蒋建国来我省调研。蒋建国在宁期间出席了全国“扫黄打非”工作小组召开的表彰奖励徐州“3·03”制售非法报纸团伙网络案有功集体、有功个人大会。杨新力会见蒋建国，曹卫星出席表彰会并讲话。

4月28日 南京博物院二期扩建工程开工典礼在南博举行，杨新力出席并讲话，朱龙生、曹卫星、程崇庆等出席典礼。南博二期扩建工程总投资7亿元，总面积8万平方米，将在原有的历史馆、艺术馆基础上，增加民国博物馆、非遗展示馆、数字博物馆和特展馆。

4月28日 晚，由省演艺集团发起的大规模公益性“文化暖心”演出季活动启动仪式暨首场演出在南京紫金大剧院举行，杨新力出席并与群众一起观看了演出。该活动将集中上演20余台优秀的音乐会和京剧、昆剧、锡剧、话剧、扬剧等，活动持续至7月底。

4月29日 下午，新华日报报业集团召开纪念《新华日报》在南京出版60周年座谈会，省委常委、宣传部长杨新力出席并讲话。

4月30日 上午，由省文明办、省体育局、省教育厅等主办的2009年江苏省青少年阳光体育运动联赛在苏州太仓市开幕，省委常委、宣传部长杨新力出席开幕式并宣布开幕。本次联赛将在全省范围内分别组织包括羽毛球、乒乓球、田径等在内的100项次比赛，同时还将举办高校大学生攀岩等多项大型活动。

五　月

5月9日 省广电局在南京召开全省CMMB(手机电视)工作会议，通报我省CMMB工作进展情况，部署当前和下一阶段相关工作。全省13个市有关部门负责人在会上共同签署了《全省广电系统CMMB合作框架协议》。

5月8日—12日 中共中央政治局常委李长春在梁保华、罗志军、杨新力等陪同下，先后到南通、苏州、无锡、常州、扬州、南京等地，就积极应对国际金融危机冲击、保持经济平稳较快发展、深化文化体制改革等进行调研。调研期间，李长春重点考察了我省深入推进文化体制改革，大力发展文化产业情况。他先后来到省广电信息网络公司、省演艺集团、凤凰出版传媒集团等单位，详细了解改革的做法和成效，并主持召开文化体制改革工作座谈会，听取文化工作者畅谈改革前后的变化与感受。李长春充分肯定江苏文化体制改革工作取得的成绩和经验，希望江苏继续保持良好改革势头，逐步从改革的“试验田”变成大面积的“丰收田”。李长春还就江苏公共文化服务体系建设和文化遗产的保护、利用情况，实地考察了南通、昆山、南京等地有关社区和博物馆（苑），并前往侵华日军南京大屠杀遇难同胞纪念馆，向遇难同胞敬献花圈。

5月9日—11日　由省委宣传部、省文联等联合组织的省文艺家慰问团到四川绵竹市，为四川灾区工程建设第一线的江苏援建大军和当地群众进行慰问演出，并向我省援建大军赠送22幅名家书画作品。

5月13日—14日　中宣部副部长翟卫华在省委常委、宣传部长杨新力陪同下，到学习实践活动联系点太仓市调研。

5月20日　上午，省委宣传部召开部机关全体人员会议，传达中共中央政治局常委李长春在江苏调研时的重要讲话精神和省委工作会议精神。省委常委、宣传部长杨新力出席并讲话，对贯彻落实提出要求。

5月18日　上午，王诤同志陈列室落成揭幕仪式在常州市洛阳镇天井村举行，翟同政、杨新力出席并揭牌。王诤同志1909年5月出生于江苏武进，是中央苏区和我军无线电通信事业的创立者，是新中国电子工业、邮电事业的开拓者和卓越领导人。

5月18日　第24届中国戏剧梅花奖颁奖晚会在杭州市举行，我省演艺集团昆剧院表演艺术家孔爱萍、无锡市锡剧院国家一级演员黄静慧喜获“梅花奖”。

5月19日　省曲艺家协会第六次会员代表大会在南京召开，审议第五届理事会的工作报告，选举新一届理事会，盛小云当选协会主席。

5月21日　下午，“李岚清中国近现代音乐专题讲座暨音乐会”在南京艺术学院举行，原中共中央政治局常委、国务院副总理李岚清出席并作讲座。梁保华、罗志军、张连珍、徐荣凯、李云峰、杨新力、赵维绥等出席并和音乐艺术界人士、南艺师生一起聆听了讲座和音乐会。

5月24日　由凤凰出版传媒集团投资建设的苏州凤凰国际书城在苏州工业园区举行开工仪式。王荣、曹卫星等出席。书城将投资12亿元、建筑面积超过20万平方米。

5月25日　由南通市委宣传部、市文化局等单位共同创排的四幕大型廉政话剧《母亲的守望》在南京上演。省委常委、宣传部长杨新力和省纪委有关负责同志及13个市的纪委书记等共800余人观看了演出。

5月25日　省委宣传部、省通信管理局联合在南京举办2008年度“文明办网”先进单位颁奖暨抵制互联网低俗之风倡议活动，表彰了10个“文明办网”先进单位、12个地域特色网站、17个行业特色网站，并宣读了抵制互联网低俗之风倡议书。

5月26日　省委宣传部等14部门和单位联合下发了《关于组织开展“100位为新中国成立作出突出贡献的英雄模范人物和100位新中国成立以来感动中国人物”推荐评选活动的通知》，并于5月31日在南京召开全省“双评”工作会议，传达中央有关部门文件和中宣部有关会议精神，研究部署我省推荐评选工作。

5月31日　下午，“我和我的祖国”——江苏省庆“六一”、迎国庆优秀儿童歌曲大传唱主题活动在南京市游府西街小学举行。王国生、杨新力、柏苏宁、李小敏、张九汉等出席并与孩子们欢聚一堂，共庆“六一”儿童节。

六　月

6月1日　由江苏省文化厅、重庆市文化广播局联合主办的“西部文化东部行——重庆川剧院川剧《金子》《李亚仙》优秀剧目江苏巡演”在南京举行，省委常委、宣传部长杨新力观看演出。活动还将在苏州、南京、连云港、仪征四个城市进行交流演出。

6月2日 省委书记梁保华在南京会见由香港新闻工作者联会主席、世界中文报业协会主席张国良率领的香港媒体高层参访团。省委常委、宣传部长杨新力等参加会见。由《香港都市日报》、《紫荆杂志》、《东方财经》、《文汇报》、《大公报》、凤凰卫视等10多家媒体高层组成的参访团，于6月1日抵达南京，将赴徐州、连云港、淮安等地参观访问。

6月5日 上午，省广电信息网络公司与大丰、张家港、海安等22个县(市、区)广电网络整合和合作签约仪式在南京举行，杨新力、曹卫星出席仪式并讲话。

6月6日 省文联、省广电总台等联合举办第23、24届江苏省电视“金凤凰奖”颁奖仪式，《上将许世友》等12部电视剧获最佳作品奖，《昆曲六百年》等12部电视纪录片获纪录片奖。

6月10日 我省“苏州平江路”被评为首届“中国历史文化名街”。本次评选活动全国共评出“中国历史文化名街”10个。

6月上旬 我省有27座博物馆被国家文物局分别评为国家二级、三级博物馆。其中，国家二级博物馆12座，国家三级博物馆15座。2008年，我省已有5座博物馆被评为国家一级博物馆。

6月11日—12日 省广电局在南京举办全省广电局长培训班，学习贯彻国家广电总局有关会议精神，分析上半年全省广电工作特点，研究当前重点工作。副省长曹卫星出席开班式并讲话。

6月13日 由省文化厅、省文物局和南京博物院共同主办的2009文化遗产日暨江苏省文物节系列活动在南京开幕。文物节期间，全省13个市将举办近200场庆祝活动。

6月18日 省委宣传部在常熟市召开全省思想政治工作现场经验交流会，扬子石化党委等10多家代表先后作大会交流，浦镇车辆厂等12家企业利用展板现场交流了他们思想政治工作创新成果。

6月10日—18日 中央文献研究室常务副主任杨胜群在我省调研，省委常委、宣传部长杨新力会见调研组成员。调研组在宁召开座谈会，赴苏州、昆山、南通、海门、东台等地考察，并将撰写“江苏全面建设小康社会经验调查报告”，为全国提供借鉴与指导。

6月中旬 “全国优秀流行歌曲创作大赛”总决赛及颁奖晚会在京落幕。全国获奖作品共30首，我省2首作品榜上有名，另有2首作品参加了颁奖晚会演出。我省同时获优秀组织奖。

6月22日 下午，中国联通江苏分公司和新华日报报业集团“3G手机新媒体实验中心”揭牌暨新媒体发展战略合作协议签约仪式在南京举行。省委常委、宣传部长杨新力出席签约仪式，并为江苏首个“3G手机新媒体实验中心”揭牌。

6月22日—25日 省干部理论教育讲师团、省政工专业资格评定办公室在扬州举办全省高级政工师研修班，对139名具备研究员级高级政工师和高级政工师资格人员进行了培训。

6月23日 上午，省委宣传部召开部机关全体工作人员会议，传达全国宣传部长座谈会精神。省委常委、宣传部长杨新力主持并讲话。

6月25日 上午，新中国成立60周年江苏发展成就展筹备工作领导小组第一次会议在南京召开。省委常委、宣传部长杨新力出席会议并讲话。省各有关部门联络员，各市分管领导，各市委宣传部、市发改委负责同志等参加会议。

6月27日 中国电视艺术委员会、江苏省委宣传部、省广电局和省广电总台在北京联合召开电视剧《人间正道是沧桑》研讨会。中共中央文献研究室、国家广电总局、中国文联、中央电视台等单位有关领导，李准、仲呈祥、尹泓、王干等20多位专家，省有关单位负责同志参加研讨，对该剧叙事手法、形象塑造等给予充分肯定。省委常委、宣传部长杨新力看望了与会人员。

6月29日下午　省广电网络公司与昆明市广电网络公司在昆明举行互动数字电视平台建设合作项目签字仪式，杨新力、仇和出席并讲话。该合作项目于“国庆”节投入运营。

6月30日、7月2日　省长罗志军在南京、无锡就加快文化产业发展进行调研。罗志军先后考察了省广电网络公司、无锡工艺职业技术学院、无锡泥人研究所等，对我省发展文化产业和保护非物质文化遗产工作提出要求。副省长曹卫星参加调研。

七　月

7月1日　省政府公布了112项第二批省级非物质文化遗产录和39项第一批省级非物质文化遗产扩展项目名录。至此，我省共有235项非遗项目入选省级保护名录。

7月1日　晚，由宿迁市委宣传部、市文广新局联合打造的大型音乐昆舞诗剧《虞美人》在南京上演，省委常委、宣传部长杨新力观看演出。

7月2日　凤凰出版传媒集团所属凤凰置业公司借壳上市获中国证监会有条件通过，标志我省文化产业集团拥有了首家上市公司。

7月6日—7日　省委、省政府在南京召开全省文化建设工作会议，深入贯彻落实十七大精神，对全面推进文化体制改革、加快建设文化强省作出部署。省委书记梁保华出席6日上午的大会并发表重要讲话，进一步明确文化强省建设的指导思想、目标任务和工作重点，对文化强省建设各项工作特别是深化文化体制改革、加快文化事业产业发展作出全面部署。省长罗志军主持并讲话。张连珍、王国生、赵克志、朱善璐、李云峰、杨新力、黄莉新、柏苏宁、徐鸣、曹卫星、周珉、张九汉、李笃信、公丕祥等出席。省委常委、宣传部长杨新力在会议结束时作了总结讲话。会上，省委、省政府对第四批江苏省文明城市进行了命名表彰。各市市委书记、市长、分管副市长、宣传部长和有关部门主要负责同志，各县（市、区）委书记或县（市、区）长、县（市、区）党委宣传部长，省委各部委、省各委办厅局和直属单位主要负责同志，部分专家学者、部分国有企业和民营企业负责人参加会议。

7月7日　上午，江苏省2009年“七彩的夏日——未成年人暑期系列活动”暨南京市“百场公益夏令营”启动仪式在南京青春剧场举行。杨新力同志宣布启动并为活动授总旗，700余人参加仪式。

7月9日—10日　省委宣传部召开部机关务虚会，交流情况，分析形势，研究工作。省委常委、宣传部长杨新力在讲话中要求大家围绕大局抓重点、统筹兼顾“弹钢琴”、以身作则带队伍、勤于思考抓落实，努力提高工作执行力。

7月17日　上午，中国中共文献研究会首个二级学会“周恩来思想生平研究分会”在江苏淮安成立。冷溶、梁保华出席成立大会并讲话。陈晋、章百家、杨新力出席。廖心文同志当选分会会长。会后，分别举办了“周恩来与新中国”学术研讨会和“同铸丰碑、共创辉煌”周恩来纪念地论坛。

7月17日　上午，省委宣传部在南京召开中国江苏网传媒股份有限公司第一次筹备会议。

7月17日 下午,省委常委、宣传部长杨新力在淮安市调研,考察淮安市老少活动中心、清河区河堤路社区、苏皖边区政府纪念馆、淮安戏曲博物馆、淮安名人馆、淮安市未成年人成长指导中心,对淮安市精神文明创建、文化艺术工作和未成年人思想道德建设给予充分肯定。

7月20日 省新闻出版局在宁召开全省新闻出版(版权)局长座谈会,副省长曹卫星出席并讲话。

7月中旬 国家广电总局公布新中国成立60周年第一批10部献礼剧,我省文化产业集团出品的《决战南京》、江苏亚细亚影视公司出品的《战斗的青春》2部电视剧名列其中。

7月23日—25日 省委组织部、省广电局联合举办2009年度全省广播电视专题研究班。国家广电总局副局长张丕民,副省长曹卫星出席开班式并讲话。

7月27日 上午,省委宣传部召开机关全体干部职工大会,传达学习省委十一届六次全会精神。省委常委、宣传部长杨新力出席并讲话。

7月27日—28日 省舞蹈家协会第六次会员代表大会在南京举行。刘仲宝当选协会主席。

7月29日 省广电网络公司和上海文广新闻传媒集团在上海举行战略合作签约仪式,杨新力、王仲伟出席并讲话。

7月31日 人民日报社江苏分社成立仪式在南京举行,梁保华、马利为分社揭牌,张连珍出席,杨新力出席并讲话。

八　月

8月3日 第十三届中国少儿戏曲“小梅花”荟萃活动全国总决赛在盐城市开幕,全国120名选手参加决赛。

8月3日 江苏凤凰新华书业股份有限公司揭牌仪式在宁举行,公司注册资本为15亿元。

8月3日—10日 中央党史研究室副主任李忠杰率全国马克思主义理论研究和建设工程国情调研组来江苏调研,省委常委、宣传部长杨新力看望了调研组一行。调研组先后在南京、常州、无锡、泰州、南通、苏州等地考察了江苏经济社会发展与生态环境建设情况,对江苏国家级重大建设工程和新农村建设、文化产业发展有关情况,干部群众思想状况和江苏哲学社会科学繁荣发展情况进行了调研,并征求对实施马克思主义理论研究和建设工程的意见与建议。

8月5日 下午,江苏中江网传媒股份有限公司(筹)在宁举行揭牌仪式,省委常委、宣传部长杨新力为公司揭牌。重组后的中国江苏网将成为集新闻发布、文化传播、商情互动、信息交流、公共服务等于一体的大型综合性门户网站。

8月6日 国家广电总局发出《关于促进高清电视发展的通知》,明确中央电视台第一套、北京卫视、上海东方卫视、江苏卫视和湖南卫视为首批高清晰度和标准清晰度同播频道。

8月10日 南京市召开全市推进文化体制改革加快文化产业发展大会,朱善璐、杨新力出席会议并讲话。会上,省市领导为南京市歌舞剧院有限公司等7家新成立的国有文化企业授牌,为南京市文化广电新闻出版局揭牌。

8月10日 我省开展的全国“双百”投票评选活动结束,省“双评”活动组委会办公室收到纸质选票共511.4万张。

8月上旬 国家广电总局公布了2009年度第二批12部优秀国产动画片名单,我省《搜救犬阿虎》等4部原创国产动画片榜上有名。

8月11日 江苏省广播电影电视局挂牌，副省长曹卫星出席挂牌仪式并讲话。电影职能由省文化厅相应划入该局。

8月13日—17日 中共中央政治局委员、书记处书记、中宣部部长刘云山在江苏考察。刘云山先后考察了无锡鸿山遗址、好莱坞（中国）数码艺术研发中心、紫光软件（无锡）集团、中科院无锡高新微纳传感网工程研发中心、镇江博物馆、西津渡历史文化街区、镇江民间文化艺术馆等，视察了省演艺集团。16日下午，刘云山在南京市兴隆街道月安社区召开基层爱国主义教育座谈会，梁保华主持。孙志军、朱善璐、李云峰、杨新力等出席。刘云山还到侵华日军南京大屠杀遇难同胞纪念馆参观，并向遇难同胞献花。

8月14日—16日 全国文化体制改革经验交流会在南京召开。中共中央政治局常委李长春对会议作出重要批示，要求加大力度、加快进度，实现重点突破，推动文化体制改革向纵深发展。刘云山、刘延东出席会议并讲话，雒树刚作总结讲话，梁保华致辞，并作题为《全面深化文化体制改革，推动文化大发展大繁荣》的发言。会议期间，王太华、蔡武、柳斌杰分别对本系统的改革工作进行部署。与会同志进行分组讨论和参观考察。会议表彰了12个全国文化体制改革先进地区和58家先进企业。中央文化体制改革工作领导小组及办公室成员，中央国家机关有关部委，中央主要新闻单位负责同志，江苏省领导罗志军、朱善璐、杨新力、曹卫星，各省区市党委宣传部部长、副省长，以及各省区市文化、广电、新闻出版部门负责人等出席会议。

8月中旬 无锡市政府与中国艺术研究院举行签约仪式，将在无锡共同建设中国民族音乐博物馆。

8月25日—26日 全省宣传部长座谈会在连云港市召开。会议传达贯彻中央有关精神和省委要求，回顾、总结今年以来全省宣传思想文化工作，就推进下一阶段工作作出部署。省委常委、宣传部长杨新力出席并讲话。他要求要提高突发公共事件的应对能力，推动科学发展观宣传教育工作，精心组织好庆祝纪念活动，把文化改革、文化发展推向深入。省有关部门及各市委宣传部负责人在会上作交流发言。省直宣传文化系统各单位负责人、各市委宣传部部长参加会议。

8月26日 全国第十一届精神文明建设“五个一工程”（2007—2009）初评入选作品在媒体公示。我省报送的作品共有电视剧《人间正道是沧桑》等7部入选，获奖总数居全国前列。

九　月

9月1日 全省文化局长座谈会在南京召开。会议总结、部署工作，就《江苏省文化系统文化体制改革实施意见》征求意见。

9月1日—5日 省委宣传部组织开展“江苏沿海开发网络媒体行”主题宣传活动，全国近30家中央和地方重点新闻网站、知名商业网站，对南通、盐城、连云港三市27个沿海带项目进行了采访报道。

9月4日 下午，由省文明办、省教育厅、团省委等单位主办的第二届“童声里的中国”·“祖国，献您一首诗”——庆祝新中国成立60周年全国儿童诗推广活动启动仪式在北京举行。孙家正致贺信，彭珮云、杨新力等出席。仪式上，主办单位向四川绵竹及首都部分小学代表赠送了儿童诗精品集。

9月6日 省委常委、宣传部长杨新力在南京会见由哥伦比亚《共和国报》总经理里卡多·莫拉莱斯·卡萨斯率领的拉美八国媒体高级考察团。

9月10日 省委宣传部在南京召开全省国庆宣传工作座谈会,就我省国庆宣传工作作出进一步安排。省委常委、宣传部长杨新力出席会议并讲话。省直宣传文化系统各部门负责同志、各市委宣传部长、中央新闻单位驻苏机构负责人参加会议。

9月10日 由省文联主办的"祖国多美好——江苏省庆祝新中国成立60周年大型摄影作品巡回展"在省美术馆开幕。张艳、张九汉出席开幕式并参观展览。

9月上旬 "庆祝中华人民共和国成立60周年江苏优秀书法篆刻作品展"在省美术馆开幕,展出作品249件。

9月11日 由文化部和江苏省政府主办的"非物质文化遗产生产性保护座谈会"暨"第三届中国非物质文化遗产保护——苏州论坛"在苏州市举行。周和平、曹卫星等出席开幕式。

9月11日 省广电网络公司与江阴、常熟等24个县(市、区)级广电网络部门在南京举行整合与合作集中签约仪式。副省长曹卫星出席并讲话。

9月12日 由新华日报报业集团主办的庆祝新中国成立60周年"红色诗情名家书画特邀展"在南京开幕,展出32幅书画作品,省委常委、宣传部长杨新力剪彩并观看展览。

9月13日 省广电总台参与投资拍摄的电影《建国大业》在南京举行首映式,省委常委、宣传部长杨新力出席并会见了影片主创人员和部分演员。

9月14日 由省委宣传部承办的全国专家博客主题笔会在昆山启动,省委常委、宣传部长杨新力出席仪式并致辞。与会的76名专家博客作者和频道负责人将在南京、苏州进行为期5天的考察采访。

9月15日—16日 2009年度省社科基金项目评审会在南京召开,对初评入围的517个课题进行复评,确定立项项目。

9月17日—18日 省"双50"评选活动组委会通过省级主要媒体公布了50位为新中国成立作出突出贡献的江苏英雄模范人物和50位新中国成立以来感动江苏人物名单。

9月18日 由省委宣传部、省文化厅和省文联主办的"庆祝中华人民共和国成立六十周年江苏省美术作品展览"在省美术馆开幕,展出作品558件。赵龙、陈宝田出席开幕式。

9月18日 由新华日报与全省13家省辖市党报携手推出的"新中国成立60周年·省市党报联动摄影特别报道"结束。报道利用15个版面、130余幅照片,反映江苏60年巨变和辉煌成就。

9月中旬 由新疆、甘肃、陕西、河南、江苏五省区党报组成的"沿海开发陇海行大型系列报道"采访团,对江苏沿海开发情况进行了采访报道。

9月21日 第十一届精神文明建设"五个一工程"评选在京揭晓,我省共有10部作品获奖,省委宣传部荣获组织工作奖。

9月21日 省电视艺术家协会第四次会员代表大会在南京召开,周莉当选主席。

9月22日 省委宣传部、省委学习实践活动领导小组办公室组织撰写的通俗理论读物《科学发展观学习100问》出版发行。全书围绕"推动科学发展、建设美好江苏"主题,采用问答形式,阐释科学发展观的科学内涵、精神实质和根本要求等。

9月24日 晚,由省委宣传部和省广电总台主办的2009江苏省中秋戏曲晚会在南京举行。冯敏刚、李全林、张九汉出席并观看演出。

9月25日 晚,省文明办和省委省级机关工委在南京联合举办"祖国颂"——省级机关庆祝新中国成立60周年文艺汇报演出。冯敏刚、李云峰、包国新观看演出。张云泉等27位全国全省劳动模范、道德模范应邀观看。

9月26日　由省委宣传部和省文化厅主办的“时代多娇——庆祝新中国成立60周年江苏省美术作品汇展”在南京图书馆开幕,共展出作品95幅。当天晚上,“百花争艳——庆祝新中国成立60周年江苏省优秀剧(节)目展演”在南京开幕。杨新力出席并致辞,曹卫星、张九汉等出席。

9月27日　上午,由省委、省政府主办,省委宣传部、省发改委等承办的“奋进的江苏——庆祝新中国成立60周年大型成就展”在南京国际博览中心开幕。梁保华为展览开幕剪彩,罗志军致词,杨新力主持并宣布成就展开幕。开幕式后,梁保华、罗志军等领导同志和参加开幕式的江苏“双50”人物、道德模范及干部群众代表一起参观展览。展览用3 000多幅图片和大量的实物、模型、图表、音像资料,展示了新中国成立60年来江苏各项事业和人民面貌发生的历史性变化。出席开幕式并参观展览的有:张连珍、王国生、韩培信、陈焕友、储江、曹克明等领导同志和老同志,以及省各民主党派、工商联负责人,无党派代表人士,省各有关部门负责同志,各省辖市分管负责同志,英雄模范人物及亲属代表,省和南京市机关干部、解放军武警官兵、高校师生和群众代表4 000多人。

9月27日　省委、省政府在南京召开全国“双百”、江苏省“双50”人物和第二届全国及江苏省道德模范代表座谈会。省委书记梁保华出席并讲话。省领导罗志军、张连珍、王国生、冯敏刚、朱善璐、林祥国、李云峰、黄莉新、李笃信、蒋宏坤出席。省委常委、宣传部长杨新力主持。座谈会上,“双百”、“双50”人物和道德模范代表分别作了发言。

9月27日　凤凰出版传媒集团在南京举行“凤凰助我飞”——资助全省贫困学生大型公益活动启动仪式,共捐助资金1 000万元。副省长曹卫星出席仪式并宣布活动启动。

9月28日　省演艺集团举行成立8周年、改制5周年暨庆功大会。会上,集团对荣获中宣部“五个一工程奖”的现代京剧《飘逸的红纱巾》剧组、荣获第七届中国音乐“金钟奖”合唱比赛银奖的爱之旅合唱团进行表彰奖励。省委常委、宣传部长杨新力为获奖集体颁奖并讲话。

9月28日　“与时代同行,与祖国共进”——江苏新闻出版辉煌60年图片展在南京凤凰国际广场开幕,副省长曹卫星出席开幕式。

9月28日　由省委宣传部组织的“歌颂祖国,爱我家乡”网络作品大赛评选揭晓,74篇作品和9个单位获奖。

9月28日　第十一届全国美术展览——版画展在江苏美术馆开幕,共展出作品350余件。冯远、吴长江、赵龙、曹卫星、张九汉等出席开幕式并参观展览。

9月28日　省广电总台举行江苏卫视高清频道开播仪式,杨新力出席并宣布开播。

9月29日　由省委宣传部和省文联、省作协共同编辑出版的“庆祝中华人民共和国成立60周年优秀文学艺术丛书”在南京举行首发式,杨新力为丛书作序并出席首发式。丛书包括我省文学获奖作品和优秀美术、书法篆刻、摄影、歌曲等五部作品集。首发式分别向南京图书馆、金陵图书馆等8家图书馆赠送了丛书。

9月29日　省暨南京市庆祝新中国成立60周年花车巡游活动在南京市奥体中心举行发车仪式,朱善璐、杨新力出席。

9月29日　新华日报报业集团举行河

西新闻传媒中心开工奠基仪式。

9月30日 由省委宣传部、南京市政府共同主办的第四届中国南京文化产业交易会在南京举行开幕式,朱善璐、杨新力出席。近1 000家国内外及港台文化企业参展,交易会将开展近100项文化活动。

9月30日 下午,由江苏省委、省政府主办,省委宣传部、省文化厅承办的“茉莉盛开颂祖国”——江苏省庆祝新中国成立60周年万人歌咏大会在南京奥体中心举行。1.5万名演员和观众,用歌声礼赞了1949年以来特别是改革开放30年来,新中国建设、发展取得的辉煌成就和江苏大地发生的巨大变化。梁保华、罗志军、张连珍、王国生、徐德学、冯敏刚、朱善璐、林祥国、李云峰、杨新力、黄莉新、李笃信等观看演出。

9月下旬 文化部向社会公示了“全国文化先进县”复查结果,我省37个先进市、县、区全部通过验收,总数继续列全国第一。

十　月

10月9日 省演艺集团旗下的苏演院线首家旗舰剧院淮安长荣大剧院挂牌,并举行了首场文艺演出。许嘉璐、杨新力、丁解民与淮安市民一同观看演出。杨新力为剧院揭牌。苏演院线规划2009年首期规模为30家剧场,2010年达到50家,2011年达到100家,并辐射到相邻省份。

10月9日 从今日起,由省政府新闻办公室、省文化厅共同承办的欧罗巴利亚中国艺术节江苏系列文化活动在比利时及周边国家举行。活动包括扬州木偶表演、南京云锦展览、苏州中医药展览和昆剧表演等内容。

10月10日 由江苏广电网络公司与昆明广电网络公司合作建设的昆明互动数字电视开通。仇和、曹卫星、高峰等出席开通仪式。

10月12日 盐城市举行新四军人物馆开馆仪式。韩培信、杨新力出席。该馆展示了刘少奇、陈毅等近900位新四军和华中抗日根据地代表人物的生平业绩。

10月12日 为期35天的首届中国南京栖霞山文化节在南京仙林大学城开幕,副省长曹卫星出席开幕式并宣布开幕。

10月13日 文化部宣布我国25个非物质文化遗产项目成功入选联合国教科文组织非物质文化遗产保护名录,我省“南京云锦织造技艺”等6个项目入选。

10月中旬 国家广电总局电影管理局公布了2009年第三批推荐的50部影片名录,我省参与出品的故事片《建国大业》、《寻找成龙》,动画片《麋鹿王》、《快乐奔跑》等4部影片名列其中。

10月18日 “第八届全国博物馆十大陈列展览精品”评选结果在京揭晓,我省参评的“人类的浩劫——侵华日军南京大屠杀史实展”荣获精品奖,“神奇的自然,美丽的家园——常州博物馆自然资源陈列”获“最佳创意奖”。

10月19日 省民间文艺家协会第六次会员代表大会在南京召开,陶思炎当选协会主席。

10月21日 受省委书记梁保华、省长罗志军的委托,省委常委、宣传部长杨新力到山东济南,看望慰问我省参加十一届全运会的运动员、教练员和采访报道的记者,观看有关赛事,并为获得女子自行车场地记分赛冠军的我省运动员颁奖。

10月22日上午 全国省区市党报总编辑夜班工作研讨会在南京召开,省委常委、宣传部长杨新力到会看望与会代表。

10月22日 历时16天的第七届中国音乐金钟奖民乐比赛暨2009江苏二胡之乡民族音乐节闭幕,比赛结果同时揭晓。

10月26日　上午，省委宣传部召开部机关全体人员会议，传达学习省委十一届七次全会精神。省委常委、宣传部长杨新力出席并讲话，要求深入学习、领会四中全会《决定》和省委《意见》精神，认真做好新闻宣传，切实加强理论阐释，扎实开展面向基层的宣讲活动，推动形成学习宣传贯彻全会精神的热潮。

10月28日　2010年度全省党报党刊发行工作电视电话会议在南京召开。省委常委、宣传部长杨新力出席并讲话。

10月29日　为期5天的2009中国(常州)国际动漫艺术周暨国际动漫交易会在常州市开幕。厉无畏、周和平、杨新力、包国新出席开幕式。活动包括举办新闻发布暨项目推介会、动漫作品大奖赛等六大类内容。来自中国、美国、日本、韩国等20多个国家和地区的500多家企业参加交易会。

10月29日　"江风海韵——顾浩词作研讨会"在宁举行。张连珍、张艳出席，杨新力在会上讲话。

十一月

11月初　新四军江南指挥部成立70周年纪念大会暨"全国爱国主义教育示范基地"揭牌仪式在常州溧阳举行。

11月8日—9日　省委常委、宣传部长杨新力在南通调研，实地考察了海安523文化产业园、南通未成年人社会实践基地、洋口港等地，听取了南通经济社会发展和宣传思想文化工作情况汇报。

11月10日　台湾江苏周文艺晚会《茉莉寄深情》在台北市国际会议中心大会堂上演。梁保华、曾永权、陈武雄等与2 000多名台北观众一起观看演出。据悉，整个台湾江苏周期间，除开幕式专场演出外，南京博物院将与台北故宫博物院就有关合作问题进行商谈，省京剧院将同期赴台进行《霸王别姬》、《闹天宫》、《玉堂春》等传统京剧折子戏的商演活动。

11月12日　省广电总台和中影集团等联合投资拍摄的电影《十月围城》在南京举行首映礼，并在中山陵举行电影主创人员及演员谒陵活动。该片讲述了1905年10月15日，民间义士在香港保卫孙中山先生的故事。

11月14日　华东地区党史工作协作会议在南京召开。李忠杰、杨新力出席并讲话。会议交流各地开展党史工作的成功做法和主要经验，对今后党史工作科学发展等问题提出了意见和建议。

11月15日　上午，江苏文化科技产业园揭牌暨天地石刻园奠基仪式在镇江丹阳市举行。杨新力出席并讲话，张卫国出席。该园规划面积66平方公里，预计总投资33亿元，将建成8个功能区。

11月15日—17日　中央文明委督查组来我省督查指导净化社会文化环境工作。杨新力、曹卫星向督查组介绍了我省净化社会文化环境工作的总体情况，省各有关部门主要负责同志汇报了工作。督查组先后到南京、常州作实地查访。

11月17日　由中国光华基金会和苏州市政府合作的"中国光华(苏州)文化创新博览中心"签约仪式在苏州举行。项目计划投资25亿元，建筑面积约50万平方米。

11月18日　南京市政府启动网络新闻发言人制度，在市政府网站设置"南京网络发言人论坛"，全市90家部委局与区县网络发言人在论坛亮相。

11月19日　省委宣传部在南京召开全省动漫创作生产研讨会，交流企业2010—2012年创作生产规划，来自我省国家级动漫基地和动漫企业代表共40余人参加会议。

11月20日 我省民营影视制作机构座谈会在南京举行。与会代表交流创作生产体会,提出2010—2012年的精品创作设想。

10月22日 2009年度“中国最美的书”评选活动在上海揭晓,共有21种图书获此称号,我省《连理集》、《传播与会通——〈奇器图说〉研究与校注》等4件作品入选。

11月24日 第三届江苏曲艺“芦花奖”颁奖晚会在扬州举行,23位曲艺工作者和11个节目作品受到表彰。

11月24日 扬州市“扬州智谷”文化创意中心揭牌,12个文化创意产业项目当场签约。该中心占地约100亩,重点发展动漫制作、软件外包等文化创意产业。

11月24日 文化部等部委在北京人民大会堂召开表彰大会,我省有3家文化单位、6个集体和13名先进工作者受表彰,总数居全国首位。

11月25日—26日 江苏文化创新与科技发展论坛在常州举行,副省长曹卫星出席论坛并讲话。

11月25日—28日 2009年江苏灌南世界魔术交流大会暨第六届亚洲魔术比赛在连云港灌南县举行。夏菊花、杨新力、顾浩等分别出席开幕式和闭幕式。来自中国、日本、韩国等国家和地区的40余名魔术师参加角逐。

11月26日 第二届中国·东海花卉博览会在连云港东海县开幕,省委常委、宣传部长杨新力出席开幕式。来自省内外的花卉企业代表和专家等3 000余人参加,签约总额达10.7亿元。

11月26日 省广电网络公司与海安、张家港、泗阳等11个县(市、区)在南京举行数字化合作协议与框架协议集中签约仪式,标志全省县级数字电视整体转换工作全面启动。

11月26日 中共中央编译局南通调研基地在南通市行政中心揭牌。同日,中央编译局在该市召开“文化软实力建设与意识形态安全”座谈会。

11月27日 江苏电视台少儿频道更名为“优漫卡通卫视”。这是我省继江苏卫视、江苏国际频道之后第三个卫视频道。

十二月

12月1日 镇江市首届文化产业招商会暨签约仪式在北京举行,省委常委、宣传部长杨新力出席仪式并讲话。来自境内外的170余名投资商就20多个文化产业项目进行了洽谈,协议引资约110多亿元,其中,正式签约额约15亿元,意向合作投资97亿元。

12月3日 晚,省演艺集团在南京艺术学院上演无伴奏合唱清唱剧《1699·桃花扇》,杨新力观看演出。该剧是昆剧《1699·桃花扇》青春版、传承版、精制版等之后的第8个版本。

12月6日 省瞿秋白研究会在宁召开第二次会员代表大会,选举产生新一届理事会和领导班子。杨新力出席会议并讲话,沈达人主持。据悉,该会成立以来,出版了18部研究专著和文集,拍摄的大型文献电视片《瞿秋白》获全国第八届“五个一工程奖”。

12月上旬 由无锡慈文紫光数字影视公司打造的52集动画片《西游记》,在2009南非国际影展上夺得动画金奖。该片曾在法国戛纳电视节上以10万美元一集创亚洲动画片交易纪录。

12月13日 上午,省暨南京市“悼念侵华日军南京大屠杀30万同胞遇难72周年仪式暨南京国际和平日集会”在江东门纪念馆隆重举行。杨新力、张艳、曹卫星、张九汉等省及南京市四套班子领导,国外友好团体代表、国际友人、港台地区爱国同胞及各界人士共约 5 000 人参加。

12 月 14 日　下午，省广电网络公司与赣榆、泗洪、邗江、如皋、靖江 5 个县(市)在南京举行广电网络整合与数字化合作签约仪式，标志省委省政府确定的广电网络整合任务全面完成，提前一年实现国家提出的省级广电网络整合目标。省长罗志军专此作出批示，省委常委、宣传部长杨新力出席仪式并讲话。

12 月 16 日　上午，为期两天的全省政府新闻发言人培训班在南京开班。省长罗志军就全省政府新闻发布工作作出批示，省委常委、宣传部长杨新力出席开班仪式并讲话。

12 月中旬　我省凤凰出版传媒集团、省演艺集团、江苏电子音像出版社等 20 个单位获“2009—2010 年度国家文化出口重点企业”称号。

12 月 21 日　下午，省暨盐城市文化科技卫生“三下乡”活动启动仪式在建湖县上冈镇举行，杨新力出席并为省新年“三下乡”服务慰问团文艺演出、农业科技、卫生计生、法律道德 4 个分团授旗。张九汉出席并讲话。仪式上，省和盐城市各有关方面共捐赠款物 780 万元。省委宣传部、省文明办等 15 部门表彰了 2009 年度“三下乡”活动先进集体、先进个人和优秀组织单位。

12 月 24 日　中共中央文献研究室和中共江苏省委在苏州联合召开“科学发展观与全面建设小康社会”理论研讨会，纪念邓小平同志提出小康目标 30 周年，总结交流建设小康社会的实践经验和研究成果。顾秀莲、冷溶、梁保华出席并讲话，王国生主持。邓小平同志的亲属及中央国家机关和全国各地 100 多位专家学者参加会议。

12 月 24 日—28 日　由 23 家中央媒体组成的中央新闻采访团，对泰州市靖江人民法院园区法庭副庭长陈燕萍的先进事迹进行集中采访。

12 月 25 日　第 11 届全国美术作品展览暨首届中国美术奖颁奖仪式在北京举行。我省获 3 个金奖、1 个理论奖、3 个银奖、4 个铜奖，并获组织工作奖，获奖总数列榜首。

12 月 29 日　下午，省委宣传部召开部机关全体人员会议，传达学习全省经济工作会议精神。省委常委、宣传部长杨新力出席并讲话。

12 月 29 日　2009 中国百家金陵画展在省美术馆开幕。杨新力、朱龙生、黄因慧、冯远、刘大为等出席开幕式。

12 月 29 日　晚，由省委宣传部和省广电总台联合主办的 2010 江苏新年音乐会在南京人民大会堂上演。李云峰、杨新力、柏苏宁、赵龙与 2 000 多名观众一起观看演出。

12 月 29 日　南京市 117 位党委新闻发言人集体亮相，并举行首场新闻发布会。

12 月 30 日—31 日　省委宣传部召开部务会，专题听取省属文化集团改革发展情况汇报。杨新力出席并分别对各文化集团的工作作出指示。新华日报报业集团、省广电集团、凤凰出版传媒集团、省广电网络公司、省演艺集团、省文化产业集团汇报了 2009 年工作情况和经验体会以及 2010 年工作安排及重点项目等。

(办公室)

领导讲话

梁保华在全省文化建设工作会议上的讲话

2009年7月6日

同志们：

兴起社会主义文化建设新高潮，推动社会主义文化大发展大繁荣，是党的十七大提出的战略任务。省委、省政府召开这次文化建设工作会议，主要任务是深入贯彻落实十七大精神，对全面推进文化体制改革、加快建设文化强省作出部署，动员全省上下在应对国际金融危机挑战中，抓住文化建设的新机遇，开创文化发展的新局面，促进经济社会又好又快发展。

根据省委常委会讨论的精神，我讲六点意见。

一　近几年来我省文化建设取得重大进展

文化建设是中国特色社会主义事业“四位一体”总体布局的重要组成部分，在全面建设小康社会、推进社会主义现代化建设进程中，具有全局性、战略性的地位和作用。党的十六大以来，我省认真贯彻落实中央关于文化建设的一系列重大决策部署，牢牢把握社会主义先进文化的前进方向，坚持以科学发展观统领文化建设，在多年来开展文化大省建设取得显著成绩的基础上，进一步提出建设文化强省的目标，积极推进文化体制改革，加快发展文化事业和文化产业，全省文化建设取得了新的重大进展。一是社会主义核心价值体系建设取得明显成效。坚持用社会主义核心价值体系引领社会思潮和文化发展，坚持不懈地用马克思主义中国化最新成果武装党员、教育人民，用中国特色社会主义共同理想凝聚力量，积极推进马克思主义理论研究和建设工程，用社会主义荣辱观引领风尚，大力弘扬“创业创新创优”精神，开展丰富多彩的群众性精神文明创建活动，全省形成了奋发向上的社会文化氛围，又好又快实现“两个率先”成为江苏人民的共同追求。二是文化体制改革实现重要突破。围绕重塑文化市场主体，国有经营性文化单位转企改制试点工作取得突破，先后组建了广电、出版、报业、演艺、文化产业、广电网络等6大省级文化企业集团，确定6个省辖市和90家文化单位进行改革试点，全省16个出版单位已有10个完成转制、83个发行单位全部完成转制，31个电影公司、电影院已转制24个，46个文艺院团已转制13个。省演艺集团所属11个院团一次性整体转企改制，实行全员身份置换，按照建立现代企业制度的要求，完善法人治理结构，改革内部用人机制、分配机制，充分调动了演职人员的积极性、创造性。4年来，集团营业收入增长11.4倍，演出场次增长3倍，资产增长10倍，人均收入增长3倍，实现了经济效益与社会效益“双丰收”。凤凰出版传媒集团转企改制、兼并联合多措并举做大做强，不仅整合了省内发行网络，而且跨省兼并发行机构，开设中心书店，目前拥有省内外销售网点 1 721 个，销售、资产双超百亿元，名列全国同类企业之首，旗下“凤凰置业”4 天前获准借壳上市，实现我省国有文化企业上市融资的突破。省广电网络公司以资本为纽带，成功整合全省有线电视网络资源，成为用户规模全国第一、世界第三的广电网络运营商。新华日报报业集团、省广电集团在坚持正确舆论导向的前提下，实行宣传职能与经营业务分开，把广告、印刷、发行、传输网络部分，以及影视剧等节目制作与销售部门，从事业体制中剥离出来，实行企业化管理，进行市场运行，取得了较好的经济效益。《新华日报》的手机报开办不到一年，用户已达 150 万。我省文化体制改革的做法和经验得到中央领导同志和中宣部的充分肯定，中央新闻单位在全国进行了集中宣传，引起广泛关注。三是公共文化服务体系基本形成。把公益性文化事业作为社会事业发展的重点、公共财政投入的重点。“十一五”以来全省财政用于文化建设的投入达 248 亿元，建成南京奥体中心、南京图书馆新馆、江苏广电城、江苏国际书城等一批省级重点文化设施，省美术馆新馆、南博新馆正在建设，实现了“市有三馆、县有两馆、乡有一站、村有一室”，基本形成覆盖城乡的公共文化设施体系。实施各项文化惠民工程，全省 174 家博物馆、纪念馆等公共文化设施向公众免费开放，去年参观人数达5 100万，是免费开放前的 4 倍；积极开展“送书、送戏、送电影”下乡活动，近三年共送书 195.6 万册，送戏 8 159 场，送电影34.3 万场；推进农家书香工程，建成农家书屋 9 341个；在广播电视“村村通”基础上，进一步实现了有线电视、宽带网“村村通”。四是文化产业发展步伐不断加快。把大力发展文化产业作为调整经济结构、提升文化竞争力的重要着力点，全省文化产业呈现快速发展的良好势头，增加值连续 3 年保持近 30% 增幅，高于 GDP 增长速度，高于服务业增长速度，占 GDP 的比重由 2.02% 提高到 2.6%。优势文化产业不断壮大，新兴文化业态加快发展，文化产业集中度明显提高，培育出一批骨干文化企业。去年原创动漫作品 49 部，产量位居全国第二。全省已拥有 7 个国家级文化产业示范基地、4 个国家级动漫产业基地。五是文学艺术创作成果丰硕。加强文化人才队伍建设，实施文化精品工程，形成了老中青人才各展所长、优秀文化作品不断涌现的生动局面，成长出一批有全国影响的作家、艺术家，各文艺门类获得国家级大奖总量位居全国前列，一批国际性、全国性品牌文化活动落户江苏。近 3 年共生产电视剧 80 部、2 294 集，每年新创剧本 100 多部、其中 30 多部搬上舞台，昆剧《1699 · 桃花扇》、青春版昆剧《牡丹亭》、现代京剧《飘逸的红纱巾》、舞剧《红河谷》、歌舞音乐剧《茉莉花》、滑稽戏《一二三，齐步走》、电影《南京！南京!》、电视剧《人间正道是沧桑》等一批优秀作品受到广泛好评。

总结我省近几年来推进文化改革发展的实践，有这样几条重要启示：一是必须把文化建设摆在全局工作的突出位置，自觉主动地推动文化改革发展。始终坚持党对文化建设的正确领导，真正把文化建设摆上党委、政府的重要议事日程，纳入全省经济社会发展总体规划、全面建设小康社会目标内涵和科学发展评价考核体系，加强对文化体制改革的指导，从政策上、措施上加大对文化建设的支持力度，形成鲜明的文化发展导向、工作导向和考核导向。二是必须坚持“两手抓、两到位”，促进文化事业文化产业繁荣发展。把政府的责任和面向市场的要求区别开来，一手抓公益性文化事业，一手抓经营性文化产业，公益性文化事业政府投入到位，经营性文化产业转企改制到位，以“两到位”落实“两手抓”，努力实现文化事业和文化产业“两轮驱动、两翼齐飞”。三是必须把中央要求与自身实际相结合,以创新精神推动文化改革发展。按照中央部署,结合江苏实际,深入解放思想,大胆开拓创新,在文化体制改革上积极探索、勇于突破。坚持区别对待、分类指导,根据不同文化单位具体情况制定改革方案和配套政策,及时总结、推广文化改革发展的新鲜经验,努力走出一条具有江苏特点的文化改革发展路子。四是必须正确处理社会效益与经济效益的关系,充分发挥文化的整体功能。深刻认识文化产品既有教育功能又有经济功能、既有意识形态属性又有商品属性,始终把社会效益放在首位,努力实现社会效益和经济效益相统一。正确把握公益性文化事业和经营性文化产业对“两个效益”的不同要求,支持文化企业在坚持正确政治方向的前提下,把经济效益作为实现社会效益的重要形式,努力做到“两个效益”一起抓、双丰收。五是必须调动广大文化工作者的积极性、主动性、创造性,形成推动文化改革发展的强大合力。把激发文化战线的创造活力作为文化体制改革的重要任务,切实加强政策宣传、思想引导、权益保障,使广大文化工作者真心拥护改革、热情参与改革,在改革中施展才华、得到实惠,夯实支持改革的群众基础。坚持在实践中培养、锻炼一支文化改革发展的带头人队伍,形成文化战线勇于改革创新的骨干力量。

近几年来全省文化建设取得的重大进展和成就,为我们进一步推进文化改革发展打下了坚实基础,积累了宝贵经验。同时,我们也要清醒地看到,与推动文化大发展大繁荣的任务和要求相比,我省文化建设上还存在不少矛盾和问题,主要是“四个不相适应”:一是文化产品和服务与人民群众日益增长的精神文化需求还不相适应,基层文化生活仍不够丰富,对低收入群体的文化服务还有待加强;二是文化体制机制与完善社会主义市场经济体制的要求还不相适应,文化体制改革在省级文化单位虽然取得重要进展,但市县一级的改革还没有全面推开,任务还很艰巨;三是文化实力和竞争力与全面建设小康社会的进程还不相适应,文化产业对经济增长的贡献份额还比较小;四是文化人才队伍与发展文化事业、文化产业的需要还不相适应,尤其是文化拔尖人才和优秀文化经营管理人才比较缺乏。加快文化改革发展步伐,仍然是我们面临的紧迫任务。

二　建设文化强省的总体要求和目标任务

胡锦涛总书记在十七大报告中指出:“当今时代,文化越来越成为民族凝聚力和创造力的重要源泉、越来越成为综合国力竞争的重要因素,丰富精神文化生活越来越成为我国人民的热切愿望。”“中华民族伟大复兴必然伴随着中华文化繁荣兴盛。要充分发挥人民在文化建设中的主体作用,调动广大文化工作者的积极性,更加自觉、更加主动地推动文化大发展大繁荣,在中国特色社会主义的伟大实践中进行文化创造,让人民共享文化发展成果。”根据十七大的新要求、江苏发展阶段的新变化和人民群众的新期盼,省委十一届三次全会提出了建设文化强省的目标。我们要从中国特色社会主义事业“四位一体”总体布局和贯彻落实科学发展观的高度,解放思想,开阔视野,加深对建设文化强省、推动文化大发展大繁荣重大意义的认识。

第一,加快建设文化强省,是又好又快推进“两个率先”的重大任务。率先全面建成小康社会、率先基本实现现代化,是中央对江苏发展的明确要求。我们要实现的“两个率先”,是在科学发展道路上的率先,是全面协调可持续发展的率先,既要有发达的经济,也要有繁荣的文化。又好又快推进

“两个率先”,加强文化建设既是重要内容和战略举措,又是精神动力和支撑条件。我们必须更加注重文化建设与经济、政治、社会建设的协调发展,在不断提升经济硬实力的同时,显著提升文化软实力;在实现经济大省向经济强省跨越的同时,实现文化大省向文化强省的跨越。

第二,加快建设文化强省,是适应江苏发展阶段新变化的必然要求。现在,江苏经济社会发展进入了新的阶段,人均GDP已超过5 700美元。国际经验表明,人均GDP 1 000美元以下,居民消费以物质消费为主;人均GDP超过3 000美元,进入文化消费大幅度提升阶段。去年我省居民文教娱乐服务支出占家庭消费支出比重达到14.3%,高于全国4.1个百分点。城乡居民精神文化需求快速增长,全社会文化消费潜能加速释放,既对文化产品和服务供给提出了新的要求,也为发展文化事业和文化产业提供了广阔空间。经过改革开放30年的发展,我省社会财富大幅增长,各级政府财力显著增强,文化建设具备了更为有利的物质条件。我们要顺应江苏发展阶段的新变化和人民群众的新需求,加快文化强省建设,努力使全省人民不仅物质生活更加殷实,而且精神生活更加充实。

第三,加快建设文化强省,是推动发展方式转变的现实需要。在市场经济条件下推动文化大发展大繁荣,发展文化产业是重要途径。文化产业对促进经济发展方式转变、带动产业结构优化升级具有重要作用。文化产业资源消耗低、环境污染少、附加值高、易与新技术对接融合、经济拉动作用明显,是发展前景广阔的“朝阳产业”。历史和国际经验表明,文化产业具有在经济低迷时期反周期调节的特点,物质消费疲软的时候,文化产品往往成为消费热点,经济增长放缓的时候,文化产业往往成为新的增长点。20世纪二三十年代美国经济大萧条时期,几乎所有行业都陷入衰退,但电影、娱乐等文化产业却创造了空前的繁荣,催生了一批像好莱坞、百老汇、迪斯尼和华纳那样的文化企业和品牌;90年代初日本经济泡沫破灭,以动漫产业为代表的文化创意产业异军突起,使日本成为文化产业大国,文化娱乐业收入超过汽车与钢铁业收入总和,动漫产业占据世界市场62%的份额;亚洲金融危机后,韩国确立“文化立国”战略,游戏软件产业4年增长一倍,电影出口6年增长50倍,在亚洲乃至全球掀起影视产品的“韩流”。在这次国际金融危机中,我国文化产业也显示出逆势而上的发展态势,今年1—5月份全国文化产业增幅达17%,电影票房同比增长40.3%。江苏文化资源极为丰富,发展文化产业有着巨大潜力。我们要敏锐地把握住国际金融危机中蕴含的重要机遇,把大力发展文化产业作为保增长的着力点,作为调整经济结构、转变发展方式的重要举措,使文化产业成为我省经济一个大的新增长点。

第四,加快建设文化强省,是顺应文化发展新趋势的战略选择。当今时代,文化与经济彼此渗透、相互促进的态势日益明显,城市的品位和辐射力、商品的品牌和附加值、企业的效益和竞争力,都有赖于文化含量的提高,文化生产力成为社会生产力的重要方面。据中国社科院调查,美国、英国、日本的创意文化产业增加值分别占到GDP的25%、17%、16%。文化与科技的融合日益紧密,特别是文化与数字技术、信息技术相结合,催生了新兴文化业态,使文化产业具有更高成长性和爆发力,带来了文化生产力的新飞跃。深圳华强文化科技集团利用自身的技术优势,将创意与科技联姻,开发出的环幕立体电影等文化产品,在国际市场深受欢迎,出口到美国、加拿大、意大利等40

多个国家和地区,同时在国内多个地方投资兴建第四代主题公园,向国外出口主题公园创意和技术,使中国成为继美国之后的第二个大型主题公园出口国。最近我们刚刚考察过的上海盛大网络公司,总收入已连续13个季度快速增长,今年一季度实现净利润3.61亿元,公司总市值已突破40亿美元。文化促进社会建设的作用日益突出,文明和谐的社会环境、健康向上的人文环境、廉洁高效的政务环境等,都与文化建设密切相关,先进文化在和谐社会建设中发挥着春风化雨、润物无声的效果。这些新趋势,既为我们实现文化产业的跨越发展带来了机会,也使我们面临着与发达国家及地区文化发展差距进一步拉大的危险。我们要以更加强烈的紧迫感,切实加快文化强省建设步伐,抢占发展先机,融入时代潮流。

总之,江苏文化建设已站在新起点、进入新阶段。加快建设文化强省、推动文化大发展大繁荣,符合科学发展观的要求,符合时代进步的潮流,符合江苏发展的实际。今后一个时期,建设文化强省的总要求和总目标是:高举中国特色社会主义伟大旗帜,坚持以邓小平理论和"三个代表"重要思想为指导,深入贯彻落实科学发展观,以发展社会主义先进文化为核心,以加强社会主义核心价值体系建设为主线,以满足人民群众精神文化需求为导向,坚持文化事业和文化产业"两手抓",坚持政府投入和文化体制改革"两到位",坚持公益性文化事业和经营性文化产业"两分开",坚持促进繁荣与加强管理"两结合",全面推进文化体制改革,进一步解放和发展文化生产力,努力建设"文化事业强、文化产业强、文化人才队伍强"、文化综合实力位居全国前列的文化强省。

文化事业强,主要标志是建成城乡全覆盖、功能更完善、服务上水平的公共文化服务体系,公共文化产品的生产供给能力显著增强,人民群众基本文化权益得到有效保障。文化产业强,主要标志是文化产业成为全省经济的支柱产业,形成以公有制为主体、多种所有制共同发展的文化产业格局,文化产业的规模、效益和竞争力位居全国前列。文化人才队伍强,主要标志是拥有一批知名度高、影响力大、德艺双馨的文化拔尖人才和领军人才,造就一批懂文化、会经营的文化企业家,形成一支阵容强大、结构合理、富有创造活力的文化工作者队伍。

今后三年,加快建设文化强省的工作重点是抓好"五个一批":实施一批重大公共文化服务工程,培育一批综合实力强、竞争力强、带动力强的骨干文化企业,建设一批集聚度高、特色鲜明的文化产业基地,培养、引进一批在国内外有影响的文化拔尖人才和领军人才,打造和推出一批受群众和市场欢迎的文化品牌和精品力作。到2010年,全省经营性文化事业单位转企改制到位,公益性文化事业单位内部机制改革到位,实现文化体制改革从"盆景"走向"百花园",从"试验田"走向大面积"丰收田";到2012年,建成比较完善的公共文化服务体系,文化产业增加值占GDP的比重达到5%以上。

三 全面推进文化体制改革

改革是解放和发展文化生产力、建设文化强省的动力与源泉。实践证明,早改革早主动、晚改革就被动、不改革没出路,哪里有改革哪里就有新局面。今年5月,李长春同志在江苏视察工作时,对我省文化体制改革取得的成绩和经验给予充分肯定,要求我们把现有的好典型好经验在全省范围内推开。我们要认真落实中央领导同志的重要指示精神,全面推进文化体制改革,解放思想,抓住机遇,乘势而上,推动文化体制改革由点到面、由省级向市县全面展开。

1. 全面推进国有经营性文化单位转企

改制,着力重塑文化市场主体。掌握大量文化资源的国有文化单位游离于市场之外,没有成为合格的市场主体,是当前制约文化大发展的主要因素。全省各级各地要把加快国有经营性文化单位转企改制,作为文化体制改革的中心环节,下决心让列入改制范围的国有经营性文化单位走向市场。今年底要完成所有出版、制片发行放映单位的转企改制,明年底要完成省辖市和县(市、区)一般文艺院团的转企改制。要抓好党报党刊发行体制和广播电视节目制播分离改革,将媒体广告、印刷、发行、传输网络及影视剧等节目制作,从事业体制中剥离出来,实行企业化管理,进行市场运作,为主业服务。在转企改制过程中,要按照建立现代企业制度的要求,完善法人治理结构,健全企业财务制度和劳动制度,建立规范的资产经营责任制。转企改制要坚持一次到位,切实做到"真转、真改",使改革不可逆转。要搞好"三项改革":推进干部人事制度改革,做到只讲岗位、不讲级别,能上能下、岗变薪变;推进劳动用工制度改革,实行"老人老办法、新人新办法",从制度上解决人员能进能出的问题;推进分配制度改革,坚持"效率优先、兼顾公平",建立起现代企业分配制度。

2. 积极推进投资主体多元化,加快形成以公有制为主体、多种所有制共同发展的文化产业格局。"一枝独放不是春,万紫千红春满园"。激发文化企业的发展活力,壮大文化产业的整体实力,必须引入市场竞争机制,推动文化投资主体多元化。要着眼于发挥国有文化资本在文化市场中的主导作用,积极探索文化领域公有制多种有效实现形式,加快国有文化企业公司制、股份制改造,积极引进战略投资者,吸引社会资本合作发展文化产业,使国有文化资本不仅在总量上明显占优,而且在质量上显著提高、控制力上显著增强。要调动和保护民营企业投资文化产业的积极性,鼓励民营资本在政策许可范围内以多种形式参与国有经营性文化单位改制改组,支持有条件的民营文化企业做强做大,成为江苏文化产业发展的新亮点。要有序引导外资进入文化产业领域,完善管理办法,提高利用外资的质量和水平。

3. 深化公益性文化事业单位内部改革,提高服务群众的能力和水平。推动公益性文化单位加快转换内部机制,切实解决服务效率不高、资源闲置浪费等突出问题,是文化体制改革的重要内容。要贯彻"增加投入、转换机制、增强活力、改善服务"的方针,着力推进公益性文化单位内部劳动人事、收入分配和社会保障制度改革,引进竞争和激励机制,全面推行全员聘用、岗位管理和绩效工资制度,进一步激发内在活力。今年年底前,全省所有公益性文化单位都要完成岗位设置管理制度的改革。公益性文化单位是公共文化服务的骨干力量,要通过深化内部改革,创新运行机制,为人民群众提供更多更好的公共文化服务。

4. 加快培育现代文化市场体系,充分发挥市场机制的作用。文化市场在文化资源优化配置中发挥着基础性作用。要进一步打破条块分割、地区分割、城乡分割的格局,加快构建统一、开放、竞争、有序的现代文化市场体系。以大中城市为重点,加强文化产品市场和文化生产要素市场建设,形成一批主导作用强、辐射能力强的中心市场和区域专业市场。培育和规范以网络为载体的新兴文化市场,积极建设和开拓农村文化市场。加快发展现代文化流通组织形式,建立健全文化市场中介机构和行业组织,提高文化产品和服务供给的市场化、专业化、便利化程度。加强文化市场监管,维护市场秩序,各级组建文化市场综合执法机构,实行统一执法,营造公平竞争、健康有序的文化市场环境。

5. *加快转变政府职能，完善文化管理体制*。要适应文化改革发展对转变政府职能提出的新要求，继续推进政事分开、政企分开、政资分开、政府与市场中介组织分开，推动文化行政管理部门由办文化为主向管文化为主转变，由管微观向管宏观转变，由主要面向直属单位向面向全社会转变，更好地履行政策调节、市场监管、社会管理和公共服务的职能。合理调整市县文化行政管理机构和文化事业单位设置，今年全省广电系统要全面实现局台分开、广播电台与电视台合并。要稳妥推进省辖市文化、广电、出版“三局合一”，县(市、区)文化、广电“两局合一”。要按照权利、义务和责任相统一，管资产和管人、管事相结合的要求，加强对国有文化资产的监督管理，确保国有资产合理有序流动和保值增值。

文化体制改革是一项复杂而艰巨的工作。各级党委政府必须把握正确的指导原则和科学的方法步骤，既要坚定不移地加快步伐，在改革的任务落实上有“时间表”，又要按照“区别对待、分类指导、有序推进”的要求，在改革的方法步骤上有“路线图”。各级都要明确改革的重点任务，省要着力推动省级文化产业集团改革创新、做强做大，加快建设一批重点文化产业集聚区。各市县要全面推开国有经营性文化单位转企改制，加快文化行政管理体制改革，进一步完善基层公共文化服务体系。原有文化综合改革试点市，要在全面推进改革上先行一步，其他地区要在抓紧试点基础上尽快跟上先行地区的改革步伐。各地各部门都要树立全省“一盘棋”思想，自觉服从全省推进文化体制改革和文化资源整合的统一部署。

四　进一步提高公益性文化事业发展水平

发展公益性文化事业，根本任务是构建覆盖全社会的公共文化服务体系，为人民群众提供基本的公共文化服务，保障人民群众的基本文化权益。要适应全面建设更高水平小康社会的新要求，坚持把公益性文化事业作为社会事业发展的重点，继续完善公共文化服务体系，进一步扩大覆盖范围、健全服务功能、提高服务水平。

1. *强化政府主导责任，确保财政投入到位*。公益性文化事业政府投入到位，是我省文化建设的一条重要经验。要坚持以政府为主导、以公共财政为支撑的原则，继续加大各级政府对公益性文化事业的投入，建立财政投入增长机制，做到“两个高于”：财政文化事业支出增幅高于一般预算支出增幅，“十一五”时期文化事业投入占财政支出比重高于“十五”时期。重点增加对经济欠发达地区的文化投入、对直接面向基层公共文化活动的经费投入，加强对低收入群体的文化服务。要把加大投入力度与改进投入方式结合起来，逐步增加项目投入、激励性投入和政府购买文化服务的比重，切实提高财政资金使用效益。

2. *完善公共文化设施，扩大公共文化服务网络覆盖范围*。按照公益性、基本性、均等性、便利性原则，进一步把公共文化设施建设的重点放到基层和欠发达地区，优先安排涉及群众切身利益的建设项目，切实提高基层公共文化服务能力。对县乡村三级“两馆一站一室”文化设施要进行查漏补缺，继续支持苏北欠发达地区规划建设一批综合性、多功能、具有地方特色的公共文化设施。坚持把社区文化中心建设纳入城市建设规划，把乡村基层文化设施建设纳入新农村建设规划，今后各地在调整行政区划、重新规划村镇、新建和改造居民小区时，都要做好公共文化设施的配套工作，加强各类公共文化服务网点建设，加快推进省市重点文化设施建设，进一步形成覆盖城乡、结构合理、功能健全、实用高效的公共文化设施网络。

3. *深入实施文化惠民工程，让广大群众更多地分享到文化发展成果。*满足最广大人民群众的基本文化需求，是发展文化事业的根本出发点和落脚点。要加大文化惠民力度，使全省人民特别是低收入群众得到更便利的基本公共文化服务和更好的基本文化权益保障。进一步扩大向社会免费开放公共文化设施的范围，争取在全国先行一步普遍免费开放公共美术馆、科技馆、图书馆等，完善免费开放经费保障机制。推动城市公共文化服务向农村延伸，继续实施“农家书屋”工程，开展“送书、送戏、送电影”下乡活动，提高有线电视“村村通”入户率。政府购买文化产品提供给基层群众、以补贴方式支持文化单位开展公益性文化活动，既是对文化事业投入方式的改革创新，也是实施文化惠民工程的有效办法，要积极运用，务求实效，形成长效机制。

4. *创新公共文化服务方式，增强公共文化服务的活力。*广泛运用现代科技和经济调节手段，提高公共文化资源的利用效率。加快建设数字电视多媒体网络、网上图书馆、网上博物馆、网上剧院，积极推进文化信息资源共享工程。采取政府招标等方式，在重要公共文化产品提供、重大公共文化项目建设和公益性文化活动承办中引入竞争机制，提高公共文化服务质量。鼓励社会力量兴办和捐助公益性文化事业，支持人民群众共建共享公共文化设施，增加公共文化产品和服务的供给总量。积极探索建立文化遗产保护利用新机制，促进优秀传统文化与现代文明交相辉映。

五　大力发展文化产业

发展文化产业，根本任务是满足人民群众多方面、多层次、多样性的精神文化需求。江苏文化实力和竞争力还不够强，突出反映在文化产业发展不充分。我们要抢抓当前有利时机，把发展文化产业作为建设文化强省的战略举措和重要抓手，重点发展文化创意、影视制作、出版发行、印刷复制、广告、演艺、娱乐、文化会展、数字内容和动漫等9大门类，使文化产业尽快成为江苏的支柱产业。

1. *做大做强骨干文化企业。*文化资源配置不合理，企业规模不大实力不强，是制约我省文化产业发展的突出问题。我们要把培育、壮大骨干文化企业作为推动文化产业发展的重中之重，以大企业支撑大产业，以大项目带动大发展。坚持以市场为导向，以资本为纽带，加大资源整合力度，鼓励有条件的文化企业跨地区、跨行业、跨所有制并购重组，支持凤凰出版传媒集团、省演艺集团、省广电网络公司等重点文化企业通过上市融资、跨地区跨行业整合资源，实现低成本扩张，加速做大做强，打造一批“航母型”的大型骨干文化企业。要鼓励和支持骨干文化企业大胆“走出去”，融入国际文化产业链，提高文化产品附加值，增强江苏文化产业的国际竞争力。

2. *加快发展新兴文化业态。*新兴文化业态是文化与现代科技结合的最新产物，是文化产业中最具发展潜力的部分。要加快构建有利于科技与文化紧密结合的体制机制，大力推动科技与文化的融合，积极运用高新技术提升文化创作、生产和传播方式，促进数字广播、数字电视、数字出版、文化博览、动漫影视、网络游戏、手机报等业态快速发展，着力提高新兴文化业态在文化产业中的比重。要增强自主创新能力，努力掌握一批具有自主知识产权的核心技术，为新兴文化业态的发展提供技术支撑。文化产业本质上是创意产业。要积极鼓励各类文化创意活动，促进文化产业与江苏丰富的历史文化资源相交融，与教育、体育、旅游、休闲等产业相嫁接，与科技创新、工业设计、城市建设等活动相结合，激发新的文化创意，催生新的文化业态。

3. 加强文化产业集聚区建设。制造产业发展需要集聚效应，文化产业发展同样需要集聚效应。要借鉴开发园区建设的经验，把文化产业集聚区作为文化产业发展的重要载体，加强产业规划和政策引导，促进文化生产要素和相关文化企业集聚发展，提高文化产业规模化、集约化、专业化发展水平。要统筹规划、合理布局文化产业园区，重点发展高科技文化创意产业园区，积极建设地方特色文化产业园区，着力打造专业化文化生产基地，加快培育富有活力、形态多样的文化产业集群。文化产业园区要注重错位发展、差别竞争，注意防止低水平重复建设。省里将选择一批有条件的文化产业园区，参照高新技术园区的扶持政策和管理办法进行重点培育，建成引领全省文化产业发展的示范基地。

六　加强和改进对文化建设的领导

全面推进文化体制改革，加快文化强省建设，是省委省政府作出的重大决策。各级党委政府要充分认识加强文化建设的重要性和紧迫性，围绕文化强省建设的战略目标，加强组织领导，制定具体规划，明确任务要求，全力兴起文化建设的新高潮。

*第一，把文化建设放在全局工作中更加突出的位置。*文化建设面临的新形势和新任务，迫切需要我们加强和改善党对文化工作的领导，提高领导文化建设的能力和水平。各级党委政府要建立健全文化建设的领导体制和工作机制，切实加强对文化改革发展的研究和指导，进一步丰富、充实全面建设小康社会奋斗目标的文化内涵，把文化建设纳入党委和政府的重要议事日程，纳入经济社会发展总体规划，纳入科学发展考核评价体系，真正使提高文化软实力变成推动科学发展的硬任务。需要强调的是，文化体制改革涉及面广、政策性强，各级党政主要领导要亲自抓、亲自管。当前，全国各地都更加重视加强文化建设，文化改革发展上的区域竞争态势日益凸显。尽管江苏文化底蕴深厚，但这种文化资源优势并不会自然而然地成为现实的文化发展优势。地区间文化实力和竞争力的此消彼长，很大程度上取决于领导者的眼光、谋略和能力。各级领导干部要树立新的文化发展理念，增强文化建设的紧迫感和责任感，学习文化方面知识，研究文化发展规律，拓宽文化建设思路，努力做到懂文化、会管文化，把握文化建设的发展方向，推动文化体制机制创新，管好文化领域干部和人才队伍建设，促进文化事业和文化产业的发展繁荣。

*第二，加强文化人才队伍建设。*人才资源是第一资源，优秀文化人才是先进文化的生产者、传播者，是建设文化强省的骨干力量。要坚持党管人才原则，把培养人才作为文化建设的第一战略，以优秀文化人才促进文化艺术繁荣、推动文化产业发展、提升江苏文化的影响力。要坚持尊重劳动，尊重知识，尊重人才，尊重创造，认真贯彻“双百”方针，鼓励探索，支持创新，包容失败，努力营造有利于优秀人才脱颖而出的良好环境。要完善文化人才培养机制，深入实施“五个一批”文化人才培养计划，增加文化人才在“333人才工程”、“高层次创新创业人才引进计划”中的比例。积极发展不同层次文化艺术教育，拓宽人才培养渠道，努力造就一支高素质的文化工作者队伍，为文化发展提供有力的人才保障。要加大文化领域各类人才培养力度，尤其是要把培养和引进拔尖人才、领军人才作为文化人才队伍建设的突出任务，制定专门计划，采取激励政策，在文化领域造就一批扎根江苏、影响全国的拔尖人才和领军人才。文化生产是复杂的创造

性劳动,文化产业的核心在于创意,新的文化创意要变成文化项目、形成文化产业,要靠具有文化经营管理能力的人来运作。文化创意人才少、复合型文化经营管理人才少,是我省文化产业发展的重要制约因素之一。要采取更加有效的政策措施,加紧培养和引进一批具有创新思维、专业素养较高、擅长内容策划的文化创意人才,一批懂文化、会经营、具有国际眼光、熟悉市场运作的文化经营管理人才。要建立科学的文化人才评价、激励机制,引导文化工作者面向群众、走向市场,创作更多受群众欢迎的优秀文艺作品,生产更多具有市场竞争力的优秀文化产品。省委、省政府决定设立"紫金文化奖",表彰、奖励有突出贡献的优秀文化人才。

第三,落实和完善文化改革发展的各项扶持政策。认真落实中央关于支持文化改革发展的一系列政策措施,用足用好其他领域与文化相关的各项优惠政策,着重抓好国办发〔2008〕114号文件和省委省政府有关配套政策的落实。根据全面推进文化体制改革、加快发展文化产业的要求,及时制定出台新的配套扶持政策,对转企改制的文化事业单位,原财政拨款基数不减。要把文化产业纳入财政资金重点支持的范围,把重大产业项目建设纳入当前扩大内需的总体安排,对骨干文化企业做强做大给予专项支持。加强投融资、技术研发、市场交易、信息服务等文化产业公共服务平台建设。建立文化产业发展基金、创业投资基金、风险投资基金,引导金融机构加大对文化企业的信贷支持,形成多元化的文化产业投融资服务体系。省委省政府决定,省级设立初始规模20亿元的文化产业发展基金,对重大文化项目、重点文化企业发展给予扶持,市县也要加大对文化产业发展的支持力度。要制定促进文化事业、文化产业繁荣发展的地方性法规,建立健全文化知识产权保护机制。

第四,努力形成齐抓共管的文化建设新格局。加快建设文化强省是全省上下的共同责任,要按照"党委统一领导、政府组织实施、宣传部门协调指导、文化行政主管部门具体落实、各相关部门密切配合"的要求,各方联动,齐抓共管,形成合力。现在,文化改革发展的目标要求都很明确,关键在于落实。各地要把正在开展的深入学习实践科学发展观活动作为加快文化改革发展的强大动力,建立健全抓落实的工作机制,对文化建设的各项任务实行目标化管理、项目化推进、责任化考核,一项一项地落实到位、抓出成效。各级宣传文化部门要切实承担起责任,相关部门要积极参与和支持,为顺利推进文化强省建设提供有力保障。

同志们,全面推进文化体制改革,加快建设文化强省,目标催人奋进,任务十分艰巨。让我们紧密团结在以胡锦涛同志为总书记的党中央周围,高举中国特色社会主义伟大旗帜,坚持以邓小平理论和"三个代表"重要思想为指导,深入贯彻落实科学发展观,解放思想,改革创新,求真务实,努力推动社会主义文化大发展大繁荣,开创江苏文化建设的新局面!

梁保华在全国"双百"、省"双50"人物和第二届全国及省道德模范代表座谈会上的讲话

(2009年9月27日)

同志们:

再过三天,我们就要迎来伟大祖国60周年华诞。今天,我们在这里召开全国"双百"、江苏省"双50"人物和第二届全国及江苏省道德模范代表座谈会。首先,我代表省

委、省政府,向当选的“双百”、“双50”人物和道德模范表示热烈祝贺!向模范先进人物的亲属表示亲切问候!向为新中国创立、建设和改革发展作出贡献的英雄模范人物致以崇高的敬意!

江苏人杰地灵,不仅人文荟萃,而且英雄辈出。在我国革命、建设、改革的各个历史时期,江苏涌现出一大批感天动地、可歌可泣的英雄模范人物,他们是时代的先锋、社会的楷模、学习的榜样、江苏的骄傲。这次评选出的“双百”、“双50”人物和道德模范,就是他们中的杰出代表,有为新中国成立作出贡献和牺牲的革命先辈先烈,有为社会主义现代化建设作出贡献的模范先进人物。刚才,几位同志的发言,语言朴实,感情真挚,体现了先进模范人物的崇高精神和优秀品质,表达了对祖国和人民的无限忠诚、对理想信念的执著追求、对建设美好江苏的坚定信心,令人感动,催人奋进。

开展“双百”、“双50”人物和道德模范评选,是新中国成立60周年庆祝活动的重要内容,是一次群众性爱国主义教育的成功实践。这次评选活动的最大特点,就是坚持面向基层,组织群众广泛参与,使评选活动成为群众自我学习、自我教育、自我提高的过程。据统计,全省有1 135万人参加了全国“双百”、全省“双50”人物投票评选,有720万人参加了道德模范投票评选。这次评选活动的最大成效,就是坚持推荐评选与宣传教育相结合,英雄模范的先进事迹得到全面展示,英雄模范的崇高精神得到广泛传播,在全社会唱响了共产党好、社会主义好、改革开放好、伟大祖国好、各族人民好的时代主旋律。实践证明,这次评选活动是开展群众性爱国主义教育活动的一个新平台,是社会主义核心价值体系建设的一个新载体,是先进典型学习宣传的一个新创举。

这次评选出的“双百”、“双50”人物和道德模范,虽然身处不同年代、不同环境、不同岗位,但他们身上所体现出来的崇高精神,在本质上是一致的,这就是:忠于祖国、热爱人民的根本立场,追求真理、坚持理想的坚定信念,艰苦奋斗、敢于胜利的英雄气概,锐意进取、开拓创新的优秀品格,淡泊名利、无私奉献的高尚情操。这是以爱国主义为核心的民族精神和以改革创新为核心的时代精神的重要组成部分,是建设社会主义核心价值体系的丰厚精神资源,是全社会应当倍加珍惜的宝贵精神财富。

伟大的事业呼唤崇高的精神。在推进“两个率先”、建设美好江苏的伟大实践中,特别需要用模范先进人物的崇高精神来凝聚力量,激励人民群众团结奋斗。要深入挖掘模范先进人物承载的精神内涵,大力弘扬模范先进人物的崇高精神和优秀品格,使爱国奉献成为时代风尚和社会主流,让创业创新创优在江苏蔚然成风,进一步巩固全省人民为实现“两个率先”共同奋斗的思想基础。要广泛开展学习模范先进人物活动,在全省形成崇尚英模、学习先进的浓厚氛围。全省广大干部群众要以模范先进人物为榜样,学习他们勇于献身、乐于奉献的精神,艰苦奋斗、开拓创新的精神,并转化为继续解放思想、坚持改革开放、推动科学发展、促进社会和谐的实际行动,转化为战胜各种困难和挑战、又好又快推进“两个率先”、建设美好江苏的强大动力。

尊重和关爱模范先进人物,是社会文明程度的重要体现,是全社会的共同责任。各级党委和政府要多从政治上、工作上、生活上关心先进模范人物及其亲属,为他们的工作、学习创造良好条件,帮助他们解除后顾之忧,把党和政府的关怀送到他们每个人的心坎上。希望在座的模范先进人物继续发扬好传统好作风,戒骄戒躁、再接再厉,努力为党和人民事业作出新的更大贡献。

省委书记梁保华对做好全省宣传思想工作的批示

（2010年1月28日）

过去一年，全省宣传思想战线认真贯彻落实中央和省委的决策部署，按照“高举旗帜、围绕大局、服务人民、改革创新”总要求，做了大量富有成效的工作。以保增长保民生保稳定为重大主题的宣传富有感召力，庆祝建国60周年的系列活动产生了重大影响，科学发展观宣传教育深入推进，文化体制改革全面展开，文化事业和文化产业加快发展，舆论引导能力有新的提高。省委充分肯定去年全省宣传思想文化工作取得的新成绩。

新的一年，希望全省宣传思想战线认真学习贯彻党的十七届四中全会和省委十一届七次全会精神，以邓小平理论和“三个代表”重要思想为指导，深入贯彻落实科学发展观，坚持“三贴近”、唱响主旋律，在推动经济社会又好又快发展、加快经济转型升级、保持和改善民生的宣传方面有新举措；在推进学习型党组织建设、提高理论武装水平上取得新成效；在加强社会主义核心价值体系建设、开展群众性精神文明创建活动上取得新成绩；在深化文化体制改革、加快发展文化产业方面取得新突破；在加强干部队伍建设、提高舆论引导能力方面继续取得新进步。各级党委要切实加强和改进对宣传思想文化工作的领导，把握方向，及时指导，政策支持，条件保障，不断提高宣传思想文化工作科学化水平，为推动科学发展、建设美好江苏提供强大精神动力、思想保证和舆论支持。

杨新力在全省宣传部长会议上的讲话

（2009年2月18日）

同志们：

我们这次会议，主要是传达学习全国宣传部长会议精神，回顾、总结去年工作，安排、部署今年任务。省委对宣传思想文化工作十分重视，省委常委会专题听取汇报，梁保华书记在重要讲话中，充分肯定2008年全省宣传思想文化工作，对做好今年工作提出明确要求，给全省宣传思想文化战线的同志以极大鼓舞和鞭策。我们要认真学习领会、很好贯彻落实。按照中央精神和省委要求，下面，我讲四点意见。

一　团结奋进，全省宣传思想文化工作成效显著

刚刚过去的2008年，是极不寻常、极不平凡的一年。面对历史罕见的重大挑战和考验，在省委坚强领导下，全省宣传思想文化战线认真学习贯彻党的十七大、十七届三中全会精神和省委十一届四次、五次全会决策部署，围绕中心、服务大局，把握导向、突出重点，迎难而上、开拓创新，在关键时刻发挥重要作用，为全局工作提供了有力思想、舆论支持。理论武装扎实推进，学习实践科学发展观宣传教育形成热潮，重大理论和现实问题研究贴近实际，马克思主义大众化工作推动党的理论创新成果走近百姓，中国特色社会主义旗帜、道路、理论体系更加深入人心。主流舆论保持强势，各级各类媒体重大主题、重大成就、重大典型宣传浓墨重彩，社会热点、突发事件、网上舆论引导平稳有效，舆论监督把好关把好度，正面宣传影响不断扩大。思想道德建设深化拓展，干部群众在重大活动中受到思想教育，各类创建活动相得益彰，人们关心的一些实际问题正在逐步解决，社会主义核心价值体系得到弘扬。文化体制改革稳步深入，公共文化服务体系框架基本形成，主要文化集团实力增强，新兴文化业态有所发展，精神文化产品创作生产质量与数量同步提升。年初确定的各项任务圆满完成，一些工作在整体推进中重点突破，可圈可点，形成亮点，影响广泛。

1. 省直宣传文化系统学习实践科学发展观活动扎实深入。紧扣省委确定的“推动科学发展、建设美好江苏”主题，联系工作实际，学习突出解放思想，实践突出改革创新，对照中央和省委要求找差距、对照百姓期待找差距、对照先进典型找差距，以敢想推动思想解放，以敢干深化改革创新，以会干增强发展本领，以实干转变工作作风，取得一批新的认识成果、实践成果和制度成果，提高了宣传思想文化战线整体素质和服务科学发展、加快自身发展的能力水平。

2. 文化建设指标纳入全省科学发展考评体系。省委省政府主要领导亲自推动，贯彻中国特色社会主义事业“四位一体”总体布局要求，在全国率先把包含文化产业在内的现代服务业增加值占 GDP 比重、万人拥有公共文化体育设施面积、有线电视入户率和互联网宽带接入用户普及率等指标纳入科学发展考核评价体系，进一步强化文化建设重要地位，对推进文化强省建设、全面建成更高水平小康社会产生直接而深远影响。

3. 重要宣传战役组织有力有序有效。围绕省委省政府重大决策部署和重大事件、重大活动，精心组织宣传报道，掌握话语权，赢得主动权。学习实践科学发展观活动宣传氛围浓厚，抗击雨雪冰冻灾害和支援抗震救灾宣传导向鲜明，奥运火炬传递和“两个奥运”宣传热烈有序，应对国际金融危机、促进经济平稳较快发展宣传积极主动，体现“导向正确、及时准确、公开透明、有序开放、有效管理”原则，发挥了服务中心、稳定大局、鼓舞人心、推动发展的重要作用。

4. 公共文化设施免费开放目标提前实现。省委省政府把免费开放作为学习实践活动中为民所办的 10 件实事之一，梁保华书记三次审定名单，罗志军省长提出落实要求，有关部门出台配套政策。全省 174 家公共博物馆、纪念馆和重点爱国主义教育基地免费开放一步到位，比中央要求的两年时间大大提前。开放场馆数量多、门类广、效果好，有效拓展公益性文化机构社会价值，使更多群众共享文化发展成果，体现江苏特色，反映江苏水平，在全国创造了经验。

5. 改革开放 30 周年纪念活动社会反响强烈。配合省委纪念大会，周密策划系列宣传教育活动。理论研讨会、文艺晚会和大型图片展等重点活动，全面回顾展示江苏改革开放 30 年波澜壮阔的历史进程、巨大成就和成功经验，进一步深化人们对改革开放的认识，坚定了走中国特色社会主义道路的信心和决心。《建设美好江苏》大型图片展史料全、规模大、形式新，参观人数达到 51.3 万，受到社会各界普遍好评。

6. 精神文明创建成果在实践中得到检验。以新一轮全国文明城市评选为契机，带动创建活动向纵深发展。苏州、南通、南京 3 市成为全国文明城市，张家港顺利通过复查，扬州、无锡、常州入选全国先进城市，文明城市总数居全国之首。首届全国未成年人思想道德建设工作评比表彰，江苏获先进城市、先进单位和先进工作者数量居全国首位。这反映了江苏公民素质和城乡文明程度的提高，从一个侧面体现了江苏协调发展、全面进步的整体水平。

7. 主要文化集团改革发展迈出新步伐。省属文化集团坚持走创新发展之路，深化内部改革，加大资源整合，拓展新兴业态，综合实力增强。新华日报报业集团积极打造报业发展新平台,构建发展新格局,手机报用户突破127万,淮安印务基地建成结束苏北看不到当天《新华日报》的历史。省广电集团抓发展、抓管理,投资15亿、设施一流的广电城竣工使用,江苏卫视收视率位居全国省级电视台第二,全年收入稳步增长。凤凰出版传媒集团大力推进跨地区发展,创造条件上市融资,成功实现资产、销售双超百亿。省演艺集团继续深化改革,注重优秀作品创作,注重服务基层,全年演出首次突破5 000场大关,经营收入增长27%。省广电网络公司完成13个省辖市网络整合,实现全程全网、互联互通,成为全国规模最大、用户最多的独立网。主要文化集团取得的成效,充分说明改革发展是建设文化强省的必由之路。

8. *品牌文化活动有效提升江苏文化影响力*。立足江苏、面向全国,打造重大文化活动,品牌集聚效应不断放大。第31届世界戏剧节、第五届中国曲艺牡丹奖颁奖、中国百家金陵画展、文化下乡惠民、高雅艺术进校园以及南京世界历史文化名城博览会、常州国际动漫艺术周、无锡吴文化节等活动形式多样、精彩纷呈,展示"文化江苏"良好形象,丰富人民群众精神文化生活,促进了文艺创作生产和文化市场活跃。

总的看,在复杂多变的情况下,宣传思想文化工作继续保持积极健康向上的良好态势,取得新发展新进步,向省委和全省人民交上了一份合格答卷。梁保华书记在不同场合,多次肯定宣传思想文化工作。我们的工作之所以能够取得这样的成绩,原因很多,概括起来主要有四条。

第一,中央和省委的领导、指导。李长春、刘云山等中央领导同志先后7次作出重要批示,对我省宣传思想文化工作的一些好做法给予肯定,要求宣传推广,希望继续创造好的经验。梁保华书记多次到宣传文化系统视察,研究解决重大问题,直接指导重要宣传战役。罗志军省长专门到宣传文化系统调查研究,帮助解决发展中遇到的实际问题。领导的关心支持是我们做好工作的强大动力。

第二,"两个率先"成就的有力支撑。全省经济、政治、文化、社会建设和生态文明建设取得显著成就,地区生产总值突破3万亿元,人均GDP超过5 700美元,人民生活水平有新提高,各项社会事业取得新进步,综合实力上新台阶,为宣传思想文化工作提供了丰富宣传资源。

第三,社会各界的参与支持。各地各部门对宣传思想文化工作高度重视,纳入整体规划,摆上重要位置,动员群众广泛参与,有部署、有要求、有检查,形成大家关心大家做的生动局面。

第四,宣传思想文化战线的艰苦努力。广大宣传思想文化工作者以高度的政治责任感对待工作,中央驻苏新闻单位给予大力支持,大家顾全大局,团结协作,不怕困难,敢打硬仗,聚精会神抓宣传,千方百计促发展,理直气壮抓管理,表现出良好职业道德和精神风貌。

在充分肯定成绩的同时,必须清醒看到工作中存在的薄弱环节,主要包括:如何进一步巩固和深化学习实践活动成果,建立宣传思想文化工作科学发展长效机制;如何进一步增强理论工作针对性、实效性,使党的创新理论成果更加深入人心;如何进一步建立健全应对突发事件快速反应机制,及时有效引导社会舆论;如何进一步整合资源、优化配置,做大做强文化产业等。对这些问题,要高度重视、认真研究并切实加以解决。

二　提高认识,增强做好宣传思想文化工作紧迫感

今年是新中国成立60周年,也是应对

国际国内环境重大挑战、又好又快推进江苏“两个率先”的关键一年。胡锦涛总书记对宣传思想文化工作作出一系列重要指示。李长春、刘云山同志在全国宣传部长会议上,充分肯定成绩,系统总结经验,深入分析形势,全面部署任务。梁保华书记在省委常委会听取宣传思想文化工作汇报时,强调要认真贯彻落实中央精神和省委要求,围绕保增长促发展,以改革创新精神扎实做好今年工作。对中央精神和省委要求学习领会全不全面、准不准确、深不深刻,直接关系到宣传思想文化工作成效。学习好才能宣传好,认识到位才能工作到位。这里,我着重强调五点。

1. *对保增长促发展首要任务的认识一定要到位*。目前,国际金融危机还在蔓延,不确定因素和潜在风险仍在增加。应对危机、战胜困难,重要的是保持经济平稳较快发展,切实把保增长促发展、保民生促和谐各项任务落到实处。这就要求我们,深入宣传国内国际经济形势的变化,深入宣传党和政府重大决策部署,深入宣传各地各部门应对挑战、破解难题的新思路新举措,引导干部群众充分看到危机中存在商机、挑战中蕴藏机遇、困难与希望同在,充分看到保增长促发展是当前贯彻落实科学发展观的最大实际,是解决一切问题的基础,自觉统一“三个认识”、不断增强“三个信心”,全力落实“三大措施”,危中求进、危中求新、危中求稳,奋力夺取经济社会发展新胜利。全力以赴为保增长促发展加油鼓劲,宣传思想文化战线不能含糊、不能懈怠。

2. *对建设社会主义核心价值体系的认识一定要到位*。伴随经济体制深刻变革、社会结构深刻变动、利益格局深刻调整,社会思想多元多样多变趋势更加明显。主动适应思想文化领域新变化,不断增强社会主义意识形态吸引力凝聚力,重要的是把建设社会主义核心价值体系作为基础工程、灵魂工程,积极探索引领社会思潮的有效途径,继续扩大基层思想政治工作覆盖面,在多元多样中立主导、在交流交融中谋共识、在变化变动中一以贯之,巩固干部群众团结奋斗的共同思想基础。这就要求我们,必须把社会主义核心价值体系贯穿到国民教育和精神文明建设全过程,贯穿到宣传思想文化工作各方面,融入到人们日常工作生活中,坚持不懈用马克思主义中国化最新成果武装党员、教育群众,用“两个率先”共同目标凝聚力量,用创业创新创优精神鼓舞斗志,用社会主义荣辱观引领风尚,做到见人见物见精神,努力提升道德风尚、增强精神力量、建设精神家园。大力推进社会主义核心价值体系建设,宣传思想文化战线不能含糊、不能懈怠。

3. *对意识形态工作复杂性、艰巨性的认识一定要到位*。在国内国际环境复杂多变的情况下,各种思想文化交流交融交锋日趋频繁,意识形态领域渗透与反渗透的斗争日趋尖锐,思想理论领域噪音杂音时有出现。做好新形势下意识形态工作,重要的是要深刻认识意识形态领域斗争的长期性、尖锐性和复杂性,在集中力量进行现代化建设的同时,一刻也不能放松意识形态工作,及时掌握思想理论动向和社会舆情动态,发现倾向性、苗头性问题,积极探索做好工作的有效途径与方法。这就要求我们,必须把中国特色社会主义理论体系作为根本指针,始终保持清醒政治头脑,不断增强政治敏锐性和政治鉴别力,在重大原则问题上旗帜鲜明、立场坚定、把握平稳。要按照中央和省委确定的方针,对思想理论领域的问题注意方法、讲究策略、及时处置,对根本原则问题和一般性思想认识问题、学术问题要辩证分析、区别对待、妥善应对,努力维护改革发展稳定大局。牢牢掌握意识形态工作主动权,宣传思想文化战线不能含糊、不能懈怠。

4. 对抓住机遇发展文化事业产业的认识一定要到位。当今综合国力竞争的一个显著特点，就是文化在经济社会发展中的地位和作用愈加凸显，经济较量中的文化因素日益突出。特别是面对全球经济危机，越来越多的国家把发展文化产业、提高文化软实力作为重要发展战略。经济形势新变化和人民群众新需求，为文化繁荣发展提供重要机遇，改革开放30年成功实践为文化繁荣发展创造有利条件。抓住机遇发展文化事业产业，重要的是要依托江苏的经济基础和人文资源，以满足人民群众精神文化需求为目的，以深化文化体制改革和文化创新为动力，推动文化大省向文化强省跨越。这就要求我们，必须把文化建设纳入经济社会发展全局，树立和落实新的文化发展理念，整合优质资源，做大做强文化产业，不断提高文化产业在国民经济中的比重，不断完善覆盖城乡的公共文化服务体系，不断推出体现时代精神和江苏特色的精品力作，努力满足人民群众多层次多样性精神文化需求。加快建设文化强省，宣传思想文化战线不能含糊、不能懈怠。

5. 对宣传思想文化工作规律的认识一定要到位。把握规律是为提高工作水平，总结经验才能揭示工作规律。这些年来，在经济社会发展重大关头，宣传思想文化工作经受考验，取得很好效果，重要的是始终把中国特色社会主义理论体系作为主心骨，把服从服务党和国家工作大局作为根本职责，把坚持正确导向摆在突出位置，把以人为本作为重要原则，把改革创新作为动力源泉，把加强管理作为重要保障。这就要求我们，必须着眼国际国内两个大局的联系互动，着眼江苏全面建设更高水平小康社会新的伟大实践，把握全局性、战略性趋势，探索前瞻性、普遍性规律，以更加开放的视野总结运用实践中创造的新鲜经验，焕发创造激情，增强工作本领，努力推动宣传思想文化工作科学发展不动摇，改革创新不停步，少走弯路不折腾。把握规律、提高水平、增强能力，宣传思想文化战线不能含糊、不能懈怠。

三　抓住重点，扎实做好今年宣传思想文化工作

2009年全省宣传思想文化工作总的思路是，按照胡锦涛总书记“高举旗帜、围绕大局、服务人民、改革创新”总要求，全面贯彻中央精神和省委决策部署，以邓小平理论和“三个代表”重要思想为指导，深入贯彻落实科学发展观，解放思想、实事求是、与时俱进，贴近实际、贴近生活、贴近群众，着力推动经济社会平稳较快发展，着力建设社会主义核心价值体系，着力加快文化强省建设，着力提高舆论引导能力，为江苏走在科学发展前列、继续当好改革开放排头兵、战胜国际金融危机带来的困难与挑战提供强大思想文化保证。全年工作中要注意以下几点：

——把握“一个基调”，就是要团结鼓劲、积极进取，高扬主流思想舆论，高奏团结奋进凯歌，始终唱响昂扬向上主旋律。

——服务“两保两促”，就是要满腔热情、尽心尽力，为保增长促发展、保民生促和谐营造氛围、凝聚共识、增添动力。

——维护“三个大局”，就是要清醒坚定、统筹兼顾，维护经济发展大局、深化改革大局、社会稳定大局，全面推进更高水平小康社会建设。

——注重“四个结合”，就是要讲究艺术、注重方法，把解放思想与统一思想结合起来、增强忧患意识与坚定信心结合起来、坚持正面宣传与疏导公众情绪结合起来、促进改革发展稳定与推动文化大发展大繁荣结合起来，既把好关又把好度。

今年宣传思想文化工作任务很重、事情很多，要着重做好以下六个方面工作：

1. 深入宣传普及中国特色社会主义理论体系，增强贯彻落实科学发展观自觉性、坚定性。中国特色社会主义理论体系是党和国家事业的行动指南，也是迎接挑战、战胜困难、落实“两保两促”的强大思想武器。要把深入学习宣传中国特色社会主义理论体系作为宣传思想文化工作第一位任务，以科学发展观为重要内容，以县处级以上领导干部为重点对象，以党委中心组为重要载体，在掌握体系、把握精髓上下功夫，在指导实践、推动工作上取得新成效。一是突出抓好科学发展观宣传教育。总结借鉴试点工作成功经验，配合全省第二批、第三批学习实践活动，做好宣传教育工作。举办县处级以上领导干部“奋力走在科学发展前列”学习交流会，编写《科学发展观学习百题》，组织千名理论工作者到基层宣讲，引导干部群众深入掌握科学发展观的科学内涵、精神实质和根本要求，深刻认识克服金融危机影响、实现又好又快发展归根到底要走科学发展之路。落实中办17号文件和省委实施意见，进一步加强、改进党委(党组)中心组学习，适时召开经验交流会。二是积极推动当代中国马克思主义大众化。拓展载体，创新形式，深入浅出解读理论、讲解政策。继续开展农村党员冬训、基层党校轮训，加强江苏讲坛学堂建设，促进党的理论创新成果进企业、进农村、进社区、进学校。三是深入研究江苏发展中的重大理论和实际问题。征集出版《江苏发展研究文库》，编撰《江苏社科发展报告》，制定《江苏哲学社会科学强省建设实施纲要》，开展省第十一届优秀社科成果评奖工作，办好第四届社科学术大会，促进哲学社会科学繁荣发展。

2. 提高舆论引导能力，为保持经济社会平稳较快发展营造良好氛围。战胜国际金融危机带来的困难与挑战，需要强有力的舆论支持。要把提高舆论引导能力放在突出位置，加大力度、改进方式，不断增强主流舆论的权威性、公信力和影响力。一是精心组织“两保两促”重大决策部署宣传。大力宣传中央关于扩内需、保增长、调结构、抓改革、惠民生、促稳定的总体要求，宣传省委确定的保增长促发展、推进改革开放、保障改善民生方面的系列政策措施，认真做好具体政策宣传解读工作，帮助干部群众加深对当前经济形势和重大决策部署的理解和把握。二是广泛开展成就宣传和典型宣传。大力宣传我省经济社会保持平稳较快发展良好态势，宣传各地各部门立足实际、发挥优势、应对挑战的经验和做法，宣传通过自主创新提高竞争能力的成功典型，宣传我省农村改革发展的进展、成效，增强干部工作信心、企业家投资信心和群众消费信心。三是切实加强社会热点引导。有针对性设置议题，有效引导就业、农民工返乡、房地产、股市、社会保障等热点问题，把公众情绪引导到健康理性轨道上来。积极用网、科学管网、依法治网，推动形成网上正面舆论强势。四是完善突发公共事件新闻报道应急工作机制。落实中办、国办《突发公共事件新闻报道应急办法》和我省相关文件精神，加快筹建江苏省新闻应急协调中心，建立健全县级以上新闻发布制度，一季度完成集中培训，确保及时准确、公开透明发布权威信息，做到重大问题不缺位、关键时刻不失语。

3. 大力弘扬社会主义核心价值体系，不断深化思想道德建设和精神文明创建。社会主义核心价值体系，是精神文明建设的根本。要采取多种形式、用好各种载体，深化群众性教育实践活动，使社会主义核心价值体系为人们普遍认同、自觉遵守。一是扎实推进思想道德建设。深入宣传普及社会主义核心价值体系，大力培育、彰显民族精神、时代精神和新时期江苏精神。组织评选第二届全国、全省道德模范，把评选过程作为践行核心价值、提高公民素质的过程。深化“我们的节日”主题活动，创新优秀民俗文化和革命传统教育方式。强力净化社会文化环境，拓展社会实践基地，开展未成年人心理健康教育服务，促进青少年健康成长。二是着力提升群众性文明创建水平。以实施“新时期江苏人文明素质提升工程”和“千村万户文明示范工程”为重点，注重提高素质、利民惠民、完善机制，充分发挥文明城市创建引领作用，推进各类创建互动发展。发布“公民文明素质指数”、“行业文明服务公众满意度指数”，巩固文明创建成果，努力在全国文明城市公共文明指数测评和先进城市抽查中再创佳绩。深入开展“城乡结对、文明共建”等活动，形成城乡一体文明新优势。三是加强改进基层思想政治工作。在发挥大众传媒宣传引导作用的同时，注意发挥基层党组织作用，以返乡农民工、困难企业职工和大学毕业生为重点对象，开展面对面的思想政治工作，积极排忧解难、释疑解惑，多做得人心暖人心稳人心的实事，在解决实际问题过程中解决思想问题、维护社会稳定。

4. 精心组织庆祝新中国成立60周年宣传活动，激励全省人民积极投身建设美好江苏伟大实践。庆祝新中国成立60周年，是全党全国人民政治生活中的一件大事。我省将举行庆祝大会、成就展、群众歌会、文艺汇演、走访慰问等系列活动。要按照中央和省委统一部署，精心策划，精心实施，唱响共产党好、社会主义好、改革开放好、伟大祖国好的时代主旋律。一是抓好重点活动。抓紧做好重点活动筹备工作，制定周密计划，明确时序进度，争取办出特色、办出影响。把省里举行的活动与各地活动结合起来，把统一组织活动与基层开展活动结合起来，吸引干部群众广泛参与，激发爱国热情，增强民族自豪感。二是突出思想内涵。深入挖掘宣传教育资源，充分宣传展示我国我省60年来的光辉历程、伟大成就、成功经验，深入进行革命历史和革命传统教育、爱国主义教育、社会主义信念教育和改革开放教育，动员全省干部群众在新的历史起点上再创辉煌。三是注重实际效果。统筹国庆宣传、经济宣传与重大活动宣传，突出主题，增强实效。严格宣传纪律，涉及建国以来重大事件和重要人物的评价，必须符合中央有关决定和文件精神，切实防止否定、歪曲党的历史、共和国历史、改革开放的错误倾向。注意厉行节约，做到既隆重热烈又务实节俭。

5. 加快文化体制改革步伐，全面推进文化强省建设。建设文化强省，是全面建设更高水平小康社会的内在需要，是宣传思想文化战线的重大任务。要抓住当前难得机遇，加快改革发展步伐，落实文化事业强、文化产业强、文化人才队伍强的要求。一是筹备召开文化强省建设工作会议。省委已经决定，今年适当时候召开专门会议，对推进文化强省建设作出全面部署。要精心做好会议筹备工作，研究、分析我省文化发展现状，制定文化强省建设实施纲要，提出加快文化产业发展的具体规划。二是继续促进文化事业发展。坚持以精神产品创作生产为中心，以完善公共文化服务体系为重点，努力保障人民群众基本文化权益。深入实施精品带动战略，抓好庆祝新中国成立60周年重点文艺作品创作生产，组织全国第十一届、省第七届精神文明建设“五个一工程”推荐申报和评选表彰，办好“中国江苏国际文化艺术周”、中国百家金陵画展（国画）等品牌文化活动。加大文化惠民工程实施力度，推进省美术馆新馆、南京博物院二期和江苏大剧院等重点文化工程建设，进一步完善公共文化设施免费开放长效机制。三是着力做大做强文化产业。坚持深化改革,整合资源,充分发挥省属文化集团龙头骨干作用,通过兼并重组,增强规模效应。凤凰出版传媒集团要在出版社转企改制、继续进军资本市场、跨地区兼并重组上下功夫,省广电网络公司要在县级广电网络整合、数字电视整转、增值业务拓展上下功夫,省演艺集团要在深化内部改革、加快布局调整、多出优秀作品和服务基层上下功夫,省广电集团要在推进制播分离、拓展内容产业上下功夫,新华日报报业集团要在探索改革传统发行模式、发展新媒体业务上下功夫。抓紧筹建江苏影视传媒集团,完成中国江苏网股份有限公司组建工作。按照国办发〔2008〕114号文件要求,健全国有文化资产管理,完善文化产业统计口径办法,发挥文化产业引导资金作用,探索设立省级文化产业投资基金和奖励资金。有条件的地方要加快文化产业集聚区建设,提高文化产业对国民经济的贡献率。今年,中央将对文化体制改革进行督查,各地各部门要按照确定的"时间表"、"路线图",坚定推进改革。

6. *加强改进对外宣传工作,树立江苏良好国际形象。*随着经济国际化程度不断加深,江苏与世界的联系越来越紧密。要适应对外开放环境新变化,坚持从应对国际金融危机、推动江苏开放型经济转型升级实际出发,整合外宣资源、改进外宣方式,构建大外宣格局。一是加强对外新闻宣传。以我省在境外主办重要国际经贸活动为载体,把外宣工作做到江苏企业"走出去"前沿。继续推进采访线工程建设,抓住苏州新加坡工业园区成立15周年、太湖文化论坛、世界佛教论坛等契机,组织"江苏记者海外行"、"境外媒体江苏行"等活动,展示江苏发展成就和特色,报道国外好做法、好经验。二是实施江苏文化"走出去"工程。加强对外文化交流活动组织策划,引入商业运作机制,推出具有江苏特色、中国气派、深受国外欢迎的文化产品。积极参与国家对外文化交流计划,组织赴比利时参加中国艺术节,扩大苏版图书等文化产品的海外营销,进一步树立江苏文化形象、扩大江苏文化影响。三是增强国际传播能力。研究制定我省国际传播能力建设实施方案,建立健全省市媒体与友城媒体互动采访报道机制,提高对外报道原创率、首发率、落地率。筹办《扬子晚报》英文版,办好中国江苏网英文频道,实施江苏广电国际频道澳洲覆盖计划,扩大金陵之声电台与中国国际广播电台合作范围,开办中英文《江苏新闻》,打造有特色外宣品牌。

四　求真务实,努力提高宣传思想文化工作水平

大政方针已定,目标任务十分明确。在错综复杂的形势下,能否抓好贯彻落实,是对宣传思想文化战线的重大考验。中央和省委对宣传思想文化工作高度重视、十分关心,学习实践活动中形成的认识、实践和制度成果效应正在显现,宣传思想文化系统干部想干事、干大事、干成事的积极性日益高涨。我们要按照梁保华书记在省级机关作风建设大会上提出的要求,以坚定清醒的政治自觉、奋发有为的精神状态、务实高效的工作作风,全力保障今年宣传思想文化工作任务落到实处。

1. *切实增强政治意识、大局意识、责任意识、服务意识。*宣传思想文化工作担负着宣传群众、动员群众、教育群众、提高群众的重大责任,在全党工作中具有特殊重要的地位和作用。政治意识、大局意识、责任意识、服务意识,是对宣传思想文化战线的基本要求,任何时候都不能掉以轻心,任何时候都不能放松要求。我们要带着使命做工作,在大局下思考、在大局下谋划、在大局下行动,紧紧围绕"两保两促",集成资源、集中力量、集聚优势,积极帮忙不添乱,加油鼓劲不

泄气。我们要带着感情做工作,始终把以人为本作为重要原则,维护群众利益,贴近基层需求,特别是面对国际金融危机带来的严重困难,对基层、对企业、对重点群体,要多一些理解、多一些关心、多一些支持、多一些帮助。我们要带着责任做工作,按照谁主管谁负责和属地管理原则,做好自己的事情,管好自己的阵地,带好自己的队伍,绝不给错误、低俗的东西提供阵地和渠道。

2. *高度重视学政策、要政策、用政策、用好政策。*政策是导向、是杠杆、是保障,是贯彻落实中央和省委重大决策部署的基本手段。宣传政策、解读政策是我们宣传思想文化战线的重要任务、工作强项。但是,相对于地方和经济部门,我们在争取政策、运用政策推动自身科学发展方面,意识还不够强、办法还不够多,比较习惯于直接要钱要物。钱物再多也是有限的,用一点就会少一点。政策是最大的资源,蕴藏着巨大的效益,有着促进发展的强大功能。近年来,中央和省相继出台一系列深化文化体制改革的政策措施。这些政策措施,涉及经营性文化事业单位转企改制、扶持文化产业发展、构建公共文化服务体系、鼓励文化产品和服务出口、扶持非公有资本进入文化产业、加强国有文化资产管理等,涵盖宣传思想文化领域方方面面。全省宣传思想文化战线要很好地向地方和经济部门学习,善于研究政策、争取政策,用政策破解体制机制难题,用政策推动繁荣发展,用政策提升管理水平,用政策推进人才队伍建设。特别是要抢抓应对金融危机给宣传思想文化工作带来的发展机遇,充分发挥政策的引导作用、激励作用,使政策转化为创新举措、转化为实际项目、转化为文化生产力。

3. *努力做到敢想、敢干、会干、实干。*敢想、敢干、会干、实干是省直宣传思想文化系统在学习实践试点活动中形成的普遍共识,是贯彻落实中央精神和省委要求应有的工作态度和精神状态。敢想讲的是工作思路,就是要深入贯彻落实科学发展观,遵循“四个清醒、四个不为”鲜明导向,在纵比与横比上审视自我,在改革创新中突破自我,在目标定位上超越自我。敢干讲的是工作胆识,就是要积极带头“三创”,以敢为天下先的气魄,以“冒”的勇气、“闯”的劲头,服务科学发展、推动自身发展。过去做过的事情,要想办法做得更好,过去没有做过的事情,要积极尝试着去做。会干讲的是工作方法,就是要统筹兼顾,在文化建设目标上处理好远与近的关系、道德建设标准上处理好高与低的关系、精神文明建设上处理好虚与实的关系、思想教育效果上处理好知与行的关系。实干讲的是工作作风,就是要重实干、重实效,多做打基础、管长远的事,多做人民群众得实惠的事,坚决防止表面看起来热热闹闹、轰轰烈烈,实际落不到基层、落不到群众、见不到实效的现象,真正把工作抓实、抓细、抓具体。

同志们,严峻的挑战考验着我们,美好江苏的前景召唤着我们。让我们高举中国特色社会主义伟大旗帜,紧密团结在以胡锦涛同志为总书记的党中央周围,在省委坚强领导下,全力做好今年宣传思想文化工作,为把江苏明天建设得更加美好作出新的贡献,以优异成绩迎接新中国成立60周年!

报刊文录

●中央报刊文章●

努力推动社会主义文化大发展大繁荣

中共江苏省委书记　梁保华

兴起社会主义文化建设新高潮，推动社会主义文化大发展大繁荣，是党的十七大提出的战略任务。近几年来，江苏在科学发展观指引下，紧密结合省情实际，积极探索实践，加快文化体制改革，大力发展文化事业和文化产业，努力开创文化建设的新局面。

一　深刻认识发展社会主义文化的重要性、紧迫性，把文化建设摆在全局工作的突出位置

文化建设是中国特色社会主义事业总体布局的重要组成部分，在全面建设小康社会、推进社会主义现代化建设进程中，具有全局性、战略性的地位和作用。党的十六大以来，中央对文化体制改革和发展提出了一系列新的论述，作出了新的部署。我们认真贯彻落实中央关于文化建设的决策部署，坚持以科学发展观统领文化建设，解放思想、与时俱进，统一认识、加强领导，牢牢把握先进文化的前进方向，适应社会主义市场经济发展的要求，积极推进文化体制机制创新，解放和发展文化生产力，推动文化事业和文化产业又好又快发展。

一是落实全面建设小康社会的新要求，更加自觉地加强文化建设。加强文化建设、明显提高全民族文明素质，是实现全面建设小康社会奋斗目标的新要求。中央殷切期望江苏率先全面建成小康社会，率先基本实现现代化。这“两个率先”，是在科学发展道路上的率先，是全面协调可持续发展的率先，既要有发达的经济，也要有繁荣的文化，既要有经济的硬实力，也要有文化的软实力。省委把建设文化强省作为推动科学发展、促进社会和谐的重大任务，对文化建设作出了全面部署，把文化建设纳入全省经济社会发展总体规划，把“文化更加繁荣”、“人民具有更高文明素质”纳入全面建设小康社会目标内涵，把多项文化发展指标纳入科学发展评价考核体系，明确了文化建设的发展导向、工作导向和考核导向，推动文化建设与经济、政治、社会建设协调发展。

二是根据发展阶段的新变化，更大力度推进文化体制改革和发展。江苏经济社会发展已经进入新的阶段，去年人均GDP达到5 700美元以上。这一发展阶段，是经济社会结构转型的关键时期，人们的精神文化需求快速增长，文化消费比重明显上升。多年来，我们在文化建设上取得了很大成绩，但是文化产品和文化服务与人民群众日益增长的精神文化需求还不相适应，文化体制机制与完善社会主义市场经济体制的要求还不相适应，文化发展水平与全面建设小康社会的进程还不相适应。加快文化体制改革和发展，努力提供更多更好的文化产品和文化服务，丰富社会文化生活，是人民群众的新期待,是发展新阶段的紧迫任务。省委认真分析文化建设的现状和差距,组织力量深入调查研究,制定了"十一五"文化发展规划,开展文化体制改革试点,在贯彻好中央文化政策的基础上,提出了我省加快文化事业和文化产业发展的 9 个方面 43 条政策措施,把加强文化建设的要求落实到具体工作中。

*三是围绕转变发展方式的新任务,更加充分发挥文化产业在经济社会发展中的重要作用。*加快转变发展方式,推动产业优化升级,是促进经济社会又好又快发展的关键环节。随着文化与经济的日益交融,文化与产业的结合更加紧密,文化产业资源消耗低、环境污染少、附加值高,是具有广阔发展前景的"朝阳产业"。江苏文化底蕴深厚、文化资源丰富,发展文化产业潜力大。省委提出,要把文化资源优势转化为产业发展优势,把文化产业培育成为江苏的支柱产业,并确立了发展目标,明确了发展重点,规划建设十大文化产业项目,加快文化产业基地和特色产业集群建设,培育文化骨干企业和文化市场,努力实现文化产业增长速度高于全省 GDP 和服务业增幅,使文化产业成为新的经济增长点。

*四是把握文化发展的新趋势,更加注重提高文化的创造力和影响力。*当今时代,文化与经济彼此渗透、相互促进的态势日益明显,文化生产力成为社会生产力的重要方面;文化与科技的融合日益紧密,带来了文化生产力新的飞跃;文化促进社会建设的作用日益突出,先进文化在和谐社会建设中发挥着春风化雨、润物无声的效果。适应文化发展的新趋势,我们积极更新文化发展理念,不断推进文化体制机制创新、内容形式创新、文化业态创新、传播手段和运作模式创新,提高文化的创造力和影响力,为推动科学发展、促进社会和谐提供精神动力和文化支撑。

在推进文化建设的实践中,我们把中央精神与江苏实际结合起来,积极探索具有江苏特点的文化发展新路子。坚持文化事业和文化产业"两手抓",努力实现文化事业与文化产业协调发展;坚持政府投入与体制改革"两到位",繁荣文化事业政府投入到位,发展文化产业体制改革到位;坚持公益性文化事业与经营性文化产业"两分开",促进社会效益和经济效益相统一;坚持促进繁荣与加强管理"两结合",以科学规范的管理促进文化发展繁荣。

二 充分发挥政府主导作用,大力发展公益性文化事业

保障人民基本文化权益,是文化建设的重要任务,是以人为本、执政为民的具体体现。江苏把公益性文化事业作为社会事业发展的重点,坚持以政府为主导,以公共财政为支撑,以公益性文化事业单位为骨干,以基层为重点,加快构建覆盖城乡的公共文化服务体系,不断提高公共文化服务的能力和水平,让人民群众共享文化发展的成果。

大力发展公益性文化事业,关键是政府投入到位。近几年来,全省大幅度增加对公益性文化事业投入,做到"两个高于":财政文化事业支出增幅高于一般预算支出增幅,文化事业投入占财政支出比重高于"十五"时期。我省先后建成了南京图书馆新馆、南京奥体中心、南京博物馆新馆、省美术馆新馆、江苏广电城等一批省级重点文化设施,"十一五"以来全省财政用于文化建设的投入达到 248 亿元。省财政还设立专项资金,资助基层文化设施项目建设,支持农村发展公共文化事业,扶持公益性文化单位,购买公共文化产品,为城乡基层和低收入群体提供文化服务。各级财政加大投入力度,加强基层文化阵地建设,把社区文化中心建设纳入城市建设规划,把农村基层文化设施建设

纳入新农村建设规划，建设了一批综合性、多功能、有特色的公共文化设施。目前，全省实现了市有三馆（博物馆、文化馆、图书馆），县有两馆（文化馆、图书馆），乡有综合文化站，社区有文化中心，村有文化室，形成覆盖城乡、结构合理、功能健全、实用高效的公共文化设施体系。

满足人民群众的精神文化需求，是发展文化事业的根本出发点和落脚点。省委省政府积极推进文化惠民工程，引导公益性文化事业单位面向基层、面向群众、面向社会，着力提高公共文化产品供给能力，着力解决人民群众最关心、最直接、最现实的基本文化权益问题。实行公共文化设施免费向公众开放，全省174家博物馆、纪念馆和爱国主义教育基地免费开放以来，去年参观人数达到5 100万人次，是免费开放前的4倍，不仅得到了人民群众的拥护，而且带动了旅游业的发展。推动城市公共文化服务向农村延伸，积极开展“送书、送戏、送电影”下乡活动，近三年共送书195.6万册，送戏8 159场，送电影34.3万场。推进农家书香工程，建成农家书屋9 341个。在实现广播电视“村村通”的基础上，全省进一步实现了有线电视、宽带网村村通。

充分调动广大文化工作者的积极性、主动性，创造更多的优秀文化作品，是文化事业繁荣兴旺的重要标志。我们坚持为人民服务、为社会主义服务的方向和百花齐放、百家争鸣的方针，弘扬主旋律，提倡多样化，大力发展先进文化，支持健康有益文化。建立有利于多出精品、多出人才的激励机制，省级财政用于扶持和奖励文化精品的专项资金去年达到3 500万元，设立了“紫金文化奖章”，表彰、奖励有突出贡献的优秀文化人才。鼓励广大文化工作者贴近实际、贴近生活、贴近群众，创作更多反映现实生活、群众喜闻乐见的优秀作品，奉献给社会、奉献给人民。近3年全省生产电视剧80部、2 294集，每年新创剧本100多部，其中30部新剧目搬上舞台，昆剧《1699·桃花扇》、现代京剧《飘逸的红纱巾》、舞剧《红河谷》、歌舞音乐剧《茉莉花》、滑稽戏《一二三，齐步走》、电影《南京！南京!》、电视剧《人间正道是沧桑》等一批作品受到了广泛好评。

三　积极推进文化体制改革，又好又快发展文化产业

深化文化体制改革，大力推进文化创新，是繁荣文化的必由之路。实践证明，早改革早主动，晚改革就被动，不改革没出路。我们围绕“出活力、出人才、出效益、出成果”，坚持区别对待、分类指导、先行试点、逐步推开，加快推进文化体制改革，破除妨碍文化发展的思想观念，革除制约文化发展的体制弊端，解决影响文化发展的突出问题，努力构建富有生机与活力的文化管理体制和运行机制。

*一是加快国有经营性文化单位转企改制，着力重塑文化市场主体。*我们把国有经营性文化事业单位转企改制，作为文化体制改革的中心环节，大力培育自主经营的文化市场主体，先后组建了广电、出版、报业、演艺、文化产业、广电网络6个省级文化企业集团。2004年，省演艺集团所属11个院团一次性整体转企改制，实行全员身份置换，按照建立现代企业制度的要求，完善法人治理结构，改革内部用人机制、分配机制，充分调动了演职人员的积极性、创造性。各院团坚持“两为”方针，以演出为中心，从单纯追求“获奖”转为面向观众、走向市场，一批优秀作品受到群众欢迎，一批青年演员脱颖而出，艺术生产力、创造力得到前所未有的提升。4年来，集团营业收入增长11.4倍，演出场次增长3倍，资产增长10倍，人均收入增长3倍，实现了经济效益与社会效益“双丰收”，京剧、昆曲等传统艺术也在改革中得

到了更好的保护、传承和发展。新华日报报业集团、省广电集团在坚持正确舆论导向的前提下，整合内部资源，转变经营方式，把广告、印刷、发行、传输网络部分，以及影视剧等节目制作与销售部门，从事业体制中剥离出来，实行企业化管理，进行市场运作，为主业服务。在省级文化单位试点取得成效的基础上，在全省6个省辖市和90家文化单位扩大改革试点。

*二是加大资源整合力度，做大做强骨干文化企业。*文化资源配置不合理，企业规模不大实力不强，是制约文化产业发展的突出问题。我们按照“创新体制、转换机制、面向市场、壮大实力”的要求，充分发挥市场配置资源的基础性作用，鼓励有条件的文化企业跨地区、跨行业、跨所有制联合重组，支持企业上市融资，实现低成本扩张，做大做强文化企业，以骨干企业的发展推动文化产业的壮大。凤凰出版传媒集团借助市场机制，不仅整合了省内发行网络，而且跨省兼并发行机构，开设中心书店，目前拥有省内外销售网点1 721个，核心产品销往全国28个省市区。还与国外出版机构合资合作，近三年版权输出年均增长47%。去年凤凰出版传媒集团实现销售、资产“双过百亿”，是目前国内同行业规模最大、资本最多的出版集团。省广电网络公司以资本为纽带，实行市场运作与行政推动相结合，整合了全省各地有线电视网络资源，公司注册资本达到68亿元，覆盖有线电视用户709万户，成为目前全国有线电视用户最多的广电网络运营商。公司充分发挥整体优势，加快全省数字电视整转步伐，大力发展互动电视，积极拓展新的业务领域，呈现出良好的发展势头。

*三是大力发展新兴文化产业，加快建设文化产业集聚区。*用高新技术创新文化生产方式，培育新的文化业态，打造特色文化产业群，是文化产业发展的新趋势新途径。我们依托江苏的科教人才优势，积极发展新兴业态、新兴媒体、新兴产业，推动文化创意、文化博览、动漫游戏、数字出版、数字传输等文化业态快速发展，去年全省原创动漫作品49部，产量居全国第二，《新华日报》的手机报开办不到一年，用户已突破140万。加强规划引导和政策支持，突出抓好7个国家级文化产业示范基地、4个国家级动漫产业基地和省级文化产业基地建设，提高文化产业规模化、集约化、专业化发展水平。

*四是加强文化产业投融资平台建设，推动投资主体多元化。*设立省级文化产业发展基金，初始规模20亿元，对重大文化项目、重点文化企业发展给予扶持。积极探索文化领域公有制多种有效实现形式，省级文化产业集团积极引进战略投资者，凤凰出版传媒集团、省广电集团、新华日报报业集团都以多种形式引进社会投资，不仅壮大了自身实力，而且增强了国有文化资本的影响力和带动力。在充分发挥国有资本主导作用的同时，鼓励和支持非公有资本以多种形式进入政策许可的文化产业领域，调动全社会力量积极参与文化建设，促进文化市场主体和投入主体多元化。民营文化企业蓬勃发展，全省现有民营影视制作机构155家，民营文艺院团数量超过450家，民营博物馆近60家，初步形成以公有制为主体、多种所有制共同发展的文化产业格局。

*五是加快转变政府职能，创新文化管理方式。*按照政企分开、政事分开、事企分开的要求，积极推进文化管理体制创新，推动文化行政管理部门从办文化为主向管文化为主转变，主要通过制定文化发展规划、强化公共服务职能、完善文化产业政策、规范文化市场监管等方式，营造更加有利于文化发展繁荣的政策环境、法制环境、社会环境。探索调整市县文化行政管理机构，在具备条件的市县推行文化、广电、新闻出版“三局合

一”,试行文化综合行政执法,进一步提高管理效能。推动公益性文化单位深化内部劳动人事、收入分配和社会保障制度改革,增强内在动力,提高服务水平。

改革创新激发了江苏文化发展的生机和活力。全省文化产业呈现快速发展的好势头,增加值连续3年保持近30%的增幅,去年超过800亿元。文化企业发展活力明显增强,文化市场更加繁荣,优秀文化作品日益增多,社会文化生活不断丰富。广大文化工作者积极支持改革,热情参与改革,在改革发展中施展了才华、得到了实惠,人民群众共享了文化建设的成果。所有这些,都为深化文化体制改革、促进文化发展繁荣,打下了坚实的思想基础、人才基础和社会基础。

四　加快建设文化强省,推动社会主义文化大发展大繁荣

江苏的文化发展站在新的起点,面临新的机遇。我们要加强和改善党对文化工作的领导,进一步提高领导文化建设的能力和水平,把握文化体制改革与发展的主动权,以发展社会主义先进文化为核心,以满足人民的精神文化需求为导向,以深化文化体制改革为动力,进一步解放思想、坚定信心,抓住机遇、乘势而上,推动文化体制改革从“盆景”走向“百花园”、从“试验田”走向大面积“丰收田”,努力把江苏建成文化事业强、文化产业强、文化人才队伍强的文化强省。

实现文化事业强。强化政府公共服务职能,加大财政投入力度,进一步加强文化设施建设、基层文化建设、经济薄弱地区文化建设,支持优秀精神产品生产。坚持公益性、基本性、均等性、便利性原则,完善公共文化服务体系,扩大文化事业覆盖面,提高公共文化产品供给能力和公共文化服务水平。

实现文化产业强。重点抓好深化改革、文化创新和产业集聚,以大改革促进大发展大繁荣。在全省范围推进国有经营性文化单位转企改制,培育一批综合实力强、竞争力强、带动力强的骨干文化企业,壮大一批发展起点高、技术含量高、产品附加值高的特色文化产业群,打造一批具有较大影响力的文化品牌,大幅度提高文化产业在全省经济中的比重和地位。

实现文化人才队伍强。坚持党管人才原则,建立完善有利于激发文化工作者积极性和创造性的长效机制,着力培养文化领域的领军人才、专业人才和经营管理人才,加快培养优秀年轻人才,在改革创新中发现人才、引进人才、锻炼人才,形成人尽其才、人才辈出的生动局面。

经济的快速发展必将伴随文化的繁荣兴盛,文化建设的新高潮正在到来。我们要以邓小平理论和“三个代表”重要思想为指导,深入贯彻落实科学发展观,坚持社会主义先进文化前进方向,激发全社会文化创造活力,全面提升江苏文化综合实力,促进文化事业与文化产业共同发展,优秀传统文化与现代文明交相辉映,努力实现社会主义文化大发展大繁荣!

(原载6月10日《人民日报》)

奋斗的六十年　辉煌的六十年
——社会主义在江苏的成功实践与历史启示

中共江苏省委宣传部

新中国成立60年来,江苏人民在中国共产党领导下,团结奋斗,艰苦创业,改革创新,开拓进取,积极探索社会主义现代化建设道路,取得了令人瞩目的辉煌成就。中国特色社会主义事业在江苏全面进步、欣欣向荣,一个繁荣昌盛、幸福和谐的社会主义新江苏呈现在中华大地上。

60年来,江苏人民在党的领导下,走出了一条符合江苏实际、具有江苏特色的发展之路。

*以改革开放为动力,走大力发展社会生产力之路。*改革开放前30年,由于建设经验不足和“左”的错误,生产力发展受到干扰,走了一些弯路。但江苏的干部群众发展生产的热情一直不减,工农业生产仍然取得了巨大成就,社会主义建设事业在克服各种干扰中曲折发展。十一届三中全会以后,在改革开放的推动下,江苏人民发展生产力的积极性和创造性得到充分发挥,各级党委政府充分尊重人民群众的首创精神,积极鼓励和引导乡镇企业健康发展,乡镇企业异军突起,全省经济发展实现由农业经济向工业化迈进的历史性转变。上世纪90年代以来,江苏抓住经济全球化的发展机遇,通过兴办苏州工业园区等各类开发区,吸引国际先进生产要素在江苏集聚,推进国有企业改革,放手发展民营经济,全省经济发展实现“由内到外”、所有制结构由“单一到多元”的历史性转变。进入新世纪,特别是党的十六大以来,江苏深入贯彻落实科学发展观的要求,加快转变发展方式,大力发展先进制造业、现代服务业和高新技术产业,全省经济正在经历“由大到强”的历史转变。2008年国际金融危机爆发以后,江苏经济显示出“抗跌性”强的特点和优势,2009年前5个月工业增加值同比增长11.7%,高于全国5.4个百分点,呈现出“好于全国、好于东部沿海、好于预期”的基本特征。

*以富民优先为导向,走区域、城乡共同富裕之路。*早在20世纪70年代发展“社队企业”时期,江苏就十分重视“以工补农”。改革开放以来,随着城市化进程的加快,江苏十分重视“以城带乡”,实现城乡一体化发展。在1994年省第九次党代会上,江苏省委提出了区域共同发展战略。江苏组织全省力量,从交通基础设施建设、南北挂钩协作、扶贫攻坚、建设“海上苏东”、徐淮连经济带建设等方面,加大对苏中、苏北发展的支持,使曾经是江苏发展“洼地”的苏中、苏北地区,近年来的主要经济发展指标增幅超过全省和苏南平均水平,成为全省经济稳定健康发展的重要增长极。在实践中,江苏探索出了一条以工业化致富农民、以城市化带动农村、以产业化提升农业的解决“三农”问题的新路子,形成了以工促农、以城带乡的城乡一体化的发展机制。江苏经济发展水平在全国领先,城乡收入差距、居民收入差距大大低于全国平均水平,而且越是发达地区,城乡收入、居民收入差距越小,并呈现出逐步缩小的趋势。

*以“两个文明都搞好”为方针,走经济政治文化协调发展之路。*改革开放以来,江苏始终坚持以经济建设为中心,物质文明和精神文明一起抓,促进了经济、政治、文化和社会的协调发展。通过扩大人民民主,建立健全基层民主制度,发展社会主义民主政治,提高法治化建设水平,形成了有利于促进经济社会发展的良好政治环境。党的十六大以来,江苏各级党委领导班子紧密联系“两个率先”实践,加强党的执政能力建设和先进性建设,确立科学执政、民主执政、依法执政理念,努力造就一支“眼界宽、思路宽、胸襟宽”的干部队伍,在“推动科学发展,建设美好江苏”进程中发挥了政治核心作用。牢固树立人民群众是精神文明建设主体的观念,及时总结群众创造的新鲜经验,抓好典范引路、示范推广,涌现出“张家港精神”、“南通现象”等一批全国闻名的先进典型。提出以艰苦创业、开拓创新、争先创优为核心内容的“三创”精神,大力开展社会主义核心价值体系建设,为“两个率

先”注入强大的精神文化动力。

*以改善民生为目标，走社会和谐发展之路。*江苏把保障和改善民生作为促进社会和谐的重点，在经济发展、社会物质财富不断增加的基础上，加快发展各项社会事业，努力改善人民生活。通过大力推进创业富民、就业惠民、社保安民，加快完善城乡社会保障体系和社会救助制度，扎实推进各项实事工程，着力解决医疗、低收入家庭住房、老年服务等突出问题，使老百姓真切感受到生活年年都有新改善。大力推进“平安江苏”建设，积极开展“平安社区”、“平安企业”、“平安校园”、“平安市场”等基层创建活动，努力为人民生活营造一个安定、安全、安宁的社会环境；建立健全由人民调解、行政调解和司法调解相结合的“大调解”机制，探索将社会矛盾纠纷化解在基层的行之有效的工作方法；构建集打击、防范、控制于一体的社会治安“大防控”体系，增强人民群众的安全感。重视环境保护和生态建设，大力发展循环经济，积极推进“绿色江苏”建设，努力让人民群众的居住环境更加优美。

*以人为本，走促进人的全面发展之路。*江苏十分注重调动和发挥广大工人、农民、知识分子和新社会阶层人士的积极性、创造性，正确认识和把握效率与公平的关系，共同致力于推动科学发展，建设美好江苏。优先发展教育科技，在实施科教兴省战略的基础上，“十五”期间提出了人才强省战略，积极构筑人才高地，推动教育大省向教育强省转变，努力建设创新型省份。努力促进人的全面发展，既注重保障、维护和实现好人民群众的经济权益，又注重保障、维护和实现好人民群众的政治和文化权益；既注重经济发展质量的提高，又注重人的素质的提高；既注重提高人民群众的身心素质和科学文化素质，又注重提高人民群众的思想政治素质和道德素质。坚持在推动经济社会全面进步中促进人的全面发展，努力实现社会全面进步与人的全面发展相辅相成。

经过60年特别是改革开放30年的大发展，无论是综合经济实力，还是人民生活水平、城乡面貌和社会事业，江苏都发生了翻天覆地的巨大变化。2008年，江苏省地区生产总值从1952年的48.41亿元增长到3万多亿元，全省农民人均纯收入从1954年的88元增长到7 357元，城镇居民人均可支配收入从1951年的99.6元增长到18 680元，全省人均生产总值从1952年的131元增长到39 622元。江苏用占全国1.1%的土地面积，以占全国5.8%的人口规模，创造了全国10%以上的经济总量和财政收入，进出口总额占全国的15.3%，实际利用外商直接投资占全国的1/4以上。今天的江苏，经济发展又好又快，区域城乡协调发展，城乡居民生活富裕，社会事业全面发展，人与自然和谐相处。

江苏60年的沧桑巨变，是中国特色社会主义道路的成功实践，为我们提供了许多重要的经验和启示：

*必须坚持党的领导不动摇。*党的领导是推进社会主义建设事业的根本政治保证。坚持党的领导不动摇，就是要坚持党的基本理论、基本路线、基本纲领和基本经验不动摇。要努力用马克思主义中国化的理论成果武装党员、教育人民，善于将党的理论创新成果大众化，使之成为广大干部群众的思想武器，提高干部群众学习、掌握、运用党的创新理论成果和党的路线方针政策的能力；善于把党中央的宏观决策和战略部署落实到具体实践中去，结合省情创造性地加以贯彻执行。坚持党的领导不动摇，就是要坚持党的思想路线、政治路线、群众路线有机统一不动摇。推进社会主义建设事业，必须坚持党的解放思想、实事求是、与时俱进的思想路线，始终以解放思想为先导，勇于突破

旧框框，善于把解放思想的成果体现在发展思路、发展政策和发展措施上；必须坚持党的基本路线这一党和国家的生命线、人民群众的幸福线，把“一个中心”与“两个基本点”有机统一起来，积极有为地执政为民，扎实有效地造福人民；必须坚持党的群众路线，把与党中央保持一致与尊重人民群众的首创精神有机统一起来，凝心聚力，不断开拓社会主义建设新局面。

必须坚持中国特色社会主义道路不动摇。中国特色社会主义道路是富民强省的康庄大道。坚持中国特色社会主义道路不动摇，就必须首先搞清楚什么是社会主义、怎样建设社会主义这一基本问题，这需要全省人民积极探索适合省情的发展路子。江苏省委在全国率先制定省级全面建设小康社会4大类18项指标体系，把中国特色社会主义共同理想转化为全省人民实现“两个率先”的理想追求；实行指标引导、分类指导、典型示范、梯度推进，增强全省人民对建设美好江苏的现实感受和未来预期。始终坚持改革开放，把江苏的区位优势转化为率先发展的优势；实施科教兴省和人才强省战略，发挥江苏的人文优势和人力资源优势，积极打造创新型省份；实行环保优先和节约优先，构筑江苏可持续发展新优势。坚持中国特色社会主义道路不动摇，就是要立足省情特别是从阶段性区域实际出发不动摇。现在，苏南地区已率先走上基本实现现代化之路，苏中和苏北地区全面小康建设进入关键阶段。必须按照中国特色社会主义总体布局的要求，既坚持全省一盘棋，走城乡统筹、区域协调发展之路，又坚持分类指导、因地制宜，走出全省各地各具特色的发展之路，实现经济社会科学发展、和谐发展。

必须坚持改革开放不动摇。改革开放是强国强省之路，为江苏发展提供了强大动力。坚持改革开放不动摇，就是要坚持改革开放的正确方向不动摇。必须坚持把科学社会主义的基本原则、中国特色社会主义的基本理论创造性地运用到江苏，赋予江苏特色，使中国特色社会主义在江苏的实践中充满生机和活力。坚持改革开放不动摇，必须正确处理发展中的重大关系问题。长期以来，江苏在发展中，既坚持公有制为主体、按劳分配为主体，又积极发展多种所有制经济、探索多种分配方式；既注重鼓励先进、促进发展，又注重社会公平、防止两极分化；既注重发挥市场在资源配置中的基础性作用，又注重转变政府职能、发挥政府宏观调控作用，特别是注重深化对社会主义市场经济发展规律和提高政府宏观调控的有效性的认识，增强两者的协调性；既注重通过改革开放促进观念转变，又注重推动体制转变和发展方式的实质性转变；既注重抓住国际机遇又注重抓住国内机遇，统筹省内发展和对外开放。实践告诉我们，只有坚持社会主义基本经济制度、基本政治制度和社会主义核心价值体系，不断深化经济体制、政治体制、文化体制和社会管理体制改革，大力发展社会主义市场经济、民主政治、先进文化，才能为经济社会又好又快发展提供不竭动力。

必须坚持科学发展不动摇。坚持科学发展，不仅要聚精会神搞建设、一心一意谋发展，把发展的科学性、全面性融入发展这个硬道理中。改革开放30多年来，从社队工业的兴起到小城镇和乡镇企业比翼双飞，从昆山市20世纪80年代中期自费创办开发区到全方位对外开放格局的形成，从华西村共同富裕“中华第一村”到江阴市城乡居民幸福生活“五个有”，从统筹苏南、苏中、苏北共同发展到推进区域城乡一体化发展，从兴办“三来一补”合资企业到外资与民营经济双轮驱动，从经济结构升级到发展方式转型，江苏人民在社会主义现代化建设过程中，始终不偏调、不分神、不散心，把发展这

个党执政兴国的第一要务引入科学发展的轨道。坚持科学发展，就是要坚持以人为本，为人民群众踏踏实实地做一些有益的事。在江苏，以人为本有机地统一于以发展促和谐、以和谐促发展的进程中，有机地统一于团结人民群众共建共享的实践中，有机地统一于各级领导干部努力实践立党为公、执政为民、造福人民的执政宗旨中。

当前，江苏的发展已经站在新的历史起点上。胡锦涛总书记殷切希望江苏在科学发展道路上迈出更加坚实的步伐，把江苏的明天建设得更加美好。江苏深刻认识到肩负的重大责任，更加注重增强发展协调性、更加注重提高自主创新能力、更加注重改善民生、更加注重扩大人民民主、更加注重文化建设、更加注重生态文明，推动经济社会向着又好又快的方向发展，朝着“两个率先”的目标奋勇前进。

（原载于《求是》杂志2009年第22期）

强大精神力量的支撑
——昆山践行社会主义核心价值体系的调查

江苏省社会主义
核心价值体系研究中心

昆山，江苏苏南地区一个年轻而古老的城市，素以昆石的玲珑坚毅、琼花的天下无双、并蒂莲的清香祥瑞在江南文化中独树一帜、闻名于世。改革开放以来，昆山从一个苏南地区较为后进的农业县一跃而成为率先实现江苏全面小康社会指标的先行者，创造了县域经济高速增长的奇迹，屡居全国百强县首位，走出了一条又好又快发展的“昆山之路”。

任何一项伟大事业的背后，都必然有强大精神力量的支撑。昆山经济和社会各方面取得的辉煌成就，是昆山人民艰苦创业、不懈奋斗的精神展现，是践行社会主义核心价值体系的丰硕成果。

在践行社会主义核心价值体系的过程中，昆山始终坚持党委带头、民生为本。市委市政府坚持以科学发展观统领经济社会发展全局，通过树立和实践社会主义价值观，引导辖区居民在实践中深刻体会党的创新理论的科学性，动员全民为实现中国特色社会主义共同理想团结奋斗，从而促进整个社会精神文明的全面进步。他们勇当推动理念创新、体制创新、政策创新、文化创新的“第一行动集团”，在抢抓发展先机，不断提升经济社会发展形态和质量的同时，坚持以人为本，把亲商、安商、富商与亲民、安民、富民结合起来，为率先发展、科学发展、和谐发展夯实思想基础；提升地方政府服务品质，改善政府行政生态，优化投资发展社会环境；实施“六管齐下”的富民工程，不断推进创业富民、就业富民、物业富民、股份富民、社保富民、帮扶富民；积极倡导“共处一地、共保安宁、共创繁荣、共树新风”，不断健全城乡社会保障制度，使新老昆山人和城乡群众在全面建设小康社会中实现人人是主体，个个有机会，人人作贡献，个个得实惠；努力把投资者与劳动者、政府与企业、干部与群众、工人与农民、本地人与外地人、新老居民的利益联结成共同发展、共同富裕的坚实纽带，使各种社会主体在实现自身利益的同时不断增进共同利益，维护社会公平正义，从而真正做到在共建中共享、在共享中共建。

在践行社会主义核心价值体系的过程中，昆山努力把社会主义核心价值体系的普遍要求同昆山经济社会发展的现实状况和历史文化传统紧密结合起来，探求富有昆山地域特色的实践社会主义核心价值体系之路。2009年初，市委把开展社会主义核心价值体系主题教育和文化昆山建设作为一项重要工作，在提出总体要求的基础上，开展了昆山特色价值观的征集和理论研讨活动。首先，通过媒体征集、课题调研、会议论坛、主题演讲等方式，动员社会各界和广大市民积极参与，集中民智，使昆山特色价值观的总结提炼过程成为社会各界和广大市民积极参与的过程，成为以先进文化为统领形成思想共识的过程。共收到社会各界来稿133篇，征文演讲稿件260余篇。其次，成立专门机构，先后召开6次研讨会，邀请省内外各方面专家学者献计献策，精心提炼，反复修改，为昆山特色价值观表达的科学性、正确性与可操作性提供可靠保证。在此基础上，将昆山特色价值观概括凝练为"两个共同"，即：共谋科学发展，同创昆山之路；共建和谐家园，同享小康成果"。"两个共同"集中反映出昆山人民共同的价值追求，是社会主义核心价值体系的一般原则和要求在昆山的具体化，充分反映了苏南发展中坚持统筹协调、推进区域和城乡共同发展的共同体意识。昆山特色价值观的征集研讨，进一步推动了全市先进文化建设，振奋了广大市民开拓进取的士气，对继续推进昆山"两个率先"实践，进一步营造促进昆山科学发展的浓烈氛围，增强昆山的文化软实力和综合竞争力，产生了明显的积极作用。

今年以来，面对国际金融危机影响进一步加深的严峻挑战，昆山全市上下全力以赴保增长促发展、保民生促和谐、保建设促提升，保持了经济平稳较快增长，巩固和发展了和谐稳定的社会局面。据统计，1—9月全市完成地区生产总值1 230.28亿元；全口径财政收入243.8亿元，增长16.3%；地方一般预算收入102.4亿元，增长14.6%；工业总产值4 139.2亿元，同比增长10.8%；固定资产投资332.5亿元，社会消费品零售总额170亿元，分别增长15%和18.7%，投资和消费对经济增长的拉动力大大增强。在成绩面前，昆山市委市政府"安不忘危，治不忘乱"，要求各级干部认清发展形势、转变发展理念，"敢于突破、敢于负责、敢于争取"，"竭尽心智、竭尽所能、竭尽全力"，在进一步深化对社会主义核心价值体系的认识和实践中，不断推进更高水平全面小康社会建设。

*一是在推进经济转型升级中夯实贯彻落实科学发展观的产业基础。*坚持抓增量把握质量、调存量把握节奏，坚持产业第一、项目为本、企业为主、人才为先，加强科技创新载体、服务业集聚区、特色产业基地、主导产业链建设。以产业高端化促转型，着力提升自主创新能力、国际竞争力和可持续发展能力，加快构建现代产业体系；以产业间融合促转型，增强产业内生活力；以功能突破促转型，增强园区支撑能力；以城市提升促转型，超前谋划新型城市经济。

二是在提升自主创新能力中赋予"昆山之路"以新的时代内涵。"昔日之得，不足以为矜；后日之成，不容以自限"。昆山抓住国际金融危机带来的科技资源要素全球性"洗牌"新契机，牢固树立全球视野，更大规模和更大范围集聚创新资源，加快科技资源整合，广揽创新创业人才，拓宽创新融资渠道，培育、壮大科技企业，不断拓宽开放条件下的自主创新之路。

*三是在统筹城乡发展中进一步让全体人民共享改革发展成果。*坚持"统筹发展、兼顾利益、重在建设"的原则，按照突出重点、逐步完善的要求，狠抓各项建设任务的落实，提升现代城市功能，提升公共服务质量，提升环境生态水平，加快形成城乡统筹发展格局。

*四是在改善民生中巩固发展和谐稳定良好局面。悠悠万事，民生为重。*昆山始终把富民、惠民、安民作为第一追求，多谋民意

所向之策，多办民生所急之事，多尽民心所系之责。“宜未雨而绸缪，毋临渴而掘井”。把深化农村改革作为改善民生的根本动力，把促进就业创业作为改善民生的优先目标，把完善保障体系作为改善民生的关键举措，把维护社会稳定作为改善民生的基本保障，扎实做好保民生促稳定各项工作，巩固发展和谐稳定的良好局面。

五是在加强“文化昆山”建设中提升城市软实力。把建设“文化昆山”作为贯穿昆山现代化建设全过程的一项长期奋斗目标，坚持“大文化”发展理念，加强城市精神培育和文明建设，加快完善公共文化服务体系，努力塑造文化特色品牌，大力推进文化产业发展，不断提升城市文化品位，更好地发挥文化对经济社会发展的重要支撑作用。

抚今追昔，“昆山之路”是改革创新、开放融合、追求卓越、锐意进取之路，是率先发展、科学发展、和谐发展之路，更是践行社会主义核心价值体系之路；展望未来，昆山要创造新的辉煌，仍然要在这条道路上坚定不移地走下去。

（课题组成员方世南、杭颖、周鸣、王建润，原载《求是》杂志2009年第24期）

江海涌动文明潮
——南通创建全国文明城市工作纪实

徐亚华　黄　凯

全国文明城市，一块沉甸甸的奖牌。

这一奖牌，南通人期盼已久、努力已久。从文明市民、文明社区到文明城市，从文明职工、文明窗口到文明行业；从文明家庭、文明村居到文明镇街；从文明经营户、文明市场到文明景区……新世纪以来，南通文明创建持续推进，渗透于经济社会发展的方方面面，780万江海儿女共建共享，为南通经济社会在科学发展观指引下持续跨越提供了强大的精神动力。

江海涌动文明潮。“全国文明城市”花落南通之际，我们一起回眸这些年南通文明创建走过的辉煌与精彩。

定位——四个文明建设的“龙头工程”

一个文明的人，必定是全面发展的人；一座文明的城市，也必定是全面发展的城市。

全国文明城市，是反映我国城市整体文明水平的综合性荣誉称号；创建全国文明城市，既是一项具体的工作载体，更是引领经济社会全面发展的一面旗帜。

全国文明城市测评体系，涵盖了政治、经济、文化、社会的方方面面，提出的政务环境、法治环境、市场环境、人文环境、生活环境、生态环境和创建活动等7大类120多项定性定量考核指标，集中体现了党中央提出的“以人为本”、“统筹发展”、“和谐社会”、“社会主义荣辱观”等一系列要求。特别是近年来，这一测评体系更是数易其稿，每一次修订完善，都充分体现了党中央各个阶段执政理念、战略思想和重要部署的脉络。

“文明城市创建指标体系，是党的十六大以来党中央一系列科学发展要求的指标化、具体化，按照这样的标准和要求扎扎实实地推进文明城市创建，也就抓住了发展最核心的任务。”多年来，南通市委、市政府始终站在全局、战略的高度抓好文明城市创建，把它作为整体推进物质文明、精神文明、政治文明和生态文明建设的“龙头工程”，作为构建和谐新南通的“基础工程”，作为全面提升城市综合竞争力的“核心工程”，作为实现好、发展好、维护好最广大人民根本利益的“民心工程”，使文明城市创建成为党委政府执政为民、服务发展的重要途径，成为关注民生、维护民利、实现民愿的最有效抓手。

早在2002年，南通市委、市政府在创建文明城市动员大会上就明确提出，文明城市是一笔巨大的无形资产和极富“含金量”的“金字招牌”，是全市精神文明建设见快效、见实效的最佳途径，是凝聚民心、汇聚民力、提升民气，同心同德促发展的最有效抓手。

思想认识决定工作定位。南通各级党委、政府切实负起创建文明城市的领导责任，努力健全党委统一领导、党政主要领导亲自抓、各部门齐抓共管的领导体制，不断创新工作机制，为创建全国文明城市提供了有力保障。

历程——新世纪以来持续攀越提高

改革开放之后，文明创建在江海大地上全面展开；新世纪之后，南通更是进一步开创了文明创建的全新局面，并一步步取得令人瞩目的业绩。

南通市委、市政府始终把创建文明城市工作摆在重要议事日程。自2001年以来，年年召开文明创建总结、表彰、再动员大会，以文明创建为抓手，不间断地引领南通经济社会协调全面可持续发展。

前不久，南通市文明办有关人士曾专门撰文，对南通创建之路进行了一番梳理，将之分为四个阶段：

以2002年超常规实现创建文明城市“一步两跨越”(即成为江苏省文明城市和全国创建文明城市工作先进市)和精神文明建设“南通现象”成为全国重大典型为标志，南通文明创建进入了全国先进地区行列；

以2004年南通成功举办首届中国公民道德论坛和2005年创建文明城市实现“满堂红”(即市区及所辖六县(市)全部成为江苏省文明城市)为标志，南通文明创建工作进入了全国有影响的特色地区行列；

以2006年南通又成功推介如皋137条爱心邮路等一批全国重大典型和2007年南通被列为全国创建文明城市工作重大典型进行集中宣传为标志，南通文明创建工作进入了全国关注的典型地区行列；

以2008年南通在第二批全国文明城市评选中取得优异成绩，以及在此次中央文明委表彰中获得“全国文明城市”称号为标志，南通文明创建工作进入了全国领先的城市行列。

四个阶段脉络分明，在南通演绎了一幅摇曳多姿、风采迷人的美丽画卷。

特色——符合时代特征的文明新路

“南通，连空气都充满着一股清新、文明之风！”

2007年7月初，中央文明办协调组同志在南通调研时，发出了这样的感慨。在随后的调研报告中，调研组如是评价：南通在创建实践中探索出了一条“以典型示范普及核心价值理念，以群体效应提升城市文明程度”的成功之路。

创建全国文明城市，南通始终坚持从实际出发，以个性体现特色，以特色增创优势，积极探索与经济格局相适应、与自然环境相协调、与江海文化相融合的新路子。无论是创建工作的总体指导思想还是众多活动的具体组织，都注重既有浓郁的地方特色，又有较高的文化品位；既充分体现南通的历史渊源和文化底蕴，又充分体现时代特征和现代气息。

在公民道德建设中，南通坚持抓品牌，精神文明“南通现象”产生深远影响；在城市建设中，南通充分利用“水中有城，城中有水”的特点，形成了濠河风景区“城在水中坐，人在画中游”的城市人文景观；在文化建设中，南通利用拥有众多“中国第一”的优势，积极建设环濠河博物馆群；在基层创建方面，南通在江苏率先启动了文明社区共建活动和以"百村千户建小康"为主题的城乡文明共建活动,努力打造城市社区"生活、学习、卫生、文体、就业"10分钟服务圈,农村公共服务中心建设在江苏乃至全国首屈一指……

更值一提的是,南通多年来坚持共建共享,始终一心一意为了群众,坚定不移依靠群众,创建工作得到了广大群众发自内心的拥护。人心所向,众望所归。全市环境整治顺利有效,社区文化红红火火,公民道德建设有声有色,基层创建活动丰富多彩,全社会关心、支持、参与创建工作,在各自岗位上尽责任、作贡献、创实绩。

典型示范,全民运动,久久为功,江海文明之花盛开。在改革开放大潮的洗礼中,在文风雅韵的熏陶下,作为全国首批沿海开放城市的南通,显现出"政通人和、心齐气顺、风正劲足"的生动局面。

(原载2009年2月4日《人民日报》)

四位一体 久久为功
——南通走出全国文明城市创建特色之路

王骏勇

全国文明城市这一"金字招牌",南通人期盼已久、努力已久。从文明市民、文明社区到文明城市,从文明职工、文明窗口到文明行业,从文明家庭、文明村居到文明镇街……新世纪以来,南通文明创建持续推进,渗透于经济社会发展的方方面面,全市上下共享共建,为南通经济社会科学发展、持续跨越提供了强大的精神动力。

"6年创建之路,是'包容会通、敢为人先'的新时期南通精神的发扬之路,也是'四位一体、久久为功'的城市文明提升之路。"在南通市创建全国文明城市总结大会上,南通市委书记罗一民发表了这番朴实的"获奖感言"。

百姓口碑 最高荣誉

在文明创建上,南通始终坚持"百姓口碑就是最高的荣誉",切实把实现群众利益作为创建工作的执著追求和根本目的,努力让群众得到真正的实惠,让群众发自内心赞同。

这一理念从2002年开始动员创建时就得以体现。南通市委市政府明确提出,文明城市是一笔巨大的无形资产和极富"含金量"的"金字招牌",是全市精神文明建设见快效、见实效的最佳途径,是凝聚民心、汇聚民力、提升民气,同心同德促发展的最有效抓手。正是靠着这个理念,南通在文明城市创建道路上迈出了一个又一个坚实的脚步。

2002年10月,南通一举夺得江苏省文明城市和全国创建文明城市工作先进城市两项重要荣誉;

2003年5月,精神文明"南通现象"作为唯一的地方性大事,破格入选"全国精神文明建设十件大事";

2004年9月,南通成功举办了首届中国公民道德论坛,南通市公民道德建设成为全国先进典型;

2005年12月,市区及六县(市)全部被江苏省委、省政府命名表彰为江苏省文明城市,南通实现了创建文明城市"满堂红";

2007年8月,南通成为全国创建文明城市工作重大典型;

2008年,以获得"全国文明城市"称号为标志,南通文明创建工作进入全国领先的城市行列。

凡人善举 久久为功

1995年这一年,南通工学院来自农村的大二学生石洪英不幸双亲亡故,身无分文,处理好家事回到学校后,他意外收到一张100元的汇款单,署名"莫文隋",附言"生活补助费",此后汇款每月如期而至。从此,"莫文隋"(谐音"莫问谁")在南通大地上不断涌现。这只是南通文明现象中的一个小小的剪影。

在南通,一个普通市民谈起身边的文明典型也能如数家珍般娓娓道来。短短几年时间,南通先后涌现出了"莫文隋"、江海志愿者、爱心邮路、无红包医院等一批叫响全国的文明典型。难能可贵的是,这些典型大多是凡人善举,来自身边,久久为功,可亲可学。

南通坚持开展评选文明新风典型活动22年,培育、推广了450多个精神文明先进典型;坚持开展"濠滨夏夜"群众广场文化活动28年不间断,成为全国特色文化广场和群众文化品牌;坚持12年创建"无红包医院",成为全国构建和谐医患关系的代表;坚持11年开展江海志愿者服务活动,成为"中国十大杰出青年志愿服务集体"。

"南通,连空气都充满着一股清新、文明之风!"这是2007年7月初,中央文明办协调组组长李小满在南通调研时发出的感慨。调研组最后评价:南通在文明城市创建实践中探索走出了一条"以典型示范普及核心价值理念,以群体效应提升城市文明程度"的成功之路。

四位一体　共建共荣

一座文明的城市,必定是全面发展的城市。南通在文明创建上,始终坚持政治、经济、文化、社会四位一体,共建共荣。近年来,南通就是在四大建设中融合文明创建,又在四大建设的共鸣交响中实现整体跨越。

政治建设上,从2001年开始,南通在全市党政机关中持续8年开展了争创全省最佳办事环境、争当人民满意的公务员活动,社会各界对机关作风的满意率和基本满意率始终保持在98%以上。

经济建设上,2007年,南通跻身全国GDP超两千亿元城市行列,利用外资跃居江苏第二,进入全国十强。2008年,在国内外经济环境发生重大变化的情况下,南通全年地区生产总值达2 550亿元,同比增长13.6%。城市发展离不开文化的繁荣。2005年5月开始,南通历时8个月,组织了"南通精神"大讨论,成为改革开放以来参与人数最多、讨论最热烈的群众性主题教育活动,最后提炼出"包容会通,敢为人先"的城市精神,引领城市文化软实力的提升。

南通的社会建设更是如火如荼。近年来,南通注重在群众"最盼"上动脑筋、"最急"上下功夫、"最怨"上促改进,下大力气解决百姓"看病难"、子女"上学难"和"住房难"三大热点问题。在全国领先实现城镇劳动保障三大保险全覆盖,率先健全城市、农村、专业渔民三大低保体系。"平安南通"建设一直走在全国前列,成为近12年江苏唯一连夺两届8年"全国综治优秀地市"荣誉并第三次再度入选的城市,居全国最安全城市地级市首位。

(原载2月7日新华网)

"神话"是怎样创造的?
——浅谈经济危机时期文化产业的发展

章剑华

当前,国际金融危机的阴霾远没有完全散去,世界经济包括中国经济受到的严重影响一时难以消除。在这样的情况下,上至各国政府下至各地企业,都在寻求各种路径和经济增长点,试图早日走出低谷,实现经济的复苏和新发展。于是,人们不约而同地想到了曾经发生在经济危机时期文化产业崛起的3个“神话”：

——1929年，美国爆发了史称大萧条的经济危机。几年间，数千家银行倒闭，数万家企业破产，失业人数倍增。然而，正是这一时期，美国电影业逆流而上，电影生产空前繁荣，电影票房一路飚升，电影公司迅速壮大，电影明星红遍全球，电影产业获利巨大，创造了电影繁荣发展的神话。

——20世纪90年代，日本进入了史称“失去的十年”的经济低迷时期。而正是在这个时期，日本动漫形成了从创作到图书出版到影视播映直至后续衍生产品开发相衔接的产业链。至2003年，世界动漫市场总规模为2万亿日元，而日本所占的市场份额竟高达65%，成为名副其实的世界“动漫王国”。

——1997年亚洲金融危机爆发后，韩国经济遭受重创，一度深陷其中难以自拔。此后不久，韩国政府以网络游戏业为突破口，采取一系列重大举措，创造了韩国游戏产业立足本土的海外扩张神话。从2000年起，网络游戏业年均增长率一直保持在36.9%左右，2002年韩国企业在亚太地区网络游戏市场所占份额达54%，2007年韩国游戏产业出口额达7.81亿美元。

这3个“神话”都发生于经济危机时期，又都同属文化产业领域。这很容易让人们得出一个结论：经济危机之时，正是文化产业兴起之日。更有人总结出文化发展的反经济周期特点。

那么，这个结论对不对呢？我认为，既对又不对。说对，是因为在经济危机背景下，物质生产出现明显衰退，给以知识、创意为优势的文化产业带来了机会和空间，同时由于失业人员的增加和社会压力的增大，精神消费的需求和时间大大增多，无疑给文化产业的发展带来更多的机会。说不对，是因为经济危机与文化产业的发展机会没有必然的联系，更不是绝对的对应关系，许多国家和地区也都发生过经济危机，却并没有出现类似的“神话”。

纵观美国电影业、日本动漫业、韩国游戏业的发展轨迹，我们不难发现这样一个共同的特征和原因，就是政府扮演了重要的“助产士”角色：

1. 制定国家战略和发展计划。在经济大萧条时期，美国政府在大力恢复经济的同时，制定了一系列发展文化产业的计划。在经济低迷中，日本政府实施了全球文化输出战略，将动漫产业确定为国家第二位主要产业。韩国政府则在亚洲金融危机爆发后，正式提出了“文化立国”战略，制定并启动了《21世纪韩国网络发展计划》，将发展网络游戏业提升到国策的高度。

2. 善于利用各种机会、资源和力量。一是利用技术进步的有利时机。美国利用刚刚诞生的有声电影和彩色电影技术刺激了电影产业的飞速发展。日本动漫、韩国游戏依靠电脑技术、数字技术等最新科技成果得以发展。二是利用各类文化内容资源。美国电影用“英雄横空出世”和“爱情甜蜜浪漫”的故事打动了寻找繁荣和梦想的观众。日本动漫凭借出色的故事，让青少年甚至中老年观众沉湎其中。韩国游戏以其娱乐性、刺激性，让爱好者欲罢不能。三是利用财团优势。美国电影能够产生爆发式增长的一个重要原因，是华尔街两大金融集团掌握了派拉蒙等八大公司的大部分控制权，竞相以巨款投拍巨片，找到了一条好莱坞特色的“大片之路”。

3. 为文化企业提供各种服务。日本经济产业省、文化厅等部门和动漫业界每年都对动漫产业进行深入研究，向企业和民间个体创作界提供准确的市场信息，引导其发展方向。韩国政府除了出资为文化产业在国内外设立服务中心和主办各类展示会外，还为游戏产业发展提供资金支持,在每年的政府财政预算中,支持文化产业的预算都超过1%。

4. 在推介宣传、整合资源等方面给予帮助。韩国文化观光部文化产业局局长李普京有一句名言:如果一个国家不能创造出自己的文化内容而使本国的内容资源不足的话,将遭遇严重的文化独立性危机。日本前首相小泉纯一郎在施政演讲中,亲自推荐宫崎骏的动画片《千与千寻》。前不久,日本外相到中国访问,首先来到日本设在北京的动漫中心,为日本动画造势宣传。美国政府在文化产业组织结构调整中,支持小规模的电影公司经过整合与兼并,向集团化发展。

经验表明,一个产业在发展之初,都需要政府的介入和推动。我国文化产业的发展起步晚,政府的介入和推动尤为重要。政府必须通过政策引导来带动全社会关注和兴办文化企业,为文化产业的发展营造良好环境。

一是把文化产业发展列入国家和地区发展战略。借鉴韩国、日本等国家发展文化产业的成功经验,在国家层面确立"文化立国战略",在地区层面制定文化产业长远规划,并列入经济社会发展总体规划,进一步明确文化建设的总体目标和发展思路,予以强有力的组织协调和政策引导。

二是推动文化资源整合。通过行政力量和政策引导、推动国有文化资本向市场前景好、经济效益和社会效益高的领域集中。坚持以资本为纽带,实行跨行业、跨地区、跨所有制联合重组,是培育具有较强竞争力的大型国有文化企业和企业集团的有效途径。为此,文化、广电、新闻出版、教育、科技、财政等有关部门应加强横向联合与沟通,大力推动文化资源整合。同时,设立"文化产业引导扶持资金"和"文化产业发展创投基金",建立知识产权等无形资产质押贷款、信用担保和资信评估及融资担保体系等,吸引大企业、大财团积极投资文化产业领域。

三是培育新型市场主体。企业是市场的主体。要抓住这一关键,解决长期以来国有文化单位游离于文化市场之外的突出问题,建立起完善的文化市场体系。推进国有经营性文化事业单位转企改制。出版发行,电影制片、发行、放映,歌舞、杂技、曲艺等市场发育比较成熟的国有文化单位和院团要尽快实施转企改制;推进党报发行体制和电台电视台制播分离改革;鼓励民营企业在政策许可范围内通过产权交易、共同投资、联合开发等途径参与国有文化单位改革。加快国有文化企业公司制改造。按照现代企业制度的要求,加快国有文化企业的公司制改造,完善法人治理结构。推进产权制度改革,实行投资主体多元化,使文化企业真正成为自主经营、自我约束、自我发展的市场主体。加快大型国有文化企业的股份制改造,尽快推出一批主业突出、核心竞争力强的上市公司。大力培育文化产业战略投资者。充分发挥国有文化资本的控制力、影响力和带动力,运用市场机制,以资本为纽带,重点培育和发展一批跨地区、跨媒体、跨所有制的大型文化企业和企业集团,使之成为文化市场的主导力量和文化产业的战略投资者。鼓励和支持国有文化企业开发市场占有率高的原创性产品,打造具有核心竞争力的知名文化品牌。鼓励非公有资本进入文化产业。认真落实《国务院关于非公有资本进入文化产业的若干决定》,创造良好的政策环境和平等竞争机会,支持非公有资本进入政策许可的文化产业领域,充分调动民营企业投资文化产业的积极性,培育一批大型民营文化企业,形成以公有制为主体、多种所有制共同发展的文化产业格局。

四是构建服务平台。政府是发展文化

产业环境建设的主体。要适应市场经济发展要求，加快转变政府职能，真正解决好"越位、缺位、错位"问题，为文化产业发展营造良好的社会环境和政策环境。政府文化主管部门要着力抓好4个平台的建设：1. 政策平台。在深入企业调查研究的基础上，制定和完善鼓励文化产业发展的优惠政策，在市场准入、财政税收、土地使用、劳动保障、贷款融资等方面，加大对文化企业的扶持力度，引导社会资本投资文化产业，引导尖端经营管理人才向文化产业领域集中。2. 信息平台。整合已有的国家相关部委的网络资源，建成覆盖全国的国家文化产业网，在文化企业与文化市场、文化产业研究专家和政府之间搭建起一个信息交流、激发创意与版权交易的平台。3. 博览交易会平台。国家相关部委要精心组织举办好深圳文化产业博览交易会和北京国际文化创意产业博览会，在展示全国文化产业发展最新成果、了解世界文化产业发展最新态势的同时，洽谈引进国外重大产业项目。4. 人才培养平台。高等院校要适应文化发展的新需求，开展文化产业经营管理、中介经纪服务、创意人才的培养，尤其是重点培养一批既懂文化艺术，又掌握高新技术的复合型人才。

历史不会重复，却有惊人的相似。这次金融危机对于我国文化产业的发展也许是一次难得的机遇。我说"也许"，是因为金融危机绝不是必然和绝对的机遇，抓住了就是机遇，抓不住就不是机遇。抓住机遇，不光是个眼力问题，更是真抓实干的问题。关键是要审时度势，找准突破口，扎扎实实地采取有力措施，把文化产业真正搞上去。

（原载2009年7月17日《中国文化报》）

更加自觉地走科学发展道路

——关于江苏省盛泽镇深入贯彻落实科学发展观的调研

江苏省马克思主义中国化研究中心

近年来，江苏省吴江市盛泽镇不断增强贯彻落实科学发展观的紧迫感和自觉性，着力破解制约地方经济发展中遇到的矛盾和难题，取得了明显成效。深入总结盛泽镇的经验，梳理盛泽镇努力实现科学发展的思路，对于类似地区提高经济发展质量，更加自觉地走科学发展道路具有借鉴意义。

（一）

江苏省吴江市盛泽镇是江苏省经济重镇，是我国纺织业的重要生产基地、出口基地和产品集散地，自古以来就有植桑、育蚕、缫丝、织绸的传统，以"日出万绸，衣被天下"闻名于世。近年来，盛泽镇深入贯彻落实科学发展观，结合当地实际，突出工作重点，以高新技术改造传统产业，以产业集群提升产业凝聚力，优化投资环境，加强专业人才培养，经济发展质量进一步提高。今年上半年累计完成地区生产总值96.66亿元，同比增长10.1%。

一是凭借产业集群优势，做优做强专业市场。目前，盛泽镇已形成一条从缫丝、纺丝、织造、印染、织物后整理、深加工到服装、服饰、家纺产品的纺织生产链和研发、生产、市场、物流服务于一体的纺织产业体系。"中国东方丝绸市场"始终保持良好发展态势，交易品种达3 000多个，入驻市场的公司及经营户达5 300多家，市场交易额已连续3年名列全国纺织品服装市场第一名。

二是发挥市场龙头作用，助推产业优化升级。近年来，盛泽镇共投入资金近2 000

万元，构筑起一个从现代网络、有线电视到报纸、刊物以及大型电子显示屏等一整套高效的现代信息化服务体系。如中国绸都网运用现代网络技术提供快捷、安全、高效的信息服务，突破了市场的地域局限，让各地客商通过网络就能了解丝绸市场行情，增加了贸易机会。盛泽镇每年完成投资额10亿元，着力推进"改造提升传统交易区，建设现代交易区"的市场发展规划的实施，推动投资体制创新，吸引民营资本直接参与市场的升级改造。着力推进自主创新和产业转型升级，新增江苏省高新技术企业4家，成功获批"江苏盛泽国家级丝绸星火密集区博士后科研工作站"和3个分站，通过大规模实施技改和淘汰落后产能设备，规模企业万元产值综合能耗有明显下降。

三是优化投资环境，创建良好的经济发展环境。近年来，盛泽镇出台了一系列优化投资环境的政策措施，吸引了大批投资者。

四是创新人才资源战略，发挥企业家团队优势。2007年10月，盛泽镇与中国纺织信息中心、国家纺织产品中心等单位合作，启动了"创新人才资源战略"，旨在针对当地企业发展现状和纺织专业创新型、设计型人才的短缺情况，有计划地开展培养工作，培养急需的纺织专业人才。

五是以人为本，构建和谐社会。近年来，盛泽镇不断完善城乡统筹就业和社会保障机制，加强劳动力市场建设和管理，推动社会保险扩面，就业和保障工作成效明显。据统计，全镇共9万多人参加城镇职工社会保险、农村基本养老保险等各类社会保险，城乡最低生活保障，扶贫帮困机制等社会保障机制逐步完善；大力推进教育现代化建设，先后投资1.87亿元新建了城南小学、盛泽一中和舜湖学校，全镇学前幼儿入园率达到98%以上，小学、初中的入学率和毕业率均达100%，对低保家庭的学生学杂费和就餐费实现全免；积极推进卫生事业的发展，加快推进公共设施建设，投资7 700万元相继启动江苏盛泽医院等一批医院的建设和扩建改建。

（二）

为了更加自觉地走科学发展道路，提升经济发展质量，盛泽镇党委、政府及时提出了"六个更加注重"和"六个切实提高"的新思路、新理念：

更加注重科技进步，切实提高自主创新能力。这是盛泽镇纺织业跳出低价竞争，走"差别化"路子的关键。这几年，盛泽镇先后出台了《关于鼓励企业提升整体竞争力的实施意见》等文件，鼓励企业自主创新，培育具有自主知识产权的核心产品，充分发挥地方性商会和专业协会的作用，推动行业自律，促使企业提高产品附加值，防止低档次竞争，实现纺织产业的可持续健康发展。目前，已有十几家规模以上企业陆续建立起了研发中心，有国家火炬计划重点高新技术企业1家，省高新技术企业2家，省高新技术产品5项，省星火计划2项，省火炬计划2项，苏州市工业科技指导性项目16项，700余个企业产品获得国家专利，全镇共成立22家企业产品研发机构，有35家规模型企业与国内知名高校建立"产学研"合作关系。

更加注重生态建设，切实提高节能减排工作效率。这是盛泽纺织业实现可持续发展的重中之重。目前，盛泽镇拥有各类织机7万多台，这对环保工作提出了更高的要求。为此，盛泽镇建立了集中治污机制，所有企业的排污与治污分离，印染污水全部由水处理公司按照国家一级排放标准进行集中处理。先后投入3亿多元建造、收购了7家污水处理厂，成立水处理发展有限公司，日污水处理能力达到20万吨；还投入3 000万元铺设印染污水管网35公里、喷水织机污水管网80公里、生活污水管网22.5公里;投入1亿多元建设镇区调水工程,增强了河道的自我净化能力;投资2亿元建设了纺织后整理示范区,每年可节约标准煤6万多吨,回收甲苯溶剂1万吨,减少了100多个油锅炉,增加了156条生产线。

*更加注重集约集聚,切实提高土地利用率。*这是盛泽镇经济社会进一步发展的关键。这几年,盛泽镇先后修改完善了《关于鼓励工业用地集约利用的意见》等文件,大幅提高奖励额度,鼓励企业建造多层厂房,对土地利用程度高、投资密度高、产出大的企业予以重奖。同时积极盘活存量土地和闲置厂房,一方面继续引进好的项目,解决项目引进落地难的障碍;另一方面重视企业存量,下功夫抓好技术创新项目与技改项目的实施,增资扩产,积极发挥大企业的龙头带动作用,寻找新的经济增长点。

*更加注重整体素质,切实提高企业竞争力。*这是盛泽镇纺织业参与国际竞争,做强做大的关键。在品牌建设方面,着力打造产品品牌、企业品牌、区域品牌。据统计,目前盛泽镇拥有中国名牌5个,省名牌7个,苏州名牌10个,产品质量免检产品6个;"绸都染整"和"盛泽织造"集体商标已获国家工商总局批准,成为地区性商标,成为盛泽对外交往的名片。在标准建设方面,盛泽丝绸化纤指数已于2007年10月在盛泽推出。

*更加注重智力资源,切实提高人才引进层次。*这是盛泽纺织业转变经济发展方式的助推器。这些年,盛泽镇先后实施了《关于鼓励企业提升整体竞争力的实施意见》等激励措施。举办了"中国绸都盛泽纺织人才专场招聘会",组织了苏州大学、东华大学、江南大学、浙江理工大学、常州丝绸纺织学院等大专院校的1000多名大学生到盛泽参观,58家企业举办了招聘会,现场达成就业意向784人次;去年还举办了"百名硕士进盛泽"活动,有125名来自浙江理工大学等院校的硕士、博士应邀到盛泽镇参观企业,并与部分企业对接;积极鼓励企业进行自主培养,通过完善的制度、有效的激励机制和丰富的企业文化挖掘人才、培养人才、凝聚人才,充分调动员工的工作积极性、主动性和创造性,提高企业的竞争能力。

*更加注重企业直接融资,切实提高资本运作能力。*盛泽镇积极引导规模企业充分利用资本市场筹资能力强等特点,着力推动本地企业上市融资。在从过去注重量的扩张到现在注重质的提升之后,盛泽企业素质明显提升,经营模式渐趋多元,企业经营开始由过去单一的生产经营转到生产经营与资本经营并举的轨道上来。

(原载2009年11月5日《经济日报》理论周刊)

60年铸就辉煌路
新起点再谱新华章

中共江苏省新闻出版局党组

在庆祝新中国成立60周年的喜庆时刻,我们回忆过去,为江苏新闻出版业铸就的辉煌之路感到无比自豪;展望未来,对在新的历史起点上再谱江苏新闻出版业改革发展新华章充满信心。

60年铸就辉煌路

60年来特别是改革开放30年来,在中国共产党的领导下,江苏新闻出版事业全面繁荣、产业快速发展,走过了不平凡的发展历程,铸就了辉煌业绩,为江苏经济社会发展、为中国特色社会主义事业全局作出了积极贡献。

江苏新闻出版业60年走过的路,是坚

持党的领导,与时代同行、与人民同心之路。江苏新闻出版业始终坚持正确的新闻出版导向,坚持服务党和国家工作大局,服务人民群众,大力宣传阐释中国特色社会主义理论和党的路线方针政策,推动党的理论创新成果、党和政府的各项决策部署深入人心。积极出版、发行传承中华优秀文化、展现时代精神、弘扬社会主义核心价值体系的读物,以及群众喜闻乐见的各类优秀读物,推动社会发展进步、满足人民群众精神文化生活。江苏新闻出版业以强烈的政治责任感和社会责任感,在为新中国建设提供良好文化条件、营造良好文化氛围中作出了积极贡献。

江苏新闻出版业60年走过的路,是坚持发展不动摇、不断提升综合实力之路。经过60年的发展,江苏新闻出版业综合实力实现跨越式提升。1953年,江苏仅有图书、报刊出版单位21家,2008年已发展到608家;图书出版品种从155种增加到11 328种,总印数由0.15亿册增加到5.1亿册;出版物发行网点从1 553家发展到11 993家,出版物销售码洋由0.09亿元增长到195.67亿元;印刷复制企业由57家发展到1.4万多家,年工业产值超600亿元。2008年全省新闻出版业营业收入808亿元,江苏凤凰出版传媒集团成为我国出版业首家销售收入超百亿集团。

江苏新闻出版业60年走过的路,是坚持稳步推进体制机制改革、不断增强发展活力之路。改革开放以来,江苏新闻出版业积极适应社会主义计划经济体制向社会主义市场经济体制的转变,在进行拨乱反正、恢复重建的基础上,成功进行了"一主三多一少"、"三放一联"、跨地区兼并重组的发行体制改革,政事分开、管办分离的管理体制改革,出版单位转企改制等改革,初步形成国有、民营、股份制等多元市场主体、多种经济构成、多样经营形式共同发展的新闻出版产业新格局。党的十六大以来特别是近几年来,江苏新闻出版体制改革力度明显加大,在出版社转企改制、出版企业集约化规模化发展、行政管理体制改革等多方面取得新的突破性进展,极大地促进了新闻出版生产力的解放。出版物"走出去"从无到有,2008年出口品种达13 540种,出口数量比上年增长125.79%。

江苏新闻出版业60年走过的路,是坚持以人为本、不断完善公共服务体系之路。新中国成立初期,新闻出版公共服务主要是中小学教科书和重点出版物的出版发行,后来又组织开展了"送书下乡"等活动。改革开放以来,城镇的图书馆、社区书屋、报栏等群众性阅读阵地蓬勃发展,市民读书看报越来越方便。为解决农民读书难、买书难等问题,2006年,江苏在全国较早实施了以打造"农家书库"出版品牌、建设公益性"农家书屋"、构建"农家书店"发行网络为内容的江苏"农家书香"工程,到今年底全省将基本实现农家书屋在行政村的全覆盖,农家书屋已逐步成为农民朋友了解党和政府方针政策、学文化、长知识、陶冶情操的家园。全省各地的群众性阅读活动广泛开展,2008年仅从全省新华书店系统这个销售渠道计算,我省人均购书就超过7册,江苏人越来越爱读书,江苏的书香氛围越来越浓厚。

江苏新闻出版业60年走过的路,是坚持科学管理、不断提升又好又快发展水平之路。江苏省新闻出版局最早成立于1960年3月,几十年来虽几经更名,但管理新闻出版事业的机构始终存在。1987年8月省新闻出版局恢复成立,正式列为省政府工作部门序列,与省出版总社合署办公。2001年9月,省新闻出版局与省出版总社实行政事分开、管办分离,延续了几十年的旧的管理模式宣告结束。局社分开后特别是近几年来,省新闻出版局职能转变步伐明显加快，宏观调控、依法行政、公共服务和市场监管四项职能逐步强化，“四个坚持”的工作思路逐步形成，即：坚持围绕中心服务大局把好新闻出版导向，坚持发展第一要务推动新闻出版业又好又快发展，坚持科学管理确保新闻出版业健康有序发展，坚持创优环境为发展提供有力保障，初步形成了适应社会主义市场经济的行政管理体制机制。去年省新闻出版局被省全面推进依法行政工作领导小组评为“省级机关依法行政示范点”。

江苏新闻出版业60年走过的路，是坚持人才兴业、不断提高发展质量和效益之路。新闻出版从业人员和人才队伍不断发展壮大，2008年全省新闻出版从业人员已达31.1万人，涌现出一批在全省或全国有影响的领军人才和高技能人才。全省出版社领导成员中，拥有研究生以上学历的占三分之一，全省五分之一以上印刷业从业人员拥有专业职称。新闻采编人员职业资格证书制度基本建立，出版物发行和印刷工种职业技能鉴定扎实开展。在近几年举办的全国性印刷技能大赛、青年编辑技能大赛等各类竞赛活动中，江苏省获奖人数均位居前列。人才队伍的发展壮大，为全省新闻出版业走质量效益型发展之路提供了重要支撑。2006年以来，在中华优秀出版物奖、中国出版政府奖、“中国最美的书”评选中，我省获奖数量均居全国前列。

江苏新闻出版业60年改革发展的实践，取得的成果十分丰硕，积累的经验弥足珍贵，主要是：必须毫不动摇地坚持中国共产党的领导，坚持中国特色社会主义道路，坚持走符合科学发展观要求的科学发展之路，这是保证新闻出版业改革发展正确方向的根本前提；必须坚持围绕中心、服务大局，以人为本、服务群众，在促进经济社会全面进步中发挥作用，这是新闻出版业发展的出发点和落脚点；必须坚持改革创新、不断以新的思想解放推动新的发展，坚持人才兴业、不断以新的科技创造新的优势，这是解放和发展新闻出版生产力的动力与源泉；必须坚持依法行政、科学管理，把社会效益放在首位，遵循市场规律，实现经济效益和社会效益相统一，这是新闻出版业又好又快发展的根本保障。

新起点再谱新华章

进入新世纪特别是党的十六大以来，以胡锦涛同志为总书记的党中央对文化建设提出了一系列新的论述，作出了新的部署，把文化建设纳入了中国特色社会主义事业“四位一体”的总体布局。江苏省委、省政府认真贯彻落实中央精神，全力推动江苏文化建设，提出加快建设文化事业强、文化产业强、文化人才队伍强的文化强省。可以说，文化建设的春天已经来临，新闻出版作为中国特色社会主义文化的重要组成部分，面临着难得的历史发展机遇。我们要立足新的起点，坚持以科学发展观为指导，解放思想，奋力开拓，努力推动新闻出版业实现新的繁荣发展。

牢记社会责任，始终坚持社会主义先进文化前进方向。高举中国特色社会主义伟大旗帜不动摇，坚持中国特色社会主义道路不动摇，坚持中国特色社会主义理论体系不动摇，把建设社会主义核心价值体系贯穿到新闻出版各项工作之中，更加坚定自觉地贯彻落实“高举旗帜、围绕大局、服务人民、改革创新”的总要求，时刻做到头脑清醒、立场坚定，保证新闻出版工作的正确导向。正确处理经济效益和社会效益的关系，坚持社会效益第一，努力实现两个效益的统一。

坚持科学发展不动摇，努力走科学发展率先路。以科学发展、率先发展作为鲜明导向，大力推进新闻出版业的结构调整。继续实施精品战略,把产品结构"调优",多出两个效益俱佳的优秀新闻出版产品;实施优化结构战略,把产业规模"调大",培育一批主业突出、核心竞争力强的出版印刷复制发行集团公司和产业基地;实施科技兴业战略,把产业结构"调新",加快发展数字出版等新兴业态;实施人才强业战略,更多地聚集优秀人才,以人才支撑产业"调强";实施外向开拓战略,把发展路子"调宽",更好地统筹国内国际两个市场、两种资源,不断增强江苏新闻出版业在国际市场的影响和竞争能力。

深化体制机制改革,为新闻出版业科学发展提供新的动力。深入贯彻落实中央关于文化体制改革的部署要求,加大改革力度,加快改革进度,不断取得新的实质性进展。继续全面推进经营性新闻出版单位转制工作,在今年全面完成地方和高等院校经营性图书、音像制品和电子出版物出版单位转企改制的基础上,启动非时政类报刊出版单位转制工作,到2010年基本完成经营性新闻出版单位转企改制。深化新闻出版企业产权制度改革,加快建立现代企业制度,推进联合重组和资源整合,培育骨干企业和战略投资者。引导和规范非公有资本有序进入新闻出版产业,解放和发展新兴新闻出版生产力。继续深化流通体制改革,构建统一开放、竞争有序、健康繁荣的现代出版物市场体系,不断巩固江苏发行业的优势地位。按照增加投入、转换机制、增强活力、改善服务的方针,深入推进公益性单位改革。

加快公共服务体系建设,更好地做到新闻出版发展成果由人民共享。加大力度组织实施农家书屋工程,在今年全省基本实现农家书屋覆盖行政村的基础上,推进书屋建设向自然村延伸,更加方便农民群众的读书。在使用好农家书屋上狠下功夫,通过组织开展丰富多彩的文化活动,培养农民群众的阅读习惯,调动他们读书用书的热情,充分发挥书屋在新农村建设中的作用。加强农家书屋长效管理机制和书屋管理人员队伍建设,实现规范化管理,使书屋真正成为具有活力和长久生命力的文化阵地。更加有效地组织开展好全民阅读活动,大力营造阅读氛围,吸引人们读书,服务人们读书。积极推动社区书屋、职工书屋和阅报栏建设。

推进管理创新,为新闻出版业又好又快发展提供有力保障。积极应对国际、国内形势的变化和意识形态领域的复杂态势,应对新闻出版业发展中出现的新情况、新问题,创新管理理念、管理方式和管理手段,努力做到科学管理、依法管理、有效管理。切实加强对各类出版活动和出版物市场的有效监管,确保新闻出版活动和出版物市场健康有序。深入开展"扫黄打非"斗争,加大知识产权保护力度,严肃查处各种违法违规行为。坚持不懈加强新闻出版行政部门建设,进一步转变职能,改进作风,提高效能。坚持不懈加强全行业党的思想、组织、作风、制度和反腐倡廉建设,保持党组织的先进性,充分发挥广大党员的先锋模范作用,为新闻出版业又好又快发展提供坚强的组织保证。

(原载2009年9月29日《中国新闻出版报》)

●本省报刊文章●

天翻地覆慨而慷
——纪念新中国成立60周年

中共江苏省委原书记　韩培信

编者按:1949年10月1日,毛泽东同志在北京天安门城楼宣告中华人民共和国成立的话音声遏行云,响彻全球!弹指一挥间,伟大的中华人民共和国跨过了60年峥嵘岁月和辉煌历程,经受了各种锻铸和考验,以日益强盛的雄姿昂首挺立于世界民族之林,为人类作出了重大贡献,在世界发挥着日益重要的作用。我们所有中华儿女为此而自豪,同时为祖国的更加强盛而奋斗!

按照中央和省委的宣传部署,本刊从本期起特辟《新中国新江苏》专栏,连续刊发迎接和庆祝新中国成立60周年的系列文章,敬请读者关注。

1948年11月,我率领支前纵队参加了淮海战役,当时我担任滨海县长、代理县委书记。淮海战役胜利后不久,根据华中五地委的指示,我在滨海抽调86名干部,组建一个县的工作班子,在集中培训的同时,参与渡江战役后勤工作。1949年4月,我们随解放大军渡过长江,到达常熟,开始接管工作。从此,我离开了硝烟弥漫的战场,投身到江苏火热的建设事业中,一直到1993年从省领导岗位上退下来。

60年沧桑巨变,60年铸就辉煌。新中国成立后,党领导人民不断探索奋斗,历经曲折磨难,建立社会主义制度,走出一条充满生机的中国特色社会主义道路,开创了改革开放和现代化建设的新局面。60年来特别是改革开放以来,江苏抢抓机遇,乘势而上,迎难而进,开拓创新,各项建设事业取得令人瞩目的成就,城乡面貌发生翻天覆地的变化,经济社会发展走在全国的前列。

(一)

江苏解放前夕,经中共中央批准,相继成立苏北、苏南两个区党委,连同南京市委,均属华东局领导。1949年6月,江苏全境解放后,各级党组织领导人民群众,医治战争创伤,重建家园。在完成接管城市、建立和巩固新政权后,积极恢复生产,安定人民生活,稳定社会秩序,全面开展新民主主义改革和建设。

随着人民解放军的胜利进军,江苏新解放地区迅即建立临时的过渡政权——军事管制委员会。各地军管会明令废除国民党反动政府的一切法制和法统,保护全体人民的生命财产安全,保护民族工商业,没收官僚资本,保护公立学校、医院、文化教育机关、体育场所和其他一切公益事业,同时保护外国侨民的生命财产安全。各地相继召开各界人民代表会议,选举了地方人民政府。新生的人民政权依靠工人阶级,团结其他劳动群众,争取知识分子和社会各界进步人士,做好管理城市和恢复生产的工作。苏北、苏南区和南京市委贯彻执行"发展生产、繁荣经济、公私兼顾、劳资两利"的新民主主义经济纲领,把恢复和发展生产作为一切工作的中心,恢复国民经济,为大规模有计划的经济建设准备条件。从1949年6月到1951年1月,针对一些敌对势力和不法分子进行金融投机、操纵市场、哄抬物价、制造社会经济生活混乱的情况,各地人民政府采取有力措施,通过三次平抑物价,使投机资本遭到毁灭性打击,夺得了稳定市场的主动权。为了保卫新生的人民政权,建立和巩固新秩序,根据中央和华东局的统一部署,江苏各地先后开展剿匪肃特、镇压反革命,对国民党残余势力的破坏活动进行严厉打击,稳定了社会秩序。

在抗美援朝战争进行的同时,按照《共同纲领》的规定,从1950年冬到1953年春,党领导了大规模的土地改革运动和其他各项新民主主义改革与建设。围绕生产中心,江苏开展农村的新解放区土地改革,废除地主阶级封建剥削的土地所有制,实行农民的土地所有制;摧毁封建势力在农村的统治,彻底粉碎了"江南无地主、地主兼工商业无剥削、无恶霸"的"三无论",提高了农民的阶级觉悟，广大农民当家做主成为主人；解放农村生产力，发展农业生产，改善农民生活。接着，各地党组织又引导农民走互助合作道路，采用新式农具，推广优良品种，使农业生产迅速得到恢复和发展。在恢复农村经济工作中，江苏进行了浩大的水利建设，先后开展了导沂整沭、治理淮河、开挖苏北灌溉总渠、兴建三河闸等工程。同时，在全境展开整治长江、太湖、修建沿海挡潮等水利工程，并对一些年久失修的水利工程进行了维修。在发展城市经济工作中，对城市工矿企业和交通系统进行民主改革，建立工厂管理委员会和职工代表会议，吸收工人参加工厂管理，调动人民群众生产积极性。对老解放区的公营企业，采取进一步改造与增加设备、改善工厂内部管理、严格纪律、厉行节约等措施，使生产有了较快发展。在没收官僚资本主义企业并把它改造为社会主义国营企业的同时，对私营工商业实行“维持、调整、改造”的方针，扶持有利于国计民生的工商业，并引导其他工商业转产转业。

从 1951 年底起，根据中央的指示精神，江苏各地先后开展“三反”、“五反”运动，清除党组织和政府内的一些腐化堕落分子，抵制旧社会的官场恶习和资产阶级的腐蚀拉拢，形成了廉政勤政的社会风气，加强了干部队伍的建设。同时，严厉打击不法资本家的严重“五毒”行为，使工商业者普遍受到了一次守法经营的教育，确立和加强了国营经济和工人阶级的领导地位。通过贯彻《婚姻法》，废除封建婚姻制度，大大提高了妇女的社会地位。各级党委和政府还采取坚决措施，彻底取缔旧社会遗留下来的卖淫嫖娼、贩毒吸毒、聚众赌博、流氓盗窃等各种丑恶现象，革除陈规陋习，使社会风气大为好转。

经过三年多的艰苦奋斗，江苏各级人民政权得到巩固，胜利完成了繁重的社会改造任务，恢复了在旧中国遭受严重破坏的国民经济。1952 年江苏工农业产值达到 57.4 亿元，比 1949 年增长 49.16%。1952 年 11 月，恢复江苏省建制后，根据党的社会主义过渡时期总路线，全省有计划有步骤地进行对农业、手工业和资本主义工商业的社会主义改造。开展以初级农业生产合作社为主要形式的多种互助合作，广大农民走上了合作社经济的道路；手工业者组织起来，加强了生产经营管理，生产条件得到改善；扶持私营工商业发展生产、扩展公私合营、实行全行业公私合营，成功实现了对资产阶级的和平赎买，大大提高劳动生产率。虽然在社会主义改造后期进程中存在要求过急、工作过粗、改变过快、形式也过于简单划一等缺点，以至在长时间遗留了一些问题，但在当时错综复杂的形势下，它完成了由生产资料私人所有制到社会主义所有制的过渡，有利于生产力的发展，达到了增加工农业产品、提高人民生活水平、巩固人民政权的目的。

从 1953 年起，我国开始实施发展国民经济的第一个五年计划。江苏结合本省经济特点和具体情况，大力发展农业生产，把兴修水利作为发展农业的一项关键措施，继续大规模治水，进行农田水利基本建设，兴建排涝、灌溉工程。制定和实施多项经济政策，适当提高农产品收购价格，稳定农业税收负担；推广农业新技术措施，提高粮食、棉花、油料的产量。“一五”期间，江苏作为沿海老工业基地，国家没有进行新的大型工业项目的投资，而要求在积累资金、输送技术力量、供应日用工业品方面给国家以支援。江苏发挥原有工业潜力，抓老企业的改组改造，改建扩建了下关电厂、贾旺煤矿等一些较大型企业；调整工业地区布局，在苏北一些工业基础比较薄弱的地区，新建和扩建了一批农产品原料加工厂；调整轻重工业生产结构，轻纺工业、机器制造业、化工、电子等工业发展迅速，后来成为江苏工业的支柱产业。通过开展增产节约、劳动竞赛和技术革新活动,改进企业管理,推动了生产。在生产发展的基础上,全省积极发展科学、教育、文化、卫生事业,加快科研院所的建设,充实力量,改善科研设施和条件;增加教育事业的投入,合理布局,兴建、改建和扩建一批中小学校,根据国家建设需要和统一规划对大专院校进行了院系调整;各项文化设施、新闻出版、广播事业都有了较快发展;卫生事业也得到了空前发展,基本上形成了城乡医疗保健网络。

(二)

在基本完成生产资料所有制的社会主义改造后,我国初步建立了社会主义基本制度,实现了从新民主主义向社会主义的过渡。1956 年9 月,党的八大一次会议提出党和全国人民主要任务是集中力量发展社会生产力,确定了全面建设社会主义的正确路线。但随后由于中央在指导方针上出现"左"的错误,江苏的社会主义建设事业在探索中曲折发展。

由于社会主义改造的急促,加上经济建设中冒进倾向的影响未能完全消除,一些社会矛盾突出起来。为了正确认识和处理各种矛盾,1957 年4 月,中央发出关于整风运动的指示。江苏全省开展以正确处理人民内部矛盾为主题,以反对官僚主义、宗派主义和主观主义为内容的整风运动。整风运动对改进各级党委和政府的工作起了促进作用。然而,在随后全国开展的反右派斗争中,采取激烈的阶级斗争形式,并扩展到所有党政机关、民主党派、工矿企业、科研单位和大中小学。江苏省委在指导思想上欲有所控制,强调反右派斗争要实事求是,避免扩大化,保护了大批干部。但在当时全国激烈的反右斗争形势下,一些知识分子、爱国人士、党内干部被错划为右派分子,造成了不幸的后果。

1958 年5 月,党的八大二次会议提出"鼓足干劲,力争上游,多快好省地建设社会主义"的总路线,其本意是为了尽快改变我国经济文化落后状况,但是片面强调经济建设的发展速度,过分夸大人的主观意志的作用,忽视了经济建设所必须遵循的客观规律。以片面追求工农业生产和建设的高速度,大幅度提高和修改计划指标为标志的"大跃进"运动在全国范围内开展起来。江苏各地也开始"大炼钢铁",正常的生产秩序和经济生活被打乱。农业方面,同样滋长了急躁的"左"的情绪,在不到一个月的时间就匆忙宣布全省实现人民公社化,相继刮起的"共产"风、浮夸风、命令风、干部特殊风和生产瞎指挥风,极大地挫伤了农民生产的积极性,造成劳动效率和劳动质量不高,粮食大幅度减产。结果导致1961 年、1962 年全省工业产值连续大幅度下降,国民经济比例失调,严重影响了市场供应和人民生活。对于"大跃进"和人民公社化运动中出现的问题,江苏省委多次向中央作过反映,并且根据中央有关指示精神,采取了一些纠"左"措施,对人民公社进行初步整顿,适当调整经济计划高指标,稳定发展生产。1959 年8 月庐山会议后,全党范围内展开了大规模的"反右倾"斗争。江苏省委维护和加强领导班子团结,顶住来自各方的压力,从实际情况出发,提出"有右反右,有左反左",省委及各地、市、县委的主要负责人都没有被划为"右倾机会主义分子",保护了一大批党员干部。

1961 年初,根据中央关于对国民经济"调整、整顿、充实、提高"的方针,江苏坚持以农业为基础、以工业为主导,按照"农轻重"的次序安排经济生产。一是调整农村人民公社内部生产关系,实行了以生产队为基本核算单位;落实各项农村经济政策,兑现

“三包一奖”，减少粮食征购，减轻农民负担，停办农村大食堂；加强对农业的支援，提高了对农业、水利和支农工业投资的比重。期间，还开始试验以农副业多种加工为主的工厂，这是后来乡镇企业发展的萌芽。维修江海湖堤，发展灌溉，兼顾交通航运，疏通京杭大运河，继续治理淮河，建设入江水道和江都水利枢纽工程，大搞小型农田水利。二是调整国民经济计划，把过高的生产建设指标降下来；调整工业布局，压缩基建规模，调整投资方向；整顿企业秩序，确立责任制和经济核算，提高质量，降低成本。以煤炭、冶金、电力和机械、化工为重点，兴建了一批新企业。经济布局开始从苏南向苏北、由城市到农村进行梯度转移。三是调整科教文卫事业，撤销和合并了那些没有条件开展研究工作的科研机构，压缩教育事业规模，全面提高教育质量。省委还对在反右派和“反右倾”运动中受到错误批判和处分的干部群众进行了甄别平反，消除“大跃进”以来产生的消极影响。1965年，全省工农业总产值比1957年增长58.3%，经济终于走出困境，城乡居民生活得到改善。

在国民经济调整过程中，根据中央的部署和要求，1963年到1966年，江苏先后开展了城乡社会主义教育运动。社教运动对解决干部作风和人民公社经营管理等方面存在的问题起到了一定的作用，不同程度地改善了基层干部和群众的紧张关系，整顿了部分战斗力薄弱的基层党组织。但是，整个运动是在以阶级斗争为纲的“左”的指导思想下进行的，走了弯路。江苏省委在对运动领导的掌握上，从实际出发，坚持“运动、生产两不误”，从省到县建立了抓运动和抓生产的两套班子，把增产还是减产作为衡量运动搞得好坏的标准之一。同时，大批领导干部下乡下厂蹲点，结合调查研究，加强对面上工作的领导，促进了各级干部作风的转变。这些都在一定程度上减轻了运动所造成的损失，全省工农业生产和其他各项事业一直保持着良好发展的势头。

（三）

社教运动混淆了两类不同性质的矛盾，特别是1965年初中央又提出运动的重点“是整顿党内那些走资本主义道路的当权派”，在意识形态领域也开展了错误的批判和斗争。“左”的错误的发展，最终导致了“文化大革命”的发生。

“文化大革命”在江苏首先从文化教育领域的“大批判”开始，迅速波及政治、经济领域。各级各部门的负责人遭到揪斗，各行各业的大批判、无休止的政治运动，使极左思潮和无政府主义严重泛滥，各级党委和政府机关受到严重冲击。江苏刚刚形成的好形势迅速逆转。1967年1月，造反派夺了省委的权，全省各级党政领导机关的活动全部终止。全面夺权使派性斗争激化，最终酿成残酷的武斗，造成经济生活和社会秩序混乱、局势动荡不安，阻碍了工农业生产的正常进行，全省经济形势恶化，国民经济遭到严重破坏。1967年3月，中央宣布江苏实施军管；1968年3月，江苏省革命委员会成立，开始对混乱状况加以约束。1970年12月中共江苏省第五次代表大会后，省委和省革委会继续实行两个机构、一套班子的体制，实际上，省委的领导作用没有得到充分发挥。继续推行“左”的方针，在清理阶级队伍、清查“五一六”等政治运动中，严重混淆了两类不同性质的矛盾，使大批干部、党员和群众受到打击和迫害，并在政治上、思想上、组织上造成严重混乱，经济建设陷入停滞状态。

1975年1月，邓小平同志主持中央和国务院的日常工作后，强调四个现代化是大局，大刀阔斧地开始了全面整顿。调整、充实后的江苏省委贯彻邓小平同志提出的一系列整顿措施，落实政策，并广泛开展“批判派性，讲团结、讲大局、讲纪律”的自我教育，全省混乱局面迅速改观。这期间，首先重点解决铁路运输问题。3 月，根据邓小平同志的指示，铁道部和江苏省委联合组织工作组，集中力量整顿徐州、南京两个铁路分局，解决交通堵塞问题。经过整顿，交通秩序的混乱状况迅速得到扭转。紧接着，对影响全省经济大局的煤炭、钢铁生产及其他部门也进行了整顿，为全省经济的恢复和发展提供了基本条件。省委还调整和充实各级领导班子，强调加强团结，初步改变了长期以来受极左思潮影响形成的派性恶习。与此同时，认真落实党的干部政策，从政治上为“清理阶级队伍”、“一打三反”、“深挖五一六”运动中受迫害的干部群众平反，为“靠边”下放的干部重新安排适当工作，恢复被错误处理的党、团员的组织生活，调动了干部群众生产积极性。全省政治经济形势有了明显好转，正常的社会秩序、生产秩序和工作秩序逐步形成，安定团结的政治局面开始出现。但在 1975 年底全国开展“反击右倾翻案风”运动后，江苏的社会秩序和生产再度遭到破坏。

十年动乱期间，江苏广大干部群众对“左”倾错误和极左思潮自发地进行了不同程度、不同形式的抵制和抗争。1976 年 3 月，南京学生、工人率先发起反对江青反党集团、悼念周总理的活动，震撼全国。在极端困难的条件下，江苏人民克服频繁的政治运动干扰，顽强努力，经济建设仍取得一定进展。包括在农田水利基本建设方面，先后完成了江都水利枢纽、入江水道水利工程，进一步改善了生产条件。苏南农村率先创办社队工业，开始改变了江苏农村经济结构。工业、交通、基础设施建设和科学技术方面取得了若干重要成就，特别是中国自行设计的国家重点建设项目南京长江大桥全面通车，中国第一部模拟 10 米天线卫星通信地面接收站研制成功等，无论在经济上还是在政治上都具有十分重要的意义。

（四）

“文化大革命”结束后，经过真理标准问题大讨论，推动了各条战线的拨乱反正。党的十一届三中全会全面纠正了“文化大革命”中及其以前的“左”倾错误，批判了“两个凡是”的错误方针，果断停止使用“以阶级斗争为纲”的口号，作出把党和国家工作中心转移到经济建设上来、实行改革开放的历史性决策。江苏大力开展拨乱反正，先后为 40 多万干部和各界人士落实政策，纠正冤假错案。对国民经济实行“调整、改革、整顿、提高”方针，以经济建设为中心，在全省农村、城市迈出了改革开放的步伐。

从 1979 年起，在探索和试点的基础上，结合各地实际情况，江苏农村逐步推行以家庭联产承包制为主体的经济改革。淮北地区率先全面实行名为“大包干”的联产责任制，推行以自留地为主的“庭院经济”，并迅速推向全省。苏南农村经济发达的地区，创造了“统分结合、包干分配”的双层分配责任制。家庭联产承包责任制的承包内容从单一的粮食联产扩展到农村经济的各个领域，产生了各种专业户和新的经济联合体。农村经济体制改革，也促进了农村的分工分业，为乡镇企业的大发展创造了条件。经过几年的调整和发展，全省社队企业建立了一系列新的行业，门类遍及工业生产的众多领域，产品多样化，还兴办了商业、服务业等第三产业。1984 年起，全省推广无锡堰桥乡“一包三改”的基本经验，上规模的企业迅速兴起，乡镇企业进入高速增长期，成功地走出一条具有江苏特色的农村工业化道路。80 年代中后期，苏南乡镇企业抓住中央实行沿海开放战略这一历史机遇,外资、外贸、外经一齐上,通过发展外向型经济实现了第二次异军突起。1984年到1994年10年间,江苏乡镇企业的产值在全省工业总产值中"三分天下有其二"。乡镇企业的迅速崛起,促进了农村经济的综合发展,加速了经济的集聚过程,也带动了小城镇建设。乡镇企业依托小城镇发展,小城镇借助乡镇企业不断壮大,形成了小城镇和乡镇企业比翼双飞的"苏南模式"。

随着农村改革的深入,江苏以城市为重点的经济体制改革由点到面地展开。经国务院批准,1982年3月,常州市列为全国经济体制综合改革试点城市之一;1984年7月,南京市作为省会大城市,进行综合改革试点。苏州、无锡、镇江、盐城等城市也分别在金融体制改革、中等城市机构改革以及企业经营责任制、住房制度等单项改革方面进行试点。在此基础上,江苏陆续出台了一系列改革措施,逐步形成了以公有制为主体的全民所有制、集体所有制、合作经济、个体经济共同发展的混合经济,大大激发了商品生产和市场调节的活力。同时,有重点地加强基础设施建设,争取国家投资建设仪征大化纤、徐州铁路枢纽等一批重点项目。新建和扩建了华能南通电厂等一大批能源、钢铁、化工、电子、机械工业大中型企业。在交通运输、邮电通讯方面,先后建成南京长途通信枢纽等一大批工程,形成了公路、铁路、水运、空运、石油管道等交通运输体系和新型邮电通信网络。通过对以中小型企业为主的工业企业改造,江苏从原来以轻纺为主、缺门少类的工业行业布局,发展为能源、原材料、机械设备和产品加工等门类配套、行业比较齐全,并具有自己特色的工业生产体系,工业生产能力大为提高,为全省经济发展奠定了比较雄厚的基础。

江苏虽是全国经济比较发达的省份之一,但苏南苏北发展很不平衡。1984年起,江苏省委从本省实际出发,实施"积极提高苏南,加快发展苏北"的经济发展战略。江苏极力争取南通和连云港列入国家第一批对外开放港口城市(这批城市因此而从原定12个增加到14个)。同时,以中央批准开放珠江三角洲、长江三角洲和闽南三角地带,苏州、无锡、常州三市及所辖12县(市)均作为长江三角洲经济开发区组成部分对外开放为契机,实行苏、锡、常对外开放。从1984年昆山自费创办经济技术开发区,到1992年5月经国务院批准建设中国与新加坡合作的苏州工业园区,大大加快了苏南地区对外开放的步伐。通过实行扶助苏北发展经济的优惠政策和措施,改善苏北交通状况,发展苏北教育和科技事业,加强南北经济合作,发挥南北地区经济的优势,提高薄弱地区各方面的素质,对加快发展苏北经济以及全省经济的全面发展都产生了很大影响。

进入20世纪90年代,江苏抓住国家开发开放上海浦东的机遇,实行"坚决支持,主动服务,迎接辐射,促进发展"的方针,经济建设进一步与浦东开发开放接轨。按照党的十四大制定的建立社会主义市场经济体制的目标,江苏明确提出"三个为主、四个加快"战略,在推进国有企业改革的同时,大胆利用外资,引进先进技术,在更高层次、更广泛领域发展开放型经济。1997年,党的十五大提出以公有制为主体、多种所有制经济共同发展是我国社会主义初级阶段的一项基本经济制度。围绕建立健全市场竞争机制,江苏大力推进所有制结构的调整和完善,进一步探索公有制经济的实现形式,民营经济蓬勃发展起来。2002年,党的十六大提出了科学发展观等重大战略思想,明确构建社会主义和谐社会的战略任务,确立了经济建设、政治建设、文化建设、社会建设四位一体的中国特色社会主义事业总体布局，确定了建设富强民主文明和谐的社会主义现代化国家的奋斗目标。江苏深入贯彻落实科学发展观，坚持率先发展、科学发展、和谐发展，突破传统发展模式，加快转变发展方式，大力推进自主创新。2003年，在国内率先制定了体现本省省情和特征的《江苏全面建设小康社会指标体系》，围绕富民强省、“两个率先”的目标，深入实施科教兴省、经济国际化、城市化、区域共同发展、可持续发展战略，在发展战略、发展道路探索中形成了江苏经验和区域特色。2007年，党的十七大作出继续全面建设小康社会、加快推进社会主义现代化的重大战略部署。江苏进一步丰富、充实“全面达小康、建设新江苏”的目标内涵，完善全面小康综合指标体系，确立更高的目标追求，提出要更加注重增强发展协调性，更加注重提高自主创新能力，更加注重改善民生，更加注重扩大人民民主，更加注重文化建设，更加注重建设生态文明，把全面建设更高水平小康社会的新要求在江苏具体化，推动了经济社会又好又快发展。2008年以来，面对国际金融危机带来的严峻挑战和严重困难，江苏认真落实中央关于促进经济平稳较快发展的决策部署和一系列政策措施，充分利用自身的有利条件和优势，化挑战为机遇，变压力为动力，全力以赴保增长促发展，千方百计保民生促和谐，坚定不移地深化改革开放。全省经济总体上继续保持平稳较快发展，各项社会事业全面进步，社会保持和谐稳定。

江苏社会主义建设和改革开放的光辉历程和伟大实践，是新中国发展变化的一个缩影，充分展示和证明了只有社会主义才能救中国，只有改革开放才能发展中国、发展社会主义，创造人民幸福美好的生活。站在新的历史起点上，江苏省委、省政府团结和带领全省人民，在以胡锦涛同志为总书记的党中央的领导下，高举中国特色社会主义伟大旗帜，以邓小平理论和“三个代表”重要思想为指导，深入贯彻落实科学发展观，继续解放思想，深化改革开放，努力开创科学发展新局面，全面小康社会建设迈出更加坚实步伐。江苏的明天一定会更加美好！

（原载《群众》2009年第六期）

努力做好新形势下的新闻宣传工作

章剑华

以纪念改革开放30周年为标志，我国现代化建设和各条战线的工作又站到了一个新的起点上。过去的历程波澜壮阔，令人振奋；未来的征程天宽地阔，大有可为。在这继往开来的历史时刻，新闻宣传战线应当按照“高举旗帜、围绕大局、服务人民、改革创新”的新要求，努力做好新形势下的新闻宣传工作，更好地完成党和政府交给的各项新闻宣传任务。

一　新闻宣传新课题

正确分析形势，明确发展任务，是做好一切工作的前提。新闻宣传工作与形势、任务紧密相连，正确认识形势和任务则更为重要。分析形势，首先要看大势、看大局。一看新成就、新发展。改革开放30年，我国经济社会取得前所未有的新成就、新发展，创造了让全世界惊叹的发展奇迹，经济实力大大提升，物质财富大大增加，城乡面貌大大改变，人民生活大大提高，为今后发展打下了坚实的基础，为抵御各种可能的风险积累了雄厚的实力。二看总目标、总任务。胡锦涛总书记在纪念改革开放30周年大会上豪迈地描绘了我国的未来蓝图，进一步明确了今后发展的总目标、总任务：建党100年时建成惠及十几亿人口的更高水平的小康社会，到新中国成立100周年时基本实现现代化，建成富强民主文明和谐的社会主义现代化国家。三看大方向、大趋势。胡锦涛总书记在纪念大会上重申我国将坚定不移地推进改革开放，坚定不移地走中国特色社会主义道路，始终坚持以经济建设为中心，任何时候不动摇、不懈怠、不折腾。四是看基本态、基本面。前不久召开的中央经济工作会议，全面分析了当前国内外经济形势，作出了这样的明确判断：我国重要战略机遇期仍然存在，经济社会发展的基本面不会改变，经济运行将继续保持平稳增长的基本态势。

然而，我们应当看到，去年以来国际国内形势发生了急剧变化，其严峻性、复杂性陡然增加。美国次贷危机引发的金融危机愈演愈烈，迅速从局部发展到全球，从发达国家传播到新兴市场国家和发展中国家，从虚拟经济扩大到实体经济，波及范围之广、影响程度之深、冲击强度之大超乎人们的预料，世界经济环境中的不稳定、不确定因素和突发性风险前所未有。中国经济作为世界经济的一部分，不可避免地受到了严重影响。具体表现为：经济运行中的困难增加，经济运行压力加大，企业经营困难增多，保持农业稳定发展、农民持续增收难度加大，金融领域潜在风险增加。目前，国际金融危机造成的严重后果尚未见底，我国经济运行中的问题和困难也没有见底。国际金融危机使我国经济生活中尚未解决的深层次矛盾和问题更加凸现，造成企业停产、半停产，财政收入锐减，失业增多、就业困难，等等，由此带来了劳动就业的压力，收入分配的压力，社会稳定的压力，这些压力容易引发一系列社会问题，使社会环境趋于复杂。

综观国内外形势，当前可能是新世纪以来经济发展最为困难、面临挑战最为严峻的时候。过去，我们在经济社会又好又快发展的大好形势下开展新闻宣传工作，摸索了规律，积累了经验，可以说是得心应手，卓有成效。而目前经济形势相对严峻，社会环境相对复杂，这无疑对新闻宣传工作提出了许多新的课题：如何释疑解惑，更好地回答人们关心的实际问题？如何凝聚人心，给人们以信心和力量？如何聚焦热点，把人们的关注点和积极性引导到“保增长、促发展”的中心任务上来？如何总结经验、树立典型，引导基层和企业共克时艰、转危为机、走出困境，实现新的发展？我们应当研究新课题，摸索新路子，以高度的责任感和使命感，尽心竭力地做好新形势下的新闻宣传工作。

二　新闻宣传新思考

新闻宣传工作的基本构成是，宣传、新闻和信息。要做好新形势下的新闻宣传工作，就必须从理论与实践的结合上，把握宣传、新闻、信息的自身规律，善于综合运用宣传、新闻、信息的手段，使之相互补充、相得益彰、形成合力。

在我国，宣传就是对群众进行说明讲解，使群众相信并跟着行动。在西方，宣传原本的含义是“散播哲学的论点或见解”，后来则常被放在政治脉络（环境）中使用，特别是指政府或政治团体支持的运作。现在西方社会往往淡化或回避“宣传”一词，但实际上一刻没有停止也离不开“宣传”，不过是更换一些手法而已。我们党和政府则高度重视宣传工作，充分利用各种宣传工作为党和国家的中心工作服务，为广大人民群众服务，并在实践中逐步形成自身的规律和原则：宣传工作必须同党中央保持一致，必须围绕党的中心工作开展，必须在党委的领导下进行。我们要自觉遵循宣传工作的规律和原则，同时也要进行宣传的改进和创新，淡化宣传色彩，创新宣传形式，改善宣传手段，提高宣传艺术，增强宣传效果。

“新闻”一词诞生于唐代，指的是新听

到的国家大事;后来《红楼梦》里出现的“新闻”,开社会新闻之先河,指的是见到的有趣的新鲜事。在现代生活中,学术界权威的新闻定义是由陆定一提出的,“新闻就是新近发生事实的报道”。随着传播手段的改进和新兴媒体的出现,我认为,新闻的定义可以调整为:“新闻是新近或正在发生的事实的传播”。这里增加了一个词“正在”,调换了一个词,把“报道”改为“传播”。“正在”说明现在新闻传播速度加快,有时事实与传播同步。把“报道”改为“传播”,是因为新闻并不全由新闻媒体来报道,也有受众自身的传播。新闻定义作这样的调整,也许会更符合当今的实际情况。但在新闻定义中,最主要的词,或者说关键词还是“事实”。一般认为,时效是新闻的生命,而我认为,事实的真实更是新闻的生命所在。没有事实的发生就没有新闻可言。那么什么样的事实才是新闻事实?有研究者提出,新闻事实应具备三个标准,即客观性、新闻性、真相性。这三者缺一不可。同时,对新闻事实的认定必须采取科学的方法,如“三角认证法”、“亲历认证法”、“权威认证法”、“科学认证法”等,以确保新闻事实的准确性。

从哲学的角度说,信息是事物运动的存在或表达形式,是一切物质的普遍属性。人类所有的知识、所有的故事都是信息。人类传播信息的主要形式是声音、符号和图像,信息的载体是书籍、报刊和广播电视。随着信息技术的迅猛发展,以互联网为首的新兴媒体异军突起,形成了报刊书籍、广播电视、新兴媒体“三足鼎立”的信息传播新格局。互联网正在不断突破着信息传播的地域界限、时间界限、形态界限,把世界连接为一个信息运动的整体,成为一个信息的海洋。互联网信息对传统媒体和主流媒体造成了极大的冲击,对形成社会舆论产生着不可估量的作用。做好新闻舆论工作必须转变思路,高度重视和掌握网络信息,并把互联网作为我们加强新闻宣传工作的重要阵地。

宣传、新闻、信息三者之间既有严格区别,又有复杂联系。区别在于:一是与受众的关系不同。宣传追逐受众,受众追逐信息,而新闻与受众是“相互吸引”。二是传播的内容不同。宣传传播观念,新闻传播事实,信息传播知识。三是传播的方式不同。宣传是单向的,信息是双向的,新闻有单向的,也有双向的;新闻是一次性的,宣传是反复性的;新闻是限量的,信息是海量的。四是准确性的要求不同。信息要求定量、单体的准确,新闻要求事实的准确和本质的真实,宣传要求定性的准确,即观点正确鲜明,材料真实典型。尽管宣传、新闻、信息有着明显的区别,但它们之间又有着复杂的联系,主要表现在受众、内容、载体的交叉。同一个受众,同一个典型事件,同一种载体,往往为宣传、新闻和信息所共用。

研究宣传、新闻、信息的特点,以及三者之间的区别与联系,是为了更好地运用宣传、新闻、信息手段,综合推进新闻宣传工作。长期以来,在实际工作中存在两种倾向:一是把宣传、新闻、信息完全混为一谈,概念模糊,功能不分,宣传不理直气壮,新闻有宣传之嫌,信息代替新闻;二是把宣传、新闻、信息完全割裂开来,各唱各的调,各打各的仗,使受众难以判别,无法接受。这两种倾向都是不足取的。正确的做法应当是在宣传工作中恰当运用好新闻和信息,提高宣传的说服力和感染力;在新闻和信息工作中,主动为宣传服务,做到各展其长,互为补充,共同为新闻宣传工作服务。除此以外,在新闻宣传上,还必须把握好这样几点:

主力与主流。党报党刊和各级广播电视台是新闻宣传的主力,担负着主导主流舆论的时代责任。但主力不等于主流,只有主力媒体不断提高新闻宣传能力,充分发挥其作用，才能真正主导全社会的主流舆论。主流舆论的阵地需要主力媒体去坚守，主流舆论的话语空间需要主力媒体去拓展，主流舆论的引导能力需要主力媒体去提高。主力强则主流强，主力弱则主流弱。因此，主力媒体应守土有责，坚守阵地，主导主流。然而，现在有一种现象应当引起充分的注意，就是有些党报党刊、广播电视和政府网站，迫于广告竞争的压力，放弃自己的主力地位，不重视主流舆论宣传，把注意力放在那些所谓的“无毒无害”的新闻和信息上。这是一种失职行为，必须加以纠正。

报道和引导。报道也可写成报导，说明报道与引导是紧密相关的。胡锦涛同志曾经强调，要在报道新闻事实中体现正确导向。这深刻阐明了报道与引导的关系，很有指导性和针对性。报道是手段、是基础，引导是目的、是结果。只有报道好，才能引导好。新华社总编辑南振中把报道与引导概括为：公布事实即引导；辨明是非即引导；指出利害即引导；讲清大局即引导；揭示趋势即引导；及时沟通即引导。这六句话是很有见地的，如果我们这样去认识、去实施报道和引导工作，就能使“媒体舆论场”和“民间舆论场”相贴近、相一致，进而达到报道和引导之目的。在这次国际金融危机中，中央媒体在报道和引导方面就做得非常出色，从内容到形式，从力度到速度，都有很多的改进和创新。中央电视台开设的《直击金融风暴》、《保增长、促发展》等专题栏目，《人民日报》发表的《最重要、最有效的手段》、《信心比黄金更重要》、《化危机为机遇》等8篇评论员文章，起到了有力的舆论引导作用。我们要很好地学习和研究这些成功的做法和经验，使今后的报道和引导更有力、更有效。

高调与低调。在新闻宣传中，往往出现两种情况，一种是调子比较高，气势比较大；另一种是调门比较低，采取冷处理的办法。形势好的时候容易唱高调，情况差的时候容易吹低调；报道成绩容易唱高调，报道问题容易吹低调。这两种情况都不是新闻宣传的最佳状态，甚至在某种程度上降低了新闻宣传的效果和新闻媒体的权威性。成熟的媒体、有效的新闻宣传，应当把握基调，保持常态。这个基调，就是团结鼓劲，积极向上；这个常态，就是实事求是，以正面宣传为主。要多用具体事例、数字、典型说话，请专家学者说话，讲成就成绩准确到位、客观实在，并留有余地；讲矛盾问题注重理性分析、适时适度，不遮遮掩掩。总之，媒体不能起哄、炒作，不要说过头话，不要说大话空话，不要唱高调，也不能唱反调、吹低调，煽动消极悲观情绪，影响民众信心。

开源与节流。这是经济用语，借用到信息传播上也很恰当。现在是信息社会，人们的工作和生活，须臾也离不开信息。政府和媒体有责任、有必要向公众提供信息，这就需要开拓信息源，增加信息量。而信息又有有用与无用、有害与无害之分，这就要求对信息进行分流、节流和截流。这与治水是一样的道理，必须堵导结合，双管齐下。现在关键是要传播好、利用好、管理好互联网的信息，掌握表达意见的主动权，更多更好地发布和提供有效信息，满足人们的信息需求，同时也要加大封堵有害信息的力度，并从源头上对有害信息进行查处，把有害信息对社会的危害度降低到最低限度。

三　新闻宣传新举措

我们常说，新闻宣传战线没有自己的工作中心，党和政府的工作中心就是新闻宣传战线的工作中心。这不是一般的经验之谈，而是新闻宣传工作的规律所在，使命所在。2009年是深入学习实践科学发展观、保持经济平稳较快发展的重要一年，也是新中国成立60周年的喜庆之年，还是国际金融危机影响进一步加深、发展的外部环境更加严峻的一年。显然,做好今年的新闻宣传工作责任大、难度更大。我们一定要紧紧围绕党和政府的中心工作,根据形势的变化,知难而进,改革创新,用新的思路、新的举措搞好新形势下的新闻宣传工作,争取主动权,打好主动仗。

加强主题宣传。一段时期以来,各级新闻宣传部门积极组织主题宣传,收到良好效果。主题宣传,是有“主题”的宣传,对“主题”的宣传,就是以党和政府的重大战略思想和重要决策部署为主题,集中、连续开展的重大宣传报道活动。从2002年以来,我省先后策划并开展了“空中看江苏”、“推动两个率先”、“弘扬三创精神”、“全面达小康、建设新江苏”以及纪念改革开放30周年等一系列主题宣传活动,并创造了“重(重视、重兵、重要时段和版面)、合(结合、合力)、新(求新、创新)、深(深度、深入)”的经验。实践证明,主题宣传是传达党的主张的重要途径,是推动实际工作的有力手段,是组织群众的有效方式,是形成舆论强势的重大举措。从一些媒体组织主题宣传的成功实践来看,必须做到“五个化”:一是内容设计专题化,突出主题宣传的针对性;二是宣传报道系列化,体现主题宣传的纵深感;三是表现形式多样化,增强主题宣传的吸引力;四是重点栏目品牌化,扩大主题宣传的传播力;五是营造声势规模化,提高主题宣传的影响力。在这“五化”之中,我认为,关键在于“内容设计专题化”,也就是要选好主题、突出主题。那么如何确定主题的宣传、宣传的主题呢?标准就是重要性、重大性、针对性和导向性。根据“四性”标准,今年有三大主题可以作为各级媒体主题宣传的重要选题:“推动科学发展、建设美好江苏”,“60年伟大历程、60年沧桑巨变”,“保增长、促发展”,为今年经济社会发展提供强有力的舆论支撑。

做好经济形势宣传。今年经济形势严峻,经济任务繁重,做好经济形势宣传显得尤为重要。今年经济形势宣传重点要做好以下七个方面:一是宣传当前形势,宣传全省经济保持平稳较快发展、经济发展基本态势没有改变和经济发展仍然具有很多有利条件和积极因素,全面分析金融危机对我省经济的不利影响,客观报道目前经济工作所存在的困难和问题,帮助人们既看到我省经济发展的优势和机遇,又充分看到经济发展的严峻性和复杂性,做好思想准备和工作准备;二是及时做好中央和省里重大决策部署和经济政策的发布,进行准确的解读,并做好相关报道,帮助人们及时而正确地掌握工作部署和方针政策,统一认识,统一行动;三是宣传目前面临的机遇和挑战,帮助人民坚定发展信心,特别是增强干部群众的工作信心、企业家的投资信心、群众的消费信心;四是宣传今年经济工作的总要求,帮助人们增强咬定目标不放松的韧劲和知难而进的勇气,采取一切有效措施,努力实现今年经济增长的预期目标;五是宣传今年经济工作主要任务和主要措施,帮助人们把握大局,协调行动,充分调动各方面保增长、促发展的积极性和创造性;六是做好经济热点问题的引导,尤其是做好金融、物价、房地产、股市、“三外”、食品安全和失业就业等热点问题的引导,稳定思想情绪;七是及时宣传各地迎难而上的工作精神和知难而进的工作成效,用创新做法和典型经验推动面上的经济工作。

重视民生新闻。民生新闻的提法不到10年的时间,但发展迅猛,引起媒体高度重视,得到群众广泛好评。起初,我们对民生新闻的认识不足,把民生新闻等同于社会新闻,把民生新闻当作那些鸡零狗碎、家长里短的东西,把民生新闻作为小报小刊和副频道的专利。其实不然,民生问题是中国当代最大的政治。各级主流媒体既有责任也有优势做好民生新闻。各级党政机关举行的重要活动、召开的重要会议、出台的重要决策,无不与百姓息息相关,无不隐含着民生问题,无不可以挖掘出其背后的民生新闻。因此,主流媒体应视角下移,变"俯视"为"平视",高度重视并利用自己的优势,拓展民生新闻的广阔空间,占领民生新闻的制高点。这样既可以拉近主流媒体与广大受众的距离,密切新闻报道与人民群众的联系,增强亲和力、吸引力和感染力,还有利于提高主流媒体的竞争力。当前民生新闻应当特别关注这样三个问题:就业问题,房地产价格问题,收入分配问题。这三个问题与老百姓生活最为密切,关注度特别大。这是民生新闻的重要资源,也是做好民生新闻的重点所在。

改进突发公共事件新闻报道。近年来,对突发事件的新闻宣传应对及时,把握适当,措施稳妥,效果较好。但也有个别事件的处置不及时不主动,造成了工作被动,产生了负面影响。从以往处置突发事件新闻报道的实践来看,新闻发布与事件处理同样重要,必须同步进行。报比不报好,早报比迟报好,自己报比别人报好,主动报比被动报好。我省各级新闻媒体在一系列突发事件新闻处置中,已经形成了这样一些好的做法和经验:建立快速通报机制,赢取舆论引导先机;及时发布权威信息,构建主流舆论强势;规范媒体采访行为,保证良好宣传效果;网上网下联合互动,有效防范负面报道。我们要在总结经验教训的基础上,更好地做好我省突发公共事件的新闻报道,做到及时发现、及时判研、及时发布、及时引导,维护社会稳定,保护人民利益。

我们在重点做好主题宣传、形势宣传、民生宣传和突发事件报道的同时,还要继续抓好典型宣传、成就宣传和舆论监督,各有侧重,统筹协调,更好地把党和政府的主张和反映人民心声统一起来,不断巩固和壮大积极、健康、向上的主流舆论。

新形势下的新闻宣传工作责任重大、任务艰巨、使命光荣。我们必须用科学发展观统领新闻宣传的实践,用解放思想的成果促进新闻宣传的改革与创新,用高素质的队伍推动新闻宣传事业的蓬勃发展,用严格纪律保证新闻宣传的健康有序,用上下左右的密切配合形成新闻宣传的强大合力,使新闻宣传工作适应新形势,承担新使命,取得新佳绩,开创新局面,为实现经济社会又好又快发展作出新的贡献。

(原载《群众》2009年第二期)

歌颂伟大祖国　建设美好江苏

周　琪

胡锦涛主席在庆祝中华人民共和国成立60周年大会上的重要讲话中指出:"60年来,在以毛泽东同志、邓小平同志、江泽民同志为核心的党的三代中央领导集体和党的十六大以来的党中央领导下,勤劳智慧的我国各族人民同心同德、艰苦奋斗,战胜各种艰难曲折和风险考验,取得了举世瞩目的伟大成就,谱写了自强不息的壮丽凯歌。今天,一个面向现代化、面向世界、面向未来的社会主义中国巍然屹立在世界东方。"伟大成就昭示民族复兴,壮丽凯歌激发爱国热情,学习胡锦涛主席重要讲话精神,必将推动爱国主义教育掀起新高潮。

今年以来,我省围绕庆祝新中国成立60周年,广泛深入开展以"歌颂伟大祖国,建设美好江苏"为主题的群众性爱国主义教育活动。全国"双百"、全省"双50"人物和第二届全国、全省道德模范评选、爱国歌曲大家唱、"迎国庆讲文明树新风"等活动广泛开展，国庆期间成功举办了“奋进的江苏”大型成就展、“茉莉盛开颂祖国”万人歌咏大会、焰火晚会、花车游行等重大活动，整个国庆庆祝系列活动丰富多彩、隆重热烈。结合近年来江苏的实践，我们感到，深化爱国主义教育应当注重以下几点：

创新平台，使爱国主义教育多姿多彩、长盛不衰。创新是宣传思想工作的不竭动力。整合各类资源，创新活动平台，是我省开展爱国主义教育活动的一大特色。今年开展的全国、全省“双评”活动就是爱国主义教育的创新之举，广大干部群众积极参与，投票总数达1 135万人次。第二届全国、全省道德模范选票也达720万张。国庆前夕，省委主要领导亲切会见全国、全省先进模范人物，邀请他们参加省里举办的系列国庆重大活动。省级主要媒体策划推出了“从百姓生活看祖国巨变”、《2009·飞越新江苏》大型新闻行动、“歌颂祖国，爱我家乡”网络作品大赛等一系列专栏专题节目，创意新颖，贴近群众，生动活泼，受到广大群众好评。

突出主体，使爱国主义教育热在基层、赢得群众。爱国主义教育活动重在群众参与，贵在突出特色，难在做到基层。由于各地方、各行业情况不同，只有以人为本、分类指导，因时而动、因地制宜，因人而异、因势利导，才能不断增强教育活动的针对性、实效性。省妇联、省文明办、省教育厅、省关工委等部门在全省1 700万少年儿童中开展了“童声唱祖国”、“童手绘祖国”、“童心颂祖国”系列活动，各级团委开展了红领巾“寻访解放的故事、寻访春天的故事、寻访英模的故事”活动，产生广泛社会影响。“奋进的江苏——庆祝新中国成立60周年大型成就展”，以群众为主体，在内容上强化“人民的胜利”、“领袖和江苏人民在一起”、“人民英模”、“人民的首创精神”、“人民生活变迁”、“各界人士寄语江苏”等专题，在形式上增强与观众互动，专门设立“万人说成就”演播室，现场采访各界人士，让观众看展览、说成就、谈感受、抒豪情，每天吸引观众约2万人次。

知行合一，使爱国主义教育落到实处、深入人心。我省把爱国主义教育活动与正在开展的学习实践科学发展观活动结合起来，与应对国际金融危机挑战、促进经济社会又好又快发展的实践结合起来，与当前中心工作和群众所思所盼有机结合起来，引导人们把爱国热情转化为立足本职岗位、做好实际工作的自觉行动。今年8月16日，中共中央政治局委员、书记处书记、中宣部部长刘云山同志在南京召开基层爱国主义教育座谈会。在听取有关情况汇报后，他高兴地说，江苏“基层的爱国主义教育活动正在蓬勃地开展，摸索了群众参与、知行合一等许多好的做法，创造了好多新鲜经验”，希望“江苏的爱国主义教育活动继续走在全国前列”。

（原载《群众》2009年第十期）

努力建设马克思主义学习型政党

刘德海

党的十七届四中全会提出了建设马克思主义学习型政党的重大战略任务。为了实现这一任务，我们务必弄清为什么要建设马克思主义学习型政党，建设一个什么样的马克思主义学习型政党，怎样建设马克思主义学习型政党。

建设马克思主义学习型政党的历史考察

我们首先应从我党的光辉历程和阶段

特征充分认识建设马克思主义学习型政党的历史必然性。

第一阶段——建党前后。中国共产党从本质上说是学习的产物，是在接受和学习马克思列宁主义、学习和借鉴苏联布尔什维克建党经验的基础上成立和成长的。

第二阶段——延安时期。随着革命形势的发展，毛泽东同志敏锐地发现了问题，他说："在我们的队伍里面，有一种恐慌，不是经济的恐慌，也不是政治的恐慌，而是本领的恐慌"。为了解决这种恐慌，他明确提出"要把全党变成一所大学校"，同时，号召在全党来一个学习竞赛，看谁真正学到了一些东西，看谁学得更多一点、更好一点。1939 年 2 月，中央成立干部教育部，统一领导全党的学习教育活动。1940 年 1 月和 3 月，中央先后颁布了《中央关于干部学习的指示》、《关于在职干部教育的指示》两个文件，并把 5 月 5 日（马克思诞辰日）确定为全党的学习节。中央还成立了各级高级学习小组，中央学习小组组长由毛泽东同志亲自担任。随后，我们党开始了延安整风，中央又专门成立了总学习委员会，毛泽东同志担任主任。毛泽东同志先后发表了《改造我们的学习》、《整顿党的作风》、《反对党八股》、《学习与时局》等重要文章，对为什么、学什么、怎么学等问题作出系统的阐述。毛泽东同志对全党的学习寄予了极大的期望，他说："如果我们党有一百个至两百个系统地而不是零碎地、实际地而不是空洞地学会了马克思列宁主义的同志，就会大大地提高我们党的战斗力量。"通过延安时期的学习教育活动和整风，为我们党领导抗日战争取得最终胜利奠定了坚实的思想基础。延安时期奠定了我们党重视学习、善于学习的传统和风气。

第三阶段——建国前后。我们党抱着"进京赶考"小学生的姿态，重新学习。这一时期，毛泽东同志和党中央一方面高度自信，另一方面又非常清醒，非常谦虚谨慎。自信，可以从毛泽东同志的一段名言中体现出来："我们能够学会我们原来不懂的东西，我们不但善于破坏一个旧世界，我们还将善于建设一个新世界。"清醒和谦虚谨慎，则体现在毛泽东同志的另外两段话里面："严重的经济建设任务摆在我们面前，我们熟悉的东西有些快要闲起来了，我们不熟悉的东西正在强迫我们去做。"因此，"我们必须学会自己不懂的东西，我们必须向一切内行的人们（不管什么人）学经济工作，拜他们为师，恭恭敬敬地学，老老实实地学，不懂就是不懂，不要装懂。"邓小平同志后来对这一段学习有一个高度的评价，他说："全国胜利前夕，主席号召全党重新学习。那一次我们学得不坏，进城以后，很快恢复了经济，成功地完成了社会主义改造。"

第四阶段——改革开放前后。这是全党在新时期的又一次重新学习。邓小平同志在复出主持中央工作时指出："这些年来，应当承认学得不好，主要的精力放到政治运动上去了，建设的本领没有学好，建设没有上去，政治也发生了严重的曲折。现在要搞现代化建设，就更加不懂了。所以全党必须再重新进行一次学习。"核心是完整、准确地学习、理解和把握马列主义特别是毛泽东思想，同时，为适应即将开始的现代化建设，学习各类专业知识和管理知识。这一次的重新学习，推动我们党顺利地实现了拨乱反正，恢复了解放思想、实事求是的思想路线，确立了以经济建设为中心的政治路线，开辟了中国特色社会主义道路。

第五阶段——十四大至十六大。党中央号召全党同志学习学习再学习，实践实践再实践，强调要构筑终身教育体系，创建学习型社会。这一时期，党的理论创新成果不断涌现，而党的理论创新每推进一步，理论武装工作就随之跟进一步。党中央组织开展了学习中国特色社会主义理论、邓小平理论、“三个代表”重要思想和“三讲”学习教育活动。

第六阶段——十六大以来。这一时期，党的思想理论建设有三点需要我们高度关注和重视，一是中央建立政治局集体学习制度。2002年12月26日，中央政治局进行首次集体学习，胡锦涛总书记在学习会上强调必须把集体学习作为一项制度长期坚持下来。至今年9月，中央政治局进行了60次集体学习，几乎每40天进行一次学习。二是组织开展大规模的保持共产党员先进性学习教育活动，提出科学发展观并组织全党深入学习实践。三是提出学习型政党的概念并逐步加以深化。党的十六届四中全会第一次提出这一概念，强调“要重点抓好领导干部的理论学习和业务学习，带动全党的学习，努力建立学习型政党。”党的十七大提出“要按照建设学习型政党的要求，在全党深入开展学习实践科学发展观活动。”党的十七届四中全会进一步提出了把建设马克思主义学习型政党作为重大而紧迫的战略任务抓紧抓好。

通过上述简要的回顾，至少可以得出三点结论：第一，重视学习、善于学习是我们党一以贯之的优良传统。第二，每当重要的历史关头和重要的历史时期，党中央总是号召全党重视和加强学习，而每一次这样的学习热潮，都极大地推动了我们党的自身建设和所领导的伟大事业的发展。这体现为我们党的政治优势，是党的建设的一条宝贵经验。第三，建设马克思主义学习型政党，是党的优良传统在新形势下的继承和进一步发扬，是党的政治优势和历史经验在新形势下的运用和进一步发挥。

建设马克思主义学习政党的现实观察

我们还必须充分认识建设马克思主义学习型政党的现实必然性。中央把建设马克思主义学习型政党作为重大而紧迫的战略任务提到全党的面前，有历史和传统的因素，但更重要的是我们党基于对所面临的形势、所处的历史方位以及所肩负历史使命的观察、分析而作出的一个重大部署。

《决定》在充分肯定我们党领导伟大事业取得巨大成就，充分肯定党的自身建设与肩负历史使命相适应的同时，对形势、任务、挑战和存在的问题，作了较大篇幅的阐述。其中，有两段话高度凝练，十分精辟，非常关键。一段是：“在我们这个十几亿人口的发展中大国，党在推进改革开放和社会主义现代化建设中肩负任务的艰巨性、复杂性、繁重性世所罕见”；一段是：“世情、国情、党情的深刻变化对党的建设提出了新的要求，党面临的执政考验、改革开放考验、市场经济考验、外部环境考验是长期的、复杂的、严峻的，落实党要管党、从严治党的任务比过去任何时候都更为繁重和紧迫。”这两段话出现在“总论”中，适用于我们党的建设的各个方面，理所当然也适用于我们党的思想理论建设，是建设马克思主义学习型政党的现实背景和根本依据。

基于上述背景和依据的分析阐述，《决定》在建设马克思主义学习型政党部分，开宗明义就提出：“世界在变化，形势在发展，中国特色社会主义实践在深入，不断学习、善于学习，努力掌握和运用一切科学的新思想、新知识、新经验，是党始终走在时代前列引领中国发展进步的决定性因素。必须按照科学理论武装、具有世界眼光、善于把握规律、富有创新精神的要求，把建设马克思主义学习型政党作为重大而紧迫的战略任务抓紧抓好。”

把总论的两段话和分论的一段话联系起来看，就为我们探讨建设马克思主义学习型政党的现实必然性提供了思维的逻辑和方向。

1. 面对前所未有的变化速度，只有加强马克思主义学习型政党建设，才能始终走在时代前列，保持和增强党的先进性。当今世界正处在大发展大变革大调整时期，世界剧烈变化、快速发展。在世界各国的发展中，中国的发展速度最快，GDP 增幅多年保持在 10% 以上。从知识更新的角度看问题，我们对变化尤其是对变化的速度会获得更为切身的感受。在我们这个时代，知识的总量是呈几何级数增长的。有分析认为，在全球国民生产总值的增长中，知识份额所占比重已经由上个世纪的 5% 左右上升到现在的 80% 到 90%。西方有一个流行的“知识折旧定律”认为，当今时代，一个人如果一年不学习，他所拥有的全部知识将会折旧 80%。国外现代管理学还有一个公式：L（learning）<C（change）=D（die），就是说，学习的速度如果慢于时代变化发展的速度，必然被淘汰。据专家分析，农业经济时代，一个人只要 7—14 岁受到教育，就足以应付今后 40 年的工作和生活需要；工业经济时代，求学时间延长为 5—22 岁；进入知识经济时代，人类必须把 12 年制的学校教育延长为“80 年制”的终身教育。这意味着学习已经从一种单纯的求知行为，变为生存和发展之道。放眼当今世界，终身教育、终身学习，建设学习型社会、学习型城市、学习型组织、学习型企业，已成为一种潮流。在这种情况下，无论是个人还是社会，无论是政党还是国家，不学习或学得不够快不够多不够好，必然会落伍，必然遭到淘汰。关于党的学习与发展速度的关系，邓小平同志讲得很清楚：“学习好，才能领导好高速度、高水平的社会主义现代化建设。”因此，党要始终走在时代前列，引领中国发展进步，就必须加强自身的学习，而且必须在更高水平上建设马克思主义学习型政党。

2. 面对前所未有的复杂局面，只有建设马克思主义学习型政党，才能提高党的执政能力。国际金融危机暴露出以美国为主导的全球化存在很多问题，但经济全球化进程不可能倒退，而是呈现出一种更为复杂的状态和局面：一方面是贸易的自由化，另一方面是新贸易保护主义；一方面是经济的全球化，另一方面是有区域保护的全球化。在文化上也是如此，一方面我们要学习借鉴外来的包括西方的文明成果，另一方面又要捍卫自己的文化传统和价值观。就国内来讲，我们一方面要以经济建设为中心，同时还要做好各方面的统筹，主要是五大统筹。统筹实质上就是统筹关系，而关系则意味着矛盾，处理得好，会产生相辅相成、相互促进的效果；处理得不好，就会相互制约。在复杂的局面中，很多问题从一个角度看很有道理，而如果放到更大坐标里面去观察，理由就不那么充分了，有时甚至是站不住脚的。对我们事业发展的复杂性问题，邓小平同志曾作出深刻的阐述：发展起来以后的问题不比不发展时少；解决发展起来后的问题要比解决发展起来的问题更加困难。中央对这个问题非常清醒，近年来，从战略的高度重视工作的科学化和合规律性问题，先后提出了“体现时代性、把握规律性、富于创造性”、“科学执政、民主执政、依法执政”、全面贯彻落实科学发展观、提高党的建设科学化水平，提醒全党同志不能用简单化的思维方法和工作方法应对复杂的局面。建设马克思主义学习型政党，提高全党特别是各级领导班子和领导干部推动科学发展、管理社会事务、协调利益关系、开展群众工作、处理人民内部矛盾、维护社会稳定的综合能力，才能在纷繁复杂的国际国内形势面前从容应对，掌握主动。

3. 面对前所未有的严峻挑战，只有建设马克思主义学习型政党，才能增强党的凝聚力、战斗力。学习联系着党性，关系着党风。毛泽东同志在延安时说:学习最重要的是态度问题,共产党人应采取有的放矢和实事求是的态度,这是党性的表现。这样,就把学习问题上升到党性的高度来认识。关于学习与党风,邓小平同志指出:我们还要在党内形成一种学习的空气,学习理论的空气、学习实践的空气,这是我们的一个党风,我们党的一个好的传统作风。因此,学习不仅仅是解决积累知识、提高本领的问题,同时还要解决党性修养、改进党风的问题。联系现实看,这一点可以看得很清楚。党员队伍中存在的很多问题,特别是党性、党风方面的问题,原因固然很多,但无一例外都与不重视学习、不注重提高思想理论修养密切相关。目前,党员干部学习的风气从总体上看还不够浓厚,一些人忙于工作,不愿学;一些人碌碌无为,不想学;一些人装点门面,不真学;一些人急功近利,不深学。有一项“万名党政干部阅读状况调查”显示,有33.4%的人每周读书时间不足3小时,其中,认为工作太忙、抽不出时间的占40%,而22.7%的人则坦承应酬太多。与不愿学、不想学、不真学、不深学相联系的,是享乐多、应酬多、跑官要官多、拉关系多,由此滋生了种种腐败现象。邓小平同志深刻指出:不注意学习,忙于事务,思想就容易庸俗化。如果说要变质,思想的庸俗化就是一个危险的起点。面对严峻的挑战,只有加强马克思主义学习型政党建设,凝聚全党智慧,提高党性修养,改进党的作风,增强党的凝聚力和战斗力,才能迎接挑战,应对考验,巩固党的执政地位,实现党的执政使命。

马克思主义学习型政党的基本特征

分析马克思主义学习型政党的基本特征,有三个基本依据和参照:一是《决定》的论述,集中体现在“科学理论武装、具有世界眼光、善于把握规律、富有创新精神”中。这里虽然讲的是目标要求,但与基本特征是密切相关的。二是我们党历史上和现实中关于学习教育的传统、制度、做法、经验和教训、成就和问题,这是推进马克思主义学习型政党建设的基础。三是国外的一些先进的思想和理论,主要是学习型组织理论。从以上三个方面出发进行思考,马克思主义学习型政党应当具有以下特征:

*第一,应当具有鲜明的方向性。*我们建设的学习型政党是“马克思主义”的,这是区别于一般学习型组织、学习型政党的根本所在,是定性、定位、定向的。《决定》在论述马克思主义学习型政党建设时讲了四个方面,都体现了鲜明的方向性、导向性,如,推进马克思主义中国化、时代化、大众化,用中国特色社会主义理论体系武装全党,开展社会主义核心价值体系学习教育。马克思主义学习型政党的“共同愿景”是实现共产主义,在当代是建设中国特色社会主义,建设富强、民主、文明、和谐的现代化强国。

*第二,应当树立先进的学习理念。*学习理念要升级。树立全员学习理念,不仅党的领导干部要学,每一个党员干部都应当学。树立终身学习理念,活到老学到老,终身制学习;树立全方位学习理念,向书本学习、向实践学习、向世界学习、向他人学习。树立工作学习化、学习工作化理念。所谓工作学习化,就是要把工作当学问来做;所谓学习工作化,就是把学习作为工作的一部分。

*第三,应当把自我超越与团队学习结合起来。*党员的素质和态度影响政党的兴衰,首先要激活个人的追求。自我超越的学习,不仅仅是获取信息和知识,还包括态度方法、道德品质和行为习惯等。党员通过个人学习,可以理清个人的目标追求,认清自己的责任和价值所在。个人的学习常常是难以保障的,因此,必须与团队学习结合起来。团队学习可以建立起整个组织一起学习的风气和标准,而且,如果每一个党员都把自

己拥有的新知识、新观点、新经验在团队中分享，就会产生1+1>2的效果。

第四，应当把学习与能力建设结合起来。学习如果不与能力建设结合起来，它的效果和吸引力就会大打折扣。学习要与提高思维能力结合起来，包括战略思维能力、创新思维能力、辩证思维能力；学习要与提高决策能力结合起来，团队学习应当在民主氛围中进行，通过学习释放出集体的智慧，提高决策的民主化、科学化水平；学习要与提高执行力结合起来。团队学习的一个很重要的目的和作用是在团队中寻求共识，增强每个成员行动的自觉性、主动性，提高执行力。

第五，应当具有广泛的示范性。这是由我们党的执政地位所决定的。马克思主义学习型政党应当为全社会作出表率，对学习型组织、学习型社区、学习型城市、学习型社会产生示范、导向作用。

马克思主义学习型政党的实现途径

为把建设马克思主义学习型政党这一战略任务落到实处，《决定》提出了两项任务，一是建设学习型党组织，二是建设学习型领导班子。落实这两项任务，也就找到了建设马克思主义学习型政党主要的和基本的途径。建设学习型党组织，建设学习型领导班子，抓住了基础，突出了重点。我们党是以组织的形式存在和发展的，目前有370多万个基层组织。正是通过遍布各地、各条战线和各个单位的党的组织，我们党才成为一个有统一意志、统一行动的整体。各级党组织是贯彻落实党的理论和路线方针政策的组织者、推动者和实践者，理所当然也应当成为落实建设马克思主义学习型政党战略任务的组织者、推动者和实践者。因此，建设马克思主义学习型政党，基础在党的各级组织。各级领导班子和领导干部既是学习的重点主体，又是学习的领导者和组织者，必须作为重点对象和关键因素突出出来。推进学习型党组织和学习型领导班子建设，从宏观上看，应当对以下三项基础性工作或者说三个基本条件加以研究和解决。

第一，要形成一种浓厚的学习氛围。从一定意义上说，人是环境的产物，环境可以熏陶人感染人，环境还可以给人以压力和动力。回顾这几年，凡是组织程度比较高、学习态度比较认真、学习效果比较明显的学习教育活动，都是因为在全党乃至全社会形成了比较浓厚的学习氛围，如“三讲”、先进性学习教育活动、学习实践科学发展观活动等。推动浓厚学习氛围的形成，要解决好两个问题：首先，要解决好领导干部和普通党员干部重视程度不平衡的问题，培育和推动两方面积极性，真正形成全党普遍重视的一种火热的局面。其次，还要注意把组织要求、政治热情与科学态度、务实作风结合起来。要善于把组织号召内化为党员的自觉意识和自我追求。要注重学习的目的性和效果，像邓小平同志要求的那样要“管用”。要善于学习我们不懂的东西，避免机械式的简单重复和“炒冷饭”。尤其要善于培育思考型的党风，改变学习只经“眼耳”而不进“头脑”的现象，在全党形成善于学习的一种生动局面。一旦形成重视学习的火热局面和善于学习的生动局面，就会极大地引导、推动、规范和激励全党同志的学习。

第二，要确立有效的激励导向。重点是用人导向，核心是把党的思想理论建设与党的组织建设特别是干部人事制度改革结合起来。多年来，一些党员干部之所以学习热情不够高、态度不够踏实、效果不够明显，除了学习内容、学习方法的因素外，一个很重要的问题，是没有真正把党员干部的学习状况与考核评价、选拔使用挂起钩来，形成了既缺乏动力又缺乏压力的状况。对这个问题，我们党早有认识，并为改变这种现象作出不懈的努力。早在延安时期，党中央就提

出:在鉴定干部的时候,学习情况要作为鉴定的标准之一。毛泽东同志明确指出:选举中央委员会,就要选取有学习精神的人。改革开放初期,邓小平同志强调:无论在什么岗位上都要有专业的知识和专业的能力。没有的要学,有的要继续学,实在不能学、不愿学的要调整。党的十七届四中全会在总结经验的基础上,明确提出要把理论素养、学习能力作为选拔、任用领导干部的重要依据。我们要抓住机遇,抓紧制定促进党员干部学习的考核机制、竞争机制、激励机制,扎实推进马克思主义学习型政党建设。

第三,要建立完备的创建体系。经验表明,要有序有力有效地推进一项工作,能够量化的要尽可能量化,最好能形成一套考核指标体系。这是重要的领导方法和工作方法。就全省全局工作看,我们率先制定了全面实现小康社会的综合指标体系,有力地引导和推动了全省的工作,使我省全面小康社会建设始终走在全国前列。就各领域工作看,以精神文明创建为例,这项工作之所以能够扎实推进并且长时期保持很强的号召力和吸引力,很大程度上得益于我们在文明城市、文明行业、文明村镇、文明单位等方面形成了一系列完备的创建指标体系。建设马克思主义学习型政党,应当借鉴这方面的经验,朝着这个方向去思考去努力,尽快形成推动学习型党组织和学习型领导班子建设的创建体系。

(原载《群众》2009 年第十二期)

江苏广播影视新媒体新服务新发展

耿乃凡

党的十七大提出要努力运用高新技术创新文化生产方式,培育新的文化业态,加快构建传输快捷、导向正确、覆盖广泛的文化传播体系。广播影视是一个具有高科技、重装备、大投入特点的行业,追求的是传播力、吸引力、影响力和引领能力的不断提升,科学技术的每一次进步都促进了广播影视业的重大发展。当前,随着数字技术、信息技术、通讯技术的发展,地面数字电视、网络广播、网络电视、高清电视、手持电视、手机电视、卫星电视、楼宇电视、IPTV、移动电视、户外大屏等广电新媒体相继出现,广播影视的发展进入了一个全新的时代。大力发展新媒体并用积极、健康、向上的内容为人民群众服务是广播影视这一主流媒体的职责所在、使命所在。

一 广播影视新媒体的概念与特征

新媒体从概念上讲,是指利用数字技术、网络技术,通过互联网、宽带局域网、无线网、卫星等渠道,以及电脑、手机、数字电视机等终端,向用户提供视听信息和娱乐服务的传播形态。从形态上看新媒体的“新”体现在几个方面:传输手段多样化,除利用广播电视传统的地面无线、有线网络、卫星之外,还包括局域网、虚拟专网、互联网、直播卫星,以及 WIMAX、WAP、3G 等传输手段;覆盖领域多样化,不仅面向家庭,还覆盖写字楼、商场、超市、医院、车站、户外广场等各类固定场所,以及铁路、客运、船舶、公交、地铁、出租车等移动交通工具上的显示屏;接收终端多样化,不仅包括电视机,也包括计算机,以及手机、笔记本电脑、MP4、PDA 及各类便携手持终端。

当前,新媒体的发展呈现出以下六个主要特征:一是数字化。我国 2006 年颁布地面数字电视标准并开始使用,到 2015 年将关闭模拟信号。二是网络化。网络化将使电视成为“无处不在的影像”。三是高清化。画面更加清晰逼真,声音效果更具震撼力，使人有一种身临其境的感觉。四是融合化。随着“三网融合”进程加快，广播影视媒体跨平台、跨网络、跨终端提供数字内容服务将成为现实。五是广众化。广电新媒体使每人拥有电视成为可能，实现了电视从到户变到人的飞跃。六是互动化。由过去“我播你看”变为“我点我看”、“即点即看”。

二　广播影视新媒体的重要影响及发展趋势

1. *广播影视新媒体的重要影响*。新媒体的迅猛发展一方面对传统媒体产生了极大影响，改变着传媒的格局与业态，另一方面也对社会生活各个领域产生着极大影响，创造着新的社会生活理念。今后一个时期，新媒体的影响力将快速提升。主要表现在以下五个方面：一是舆论影响。新媒体以其强大的技术优势改变着舆论流向进而在一定程度上营造着特定的氛围，影响着一定群体、一定区域乃至更大范围的舆论环境。二是产业影响。包括对资金链、产品链、贸易链的影响。新媒体成为投资热点，拥有广阔的市场空间和市场前景。三是文化影响。包括对文化消费、文化趣味、文化产业的影响。新媒体以其独特的媒介交流方式和娱乐体验方式，改变着人们的思维方式，主导了新的文化消费市场，创造了新的文化消费产品，进而改变了人们的文化消费观念。四是社会影响。根据掌握新媒体的程度和水平将会划分出不同的社会阶层和社会群落，不同社会阶层与社会群落的心理状态也会像人们的生活方式、人与人之间的社会关系一样被新媒体极大地改变。五是科技影响。新媒体以信息网络、计算机、人机互动等领域内的新技术为推动力，促使传统媒体的技术指标、产品类型不断更新换代、升级，以适应新的竞争需求。

2. *广播影视新媒体的发展趋势*。当前，新媒体已经进入了高速发展的阶段，来势迅猛，风光无限。从产业特性上看，一是高度市场化，准入门槛很低，与传统媒体的格局形成鲜明对照；二是高度资本化，资本的力量在新媒体市场得以充分展示，以大资本投入，占领市场，抢占资源，并在资本市场寻求高额回报；三是产业规模化，成功的新媒体实体都是超越行政区划限制，以全国性视野，迅速在全国范围占领市场；四是资源集中化，某一领域的新媒体大部分资源因抢占先机往往集中在少数领先者手中，形成所谓“赢家通吃”的现象。

从全球范围看，新媒体发展在以下三个方面势头强劲：一是IP电视风头正劲。国外传统的通信企业纷纷开展IP电视服务。目前全国IPTV实验用户已超过200万。二是手机电视初露锋芒。各国电信运营商和广电运营商纷纷涉足手机电视服务。通讯方式的3G建网布号如火如荼，广电主导的移动多媒体广播CMMB也取得重大进展。在国内，中国联通、新浪网等都加入了手机视频门户的竞争行列。三是网络广播电视风起云涌。各大网站和传统的广播影视内容供应商纷纷借助互联网络拓展音视频业务。

三　江苏广播影视新媒体发展状况

一是新技术应用步伐加快，移动电视、广播式手机电视业务试水。省建立了数字电视单频网，开通了面向多种交通工具的移动电视业务。在手机电视方面，广电播出机构与当地电信企业合作，进行了手机报业务以及手机流媒体电视的小规模尝试；移动多媒体广播已经启动。

二是互联网上竞争激烈，广电媒体网络电视占有一席之地。省及各市广电播出机构大都建立了自己的门户网站，拥有了一定的受众，并确立了相应的地位。

三是公共视听载体开辟传播新渠道，电视服务向新领域延伸。目前，全省开办公共视听载体的单位共有 181 家，终端数达到 16 574个，播出内容主要以广告和各类信息为主。

四是发展的认识有待进一步提高。将新媒体视为广播影视传统媒体的“附属品”，而非作为一个崭新的媒体领域来发展。对新媒体业务持保守观望的态度，创新观念薄弱，市场意识不强。

五是运营机制不适应。依然沿用传统媒体的经验运营，无法形成适应新媒体特点与要求的发展模式。在管理模式上，广播影视新媒体在资金使用、人才使用、决策实施等方面都不如社会化企业灵活，缺乏必要的政策和资金支持。

六是在服务方面，没有形成新媒体的服务特质，在管理政策、管理要求和精细化服务与管理上有较大落差。

四 江苏广播影视新媒体的发展方向

江苏广电新媒体发展要按照“统一规划、合理布局、整合资源、促进联合、突出重点、办出特色、坚持创新、加强管理”的要求，进一步解放思想，提高认识，增强责任感和使命感，充分利用传统资源，结合自身优势，不断创新观念、创新体制、创新技术、创新模式，加快寻求新媒体产业发展的突破口。当前，要集中精力，重点推进以下四个方面的工作：

1. *大力发展地面数字电视。*《国务院办公厅转发发改委等部门关于鼓励数字电视产业发展若干政策的通知》（国办发［2008］1号）明确要求积极发展地面数字电视，并规定了相应的扶持政策和措施。国家“十一五”时期广播影视科技发展规划确定的目标是到 2010 年全国大中城市建立地面数字电视系统，初步构建全国地面数字电视覆盖网，并积极应用地面数字电视组网技术，兼顾固定与移动接收，开展多种应用业务。

地面数字电视具有信号接收受地形地貌、自然灾害影响小，节目传输容量大，节目信号质量高，可开展公众服务信息业务和个性化业务等特点。地面数字电视将最终实现电视终端从“到户”至“到人”的革命性转变，与有线电视相比较，地面数字电视具有以下优势：一是投资少，仅需五分之一投资；二是见效快，仅要三分之一时间；三是费用低，地面数字电视投入少，维护简单，因此费用也相应较低，对于经济欠发达地区老百姓来说更受欢迎；四是技术领先，目前全省有线电视用户还是以模拟为主，面临着“模转数”的大量工作，而地面数字电视能一步到位地解决数字化问题。

特别要指出的是，江苏加快推进地面数字电视发展有利于解决我省广播电视城乡、区域发展不平衡的突出问题，推进我省在全国率先实现数字电视城乡一体化；有利于加快推进江苏信息化建设，打造数字江苏，依托全省数字电视网络可以搭建数字电视电子政务系统和应急调度指挥系统；有利于加快我省新农村建设步伐，满足农民群众日益增长的精神文化需求；有利于打造江苏数字电视产业链，推进广播影视成为江苏文化产业乃至服务性产业的主力军。

江苏地面数字电视的发展思路是：在省委、省政府的领导下，由广播影视行政主管部门具体组织实施，以全省播出机构广播电视发射台为主，合理、有效利用系统资源搭建全省统一的技术平台，统一规划、统一建设、统一管理，实现一体化的中心管理、集约化运行、规模化发展，公益性服务，少花钱多办事，以最大限度地满足群众日益增长的对广播影视资讯需求。

2. *全面推进中国移动多媒体广播（简称 CMMB）在江苏的发展。*CMMB 具有高覆盖率、低成本、高质量、易接收、可移动、便携带、服务广等优势，是通讯方式以外的以广播方式的手机电视，是潜力巨大的新兴产业。目前,国家移动多媒体广播电视产业发展的基本思路主要有三点:一是构建全国统一标准的传输覆盖网络。形成“天地一体、星网结合、统一标准、全国漫游”、单向广播和双向互动相结合、中央和地方相结合、全程全网、无缝覆盖的网络体系。二是建立统一的条件接收和运营支撑体系。采用加密播出,实现对全国用户的精细管理,使广大用户在各地都能享受到统一的、标准的专业化服务。三是建立符合现代企业制度的合格市场运营主体。国家运营实体已经组建。

我省将以国家大力推进 CMMB 业务为契机,结合江苏省情,全省统一联动,按照市场规律,实行产业化运作,全面推进我省 CMMB 业务的发展,全省网络覆盖拟分四步完成,力争 2009 年完成我省的覆盖任务,CMMB 网络基本建成。在完成全省覆盖工作的同时,在各市建设 CMMB 精品网,增加发射站点数量,组建单频网。

3. 加快发展网络广播、网络电视及门户网站实体。互联网具有传播海量、无疆界、天然落地的特点,隐匿性和交互性很强,在全球影响越来越大。在国内,互联网已经成为思想文化信息的集散地和社会舆论的放大器,对于社会舆论形成机制有着深刻影响。我国互联网用户已超过美国,位居世界第一,其中互联网视频用户已经突破 1.7 亿,30 岁以下的年青人约占 75%。从一定意义上讲,做好了新媒体发展,就满足了年轻一代需求,就赢得了未来。我省广电媒体要发挥优势,创造条件,做网络视听新媒体发展的主力军,致力于打造一批具有品牌影响力的网络视听新媒体实体,大力促进广播影视节目传播渠道多元化、数字化、网络化,使新媒体成为江苏广播影视大发展、大繁荣的新亮点。当前,我省广播影视要进一步做好互联网节目内容建设,不断提高互联网视听节目服务的供给能力,充分利用交流互动等适合网络特点的传播手段,精心制作高品位、高质量、符合新媒体形式要求的内容产品,提供更多个性化、多样化的新媒体视听服务。与此同时,要加强网络传播技术的研发,充分吸收和利用国内国际最新的互联网技术,并积极研发具有自主知识产权的网络传播新技术,为发展壮大网络广播、网络视频提供强有力的技术支撑。

4. 积极发展高清电视。在现有的视听类产品中,高清电视是在家庭收看条件下视听品质最高的一种。发展高清电视,是社会发展和科技进步的必然趋势,是数字电视发展的一大亮点,对于拉动内需、带动相关产业发展具有至关重要的作用。

我省高清电视发展主要任务有:一是大力加强高清节目制作。这是衡量一个电视台综合实力的重要标志。加快高清电视节目制作储备,注重培养高清节目制作人才,为高清频道的开办奠定坚实的基础。二是统筹规划,从标清电视与高清电视同播入手,逐步开办专门的高清频道。统筹地面数字电视、有线电视网络、直播卫星等多种传输覆盖手段,推动高清电视通过各种途径进入千家万户。三是积极引导、推动接收终端的发展。积极协调有关部门,大力推动相关厂商加快生产带有高清机顶盒和带有硬盘存储播放功能的高清一体机,拉动全省电子产品制造业发展,实现电视机制造业的机构调整。

当前,全球范围内的新媒体发展方兴未艾,新媒体正日益改变着人们的生活,影响着整个世界,在政治、经济、文化等各个领域发挥着越来越重要的作用。新媒体为广播影视的发展带来了重大机遇,也为战胜经济危机带来新的增长点,依托新媒体,广播影视将站在时代的高起点上,迎来新一轮大发展大繁荣的新辉煌!

(原载 2009 年 3 月 17 日《新华日报》)

着力推进新闻出版业走科学发展率先路

徐毅英

近年来，江苏省新闻出版局坚持把转变政府职能、提高行政效能摆上重要位置，积极探索提高行政管理效能的新路子，努力推动江苏新闻出版业走科学发展率先路，取得积极成效。全省新闻出版业呈现事业不断繁荣、产业快速发展的良好势头，已成为全国最大的新闻出版产业基地之一，主要发展指标居于全国前列。2008 年全省新闻出版（版权）行业实现销售收入突破 800 亿元，总量和增速均居全国前列；图书出版总品种列上海之后居全国第二，总印数居全国第一；在近年举行的中华优秀出版物奖、中国出版政府奖等各类评奖中，我省获奖数量均居全国前列；农家书屋建设总量居全国第一；出版物市场秩序健康有序，中央领导同志批示肯定我省打击网络色情工作经验，中宣部组织 7 家中央主要新闻媒体来我省集中采访报道，省“扫黄打非”工作领导小组办公室被评为全国“扫黄打非”工作先进集体。

坚持把更好地服务发展、服务基层、服务群众作为转变政府职能、提高行政效能的根本导向

推动新闻出版业又好又快发展，使各项工作让党委和政府放心、让基层和群众满意，是我们推进职能转变、加强和改进行政管理的出发点和落脚点。为了促进事业繁荣、产业发展，我局连续 2 年组织力量撰写行业发展分析报告，分类加强宏观指导；将 2001 年以来新闻出版业现行相关政策文件，进行全面搜集整理，并汇编成册，指导、推动政策落实；积极动员各地做好省文化产业引导资金项目申报、评审工作，第一批共有 20 多个新闻出版项目入围，接受考察组实地考察；深入总结并大力推广南通市通过版权保护促进经济发展的经验，南通市家纺市场被国家版权局定为全国版权保护示范点，被世界知识产权组织指定为版权保护优秀示范点，并荣获世界知识产权组织版权创意金奖；总投资 1 500 万元的服务版权及相关产业发展的网络平台——“江苏省版权综合技术服务中心”已获省科技厅立项，正在建设之中。为了提高“三服务”水平，我局将部分审批权下放或委托市级新闻出版行政部门行使；实行了行政审批“一站式”服务，将 41 项行政许可事项、17 项行政管理事项交由局政务大厅统一受理、统一送达，并在省级机关各部门中率先运行行政审批电子监察系统，由驻局纪检组监察室对行政审批的全过程进行监督，实现行政审批工作的规范化、透明化，问卷显示，100% 的申请人对我局行政审批“一站式”服务持肯定态度。

坚持把依法行政、规范执法作为转变政府职能、提高行政效能的关键措施

近几年我们在推进依法行政、加强行政执法的规范化建设上下了很大功夫。一是建立健全法制工作机构。2003 年 10 月在局办公室增挂政策法规处牌子，2007 年 11 月政策法规处单独设置。省、市两级分别成立依法行政工作领导小组和重大行政处罚案件审理委员会，重大行政决策事项和重大行政处罚案件一律提交集体研究或集中审理。二是规范行政管理和行政执法行为。省局相继制定实施全省新闻出版（版权）《行政许可规程》、《行政执法规程》、《重大行政处罚案件审理规则》等文件，制定了统一规范的行政执法文书，做到了行政管理、行政执法都按法定职能、法定程序来进行。三是加强对行政管理和执法行为的监督。认真做好政府信息公开工作，能公开的全面公开。

对行政审批,已实现运用电子技术手段进行全过程监督;对重大行政处罚案件,依法公开举行行政处罚听证会;对职称评审、各种奖项评比等行政管理事项,均通过政务网站等渠道向社会公示,接受各方面监督。四是加强普法宣传教育。2006年以来,相继组织开展全省新闻出版(版权)“法制建设年”、全省新闻出版法律知识竞赛和全省著作权知识电视大赛、“法治江苏与新闻出版”大赛、全省新闻出版系统学法用法大赛,全系统共举办各种法律法规培训班231班次,培训各类人员近4万人次。2007年我局荣获“江苏省政府法制工作创新奖”。

坚持把以人为本、强化服务作为转变政府职能、提高行政效能的价值取向

前几年,新闻出版行政管理工作主要是局限于新闻出版行业,直接服务社会大众的工作少,普通群众对新闻出版行政管理工作了解不多。这两年,农家书屋工程的实施、全民阅读活动的广泛深入开展,搭建了新闻出版工作更好地服务社会大众的载体,得民心、顺民意,是以人为本理念在新闻出版工作中的成功实践。截至去年10月底,我省已建成农家书屋6 748个,有11个县(市、区)已实现农家书屋在行政村的全覆盖。从各地情况看,农家书屋在新农村建设中已逐步成为农民群众学习、了解党的路线方针政策的阵地,学习科技知识、增强致富本领的阵地,学习法律知识、建设和谐社会的阵地,促进农村未成年人健康成长的阵地,丰富农民群众精神文化生活的阵地,同时还是出版发行单位了解农民对出版物需求的阵地。

积极推进书香江苏建设。以每年的“4·23世界读书日”、“六一国际儿童节”和春节、国庆节等节假日为契机,开展苏版图书“进企业、进农家、进社区、进军营、进学校”、向青少年推荐“百种优秀苏版图书”、“送书到未成年犯管教所”、“送书给农民工”等活动,引导和服务群众多读书、读好书。去年会同省委宣传部、省文明办等单位,首次在全省范围内组织开展江苏农民读书节,受到农民群众欢迎。

坚持把加强自身建设、优化外部环境作为转变政府职能、提高行政效能的重要保障

一方面坚持不懈加强新闻出版(版权)行政部门自身建设,不断提高行政能力;一方面千方百计优化新闻出版(版权)工作的外部环境,争取各级领导和社会各方面支持新闻出版业的改革和发展。抓班子,提高决策水平——局领导班子坚持每周例会制度,及时研究落实总署和省委、省政府作出的各项工作部署。加强理论学习,注重调查研究,努力做到科学决策、民主决策。局党组中心组被省委组织部、省委宣传部评为2003—2007年度全省县以上党委(党组)理论学习先进集体。在深入学习实践科学发展观活动中,群众对我局“组织开展学习实践活动情况”满意率为99.16%,“解决突出问题情况”满意率为98.74%。抓队伍,改进工作作风——连续2年开展“调查研究月”活动,组织局领导班子成员、各处室主要负责人“走出去”,到上海、广东、北京等地学习先进经验,推动思想解放;“走下去”,深入基层,了解实情,解决问题。通过开展处室作风评议、主动征求服务对象意见、设立机关作风监督点、聘请监督员等多种途径,推动机关作风建设。抓机构,明晰工作职责——近年来新设立了江苏省出版物审读中心,增挂了局信息中心和出版物市场监管处的牌子,单独设置了局政策法规处。逐步理顺行政管理部门与协会的关系,对多年甚至十几年没有换届的印刷、出版、期刊、版权、发行行业协会进行换届改选,将局机关承担的一些服务性职能,如版权登记服务、业务培训等交给协会行使,协会工作开展得有声有色,其中2007年省印刷行业协会被评为全省百强行业协会，列十佳行业协会第三位，省出版工作者协会被评为民间社团先进单位，省版权协会完成著作权登记量比上年增长126.5%，在著作权宣传、稿酬收转、建立社会化反盗版网络等方面均取得新的突破。抓基层，增强全系统的战斗力和凝聚力——积极推动市、县新闻出版（版权）行政管理机构改革，新闻出版（版权）行政管理特别是行政执法力量总体上得到加强。会同省人事厅首次开展全省新闻出版系统先进集体、先进个人评选活动，受表彰的先进个人享受市级劳动模范待遇，调动各级新闻出版（版权）行政管理人员的工作积极性。抓环境，争取各方支持——省新闻出版局会同省委组织部在全国新闻出版系统首次举行新闻出版（版权）工作专题研讨班，帮助市、县政府领导和新闻出版行政部门负责同志，全面系统地了解和把握党中央、国务院和省委、省政府关于新闻出版（版权）工作的各项部署和要求及所担负的重要任务等，推动各级政府进一步重视新闻出版（版权）工作。

（原载《群众》2009年第一期）

弘扬爱国主义精神 共建和谐美好家园

叶　皓

在迎接和庆祝新中国成立60周年的日子里，南京市再一次兴起爱国主义教育的热潮。多年来，南京市委、市政府在省委、省政府的领导下，始终高扬爱国主义旗帜，深入挖掘历史文化资源，不断创新宣传教育载体，教育和引导广大市民爱祖国、爱家乡，在全社会唱响了共产党好、社会主义好、改革开放好、伟大祖国好、各族人民好的时代主旋律。结合这次国庆期间群众爱国主义教育高潮中的新经验，引发了我们许多重要的工作思考。

加大投入，高标准建设一流的爱国主义教育基地

一是加大资金投入，建设精品工程。近年来，南京市先后投入60多亿元，完成了一大批爱国主义教育基地的改扩建和环境整治工程。其中，在中宣部领导的直接关心支持下，侵华日军南京大屠杀遇难同胞纪念馆扩建项目投入7亿多元，建成了“世界一流、全国第一”的战争纪念馆；渡江胜利纪念馆投入2.4亿元，建成了南京的新地标建筑；南京民俗博物馆、静海寺《南京条约》史料陈列馆、南京市未成年人社会实践行知基地、栖霞青少年社会实践基地和抗日航空烈士纪念馆等场馆建设投入都超亿元；中山陵园的环境综合整治投入30多亿元。目前，全市共有全国爱国主义教育示范基地6家，省级基地17家，市级28家，区县级100多家。数量众多、内涵丰富、建设管理水平高的爱国主义教育基地成为我市一大亮点和特色。

二是率先免费开放，发挥基地作用。2004年初，南京大屠杀遇难同胞纪念馆在全国率先实行向公众免费开放，经费由政府全额补贴。去年以来，全市16家市级以上基地免费开放。其中包括雨花台烈士陵园、梅园新村纪念馆、静海寺《南京条约》史料陈列馆、云锦博物馆等国家级教育基地，也有南京市规划建设展览馆、国防园、渡江胜利纪念馆等省、市一级的教育基地。其中，仅南京大屠杀遇难同胞纪念馆和雨花台烈士陵园免费开放后市财政每年补贴就达5 000多万元。加强基地建设，特别是推动免费开放，产生了显著成效。侵华日军南京大屠杀遇难同胞纪念馆2008年接待中外观众542万人次，最高一天接待10.8万人次，

4年累计免费接待1 250万人次，其中青少年学生220多万人次；雨花台烈士陵园去年4月份免费开放至今接待游客600万人次；梅园新村纪念馆免费开放后年接待游客数量突破100万人次，是免费开放前的3倍多。据不完全统计，去年以来南京市级以上教育基地已免费接待公众突破1 500万人次。其中，每年参观教育基地的中小学生都超过200万人次。

抓住契机，广泛开展群众性爱国主义教育活动

*一是围绕全国性重要纪念日、节庆日和传统节日开展宣传教育活动。*每年的国庆期间组织各界群众在中心广场举行升旗仪式，在雨花台烈士陵园举行向革命先烈敬献花篮的仪式。近年来，按照中宣部的部署和要求，组织开展了“我们的节日”系列活动。每年的清明节，组织省市各界代表到雨花台烈士陵园举行祭奠先烈的仪式，组织党员干部和市民群众缅怀追思已逝的先进模范，举办“清明经典诗文朗诵会”、“端午诗歌颂读会”，以及群众喜闻乐见的龙舟赛等活动；在中秋节开展“百万月饼送民工、中秋南京一家亲”活动，组织各部门、各单位和志愿者，向外来务工者赠送月饼，举办专场晚会，市领导与民工兄弟一同看节目、分月饼、话团圆。

*二是围绕南京的节庆日、纪念日开展宣传教育活动。*4月23日是南京解放日和渡江胜利纪念日，每年组织市民群众和中小学生在渡江胜利纪念碑前集会，以群众歌咏，举行入党、入团和成人宣誓等不同方式开展纪念活动。今年是南京解放60周年，省、市领导亲自为渡江胜利纪念馆新馆开馆剪彩，在广场举行了省市爱国主义歌曲大家唱启动仪式暨大型群众演唱会《永远的风帆》；我们还组织了“全国网络媒体南京行”活动，邀请人民网、新华网、新浪等28家网络媒体，集中报道了南京举行的各类纪念活动；南京电视台与长江沿线城市电视台联合推出了《长江作证》大型系列报道，拍摄了4集电视文献纪录片《人间正道》，《南京日报》开设了《寻访渡江老战士》、《南京老市民说巨变》等栏目；省市各界还举行座谈会、研讨会、群众歌会、演讲征文、主题宣传语宣传画征集等100多项纪念活动。7月1日是《南京条约》签订日，我们每年都在静海寺议约地，举行纪念香港回归的仪式，由中小学生撞响警示钟，警示后人不忘国耻、振兴中华。12月13日是侵华日军南京大屠杀遇难同胞纪念日，我们每年在全城鸣响防空警报，举行大规模的悼念仪式，让市民牢记历史、不忘过去、珍爱和平、面向未来。

今年以来，我们精心组织新中国成立60周年纪念活动，市委成立了南京市庆祝活动领导小组，全市上下广泛开展了爱国歌曲大家唱活动，集中组织群众歌会、演唱会200多场。积极组织市民群众参与“100位为新中国成立作出突出贡献的英雄模范人物和100位新中国成立以来感动中国人物”的评选，在基层广泛开展“爱国歌曲大家唱”活动和“迎国庆讲文明树新风”志愿服务活动；积极参与全省“歌颂伟大祖国、建设美好江苏”主题教育活动，设计布置江苏发展成就展的南京展区；组织中小学生参与全省“我爱我的祖国”主题教育活动和少先队员“祖国发展我成长·红领巾与共和国同行”主题实践活动。举行省市各界庆祝中华人民共和国成立60周年大会和大型文艺演出；举行大型的庆国庆焰火联欢晚会和国庆花车游行。国庆节前组织对老战士、老同志，革命烈士遗属、伤残军人，劳动模范等杰出人物的走访慰问；组织编辑出版一批反映60年来经济社会发展辉煌成就的图书、影视、文艺作品；举行爱国主义影视戏剧展映（演）月活动。此外，各区县、部门为迎接国庆组织开展的群众歌咏、文艺汇演、演讲征文、评选表彰、主题实践等活动达300多项。市属新闻媒体提前策划启动，开辟专栏、专访、征文，浓墨重彩地宣传60年的巨变。

创新载体，不断拓展爱国主义教育渠道

近年来，我们大力实施“十大市民参与工程”，通过市民论坛、市民学堂、市民参观、市民实践、市民欣赏、市民议事、市民旁听、市民听证、市民监督、市民观察等活动载体，建立爱国主义教育长效机制，进一步激发市民群众树立报国之志、建设美好家园的热情。

一是通过“市民参观”活动展示祖国的变化和成就。从1994年开始，我们开展了“万人看南京”活动，致力于宣传改革开放和现代化建设的新成就新变化，至今已坚持十五年。每月组织市民代表，如百名劳模、百名教师、百名军人、百名外来务工者等，免费参观城市建设、爱国主义教育基地等点。同时还组织参观各类反映祖国特别是南京巨大变化的成就展，目前已有50多万市民参加了这项活动，了解了祖国、家乡的发展变化，增强了市民的认同感和自豪感。

二是通过“市民欣赏”活动激发市民的爱国情怀。从2004年开始，我们通过群众喜闻乐见的形式寓教于乐，创作了大型音舞诗画《神韵金陵》、话剧《平头百姓》、《沦陷》等主题文艺作品，向市民代表赠票，邀请市民观摩，让人们在欣赏节目的同时接受爱国主义教育；编辑出版了《金陵颂》、《金陵文萃》、《金陵成语故事》等《我爱南京》系列丛书，拍摄了百集系列文化专题片《金陵文脉》、《金陵民俗》、《金陵人杰》、《金陵畅想》、《金陵节拍》等，在媒体上刊播并向市民赠送图书和光碟；与中央文献研究室合拍了电视专题片《中国1978—2008》、大型文献纪录片《奠基——老一辈革命家与新中国体育》，拍摄了电视专题片《跨越》、电视记录片《见证南京大屠杀》，在中央电视台和南京电视台播放，增强了市民对祖国、家乡的了解和热爱；2007年开始实施“文化惠民工程”，每年举办百场广场公益演出，做到在基层月月有节庆，天天有演出。

三是通过“市民实践”活动提升市民主人翁意识。自2004年以来，鼓励和引导市民群众积极参加公益活动，在参与中提升主人翁意识。目前，在全市各爱国主义教育基地活跃着数千名志愿者和义务员讲解员，增加了免费开放后服务接待的力量；每年开展“让南京更绿，让家园更美”市民绿化活动，广大市民踊跃参与植树赏绿，美化生活环境；全市还成立了多形式多层次的市民劝导队伍，其中“每天奉献1小时”交通文明劝导活动，组织志愿人员在早晚交通高峰时间，到重要路口劝阻行人、非机动车的交通违法行为。在去年文明城市创建过程中，参与交通文明劝导活动的市民志愿者就达4万多人次。

选树典型，充分发挥先进模范的示范作用

大量培育市民可敬可亲可学的先进典型。从2005年开始，我们推出“市民楷模”系列典型。即从各行各业选出10位左右的优秀市民作为“市民楷模”，如十佳好市民、十佳优秀共产党员、十佳志愿者，以及践行社会主义荣辱观等系列典型。至今已累计推出150多位楷模人物。这些典型中，有“平民英雄”周光裕，“农民的好支书”李元龙，爱岗敬业为民谋利的好干部张璟，坚持自主创新的南瑞继保电器有限公司董事长沈国荣，火海救人的英雄民警王昭勇、孙伟华等一批重大典型。这些“市民楷模”来自基层、贴近群众，让市民感到可信、可亲、可学。此外，还多年坚持开展“南京好市民”、“感动南京”年度人物评选表彰活动。市属新闻媒体开辟专题专栏，每月连续刊登先进典型的事迹。去年,我们在电视上重点打造“感动南京故事会”栏目,每月举办一期。活动以“讲述凡人善举,传递你我感动”为理念,邀请群众身边的先进人物走进屏幕,讲述一个个不平凡的故事,让市民感动市民、让市民学习市民。

大力开展向先进典型和道德模范学习的活动。2001年以来,南京市先后推出了“平民英雄”周光裕、“农民的好支书”李元龙等重大先进典型。其中,周光裕被中宣部列为先进典型进行集中报道。李元龙的事迹得到了温家宝、刘云山等中央领导的批示肯定。近年来,在“市民楷模”系列典型的基础上,重点选树了一批全国和省市重大先进典型,相继推出了爱岗敬业为民谋利的好干部张璟,坚持自主创新的南瑞继保电器有限公司董事长沈国荣,火海救人的英雄民警王昭勇、孙伟华等一批重大典型。其中,张璟先后被列为全国建设系统重大典型,沈国荣被中央新闻媒体集中宣传报道,王昭勇、孙伟华被公安部授予“全国公安系统二级英雄模范”奖章,产生广泛的社会影响。2007年,中央文明委评选全国道德模范,南京市推荐的“诚实守信的好市民”戴玉银获得了全国道德模范提名奖。同年,南京市举办了首届“南京市道德模范”评选表彰活动。今年,南京市推荐了陈光标和于葆林、张定华作为“全国道德模范”的候选人。

宣传引导,着力营造爱祖国爱家乡的社会氛围

发挥媒体宣传鼓劲、凝聚人心的作用。南京地区媒体数量众多,中央和省市媒体云集。近年来,我们着力提高政府和媒体打交道的能力,加大政府新闻发布力度,去年召开新闻发布会351场,引导媒体宣传党和政府的中心工作;加大媒体正面宣传力度,去年围绕解放思想大讨论、抗震救灾、喜迎奥运、纪念改革开放30年等61个主题开展了宣传,有效地激发了全市人民热爱祖国、建设南京的热情。

深入基层开展面对面的宣讲。我们创新爱国主义教育宣讲形式,以区县党校教师、有实际经验的基层工作者为骨干组成基层宣讲团,开展菜单式宣讲。宣讲团将形势教育的内容按照不同专题划分,列成专题“菜单”发到基层,基层单位根据实际需求,有针对性地选择“菜单”。截至目前,基层宣讲团深入街道、社区、企业以及以民工为主体的建筑工地等,深入浅出地宣讲党的十七大精神、贯彻落实科学发展观、改革开放30年成就、建国60年成就等内容达3 000多场,受到广大基层干部群众的欢迎。2007年以来,与解放军南京政治学院进行军地联合,充分利用政治院校师生资源,深入基层宣讲,效果明显。这一经验被中央军委充分肯定,并被邀请到总政作专题报告。全市1万余名老干部、老战士、老专家、老教师、老模范组成的“五老”宣讲团,也成为爱国主义教育的有生力量,近两年来他们带着《抗日烽火》、《雨花人抗日故事》、《中国伟大的航海家郑和》等26万多字的资料在全市宣讲6千多场,青少年听众达百万人次。

(原载《群众》2009年第十期)

解放思想　科学发展　开拓无锡发展新局面

王立人

改革开放30年来,作为前沿阵地和先行地区的无锡,在市委、市政府的领导下,无锡人民以创新的精神,开拓进取,抢抓先机,勇立改革开放的潮头,谱写了率先发展、优化发展、科学发展的辉煌篇章。

一　解放思想、与时俱进是无锡经济社

会发展的主线

解放思想奠定了改革开放的坚实思想基础。在这场以解放思想为先导的深刻变革中,无锡人民以实事求是取代"两个凡是",以思想解放推动改革开放,实现了从以阶级斗争为纲到以经济建设为中心、从封闭半封闭到改革开放、从计划经济到市场经济的深刻转变。由此,许多原来的"禁区"被突破,许多长期窒息人们思想的旧观念被摒弃,积极变革、勇于开拓、与时俱进、讲求实效成为无锡人民精神状态的主流,永不满足现状、勇攀事业高峰,做前人没有做过的事,走前人没有走过的路,成为无锡的时代风貌。

解放思想是贯穿改革开放全过程的一条主脉。回顾无锡改革开放的历程,取得的每一个重大突破、每一个重大进步、每一个重大跨越,无不与解放思想息息相关、紧紧相联。改革开放初期,无锡冲破"以粮为纲"计划经济的束缚,发扬"四千四万"精神,在全国率先进行"一包三改"等创新探索,乡镇工业异军突起,创造了"苏南模式"的辉煌。20世纪90年代初,无锡冲破"姓社姓资"的思想桎梏,大力实施开放带动战略,以园区和工业集中区建设开发为重点,构建了开放带动改革、改革促进开放的发展格局。20世纪90年代末,无锡冲破"姓公姓私"的体制框框,进行了国有和集体企业的所有制改革、放手发展民营经济、改革行政体制等一系列创新,进一步创新和拓展了"苏南模式"的内涵。近几年,无锡坚持以科学发展观为统领,冲破粗放增长的路径依赖,突破"唯GDP"的传统观念,创新发展模式,使经济社会发展跨入新的发展阶段。正是因为始终坚持不懈地把解放思想、与时俱进作为发展的源动力,30年来无锡始终站在改革开放的前沿,主要经济指标和综合竞争力多年来一直位居全国大中城市前十位,成为中国最富有生机和活力的城市之一。

以解放思想为先导,实现经济社会发展新跨跃。实践创新永无止境,改革开放永无止境,思想解放永无止境。当前,无锡的改革开放事业已站在一个新的节点,一方面,经济社会正处于发展的黄金期;另一方面,长期积累的许多深层次的社会矛盾和问题日益显现出来;同时,全球化趋势也使无锡的发展越来越受到复杂多变的国际形势的影响,改革开放的复杂性和艰巨性大大增强。无锡要不断实现经济社会发展的新跨越,就要放眼全球、立足实际,以新一轮解放思想为先导,在解放思想中统一思想,凝聚共识,坚定改革开放的信心和决心;就要不断拓展解放思想的视野和领域,把握新机遇新挑战,坚决突破不适应时代要求、不适应科学发展的旧观念和旧体制的束缚,不断探索现代化建设的新方法新道路,推动无锡改革开放事业不断迈上新台阶。

二　改革开放、创新发展是无锡经济社会发展的强大动力

改革开放推动体制转变和机制创新,形成率先发展、科学发展、和谐发展的新路径。改革开放30年来,无锡各级党委政府和广大干部群众不断更新发展理念,转变发展方式,在冲破体制约束中激发发展的动力和活力。通过30年的改革,无锡基本实现了由计划经济体制向市场经济体制、单一公有制向多元化产权结构、内向封闭的经济形态向全方位开放型经济形态的根本性转变。市场主体的活力被充分激发出来,国有经济、股份制、股份合作制、中外合资、民营经济等多元化的混合所有制经济结构基本形成,2007年无锡民营经济占全市经济总量的比重达55.5%。政府主要职能开始向经济调节、市场监管、社会管理和公共服务领域转移,实施"政事分开、管办分离"等一系列行政管理制度改革。开放型经济从无到有、从弱到强不断发展。2007年全市进出口总额达到511.46亿美元。

改革开放实现经济社会飞跃发展,促进经济社会发展不断跨上新台阶。30年间,无锡经济社会发展连续跨上三个大台阶。一是20世纪80年代初,以大力发展乡镇企业为突破口,走农村工业化新道路,短短四年经济总量翻了一番。二是1992年邓小平同志南巡讲话后,实施"外向带动"和园区开发战略,兴办了高新技术开发区和新加坡工业园等3个国家级开发区,市场化、工业化、国际化进程明显加快,人均GDP每四年翻一番。三是进入新世纪以来实施"四个优先"、"四个导向"战略,建设"五个中心"、"五个名城",城市综合实力得到新的提升,地区生产总值由2002年的1 534亿元提高到2007年的3 858亿元,实现翻番有余。这些充分地体现了无锡在每一个重大关键历史阶段,虽然实施的战略重点不同,但都是用改革开放的办法来推动经济社会实现新的飞跃。

改革开放推进经济社会协调统筹发展,实现城乡一体化和全面小康社会。30年来,无锡既把实现好、维护好、发展好最广大人民群众的根本利益放在首位,让改革开放成果惠及人民群众,又坚持以改革创新的制度安排,充分释放和调动人民群众的积极性、创造力,为改革开放的持续推进提供强大的内在动力。改革开放初期,无锡探索形成了"以工补农、以工建农"和"以工兴镇"的新思路,缩小工农收入差距和城乡差别。之后,又在农村推动"三集中"改造,探索新型工业化、区域城市化背景下农村发展的新路子,全面推进建立全方位城乡统筹、城乡一体化发展的新格局。近几年来,将社会建设和"民生工程"提到前所未有的高度,社会保障机制进一步健全,基本形成了覆盖城乡各类群体的多层次养老、医疗等社会保障制度框架。2005年,无锡在江苏率先基本实现全面小康,目前正在向基本现代化迈进。

改革开放构筑富有时代特点的地域文化,提升城市"软实力"和整体竞争力。30年来,无锡紧紧把握改革开放这一时代特点和时代气息,坚持继承与创新、保护与发展并举,培育和弘扬了具有地域特色的人文精神,形成了无锡人民敢为人先、敢于探索、敢于创新的精神风貌。从改革开放之初乡镇企业的"四千四万"精神到新世纪的"四尊四创"风尚和"尚德务实、和谐奋进"的城市精神,无不渗透和融入在改革开放的每个阶段和各个进程中,在全社会形成了正确的价值取向和强大的精神动力。同时,坚持改革创新,推进无锡文化建设和文明创建不断取得新的进展,呈现出百花齐放、生机盎然的生动局面。全市文化事业建设实现新突破,文艺精品创作取得新成绩,文化体制改革迈出新步伐,文化产业发展取得新进展,文明和谐创建呈现新面貌,建设文明无锡、打造文化名城工作广泛深入开展,历史文化保护扎实推进,跻身于国家历史文化名城行列。

三　实践科学发展观,开拓无锡经济社会发展新境界

实践科学发展观,是继续推进改革开放的必然要求。要把科学发展观贯彻到无锡经济社会发展的各个环节,凝聚改革共识,坚定改革决心,坚持改革方向,自觉用科学发展和深化改革的办法解决前进中的问题。要完善社会主义市场经济体制,推进各方面体制改革创新,加快重要领域和关键环节的改革步伐,全面提高开放水平,着力构建充满活力、富有效率、更加开放、有利于科学发展的体制机制。要提高改革决策的科学性,增强改革措施的协调性,统筹好经济体制改革和其他方面的体制改革,统筹好改革涉及的各项工作。要坚持把改善人民生活作为正确处理改革、发展、稳定关系的结合点,使改革始终得到人民拥护和支持。

实践科学发展观,是突破发展瓶颈、破解发展难题的根本途径。无锡在发展中还有许多新情况需要研究,还有许多重大难题需要破解。例如,虽然经济增长较快,但发展不够全面,经济、社会、民生之间不平衡、不协调的状况仍然存在;虽然经济总量较大,但结构不够合理,产业结构偏低、偏重;虽然产业基础雄厚,但自主创新能力不够强,缺乏一批拥有自主知识产权、较强品牌知名度、市场竞争力的企业集群和产品集群;虽然资源环境保护力度不断加强,但可持续发展压力仍然较大,单位 GDP 能源消耗水平仍维持在较高水平,等等。要正确认识和估价这些发展中的问题,在新的发展进程中,按照科学发展观的要求,坚决摒弃过去那种粗放型的经济扩张模式,坚决告别过去城乡分割发展的二元结构,加速产业结构的优化升级,注重人与社会的全面发展,致力于生态环境的保护重建,自觉推动转型发展和创新发展,为经济增长开拓新的空间。

以科学发展观统揽全局,开拓无锡发展新局面。今后一段时期,是无锡建设更高水平全面小康社会,向基本现代化攀登的关键时期。当前,又面临应对国际金融危机,保增长促发展的紧迫任务。要围绕"当好江苏现代化建设先行军,争创全省科学发展先导区、和谐发展示范区、党的建设模范区"的奋斗目标,以科学发展观统揽全局,树立改革创新的战略新思维,推动经济社会全面转入科学发展轨道,开拓无锡科学发展新局面。要着眼创新发展模式,大力推进经济优化发展。积极推进自主创新、科技创业、政府创优,以提高自主创新能力为核心,积极发展高端服务业和高新技术产业。强化政府引导与支持,积极推动服务型政府建设。要着眼经济国际化新趋势,提高开放型经济水平。更好地统筹国内发展和对外开放,国内国外两个市场、两种资源,市内产业与外向型经济,完善社会主义市场经济体制和适应国际经济贸易规则之间的关系,以新的思路实施经济国际化战略。要着眼以人为本,形成和谐社会建设新局面。逐步提高居民收入在国民收入分配中的比重,扭转收入分配差距拉大趋势。提高公共福利水平,改善人居环境,提高居民生活质量和幸福感。探索管理重心下移,扩大基层自治范围的社会管理新格局。要着眼生态文明建设,推动可持续发展。树立保护也是发展的理念,建立长效机制,加强目标责任考核,大力发展循环经济,推动节约型社会建设,推进消费模式的转变。要着眼政治文明建设,推进民主政治新实践。以党的执政能力建设和先进性建设为主线,全面推进党的建设新的伟大工程。加强民主法制建设,推进依法治市。加快行政管理体制改革,构建精简高效、职能清晰、依法行政的行政管理体系。

(原载《群众》2009 年第二期)

文化产业发展在常州

徐　缨

常州是一座具有 2 500 多年悠久历史的文化古城,历来重文兴教,有着深厚的人文底蕴。建国 60 年来,在经济快速发展的同时,文化建设也取得了显著的成果,尤其近几年更是有了长足的发展。截止 2008 年底,全市 62 个文化产业重大项目正在紧锣密鼓地实施,3 838 家文化企业正在蓬勃发展,9 大文化产业群正在加紧集聚,全市文化产业呈现出强势发展的良好局面。

始终坚持将满足人民日益增长的精神文化需求作为发展文化产业的根本目标

广大人民群众的精神文化需求是文化

产业形成和发展的基础，决定了文化产业的发展方式和发展方向。大力发展文化产业正是以满足人民日益增长的精神文化需求作为出发点和落脚点。我市相继开发运营了中华恐龙园、天宁宝塔、春秋淹城遗址、常州文化城、华夏工艺美术博览园、亚细亚黄金海岸演艺大舞台、体育会展中心、现代传媒中心等重大文化产业项目，旨在提供文化旅游、创意设计、数字体验、娱乐演艺、艺术展览等多层次、多样化的文化服务，努力使我市的文化产品更加丰富，文化内容更加多彩，文化形式更加多样，文化消费更加便捷，不断适应人民群众的审美变化，满足人民群众日益增长的精神文化需求。

满足人民群众日益增长的精神文化需求，是政府发展文化产业的责任所在。政府在推动文化产业发展上要坚持有所为、有所不为。市委、市政府重点在指导协调、政策扶持、产业规划、资金投入、公共服务上争取有所作为。我市成立文化体制领导小组、创意产业领导小组，通过专题研究、走访调研、现场办公等形式，研究制定文化产业发展战略、规划和政策，指导和协调解决产业发展中的重大问题。研究制定《深化文化体制改革，加快文化常州建设三年行动计划》，对今后三年“做强重点文化行业、做优特色文化园区、做大骨干文化企业”进行部署和规划，使文化产业的发展有目标、有重点、有步骤、有措施。

完善政策，支持文化产业发展。制定和完善符合客观实际的文化产业政策，是充分发挥政府对文化产业的引导和调控作用，促进文化产业的快速发展的重要手段。我市先后出台《关于加快建设文化常州的意见》、《关于加快文化事业和文化产业发展若干经济政策的意见》、《关于鼓励和扶持动漫产业发展的若干规定》、《常州市人民政府关于鼓励和扶持创意产业发展的若干意见》等多个文件，在组织、人员、资金、政策等方面为产业发展提供保障。

加大投入，扶持文化产业发展。加大政府投入，将文化产业纳入财政资金扶持的重点领域，是促进文化产业起步、发展和飞跃的重要支撑。2006年至2008年，市财政每年安排2 000万元扶持动漫产业发展专项资金，2009年起，市区两级财政安排5 000万元，连续5年，共将投入2.5亿元设立创意产业专项扶持资金。积极争取中央和省的资金支持，2008年共有6个项目获得860多万元的省文化产业引导资金的支持。

强化服务，保障文化产业发展。创建文化产业的服务平台，为市场主体的发展壮大提供服务、营造良好的创业发展环境，是促进文化产业集聚发展的重要保障。以创意产业发展为例，我市搭建了国家级二维无纸动漫技术公共服务平台、省级创意产业技术开发公共服务平台、省级创意人才培训中心、软件公共测试技术、影视动画制作、数字娱乐技术、动漫衍生产品研发、国际交流合作、产品产权交易、投融资等公共服务平台，形成了从注册办照到装修入住、从研发到制作生产、从衍生开发到市场打造、从人才培养引进到企业扶持培育、从融资到销售的一条龙服务体系。全力打造中国(常州)国际动漫艺术周这一具有国际水准的、专业化的产权交易平台和交流平台。2008年艺术周达成合作项目47个，成交额16亿元。

始终坚持将深化文化体制改革作为发展文化产业的核心动力

文化体制改革和机制创新是文化产业大繁荣大发展的根本动力和保证。2006年，我市被确定为江苏省文化体制改革综合试点城市以来，公共文化服务能力明显增强，文化单位内部机制逐步激活，文化资源得到有效整合，文化产业取得较快发展，这很大程度上得益于文化体制改革和机制的创新。

转变政府职能，构建文化管理新体制。以行政管理体制改革为突破口，促进了文化产业的统一规划、统一管理，统一执法，为文化产业的发展扫清体制障碍。2007 年市组建了文化广电新闻出版局(版权局)，统一行使原文化、新闻出版、广播电视、版权、文物部门的职责。2008 年在全省率先成立市文化行政综合执法支队，集中和规范文化行政综合执法。行政管理体制的改革，促使政府更好地履行政策调节、市场监管、社会管理和公共服务的职能。

加强资源整合，构建文化发展新机制。以资本和业务为纽带，通过兼并联合、重组等方式整合现有文化资源，进一步增强文化产业的整体实力和发展后劲。一是推进制播分离改革。常州广播电视台将影视剧制作等经营性业务从事业体制中剥离出来，成立常州广播电视发展总公司。其下属江苏亚细亚影视制作有限公司和常州卡龙影视动画产业有限公司，积极进行市场运作，在为主业服务的同时，创造了良好的经济效益。2008 年常州广播电视台各项营业收入达到 5.6 亿元，广告创收接近 3 亿元。二是推进报网整合。将互联网新闻中心归并到常州日报社进行管理，整合成立《中国常州网》，积极发挥与《常州日报》、《常州晚报》报网互动的优势，着力打造常州的重要门户网站。现日均点击访问量达到 60 万人次，2008 年营业收入达到 150 万元。三是文艺院团剧组制改革。以《五月端阳》为代表的一系列舞台作品，打破剧团和剧种的界限，以剧组制为中心，整合常州优势资源，汇集地方院团及民间戏剧精英，得到了社会的普遍认可，取得了良好的社会效益与经济效益。

加快结构调整，构建文化产业新格局。在大力推进国有文化企业做大做强的同时，积极培育和扶持民营文化企业的发展，引导和鼓励社会资本、民间资本进入文化领域。至 2008 年末，全市文化产业单位中私营单位 2 908 家，在文化产业单位总数中超过了四分之三。形成了江苏天目湖旅游股份有限公司、金坛市古籍印刷厂有限公司、常州中网世纪信息技术有限公司、常州外事旅游广告有限公司等一批新兴民营文化企业，促进了以公有制为主体多种所有制共同发展的文化产业格局的逐步形成。

始终坚持将统筹整合文化资源、实施重大项目带动作为发展文化产业的基本途径

文化资源配置不合理，企业规模不大实力不强，是制约文化产业发展的突出问题。我市将培养、壮大骨干文化企业作为推动文化产业发展的重点工作，以大项目支撑大产业，以大项目带动大发展。

发挥品牌效应，做大文化企业。做强做大一批文化企业，提升市场竞争力和影响力，是实现产业整体发展的必由之路。动漫游戏品牌：以产业基地和园区建设为核心，着力推进动漫游戏企业的发展，形成了卡龙影视动画产业有限公司、卡米文化传播有限公司、宏图动画有限公司等一批知名企业，完成了 30 部动画片、4 部动画电影，有 25 部作品分别获得了“白玉兰奖”、“美猴奖”等奖项。文化旅游品牌：着力推进以中华恐龙园、天目湖、天宁寺为代表的一批文化旅游重点企业的发展。2008 年全市接待境内外旅游者近 30 万人次，实现旅游总收入 234 亿元，旅游增加值 110 亿元，占全市 GDP 比重达到 4.97%。文化制造品牌：以文化产品的生产和销售为主的产业层，是我市文化产业的主体。2009 年全市拥有印刷企业1 030 家，其中年产值超过 3 000 万元的企业 31 家，超亿元的 6 家。太平洋印刷、金坛古籍印刷、大华印刷等一批龙头印刷企业坚持特色经营，注重新品开发，在逆境中仍实现较大增长。2008年印刷业实现总产值53.72亿元。常州新科集团加强对文化设备的研发生产,形成了包括家用DVD、移动DVD、车载DVD及移动电视等数字电子产品系列。

结合传统特色,放大产业优势。将工艺美术、历史遗址等传统文化特征融入产业因素,是发展文化产业的重要途径。开发传统文化资源:2008年在特色文化乡镇薛家镇建设华夏工艺美术产业博览园,充分利用和挖掘本地区乃至全国丰富的民间文化资源,在促进民族民俗民间文化传承的同时,推动产业的发展。开发历史遗迹资源:以春秋淹城遗址为核心资源,建设中国春秋淹城旅游区,打造以春秋文化品牌为依托的文化休闲型旅游目的地。开发工业遗存资源:围绕"运河文化、工业遗存、创意产业"三大主题,将我市沿运河的一批老旧工业厂房,在旧城改造过程中对其进行保护性开发,建成"运河五号"创意街区,打造设计师、艺术家创作和工作的创意产业集聚区。

利用国外资源,发展本地产业。利用国外资源,开拓国外市场,是促进文化走出去,提升我市文化产业影响力和竞争力的重要手段。我市与韩国江源情报文化振兴院签订《合作协议》,每年共同制作3—4部系列剧作品,共同推进用于院线发行的长篇动漫作品的共同开发及制作。与韩国、日本等有关企业合作,组建"亚洲动画联盟",推动基地企业与境外企业开展全方位国际交流,加快文化走出去的步伐。一些企业还聘请国外优秀编剧、导演等专业人才,打造具有国际水平的动漫影视作品。

始终坚持将科技进步与创新作为发展文化产业的重要支撑

文化产业本质上是一个科技创新与内容创新高度融合的产业,只有在科技创新和内容创新的共同作用下,文化产业才能焕发出强大的生命力。常州以创意产业为重点,以创新基地为支撑,着力培育、发展新兴文化业态。

以创新为动力,发展创意产业。以软件、动漫、网络游戏、国际服务外包、设计服务等产业为特色,大力发展文化创意产业。2008年动漫及衍生产品销售超10亿元。动漫企业正由简单承接加工向具有原创能力和自主知识产权的核心企业转变,文化创意正在渗入制造业并推动产业升级。

以园区为平台,促进产业集聚。以高起点规划、大手笔投入,全力打造常州创意产业基地、常州科教城创新基地、国家动画产业西太湖基地、江苏环球数字狂欢谷、"运河五号"创意街区、常州现代传媒中心等7大特色产业园区,推动创意产业集群发展。

以科技为手段,发展新兴业态。以新兴文化业态发展为主攻方向,大力发展数字电视、网络电视、手机报等新兴产业。我市数字电视产业快速发展,已拥有数字有线电视传输节目85套,数字电视用户16万户;已在1 000多辆公交车、超过600家单位分别安装车载电视和移动电视接收终端,每天受众超过20万人次;已开通5个频道的节目CMMB手机电视,实现了《常州新闻联播》、《社会写真》等重点电视栏目的手机观看;已成为很多常州市民新的生活方式的《常州手机报》,定制客户接近18万人,2008年营业收入150万元。

始终坚持将文化人才队伍建设作为发展文化产业的基础保障

文化产业是知识经济的重要组成部分,它需要一大批具备较高的文化艺术素养和创新能力,同时又懂得文化产业经营管理规律的专门人才。2008年我市文化产业从业人数6.1万人,其中大专以上学历的人数达到1.9万人,占全部从业人数的比重超过30%。特别是以互联网信息服务为主的网络文化产业,更是人才的集聚地,大专以上人才超过70%。

完善人才发展机制,加快培养文化产业人才。制定《常州市宣传文化系统"六个一批"人才建设工作实施意见》,从完善人才培养机制、人才使用机制、人才选拔管理机制、人才评价激励机制、人才经常联系机制和人才宣传机制入手,加快文化产业人才的培养。设立新闻文化"广玉兰奖",对包括文化产业人才在内的文化人才进行表彰和奖励。

建立专门培训机构,专业培训文化产业人才。作为"江苏省服务外包人才培训基地"的常州创意人才培训中心,以企业需求为导向,进行订单式培训,加快培养应用型人才。建设常州科教城三期——常州国际创新基地,与国内外几十家著名科研院所合作,依托全国首家国家级示范性高等职业教育园区,共建实训基地,加大文化产业实用性人才的培养力度。12家高校在常州开设了各类动漫或相关专业,在校学生达到2 500多人,每年输送动画人才近1 000人。

利用国际交流平台,高端培育文化产业人才。学习和借鉴日韩等发达国家在文化产业人才培养上的先进经验和做法。我市与韩国文化产业振兴院签署了《中韩游戏产业人才培训合作备忘录》,标志着常州成为中韩两国的网络游戏人才培训的重要载体,为高端文化产业人才的培养提供了新的途径。

(原载《群众》2009年第九期)

为实现又好又快发展提供强大思想文化保证

——认真学习贯彻全省宣传部长会议精神

《群众》编辑部

最近召开的全省宣传部长会议,传达学习全国宣传部长会议精神和省委书记梁保华在省委常委会上的讲话,总结去年全省宣传思想文化工作,对今年工作进行了全面部署。省委常委、宣传部部长杨新力出席会议并讲话。

会议明确了2009年全省宣传思想文化工作的总体思路:按照胡锦涛总书记"高举旗帜、围绕大局、服务人民、改革创新"总要求,全面贯彻中央精神和省委决策部署,以邓小平理论和"三个代表"重要思想为指导,深入贯彻落实科学发展观,解放思想、实事求是、与时俱进,贴近实际、贴近生活、贴近群众,着力推进经济社会平稳较快发展,着力建设社会主义核心价值体系,着力加快文化强省建设,着力提高舆论引导能力,为江苏走在科学发展前列、继续当好改革开放排头兵、战胜国际金融危机带来的困难与挑战提供强大的思想和文化保证。

会议传达了省委书记梁保华在省委常委会听取省委宣传部工作汇报时的讲话。梁保华书记在讲话中充分肯定全省宣传思想文化工作取得的出色成绩,强调今年全省宣传思想文化工作要按照全国宣传部长会议提出的"三个维护"、"四个结合"的要求,把握团结鼓劲、积极进取、昂扬向上的基调,为保增长促发展、保民生促和谐,坚定不移推进"两个率先",实现经济社会又好又快发展提供强大思想保证、舆论支持和文化条件。要深入学习宣传马克思主义中国化的最新成果,进一步推动当代中国马克思主义的大众化。要贯彻团结稳定鼓劲、正面宣传为主的方针,提高舆论引导水平,做好凝聚人心、统一思想的工作,进一步增强干部群众变挑战为机遇的信心和勇气,增强全省人民共渡难关、共创美好明天的意志和决心。要认真做好新中国成立60周年宣传工作,精心组织开展纪念庆祝活动。要进一步深化文化体制改革,围绕文化事业强、文化产业强、文化人才队伍强的要求，在推进文化强省建设方面取得新进展，全面提升江苏文化软实力。会议要求全省宣传思想文化战线认真学习领会、很好贯彻落实中央精神和省委要求，以改革创新精神扎实做好今年的宣传思想文化工作。

贯彻落实这次会议精神，要把握好以下三个方面：

一　提高认识，增强做好宣传思想文化工作紧迫感

要认真学习领会中央精神和省委要求，学习好才能宣传好，认识到位工作才能到位。提高认识，重在五个“一定要到位”。一是对保增长促发展首要任务的认识一定要到位。深入宣传国内国际经济形势的变化，深入宣传党和政府重大决策部署，深入宣传各地各部门应对挑战、破解难题的新思路新举措，引导干部群众充分看到危机中存在商机、挑战中蕴藏机遇、困难与希望同在，充分看到保增长促发展是当前贯彻落实科学发展观的最大实际，是解决一切问题的基础，全力以赴为保增长促发展加油鼓劲。二是对建设社会主义核心价值体系的认识一定要到位。必须把社会主义核心价值体系贯穿到国民教育和精神文明建设全过程，贯穿到宣传思想文化工作各方面，融入到人们日常工作生活中，努力提升道德风尚、增强精神力量、建设精神家园。三是对意识形态工作复杂性、艰巨性的认识一定要到位。必须把中国特色社会主义理论体系作为根本指针，始终保持清醒政治头脑，不断增强政治敏锐性和政治鉴别力，牢牢掌握意识形态工作主动权。四是对抓住机遇发展文化事业产业的认识一定要到位。必须把文化建设纳入经济社会发展全局，树立和落实新的文化发展理念，整合优质资源，做大做强文化产业，不断提高文化产业在国民经济中的比重，不断完善覆盖城乡的公共文化服务体系，不断推出体现时代精神和江苏特色的精品力作，努力满足人民群众多层次多样性精神文化需求。五是对宣传思想文化工作规律的认识一定要到位。必须着眼国际国内两个大局的联系互动，着眼江苏全面建设更高水平小康社会新的伟大实践，把握全局性、战略性趋势，探索前瞻性、普遍性规律，以更加开放的视野总结、运用实践中创造的新鲜经验，焕发创造激情，增强工作本领，努力推动宣传思想文化工作科学发展不动摇，改革创新不停步，少走弯路不折腾。

二　抓住重点，扎实做好今年宣传思想文化工作

今年宣传思想文化工作任务很重，事情很多。全年工作中要注意把握“一个基调”，就是要团结鼓劲、积极进取，高扬主流思想舆论，高奏团结奋进凯歌，始终唱响昂扬向上的时代主旋律；服务“两保两促”，就是要满腔热情、尽心尽力，为保增长促发展、保民生促和谐营造氛围、凝聚共识、增添动力；维护“三个大局”，就是要清醒坚定、统筹兼顾，维护经济发展大局、深化改革大局、社会稳定大局，全面推进更高水平小康社会建设；注重“四个结合”，就是要讲究艺术、注重方法，把解放思想与统一思想结合起来、增强忧患意识与坚定信心结合起来、坚持正面宣传与疏导公众情绪结合起来、促进改革发展稳定与推动文化大发展大繁荣结合起来，既把好关又把好度。要着重做好以下六个方面工作：

*1. 深入宣传普及中国特色社会主义理论体系，增强贯彻落实科学发展观的自觉性、坚定性。*要把深入学习宣传中国特色社会主义理论体系作为宣传思想文化工作第一位任务，以科学发展观为重要内容，以县处级以上领导干部为重点对象，以党委中心组为重要载体，在掌握体系、把握精髓上下功夫，在指导实践、推动工作上取得新成效。

2. 提高舆论引导能力，为保持经济社会平稳较快发展营造良好氛围。精心组织“两保两促”重大决策部署宣传，帮助干部群众加深对当前经济形势和重大决策部署的理解与把握；广泛开展成就宣传和典型宣传，增强干部工作信心、企业家投资信心和群众消费信心；切实加强社会热点引导，把公众情绪引导到健康理性轨道上来；完善突发公共事件新闻报道应急工作机制，确保及时准确、公开透明发布权威信息。

3. 大力弘扬社会主义核心价值体系，不断深化思想道德建设和精神文明创建。要采取多种形式、用好各种载体，深化群众性教育实践活动，使社会主义核心价值体系为人们普遍认同、自觉遵守。扎实推进思想道德建设，着力提升群众性文明创建水平，加强改进基层思想政治工作，维护社会稳定。

4. 精心组织庆祝新中国成立60周年宣传活动，激励全省人民积极投身建设美好江苏伟大实践。庆祝新中国成立60周年，是全党全国人民政治生活中的一件大事。我省将举行庆祝大会、成就展、群众歌会、文艺汇演、走访慰问等系列活动。要按照中央和省委统一部署，精心策划，精心实施，唱响共产党好、社会主义好、改革开放好、伟大祖国好的时代主旋律。

5. 加快文化体制改革步伐，全面推进文化强省建设。要抓住当前难得机遇，加快改革发展步伐，落实文化事业强、文化产业强、文化人才队伍强的要求。一是筹备召开文化强省建设工作会议，制定文化强省建设实施纲要，提出加快文化产业发展的具体规划。二是继续促进文化事业发展，努力保障人民群众基本文化权益。三是着力做大做强文化产业，坚持深化改革，整合资源，充分发挥省属文化集团龙头骨干作用，通过兼并重组，增强规模效应。

6. 加强改进对外宣传工作，树立江苏良好国际形象。要适应对外开放环境新变化，坚持从应对国际金融危机、推动江苏开放型经济转型升级实际出发，整合外宣资源、改进外宣方式，构建大外宣格局。加强对外新闻宣传，实施江苏文化“走出去”工程，增强国际传播能力，打造有特色的外宣品牌。

三　求真务实，努力提高宣传思想文化工作水平

大政方针已定，目标任务十分明确。在错综复杂的形势下，能否抓好贯彻落实，是对宣传思想文化战线的重大考验。中央和省委对宣传思想文化工作高度重视、十分关心，学习实践活动中形成的认识、实践和制度成果和效应正在显现，宣传思想文化系统干部想干事、干大事、干成事的积极性日益高涨。全省宣传思想文化战线要按照梁保华书记在省级机关作风建设大会上提出的要求，以坚定清醒的政治自觉、奋发有为的精神状态、务实高效的工作作风，切实增强政治意识、大局意识、责任意识、服务意识，高度重视学政策、要政策、用政策、用好政策，努力做到敢想、敢干、会干、实干，全力保障今年宣传思想文化工作落到实处。

（原载《群众》2009年第三期）

增强宣传思想工作公共服务功能

刘希平

随着社会主义市场经济体制的健全完善、社会主义和谐社会建设的全面推进，“公共性”问题在中国正在多维度的呈现和展开。宣传思想工作具有公共产品的基本特征。在新的社会历史条件下，宣传思想工作与时俱进、改进创新，必须坚持以人为本理念，在继续注重其意识形态属性和宣传教育功能的同时，不断放大其公共产品属性和社会服务功能，构建公共服务平台，拓展公共服务空间。

一　充分认识宣传思想工作公共服务的新要求

凸显公共性与服务性，是宣传思想工作贴近实际、贴近生活、贴近群众，不断提升其针对性、实效性和吸引力、感染力的必然要求。

党和政府执政理念实现了新变化。公共性是政府的本质属性。十六大以来，我们党强调“立党为公、执政为民”，积极推进以公共服务为价值取向的行政体制改革，实现了由权力行政向民主行政转变，由管制行政向服务行政转变。作为“党的全部工作中的一个极其重要的组成部分”，宣传思想工作贯彻落实科学发展观，必须以服务人民为根本宗旨，以促进人的全面发展为根本目的，以人民群众是否满意为根本尺度，建立健全面向群众、服务群众的体制机制，让文化发展成果普惠全民。

群众精神文化生活提出了新需求。随着经济社会持续快速发展、人民生活水平不断提高，人民群众的民主意识、平等意识日益增强，希望对改革与发展具有更多的知情权和参与权；文化消费多层次、多方面、多样化的特征更加明显，求知、求乐、求美、求健的愿望更加强烈，热切期盼更多高品位、高质量、多姿多彩、满足个性化需求的文化服务。在目前文化资源相对匮乏的情况下，宣传思想部门要充分发挥社会主义制度所特有的公共资源配置能力，促进宣传文化资源配置向弱势群体、困难地区和农村基层倾斜，努力实现区域、城乡、人群公共文化资源享有的均等化。

宣传工作传播规律引发了新思考。人们的思想问题往往与利益问题密切相关，办好一件实事胜过一打宣传。群众往往从最现实、最关心的利益是否得到实现，最困难、最棘手的问题是否得到解决，来评价宣传工作和宣传干部。宣传思想工作的成效不仅取决于必要的理论灌输、教育引导，更取决于是否围绕群众实际需求开展工作，办好实事，排忧解难，形成与受众内在需求的良性互动。要使宣传思想工作收到“入耳、入脑、入心”的实效，必须寓教育于服务之中，在工作的各个环节体现真情关怀、真心关爱、真诚服务。

二　着力构建宣传思想工作公共服务的新平台

增强宣传思想工作公共服务功能，要着力打造“四大平台”。

完善信息发布平台，保障群众的知情权。知情权是民主社会公民的一项基本权利。研究表明，公众获取的信息越多，则社会的自主能力和民众的心理承受能力就越强。《中华人民共和国政府信息公开条例》规定，“行政机关应当及时、准确地公开政府信息。”大众媒体是实现公民知情权最重要的手段，媒体存在的基本价值就是满足公众的知情权。对于公众密切关注的各种信息，诸如政府机关制定的与经济、社会和公共服务相关的各类文件，影响公众人身和财产安全的疫情、灾情或者突发事件的预报、发生及其处理情况，扶贫、优抚、教育、社会保障、劳动就业等方面的标准、条件及实施情况，等等，宣传部门应组织报刊、广播、电视、网络等媒体予以及时、充分、客观报道，并有针对性地解疑释惑、澄清事实，建立起主流媒体应有的公信力、权威性。

强化舆论监督平台，保障群众的监督权。舆论监督是党和人民赋予新闻媒体的神圣职责，是民主监督不可或缺的重要组成部分。宣传部门要按照中央办公厅《关于进一步加强和改进舆论监督工作的意见》和中宣部《加强和改进舆论监督工作的实施办法》的要求,组织协调新闻媒体从改进工作、解决问题、扶正祛邪、激浊扬清、维护稳定、服务大局出发,密切配合党和政府的中心工作,抓住群众关注、政府重视、有普遍意义的问题,正确开展舆论监督工作,使社会充盈正气,让民众充满信心。

构建文化惠民平台,保障群众的发展权。宣传部门要坚持公益性、基本性、均等性、便利性的原则,构建覆盖全社会的公共文化服务体系,保障人民群众的基本文化权益。要积极推进文化资源向农村和基层倾斜,切实解决基层群众看书难、看报难、看电影难、收听收看广播电视难的问题;按照乐于参与、便于参与的要求,广泛开展各种形式的群众性文化活动,大力发展社区文化、企业文化、村镇文化、校园文化、军营文化。公共博物馆、纪念馆、爱国主义教育基地要全部免费向社会开放,让人们在多姿多彩的文化活动中享受美好生活,提升人的生活质量、发展潜能和幸福指数,最终实现人的全面发展。

搭建扶弱济困平台,保障群众的生存权。宣传思想工作既要关注"脑袋",致力于提升人的精神文明素质,也要关心"口袋",致力于改善人的物质生存条件。在精神文明建设中,要关注民生、重视民生、保障民生,动员和组织各级文明行业、文明单位积极参与就业再就业、敬老助残、育才兴教、法律援助等改善民生的工作,保证社会弱势群体学有所教、劳有所得、病有所医、老有所养、住有所居;在新农村建设中,组织宣传系统、涉农部门、科研机构以及文明单位,运用科技培训、结对帮扶、"科技大篷车"下乡、星级文明户创评等载体,向广大农民传播科学文明思想、传授科技致富技能,实现"富脑袋"和"富口袋"的双富共赢。

三 建立健全宣传思想工作公共服务的新机制

宣传思想工作的公共性与服务性,不仅要作为一种价值理念融入宣传工作者的思想深处,而且要体现在宣传工作制度设计的各个层面,着力建好四个机制。

健全信息调研机制。要实现宣传文化公共产品的有效供给,必须拥有充分的受众需求信息,掌握公众对公共文化产品的需求结构。如果所宣传的思想、传递的信息、提供的服务与受众固有的价值观、利益观相矛盾,就极有可能导致宣传活动的失效。因此,要建立健全受众信息调研机制,加强同统计部门、信访部门、舆情研究机构的联系,拓宽采集社情民意的渠道,切实了解人民群众的思想动态和利益要求,确保信息的收集、分析、反馈及时准确,为面向基层、服务群众提供可靠的信息支撑。

建立资源整合机制。公共文化服务是一个庞大的系统工程,要整合社会资源,协调各方力量,统一规划基层宣传文化阵地建设,使社区服务中心、乡镇综合文化站等阵地集思想教育、道德建设、文体活动、法律咨询、科技普及、休闲娱乐等功能于一体;按照规范化、标准化的要求,对基层阵地所需最基本的宣传文化产品、信息、设备等资源,进行"菜单式"统一配送;把区域内的阵地逐步联成网络,让资源流动起来,做到上下联动、左右互通、资源共享,发挥规模效应,降低服务成本,实现社会效益最大化;要充分利用互联网、手机短信等现代传媒,扩大信息服务量。

引入市场运作机制。宣传文化活动作为一种公共产品,同样有投入产出以及市场运作的问题,这就要求宣传部门具有市场竞争的意识和科学经营的理念。要全面研究市场规律,充分运用市场机制,积极参与市场竞争,降低宣传成本,提高工作效率。一些重大项目的建设和重大活动的组织,可以

实行市场化运作,走政府搭台、市场引导、多方参与的路子,使有限的宣传文化经费发挥最大的社会效益和经济效益。

完善绩效评估机制。宣传部门提供的公共服务涉及千家万户,服务好不好、成效高不高,要让群众说了算。要破除宣传思想工作是“软任务、难考核”的思维定势,完善宣传工作公共服务评价机制,科学评估公共文化服务绩效,促使宣传文化部门把绩效作为管理的核心,由原来只关心工作任务是否完成了,转变为更加注重完成质量的好坏和效率的高低,引导宣传文化工作者出实招、重实干、办实事、求实效。

(原载《群众》2009 年第四期)

以科学发展观指导宣传思想工作创新发展

邹徐文

科学发展观是我国经济社会发展的重要指导方针,也是统领宣传思想工作创新发展的指导思想。胡锦涛总书记在强调宣传思想工作改革创新时指出:“要用时代要求审视宣传思想工作,以改革精神推动宣传思想工作,积极创新内容形式、方法手段、体制机制,增强吸引力和感染力,努力做到体现时代性、把握规律性、富于创造性。”这就要求我们在实际工作中,必须积极探索宣传思想工作改革发展的内在规律,充分发挥宣传思想工作在学习贯彻科学发展观中的先导作用,不断推动观念创新、功能创新、形态创新、载体创新,努力在新的历史起点上开创宣传思想工作新局面。

牢固确立科学发展观对宣传思想工作的指导地位

科学发展观为做好新形势下的宣传思想工作指明了新方向、拓展了新领域、注入了新动力,宣传思想工作要坚定不移地把科学发展观的新思想、新要求、新方法融入到工作中去,不断激发生机与活力,始终走在贯彻落实科学发展观的最前列。

1. 宣传思想工作是贯彻落实科学发展观的思想先导。在全党开展深入学习实践科学发展观活动中,宣传思想工作提供着有力的思想保证、精神动力和舆论支持,发挥着十分重要的先导作用。要通过开展广泛深入的宣传教育活动,把全社会的思想统一到科学发展观上来。近几年来,我们每年确定若干重点课题,深入调查研究,总结实践经验,有针对性地开展理论阐释和研究,对干部群众普遍关注的热点难点问题进行解疑释惑,对事关全面小康社会建设的重大问题进行前瞻性、对策性研究,先后形成《和谐社会新论》、《中国农民问题报告》、《科学发展在徐州的实践》、《论中国特色社会主义文化建设》等一批有深度、有影响、有特色的理论成果,为科学决策、科学实践、科学发展提供了思想先导。

2. 宣传思想工作是贯彻落实科学发展观的实践先锋。科学发展观的核心是以人为本,宣传思想工作说底是做人的工作,贯彻落实科学发展观,宣传思想工作最需要践行以人为本理念,全心全意服务人民群众,倾心倾力提升工作水平。一是善于用脑。宣传思想工作必须自觉用科学发展观的方法思考问题,从全局和战略的高度把握问题,吃透上情、体察下情、了解外情、研究内情、洞察实情,在善于用脑中洞悉真知、把握规律、创新求变。二是痴于用心。宣传思想工作要与人民心心相印,首先要有奉献人民的赤心、恒心、爱心,用心工作,充满信心和责任心地引导和激励群众。三是狠于用功。宣传工作的难点在于亦虚亦实、虚事实做。这就要求我们必须大力弘扬求真务实的作风,善于用实功、苦功、巧功,抓实事、抓要事,着力提高见微知著的本领,把宣传思想工作服务人民群众的各项任务落到实处。四是真于用情。要善于引导群众的情感诉求,既焕发祖国之情、民族之情,又珍惜亲情温情、友情爱情,将党对人民的关爱之情传递给百姓、传递给社会,让整个社会沉浸于情意融融的和谐之中。五是勇于用力。思想文化建设的关键是汇聚力量,凝聚人心。宣传思想战线必须通过鼓舞士气,焕发生气,不断提升创造力、执行力、向心力和影响力,通过创新,为宣传思想工作创新发展注入不竭动力。

3. *宣传思想工作是贯彻落实科学发展观的有力保障。*宣传思想工作在推动科学发展、促进社会和谐、实现人的全面发展中发挥着重要作用、具有独特的优势。一是壮大舆论声势。宣传思想工作通过充分宣传推进科学发展、改善民生的方针政策,能够有效地把广大干部群众的思想统一到科学发展的要求上来,把力量凝聚到实现科学发展任务上来,形成聚精会神搞建设、一心一意谋发展的生动局面。二是提供文化支撑。要从人民群众推进科学发展的伟大实践中激发动力、汲取养分、丰富内涵,深化文化体制改革,转变文化发展方式,繁荣文化事业,发展文化产业,通过加快文化自身发展推动经济社会又好又快发展。三是营造和谐环境。开展深入细致的思想政治工作,帮助干部群众澄清模糊认识、理顺思想情绪,在精神上解闷、思想上解压、生活上解忧,形成团结互助、和谐和睦的社会氛围。

准确把握科学发展观对宣传思想工作提出的新要求

科学发展观的基本要求是全面协调可持续,根本方法是统筹兼顾,这不仅为宣传思想工作创新提供了方法论指导,而且为宣传思想工作创新明确了实践性原则。我们要自觉用科学发展观的理念、态度、办法指导宣传思想工作的创新,进一步强化空间上的总体性、时间上的持续性、结构上的协调性、功能上的效用性,努力实现宣传思想工作价值的最大化。

1. *空间上的总体性。*宣传思想工作践行科学发展观必须贯彻总体性要求,凸显宣传思想工作的整体力量。要充分发挥理论、新闻、文艺、思想道德建设、精神文明创建等工作的互促互补作用,形成武装人、引导人、塑造人、鼓舞人的总体工作新格局。优化宣传思想工作布局,组织策划具有典型意义和实践特色的重点工作,以重点工作带动常规工作,以专项工作推动整体工作,实现宣传思想工作水平的整体提升。

2. *时间上的持续性。*要科学制定实施宣传思想工作总体规划,做到既有战略性目标又有阶段性任务,既从宏观上定位又从微观上切入,既有框架设计又有项目支撑,推动宣传思想工作进入持续发展的科学轨道。要建立健全宣传思想工作长效机制,用制度破解发展难题,用制度规范发展方向,用制度激发发展活力,使宣传思想工作始终保持蓬勃生机,在继承优良传统的基础上不断谱写创新发展的新篇章。

3. *结构上的协调性。*宣传思想工作是一项面广量大、复杂艰巨的系统工程,只有在把握大局、抓好大事、明确导向的基础上,统筹好对象、方法、领域等方面的关系,协调配合、有序运转,才能使各个方面、各项工作都有新的发展和提高。在理论武装上处理好深度研究与通俗宣传的关系,在文化发展上处理好精品生产与大众文化的关系,在道德建设上处理好先进性与广泛性的关系。统筹运用各种方法,既加强正面引导又提高宣传艺术,既继承传统方法又利用高科技手段,既做好思想教育又做好实事好事。统筹推进各个领域,协调做好内宣与外宣、文化事业与文化产业、城市宣传与农村宣传等多方面工作，形成全方位、多层次、立体式的宣传效应。

4. *功能上的实效性*。在宣传工作中必须准确把握群众的思想脉搏，围绕服务群众开展活动、提供服务、满足需求，使宣传思想工作深入人心、引起共鸣、形成互动。坚持“三贴近”原则，在吸引力、互动性、参与性上下功夫，在丰满、生动、鲜活上做文章，着力形成特色、彰显亮点、打造品牌，使宣传思想工作有声势、有影响、有成效。坚持“虚”功“实”做，把原则要求变为具体措施，把软任务变成硬指标，通过课题设计、项目管理和工程推进，把各项目标任务落到实处。

找准新形势下宣传思想工作改革创新的着力点

以科学发展观指导宣传思想工作改革创新，必须克服封闭的思维定势和习惯做法，抓住关键环节，落实重点举措，使宣传思想工作速度更快、标准更高、效果更好，不断提高工作的影响力、辐射力和竞争力。

1. *创新理念引领思想解放*。宣传思想工作是解放思想的策源地，理应带头解放思想、更新观念，引领时代变革之先，传播新思想、弘扬新精神、实践新理念，争当解放思想的先锋。我们坚持把开展主题教育活动作为推进思想解放的重要抓手，紧贴徐州发展阶段特征和干部群众的思想实际，每年开展一次主题教育活动，在全市上下掀起一轮又一轮思想解放热潮。我们组织开展了跳出徐州看徐州、发展环境看徐州、人文精神看徐州“三看”主题教育，概括提炼和大力倡导“有情有义、诚实诚信、开明开放、创业创新”的新时期徐州精神。我们还先后开展“全民创业奔小康、全面创新促发展、全市创优争一流”、“建设繁荣文明和谐新徐州，争做优秀共产党员”、“又好又快奔小康、建设和谐新徐州”、“解放思想开新篇、创业创新谋发展”等主题教育，按照科学发展观解放思想、创业创新的新要求，形成又好又快推动全面小康社会建设的生动局面。今后，我们还要继续坚持以思想解放引领宣传思想工作创新，积极树立与改革开放相适应、与时代发展要求相符合、与干部群众思想实际相贴近的新思想新观念，以更开阔的视野、更宽广的思路推动宣传思想工作不断跃上新水平。

2. *创新功能服务发展大局*。一是创新导向功能营造发展氛围。精心组织广大干部群众深入学习、领会中央精神和省、市委部署，提高对中心工作的认知度和认同感，最大限度地引导干部群众自觉服从、全力支持、主动参与中心工作。为营造“全面奔小康、建设新徐州”的浓厚氛围，我们精心开展全面小康建设专题宣传，在市属新闻媒体开设专题、专栏解读小康指标，编写《小康徐州读本》5万册发放给干部群众，开展主题宣讲140余场，12万市民参与小康知识竞赛，极大提高干部群众的小康认知度，激发了全面建设小康徐州的热情。二是创新教化功能优化发展环境。组织开展学习讨论、思想教育、文明创建等活动，大力提高城市文明程度和市民素质，为促进经济建设营造良好的人文环境。我们开展“发展环境看徐州”专题讨论，查找影响投资环境的症结根源，进一步强化“人人都是投资环境、人人代表徐州形象”的思想观念；策划组织“温情徐州、亲和之都”专题宣传，努力营造有话好好说、有事依法办的社会氛围；开展“优质服务、优良秩序、优美环境”推进活动，推动各级机关更好地为发展服务、为基层服务、为群众服务。三是创新凝聚功能，形成发展合力。充分发挥宣传思想工作凝心聚力的独特优势，用共同奋斗目标汇集智慧和力量，增强向心力、协作力。我们策划组织“加快老工业基地振兴”主题宣传活动，今年还将进一步组织开展“振兴之路”大讨论，策划实施“振兴进行时”专题新闻宣传活动,开展“振兴服务月”活动等,进一步动员全市干部群众鼓振兴之气、谋振兴之策、建振兴之功。

3. *创新形态适应大众接受*。宣传思想工作必须以满足群众需求为导向,把宣传党的主张与反映人民群众心声结合起来,实现宣传目标与手段、内容与形式、主体与客体的有机统一,努力提高宣传思想工作的水平。一是在挖掘深度上揭示本质。宣传思想工作要善于用党的理论创新的最新成果分析和解决发展中的实际问题,把实践探索中的做法与经验上升为理论成果,营造学习理论、研究理论、运用理论的浓厚氛围。二是在拓展广度上全面覆盖。宣传思想工作必须面向各个社会群体,更加关注农村居民、进城务工人员、下岗失业人员等生活困难群体,使宣传思想工作走进城乡基层、走进千家万户、走进百姓生活。三是在加快速度上灵敏迅捷。宣传思想工作要增强灵敏度,提高运转效率,加快工作节奏,努力做到见事早、谋划早、行动快、掌控快。特别是及时准确把握舆情动态,完善快速反应机制,有效引导社会舆论,努力提高应急处置能力。四是在提升热度上双向互动。善于从群众最易引起共鸣的选题切入,在宣传活动中形成双向交流、民主讨论、互动互促的新格局。我们策划实施“2008:我的小康梦想”大型系列宣传活动,广泛征集评议“创业计划”,精心设计小康心愿、创业旅程、帮你开店等9个互动性活动,吸引100多万市民踊跃参与,进一步掀起了全民创业奔小康的热潮。

4. *创新载体增强活力*。要打破宣传思想工作载体严肃的面具,消解中间传声筒的负面影响,树立宽容亲民的形象。一是创新活动打造品牌。大力实施宣传活动品牌战略,善于在活动前包装好品牌、在活动中推广好品牌、在活动后宣传好品牌,通过打造生命力强、影响力强的活动品牌,更加广泛有效地把宣传文化的理念和诉求传达给社会公众。我们每年举办汉文化旅游节,推出服饰、礼仪、美食等“活生生”的汉代文化,叫响了“两汉文化看徐州”的品牌;举办李可染艺术节、马可艺术节,集中展示两位大师的不朽成就,已经成为推动徐州文化名市建设的亮丽名片。二是做强媒体提升优势。加大媒体的观念、机制、管理和技术等创新力度,抢占制高点,提高权威性,打造公信力,不断提高舆论引导能力。我们积极推动《徐州日报》及其子报《都市晨报》、《彭城晚报》和徐州电视台新闻综合频道、经济生活频道全新改版,使其更鲜活、更时尚,更为公众认可、更具行业竞争力。着力提高徐州宣传网、中国徐州网、中国淮海网、徐州文明网等重点新闻网站的管理运行水平,使之成为传播社会主义先进文化的前沿阵地和提供公共文化服务的有效平台。三是完善设施筑牢阵地。近几年来,我市先后建设淮海战役烈士纪念馆新馆、徐州历史文化馆、徐州音乐厅、徐州美术馆等一批标志性文化工程,建成113个乡镇文化站、1 426个村组文化综合室,免费向社会公众开放52个博物馆、纪念馆和爱国主义教育基地。我们将继续把完善公共文化设施作为一项重要的文化民生工程来抓,突出政府主导,强化财政支撑,鼓励社会参与,使全市公共文化设施建设、利用和运营不断实现新突破,真正成为徐州老百姓美好的精神家园。

(原载《群众》2009年第四期)

党的建设亟需固本强干攻坚克难

钱伯华

党的十七届四中全会继十七大进一步

提出并全面部署“以改革创新精神全面推进党的建设新的伟大工程”。这一伟大工程是从毛泽东同志于1939年10月首次创造性地提出之后，我党几代人接力推进和不断创新的伟大创造。从这一伟大工程推进、实施的过程与现实来看，“伟大工程”并非仅是一个形容或称谓而已，而是一项具体实在、名副其实的伟大工程。从以往贯彻执行重大决策的实施情况和实际效果来看，也需要适当采用工程化的措施和办法抓好重大决策的贯彻落实。事实已经反复表明，只是抽象笼统地发号召、作部署、提要求，不明确确定执行主体、责任主体及其具体做什么、怎么做、有何职权、负何责任，再好的纲领性文件、再伟大的决策部署，也难以执行到人、落实到位、贯彻到底。这样的情况已经屡见不鲜，已经成为我们许多工作抓不实、做不好的主要原因。对症下药地解决这一问题的一个有效办法，就是科学正确、切实有效地采用“工程化”的措施和办法。因此，贯彻党的十七届四中全会精神，应考虑进一步将党的建设这一“新的伟大工程”具体实在、名副其实地“工程化”。从党情、国情、世情来看，当前亟需将党建新工程“工程化”的重点放在固本强干、攻坚克难上。固本应着重夯实“六根基”，强干应着重筑牢“六柱体”，攻坚克难应着重解决“六难题”。此可简约谓之为“党建新工程‘三六’新行动”。

固本工程——夯实“六根基”

任何事物，无不发自本原。任何发展，无不源自根本。根固而枝荣，本强而业盛。同样，党的建设也必须从根本抓起，首先必须规划好、建设好“固本工程”。从执政党建设的共性与个性、特别是我党的历史与现实来看，当前我党党建的“固本工程”，亟需建好以下六大根基工程。

根基工程一：素质工程——在不断推出党建行动、提高全党素质中巩固党建之本。任何事物特别是社会主体都是由其本身的性质即根本属性决定的，任何社会主体的根本属性及其载体和体现——性质、要素、素养、特点等集合而成其素质。任何主体能否发展提高，从根本上首先取决于本身的素质，政党也不例外。所以，我们党的建设最基础的工程首先应是素质工程。就一个政党的整体而言，大体可从要素与素养、组成元素与结构两方面看素质。就要素与素养而言，必须不断提高全党的政治素质、思想素质、理论素质、文化素质、科学素质、道德素质、形象素质等。就组成元素与结构而言，必须不断提高构成党的每一个组成部分、每一个元素的素质。党是由全体党员组成的，素质工程当然必须从不断提高全体党员的综合素质抓起。抓手是：在严把入党关中确保党员基本素质；在对党员加强培养、教育和管理中完善、提高党员素质；在注重实绩、用优汰劣中动态优化党员素质；在建设学习型党组织、推动全党学习中促进、提升党员素质。同时，不断提高各级党组织带头人队伍的领导素质。按照守信念、讲奉献、有本领、重品行的要求，加强基层党组织书记队伍建设。三是不断提高各级党组织的组织素质，与时俱进地不断推进各级党组织的全面建设。整个素质工程的执行主体、责任主体应是——全体党员，各级党组织带头人，党员和党组织带头人所在的党组织。

根基工程二：保先工程——在引导全党自觉改造主观世界、科学改造客观世界中永葆党的先进性和正确性。先进性是我党必需具备的特性，失去了先进性，党就不成其为“先锋队”，就当不了“三个代表”，党就无以立足而被淘汰。所以，保持先进性是我党存在、发展、兴盛最重要的根基。党建新工程务必将此作为对党兴衰存亡具有决定性意义的根基工程重点抓好。首先要保持党的性质的先进性。整个党要真正做到、当好“三个代表”、“两个先锋队”、“一个领导核心”。二是保持党的指导思想、行动纲领的先进性。坚持和发展马克思主义，不断推进马克思主义中国化、时代化、大众化，并将其与世情国情党情和中国特色社会主义伟大实践紧密结合，制定实行科学、先进的行动纲领。三是保持党的队伍及其行动的先进性。推动全党自觉改造主观世界，使党员都真正成为先进分子、真正发挥先锋模范作用；促进全党科学改造客观世界，使党的执政行为符合客观规律和科学原理。四是保持党的领导和决策的科学化与先进性。不断提高领导决策层的素质、能力和水平，不断提高领导与决策的民主化、科学化水平和在世界的领先性。整个保先工程的执行主体、责任主体应是——党中央和各级党的领导决策层、全体党员、党的各级组织。

根基工程三：能力工程——在加强党的执政能力建设、提高执政效能中巩固提高党的执政地位。能力，是主体进行认识和行动并可获得成功所具备的能动要素及其作用力。能力对任何主体的生存发展都具有基础性乃至决定性的作用，对一个政党更是如此。所以，无疑应将能力工程列为党的建设的根基工程之一。按执政的任务和所涉领域，必须致力提高“五个能力”：驾驭社会主义市场经济的能力；发展社会主义民主政治的能力；建设社会主义先进文化的能力；构建社会主义和谐社会的能力；应对国际局势和处理国际事务的能力。按执政的综合能力和总体效能要求，应致力提高科学执政、民主执政、依法执政的能力，总揽全局、协调各方的能力，凝聚各党派、各界、各方面参政议政力量使其共襄我党执政的能力。能力建设工程的执行主体和责任主体应是——担负具体执政任务的领导决策层及主管部门的党员领导干部，担负具体施政任务的部门及其领导班子和领导干部，作为执政党成员的全体党员、特别是掌有施政权力的领导干部。

根基工程四：民心工程——在密切党同人民血肉联系中保持全民对党的高度支持。得民心者得天下，失民心者失天下。我们党来自人民、扎根人民，是人民支持和选择了我们党成为新中国的执政党。所以，我们更要将民心工程作为党的建设新的伟大工程的根基工程。首先必须在根本立场和宗旨上，坚持立党为公、执政为民，把振兴国家、服务人民、贡献人类作为党崇高而唯一的使命和职责。二是提高执政能力、领导本领和工作效能，取得不低于并努力超出其他执政者的执政成效，确保经济社会又好又快发展、人民群众加快富裕幸福、国家民族加速繁荣振兴。三是贯彻执行好马克思主义群众观点和党的群众路线，使广大人民群众真正作为国家的主人当家做主。四是真正履行公仆职责义务，自觉当好人民公仆，始终保持与人民的血肉联系。五是抓好党风建设，端正党风，反腐保廉。民心工程的执行主体和责任主体应是——执掌各种权力的党员、特别是领导干部，所有党员及其所在的党组织。

根基工程五：反腐工程——在拒腐防变、反腐保廉中确保党立于不败之地。腐败是足以毁堤之大患、致命之痼疾，甚至会导致亡党亡国。党的建设新的伟大工程，无疑必需将反腐工程作为一项重要的根基工程。鉴于这一工程极为重要、难度极大，务必竭尽全力、多措并举。一是在全党、全国、全社会形成反腐败的巨大声势、高压态势和震慑威力，将腐败置于老鼠过街境地，使想腐败者望而却步。二是从根本和源头上铲除腐败滋生的土壤和病原体。以规范和控制权力赋予、使用为重点，推进权力运行程序化和公开透明，最大限度地推行“阳光运行”、禁止“暗箱操作”，重点解决将过大的权力过分集中在个人手中任其个人暗中使用的问题。三是以加强对握有“可寻租”重权的掌权者的监督为重点，建立健全决策权、执行权、监督权既相互协调又相互制约的权力结构和运行机制。四是建立健全科学严谨的体制机制和规章制度，靠此从根本上规范权力运行，堵塞权力“寻租漏洞”，防范和及时发现、制止权力腐败的发生。五是大幅提高腐败案件发现、查办结案率，使腐败分子难以漏网，由此遏制和减少腐败。反腐工程的直接执行主体、责任主体应是——各级党和政府特别是上一级党和政府，人大、政协，组织、纪检、监察、宣传等部门，负责机构改革、部门职责权限设定划分的部门和相关方面，掌握实权的部门、岗位的领导者及主体，相关的、间接的参与反腐与监督的主体应是——权力掌握者的家属，社会各界，广大民众，各种媒体。

根基工程六：命脉工程——在与时俱进、改革创新中勃发党的生机与活力。任何主体包括政党的生存与发展、前途和命运，首先取决于其自身的生机与活力。我们党要兴旺发达，就必须从根本和源头上增强党的生机与活力。这是关系到党的前途与命运的根本问题，所以务必将其作为命脉工程列为党的建设的根基工程。其主要抓手：一是坚持思想理论建设，勇于在发展创新马克思主义中不断提高全党的马克思主义水平。二是不断提高全党的实践创新能力，善于运用发展着的马克思主义推动中国特色社会主义的实践创新和党的事业的发展。三是坚持推动和领导改革开放，提高全党与时俱进、与世俱进的能力，执政兴国、赢得世界竞争的能力。这一工程的执行主体、责任主体应是——全体党员，党的各级特别是高、中级领导，党的思想理论战线，发展改革、对外开放等部门。

强干工程——筑牢“六柱体”

如同高楼大厦仅有牢固的基础还不够、还必须有优质坚强的支柱栋梁一样，党的建设新的伟大工程在抓好固本工程的同时，还必须抓好强干工程——筑牢“六柱体”。

柱体工程一：核心工程——强力推进党的各级核心层的建设，充分发挥其在党的事业中的“中流砥柱”作用。事物的中心、主要部分，通常喻为核心。我们党就称之为中国特色社会主义事业的领导核心。可见核心之重要。党的各级核心层是带领全党在时代大潮中勇立潮头的“中流砥柱”。所以，必须将这一核心工程作为党的建设最重要的柱体工程。主要应抓好四个方面：一是选准配强党的各级核心层。二是党的各级核心层自身应锐意进取，不断提高，从各方面加强自身建设。三是全党各级、各方面都要大力支持核心层工作，同时从党的事业的高度、爱护领导的角度，及时提请核心层注意防止、纠正某些倾向、问题和偏差。四是在实践中锻炼、提高和检验核心层，特别要将在重要关头对重大问题、严重困难、严峻挑战的处置及其成效作为锻炼、考察核心层的重点，并在此基础上实行优胜劣汰。这一核心工程的执行主体、责任主体应是——党的各级核心层自身，上级党的核心层，上级党的组织部门。

柱体工程二：主体工程——强力推进全体党员队伍建设，充分发挥其在党的事业中的“主体承担”作用。如同军队取胜最终必须由士兵在战场上具体执行战斗任务并克敌制胜一样，我们党的事业也必需靠广大党员去贯彻执行才能完成和取胜。所以，必须充分发挥党员的主体作用，并将此作为主体工程列入党的建设的柱体工程，从多方面推进其建设。一是把党员作为构成党的机体的元素和细胞，组成“两个先锋队”的先进分子，挑选好、培养好、教育好、发展好、使用好、维护好。帮助每一个党员掌握和不断提高服务人民、奉献社会的本领，充分调动每一个党员的主动性、积极性、创造性，充分发挥每一个党员的先锋模范作用。二是在党内保障党员主体地位，以落实党员知情权、参与权、选举权、监督权为重点，进一步提高党员对党内事务的参与度，充分发挥党员在党内生活中的主体作用。同时加强民主集中制教育，提高党员民主素质，引导党员正确行使权利、认真履行义务。这一主体工程的执行主体、责任主体应是——全体党员、党的各级组织、各级领导。

柱体工程三：骨干工程——强力推进党员领导干部队伍建设，充分发挥其在党的事业中的“骨干支撑”作用。正如毛泽东同志所说，政治路线确定之后，干部决定一切。其中，领导干部在党的事业中发挥着“骨干支撑”作用，更处于决定地位。所以，务必将此作为骨干工程列为党的建设的柱体工程。要进一步建设好这一工程，必须着重致力于四个方面：一是抓住培养造就高素质干部队伍的关键，即：坚持民主、公开、竞争、择优的原则，建立、实行能够准确识人、正确选人、充分用人的选人用人机制，确保把政治上靠得住、工作上有本事、作风上过得硬、人民群众信得过的优秀人才选入领导干部队伍，安排在恰当的岗位充分发挥作用。二是不断加强对领导干部队伍的培养、教育和提高，使之真正德才兼备。加强经常性的培训和教育，突出党性修养和作风素养教育。务必使领导干部牢固确立马克思主义的世界观、人生观、价值观，立党为公、执政为民的权力观、事业观、政绩观。十分注重对领导干部的实践锻炼和火线考验，使其真正具有并不断提高干事创业的真本领。三是建立健全科学先进、公平公正、导向正确的领导干部考核评价机制，强化考核结果的运用，由此对领导干部起到导向、激励、鞭策的作用。四是加强对干部特别是领导干部的管理和监督。建立健全领导干部管理监督工作机制和责任制度，提高领导干部决策、用权、行政、办事、交往及主要去向等透明度，切实解决普通党员干部和群众对领导干部“看不到、管不着”而无法了解和监督的问题。这一骨干工程的执行主体、责任主体应是——党的各级组织及党员，党的各级领导，管理领导干部的职能部门。相关方面有：各级党校，纪监、统计等部门。

柱体工程四：基石工程——强力推进党的各类基层组织建设，充分发挥其在党的事业中的“墙基柱石”作用。党的基层组织是整个党的基础，如同墙基柱石一样重要，所以必须将其作为基石工程列为党的建设的柱体工程。当前这一工程亟需着重致力于三个方面：一是扩大基层党组织覆盖面，实现党组织和党的工作全社会覆盖。二是选好、配强基层党组织负责人和工作班子，同时提供必需的工作条件、活动经费，关心、解决基层党组织工作者的培养、使用、待遇、保障等问题及其他后顾之忧。三是探索创造并不断创新基层党组织的工作途径、手段、方式、方法，同时为之提供相应需要的配备，使之更好地跟上新时代、适应新形势、满足新需求，具有足够的吸引力、作用力和实效性。四是扩展创先争优活动，深化基层党建工作三级联创活动，充分调动和发挥基层党组织的主动性、积极性和创造性。这一基石工程的执行主体、责任主体应是——党的基层组织及其负责人和工作班子，党的基层组织的上级领导，主管基层党组织工作的领导和职能部门。

柱体工程五：擢汰工程——强力推进党的组织纪检部门建设，充分发挥其在党的事业中的“擢优汰劣”作用。事业要兴旺、要成功，关键在人、在队伍。党的事业同样如此，关键是党员和党的干部素质要高、队伍要强。而要做到这一点，就必须坚持“擢优汰劣”。首先要把好“入选”第一关，把真正符合党员条件和标准的先进分子吸收到党内，把真正具备领导干部素质并为实践检验所证明的优秀党员选拔到领导岗位。二是在对党员、党员干部进行培养、教育、锻炼、提高、使用、考验、考核的过程中，不断发现出类拔萃者，对其予以重用；同时，注意发现相形见绌者，对落后者予以帮助，对不合格且教育无效者予以清除，以维护党员和领导干部队伍的质量和形象。这一工程的执行主体、责任主体应是——党的上级领导和相关部门，主管党员、干部特别是领导干部的组织、纪检、监察等部门。

*柱体工程六：鼎新工程——强力推进新生代党员的发展培养使用，充分发挥其在党的事业中的“新柱顶梁”作用。*我们党的事业是需要接力传承并不断创新超越的千秋伟业。国内国际执政党的经验与教训，都说明了“接班”问题的极端重要性。这个问题解决不好，党的千秋伟业就会在某一代手中毁于一旦而前功尽弃。所以，务必将旨在解决这一问题的“鼎新工程”作为党的建设的柱体工程抓紧抓好。一是高度重视对整个国家新生代的培养教育，努力做到一代更比一代强。在此基础上，不断从新生代中吸收先进分子入党。二是对新生代党员进行既符合党的基本要求、又适应新生代特点的培养、教育、锻炼、提高、考验和管理，将其培养造就为既继承党的优良传统、又能担当起新的历史重任、并能超越前人更好推进党的事业的优秀接班人。三是加大在新生代党员中选拔优秀年轻干部力度，重点加强年轻干部的实践锻炼，有计划、有组织地安排年轻干部到基层一线、艰苦地区、复杂环境、重要部门、关键岗位独当一面地履职尽责，对其中为实践所证明、公众所认同、确实优秀的年轻干部加以提拔重用。四是加强对年轻党员、年轻干部的管理、帮助和维护，重点帮助年轻干部增强党的信念、党性修养和法纪观念，增强抵御各种诱惑和拒腐防变的能力。这一“鼎新工程”的执行主体、责任主体应是——新生代党员、干部，党的各级领导和组织部门、青年工作部门。

攻坚克难——解决“六难题”

历史与现实充分证明，我们党领导中国革命和中国特色社会主义的伟大事业取得了世所公认的巨大成功和伟大成就，我们党自身的建设也取得了丰硕的成果。但毋庸讳言，我们还面临着巨大的挑战和困难。在党的建设上，还存在一些长期难以解决甚至还在蔓延、加重的问题，这些“老大难”问题已经严重阻碍党的事业发展。对此，我们必须高度重视，下决心攻坚克难。当前，亟需着重解决好以下六大难题。

*攻克难题一：缺失问题——致力解决有些责任主体难以将党建作为头等大事真正抓到位、甚至缺位失职的问题。*任何工作，能不能摆上与其重要程度相应的位置并相应地重视和致力，是工作好坏、事情成败的关键。我们党多数时期、多数主体是重视和努力抓党建的，但也确实在有些时候、确有少数主体并不重视抓党建，把抓发展作为硬任务、唯一要务，把抓党建作为软任务、非要务，上面有布置，就应对敷衍一下，除此之外少有问津，甚至根本就顾不上。这种缺位失职的状况，已不在少数。之所以会如此，主要是因为客观上相当程度地存在这种状况：党建“任务软、位置低、项目虚”，“布置多、检查少、考核缺指标”，“唯有发展是政绩，党建如何没关系”。解决上述问题，必须对症下药。关键是要把推进党的建设伟大工程同推进党领导的伟大事业紧密结合起来，既要充分认识到“抓发展是我党执政兴国的第一要务”，又要充分认识到“建好党是办好中国事情的第一关键”，二者相辅相

成,不可偏废。务必将党中央对党建的定位、部署和要求真正落到实处,真正将建好党作为办好中国事情的第一关键,摆到各级党委全局工作的重要位置、党委主要领导的重要日程。进一步建立健全和全面落实党建工作责任制,进一步明确各级"抓党建第一责任人"及其职责。健全并真正实行党委统一领导、部门齐抓共管、一级抓一级、层层抓落实的党建工作格局。进一步完善党建工作考核综合评价体系,将党建工作状况作为考核主要领导和分管领导、以至影响其能否提拔的重要方面。对抓党建缺位失职者,追究责任,作出相应处理。攻克这一难题的执行主体、责任主体应是——各级党组织及其领导自身,上一级党组织及其领导,上一级党的组织、纪检部门。

攻克难题二:腐败问题——致力解决腐败问题难以根除、且有管涌性溃堤甚至扩散性蔓延之忧的问题。我们党中央和全党对反腐败高度重视、非常坚决,也已收到了显著的成效。但毋庸讳言,腐败问题并未被遏止,更未被根除,甚至在领域上有所扩展、在级别上有所提高、在影响上更为恶劣、在查惩上更为棘手,已经成为我党长期致力、亟需解决而又难以解决的最大难题之一。虽然这个问题具有长期性,但腐败存在越久,越积重难返,影响越恶劣,危害越致命。所以,这个问题再难也必须解决,而且要尽快从根本上解决。首先,在解决当前最迫切问题的同时,就要考虑采取治本之策。要全面配套地推进政治体制、行政体制、权力机制、监督机制以及对涉及权力设计、配置、授予、执掌、使用、监督等部门和方面彻底进行正本清源、标本兼治的改革创新,从根本上解决权力过于集中于少数部门、少数人手中,而又由其自行内部运作甚至暗箱操作的腐败源问题。关键是"分权"、"控权",实行权力运行的"阳光操作",取消和严禁"暗箱操作",由此挖除权力腐败之根、切断以权谋私之源。务必将此作为最根本、最关键、最要害的问题,腐败中最坚硬的暗堡、最致命的病灶,下大力气解决好、铲除掉!二是建立健全教育、制度、监督并重的惩治和预防腐败体系,特别是从根本上探索建立、强力实行一整套制度和相应的措施,并辅之以思想教育、法纪震慑、亲情感动,实现掌权者"不想贪腐、不敢贪腐、不能贪腐"的理想目标。三是针对贪腐者鉴于在极为私密状态交易、多数得逞并漏网的现状,故而自己也心存侥幸铤而走险的腐败特征,广泛运用高新科技科学控制、实录以至侦查决策和权力运作的全过程、掌权用权者与权力相关的人际交往及经济收支,使权力无法私密交易;同时,大幅提高破案率、降低"漏网率",根本动摇和打消贪腐者的侥幸心。解决腐败难题,在总体上应坚持——标本兼治、更重治本,惩防并举、更重预防,全程综合治理、更重关口前移,既讲长期性、更重紧迫性,既凸显重要性、更凸显实效性。攻克这一难题的执行主体、责任主体应是——各级党组织及其领导,部门职能、岗位权力及体制机制设计者,组织、纪检、监察部门。

攻克难题三:偏离问题——致力解决有些党员、特别是党员领导干部的追求、言行及工作能效,偏离甚至违背党的事业和人民利益的问题。这些年来一个最大的问题是,党中央科学、正确的重大决策、深得党心民意的好政策、好规定、好制度,往往不能一杆到底地贯彻、不折不扣地落实,常常被虚置、改变或"打折",而收不到预期的效果。其中最根本的原因是,一些党员和党的干部入党动机不纯、思想不正,私心杂念较重,个人的追求、事业心、政绩观等,与党的宗旨和人民利益不一致、甚至相背离,所以,常常与党的要求格格不入,合自己意、对自己有利的就执行,不合自己意、对自己不利的就不执行,而对自己意欲而为的,虽偏离党的宗旨和人民利益,却要一意孤行。这就从“损公”、“营私”两个方面与党发生了更大的偏离,影响了党的宗旨和执政效能的实现,损害了党的形象和威信,甚至对党和人民的关系造成破坏。所以,必须高度重视、认真解决这一偏离问题。主要应对党员干部特别是领导干部加强党性教育、党的纪律教育、社会主义核心价值教育,同时加强对中央决策部署贯彻执行的督查,及时发现和纠正偏离问题。攻克这一难题的执行主体、责任主体应是——党员干部,各级党组织及其领导,督查部门,组织、纪检、监察部门。

*攻克难题四:牵掣问题——致力解决因各种主体及其权益关系错综复杂而牵掣党所推进的改革创新的问题。*改革创新是推进党所领导的伟大事业、推动经济社会更好更快发展、实现广大人民根本长远利益的根本需要,所以,党中央非常强调,一直抓得很紧,成效也比较显著。但毋庸讳言,有些方面的改革创新进行得非常艰难,有的旷日持久而收效甚微,有的改来改去“换汤不换药”,有的变形走样坏了味,有的借改革之名谋集团之私,有的甚至与党和人民所希望的改革创新相背离。出现这些问题的原因主要是,在改革创新中会对原有的权益格局作出相应的甚至较大的调整,有的主体从改革创新中所得不多或甚少,甚至会有较大损失,他们就对改革创新持消极、抵触甚至反对的态度,以至于用各种手段、方法牵掣或延宕党所推进的改革创新。这一问题已经严重影响甚至相当程度地阻滞改革创新的进程,亟需作为一大难题下大力气解决好。要着重处理好在改革创新中权益受影响甚至有损失的部门、集团、群体的权益调整与适当补偿问题;同时,教育其以改革创新大局和包括自己在内的广大人民的根本长远利益为重;三是在全社会宣传、褒扬其对改革创新的理解、付出和奉献,从而激发其积极投身和热情支持改革创新。攻克这一难题的执行主体、责任主体应是——改革创新中所涉部门的党员、领导干部,改革创新主管领导及主导部门,宣传舆论部门。

*攻克难题五:落实问题——致力解决党的决策部署和纪律制度难以迅速、完全贯彻执行、落实到位的问题。*任何思想理论、决策部署、计划方案,如果不落实,再好也是没用的。而不落实的问题,已在我们党的工作中相当程度地普遍存在着。以至于我们党的最高层领导曾用无以复加的叠加语大声疾呼“落实落实再落实”。确实,“不落实”的问题不解决,轻者误事,重则误党、误民、误国!所以,治理、解决“不落实”的问题已经到了非抓不可的地步。解决这一问题,必须从任务的提出者和执行者两个方面着手抓。首先必须明确执行主体及其职能、权利和责任。我们许多事情落实不好,就因这一条不明确,任务提出者往往只是笼而统之提要求,似乎谁都有责任,但谁都没有具体责任,当然落实不好。所以,抓落实首先要求提出任务和要求者及相关方面,明确任务和要求的执行主体,并将任务和要求以及权责利等具体化,具体分解落实到执行主体,这是第一个前提性、先决性步骤,首先必须落实好。这一条做不好,就无法落实,也无理由责怪下面对所提任务不落实。二是要讲认真,有布置、有督促、有考核、有检查,执行主体、责任主体,如对应落实的工作持懈怠、延宕、扭曲、“打折”、抵制态度,不管出于主观或客观何种原因,都责令其纠正和弥补,直到落实好为止。对执行有方、落实出色者予以表彰和更好使用,对落实不好甚至误事出事者追究责任、严肃处理。攻克这一难题的执行主体、责任主体应是——任务和要求的提出者及其相关方面,任务和要求的具体执行者,有关督查、考核部门。

攻克难题六:解难问题——致力解决治党与执政的难度加大、难题增多,亟需提高化解难题能力的问题。当今世界正处于大发展、大变革、大调整时期,日新月异、复杂多变,机遇不少、难题很多。处于这个世界的我党、我国,与时俱进、与世俱进。同时,我们党肩负任务的艰巨性、复杂性、繁重性世所罕见,治党与执政的难题增多、难度加大,亟需提高化解难题的能力。要解决这一问题,首先必须努力把我党建设成为马克思主义学习型政党,使党真正做到“科学理论武装、具有世界眼光、善于把握规律、富有创新精神”,从而能够胜任执政使命、应对一切情况、解决一切问题、化解任何难题。与此同时,从根本上提高党的领导核心和决策层发展、创新马克思主义,并运用不断创新的马克思主义驾驭新形势、解决新问题的能力。三是加强为高层领导与决策者服务的政策研究部门以及各种智囊团、思想库的建设,使之能够更多地从事对国际国内新情况、新动向、新趋势、新问题的超前性研究,及早提出解决问题特别是化解难题的决策建议和应对预案。四是加强各级党政领导、职能部门、基层一线解决问题、化解难题包括处置突发事件的研究、培训和锻炼。五是注意不断总结、交流、推广解决问题、化解难题的成功经验,并认真学习、借鉴国际先进经验,同时以国际国内一些反面案例、惨痛教训为戒。攻克这一难题的执行主体、责任主体应是——各级领导和职能部门,特别是中高层领导干部和权力部门,以及基层一线直接处理问题者;政策研究制定部门;社会各界各种智囊团。

综上所述,具体推出夯实“六根基”的固本工程、筑牢“六柱体”的强干工程,注重攻坚克难解决“六难题”,党的建设新的伟大工程必将得到更加具体实在、高效到位的落实和推进。衷心希望以上所言能够成为普遍性的决策、行动和现实。

(原载《群众》2009年第十一期)

在应对危机中提升科学发展水平
——江都市开展学习实践科学发展观活动采访记

本刊记者游新华　杭邦华　夏玉兰

江都市是全省开展学习实践科学发展观活动的试点市(县)之一。牛年新春伊始,记者来到江都,就此次试点情况进行采访。与记者一见面,市委书记倪士俊就点出了这次学习实践活动的主题和江都开展试点工作的特点:“江都在深入学习实践科学发展观试点活动中,把应对金融危机作为提升科学发展水平的契机,靠科学发展抗衡金融危机的冲击。”在江都采访期间,记者所见所闻,无不印证了这一点。

问计于民,找准科学发展路径。这些年,江都经济社会发展取得了不俗的成绩,2008年工业产值达1 250亿元,在扬州各县市中率先突破千亿元,财政收入41.1亿元,并连续8年进入中国县域经济基本竞争力百强县(市)行列。江都的领导者并没有陶醉于此,更没有满足于此,而是提出了更高的目标,确立了更高的参照系。在深入学习实践科学发展观的过程中,他们深刻剖析了江都在科学发展上存在的主要问题,要求全市上下尤其是党员领导干部进一步提高思想认识,更新发展观念,拓展发展思路,完善体制机制,使思想和行动更加符合党的路线方针政策,更加体现科学发展规律,做到:面对挑战,不为问题所困,积极应对,顺势而为;面对实际,不为模式所限,扬长避短,因地制宜;面对成绩,不为经验所累,开阔视野,大胆创新。

在当前的金融危机下如何破解难题,又好又快发展?江都采取的办法是:问计于民。在全市开展了“我为科学发展献一策”活动,向全市百万市民征求对策与建议,共梳理出2 000多条“草根计策”。群众的智慧和力量使他们更加坚定了应对危机、克服困难的信心,进一步找准了科学发展的路径。

共克时艰,帮企业渡过“寒冬”。企业是经济和社会发展的基础。对于一个地区来说,企业好,经济就好;企业强,实力就强。这是一个不争的事实。金融危机下的企业,现在正处于“寒冬”季节,因此,帮企业“过冬”,就成为党委政府最迫切需要解决的问题,也是学习实践活动最应该联系的实际。学习实践活动甫一开始,江都就组织开展了“走百村、访千企、进万家”调研活动,市领导和市直部门领导结合工作职能,各有侧重地开展调研,“带着问题下去、找到原因上来;带着课题下去、形成思路上来”,认真听取企业和基层的意见与建议,了解他们的困难和要求,寻找破解难题的着力点和突破口,及时制定下发了促进企业发展的16条措施和促进高效农业发展的20项政策,主要帮助解决融资、人才、减负等问题。为化解中小企业融资难问题,市领导牵头先后帮助270多家企业与银行签订贷款合作协议,落实323个项目贷款,贷款总额达109亿元。还多次组织针对企业和返乡农民工的招聘会,既为企业解决了招工难的问题,又为返乡农民工找到了新的工作岗位。江淮、邦威等企业,装配及车、钳、铣、刨等技术工人一直紧缺,以往的招聘情况极为冷淡,在最近几次招聘中却出现了少有的火爆场面,仅2月4日的招聘会上,江淮公司就与80多名求职者达成意向,邦威公司也与50多人签订了用工意向。

正因为企业的运营比较平稳,金融危机的冲击并没有给江都经济造成多大的威胁。从1月份的情况看,各项经济数据同比去年出现大幅上升:财政收入增幅达31%,比去年全年平均增幅高出3.1个百分点,同比增幅超历史;完成工业产值117.8亿元,同比增长38%;利税8.4亿元,增长38.8%。这些数字从一定程度上显示了江都在应对危机中的作为。

用好政策,化危机为机遇。为应对危机,国家和省相继出台了扩大内需的一系列政策措施。这对地方来说应该是一个极大的“利好”。江都紧紧抓住了这个机遇,积极争取新的项目,目前已有26个项目挤进国家和省“笼子”,获得专项资金1.18亿元,占扬州全市争取到的资金总量的一半。同时,按照科学发展观的要求落实项目,对原有的意向项目,加快上马,尽快投产:由中国海运集团投资100亿元兴建的中海造船基地,为国内造船基地单体规模之最,世界最大的30万吨级钢质浮船坞刚刚从这里下水。该项目投产后,将形成年产值150亿元的规模,更为可喜的是,该项目的上马,一举盘活了停产数年的江都船舶公司的近10亿元存量资产;海螺集团投资25亿元的水泥项目春节前在沿江落户,全部建成后,可年产水泥600万吨;双汇电力借助国家加大电力设施项目建设的机遇,在手订单超过1.5亿元;诚德集团与宝钢、首钢加快合作,大口径无缝钢管继续占据国际市场首席;引进的中远物流、中材国际、日本电装、法国阿海珐等12家国字号和世界500强等项目,也都在紧锣密鼓地运作之中。除了借助外力,发展大项目以外,江都还注重修炼“内功”,精心培育和打造特钢生产加工、车船制造及配套件、机械电子3个千亿元产业群,力争经过3—5年努力形成规模。在危机面前,有的地方只看到困难,对危机束手无策;有的地方却从危机中看到机遇，找到机遇，并抓住机遇，江都正是这样做的，他们的好多大项目正是在危机中加快了落户、上马的速度，是名副其实的化危为机。

*科技创新，力促转型升级。*危机不仅可以给发展带来机遇，也给经济的转型升级提供了有利时机。在应对危机中，江都按照科学发展观的要求，以科技创新带动经济的转型升级，促进发展方式的转变。着重抓了三方面工作：一是大力调整产业结构。对以传统产业为特色的江都经济进行调整转型，着力打造特钢生产加工、车船制造及配件、机械电子3大产业群，用3—5年时间，分别达到年销售超千亿元。目前，3大产业群占全部工业的比重已达68%。汽车零部件、船舶配套件、环保机械进入省150家产业集聚、产业集群项目库，被省政府认定为省级汽车零部件产业基地和江苏省重点船舶产业园区。二是狠抓园区的升级转型。江都经济开发区依托36.2公里的长江岸线，围绕机电冶金、船舶制造、港口物流、IT等主导产业，完成基础设施投入25亿元，建成省级船舶产业园、机电冶金园、建材工业园、高科技产业园、中小企业配套园和港口物流区等“五园一区”，引进中海造船、诚德钢管、海螺水泥、海昌物流、中远物流等项目45个，总投资达280亿元，协议利用外资8亿美元，到账4亿美元。初步形成了船舶制造及配套件生产、特钢生产加工两大千亿元产业集群。三是着力推动企业创新。把企业作为创新的主体，推动产学研结合，与一批高校和科研院所合作取得一批科研成果：盛华电气与南方电网合作的特高压户外频试验系统电压等级、海拔高度都是世界第一；亚威公司与瑞士、意大利、日本的企业合作，按欧洲技术标准生产的数控机床，成功打进国际市场，其高速度、高精度、自动化水平极大地提高了中国精密钣金加工业制造水平；由企业自主研发的九龙客车也在去年年底下线，年产销可达100亿元。江都还拥有3个国家级、1个省级博士后工作站，在全省60多个县(市)中名列第三。

*城乡统筹，全面协调发展。*科学发展不仅仅是经济的发展，更重要的在于经济与政治、社会、生态等统筹协调发展。这几年，江都十分注重在全面协调发展上做文章。均衡发展教育事业，统一布局城乡教育资源，协调发展幼儿教育、义务教育，教育发展整体水平居于苏中前列；完善卫生服务和医保体系，全面建成“10分钟医疗圈”，城乡社区卫生服务实现全覆盖，农村新型合作医疗保险覆盖率达98.2%；就业实行组织领导、政策扶持、培训管理、职介服务、信息服务“五个一体化”；社会保障实行三个同步：城乡社保进程同步推进、服务同步提供、政策同步享受。在协调人与自然的关系上，江都十分珍惜南水北调源头的荣誉，着力打造清水走廊，维护生态和谐。大力度淘汰“小化工”，已关闭小化工企业102家；实施万亩大江风光带、万亩绿色通道、万亩田园风光带等绿化工程，绿化覆盖率达到18%；在农村则开展了“清洁水源、清洁田园、清洁家园”和“三改二清一绿”(即改水、改厕、改圈，清理垃圾、清理河道，村庄绿化)活动，疏浚全市80%的河道，农村垃圾“村集中、镇收集、市处理”率达到90%以上，自来水入户率和卫生厕普及率分别达到81%和85%，全市城乡初步形成舒适宜人的人居环境。

“通过科学发展观的学习实践活动，要使我们的发展理念得到转变，发展质态得到提升，发展举措得到落实”，倪书记说，这就是江都给学习实践活动和应对危机所交出的答卷。

(原载《群众》2009年第三期)

从“四个辩证统一”中深入理解和把握“十个结合”
——学习胡锦涛同志“12.18”重要讲话的体会

廖　进

胡锦涛同志在纪念党的十一届三中全会召开30周年大会上的重要讲话中指出：“在30年的创造性实践中，我们经过艰辛探索，积累了宝贵经验。概括起来说，就是党的十七大阐明的‘十个结合’”。这“十个结合”即：坚持马克思主义基本原理同推进马克思主义中国化结合；坚持四项基本原则同坚持改革开放结合；尊重人民首创精神同加强和改善党的领导结合；坚持社会主义基本制度同发展市场经济结合；推动经济基础变革同推动上层建筑改革结合；发展社会生产力同提高全民族文明素质结合；提高效率同促进社会公平结合；坚持独立自主同参与经济全球化结合；促进改革发展同保持社会稳定结合；推进中国特色社会主义伟大事业同推进党的建设新的伟大工程结合。这“十个结合”，系统、全面而又重点突出，是我们党在新时期团结带领全国人民取得一切成绩和进步的科学结晶，是今后不断推进改革发展必须倍加珍惜和自觉运用的极其宝贵的精神财富。对这“十个结合”，我们应当从以下“四个辩证统一”中深入地理解和把握。

马克思主义基本原则与中国特色的辩证统一

改革开放30年的成功经验启示我们，在一个十几亿人口的发展中大国，要彻底摆脱贫困落后，加快实现现代化，巩固和发展社会主义，不仅要坚持科学社会主义的共性原则，而且必须从自身的实际出发，体现中国社会主义的特殊要求与鲜明的个性特征。

马克思、恩格斯创立的科学社会主义，是阐明无产阶级解放运动的性质、条件和一般目的的科学学说，它基于对人类社会基本矛盾和历史发展一般规律的深刻分析，揭示了资本主义必然灭亡、社会主义必然胜利的客观规律，为无产阶级指明了彻底解放的道路。无产阶级作为自在和自为的阶级，必须在工人阶级政党领导下，彻底打碎旧的国家机器，在夺取政权之后，建立并巩固无产阶级专政；在无产阶级专政条件下，要对整个社会进行改造，发展生产力，进行社会主义建设，逐步实现由社会主义社会向共产主义社会过渡的伟大目标。科学社会主义的上述基本原则，在近160年的国际共产主义运动中，在与各种非科学、反科学的社会主义思潮或流派的斗争中，在各国社会主义革命和社会主义建设的实践中，不断丰富发展。

在我国革命、建设和改革的实践中，中国共产党人始终坚持马克思主义基本原理与中国实际相结合，不断推进马克思主义中国化。新的历史时期，我们既坚持科学社会主义基本原则，又根据当代中国实际和时代特征赋予其鲜明的中国特色。30年来，我们始终坚持马克思主义在意识形态的指导地位，不搞指导思想多元化；始终坚持只有社会主义才能救中国、只有中国特色社会主义才能发展中国，不搞民主社会主义和资本主义；始终坚持人民代表大会制度，不搞“三权分立”；始终坚持中国共产党领导的多党合作和政治协商制度，不搞西方的多党制；始终坚持以公有制为主体、多种所有制共同发展的基本经济制度，不搞私有化或“纯而又纯”的公有制；始终坚持改革开放不动摇，不停顿、不走回头路。这就是我们在总结历史经验基础上郑重选择的社会主义，是科学社会主义基本原则同中国特色紧密结合、有机统一的社会主义。只有始终不渝地坚持扎根于当代中国的科学社会主义，不动摇、不懈怠、不折腾,我们才能真正拥有保证各项事业长期健康发展的“主心骨”和“定盘星”。

实践探索与理论创新的辩证统一

从直面实践中的“问题”并落脚于探求解决方略,到凝聚和提升实践经验形成科学理论,再到以创新和发展的理论指导新的实践,这种实践和理论的双重探索与双向互动,是我国30年改革开放从实践到理论、又从理论到实践的内在逻辑。30年来,我们党在新的历史时期的全部实践和理论,归结起来就是:开辟了中国特色社会主义伟大道路,形成了中国特色社会主义理论体系。

开辟中国特色社会主义的新道路,是前无古人的开创性事业,没有任何现成的答案和模式可循,必须经过艰辛的探索。30年来,我们党带领全国人民坚持从社会主义初级阶段这个最大的实际出发,创造性地探索并回答“什么是社会主义、怎样建设社会主义,建设什么样的党、怎样建设党,实现什么样的发展、怎样发展”等重大课题;确立了作为兴国、立国、强国重大法宝的党的基本路线;形成了一整套有力推进改革开放和社会主义现代化建设的纲领、方针和政策。实践充分证明,中国特色社会主义道路是引领当代中国实现国家富强、民族振兴、人民幸福的唯一正确的道路。开辟中国特色社会主义道路,不仅坚定了全国人民全面建设小康社会和社会主义现代化、实现中华民族伟大复兴的信心和决心,而且是中国共产党人对世界社会主义运动和人类社会发展的重大贡献。

善于进行理论总结和理论创新,是中国共产党的传统和优势。进入新时期的30年来,我们党坚持解放思想、实事求是、与时俱进,既不断开创实践发展的新局面,又不断开拓理论发展的新境界,以实践基础上的理论创新为改革开放提供理论指导。伴随改革开放的进程,我们不断发展具有鲜明实践特色、民族特色和时代特色的中国化的马克思主义,形成了包括邓小平理论、“三个代表”重要思想以及科学发展观等重大战略思想在内的中国特色社会主义理论体系,赋予当代中国马克思主义勃勃生机。中国特色社会主义理论体系与马列主义、毛泽东思想既一脉相承又与时俱进。中国特色社会主义理论体系,把对马列主义、毛泽东思想在新的历史条件下的坚持、继承与发展、创新有机统一起来,既不丢“老祖宗”,又讲出了“老祖宗”没有讲过的符合客观实际的“新话”。这一科学理论的形成与发展,使党的全部理论和全部事业充分体现时代性,把握规律性,富于创造性,开辟了马列主义、毛泽东思想在当代中国发展的新境界,达到了新高度。

目标任务与实施路径的辩证统一

党的十一届三中全会以来,我国经济社会之所以发生举世瞩目的历史性巨变,就在于我们分阶段确立起明确的目标和任务,并且一步一个脚印地予以贯彻落实。新的历史起点上,面对前所未有的机遇和挑战,我们应当汲取30年来的成功经验,把对目标任务与实施路径的深入研究和探索统一起来,努力做到开拓进取、始终不渝,一往无前、接力推进。

从新的历史时期开启之时起,我国改革开放的目标任务一以贯之、日益明晰,就是要解放和发展社会生产力,实现国家现代化,让中国人民富裕起来,振兴伟大的中华民族;就是要推动我国社会主义制度的自我完善和发展,赋予社会主义新的生机活力,建设和发展中国特色社会主义;就是要在引领当代中国发展进步中加强和改进党的建设,保持和发展党的先进性,确保党始终走在时代前列。总括而言,就是要全面推进经济建设、政治建设、文化建设、社会建设和党的建设,形成中国特色社会主义事业“五位一体”的总体布局,把我国建设成为富强民主文明和谐的社会主义现代化国家。

确定了明确的目标和任务,还必须坚持正确的实施路径。在这个关键环节上,30年改革开放也为我们提供了具有长期指导作用的基本经验。从制度模式的层面看,我们无论过去、现在和将来都不能走封闭僵化的老路,也决不走改旗易帜的邪路,而是坚定不移地走中国特色社会主义道路。从根本立脚点和出发点来看,就是想问题、办事情一切以社会主义初级阶段的基本国情为依据,毫不动摇地遵循党的“一个中心、两个基本点”的基本路线,把发展作为党执政兴国的第一要务,牢牢扭住经济建设这个中心,为坚持和发展中国特色社会主义打下坚实的物质基础;把以经济建设为中心同四项基本原则、改革开放这两个基本点统一于发展中国特色社会主义的伟大实践。从科学发展、社会和谐的基本要求着眼,则要坚持以人为本这一核心,贯彻全面、协调、可持续的基本要求,遵循统筹兼顾为根本方法,走中国特色自主创新道路、新型工业化道路、农业现代化道路、城镇化道路和政治发展道路;把提高效率同促进社会公平结合起来,实现经济发展基础上由广大人民共享改革发展成果,推动社会主义和谐社会建设,努力使中国特色社会主义道路越走越宽广。

动力系统与保障机制的辩证统一

推进中国特色社会主义的持续发展,离不开强有力的动力系统。改革开放是我们党在新的时代条件下带领人民进行的伟大革命,是经济和社会发展的强大动力。改革的根本目的,就是要在经济、政治、文化和社会等各方面形成与社会主义初级阶段基本国情相适应的比较成熟、定型的制度,使生产关系适应生产力、上层建筑适应经济基础的发展要求,使中国特色社会主义充满生机与活力。从根本上看,改革开放是亿万人民自己的事业,中国特色社会主义是从人民群众的实践创造和发展要求中获得前进动力的。我们必须坚持人民创造历史的唯物史观,坚持尊重社会发展规律与尊重人民历史主体地位的一致性,真诚代表中国最广大人民的根本利益,尊重人民的首创精神,紧紧依靠人民,切实造福人民,从人民中汲取智慧,最广泛地调动人民群众的积极性、主动性、创造性,最广泛地动员和组织人民依法管理国家事务和社会事务、管理经济和文化事业,积极探索能够极大解放和发展社会生产力、充分发挥全社会发展积极性的体制机制,放手让一切劳动、知识、技术、管理、资本的活力竞相迸发,让一切创造社会财富的源泉充分涌流。

中国特色社会主义的又好又快发展,又离不开行之有效的保障机制。在当今世界发生广泛而深刻的变化、当代中国发生广泛而深刻的变革的大环境下,既要不失时机地在一些重要领域和关键环节实现新突破,为经济社会发展提供有效的制度和法制保障;又要不断提高改革决策的科学性、增强改革措施的协调性,把促进改革发展同保持社会稳定结合起来,坚持改革力度、发展速度和社会可承受程度的统一,确保社会安定团结、和谐稳定。我们还要清醒地认识到,坚持以改革创新精神加强党的自身建设,是我们事业胜利前进的根本政治保证。必须明确党的历史方位,坚持党要管党、从严治党,把推进中国特色社会主义伟大事业同推进党的建设新的伟大工程结合起来,加强党的执政能力建设和先进性建设,提高党的领导水平和执政水平、拒腐防变和抵御风险能力,不断增强党的阶级基础和扩大党的群众基础,使党得到人民充分信赖和拥护,始终成为中国特色社会主义事业的坚强领导核心。

(原载《群众》2009年第三期)

抓住长三角新机遇 促进我省经济再上新台阶

张颢瀚

当前,我省面临着全省全面达小康,调整优化产业结构、实现经济发展方式转变,抵御国际金融风险、保持经济持续增长的三大历史性艰巨任务。在这一特殊历史时期,国务院《进一步推进长江三角洲地区改革开放和经济社会发展的指导意见》的颁布实施,赋予长江三角洲和江苏省在新时期以新的历史责任,同时也为江苏的发展提供了新的历史机遇。

长三角新的历史责任与江苏发展的新机遇

改革开放30年来,长三角地区不仅率先发展,经济规模居于全国前列,而且引领全国经济发展。在当前我国经济发展转型的历史阶段,在国际金融风险加大与经济衰退的特殊时期,更加需要长江三角洲这一具有重要战略优势和战略地位的地区进一步发挥在全国的龙头、示范与引领作用,以增强我国国际竞争力、抗国际金融风险能力与可持续发展能力。

1. *提升我国国际竞争力,客观上要求做大、做强长三角。*当今世界,城市间的联系不断增强,城市区域化、区域一体化成为不可阻挡的发展趋势,城市群取代单个城市成为国家发展的主要增长极和参与国际竞争的主力,整合区域、发挥其整体优势,已经成为提升国家国际竞争力的最主要途径。依据我国各地区参与国际竞争的实践,并借鉴国际区域竞争的经验,为增强我国国际竞争力,提升我国在国际产业分工中的地位,保持国民经济持续增长,需要长三角这样的实力雄厚的城市群作为支撑与引领。同时,长三角自身发展过程中也存在一些问题,主要包括核心城市规模和功能层级不够突出,原有的城市群规模过小,在国际上不具有竞争优势;城市间产业结构趋同、竞争有强化的趋势;要素需求增多、区域内资源要素供给不足;污染超出环境承载能力、生态承载力降低等。解决这些问题,实现长三角的优化发展,客观上也要求扩大长三角的区域范围,在更广阔的空间内对其进行整合再造。原有的16城市的长三角区域难以承担这一历史职能,正是在这一背景下中央把长三角扩展到江苏、浙江与上海两省一市的全部区域,并明确提出把长江三角洲地区建设成为亚太地区重要的国际门户、全球重要的先进制造业基地、具有较强国际竞争力的世界级城市群。

2. *长三角空间范围的拓展,可以推动周边地区的快速、跨越式发展。*长三角的拓展,把周边区域与核心区域联为一体,一方面有利于周边区域承接核心区域的产业转移,带动本区域的发展,降低发展压力;另一方面可以使周边区域直接享受核心区域的第三产业和创新服务,利用先进的技术、管理经验和人力资本,提高发展的平台。首先,长三角周边地区拥有相对丰富的土地资源,拥有更多的低成本劳动力,空间的拓展可以使长三角在更广阔的范围内配置资源,弥补自身不足,打破发展的瓶颈;第二,周边地区已具备一定的产业配套能力,与长三角的产业互补性开始增强,为长三角的产业转移提供了较好的、优于其他地区的承接空间,有利于长三角城市功能和产业结构的升级,延长产业链,有利于产生区域发展的联动效应;第三,立足周边地区可以开辟更为广大的内地市场,扩大中心城市生产服务业的范围,从而实现城市服务功能的跳跃式提升;第四,空间拓展可以实现行政区域的完整性和系统性，直接以省级行政机构参与分工合作，能够降低行政成本、提高效率、加快区域整合。

3. 抵抗国际金融风险，需要进一步提升长三角的战略作用。抵抗国际金融风险，应对国际金融危机，要靠经济实力、靠国内国际竞争力、靠体制活力。国务院指导意见首次明确提出长江三角洲地区是我国综合实力最强的地区，"最强"不仅包含着经济实力强，还包含着对全国经济贡献最大，包含着在抵抗国际金融风险中发挥更加重要的战略作用。从我国各经济区域比较来看，长三角地区在国际上综合竞争力最为突出。这一地区两省一市以全国2%的面积、1/10的人口，创造全国1/5以上的GDP、1/4以上的财税收入、1/3以上的进出口额和1/3以上的外资；这一地区具有独特的区位优势，以上海为龙头，江浙沪为一体，东西连接长江经济带，南北贯通我国南北沿海经济带，在我国沿海T型生产力布局和城市带中，具有连接东西、沟通南北的重要战略地位和无可替代的辐射带动作用；这一地区科教资源丰富，开放度高，市场化强，拥有超过全国13%以上的大学、20%的研发机构，在影响科技创新与产业竞争力的三大因素——科教因素、产业因素与市场因素中，不仅科教机构数量多，而且研发体制活，不仅产业基础强，而且产业与科技的结合程度高；同时，这一地区具有市场化程度高、经济体制活、文化融合度深的显著特征。以上这些，使得这一地区在我国参与国际竞争中、在抵抗国际金融风险中将要承担起更加重要的战略作用。金融是现代经济的核心，苏浙沪两省一市已于2007年底在上海共同签署了《推动长江三角洲地区金融协调发展支持区域经济一体化框架协议》，长三角地区金融协调正式启动。在此以后，中国人民银行又会同两省一市就推动长三角金融协调发展做了大量调研，专门成立了"推进长江三角洲地区金融协调发展工作联席会议办公室"。针对当前国际国内宏观经济形势，2008年12月浙江联席会议上，三省一市又明确提出在金融领域加强合作，作为长三角经济合作的重点领域，联手应对国际金融危机的挑战，长三角区域抗风险能力、确保经济平稳较快发展能力都会进一步增强。

长三角"一体两翼"新格局，为江苏经济发展方式转变提供了新平台、新动力

由16城市扩展到两省一市，长江三角洲的空间格局发生了战略性变化，为我省发展提供了新的平台与新的发展空间。

1. 长三角原"南北两翼"空间的局限。在原有长三角的框架下，从上海到杭州、宁波等浙江的主要区域作为长三角的南翼地区，杭州湾跨海大桥的建成更强化了南翼的优势。由上海经我省沿江城市到南京作为长江三角洲的北翼地区。在这一框架下，我省沿海及沿陇海线的重要地区都未能进入长江三角洲，没有进入国家的长三角发展规划，不能享受相关的政策，不能提升发展的载体，不利于江苏与长三角的发展。

2. 长三角"一体两翼"新空间。由16城市到两省一市，长江三角洲的空间结构实际上已经由"南北两翼"扩展为"一体两翼"。南翼的格局在发展指向上未有原则变化，变化的主要是空间范围扩展到浙江的全部地区，但在区域发展的空间结构上仍然属于南翼地区。由上海经南通、盐城到连云港，经淮安、宿迁到徐州，已经成为长三角的新的空间，这一新的空间以南通、盐城、连云港和徐州的城市带和产业带为主轴，已经构成了长三角的"新的北翼"，为长三角的发展增加了新的翅膀，这是江苏发展的新平台、新空间，也是长江三角洲发展的新平台、新空间，这是长三角和我省发展空间的战略性变化。由上海至南京沿长江、沿沪宁高速公路的城市带与产业带，是我国大中城市密度最高的地区，也是我国产业密度和人口密度最高的地区。这一地区又与我国沿江经济带融为一体，成为我国东西战略格局中最重要的经济带与城市带。在长三角新的空间中这一地区已经不再是原来意义的北翼地区，而是新的南翼与北翼中间的主体地区，是长江三角洲的中心地区与城市经济的主轴地带，可以称为长江三角洲的"一体"，这一体为我省沿江地区的发展提供了更高的发展平台。"一体两翼"新的空间格局的形成，使长三角原来分为南北两翼、长期以来上海只有半幅辐射的困局得以改变，同时长江三角洲作为国际城市群的基本框架得以形成，国际都市群的战略目标为我省的发展提供了更大的舞台，也提出了更高的目标。

3. *长三角产业转移升级的新平台*。新的背景下，长三角与我省应成为我国科学发展、和谐发展、率先发展、一体化发展的先行区和示范区。改革开放30年来，这一地区不仅率先发展，而且在几次产业转型升级上都走在全国的前列。在新的历史条件下，为加快推进我国经济发展方式转变、提升我国在国际上的竞争力，需要长江三角洲这一具有重要战略优势的地区，进一步发挥其龙头作用和示范带动作用，率先推进经济发展方式的转变，率先推进外贸增长方式的转变，率先推进政府管理方式的转变，率先进行区域一体化探索，进一步加强与国际的对接，以新的区域整体形象，继续领跑全国，影响世界，参与国际竞争，不仅充分发挥对周边地区的带动作用，而且为全国提供科学发展、和谐发展、一体化发展的有益经验。这正是《意见》提出的主旨所在。长三角区域差异大，在原有的区域框架下，15城市土地等资源紧张，发展环境受到严重约束。其他地区土地等资源相对丰富，发展潜力较大，但发展能力不足，长三角空间的新拓展，中央给予的新政策，为长三角在更大范围内整合资源、促进产业转移，联手加快经济升级，减少摩擦、促进生产资源要素合理流动和优化配置，实现优势互补与区域共赢，提供了新的更大的平台。

在扩展与合作中全面提升江苏综合竞争力

在新的历史阶段与新的形势下，利用国务院指导意见给予的新机遇和发展的新空间，我省正在加强与长三角两个层面的区域合作，优化、提升江苏空间与生产力布局，全面增强我省综合竞争力。

1. *以沿路、沿江为长三角一体与主轴，引领江苏与长三角产业转型升级*。我省沿沪宁高速公路与沿长江城市带是我国乡镇企业的发祥地，是我国经济国际化的前沿区，在新的历史阶段又将承担着引领产业转型升级的时代责任。从目前已经形成的沿沪宁路与沿长江的城市带和经济带来看，其整体实力、中心功能，已经与上海连为一体，把这个具有高度一体化的城市带作为长三角区域发展的增长极，作为国家参与国际竞争的龙头区域，具备了现实的基础。以沿路、沿江城市带和经济带为龙头和中心，在全国进行产业率先转型、率先升级，引领江苏与全国产业转型升级，带动广义的长江三角洲与长江中下游的发展。这是一个扩大了的核心区，其功能作用可以相当于90年代上海核心区在狭义的长江三角洲中的作用。随着沿江高速铁路、高速公路的建设，以长江黄金水道为基础，由上海经南京并向安徽、湖北延伸，泛长三角沿长江流域的上海、苏州、无锡、常州、镇江、南京、马鞍山、芜湖、合肥、九江等城市将被连通起来，形成我国沿江综合运输大通道，成为我国东部沿海经济发达地区向中西部地区辐射的主轴线，成为我国高科技产业、先进制造业和国家战略产业的中心区域，成为未来重要的服务业与高科技产业基地。

2. *以长三角新北翼为依托，加速新兴工业化*。作为长三角北翼的我省沿海地区与沿东陇海线地区，充分发挥交通便利、资源丰富的优势，全面推进工业结构优化升级，使之成为我省新的增长极，成为长三角新兴工业与国际先进制造业基地的重要组成部分。南通、盐城、连云港利用沿海开发上升为国家战略的优势，依托沿海地区的资源优势和产业基础优势，加速新兴产业与现代制造业的发展，同时依托其农业资源优势，建立现代农业示范区，积极发展规模高效农业，积极推进大型优质商品粮基地建设，发展现代渔业。沿东陇海线也是发展潜力较大的地区，连云港以国际港口带动城市，推进制造业和服务业一体化发展。加快徐州老工业基地的振兴，加速推进其中心城市、现代工业、现代服务业与现代农业的一体化发展，形成我省和长三角新兴的增长区域。

3. *使南京都市圈成为泛长三角东连、西拓的战略中心*。胡锦涛总书记明确提出安徽要积极融入长江三角洲，长江三角洲在两省一市的基础上将进一步向安徽乃至江西拓展与泛化，这为南京都市圈的拓展与对外协作提供了新的战略空间。利用这一机遇，南京可以加速提升其特大城市的综合承载能力和服务功能，扩大辐射半径，使之成为具有国际影响力和竞争力的世界城市，成为长江三角洲这一国际第六大都市群的西部中心城市，成为长江三角洲与长江经济带的东连西拓的战略中心。南京都市圈目前已经形成了东连、西拓的基础。第一，初步形成了以南京为中心，以镇江、扬州为依托，由高速公路、铁路、禄口机场、港口和黄金水道共同构成的一体化交通格局，宁镇扬板块内部实现了一小时互通。第二，新型交通网络的形成，使得城市间的联系更加紧密，经济活动的交易成本降低，大大缩小了区域内的流通成本，加速了经济资源的流动，经济空间的组织效率明显提高。第三，南京作为区域“增长极”发展迅速，区域信息中心、人才中心的作用开始显露，产业链开始延长，智力产业、创新产业、文化产业等上游产业已初具规模，城市的公共作用增强，产业构成、空间结构等正处于加速变迁中，新的城市管理与运行机制及中心城市的功能也在加强之中。第四，以宁镇扬为依托向西延伸到更大的区域，也具有了一体化的基础。南京与周边的马鞍山、滁州、芜湖、淮安、巢湖等市，梯度差异较大，是优势互补的主要地区，这些地区与南京进行的要素交流在加强，并且近几年的合作趋势也在加快。

4. *协作建设长江三角洲创新体系，共同促进经济发展方式转变*。共建长三角协作创新体系，是处于工业化中期与后期阶段的长三角经济持续快速发展的客观要求，是促进经济发展方式转变的客观要求。根据经济发展的一般规律，在经济快速发展、经济规模快速扩张的过程中，能源、环境、土地等约束日趋严重，发展中深层次矛盾日渐突出，粗放的增长难以为继，针对这一现实，我省近年大力促进产业质量的提升与经济发展方式转变，建设率先发展、科学发展、和谐发展的新江苏，为此还需要借助长三角的综合优势，在全省范围内与在长三角范围内协作建设长江三角洲创新体系，为经济发展再上新台阶提供核心动力。协作建设长江三角洲创新体系，是促进长三角经济转型升级，提升长江三角洲的国际竞争力，并引领中国产业创新的战略选择。跨行政区划的合作创新，需要在一体化战略层面进行谋划，形成竞争—合作的新型互动关系，风险共担、成果共享的联盟式的组织体系，以及以利益平衡为基点的协调机制。可以从“一个先导、三个引领和一个支撑”着手：

战略先导——区域合作创新战略的制定，应当放在全国一盘棋的整体思维中，注重充分发挥区域优势，调动区域成员的积极性，需要省市和有关部委成立长江三角洲区域合作创新协调机构，立足于全球化条件下区域经济一体化发展的一般规律，高起点地制定长江三角洲区域合作创新战略，为提升区域整体竞争力确定大局和方向。

规划引领——规划是战略的具体化。长江三角洲区域合作创新规划，需要立足于经济运行现实，强化可操作性和执行力。规划的制定，应当由协调机构，对本区域的重大发展方向或发展瓶颈，作出可行性的部署，并且依据发展战略作出阶段性的安排。协作编制区域自主创新规划，共同攻克产业核心技术，重点推进电子信息、生物、先进制造、新能源、新材料、航天航空等领域的自主创新。充分发挥高新技术产业园区在产业集聚和创新载体方面的作用，协同推进原始创新、集成创新。鼓励有条件的企业与高校、科研院所建立技术创新战略联盟，支持区域联合承担国家重大科技专项，实现关键领域和核心技术的创新突破。

项目引领——合作创新规划仍然是涉及某一领域较为全面的、整体的计划，需要进一步细分为若干科研项目，根据市场需求来合理配置创新资源。项目通常是指独特的或具有特定目标指向的一次性任务。从一定程度上来看，项目合作具有更大的可操作性，区域合作创新，在全面合作或整体推进的环境下，以项目为纽带不失为各方都能接受的过渡性方案，并且为此后的深化与推广奠定基础。

课题引领——合作创新项目确定后，可以将项目分解为不同的课题，根据各方的科研储备、创新梯队和创新能力，充分发挥各自优势，实行优势互补、创新集成。

科技信息支撑——长江三角洲各地方政府应大力发展公共信息与科技信息服务，构建同步的信息发布网络，为合作创新的参与各方提供权威、全面、前沿、便捷的科研信息资讯，为区域合作创新提供良好的环境与平台。

5. 从制度层面强化联席会议制度的权威性、协调层面的功能性、执行层面的常设性。完善区域合作机制，要积极探索新形势下管理区域经济的新模式，坚持政府引导、多方参与，以市场为基础、以企业为主体，进一步完善合作机制。按照合作的计划与主要内容，形成基础设施、产业布局、生态建设与环境保护等方面联合与协作的制度框架，同时推进泛长江三角洲区域合作，逐步形成与中西部地区经济、技术和人才协作的制度。长江三角洲的协作与一体化必须有相应的组织推动和法规规范。在新的发展阶段，根据新的战略目标，长江三角洲区域协作的机构与机制应进一步提升与完善，特别是需要进一步明确与完善区域协作的决策层面、协调层面和执行层面的相应职能，建立不同层面的制度、规范与法规。国家还要从制度层面强化联席会议制度的权威性，协调层面的功能性，执行层面的常设性。在制定长三角协作的战略规划与法规和政策方面，要进一步明确代表各方进行协调的政府部门与职能，根据联席会议确定的战略、政策与法规，两省一市的协调部门，应对其需要一起协调的主要内容、协调的主要形式等制定明确的规范，使其部门协调实现由虚向实的转变，由没有明确规划向有明确规划的转变，由不规范的非制度性协作向规范的制度性协作转变。为保证长三角联席会议确定的目标、任务得以有效落实，根据合作任务的要求，需要依据重点协作特别是需要经常协作的内容，由两省一市抽调少数具有专门知识的人员，组成常设性的精干的办事机构,承担常规性的协作职能。

6. *加速推进体制改革与创新*。长江三角洲的发展需要体制和机制的创新,国家也要求长三角进一步深化改革,为此应当尽快在长三角共建国家综合改革试验区。改革涉及的内容较广,也涉及共建区域统一的市场体系等复杂内容,作为国家的综合改革试验区,才能避免改革的零打碎敲,避免各项政策的互相掣肘,才能适应长三角体制改革与合作发展的要求,同时也为我省的进一步改革开放提供更具活力、更具开放度的体制与政策支撑。

长江三角洲地区要在新的历史时期承担起更加艰巨的历史责任,必须具有足够的动力加以推进。继续加速推进这一地区的改革开放,加快推进这一地区的一体化进程,既是推进这一地区率先发展的必要条件,也是这一地区承担起新的历史责任所必需的两个重要推动力量。按照《意见》的要求,这一地区需要全面深化改革开放,需要按照科学发展、一体化发展的要求推进体制机制创新。为此,不仅需要继续发扬这一地区勇于革新、敢闯敢试的精神,同时也需要中央赋予这一地区更多的、更有利于深化改革的政策,赋予这一地区有利于更深入地在更广阔领域推进开放的政策,赋予这一地区能够在全国率先进行经济发展方式转变的权限,赋予这一地区能够进行重大改革试验所必需的政策和机制。就目前来看,现行体制机制和政策在很大程度上制约着这一地区的发展活力和率先转型。要承担起更大的历史责任,还需要一体化的推进,非一体化因素目前仍然是制约这一地区经济活力和经济竞争力的重要因素,因此,推进长三角一体化就成为当前和今后一个时期提升这一地区综合竞争力的必要条件和重要动力。

(原载《群众》2009年第三期)

努力打造文化产业强县

丁 宇

近年来,我们大丰市委、市政府坚持以科学发展观为指导,不断加大政府投入,完善公共文化服务设施,建设“文化大丰”,文化事业和文化产业呈现良好发展态势,先后被国家、省表彰命名为“全国文化先进县”、“全国文化信息资源共享工程示范县(市)”、“中国民间文化艺术之乡”和“江苏省群众文化先进县(市)”。

加大投入,建好平台

文化繁荣,重在投入。我们不断加大公共文化服务投入力度,完善覆盖城乡的公共文化服务体系。一是政府主导投入。近3年先后投入近5亿元,改扩建影剧院和影城,新建文化大厦、新华书店、图书馆、少儿图书馆、文化馆、博物馆、施耐庵公园和银杏湖公园。市文化馆、图书馆被评为“国家一级馆”,2006年在苏北县(市)级首家建成少儿图书馆并正式对外开放。投资2 000多万元,在全市14个镇和259个行政村(居)全部建成标准化文化站和达标文化室,建立健全市、镇、村三级文化信息资源共享工程服务网络。今年我市将进一步加大投入,实施文化实事工程:建设投资2亿元的大丰湿地公园,南园预计在国庆节对外开放;建设投资3亿元的奥体中心工程,年底前体育馆主体工程竣工;4季度开工建设投资3亿元的文化会展中心大剧院工程建设,力争建成全省一流的文化场馆标志性工程。二是市场多元投入。2007年,我市与上海光明集团、海丰农场联合筹建总投资3 000余万元的大丰·上海知青纪念馆。今年与中国光华知青基金会合作建设全国5个知青部落之一——华东知青部落,引资建设知青纪念馆二期工程。2008年,市财政投资120万元作为启动资金,吸引光华科技基金会捐款330万元,在全市259个行政村(居)全部建立“农家书屋”,提前3年完成村村建有“农家书屋”的目标。对奥体中心和会展中心等城市巨型文化设施,我们也采取社会主导、公司化运作的办法,多元融资,解决资金难题。三是企业自主投入。制定出台《关于大力发展先进文化建设文化大丰的实施意见》,充分利用财政、税收、信贷等经济杠杆,鼓励和引导企业自主投入文化事业建设。新华书店投资1 500万元新建大丰书城,并创建成三星级书店,产生了良好的社会效益和经济效益。

发挥优势,做强产业

我市高度重视文化对经济发展的凝聚力和影响力,充分挖掘地方独特的人文资源,倾力打造麋鹿、知青、水浒等特色文化品牌,招引新兴创意文化产业入驻开发区、服务业集聚区,力争到2012年实现文化产业增加值占GDP的比重达5%以上。一是做强麋鹿文化。编辑出版《麋鹿文化丛书》3套30余本;和《新民晚报》等强势媒体联手共同举办麋鹿节,全面推介大丰独特的生态环境、丰富的发展资源、巨大的发展潜力;充分发挥中华麋鹿园科研保护与生态旅游互补优势,建成4A级景区,每年接待游客30多万人次,旅游收入达1 000万元以上,2008年荣获“中国十佳湿地旅游目的地”和“中国旅游年度景区”称号。我市还将依托该景区纳入上海世博之旅旅游推荐路线的优势,努力打造盐城第一家5A级景区。二是打造知青文化。上海等地曾有10多万知青于20世纪六七十年代在大丰工作、生活,这段历史形成了大丰独特的知青文化资源。我市挖掘知青文化资源,搭建交流平台,多次在上海举行知青联谊会,2008年成立海丰经济社会发展促进会,以乡情、亲情、友情招引项目、促进发展;编发《知青》杂志;筹拍30集《知青》电视连续剧。全国首家上海知青纪念馆于2008年11月正式对外开放,被列入省重点旅游项目和上海世博之旅旅游推荐线路,目前已接待游客近5万人次,正着力打造4A级景区。三是传承水浒文化。成立施耐庵研究会,编印《施耐庵学刊》;在市区主河道二卯西河两侧建设水浒人物浮雕;建成施耐庵公园、施耐庵纪念馆和施耐庵史迹馆,每年接待游客近10万人次。

改革创新,服务百姓

改革创新是文化发展的动力。我市遵循文化惠民宗旨,大胆探索基层文化网络管理模式、人才队伍建设和文艺创作激励机制等方面的新思路,进一步解放文化生产力,提升服务水平。一是理顺管理模式。为建设完善全市文化网络、建立一支稳定的基层文化工作队伍,我市率先对镇广电站管理模式进行改革,实行“条块结合、以条为主”,将各镇广电站在编在岗人员工资全部上划至市财政统一发放,明确由市广电局、人事局负责人事调配和干部任用;对文化站管理模式按照“条块结合,以条为主”的原则进行改革,取得明显成效。二是加强队伍建设。出台优惠政策,面向海内外公开招聘文化专业人才,博士、硕士研究生、“211工程”高校本科毕业生,可直接到文化事业单位工作,并由市财政给予生活、住房等补贴。加快专业剧团改革。市锡剧团面向观众、走向市场进行改革,完善内部用人机制、分配机制,今年引进15名歌舞类专业人才,新组建大丰市歌舞团,由单一化向综合化成功转型,增强了市场竞争力。培养本土基层人才。我市还采取邀请专家讲学、送到专业院校和著名剧团培训与跟班学习、开展文艺调演等形式,加强对基层文化骨干的培养,进一步夯实基层文化工作基础。三是鼓励精品创作。设立专项基金,培养乡土艺术家队伍,扶持和激励文艺精品创作。我市现有省级以上作协、书协、美协、舞协、音协会员120多人，近年来在盐城市以上发表和获奖各类文艺作品1 000余件，30多件文艺作品获“五个一”工程奖、“五星工程”奖、全国群星奖、“中国曹禺戏剧奖”；大丰“麦秆画”获得法兰西共和国勋章。四是发展群众文化。每年都投入近200万元开展各类群众文化活动，先后举办17届元宵灯会、22届风筝节、12届少儿艺术节、6届戏剧小品汇演、2届老年艺术节、2届“未来之星”少儿才艺大赛和6届国际麋鹿节；大力实施送科普、送电影、送戏下乡活动，为各镇送书近30万册、碟片26 000张、书架700多张、戏320场、电影9 000多场，丰富了人民群众的精神文化生活。

（原载《群众》2009年第九期）

着力增强学好用好政策的本领

双传学

政策是党和国家实施管理的重要手段，也是社会各阶层利益再分配的主要依据，对社会发展有着重大影响。一项既定的政策不管是在议决阶段，还是在执行过程中，都与各级领导干部政策水平有着十分密切的关系。可以说，领导干部政策水平的高低，不但会影响本职工作，而且直接关系到发展大局，关系到人民群众的切身利益。是否熟悉党的政策，严格按政策办事，并结合本地实际制定具体政策，最大限度地发挥好政策效应，是衡量各级领导干部合格与否的重要标志。

当前，在理解和执行政策的问题上，总体情况是好的，但也存在一些突出问题。在制定政策方面，一些地方照搬照套，结合实际制定有特色的政策措施不够，有的地方制定的政策缺乏连贯性等。在理解政策方面，有的对政策掌握不够全面、系统，甚至片面地理解政策。在执行政策方面，存在执行偏差、走样的问题，该坚决执行的没有坚决执行，该灵活运用的没有灵活运用。特别是还有不少同志政策意识还不够强，习惯于要钱要物，对政策的强大作用了解不够，用足用好政策的办法还不够多。在现今国内国外经济形势更为严峻的情况下，我们一定要增强政策观念，围绕保增长、促发展这个首要任务，充分发挥政策的引导、激励作用，积极创新思路、创新政策、创新机制，用政策破解发展难题，用政策提升发展水平，千方百计保持经济平稳较快的发展态势，并且为实现更长时期的又好又快发展打下基础。

深刻领会政策的丰富内涵

正确贯彻执行政策，首先必须认真学习并深刻理解政策。只有拥有较强的政策理解力，才能真正理解政策的指导思想和目标任务，才能正确把握政策的界限、原则、对象、内容等，也才能最终正确贯彻落实政策。党和政府制定的政策是一个“政策群”，从政策的层级划分，有总政策，基本政策，具体政策；从覆盖面划分，有宏观政策和微观政策之分；从政策内容划分，有政治政策，经济政策，文化政策，科技政策，外交政策等等。这些政策之间紧密联系，相互依从，相互制约。作为地方和部门的决策者和领导者，必须对各种政策有深入了解和掌握，既要对党和国家的路线、方针、政策了如指掌，又要全面掌握当地制定的各项政策措施；既要熟悉本系统、本单位、本部门的具体业务政策，又要熟知其他相关的政策措施。政策一般都比较宏观、比较概括，许多政策只能提出原则意见。特别是我们正在进行的是前无古人、后启来者的中国特色社会主义伟大事业，许多工作具有探索性、创新性。只有吃透政策精神，学深学透党和政府出台的重大方针和政策，才能做到心中有数，情况熟悉，思路清楚，创造性地贯彻落实好政策。当前，尤其要善于学习宏观经济政策，结合宏观经济运行的特点、改革开放的历史进程、国内外经济环境的发展变化，准确把握中央政策调整的特定背景，准确把握中央重大决策的目标指向，准确把握中央应对危机的重大举措，准确把握中央落实政策的工作要求，切实增强理解和把握政策的自觉性和主动性，从而使我们的各项工作有的放矢，达到事半功倍的效果。

认真开展政策的宣传解读

政策的执行是政策主体与客体间复杂的互动过程，离不开对政策信息的宣布和传播。只有通过有效形式将政策内容向有关执行者和群众进行宣传解释并使之积极行动起来，才能使广大政策目标群体充分认识到所推行政策与他们自己切身利益之间的紧密关系，使他们认同并自觉自愿地积极地接受政策，从而为政策的有效执行奠定坚实的基础。一是要搞好政策解读。政策解读是维护社会稳定、保障政策顺利推行必不可少的重要环节。解读政策，要充分考虑某些要点对当地经济、政治、文化生活的关联性，尽可能地选准切入点，选准群众生活中的热点、难点问题与政策步步深入，解细"读"透。可以邀请业内专家针对政策的制定依据和前提条件，从理论和实践的高度进行解读，让群众知其然，更知其所以然。善于运用党政机关权威部门的声音，告诉群众政策出台前的调研过程、起草过程、酝酿过程等，认识到政策制定的现实性和科学性。二是要注重典型宣传。政策宣传，不仅仅体现在条文的转载和摘登上，也要体现在贯彻落实的具体做法和经验上，用生动具体的典型事实推动政策的进一步落实。各地在创造性地贯彻落实党的各项方针政策过程中，也会制订出一些切实可行的举措，创造出一些好的经验和做法。抓好一些具有普遍意义和典型意义的重大事件，仔细调查，深入剖析，精辟概括，可以使党的政策引导具体化、形象化，使干部、群众从中受到教育，领悟政策，产生深远的社会反响和广泛的宣传作用。三是要充分利用互联网、手机等现代信息工具，拓宽原有的宣传教育阵地，建立全方位、立体式的政策解读体系，充分发挥大众传媒宣传政策、引导人民的重要作用。四是要突出宣传重点。现在政策法规比较多，涉及的范围广，要突出重点，加强政策宣传的针对性，突出宣传党和国家改革开放的大政方针，与中央保持一致。对一个时期的事关改革开放大局的政策法规的宣传，必须放在重要位置上，及时在各类媒体得到体现，做到不迟登，不漏报。要围绕中心工作，突出宣传党委、政府的有关政策措施，使战略决策家喻户晓，深入人心，化为具体行动。当前要以更大的决心、更大的力度宣传党和政府应对严峻经济形势的一系列方针政策，深入宣传各地应对挑战、破解难题的实际举措，引导干部群众坚定战胜困难的信心与决心，凝聚起上下同心、共克时艰的强大合力。

着力抓好政策的贯彻落实

政策是最大的资源，蕴藏着巨大的效益，有着促进发展的强大功能。政策能否发挥效用，关键在抓落实。抓而不紧，等于不抓；抓而不实，等于落空。抓好政策的落实，我们的工作就充满生机；不抓落实，再好的政策也是图有虚名。从这个意义上讲，抓落实既是一项基本功，也是出成果、见成效的关键环节。一是要增强执行政策的坚决性。把落实各项政策作为自己的重要职责，坚决按照政策要求去做，在执行过程中不变形走样，一抓到底，落到实处，见到成效。疲疲沓沓、敷衍了事的态度是不可能在政策的贯彻中取得成绩的。二是要增强执行政策的创新性。政策一般来说都比较宏观、比较概括，往往只提出原则性的规定。运用政策解决实际问题，真正实现政策目标，还需要在不违背政策原则和保持政策方案完整性的前提下，根据不同时机、不同条件、不同地方的特点和需要，采取灵活多样的、符合实际状况的方式方法，提出适合本地特色的指导性意见，使采取的具体贯彻措施既与总的精神一致，又与本地区实际相符，做到坚定性和创新性的有机统一。三是要增强执行政策的实效性。善于将政策具体化和具有可操作性，对上级有明确要求的政策条款，应制定实施细则，大力组织落实；对只提供了政策思想和一般原则的，要从本地区实际出发作出切实可行的补充规定。要正确处理好全局与局部、具体政策与总政策、眼前与长远的关系，使政策在实践的检验中不断完善，不断发展。这次中央和省里密集出台的一系列强有力的财政和货币政策，不但力度大、覆盖面广，而且含金量高、制度性强。如增值税改革、银行信贷放宽、扶持“三农”、扩大基础设施投入、刺激消费等政策，对扩内需、保增长、调结构、促转型、重民生，推动经济平稳较快发展都具有重要价值，抓得好可能是今年发展的一个大的增长点。我们一定要大力弘扬求实、务实、落实的作风，把这些政策措施不折不扣地落实到基层，落实到企业，确保早落实、早到位、早见效。

（原载《群众》2009年第七期）

深化文化体制改革 打造文化产业强省

陈法林

文化产业是21世纪最具活力的朝阳产业之一。2006年，江苏省委、省政府发出加快推进从文化大省向文化强省迈进的号召，提出要“建设文化事业强、文化产业强、文化人才队伍强的文化强省”，我省文化产业发展迈入了一个新的时期。今年将召开推进文化强省建设工作会议，对文化强省建设作出全面部署。本文拟从分析当前我省文化体制改革及文化产业发展现状、存在问题出发，对建设文化产业强省提出对策意见。

文化体制改革与文化产业发展现状

近年来，我省以改革创新的精神，积极探索，扎实稳妥地推进文化体制改革，文化管理体制逐步理顺，体制机制活力不断增强，文化产业呈现快速发展态势，文化体制改革和文化产业发展处在全国前列。

政府职能转变迈出坚定步伐。文化行政管理部门正在由主要办文化向管文化转变，由主要管微观向管宏观转变。政府部门与文化企事业单位的关系进一步理顺，文化发展的宏观体制环境不断优化。省新闻出版系统和广电系统行政管理部门已实现局社分开和局台、台网分开。列入全国文化体制改革的六个试点地区除南京外，苏州、无锡、常州、淮安、宿迁等五个试点地区已完成“三局合一”，组建了新的文化广电新闻出版局。苏州、无锡、常州、淮安、宿迁等五个试点地区综合执法改革任务基本完成，初步解决了文化市场管理中长期存在的职责不清、职能交叉、多头执法等问题。

经营性国有文化事业单位转企改制成效明显。一大批经营性文化事业单位完成了转企改制。省新华发行集团和省演艺集团转企改制大大激发了集团发展的活力，成为全国文化体制改革的先进典型，其社会效益和经济效益大幅度提高。省新华发行集团加快了连锁经营步伐，出资2.5亿元控股与海南省发行集团合资成立的海南凤凰新华书店集团有限公司，成为全国第一家发行行业跨地区合作的企业。同时，加快了股改上市步伐。江苏省演艺集团改制当年演出场次、演出业务收入、演职员人均年收入都取得了翻一番的喜人成绩。

文化产业集聚度稳步提高。全省已组建新华报业集团、省广电集团、凤凰出版传媒集团、省广电网络公司、省演艺集团、南京广电集团、南京报业集团、无锡广电集团等一批具有较强实力的文化产业集团。据统计,截止2008年底,新华报业集团、省广电集团、凤凰出版传媒集团、省广电网络公司、省演艺集团和省文化产业集团等六大集团总资产合计为265亿元,净资产183亿元,实现利润12.3亿元。其中,凤凰出版传媒集团提前两年实现了"十一五"末的百亿目标,成为中国出版业第一个销售收入、资产规模均超百亿元的大型文化产业集团。省广电集团连续5年以30%左右的幅度增长,2008年经营收入27.4亿元,综合实力进入全国省级台前三。省级六大集团在文化产业发展中主导作用日益增强。全省各市规划建设了一批文化产业园区,其中南京、苏州、无锡、常州的动漫园区被列为国家级基地。

文化产业呈现快速发展态势。2004年以来,我省文化产业增加值连续保持28%以上的增长速度,体现出强劲的增长势头。2007年文化产业实现增加值587.35亿元,文化产业增长速度达30.68%,比全省GDP的增长速度(14.8%)高15.88个百分点,占全省地区生产总值的比重已达2.3%,比上年(2.02%)提升0.28个百分点。2007年,全省文化产业完成增加值比上年的净增量为150.10亿元,其对全省GDP增长量的贡献率为3.83%,对国民经济的贡献份额逐年提高。

当前文化体制改革与文化产业发展中需要着力解决的问题

目前,影响和制约文化体制改革与文化产业科学发展的突出问题主要体现在"四个缺乏"和"八个不到位"上。

"四个缺乏":一是缺乏改革创新的意识。对改革有畏难情绪和等待观望思想,只抓机制、不抓体制,回避重点难点问题。二是缺乏新的文化改革和发展理念。一些地方和单位仍在希望政府大包大揽,不会利用市场的力量和社会资源来发展文化。文化基础设施"有钱建、没钱养","边建设、边流失",文化产业"软、小、散、滥"等老问题依然存在。三是缺乏必要的政策保障。四是缺乏对改革的有力领导。有些地方至今没有建立相应的组织机构,仍然是各自为政,没有形成合力,难以协调,延缓了改革的进程。

"八个不到位":一是对文化产业属性认识不到位。文化产业既具有产业属性,又具有意识形态属性。发展文化产业实际上是一项意识形态领域中的经济工作。但在实际工作中,一些部门和领导在强调文化产业是产业属性时,认为应由政府部门来牵头发展文化产业,而强调意识形态属性时,又认为应由党委部门来牵头发展文化产业,因而很容易在工作中造成互相扯皮的现象。二是管理不到位。文化产业发展涉及多个部门,而一些部门各自为政、缺乏协调、多头管理的现象比较突出。拿动漫基地来说,广电部门命名动漫基地,新闻出版部门和文化部门也命名动漫基地。像文化产业基地、文化产业园区的命名也是如此。还有一些部门热衷于授牌。因缺少统一的协调部门,文化产业管理体制目前仍比较混乱。三是管办分离不到位。政府既担负管理职能,又投资兴办企事业单位,出现"既是裁判员又是运动员"的现象。这种政企不分、政事相混的管理体制,一方面造成政府对企业诸多的干预,另一方面,导致了经营管理者的依赖心理,更严重的是对已转企改制的企业造成了不公平竞争,影响了已转企改制企业的积极性。四是文化产业融资平台建设不到位。

江苏文化产业发展不缺项目，同时银行及各种风险投资公司资金充裕。但二者之间缺乏一个沟通的平台。五是市场主体重塑不到位。一些经营性文化单位仍然是事业单位，缺乏市场竞争能力。因不是真正的市场主体，也影响了其跨地区、跨行业整合资源。六是规划不到位。各地发展文化产业的积极性很高，但区域特色不明显，同质化竞争现象严重。七是人才培养工作不到位。文化产业经营管理人才匮乏，人才培养和引进机制尚未建立。文化产业的企业家队伍尚未形成。另外，文化行政管理部门里的文化产业管理人才也严重缺乏。八是考核不到位。省委、省政府制定了《关于加快文化事业和产业发展的若干经济政策》等一系列政策措施，但这些政策执行得怎样，没有考核。

创新体制机制，打造文化产业强省

应该说，经过这几年的改革发展，我省文化体制改革取得了显著成效，文化产业竞争力明显增强。但从整体来看，与我省经济大省、文化资源大省的地位仍不相称，与先进省市尚有很大差距，与省委省政府提出的要努力“把文化产业培育成国民经济支柱产业的目标”差距更大。因此，没有超常规的发展理念，超常规的发展思路和超常规的发展举措来推动文化产业跨越式发展，建设“文化事业强、文化产业强和文化队伍强的文化强省”就难以实现。

1. 实施三大战略，突出重点工作

实施市场主体重塑战略。一是科学界定文化事业单位的功能和性质。对主要从事生产经营活动的，要逐步转为企业；对主要从事公益服务的，要强化公益属性，完善法人治理结构；对主要承担行政职能的，要逐步转为行政机构或将行政职能划归行政部门。二是加快经营性文化单位转企改制。按照加大力度、加快进度，取得实质性进展的要求，进一步培育新的文化市场主体。三是推进新闻单位改革创新。党报、党刊要实行采编与经营分开，重点抓好发行体制改革，加强市场运作和营销，不断提高市场占有率。电台、电视台要重点抓好制播分离，将影视剧、娱乐、体育等节目制作部分分离出来，组建面向市场的节目制作公司，不断提高广播电视节目制作市场化、专业化水平。

实施大项目大企业带动战略。一是组织实施重大文化产业项目带动战略。大力推进 2006 年确定的省级 10 大文化产业项目建设。继续推进全省广电网络整合，全面推进数字电视整体平移，不断拓展增值业务。同时，以省级文化产业引导资金为杠杆，按照集中力量办大事的原则，每年形成一批成长性好、带动性强、市场占有率高的重大项目。二是重点培育骨干文化企业。选择一批规模大、成长性好、竞争力强的大型国有或国有控股的文化集团公司，进行重点扶持，用 3—5 年时间争取培育一批绩效优良、创新能力强、可与国际大企业竞争的国有大型骨干企业。三是建设一批文化产业基地、园区。产业基地、园区是实施重大战略性、先导性项目的载体，是培育新文化业态和研发新的文化传输技术的孵化地。

实施结构调整战略。将文化产业发展和文化产业结构调整纳入国民经济整体布局和结构调整之中。完善所有制结构调整，促进技术结构升级，同时调整区域结构。以中心城市为重点，加快文化产业园区建设，形成若干影视制作、动漫游戏、音像电子、印刷复制和演艺娱乐等产业示范基地，培育一批富有活力、各具特色的优势产业群。

2. 构建三大体系，提供支撑条件

培育现代文化市场体系。一是加强文化产品和要素市场建设。打破条块分割、地区封锁、城乡分离的市场格局，形成统一、开放、竞争、有序的现代文化市场体系。加强书报刊、电子音像制品、演出娱乐、影视剧等文化产品市场和资本、产权、人才、信息、技术等文化要素市场建设。发挥大中城市中心市场和区域专业市场的主导和辐射作用，大力发展大型现代流通组织和物流中心。着力打造一批有江苏特色、全国影响的文化会展品牌。二是大力发展市场中介机构和行业组织。拓展文联、社联、作协、记协、版协等社会团体的职能。三是积极参与国际文化市场竞争。选择管理规范、技术先进、对我友好的国外知名文化机构进行合作，推动我省文化企业在境外合办报刊、出版社、频道、节目、演出和展览等，以扩大江苏文化的影响力。

搭建投融资体系。一是组建省文化产业创投公司或基金公司。吸引金融机构参与文化产业项目的投融资，引导、鼓励建立文化类公募或私募产业基金，开展风险投资，重点是对全局性、战略性重大文化项目进行风险投资。二是拓宽渠道融资。积极支持有条件的文化企业上市融资，鼓励发展前景好、科技含量高的中小文化企业进入创业板。鼓励和引导大型国有企业进入文化产业，培育文化产业战略投资者，提高国有资本在文化领域的控制力、影响力。三是研究适合于文化领域的担保办法。

健全文化产业规划指导体系。一是按照支柱产业规划文化产业发展。把文化产业发展纳入全省经济发展总体规划，一同规划部署、一同推进落实、一同检查考核。二是组织制定全省文化产业规划。研究制定文艺演出、广播影视、出版发行、动漫游戏等一系列专项规划，形成 1 + X 规划体系，指导、推动文化产业健康发展。三是明确重点行业。立足现有基础，优先发展影视制作业、出版发行业、印刷复制业等优势产业，做大做强文化旅游业、文艺演出业、工艺美术业、娱乐休闲业等传统产业，加快发展数字内容及动漫业、广告会展业等新兴文化产业，培育文化产业品牌。

3. 创新三大机制，落实保障措施

创新文化产业管理机制。一是明确文化产业发展责任主体，组建文化产业和文化资产管理机构。借鉴云南、深圳等地经验成立省文化产业发展办公室，作为全省文化产业发展的责任主体，协调跨部门、跨行业的重大问题。同时，组建国有文化资产管理机构。由省委、省政府授权作为省直文化企事业集团的出资人，依法履行出资人职责。二是健全考核机制。设立文化产业发展奖励资金，对文化产业发展先进地区进行表彰奖励。三是进一步转变政府职能。进一步理顺文化行政管理部门与所属企事业单位、中介组织的关系，把不该由政府管理的事项转移出去，把该由政府管理的事项切实管好。

创新人才支撑机制。一是引进一批人才，形成人才优势。二是培养一批人才。加强在职培训，对全省文化艺术、新闻出版、广播影视系统和文物工作骨干进行轮训。调整有关高校文化艺术类专业结构，重点办好有特色的文化艺术职业院校，建成 3—4 个在全国有影响的重点专业。三是扶持一批拔尖人才。推出一批具有全国影响、专业贡献突出、引领作用明显的社科理论家、作家、艺术家、出版家、名编辑、名记者、名主持人及优秀文化经营管理人才。

健全政策引导机制。一是狠抓各项政策的落实。坚持用政策引路、用政策激励、用政策保障。二是完善政策措施。结合实际、积极探索，制定更加有力、更为有效的政策措施，为文化改革发展营造良好的政策环境，充分发挥政策的引导、调控、保障作用，有效推进各项改革和文化产业发展。三是加强对政策落实情况的督促检查。要及时会同有关部门对文化体制与文化产业政策落实情况的检查，及时纠正一些地方和部门不执行中央和省委、省政府政策的行为。

(原载《群众》2009年第三期)

努力建设人民具有更高文明素质的省份

杨力群

新中国成立60年特别是改革开放30年来，在以毛泽东、邓小平、江泽民为核心的中国共产党三代领导集体和以胡锦涛为总书记的党中央领导下，历届省委省政府带领江苏人民在探索和建设中国特色社会主义道路上，以一往无前的进取精神和波澜壮阔的创新实践，取得了令人瞩目的辉煌成就，江苏和江苏人民的面貌发生了历史性变化。在这一过程中，群众性精神文明建设在提高公民文明素质和社会文明程度中的作用日益突出，在服务群众、改善民生中的作用日益突出，在促进科学发展、建设美好江苏中的作用日益突出。

主动服务大局，把群众性精神文明建设作为深入贯彻落实科学发展观、全面建设更高水平小康社会的重要抓手

省委十一届三次全会确立了把江苏建设成为人民具有更高文明素质省份的奋斗目标。全省宣传思想工作会议提出，要准确把握全面建设更高水平小康社会新要求，把社会主义核心价值体系贯穿国民教育和精神文明建设全过程，用“两个率先”共同目标凝聚力量，用“三创”精神鼓舞斗志，用社会主义荣辱观引领风尚，打牢全社会共同思想基础，激发全社会创造活力，形成凝心聚力谋发展的生动局面。在省委省政府主要领导推动下，文化建设指标被纳入全省科学发展考评体系，对推进经济社会又好又快发展产生直接而深远影响。各地各部门全面贯彻省委提出的“更加注重增强发展协调性，更加注重提高自主创新能力，更加注重改善民生，更加注重扩大人民民主，更加注重文化建设，更加注重建设生态文明”要求，在大力加强物质文明建设的同时，高度重视精神文明建设，以创建全国文明城市为龙头，带动各类文明创建向纵深发展，努力创造廉洁高效的政务环境、民主公正的法治环境、公平诚信的市场环境、安全稳定的社会环境、舒适便利的生活环境、健康向上的人文环境、可持续发展的生态环境、有利于青少年健康成长的社会文化环境。苏州、南通、南京、张家港4市成为全国文明城市，扬州、无锡、常州3市成为全国创建文明城市工作先进城市，文明城市总数居全国之首。精神文明创建成果在实践中得到检验，公民素质和城乡文明程度在创建中得到提高，从一个侧面体现了江苏协调发展、全面进步的整体水平。

坚持以人为本，把提高素质、服务民生作为群众性精神文明建设的根本任务

围绕省委提出的“培养造就富有理想、品德高尚、充满活力和创造力的新时期江苏人”目标任务，实施新时期江苏人文明素质提升工程、社会主义荣辱观学习实践“十大系列工程”，广泛深入开展“迎奥运讲文明树新风”、“迎国庆讲文明树新风”、社会志愿服务、我们的节日、城市精神展示、新世纪江苏人新形象大讨论等活动，促进了人的全面发展和文明素质不断提高。各地各部门持之以恒推进“六大工程”、办好“五十件实事”，不断加强和改进未成年人思想道德建设，努力为青少年健康成长营造良好社会文化环境。加大“绿色上网”、网络游戏防沉迷系统等推广力度，积极推进校园绿色网吧建设，发挥网上家长学校载体作用，引导媒体和公众积极参与，形成监管合力。省级财政每年安排5 000万元专项资金，推动省级未成年人社会实践基地、名村村史馆、乡村未成年人活动站建设。免费开放公共文化设施、完善“五老”网吧义务监督机制、强力推进“扫黄打非”、建立青少年活动基地等做法,得到中央领导同志肯定。同时,始终把为民利民惠民作为文明城市创建的根本宗旨,在新修订的《江苏省文明城市测评体系》中,对环保、教育、就医、社保等涉及民生的测评内容,赋予更大权重,积极加以引导。各地千方百计解决群众最关心最直接最现实的利益问题,让群众在共享创建成果中提高对创建的认同感。南京市在创建中广泛开展“万名干部进万家,了解民意办实事”活动,摸清群众思想脉搏,解决群众生活困难。苏州市将背街小巷整治作为利民惠民实事工程,对3个古城区的1 125条城区街巷分期分批实施综合整治。泰州市认真实施“十大民生工程”,广泛开展“爱心系列活动”。徐州市投入3亿元对121个老旧小区实行全面改造,30万居民从中受益。文明创建成为优化服务、造福百姓的过程,人民群众对创建的参与率、支持率逐年提升。

着力打造品牌,充分发挥先进典型在群众性精神文明建设中的示范带动作用

典型来自群众,实践蕴育精神。全省各级党委政府长期以来十分重视发现、培养、选树先进典型。注重在文明创建的生动实践中发现亮点、总结经验、放大效应、示范引领,做到“拨亮一盏灯,照亮一大片”。全国精神文明建设经验交流会在张家港召开,“一把手抓两手;两手抓,两手都要硬”经验做法得到宣传推广。苏州市县联动、城乡一体,整体推进文明创建工作,率先形成全国创建文明城市工作先进城市群。南京、南通等一批重大典型在全国产生广泛影响。注重以各条战线的先进典型推动道德实践、引领文明风尚。“‘连心桥’上的贴心人”张云泉、舍己救人的英雄教师殷雪梅、“知识型职工的楷模”邓建军、“建设社会主义新农村的带头人”吴仁宝、“保持英雄本色的忠诚卫士”丁晓兵等在全国影响广泛。不当亿万富翁、一心为民造福的常德盛,用鲜血和生命谱写正气之歌的周光裕,自主创业、科技创新的施正荣,知荣辱、树新风、献爱心的如皋“爱心邮路”,“宁可脏一人,服务千万家”的徐州下水道四班,坚持45年学雷锋、“宁愿自己千般苦,不让旅客一时难”的连云港新浦汽车总站“雷锋车”等先进典型的事迹和精神,感动了江苏、激励着民众,竖起了文明道德标杆。特别是全国全省道德模范评选表彰活动的广泛深入开展,以典型示范普及核心价值理念,以群体效应提升城乡文明程度,在全社会形成了学习模范、宣传模范、争当模范、关爱模范的浓厚氛围,树立了好人有好报的鲜明价值导向。

加强统筹协调,整体推进群众性精神文明建设形成“规模效应”

发挥文明城市创建带动作用,统筹推进城乡精神文明建设,积极推动城市文明向农村辐射、延伸,逐步形成城乡一体文明新优势。持续开展“城乡结对,文明共建”活动,推动各级文明单位同行政村结成6 000多个共建“对子”,促进生产要素向农村流动、基础设施向农村延伸、公共服务向农村覆盖、现代文明向农村传播。统筹推进行业精神文明建设,围绕保增长保民生保稳定大局,动员全省文明参创行业大力推进诚信服务、高效服务、阳光服务、热忱服务和创新服务,为经济发展提供良好发展环境。统筹推进区域精神文明建设,加强分类指导,有针对性地解决工作发展不平衡的问题,形成文明城市创建“苏南成片,苏中连线,苏北有亮点”的整体格局。

不断健全机制,保证群众性精神文明建设持续健康发展

坚持和完善“党委统一领导、党政群齐

抓共管、文明委组织协调、有关部门各负其责、全社会积极参与”的领导体制和工作机制。把中央要求和江苏实际有机结合，制定文明城市、村镇、行业、单位、社区、风景旅游区《管理规定》和《测评体系》，开展“市民公共文明指数”、“行业文明服务公众满意度指数”测评，在主要创建领域建立便于操作的量化指标体系，面向社会进行调查和统计分析，努力以公开公平公正的机制推进创建工作，以良好的制度设计调动社会各方面参与积极性。

实践中，江苏群众性精神文明建设积累了一系列体现时代特点、反映内在规律的基本经验。这些经验需要始终坚持和发扬，并在实践中不断丰富和发展。一是必须正确把握好服务大局与服务群众的关系，在引领发展、促进和谐上下功夫，群众性精神文明建设才能有为有位。围绕中心、服务大局，是精神文明建设尽责有为的根本要求；面向基层、服务群众，是精神文明建设以人为本的关键所在。要把两者有机统一起来，在唱响又好又快发展主旋律上下功夫，在打牢社会和谐的思想道德基础上下功夫，充分体现党的主张、反映人民心声，为推动科学发展、促进社会和谐、建设美好江苏提供精神动力和思想保证。二是必须正确把握好软件建设与硬件建设的关系，在以人为本、提高素质上下功夫，群众性精神文明建设才能抓住根本。要始终把提升公民素质、促进人的全面发展作为推动科学发展、促进社会和谐的战略性工程，作为群众性精神文明建设的立足点和出发点，使创业创新创优成为江苏人的宝贵品格和江苏精神文化建设的鲜明特征，努力把江苏建设成为人民具有更高文明素质的省份。三是必须正确把握好务虚与务实的关系，在工程化、项目化、载体化上下功夫，群众性精神文明建设才能取得实效。精神文明建设是在人的精神世界里搞建设，有务虚的特点。要努力化虚为实，做到工作思路务实、工作目标求实、工作措施落实、工作成效真实。要把工作思路转化为具体的项目、工程、载体来推动，转化为一件件实事来落实，通过工程化、项目化、载体化的思路和办法抓落实，让人民群众看到实实在在的成效。四是必须正确把握好立足当前与着眼长远的关系，在抓基层打基础、形成长效机制上下功夫，群众性精神文明建设才能事半功倍。做好群众性精神文明建设工作，既要立足当前又要着眼长远，既要解决好眼前实际问题更要解决好长远根本问题。要切实在抓基层打基础上下功夫，多做立根本管长远的事，多为基层办实事办好事，切实加强制度建设、阵地建设、队伍建设等，不断完善管理体制和运行机制，发展、壮大工作队伍，为精神文明建设深入开展提供可靠保证。五是必须正确把握好继承与创新的关系，在转变思路、改进方法上下功夫，群众性精神文明建设才能持续发展。要在认真总结传承精神文明建设宝贵经验的同时，把改革创新作为永恒的主题和追求，进一步转变思路、改进方法。在思路上，要注重从系统间循环向社会内循环转变，从单纯教育管理向教育管理和服务并重转变。在方法上，要更多地发挥市场机制的作用，发挥现代科技的作用，发挥社会机构和组织的作用，善于在抓好结合中工作，在双向以至多向互动中工作，通过渗透教育、养成教育、示范教育来推进工作，不断丰富工作手段，创新工作载体，拓展工作渠道，提高工作效益。

（原载《群众》2009 年第十期）

不竭的动力

省思想政治工作研究会课题组

1975 年靠 45 万元自筹资金创办的沙钢

集团，经过30多年的发展，目前已拥有总资产1 100亿元，占地面积12平方公里，职工15 000人，是目前国内最大的电炉钢和优特钢材生产基地。2007年沙钢列中国企业五百强第36位，中国制造业企业五百强第12位，成为中国最大的民营企业。面对市场化进程中思想政治工作出现的新情况、新问题，集团党委不是回避矛盾，而是正视这些问题，在总结以往思想政治工作经验基础上，创造性地开展工作，取得了积极成效。近期，省思想政治工作研究会调研组就沙钢集团30年来在市场化进程中党委如何发挥思想政治工作"生命线"作用，进行了深入调研。

树立目标意识，坚持围绕生产经营抓思想政治工作，努力实现思想政治工作与企业发展目标相结合。思想政治工作必须紧紧围绕企业的经济发展来开展，经济发展是企业永恒的主题，也是思想政治工作的出发点和落脚点。集团党委提出"思想政治工作到位不到位，关键要看生产指标攻关、安全管理、降本增效、职工培训等这些活动开展到位不到位，关键要看党员在这些重大活动中的作用发挥到位不到位"。集团党委在思想政治工作与企业发展上寻找到了最佳结合点。2008年，沙钢生产建设面临着许多新情况、新特点，但集团党委始终把提升指标水平，作为思想政治工作的出发点和落脚点，在生产建设、攻关突击和完成目标任务中提高队伍素质，发挥党员的先锋模范作用。润忠高线厂为提高产品附加值及总量指标，党总支坚持抓好党员的教育，做好职工的思想政治工作，同时开展攻关活动，一年来先后成立了"精轧机堆钢故障"、"夹送辊进口导卫中心不对"、"水箱温度波动大"、"帘线钢网超标"等多个攻关小组，领导班子人员带头参加攻关活动，一些制约生产的问题得到了及时解决，帘线钢合格率三个月提高了10%以上，切废率由原来的0.1%下降至目前的0.05%，连续三个月获得公司质量攻关嘉奖。围绕生产经营与项目建设进行思想政治工作，使公司在2008年不仅在生产经营上渡过难关，在思想政治工作上也取得丰硕成果，全体员工一致把"争创世界品牌，实现宏伟目标"作为工作目标与动力。企业思想政治工作与企业发展目标相结合有效地防止了思想政治工作与经济工作两张皮现象。

实现机制创新，变"小政工"为"大政工"，努力实现思想政治工作队伍建设与职工队伍建设相结合。一定的运行机制制约着企业思想政治工作的方向、原则、内容、方式，必须构建一套适应市场经济发展和现代企业制度的思想政治工作运行大政工机制，把思想政治工作队伍建设与职工队伍建设相结合，充分发挥党员队伍的中坚力量。集团党委各基层党总支、党支部首先在全体党员中深入开展"三高"、"三带头"和"四先"活动。"三高"即党员思想觉悟要比普通员工高、业务技术水平要比普通员工高、工作业绩要比普通员工高；"三带头"即党员要带头学习政治理论、带头学习业务技术、带头学习先进的管理方法；"四先"即科学管理知识先于员工掌握、先进的技术装备先于员工熟悉、岗位工作标准先于职工做到、急难险重的任务先于员工行动，从而使广大党员成为政治上的先进分子，生产中的骨干分子，技术上的中坚分子，有效地带动全体员工共同进步。在抓好思想政治工作队伍建设的同时，更注重职工队伍建设。在职工队伍思想政治工作建设方面，突出三个重点：一是进一步发挥"宣传阵地"的力量。集团党委把"宣传阵地"建设作为季度文明创建的一项内容进行检查，同时加强生产现场大环境整治，切切实实为职工创造一个舒适的工作环境。二是进一步发挥"活动平台"的力量。通过建立平台，推广“党员先锋岗”、“青工文明岗”等示范岗建设，组织开展各种主题活动，不断增强思想政治工作的凝聚力与创造力。三是进一步运用好“先进典型”的力量。大力宣传身边党员和群众中的各类先进典型事迹，充分利用厂长奖励基金等办法来挖掘身边的先进、激励身边的先进，产生更大的示范辐射效应。思想政治工作队伍建设与职工队伍建设相结合有效地防止了企业思想政治工作脱节的现象。

强化五种“意识”，全面提高思想政治工作队伍素质，为新时期企业发展与加强企业思想政治工作提供不竭动力。面对市场竞争，企业发展需要不竭的动力，这就需要做好人的工作，发挥人的潜能。为此，集团党委针对思想政治工作提出要强化五种“意识”：一要有强烈的学习意识。即加强政治学习和业务知识学习，坚定理想信念，提高自身的政治素质和政治鉴别的能力。加强技术业务学习，提升自身业务水平。二要有强烈的责任意识。即对集团党委组织开展的降本增效、职工培训、项目攻关等活动要敢作敢为。三要有强烈的创新意识。即积极参与公司开展的降本增效、小改小革、职工培训和安全设备等各项专业管理活动，提升企业自主创新能力。四是要有强烈的自律意识。广大思想政治工作者要以身作则，率先垂范，带头实践沙钢职工誓言，真正做到“一名党员一面旗”，自觉接受职工群众的监督。五是要有强烈的奉献意识。沙钢正处在新一轮发展关键时期，广大思想政治工作者要走在职工前头，带头拼搏奉献，以自己的实际行动，在群众中产生感召力和辐射力，形成新的精神动力和先进生产力，从而为企业发展提供不竭动力。人是企业发展的主体，也是创造力的源泉，沙钢公司正是通过提高人的素质，从而为企业发展创造了不竭的动力。

坚持以身作则，以创新的思路抓党建，以党员先进模范作用引领企业思想政治工作。在基层，更多的党组织承担着企业思想政治工作的功能，许多党总支、党支部不断探索党建工作的新方法，开展形式多样的活动，为企业党建注入新的动力，促进了企业思想政治工作的发展。焦化厂积极开展“党员先锋岗”活动，组织党员“帮扶”活动，特别是加强新工人技术上的帮助、思想上的引导，为党员发挥先锋模范作用构筑新的平台，增强了基层党组织的凝聚力。在2007年公司各类先进中，党员占25%。2007年科技创新、降本增效、节能减排活动受表彰的1 670多名获奖人员中党员占据的比例接近20%。广大党员已成为企业创新发展的骨干力量，突出表现在：一是带头勤奋工作；二是带头创新工作；三是带头学习技术业务。正是由于各级基层党组织围绕经济、围绕队伍建设开展形式多样的思想政治教育活动，使党员整体队伍素质得到提高。在2008年集团党委组织的为灾区群众捐款活动中，职工捐助面达到95%；缴纳特殊党费，党员参与面100%，共计缴纳特殊党费445 380元。以党的建设为载体来带动思想政治工作，使集团党委的党建与思想政治工作呈现出一种共同繁荣、相互促进的景象。

以人为本，变空虚的说教为注重实效，努力使加强职工思想政治工作与解决职工实际困难相结合。把加强和改进职工的思想政治工作放到重要位置，作为新时期党建工作的重要内容来抓，加强针对性，注重实效性是思想政治工作取得良好效果的关键。机修总厂党总支书记袁文标针对部门新职工、青工多的特点，了解他们的工作情况和生活情况，帮助他们解决实际困难。2008年以来共开展职工谈心35次，帮助职工解决实际困难10多项，较好地稳定了职工队伍。汶川发生地震灾害以后，原料烧结、宏发焦化等党支部及时召开受灾地区四川籍职工座谈，了解受灾职工家庭情况，并对受灾职工进行适当补助。国贸支部通过温暖工程来进一步加强职工思想工作，针对部门年轻人多、大学生多、外地职工多的情况，在每个员工生日那天以支部名义送上一张贺卡和一份小礼物，使每一位员工都能感受到集体的温暖。沙景棒线厂发动全体党员干部，做好职工的思想稳定工作，重点关注大学生的个人婚姻问题。对26岁以上未婚大学生逐个谈心，关心他们的婚姻问题，同时积极动员其他职工牵线搭桥，对"红娘"还给予一定的奖励。正是能够在管理中实行以人为本，关心职工的生活，把思想政治工作真正地落实到实处，因而，沙钢集团的思想政治工作总能取得良好的效果，得到广大职工的称赞。

（执笔：宣云凤、单连春、孙其昂、黄明理 原载《群众》2009年第二期）

坚持改革创新 推进网络整合和数字化发展

江苏省广播电视信息网络股份有限公司

江苏省广电网络公司是根据中央文化体制改革精神，在省委省政府的正确领导和直接推动下，于2008年7月正式组建成立。公司共由17家发起人单位共同发起设立，广电系统内12家股东股比占71.2%，系统外5家国有股东股比占28.8%。公司注册资本68亿元人民币，采用一级法人治理结构，在10个省辖市设立分公司，实行垂直管理。公司成立以来，坚持在解放思想中深化改革，在谋求发展中创新实践，抢抓发展机遇，全方位拓展业务，努力增强规模和实力。目前，全省13个省辖市实现了全程全网、互联互通，60个县级网络完成了整合和数字化合作；公司拥有网内有线电视用户1 497万户，数字电视用户703万户，互动电视用户39.3万户。就用户规模而言，已成为"全国第一、世界第二"的广电网络运营商。公司推进网络整合和数字化发展的主要做法是：

一　坚持体制创新，加快推进广电网络整合步伐，打牢全面发展的基础

立足省情实际，坚持用政府主导的"有形之手"行政推动，用市场作用的"无形之手"科学运作，确立了整合的基本原则和路径。一是实行省级主导。成立由省委省政府授权、省主管部门领导、各市网络资产产权法人参与的省广电网络整合领导小组及其办事机构，并由领导小组指定代表、各市对网络资产产权单位授权代表、省级投资主体的授权代表三方共同成立省广电网络合并重组委员会，有效地排解了体制藩篱和推动中的制约瓶颈。二是坚持省、市、县三级共赢。既不能只做强省级而削弱市、县级，也不能只搞强市、县级而削弱省级。三是紧紧依靠地方党委、政府的大力支持。确保整合后"三个不变"，即：地方党委、政府对广电事业的领导与管理不变，对广播电视安全播出的责任不变，对广电事业发展壮大的支持不变。四是省里明确扶持省公司发展的优惠政策，并从政策机制上对地方和局部作了利益平衡。包括将省公司列入文化体制改革试点单位，享受国家和省在财税、土地、劳动保障、融资、增值业务开展等方面的优惠政策。同时从省财政和省文化发展基金中拿出7亿元，其中2亿元兜底，5亿元贴息，给予股东方政策性补贴和保障，化解对投资入股风险的担心，调动积极性，保证整合进程。五是发挥市场对资源整合的基础性作用，以资本和业务为纽带实施整合。创

新应用“收益率贴现法”，科学审核、评估各地网络资产的质量，按产权价值的多少划分股权，兼顾各方利益，共担相应风险，构筑整体优势。六是创新人事管理，保持队伍稳定和平稳过渡。顺畅的体制机制，正确的工作导向，保证了整合工作顺利展开。至 2008 年底，全省 13 个省辖市实现了全程全网、互联互通。同时，全面启动并加速推进县级网络整合，面对县级更为特殊复杂的网络格局，公司尊重各地网络发展现实，兼顾各方利益，积极探索新的整合与合作模式。对县级原有的广电基础网络，采用收购、控股、参股等不同的方式进行整合；同时采取省公司全额投资、与合作方共同投资基本数字电视，以及共同投资互动电视、提供互动节目信源等模式，与县级网络开展数字化和互动业务合作。目前，已完成 60 个县级网络的整合与合作，余下的 6 个县区力争今年底完成，提前一年达到国家“一省一网”的整合目标，率先在沿海发达省份实现县以上全程全网、互联互通的战略目标。

二　坚持业务创新，加快数字电视整转和互动电视推广步伐，努力实现集约化、规模化、产业化发展

以全网整合为契机，以数字化整转为基础，以“模拟电视数字化、数字电视互动化、互动电视规模化、标清电视高清化”为路径，全面拓展业务发展领域和空间。一方面在推进整合的同时，同步大力推进数字电视整转。一年多来，共投入近 3 亿元，用于扩容、改造和升级现有的广电网络，以统一的全省网络技术规划和数字电视技术体系标准为支撑，建设全省统一的数字电视平台，实现了全省数字电视信号联通，完成了省公司与分公司数字电视播出平台对接。继南京、无锡分别于 2006、2007 年完成有线数字电视整转之后，今年 11 月全省高清双向有线数字电视平台和苏州、常州、盐城、泰州、淮安、南通、扬州七城市有线数字电视整转也已通过了国家广电总局的验收，余下的徐州、宿迁、连云港和镇江市力争今年底完成。另一方面在推进整转的同时，同步大力推广互动电视。2008 年 10 月，公司全面推出了基于数字电视和宽带网络双向化技术的互动电视业务和增值业务。工作中，以“双向化网改”为重点，夯实基础。在实施网改时，同步规划双向入户；在推动县级整合时，把建设满足互动业务的网络作为基本前提；以“薄利营销”为策略，做大规模。以扩大市场规模、抢占市场份额为主要目标，降低用户使用互动电视的资费门槛，加快市场推广力度和速度；以“内容集成”为平台，支撑发展。公司内容集成平台已存储视频节目 15 万小时，今年底将达 20 万小时以上。通过数字电视规模化、集约化发展，着力打造公司核心竞争力，适应和满足未来产业发展需要。

三　坚持服务创新，加快保障服务体系建设步伐，着力提高广电网络服务质量和水平

一方面把安全播出、安全传输作为公司的最重要职责和广电网络的“生命线”来维护保障，加大硬性投入，进一步提升长效安全保障运维能力。建成了苏通大桥干线光缆、苏北二路由、省数字电视前端和全国第一个省级有线数字电视备份中心，消除关键环节传输隐患，提高容错能力和抵御突发事件的能力。另一方面始终坚持以人为本、用户至上、服务群众，不断满足群众精神文化需求。抓好“一个工程”，就是着力抓好“进村入户”工程的实施；制定“一个标准”，就是统一制定规范化的业务操作流程标准；打造“一个品牌”，就是倾力打造“江苏有线”产品、互动电视业务、“有线宽带”业务和“96296”客服形象品牌；健全“一个体系”，就是健全完善全面覆盖、市场细分的市场服务体系。严格按照省物价部门统一制定的标准执行价格收费，基本收视维护费实行政府定价，增值业务服务费和数字电视付费节目收视费，根据政府指导价合理确定，充分兼顾地区和城乡差异，苏北低于苏南，农村低于城市，对于低保特困家庭和弱势群体一律按相应标准免费或减半收取，切实维护和保障人民群众的基本视听权益。

四　坚持科技创新和发展模式创新，加快面向下一代的数据网建设和对外合作的步伐，赢得未来发展新优势

紧紧抓住国家“下一代广电网”正式启动、“跨地区兼并重组”进程加快、广电网络产业升级转型等重大机遇，努力抢占技术制高点，率先实施“走出去”战略，在更高的技术层面和业务层面上领先发展，努力在新一轮竞争发展中赢得先机。公司自行组织力量编制《江苏省有线数据网技术方案》，并通过了广电总局专家组评审，成为全国第一个统一规划的省级广电数据网技术方案。专门成立江苏有线数据网络公司，并正式取得了省通管局颁发的ISP、ICP业务经营执照，在全国率先具备了拓展数据宽带业务的政策条件，“江苏有线宽带”业务已正式对外发布。目前正加紧建设稳定、高效、安全的数据专网，建设融合数字电视、互动电视、互联网增值业务的综合业务支撑平台，精心打造面向社会的公共信息发布平台，面向政府部门和企事业单位的电子政务平台、商务平台、远程视音频通信平台以及面向家庭的互联网宽带接入平台，试点开发百姓健康传播系统、城市社区、农村乡镇信息化服务系统、电视银行业务系统。同时，大力实施“强强联合”战略，寻求行业和地区间的广泛合作。公司与昆明广电网络共同建设的昆明互动数字电视平台，已于今年国庆正式开通，现正与云南开展省级层面的合作；与上海文广集团签署了合作协议，共同打造国内最大规模、最全业务的互动电视服务平台，联合推进下一代广播电视网(NGB)建设；与江苏联通正式签订了“家庭综合业务合作协议”，实现双方营业网点相互受理对方业务，进行有线宽带、数字电视与联通无线固话、3G等业务捆绑，开展视频通信业务的联合开发；与美国BigBand公司、杭州华数公司、深圳华为公司、中信银行分别签署了战略合作协议，与移动公司、凤凰卫视的合作正在抓紧洽谈之中。此外，正向国家广电总局争取，以全省一张网为单位，建立与中国移动实现全方位合作的实验省网。

江苏广电网络的整合和发展，有效地集聚了全省广电网络资源优势，摆脱了条块分割、分散经营、低层次运作的状况，提升了网络发展整体水平，为未来信息化、产业化和加速发展奠定了基础。当前，江苏广电网络公司正按照省委省政府文化强省战略部署和做强做大文化产业的任务要求，以更好更快发展为目标定位，努力做大规模、做强实力，成为国内领先、国际知名的广电网络综合运营商。

(原载《群众》2009年第十二期)

打造群众满意的文明村
——省级文明村泰兴市东顾村文明创建经验

泰兴市文明办

晨光熹微中，池塘里莲叶上露珠翻滚，红鲤在水间嬉戏，不远处农民休闲公园里，有人在锻炼健身，有人在读书看报，有人在拉琴唱曲……在欢乐祥和的气氛中，东顾村拉开了新一天生活的序幕。

泰兴市刘陈镇东顾村是地处黄桥老区的省级文明村，该村以文明村创建为抓手，从广大群众的需求出发，吸引群众全面参与，为广大群众描绘了文明生活的美好愿景。

创建，关注群众需求

东顾村走过了一条发展村集体经济的成功之路，目前为数不少的村办企业支撑着全村经济社会的快速发展，使得该村成为全市有名的小康村和新农村建设特色示范村，人民生活富足安康。在群众物质生活日渐提高的同时，村党组织敏锐地发现广大村民对精神生活的要求也发生了新变化，主要集中在以下几个方面：

希望人情味浓一些。村党组织在调查中发现，村庄变美了，农民变富了，但据不少农民反映，人与人之间的人情味却变淡了。究其原因：一是利益之争。富起来的农民建房造屋引起宅基地纷争，家庭式小工厂水、气、声污染和禽畜规模养殖污染引起邻里矛盾，造成邻里感情淡薄。二是嫉妒情绪滋长。户与户之间的相互协作减少，见利忘义、相互拆台等现象时有发生，引发乡情淡漠。三是子女赡养纠纷。子女对年迈父母在赡养问题上时见相互推诿，不以忤逆为耻，亲情淡化。

渴望文化味重一些。广大农民一直以耕田读书为传世根本，将学习文化看作人生正途。可近年来，随着物质生活的改善，农民的精神文化生活却益发显得匮乏，村庄的文化味相对淡薄。一是读书少。茶余饭后，打麻将、玩纸牌成为主要的娱乐方式，业余生活单调而又无聊，想读书却找不到书本。二是读报贵。各类报纸年度征订价格动辄上百，普通农民自发订阅报刊有一定难度，而村一级阅报栏廊建设相对滞后。三是看戏难。除了市每年送戏下乡以外，群众其他看戏的机会较少。与此同时，一些演出格调和艺术层次不高的戏班子却借农户婚丧嫁娶等机会登场，难以有效引导农村风气。

盼望空气味香一些。近年来，在农村经济迅猛发展的同时，村庄环境、农民生活习惯等方面却没能同步改善，呈现出物质文明提升与精神文明发展不同步、不配套的状况。一是生产和养殖污染。主要表现在，随着规模养殖的兴起，缺乏规划的禽畜圈栏有一部分建在村庄里，禽畜粪便排放造成了人居环境的污染。二是环境整治滞后。村庄里的沟塘、庄河长期未能全面清理，水质较差，有些甚至散发着异味。农民的生活习惯还没有跟上物质水平发展的程度，室内设施现代化，室外脏、乱、差的现象仍然存在。三是生活品位不高。多数群众为了方便生产生活，粪坑不加盖、垃圾乱倒、草垛乱堆；部分农民思想上小农经济思维痕迹较重，房前屋后、路边隙地、边角地带都种上了粮食和蔬菜，村庄环境杂乱，缺乏现代生活的大气和美感。

创建，立足村情民力

在村集体经济尚不够发达，财力仍相对有限的时期，东顾村立足村情民力，紧紧依靠广大群众的力量，发挥他们的积极性，从最需要、最迫切解决的问题着手，掀起了文明创建的一个又一个热潮。

建立移风易俗小组织，引领农村文明风尚。村里有一定威望的老干部、老党员等人员组成了移风易俗委员会，开展道德评议活动，对红白喜事大操大办等行为进行说服教育，调解邻里纠纷和家庭矛盾，纠正不正之风，引导村民和谐共处。几年来，小小的移风易俗委员会化解了无数个邻里之间的矛盾纠纷，倡导了文明新风，村里的公益事业有人关心，邻里相帮、扶危济困的好人好事层出不穷。

争创和谐文明小家庭，引导农民自我教育。东顾村坚持把十星文明户创建作为精神文明建设的重要载体，积极引导全村所有家庭参与。近年来，全村的创建面达到了100%，创成率在90%以上。为提高评选的公正度和吸引力，在评选内容上，对照环境保护、邻里关系、尊老爱幼、科技致富等10项内容，细化标准，提交村民代表大会讨论通过后下发到各户；评选方法上，每年两次群众自评、村民代表评议，最后由村委会讨论审定，在全体村民代表大会上表彰，并给予一定物质奖励。对未被评上或年底被摘牌的家庭，通过广播向群众公布原因。如今的东顾村，群众之间以“星多”为美，以“星少”自省成为一种时尚，村民们邻居的矛盾纠纷少了，婆媳间的关系更融洽了，致富能手多了，走出了一条群众自我教育、自我约束、自我管理的新路子。

*开辟文体活动小阵地，拓展农民活动空间。*为解决村民文体活动阵地缺乏的问题，东顾村邀请在外能人、本村企业主等献计献策，并鼓励他们捐献资金，同时广泛发动全体村民参与投工投劳，填埋村中的废沟塘，建成了东顾村农民休闲公园，集亭台楼阁、绿树红花、体育健身、阅报栏廊等于一体，成为农民日常休闲锻炼和交流的好去处。

*美化房前屋后小环境，提升农民生活质量。*开展环境集中整治，通过典型示范、群众评议等途径，引导群众自发拆除违章建筑，搬迁草堆，清理积存垃圾，并新建垃圾箱，成立专门的垃圾清理队伍，分段包干，责任明确。鼓励农民开展村庄绿化和家园美化，大面积栽种桃树、梨树、枣树等果树，培植女贞、香樟、意杨、垂柳等苗木花卉。

*设立学习求知小书屋，提高农民整体素质。*为把群众从棋牌桌上“拉出来”，多学习、多读书，东顾村在建好村农家书屋的基础上，鼓励文化中心户建好求知小书屋，并帮助他们添置图书，订阅党报党刊，引导农民学习交流。目前，全村十多个求知小书屋成为全村群众提高文化素质和致富技能的“加油站”，为全村上百个种养大户提供了智力支持。

创建，追求群众满意

东顾村深入开展文明创建，有力推动了村物质文明和精神文明建设的齐头并进。如今，东顾村处处荡漾着文明之风、和谐之风，成为远近闻名的文明村、富裕村和生态村，广大群众对文明创建的成果由衷地感到满意。

*基础设施得到改造和升级。*东顾以文明创建凝心聚力推动了基础设施建设。目前，全村主次道路硬化率达90%，农桥改造率达100%，新建排水道5 000米，修建硬质渠道8 000米。建成了融村干部办公、便民商店、医疗卫生、文体活动、党群议事等于一体的村综合服务中心和村农民休闲公园。推进秸秆综合利用，新建了一座500立方米的秸秆气化站，为全村群众供应清洁的液化气。东顾的群众生活更加方便。

*文明风尚得到倡导和弘扬。*如今，东顾村群众婚丧嫁娶等大事简办成为风尚，读书读报成为乐趣，休闲健身成为潮流。近年来，东顾村未发生一起群众上访事件，未发生一起严重的治安事件，群众互帮互学、和谐共处蔚然成风。东顾村的群众生活更加文明和幸福。

*生活环境得到优化和美化。*在村党组织的引导和发动下，近年来，全村配置垃圾箱53个，生活垃圾日产日清；村庄河道全面整治，清理土方4.5万方，再现绿水绕村的景观；清理违章建筑158处，改造公厕539座；新建花圃5 000平方米，庭院香化3 000平方米，人均绿化面积100平方米以上，使全村成为“春有百花争艳，夏有绿树成荫，秋有银杏飘香，冬有蔬菜可餐”的生态园，东顾村的群众生活越来越舒心。

（原载《群众》2009年第十一期）

“口红效应”与文化产业发展

曹巧兰

本次金融危机对全球经济甚至文化、政治、社会等领域的影响正日益显现，世界各国都在采取措施积极应对。金融危机的影响及其与反金融危机力量相互博弈的背景，给我国文化产业的发展带来什么影响？这是当前文化产业理论与实践方面都非常关注的问题。回顾一下美日韩等国文化产业发展的历程，对我国文化产业加快发展可提供许多借鉴和启示。

历史与现状：文化产业的“口红效应”

历史经验表明，经济危机或萧条时期，往往正是文化特别是文化产业得以发展与繁荣的机遇期。这是由于：从消费角度看，危机来临，人们可能会砍掉很多大额消费项目，于是房地产、汽车、外贸出口等多个支柱性产业遭受到了冲击，但口红、香水、看电影、K歌、网络游戏……这些看似“非生活必需品”，却“廉价而使人愉悦”的消费反而逆势飘红，形成经济现象中的“口红效应”。从投资的角度看，当经济危机来临时，资本投入日趋谨慎且减少，高投入低附加值的企业被淘汰出局是一种必然，文化产业科技含量高、环境污染小、发展潜力大、资源消耗少，往往能成为新一轮经济发展的增长点或加速器。

机遇常在历史中“惊人地相似”

例一：经济危机与美国文化产业

20世纪20年代末、30年代初，正值美国经济大萧条时期，美国东海岸的百老汇和西海岸的好莱坞双星辉映，创造了美国娱乐业的巨大繁荣，同时也为美国走出经济大萧条作出了独特的贡献。美国人即使领取救济、节衣缩食，也要挤出几个铜板，走进剧院，涌入电影院，寻求心灵的慰藉与快乐、生存的温暖与希望。也正是在那个年代，美国涌现出了大量艺术经典作品，比如卓别林的小人物影片，诙谐有趣的“猫和老鼠”，“微笑天使”秀兰·邓波儿主演的电影等，成为美国人逃避现实的“疗伤”良药。文化的繁荣给美国人带来了信心和希望，文化的发展造就了后来被津津乐道的所谓“美国精神”。当年的美国总统罗斯福就曾说：“只要我们有邓波儿，我们的国家就会没事。”在美国经济最糟糕的1929年，借助于演艺业的繁荣，好莱坞顺势举行了第一届奥斯卡颁奖礼，每张门票售价10美元，奥斯卡此后即成为迄今在影响力和商业效益方面最成功的电影节庆活动之一。在2008年拉斯维加斯国际大型综合电影业博览会Sho-West展会上，美国影院业联合会主席菲西安指出：“在过去的几十年里，美国遭遇了7次经济不景气。但是在这7次里头，有多达5次，电影票房反而强烈地攀升上去。”

例二：发展战略调整与日本文化产业

近现代以来，日本的国家发展战略大致经历了从“军事立国”到“经济立国”，最终落实到“文化立国”的调整。在二战后满目疮痍的废墟上，日本创造了世界的经济奇迹，但随着经济的增长，环境与资源对经济发展的约束越来越严重，人们的生活质量并没有随经济增长而随之改善，日本因此而开始考虑新的增长方式。1995年日本确立了面向21世纪的“文化立国”方略，把发展文化经济作为国家战略，并通过一系列立法来保障和推进这一战略的实施。目前，日本文化产业的许多领域在全球范围居于领先地位，尤其是动漫、游戏这些新兴文化产业和行业，在给日本带来巨额经济利润的同时，还发挥着巨大的文化功能，人们通过Hello Kitty、机器猫等动漫形象大使，重新认识日本，认可日本文化，进而在日本文化产品走向国际市场过程中，帮助消解了其他国家和地区因不了解日本文化而产生的接受障碍，在带来巨大经济效益的同时，还提升了日本的国际形象。

例三：亚洲金融危机与韩国产业发展

韩国在1997年金融危机期间，对外向型经济带来的国民经济脆弱问题进行了深刻反思，痛定思痛，认识到发展具有本土优势和本土活力的经济产业，对于国家经济发展和核心国际竞争力的培育的重大价值。韩国政府因此及时提出了“文化立国”方针，文化产业被确定为21世纪国家经济的支柱产业，并出台了一系列政策，明确了文化产业发展战略和中长期发展计划，推出一系列重大举措，有力地推动了文化特别是文化产业的发展。凭借电影电视在东亚乃至全球掀起了一波巨大的“韩流”热潮，2005年韩国文化产品的出口额高达7亿美元。仅2004年一年，中国30多家电视台共播出了60多部韩国电视剧。2004年韩国网络游戏业的销售额已达到15亿美元，几乎占全球网络游戏市场的一半，其相关产业链的价值超过了汽车业。

机遇在现实生活中有其基础和依据

2008年末至2009年初的贺岁档，让我国电影从业人员喜出望外。“这是我们影院开业以来票房最好的一个档期，不管是高成本、大制作，还是小成本、引进片，几乎每一部的成绩都相当好。”——南京新街口国际影城营销部经理崔恒斌如是说。最新公开的票房数据也印证了这一说法：2008年中国电影市场票房达到43.41亿元，同比增长10.14亿元，增幅达30.48%，加上国产电影的海外销售收入25.28亿元和全国各电影频道播放电影的广告收入15.64亿元，去年电影综合效益达到了创纪录的84.33亿元，中国首次挤进了全球票房前10名。

在日本和韩国，近来一群米黄色的“快乐小鸡”卡通形象风靡两国，并受到上至家庭主妇与老人，下至青少年与上班一族的热烈追捧。形象清新、淳朴的一群快乐小鸡（Piyodamari，中文译名：阳光鸡），在动画片中演绎了辗转于私宅、地铁、都市、办公室之间的一系列“博君一笑”的轻松生活故事，被媒体称作“治愈型”卡通形象典范。设计师末政光女士谈到设计理念时说，希望通过这样一群人抱团而聚的迅速振作，鼓舞都市人的信心重塑。而正是由于其可爱的形态、温暖的色调，毛绒版“阳光鸡”早在上市试销期间便在日本创造了“一百万枚神话”的手机挂件年度销售奇迹。

相隔数十年中外相似图景表明，文化产业的“口红效应”并非一种想象，越是经济不景气，文化娱乐业越是红火，这几乎已经成为观察经济景气指数的参照系之一。不过，文化产业在金融危机中的这种“口红效应”，并不是自动实现的，而来自于外界与业内的共同努力，这是最需要我们仔细梳理和认真思考的！

启示与思考：文化产业的振兴之道

总体来看，美日韩三国文化产业在经济（金融）危机后的迅猛发展，政府的大力扶持是外因，业界的共同努力是内因。

外因：政府的大力支持。文化产业的经济效益和社会效益需要政府的扶持才能充分实现，通过及时而恰当的文化产业政策来推动这一战略性产业的快速发展，是许多发达国家的共同经验。

1. 提供政策扶持，创造良好的市场环境

美国对文化的管理一向是间接管理，没有直接的管理机构。但对电影是特殊对待的。1927年美国成立了电影艺术与科学学院，以改善电影媒介的艺术质量，为行业内从业者和各种机构提供一个日常论坛，支持技术研究和文化进步。1934年制片公司关系委员会更名为制片法典管理机关，获得更大权利对电影进行自行检查。1941年美国国家电影保护局建立。

日本国会2001年通过了《振兴文化艺术基本法》,2004年颁布了《文化产品创造、保护及活用促进基本法》,该法规认为文化创意产业不仅可以改善生活质量、促进经济发展,而且还可以让世界认识日本文化,因此各级政府和部门有义务积极扶持,在财税、融资方面给予优惠待遇。

1997年金融危机后,韩国致力于发掘新的经济增长点,当年即成立了"文化产业基金会",2001年设立文化产业振兴院,致力于文化产业的发展。1999年至2001年间,韩国先后制定了《文化产业发展5年计划》、《文化产业前景21》和《文化产业发展推进计划》,并先后成立了"文化产业局"、"影视振兴委员会"及"文化产业振兴院"等专门扶持文化产业发展的机构,有力地推动了文化产业的发展。

2. 加大投入,增强发展动力

美国政府一直鼓励非文化部门和外来资金投入文化产业,为此它们积极创造良好的投资环境,吸引大量资本在文化产业中寻觅商机。早在1917年,美国联邦税法就规定对非盈利性文化团体和机构免征所得税,并减免资助者的税额。同时,美国政府还注重通过制定优惠政策,鼓励各州、各企业以及全社会对文化事业进行赞助和支持。

1998年起,韩国对文化创新企业实行资金援助。在投融资方面,韩国设立了文艺振兴、信息化促进基金、广播发展基金、电影振兴基金、出版基金等专项基金,扶持相关产业发展,同时还运作"文化产业专门投资组合",计划每年通过"投资组合"至少融资1 000亿韩元。金大中政府执政后,因为金融危机,政府裁减各部委人员,只有文化部门人员不减反增,文化总预算也逐年递增,1998年韩国政府的文化经费只有4 848亿韩元,占国家总预算的0.62%,之后政府文化经费逐年增加,到2002年已经超过1.2兆韩元,文化预算突破政府总预算的1.09%,可见其对文化事业的支持。目前,全世界只有法国和韩国的文化拨款达到国家预算的1%。

3. 大力培养人才,提供智力支持

人才是第一生产力,是参与市场竞争的有力武器。1929—1933年经济危机时,美国政府针对大批的文化工作人员失去工作、一些文化活动由于没有资金开始衰退的情况,采取了一系列扶助政策,包括联邦戏剧计划、联邦音乐计划、联邦艺术计划、联邦作家计划和历史调查记录计划。罗斯福政府对文化领域所采取的救济政策不仅救济了大批的文化人,还为美国培养了众多的优秀人才,为美国的文化产业崛起提供了人才保障。今天,美国文化产业更是利用其雄厚的资金和广阔的市场前景,每年从世界各地吸收大量优秀文化艺术人才,源源不断地给美国文化产业市场注入新鲜血液。好莱坞之所以成功,最重要的原因就是从国外引入大量人才,将世界上最著名的演员、最好的电影制作人和最大的投资人汇聚于此,参与电影制作,经典影片因此而层出不穷。在人才引进的同时,美国还根据产业发展的需要,通过多种方式,培养了一大批高素质的文化产业人才,目前美国能够提供游戏专业课程的学校已经超过了50家。丰富的人才储备是美国文化产业保持竞争优势的一个重要原因。

韩国政府在培养文化产业人才方面也是不惜重金。1997年韩国开办了专门游戏学校,2002年共派遣两批人员出国学习交流,培养CEO、中层管理人员、业务人员,国家为每人补贴经费。2000—2005年韩国共投入2 000多亿韩元,着力培养文化产业复合型人才。

4. 推动出口,扩大文化影响

美国商务部于1927年建立了电影部门,以帮助电影行业海外销售。在中国加入WTO的谈判中,美国政府坚决要求中国开放文化市场,并强烈要求中国取消文化产品进口配额,接纳美国的各类影视制品。美国的文化商品之所以能够遍布全球,与政府在国际上对文化产业的保驾护航不无关系,美国文化产业既是商业的摇钱树,又是政治的传声筒。

2002年8月,日本经产省与文部省联手促成建立了民间的"内容产品海外流通促进机构",并拨专款支持该机构在海外市场开展文化贸易与维权活动。该机构由17个社会团体和19家文化企业组成,主要目的是促进日本文化产品的出口,推动和管理海外市场反盗版活动,代表日本文化产业界参加国际知识产权保护论坛,参加海外市场诉讼关联活动。

2002年韩国政府则拿出17.1亿韩元支持企业参加在国外举办的12项有关文化产品的展销活动。另外,还通过驻外机构和企业办事处及网络等多种途径和手段,加强调研,针对地区特点开发不同产品,在文化出口战略地区建立办事处。

5. 制定法规,保护知识产权

文化产业的方方面面都与知识产权存在着密切的联系,可以说,知识产权是文化产业安身立命之本。美国是世界上较早实行知识产权保护制度的国家之一。1790年美国就颁布实施了第一部《版权法》,此后,根据美国经济、科技和社会发展的需要,美国国会不断地对《版权法》加以调整和完善,以加强对文化产业的保护。2003年1月15日,美国最高法院再次作出裁定,决定维持1998年国会通过的延长书籍、电影、音乐和卡通人物知识产权保护期的法律,并将个人著作权保护期从著作人终生及死后50年延长至70年,公司版权保护期从75年延长到95年,从而进一步保障了迪斯尼、好莱坞等集团的利益。在国际上,从1986年开始,美国利用《关税和贸易总协定》乌拉圭回合谈判的机会,全力推动建立与国际贸易相关的国际版权保护体制和机制。1994年TRIPS协议的达成,使美国日益强大的文化产业获得了广泛有效的国际保护机制。美国实施的知识产权战略,在国内为文化产业的发展开辟了肥沃的"法治土壤",在国外为其文化产业的发展开辟了广阔的空间。

日本早在1970年就颁布了《著作权法》,该法经过20多次修改,于2001年10月更名为《著作权管理法》并开始实施。近来,根据文化产业发展的新形势,日本又制订了多部新的法律,如IT法、知识产权基本法等等,为文化产业发展保驾护航。

内因:坚定不移的文化创新。文化产业发展的好与坏,法律保护、政府支持是一方面,但最根本的,还是要尊重、熟谙和能动运用产业规律来经营文化产业。发达国家文化产业始终坚持的一个基本原则是:在市场竞争机制下,依靠商业运作,让最好的文化产品流行于市场,为社会认知和接受,继而打动和影响民众。

一是大量采用新技术,保持行业领先地位。以电影为例,在上世纪的经济大萧条时期,美国电影迅速地容纳了全球最领先的技术,为快速发展创造了基础。如1926年华纳兄弟制作了第一部运用了同步音带唱片的长片《唐璜》,1927年第一部有声电影和福克斯的第一部有声新闻片问世,1928年第一部完全有声电影面世,1932年迪斯尼首先使用三带染印法制作彩色影片等。有声电影极大地刺激了美国电影市场,观众蜂拥前往观看这种更加"新奇的玩艺儿",因此尽管经济萧条,电影业却很繁盛。

今天,美国文化产业依然非常注重加大

对科技的投入和应用,网络传输、数字化、通讯卫星、数字电视等高新技术的广泛应用,使美国文化产业拥有了向全世界扩展的“桥梁”和“利器”。在图书和唱片业,利用因特网技术开发的网上售书业务,极大地促进了产品销量的飞速增长,去年出版的《哈里·波特(7)》在亚马逊的全球预定量达惊人的220万本;百老汇音乐剧的科技含量之高,是许多传统表演艺术根本无法比拟的,其美轮美奂的场景,高品质的灯光和音响效果,让人仿佛身临其境,大大增强了艺术感染力;在好莱坞影城和迪斯尼乐园,融现代科技、舞台表演、特技于一身的各种表演惟妙惟肖,惊心动魄,让艺术和科技真正融会贯通、大显神通。高新技术的使用,不仅带来美国文化产业技术上的革命,更加快了产业的发展进程,还带来消费者思想观念上的革新。

二是坚持“内容为王”,推进文化内容创新。创新是文化的本质特征,也是文化富有生机与活力的不竭动力。美国文化在发展文化产业过程中,不断汲取世界其他文化的精华,大胆进行创新,成为世界文化舞台上一支生机勃勃、不断进取的文化力量。《花木兰》、《角斗士》、《300勇士》等由外国传统文化改编的好莱坞电影在全球热卖;跨国公司制作的流行音乐大行其道;由国外“进口”的百老汇音乐剧,一年四季热闹非凡,长盛不衰……凡此种种,无不突显美国文化产业的巨大汲取能力,也显示出美国文化产业巨大的内容和形式创新能力。

韩国电影电视则努力挖掘本土文化资源,内容创意独特,再加上精良的后期制作,不仅赢得了巨大的国内市场,在东亚乃至全球掀起了巨大的“韩流”热潮。韩国影视产业的发展证明,继承民族优秀文化传统、积极吸收借鉴世界优秀文明成果,注重内容的原创性和独创性,使之具有更加鲜明的实践特色、民族特色和时代特色,是文化创意产业发展的必由之路。

结语:经济学家说,“口红效应”只是面对经济危机时人们众多消费心态中的一种,为文化产品的走红创造了一定的可能。使“口红”热卖常销、长久艳丽,“内容为王”才是铁律。同理,金融危机之于文化产业的发展,也只是提供了契机和可能。如何抓住机遇,把可能转为现实?美日韩等国文化产业的发展历程已作了有益的探索。

(原载《群众》2009年第五期)

● 中宣部内刊用稿选编(13篇) ●

杨新力谈2009年宣传思想工作

用中央精神和省委要求统一思想、提高认识,以认识的高度一致保证工作的扎实推进。第一,为保增长促发展营造良好氛围,是今年宣传思想文化工作的首要任务。要深入宣传国内国际经济形势的变化,宣传中央和省委的重大决策部署,宣传各地各部门应对挑战、破解难题的新思路新举措,进一步增强干部工作信心、企业家投资信心和群众消费信心。第二,加强改进基层思想政治工作是宣传思想文化工作的重要环节。大力推进社会主义核心价值体系建设,做到见人见物、见精神见灵魂。以返乡农民工、困难企业职工和大学毕业生为重点,推动思想政治工作向基层延伸。第三,加快发展文化事业和文化产业是宣传思想文化工作的重要机遇。要按照科学发展观要求,树立新的文化发展理念,整合优质资源,着力培育一批文化产业骨干企业和文化产业集聚区,在服务大局的同时实现文化自身跨越式发展。

第四,提高队伍整体素质是做好宣传思想文化工作的重要保证。要进一步强化政治意识、大局意识、责任意识、服务意识,强化学习政策、争取政策、制定政策、用好政策的意识,做到敢想、敢干、会干、实干。

(原载中宣部《宣传工作》2009年第10期)

疏堵结合　标本兼治 为青少年成长营造健康社会文化环境

杨新力

江苏认真贯彻落实中央决策部署,按照中办发[2009]6号文件精神,把净化社会文化环境工作作为服务大局、服务发展、服务未来的大事要事,坚持学习到位、认识到位、措施到位、工作到位,疏堵结合,标本兼治,强力推进社会文化环境净化工作,坚决把中央交给的任务落实好,为青少年成长营造健康的社会文化环境。

1. 坚持重在建设,努力提供健康向上的精神文化产品和服务。江苏坚持以推进社会主义核心价值体系建设为根本,把社会主义核心价值体系建设的要求融入青少年思想道德建设之中,渗透到中小学教育教学和日常管理各个环节,精心打造"我和我的祖国"、"做一个有道德的人"和"我们的节日"等品牌主题教育活动。深入实施少儿文艺精品工程,加大少儿影视剧、舞台剧、书刊、音像制品和动漫的创作生产,丰富少儿频率频道节目源,推进高雅艺术进校园。巩固全省首批174家公共博物馆、纪念馆和爱国主义教育基地免费开放的成果,用好省级财政每年拨付的5 000万元专项资金及地方配套资金,重点建设省级未成年人社会实践基地、名村村史馆、乡村未成年人活动站、青少年校外活动场所。积极推广南京"陶老师"青少年心理健康教育服务工作站经验,完成市县有线电视网络整合,推动中央和省少儿频道全覆盖。通过提供多形式、多层次的文化服务,丰富、拓展青少年校外活动平台和素质教育空间,不断增强对不良社会文化侵扰的抵抗力、免疫力。

2. 坚持依法管理,努力保持严格执法的高压态势。今年年初,我省颁布了《江苏省未成年人保护条例》(以下简称《条例》),把净化社会文化环境工作纳入地方法规。同时,结合学习贯彻全国净化社会文化环境工作会议精神,认真做好《条例》的细化工作。跟踪研究文化市场发展的新情况和新问题,在广播电视宣传管理、媒介广告信用评价管理、书报刊市场管理等条例办法的基础上,完善相关配套措施,增强依法管理的针对性和有效性。以网吧、电子游戏、非法出版物、荧屏声频和校园周边环境为重点,强势推进六大"百日专项集中行动",形成并保持对违法犯罪行为的高压态势,决不让不法分子逍遥法外。

3. 坚持社会参与,努力构筑齐抓共管的立体防护体系。扎实推进省委、省政府颁发的未成年人思想道德建设行动计划,将"六大工程"、"五十件实事"逐项进行分解。强化十二个专项工作小组职能,集中力量抓好整治互联网低俗之风、网吧专项治理、净化荧屏声频、校园周边环境整治等重点工作。推进校园绿色网吧建设,拓展网上家长学校新载体,充分利用百万"五老"志愿者资源,引导各类媒体和广大群众积极参与,形成监管强大合力。发挥省互联网协会等行业组织的作用,制定自查自纠、信誉公示等制度,公开曝光严重违法违规行为。推行从业资格认证制度,广泛开展"星级网吧"、"文明网站"创建活动。

4. 坚持技术创新,努力提高社会文化

环境的监管效能。加大“绿色上网”、网络游戏防沉迷系统、淫秽色情过滤软件等研发推广力度,重点建设“IP地址资源管理系统”,加强对各类网络违法案件的快速定位、精准打击。推动网吧经营连锁化,对网吧现有视频监控系统和“净网先锋”监管软件进行开发升级。遏制网吧接纳未成年人,防止非法网络游戏、淫秽视频的传播。发挥江苏收听收看中心功能作用,对各级各类电台、电视台节目进行监控点评,重视对第三代移动通信视频监管技术开发,避免出现虚监空监现象。

5. 坚持深化改革,努力完善净化社会文化环境的体制机制。建立省文明委领导、省文明办牵头、有关部门参加的工作协调小组,切实把净化社会文化环境工作纳入职能部门工作目标考评体系,形成齐抓共管工作格局。总结推广苏州、无锡等五个城市试点经验,进一步解决职能交叉、多头执法、责权分离等问题,提升行政执法效能。把未成年人思想道德建设工作作为评选文明城市、文明村镇、文明单位的前置条件,把净化社会文化环境作为未成年人思想道德建设工作先进城市、先进单位的重要依据,加大评比权重。

(原载中宣部《宣传工作》2009年第19期)

梁保华谈2009年宣传思想文化工作

今年的宣传思想文化工作,要坚持“高举旗帜、围绕大局、服务人民、改革创新”的总要求,为保增长、保民生、保稳定,促进经济社会又好又快发展提供强大思想保证、舆论支持和文化条件。一是深入学习宣传马克思主义中国化的最新成果,进一步推动当代中国马克思主义大众化。认真学习宣传胡锦涛总书记在纪念党的十一届三中全会召开30周年大会上的重要讲话精神,深入宣传和普及中国特色社会主义理论体系,引导全省人民进一步增强坚持走中国特色社会主义道路、深入贯彻落实科学发展观的自觉性和坚定性。二是要贯彻团结稳定鼓劲的方针,提高舆论引导水平。在面临严峻挑战和困难的形势下,新闻舆论工作要有利于团结鼓劲、增强信心,有利于保增长促发展,有利于社会和谐稳定。大力宣传保增长促发展、保民生促和谐的工作要求和各项政策措施,大力宣传干部群众积极应对挑战、千方百计克服困难,努力实现经济平稳较快增长的新经验和实际成效,做好凝聚人心、统一思想的工作,进一步增强干部群众变挑战为机遇的信心和勇气,增强全省人民共度难关、共创美好明天的意志和决心。三是要认真做好新中国成立60周年宣传教育工作。精心组织开展庆祝纪念活动,展示60年辉煌巨变,进一步唱响共产党好、社会主义好、改革开放好、伟大祖国好的时代主旋律。四是要深化文化体制改革,在推进文化强省建设方面取得新进展。开好全省推进文化强省建设工作会议,围绕文化事业强、文化产业强、文化人才队伍强的要求,制定文化强省建设规划,出台有关政策措施,明确重点任务和项目。进一步整合文化资源,做大做强省级文化产业集团,提升江苏文化软实力,切实满足人民群众日益增长的精神文化需求。

(原载中宣部《宣传工作》2009年第27期)

江苏深入学习实践科学发展观活动的整改思路和措施

全省宣传思想文化战线在深入开展学习实践科学发展观活动中的整改思路和措

施:一是着眼于巩固共同奋斗的思想基础,扎实推进理论武装工作,大力推进当代中国马克思主义大众化。二是着眼于推动经济社会又好又快发展,大力营造良好舆论氛围。加强对热点敏感问题的引导,完善突发公共事件新闻报道机制,优化整合对外宣传资源,加强主流媒体和新兴媒体建设,不断巩固壮大积极健康向上的主流舆论,掌握话语权,赢得主导权。三是着眼于提升公民文明素质,扎实推进社会主义核心价值体系建设。大力弘扬创业创新创优的新时期江苏精神,加强改进未成年人思想道德建设和大学生思想政治教育,广泛开展道德教育实践活动。四是着眼于满足群众精神文化需求,加快推进文化强省建设。以文化惠民最大化为着力点推进公共文化服务体系建设,加大文化惠民工程实施力度,建立完善公共文化设施免费开放长效机制。以重大项目带动文化产业发展,鼓励、支持重点文化集团通过资源整合、兼并重组、业态创新等做大做强。五是着眼于解放、发展文化生产力,进一步深化文化体制改革。六是着眼于提升能力素质,切实加强宣传思想文化工作队伍建设。

(原载中宣部《宣传工作》2009 年第 34 期)

江苏开展“歌颂伟大祖国,建设美好江苏”主题教育活动

以“歌颂伟大祖国、建设美好江苏”为主题深入开展教育活动。一是组织江苏发展成就系列报告会,举办辉煌 60 年江苏发展成就展。二是评选新中国成立 60 年来 100 位感动江苏人物等一批先进典型,做好第二届江苏省道德模范评选表彰工作。三是举办大型文艺演出暨群众歌会,如庆祝新中国成立 60 周年演出季、歌声飞扬 60 年万人歌会、“祖国,献您一首诗”全国儿童诗歌征集、新中国 60 年新诗朗诵会等。四是精心组织媒体宣传,推出“感动江苏英模风采录”、“共和国骄傲”、“共和国脊梁”等专栏,开展“寻访共和国同龄人”、“我与我的祖国征文”等活动,推出《2009 · 飞跃新江苏》等大型新闻活动。五是开展系列群众性庆祝活动,如祝福祖国“百姓心语”传递活动、“走进十月阳光”爱国主义读书月、爱国主义公益广告设计大赛等。

(原载中宣部《宣传工作》2009 年第 50 期)

积极应对复杂经济形势,大力推进文化建设

江苏淮安市委宣传部

面对复杂经济形势,淮安市拉开“大文化”建设序幕,以科学谋划为先导,以重点项目为带动,以产业发展为龙头,以体制改革为契机,以公共服务为载体,提升了全市文化建设整体水平,提振了干部群众攻坚克难的信心。

1. 以科学谋划为先导,着力探寻破危之策。在深入研究、充分调研和广泛征求社会各界意见的基础上,启动了推进文化事业大繁荣、推动文化产业大发展、促进文化产品大丰富、实施文化遗产大保护、推进文化市场监管大创新、加快广电事业大提速、构建新闻出版大格局和保证文化人才大涌现等“八大工程”。组织召开“繁荣大文化”推进会,进一步对各项工程建设进行再督查、再发动。

2. 以重点项目为带动,加快推进建设步伐。一是构筑城市文化形象标识。建设

市图书馆、市文化馆、市美术馆、有线电视网络传输中心、报业大厦、文艺家协会楼。二是实施文化遗产保护工程。启动京杭大运河(淮安段)文物景点保护工程、洪泽湖大堤申报世界文化遗产工程。三是推进非物质文化遗产保护。对淮海戏、淮剧等民间传统文化进行重点挖掘保护。四是推动数字信息工程建设。建立淮安视听网,启动移动电视 CMMB 项目和电台数字化、网络化改造工程。

3. *以产业发展为龙头,大力提升造血功能*。出台《全市文化产业发展规划》,重点培育4个文化产业集群,组建10个文化产业协会,培植2个产值超亿元龙头企业,大力发展连锁经营、物流配送、电子商务和电影院线等现代流通业。主动降低门槛,积极鼓励民营资本和个人投资兴办文化企业和各类民办非企业文化机构。全市目前各类文化经营单位(户)已达2 236家,从业人员近3万人,文化产业增加值占 GDP 比重达到2.5%以上。

4. *以体制改革为契机,积极促进繁荣发展*。2008年,作为省文化体制改革试点市,按照"精简、统一、效能"原则,组建了市文化广电新闻出版局、市广播电视台、市文化行政综合执法支队。今年又进一步在深化改革上做文章:一是着力完善市直文化单位人事制度、收入分配制度和社会保障制度"三项制度"改革工作;二是认真抓好文艺院团转企改制;三是全面启动县(区)文化体制改革,对县(区)文化、广电单位进行合并,组建综合执法机构。

5. *以公共服务为载体,努力实现全面惠民*。一是加快城区文化设施建设,市主城区重点建设群众文化活动长廊、社区文化服务站,各县城分别建成1个中心文化广场,达到新增万人拥有公共文化设施面积72平方米。二是切实推进农村文化设施建设,力争到年底85%的乡镇文化站达标,90%以上的行政村建成"农家书屋"。三是继续实施送书、送戏、送电影下乡活动,确保全年200场公益性演出。四是继续实施博物馆、纪念馆、爱国主义教育基地等向社会免费开放。五是推行政府文化产品采购制度,运用政策杠杆引导文艺表演团体开拓演出市场。

(原载中宣部《宣传工作》2009年第56期)

江苏认真贯彻落实
全国宣传部长会议精神

江苏着力打好主动仗、掌握主动权、唱响主旋律,重点在五个方面下功夫。在服务经济社会平稳较快发展上下功夫。把保增长保民生保稳定宣传作为重中之重,有针对性地设置议题,切实加强社会热点引导。发挥突发公共事件新闻报道应急机制作用,做到重大问题不缺位、关键时刻不失语。在深化中国特色社会主义理论体系宣传普及上下功夫。做好科学发展观宣传教育工作的同时,进一步加强改进党委(党组)中心组学习,适时召开经验交流会。加强江苏讲坛学堂建设,促进党的理论创新成果走近生活、贴近百姓。在建设社会主义核心价值体系上下功夫。以实施"新时期江苏人文明素质提升工程"和"千村万户文明示范工程"为重点,推动各类创建互动发展。在组织庆祝新中国成立60周年活动上下功夫。重点抓好庆祝大会、成就展、文艺汇演、群众歌会、"双百"评选等活动。统筹好国庆宣传、经济宣传与重大活动宣传,严格宣传纪律,注重实际效果。在推动文化大省向文化强省跨越上下功夫。

(原载中宣部《宣传工作》2009年第67期)

全面深化文化体制改革
扎实推进文化强省建设

江苏省委书记梁保华

党的十七大立足中国特色社会主义事业“四位一体”总体布局，提出兴起文化建设新高潮、推动文化大发展大繁荣的战略任务。根据十七大的新要求、发展阶段的新变化和人民群众的新期盼，省委十一届三次全会提出了建设文化强省的目标，这是又好又快推进“两个率先”的重大任务，也是顺应文化发展新趋势的战略选择。加快建设文化强省，总体思路是坚持文化事业和文化产业“两手抓”、“两分开”，坚持政府投入和文化体制改革“两到位”，努力建设“文化事业强、文化产业强、文化人才队伍强”、文化综合实力位居全国前列的文化强省。到2010年，全省经营性文化事业单位转企改制到位，公益性文化事业单位内部机制改革到位，实现文化体制改革从“盆景”走向“百花园”，从“试验田”走向大面积“丰收田”；到2012年，建成比较完善的公共文化服务体系，文化产业增加值占GDP的比重达到5%以上，成为支柱产业。

1. 全面推进文化体制改革。按照文化体制改革路线图和时间表，抓住重点领域和关键环节，推动改革由点到面、由省级向市县全面展开。一是全面推进国有经营性文化单位转企改制。今年底完成所有出版、制片发行放映单位的转企改制，明年底完成省辖市和县(市、区)一般文艺院团的转企改制，继续抓好党报党刊发行体制和广播电视节目制播分离改革。二是积极推进投资主体多元化。加快国有文化企业公司制、股份制改造，积极引进战略投资者，鼓励民营资本在政策许可范围内以多种形式参与国有经营性文化单位改制改组，支持有条件的民营文化企业做强做大，加快形成以公有制为主体、多种所有制共同发展的文化产业格局。三是深化公益性文化事业单位内部改革。着力推进内部劳动人事、收入分配和社会保障制度改革，引进竞争和激励机制，全面推行全员聘用、岗位管理和绩效工资制度。今年年底前，全省所有公益性文化单位都要完成岗位设置管理制度的改革。四是加快培育现代文化市场体系。加强文化产品市场和文化生产要素市场建设，建立健全文化市场中介机构和行业组织，加快构建统一、开放、竞争、有序的现代文化市场体系。加强文化市场监管，组建文化市场综合执法机构，实行统一执法。五是加快转变政府职能。继续推进政事分开、政企分开、政资分开、政府与市场中介组织分开，合理调整市县文化行政管理机构，更好地履行政策调节、市场监管、社会管理和公共服务的职能。今年实现全省所有市县文化、广电、出版“三局合一”，广电系统局台分开、广播电台与电视台合并。

2. 努力提高公益性文化事业发展水平。把公益性文化事业作为社会事业发展的重点，进一步扩大公共文化服务体系覆盖范围，提高公共文化服务水平。一是确保财政投入到位。坚持以政府为主导、以公共财政为支撑的原则，建立财政对公益性文化事业的投入增长机制，做到“两个高于”：财政文化事业支出增幅高于一般预算支出增幅，“十一五”时期文化事业投入占财政支出比重高于“十五”时期。二是完善公共文化设施。把文化设施建设纳入城乡建设规划，加强各类公共文化服务网点建设，加快推进省市重点文化设施建设，对县乡村三级“两馆一站一室”文化设施进行查漏补缺，支持苏北欠发达地区公共文化设施建设，形成覆盖城乡、结构合理、功能健全、实用高效的公共文化设施网络。三是深入实施文化惠民工程。进一步扩大向社会免费开放公共文化设施的范围，争取在全国先行一步普遍免费开放公共美术馆、科技馆、图书馆等。推动城市公共文化服务向农村延伸，继续实施“农家书香”工程，开展“送书、送戏、送电影”下乡活动，提高有线电视“村村通”入户率。四是创新公共文化服务方式。加快建设数字电视多媒体网络、网上图书馆、网上博物馆、网上剧院，积极推进文化信息资源共享工程。在重要公共文化产品提供、重大公共文化项目建设和公益性文化活动承办中引入竞争机制，提高公共文化服务质量。

3. 大力发展文化产业。把发展文化产业作为建设文化强省的战略举措和重要抓手，重点发展文化创意、影视制作、出版发行、数字内容和动漫等 9 大门类，使文化产业尽快成为江苏的支柱产业。一是做大做强骨干文化企业。坚持以市场为导向，以资本为纽带，加大资源整合力度，支持凤凰出版传媒集团、省演艺集团、省广电网络公司等重点文化企业通过上市融资、跨地区跨行业整合资源，实现低成本扩张，打造一批“航母型”的大型骨干文化企业。二是加快发展新兴文化业态。积极运用高新技术提升文化创作、生产和传播方式，促进数字广播、数字电视、数字出版、动漫影视、网络游戏、手机报等业态快速发展，推动文化产业与教育、体育、旅游、休闲等产业相嫁接，与科技创新、工业设计、城市建设等活动相结合，提高新兴文化业态在文化产业中的比重。三是加强文化产业集聚区建设。借鉴开发园区建设的经验，加强产业规划和政策引导，促进文化生产要素和相关文化企业集聚发展，提高文化产业规模化、集约化、专业化发展水平。重点发展高科技文化创意产业园区，积极建设地方特色文化产业园区，着力打造专业化文化生产基地，加快培育富有活力、形态多样的文化产业集群。将选择一批有条件的文化产业园区，参照高新技术园区的扶持政策和管理办法进行重点培育。

4. 切实加强和改进对文化建设的领导。围绕文化强省建设的战略目标，强化组织领导，加强政策扶持，为文化改革发展提供坚强保障。一是把文化建设放在全局工作中更加突出的位置。建立健全文化建设的领导体制和工作机制，进一步丰富、充实全面建设小康社会奋斗目标的文化内涵，把文化建设纳入党委和政府的重要议事日程，纳入经济社会发展总体规划，纳入科学发展考核评价体系，真正使提高文化软实力变成推动科学发展的硬任务。二是加强文化人才队伍建设。深入实施“五个一批”文化人才培养计划，增加文化人才在“333 人才工程”、“高层次创新创业人才引进计划”中的比例，加紧培养和引进文化创意人才和文化经营管理人才，努力造就一批扎根江苏、影响全国的拔尖人才和领军人才。省委、省政府设立“紫金文化奖”，表彰奖励有突出贡献的优秀文化人才。三是落实和完善文化改革发展的各项扶持政策。认真落实中央关于支持文化改革发展的一系列政策措施，着重抓好国办发[2008]114 号文件和省委省政府有关配套政策的落实。对转企改制的文化事业单位，原财政拨款基数不减。把文化产业纳入财政资金重点支持的范围，把重大产业项目建设纳入当前扩大内需的总体安排，对骨干文化企业做强做大给予专项支持。加强投融资、技术研发、市场交易、信息服务等公共服务平台建设。省级设立初始规模20 亿元的文化产业发展基金，对重大文化项目、重点文化企业发展给予扶持。四是努力形成齐抓共管的文化建设新格局。按照“党委统一领导、政府组织实施、宣传部门协调指导、文化行政主管部门具体落实、各相关部门密切配合”的要求，建立健全相关工作机制，推动各方联动、齐抓共管，形成强大工作合力。

（原载中宣部《宣传工作》2009年第77期）

江苏突出地方特色 注重群众参与 广泛开展国庆宣传系列活动

江苏省切实加强庆祝新中国成立60周年宣传文化活动的组织领导，力求突出地方特色，吸引群众广泛参与，充分展示60年来特别是改革开放以来江苏经济社会发展的辉煌成就，鼓舞全省人民以极大的热情投身改革开放和社会主义现代化建设事业。

1. 突出重点，以重大活动为导引掀起庆祝高潮。精心筹备江苏省暨南京市各界庆祝中华人民共和国成立60周年大会、奋进的江苏——庆祝新中国成立60周年大型成就展、茉莉盛开颂祖国万人歌咏大会等重大活动，扩大宣传声势和社会影响，掀起庆祝活动的高潮。奋进的江苏——庆祝新中国成立60周年大型成就展分历史巨变、辉煌成就、共同发展、美好未来四个部分，生动展现了60年来江苏在社会主义建设和改革进程中取得的巨大成就。茉莉盛开颂祖国万人歌咏大会以东方神韵、中国气派、江苏特色为基调，集中展现中国特色社会主义在江苏的成功实践，唱响共产党好、社会主义好、改革开放好、伟大祖国好、各族人民好的时代主旋律。选取的歌曲多为广大群众耳熟能详，演员近万人，有专业演员、学生和部队官兵，也有产业工人和农民，充分体现了群众参与的特点。

2. 加强引导，以舆论宣传为抓手营造浓厚氛围。精心策划宣传主题，积极整合媒体资源，紧扣时间节点，加强舆论引导，推动庆祝活动不断掀起高潮。印发“庆祝中华人民共和国成立60周年新闻宣传方案”，通过开设专题、专栏，以动态报道、成就展示、深度访谈、群众参与等形式，分阶段、分步骤宣传新中国成立以来江苏的巨大成就和发展经验。4月23日，以南京解放纪念日为节点，省市媒体通过专栏、专题，组织系列报道和特刊，拉开江苏庆祝新中国成立60周年新闻宣传序幕。省级主要媒体积极推出专栏、专版、专题、系列报道、直播报道等。各级新闻媒体充分发挥自身优势，坚持把版面留给群众，把镜头对准群众，把重点紧扣现实生活，所刊播报道视野开阔、主题鲜明，为庆祝新中国成立60周年营造了浓厚的舆论氛围。

3. 体现特色，以系列活动为载体增强庆祝活动实效。省直宣传文化部门和各地紧密结合实际，面向基层群众，积极开展富有浓郁地方特色的系列活动，组织社会各界看成就、谈变化、话改革、促开放、谋发展，取得了良好效果。省文化厅举办时代多娇——庆祝新中国成立60周年江苏省美术作品展览，描绘中国人民在社会主义建设中取得的伟大成就。组织百花争艳——庆祝新中国成立60周年江苏省优秀剧(节)目展演，演出京剧《沙家浜》、舞剧《西施》、淮剧《唢呐声声》等13台舞台艺术精品剧目，充分展示江苏舞台艺术创作的丰硕成果，热情讴歌新中国日新月异的发展变化，为广大群众奉献精美的文艺大餐。苏州市立足基层，以热闹、喜庆、和谐为主调，注重群众参与，既有传统的歌舞表演，又有时尚文化艺术展示，贴近群众生活，为市民喜闻乐见，充分调动广大市民参与活动的积极性。镇江市突出“红色经典”主题，通过组织开展“红色经典·火红镇江”万人演唱会、“红歌颂祖国”红色经典歌唱比赛、“红遍镇江”系列活动等，共唱红色经典歌曲，表达对伟大祖国60华诞的美好祝福。南京市突出爱国主义教育主题，统筹安排好时段、版面和节目，办好专题专栏专版，把爱国主义教育贯穿到整个国庆宣传报道之中，营造了喜迎国庆的浓厚氛围。

（原载中宣部《宣传工作》2009年第93期）

用改革创新的办法，推进网络整合和数字化发展

省委宣传部

江苏省广电网络公司于2008年7月正式组建成立。公司致力于推进网络整合和数字化发展，推动全省13个省辖市和36个县(市、区)实现了全程全网、互联互通；省网网内有线电视用户达1 498万户，占全省有线电视用户总数的95%，其中数字电视用户696万户，互动电视用户达37万户。

1. *坚持体制创新，加快推进广电网络整合步伐，打牢全面发展的基础。*立足省情实际，确立了政府“有形之手”主导、市场“无形之手”运作的整合原则和路径。一是实行省级主导。成立省广电网络整合领导小组及办事机构。由领导小组指定代表、各市网络资产产权单位授权代表、省级投资主体的授权代表三方共同成立省广电网络合并重组委员会，有效排除了工作推进中的障碍。二是坚持省、市、县三级共赢。既不能做强省级，削弱市、县级，也不能搞强市、县级，削弱省级。三是紧紧依靠地方党委、政府的大力支持。确保整合后“三个不能变”，即地方党委、政府对广电事业的领导与管理不能变，对广播电视安全播出的责任不能变，对广电事业发展壮大的支持不能变。四是省里明确扶持省公司发展的优惠政策，并在政策机制上对地方和局部作了利益平衡。省公司享受国家和省在财税、土地、劳动保障、融资、增值业务开展等方面的优惠政策。从省财政和省文化发展基金中拿出7亿元，其中2亿元兜底、5亿元贴息，给予股东政策性补贴和保障，化解对投资入股风险的担心，调动各方积极性，推进整合工作顺利进行。五是发挥市场对资源整合的基础性作用，以资本和业务为纽带实施整合。创新应用“收入率贴现法”，科学审核、评估各地网络资产的质量，按产权价值的多少划分股权，兼顾各方利益、共担相应风险、构筑整体优势。六是创新人事管理，保持队伍稳定和平稳过渡。

2. *坚持业务创新，加快数字电视整转和互动电视推广步伐，努力实现集约化、规模化、产业化发展。*以全网整合为契机，以数字化整转为基础，以“模拟电视数字化、数字电视互动化、互动电视规模化、标清电视高清化”为路径，全面拓展业务发展领域和空间。在推进整合的同时，同步大力推进数字电视整转。一年来，共投入近3亿元，用于扩容、改造和升级现有的广电网络，着力建设全省统一的数字电视平台，实现了全省数字电视信号联通，完成了省公司与分公司数字电视播出平台对接。在推进整转的同时，同步大力推广互动电视。去年10月，公司全面推出了基于数字电视和宽带网络双向化技术的互动电视业务和增值业务。

3. *坚持服务创新，加快保障服务体系建设步伐，着力提高广电网络服务质量和水平。*把安全播出、安全传输作为公司的最重要职责和广电网络的“生命线”，加大投入，进一步提升长效安全保障运维能力。始终坚持以人为本、用户至上，服务群众，不断满足群众精神文化需求。抓好“一个工程”，即着力抓好“进村入户”工程的实施；制定“一个标准”，即统一制定规范化的业务操作流程标准；打造“一个品牌”，即倾力打造“江苏有线”产品、互动电视业务和“96296”

客服形象品牌；健全“一个体系”，即健全完善全面覆盖、市场细分、便民为先的市场服务体系。

4. 坚持科技创新和发展模式创新，加快面向下一代的数据网建设和对外合作步伐，赢得未来发展新优势。紧紧抓住国家“下一代广电网”正式启动、“跨地区兼并重组”已现端倪、广电网络产业升级转型等重大机遇，努力抢占技术制高点，率先实施“走出去”战略，在更高的技术和业务层面上领先发展，努力在新一轮竞争发展中赢得先机。公司专门成立江苏有线数据网络公司，作为省公司的全资子公司，独立运作开发数据网业务。目前正加紧建设稳定、高效、安全的数据专网，建设融合数字电视、互动电视、互联网增值业务的综合业务支撑平台，精心打造面向社会的公共信息发布平台，面向机关企事业单位的电子政务平台、商务平台、远程视音频通信平台以及面向家庭的互联网宽带接入平台，试点开发百姓健康传播系统、城乡信息化服务系统、电视银行业务系统。同时，大力实施“强强联合”战略，寻求行业和地区间的广泛合作。

（原载中宣部《宣传工作》2009 年第 100 期）

挖掘历史资源创新活动载体 深入持久开展群众性 爱国主义教育

南京市委宣传部

近年来，南京市始终高扬爱国主义旗帜，深入挖掘历史文化资源，不断创新宣传教育载体，教育和引导广大市民爱祖国、爱家乡，在全社会唱响了共产党好、社会主义好、改革开放好、伟大祖国好、各族人民好的时代主旋律。

1. 加大投入，充分发挥爱国主义教育基地主阵地作用。南京市把打造爱国主义教育基地作为加强爱国主义教育的重要步骤，采取政府主导与发动社会力量相结合的办法，加大资金投入，深挖历史资源，打造出一大批影响广泛、品种齐全、管理良好的爱国主义教育基地。先后投入了 60 多亿元，打造了侵华日军南京大屠杀遇难同胞纪念馆、渡江胜利纪念馆、梅园新村纪念馆、雨花台烈士陵园、《南京条约》史料陈列馆、南京市未成年人社会实践行知基地、栖霞青少年社会实践基地等一批爱国主义教育基地。目前，全市共有全国爱国主义教育示范基地 6 家，省级基地 17 家，市级基地 28 家，区县级基地 100 多家。为了充分发挥爱国主义教育基地的主阵地作用，在认真做好免费开放工作的同时，坚持从教育需要出发，丰富展示内容，活跃教育形式，有效地吸引社会各界参观爱国主义教育基地。侵华日军南京大屠杀遇难同胞纪念馆仅 2008 年就接待中外观众 542 万人次，2005 年至 2008 年累计免费接待 1 250 万人次；雨花台烈士陵园去年 4 月份免费开放至今接待游客 600 万人次；梅园新村纪念馆免费开放后年接待游客数量突破 100 万人次。据不完全统计，去年以来南京市级以上教育基地已免费接待公众突破 2 000 万人次，每年参观教育基地的中小学生超过 200 万人次，社会效益进一步提升。

2. 抓住契机，隆重开展群众性爱国主义教育活动。南京市在积极抓好经常性爱国主义教育的同时，重视结合全国性重要纪念日、节庆日和传统节日，大力开展宣传教育活动。一是精心组织“我们的节日”系列活动。清明节在雨花台烈士陵园举行祭奠先烈的仪式，组织党员干部和市民群众缅怀追思已逝的英模，举办“清明经典诗文朗诵会”等；中秋节开展“百万月饼送民工、中秋南京一家亲”、“端午诗歌颂读会”等活动。

二是结合重大纪念活动开展思想教育。每年组织市民群众和中小学生在渡江胜利纪念碑前集会，以群众歌咏、举行入党入团和成人宣誓等不同方式开展纪念活动。在侵华日军南京大屠杀遇难同胞纪念日，全城鸣响防空警报，举行大规模的悼念仪式，敬献鲜花、放飞和平鸽，让市民牢记历史、不忘过去、珍爱和平、面向未来。围绕南京解放60周年，组织开展了《永远的风帆》爱国主义歌曲大家唱、各界人士座谈会等100多项纪念活动。三是在节庆中唱响爱国主义旋律。围绕庆祝新中国成立60周年，组织开展"爱国歌曲大家唱"、花车巡游、焰火晚会、大型成就展等系列活动，其中"奋进的江苏"大型成就展南京展区吸引了近70万观众。重大纪念日、节庆日的宣传，突出了南京独特的历史文化记忆，凝聚了市民群众对民族和国家的深厚感情，充分体现和弘扬了中华民族优秀传统和南京人民的博爱精神。

3. 创新载体，不断拓展爱国主义教育渠道。为了深化爱国主义教育活动，南京市大力实施"市民参与工程"，通过市民论坛、市民学堂、市民参观、市民欣赏、市民议事等载体，建立爱国主义教育长效机制。一是开展"市民参观"活动。从1994年开始，就开展了"万人看南京"活动，每月组织市民代表，免费参观城市建设、爱国主义教育基地等，大力宣传改革开放和现代化建设的新成就新变化。目前累计有50多万市民参加这项活动。二是开展"市民欣赏"活动，寓教于乐。创作大型音舞诗画《神韵金陵》，话剧《平头百姓》、《沦陷》等主题文艺作品，向市民代表赠票，邀请市民观摩，让人们在欣赏节目的同时接受爱国主义教育。编辑出版《我爱南京》系列丛书，拍摄百集系列文化专题片《金陵文脉》、《金陵民俗》等，让市民在阅读欣赏中，增强爱家乡爱祖国的情感。三是组织公益活动，增强市民主人翁意识。自2004年以来，鼓励和引导市民群众积极参加公益活动，每年开展"让南京更绿，让家园更美"市民绿化活动；专门成立多形式多层次的市民劝导队伍，开展了"每天奉献1小时"交通文明劝导等多项活动。目前，在全市各爱国主义教育基地活跃着数千名志愿者和义务员讲解员。"市民参与"工程的实施，进一步增强了广大市民的主人翁意识，激发了广大市民树立报国立志、建设美好家园的热情。

（原载中宣部《宣传工作》2009年第107期）

江苏传达全国宣传部长会议精神的情况

江苏省委宣传部于1月6日向省委常委会议汇报了全国宣传部长会议情况。同时，召开部务扩大会议和部分市县宣传部长、省直有关部门负责人座谈会，传达学习全国宣传部长会议特别是长春、云山同志重要讲话精神，研究贯彻落实会议精神、做好今年工作的思路举措。

江苏省委宣传部提出，今年要重点在五个方面下功夫：一是深入学习中央关于做好宣传思想文化工作、加强意识形态工作的一系列重要指示精神，在用中央精神和省委要求统一思想行动上下功夫；二是着力加强中央和省委重大决策部署的宣传，加强成就宣传和典型宣传，加强社会热点引导，在为保增长、促发展营造良好氛围上下功夫；三是以发展文化产业为重点，培育一批有实力、有竞争力的文化产业骨干企业，进一步完善覆盖城乡的公共文化服务体系，在抓住机遇、加快文化强省建设步伐上下功夫；四是紧紧围绕建设社会主义核心价值体系、增强社会主义意识形态吸引力凝聚力，突出加强基层思想政治工作,在深化思想道德建设、强化基层思想政治工作上下功夫;五是引导宣传思想文化工作者进一步增强政治意识、大局意识、责任意识,在提高宣传思想文化工作队伍整体素质上下功夫。

(原载中宣部《办公厅通报》第5期)

江苏五项措施巩固乡镇文化站建设成果

2006年起,江苏全面启动乡镇文化站建设工程,三年来,全省基本实现各乡镇都有文化站。为巩固乡镇文化站建设成果,江苏制定"农村文化繁荣计划",采取五大举措,推动农村文化可持续发展。

一　加快立法进程,保障乡镇文化站依法运行

为了确保乡镇文化站运行机制、经费投入、人员配备、活动开展等各方面有章可循、有法可依,省文化厅制定《江苏省乡镇综合文化站管理办法》,该《办法》确定为省政府2009年正式立法项目以及省人大五年立法调研项目。目前,《江苏省乡镇综合文化站管理办法》已经完成起草,正在广泛征求各市及省有关部门意见,经过修订完善后,将正式颁布实施。

二　稳定投入机制,满足乡镇文化站活动经费

一是设立农村文化"以奖代补"专项资金。2009年起,省级财政每年拿出4 000万元,鼓励各地广泛开展农村文化活动,加大农村文化人才培训力度,引导县级财政加大对农村文化的投入。激励各地乡镇文化站有效发挥作用,开展形式多样的群众文化活动,进一步丰富农村文化生活。二是为经济薄弱地区乡镇文化站配送设备。为切实解决乡镇综合文化站设施"空壳"问题,江苏参照财政部、文化部对中西部地区达标文化站给予设备购置经费补助的做法,抓紧拟定办法,拟对经济薄弱地区和革命老区乡镇文化站,按照每个站5万元的标准,分批配送电脑、投影仪、图书架、演出器材等开展文化服务必需设备。三是扶持村文化室。对经济薄弱地区11 879个村文化室,适当给予奖励,主要用于添置文化设备。

三　加大督查力度,促进乡镇文化站规范运行

一是对乡镇文化站开展活动情况进行考核。目标责任包括乡镇文化站设置图书阅读、文化信息资源共享、宣传教育、文艺演出、科普培训、老年活动和青少年活动等公益性活动项目情况。二是规定受补助建成乡镇文化站的产权归县文化局和所在乡镇政府共同所有,并办理相应的产权证,使文化设施被随便拍卖、出租的现象得到控制。三是对列入省政府建设计划的446个乡镇文化站全面开放、开展文化活动、提供文化服务情况进行督查,重点检查乡镇文化站阵地利用情况。对发现新建乡镇文化站被挤占或挪作他用的现象,提出严肃批评,并通报全省。

四　提高"三送"质量,丰富乡镇文化站活动内容

自2006年起,省级财政每年安排2 800万元专项资金,开展"送书、送电影、送戏"下乡活动,三年累计为省内经济薄弱地区农村送书181万册、送电影33.7万场、送戏7 670场,基本解决了全省农民"看书难、看电影难、看戏难"的问题。在连续三年开展"三送"活动基础上,继续抓好这项活动,进一步提高质量,切实保障经济薄弱地区农民群众基本文化权益。考虑到物价上涨及农村生活水平提高等因素,今年起提高"三送"省补标准。演出场次补助从2 000元/

场提高到 2 500 元/场，电影放映场次补助从 80 元/场提高到 120 元/场。

五　健全激励机制，抓好乡镇文化站人才队伍

一是配合国家人事部、文化部今年开展全国文化先进县创建活动，结合省农村文化建设的督查和调研，发现和培育农村文化建设先进典型，待条件成熟后，举办全省乡镇文化站建设成果展，推荐和奖励优秀文化站和文化站长。二是用文化发展专项资金，对全省 1 038 个乡镇和 106 个县（市、区）的文艺骨干进行轮训，举办 15 期乡镇文化站长培训班和 4 期文艺骨干培训班，共有 1 020 名文化站长和 262 名文艺骨干参加了培训。三是 2009 年试行基层文化从业人员资格认证管理制度，对基层文化从业人员实行统一培训、统一考试、资格认证。在试点的基础上，逐步向全省推广。

（原载中宣部《宣传信息清样》2009 年第 7 期）

干部队伍

全省宣传干部统计

(一) 省委宣传部人员数

单位	部机关	直属事业单位	合计
编制数	122	129	251
在职数	103	31	136

(二) 各市委宣传部人员数

市别	编制数	在职数	市别	编制数	在职数
南京市	72	72	南通市	44	40
苏州市	40	34	盐城市	41	40
无锡市	52	50	淮安市	34	30
常州市	50	46	宿迁市	28	24
镇江市	45	40	徐州市	45	42
扬州市	37	31	连云港市	45	39
泰州市	27	27			

(三)各县(市、区)宣传干部数

南京市

县别	宣传部机关		乡镇		街道	
	编制数	在职数	乡镇数	宣委数	街道数	宣委数
玄武区	13	14			8	8
白下区	14	14			7	7
秦淮区	11	11			5	5
建邺区	12	16			7	7

续表

县　别	宣传部机关		乡　镇		街　道	
	编制数	在职数	乡镇数	宣委数	街道数	宣委数
鼓楼区	15	20			7	7
下关区	12	14			6	6
栖霞区	12	8			10	10
雨花台区	11	11			9	9
江宁区	16	23			9	9
浦口区	19	18	4	4	7	7
六合区	14	11	12	12	7	7
溧水县	12	9	8	8		
高淳县	14	10	8	8		

苏州市

县　别	宣传部机关		乡　镇		街　道	
	编制数	在职数	乡镇数	宣委数	街道数	宣委数
张家港市	17	17	9	9		
常熟市	21	21	11	11		
太仓市	19	19	7	7		
昆山市	16	14	9	9		
吴江市	21	17	9	9		
平江区	6	6			6	6
金阊区	6	7			5	5
沧浪区	6	5			6	6
高新区	9	12	3	3	4	4
吴中区	22	17	11	11	8	8
相城区	10	10	5	5	4	4

无锡市

县　别	宣传部机关		乡　镇		街　道	
	编制数	在职数	乡镇数	宣委数	街道数	宣委数
江阴市	19	19	14	14	3	3
宜兴市	16	15	14	14	4	4
锡山区	10	9	4	3	5	5

续表

县别	宣传部机关		乡镇		街道	
	编制数	在职数	乡镇数	宣委数	街道数	宣委数
惠山区	10	10	4	4	3	3
滨湖区	14	11	1	1	9	9
崇安区	6	5			6	3
南长区	6	4			6	2
北塘区	5	4			4	4
新区	8	8			6	6

常州市

县别	宣传部机关		乡镇		街道	
	编制数	在职数	乡镇数	宣委数	街道数	宣委数
金坛市	16	13	7	7	1	
溧阳市	19	18	10	10	2	
武进区	20	20	14	14	2	2
天宁区	7	7			6	6
钟楼区	4	3			7	7
新北区	18	18	6	6	3	3
戚墅堰区	6	4			3	3

镇江市

县别	宣传部机关		乡镇		街道	
	编制数	在职数	乡镇数	宣委数	街道数	宣委数
丹阳市	18	16	15	15		
句容市	19	14	11	11		
扬中市	16	13	6	6		
丹徒县	22	16	9	9		
京口区	12	10	2	2	5	5
润州区	8	8	1	1	4	4
新区	4	4	3	3	2	2

扬州市

县　别	宣传部机关		乡　镇		街　道	
	编制数	在职数	乡镇数	宣委数	街道数	宣委数
宝应县	13	13	14	14		
高邮市	16	14	20	20		
江都市	18	18	13	13		
仪征市	15	14	12	12		
邗江区	21	29	11	11	3	3
广陵区	9	8	2	2	4	4
维扬区	7	13	4	4	2	2

泰州市

县　别	宣传部机关		乡　镇		街　道	
	编制数	在职数	乡镇数	宣委数	街道数	宣委数
靖江市	17	16	9	9	1	1
泰兴市	18	17	21	21		
姜堰市	16	16	15	15		
兴化市	19	17	35	35		
海陵区	11	9	3	3	7	7
高港区	9	11	4	4	3	3

南通市

县　别	宣传部机关		乡　镇		街　道	
	编制数	在职数	乡镇数	宣委数	街道数	宣委数
海安县	20	17	14	16		
如皋市	16	14	20	20		
如东市	20	19	14	14		
通州市	18	13	19	19		
海门市	24	22	23	23		
启市东	22	22	12	12	3	3
崇川区	16	14			10	10
港闸区	10	9			5	5
开发区	3	3	3	3	1	1

盐城市

县　别	宣传部机关		乡　镇		街　道	
	编制数	在职数	乡镇数	宣委数	街道数	宣委数
东台市	15	15	14	14	6	
大丰市	15	14	14	14	2	
建湖县	15	15	15	15		
射阳县	15	11	17	17	3	3
阜宁县	19	17	15	15		
滨海县	20	18	15	15	2	
响水县	18	15	12	12		
盐都区	15	13	13	13	4	4
亭湖区	13	10	9	9	9	9

淮安市

县　别	宣传部机关		乡　镇		街　道	
	编制数	在职数	乡镇数	宣委数	街道数	宣委数
涟水县	13	12	31	25		
洪泽县	13	13	12	12		
金湖县	11	11	11	11		
盱眙县	14	14	19	15		
楚州区	19	16	26	26		
淮阴区	15	14	21	17		
清河区	8	9			7	7
清浦区	7	6	5	5	4	4

宿迁市

县　别	宣传部机关		乡　镇		街　道	
	编制数	在职数	乡镇数	宣委数	街道数	宣委数
沭阳县	15	14	34	23	3	1
泗阳县	13	12	18	18		
泗洪县	17	17	23	23		
宿豫区	11	11	16	16		
宿城区	8	8	13	13	4	

徐州市

县别	宣传部机关		乡镇		街道	
	编制数	在职数	乡镇数	宣委数	街道数	宣委数
邳州市	18	15	24	24	1	
新沂市	13	15	16	16		
沛县	23	18	15	12		
丰县	18	18	14	14		
睢宁县	14	14	16	16		
铜山县	14	19	21	21		
贾汪区	16	15	7	7	4	4
云龙区	5	8			8	8
鼓楼区	8	7			6	6
泉山区	6	8			10	10
九里区	8	8			13	6

连云港市

县别	宣传部机关		乡镇		街道	
	编制数	在职数	乡镇数	宣委数	街道数	宣委数
赣榆县	19	19	18	18		
东海县	17	16	24	24		
灌云县	16	15	19	19		
灌南县	14	12	14	14		
新浦区	7	7	4	4	6	6
海州区	7	7	4	4	5	5
连云区	6	5	2	2	5	5

全省宣传文化系统领导干部名单（2009年内任职）

（一）省委宣传部

部　长　杨新力（省委常委）

副部长　章剑华　司锦泉（12月任职）
孙学玉（6月免职）
梁　勇　周　琪

部务委员　刘德海

省文明办

主　任　孙学玉（6月免职）

副主任　韩松林（6月任职）

（二）省直宣传文化系统

省文化厅

厅长、党组书记　章剑华

副厅长　高　云　马　宁　秦基春

纪检组长　王世华

副巡视员　汪人元(6月免职)

省广播电影电视局(2009年8月更名)

局长、党组书记　耿乃凡

副局长、党组副书记　申彭建　陈　明

副局长　李德田　罗舒泽(6月任职)

纪检组长　王晓萍

副巡视员　杨锡华　郭燕荷(6月任职)

省出版局(版权局)

局长、党组书记　徐毅英

副局长　沈建国　傅杰三　蒋国星

　　黄海宁

纪检组长　沈季姚(6月免职退休)

　　陆湘琳(12月任职)

副巡视员　韦顺和

省文联

主　席　顾　浩

党组书记、副主席、书记处第一书记　王慧芬

党组成员、书记处书记　杨企鹏

书记处书记　言恭达

省作协

主　席　王臻中

副主席　范小青

党组书记、书记处第一书记

　　范小青(6月任职)

党组成员、书记处书记　张王飞

正厅级干事　赵本夫(6月免职退休)

省社科联

主　席　洪银兴(兼)

党组副书记　廖　进

副主席　廖　进　王同来(6月任职)

新华日报社(省新华日报报业集团有限公司)

社长、党委书记、董事长　许洪祥

总编辑、党委副书记　周跃敏

副社长、副总经理　刘文平　张　艾

副总编辑　缪小星　陈　钢　张晓东

纪委书记　施培萍

《群众》杂志社

总编辑　周毅之

副总编辑　钱伯华

　　游新华(6月免职退休)

　　陈建生　江绵智

省社科院

院长、党委书记　宋林飞

副院长　张颢瀚　张德华

　　陈　钢(6月任职)

纪委书记　周祥宝(12月任职)

省广播电视总台(省广播电视集团有限公司)

台长、董事长、党委书记　周　莉(12月任党委书记、董事长;免总经理)

副台长、总经理、党委副书记　黄　信(12月任总经理、党委副书记)

副台长、副总经理　张建平　戴听祥

　　徐敢峰　陈　辉

　　景志刚

纪委书记　邵明华

省出版总社(江苏凤凰出版传媒集团有限公司)

党委书记、董事长　谭　跃

社长、总经理、党委副书记　陈海燕

党委副书记、副社长、副总经理　曹光福

副社长、副总经理　张佩清

副总经理　吴小平　孙真福

纪委书记　汪维宏

江苏新华书业股份有限公司党委书记、董事长　张佩清

江苏新华书业股份有限公司总经理　周　斌

省演艺集团有限公司

董事长　顾　欣(12月任职)

总经理　顾　欣(12月免职)

党委书记　朱昌耀

《扬子晚报》社

总编辑　刘守华

江苏人民出版社

社长、总编辑　刘健屏

江苏科技出版社

社长、总编辑　黎　雪

南京图书馆

党委书记、常务副馆长　马　宁

南京博物院

院　长　龚　良

省国画院

院　长　宋玉麟

省文化产业集团

党委书记、董事长　李向明

总经理　曹　剑

省广播电视信息网络股份有限公司

党委书记、董事长　陈梦娟

党委副书记、总经理　顾汉德

党委副书记　邵明华(12月免职)

副董事长　瞿长林　张　华(12月任职)

监事会主席　严克勤

副总经理　薛留忠　许如钢　钱　进

（三）各市委宣传部

南京市委宣传部

部　长　叶　皓(常委)

副部长　张　俊　徐　宁(女)
　　　　曹劲松　王　嵬

苏州市委宣传部

部　长　徐国强(常委)

副部长　高志罡　缪学为　郦　方

市委、市政府新闻新闻人　陈　嵘

无锡市委宣传部

部　长　王立人(常委)

副部长　须　俭　陈尧明　尤文科

常州市委宣传部

部　长　徐　缨(常委,女)

副部长　卢晓光　张火炫　胡　竹
　　　　石小东

镇江市委宣传部

部　长　张洪水(常委)

副部长　赵　珏(3月任职)　周国建
　　　　宋成玺　王红卫

扬州市委宣传部

部　长　袁秋平(常委)

副部长　丁　毅(5月任常务副部长)
　　　　陆苏华　叶冠军　王晓庆
　　　　王根宝　董　雷(1月任职)
　　　　夏洪春

泰州市委宣传部

部　长　缪志红(常委,女)

副部长　陈　社　黄林华　曹茂良
　　　　葛志军(11月任职)
　　　　张宏伟(11月离职任调研员)

南通市委宣传部

部　长　张小平(常委,女)

副部长　徐仁祥　李存玉　叶晓平(女)
　　　　陈　亮(9月离职)
　　　　顾　华(9月任职)

盐城市委宣传部

部　长　周德祥(常委)

副部长　陈永康　姜友新(女)　陈建新
　　　　蒋东仁

淮安市委宣传部

部　长　刘希平(常委,女)

副部长　管曙光　朱　坚　王信淮
　　　　金德海　王维国　金厚勋

宿迁市委宣传部

部　长　王　益(常委)

副部长　张　莉(女)　朱　陆
　　　　葛翔宇(6月离职)
　　　　陈夫忠(6月任职)
　　　　周长胜(7月任职)

徐州市委宣传部

部　长　邹徐文(常委)

副部长　刘　明　高成富　王雪春(女)
　　　　李成之　张儒昌

连云港市委宣传部

部　长　张光东(常委)

副部长　邸占山(常务)
　　　　李祝征(女,7月离职任调研员)
　　　　魏　琪　李锋古

(四)各县(市、区)委宣传部部长(以2009年年底在任为准)

南京市

玄武区　宋晓辉(常委,女)

白下区　汪祥明(常委)

秦淮区　刘　凡(常委,女)

建邺区　曹谦荣(常委)

鼓楼区　苏　郑(常委,女)

下关区　颜一平(常委)

栖霞区　朱劲松(常委,女)

雨花台区　黄唯佳(常委,女)

江宁区　刘　玲(常委,女)

浦口区　董　伟(常委)

六合区　金安凡(常委)

高淳县　黄亦武(常委)

溧水县　杭　韬(常委)

苏州市

张家港市　梁一波(常委)

常熟市　王建国(常委)

太仓市　陆卫其(常委)

昆山市　杭　颖(常委,女)

吴江市　曹雪娟(常委,女)

平江区　张　思(常委)

沧浪区　朱奚红(常委,女)

金阊区　汪香元(常委)

吴中区　乐　江(常委,女)

相城区　虞　伟(常委)

高新区　郦小萍(常委,女)

无锡市

江阴市　徐冬青(常委)

宜兴市　许伟英(常委,女)

锡山区　高　燕(常委,女)

惠山区　陆　益(常委)

滨湖区　徐勇强(常委)

崇安区　王铭涛(常委)

南长区　窦　虹(常委,女)

北塘区　张　莉(常委,女)

新　区　閰东影(常委,女)

常州市

金坛市　王跃中(常委)

溧阳市　闵建平(常委)

武进区　江建文(常委)

天宁区　沈月芬(常委,女)

钟楼区　陆建军(常委)

新北区　李西宁(常委)

戚墅堰区　江君杰(常委)

镇江市

丹阳市　沈岳方(常委)

句容市　朱建禾(常委)

扬中市　王继兰(常委,女)

丹徒县　叶向东(常委)

京口区　何光荣(常委)

润州区　董和建(常委)

新　区　(暂缺)

扬州市

宝应县　陈金荣(常委)

高邮市　张秋红(常委,女)

江都市　曾庆玲(常委,女)

仪征市　李继业(常委)

邗江区　蒋元峰(常委)

广陵区　薛高峰(常委)

维扬区　马顺圣(常委)

泰州市

靖江市　尤　红(常委)

泰兴市　戴仁泉(常委)

姜堰市　钱　娟(常委,女)

兴化市　徐立华(常委)

海陵区　季玉平(常委)

高港区　程荣稳(常委)

南通市

海安县　韩菊芳(常委,女)

如皋市　谢新民(常委)

如东市　陈昌龙(常委)

通州市　施　辉(常委)

海门市　王一鸣(常委)

启东市　倪国冲(常委)

崇川区　陈中锋(常委)

港闸区　王小红(常委,女)

开发区　(暂缺)

盐城市

东台市　鲍　宇(常委)

大丰市　袁国萍(常委,女)

建湖县　张慧娟(常委,女)

射阳县　周　岚(常委,女)

阜宁县　林　进(常委)

滨海县　唐　敬(常委)

响水县　裴彦贵(常委)

盐都区　陈　雷(常委)

亭湖区　许世刚(常委)

淮安市

涟水县　王立华(常委,女)

洪泽县　龚晓琴(常委,女)

盱眙县　石平洋(常委)

金湖县　孙晓燕(常委,女)

楚州区　梁宝华(常委)

淮阴区　杨恒忠(常委)

清河区　顾晓芳(常委,女)

清浦区　伍光云(常委)

宿迁市

沭阳县　丁晓平(常委,女)

泗阳县　吴小雨(常委)

泗洪县　吴雪丽(常委,女)

宿豫区　袁　恒(常委)

宿城区　王君文(常委,女)

徐州市

邳州市　顾　勇(常委)

新沂市　张长征(常委)

丰　县　单长丰(常委)

沛　县　胡成彪(常委)

铜山县　李学东(常委)

睢宁县　赵　李(常委)

鼓楼区　于洪亮(常委)

云龙区　尹洪平(常委)

泉山区　艾新建(常委)

贾汪区　王　超(常委)

九里区　侯玉忠(常委)

连云港市

赣榆县　孙　海(常委)

东海县　孙小岚(常委,女)

灌云县　王宽磊(常委)

灌南县　邓玫玫(常委,女)

新浦区　张金融(常委,女)

海州区　李　飞(常委)

连云区　惠　茜(常委,女)

(各有关单位、省委宣传部干部处供稿)